Lange | Jurastudium erfolgreich

Jurastudium erfolgreich

Planung - Lernstrategie - Zeitmanagement (mit Examensvorbereitung)

von
Barbara Lange, LL.M. (London)
Rechtsanwältin
Lehrbeauftragte für Schlüsselqualifikationen der Universität Göttingen, Halle-Wittenberg, Tübingen
Lehrbeauftragte der Hochschule für Wirtschaft und Umwelt Nürtingen-Geislingen

6., unveränderte Auflage

Vahlen 2010

Verlag Franz Vahlen im Internet:
vahlen.de

ISBN 978 3 8006 3849 9

Wilhelmstraße 9, 80801 München
Druck: Nomos Verlagsgesellschaft
In den Lissen 12, 76547 Sinzheim

Satz: John + John, Köln
Umschlagkonzeption: Martina Busch, Grafikdesign, Fürstenfeldbruck

Gedruckt auf säurefreiem, alterungsbeständigem Papier
(hergestellt aus chlorfrei gebleichtem Zellstoff)

Für Elisabeth Hilligardt (1961–2000)

Freundin und Kollegin

Mitautorin der 1. und 2. Auflage

Vorwort zur 5. Auflage

»Wer Rechtswissenschaft studieren will, muss vor allem befähigt sein, überhaupt zu studieren.«
Professor Max E. Mayer, Frankfurt/M., 1921[1]

»Studieren im eigentlichen Sinne des Wortes bedeutet, dass man ... lernt, eigene juristische Gedankengänge zu entwickeln und darzulegen.«
Professor Claus Roxin, München, 2003[2]

»Die Bewerber sollen in der Prüfung zeigen, dass sie das Recht mit Verständnis erfassen und anwenden können und über die hierzu erforderlichen Kenntnisse in den Prüfungsfächern verfügen. ... (Der) Überblick über das Recht, juristisches Verständnis und Fähigkeit zu methodischem Arbeiten sollen im Vordergrund von Aufgabenstellung und Leistungsbewertung stehen«
§ 16 Abs. 1 S. 3 , Abs. 2 S. 2 BayJAPO 2003

Sie studieren Jura und Sie möchten dies erfolgreich tun. Sie möchten – wie es oben heißt – das Recht mit Verständnis erfassen und anwenden können. Sie möchten intensiv und konzentriert studieren. Sie möchten das juristische Handwerkszeug so schnell wie möglich beherrschen, um in Vorlesungen mitdenken und mitreden zu können. Sie möchten am Ende des Semesters sicher sein, dass Sie ein Rechtsgebiet systematisch so erarbeitet haben, dass Sie Ihr Wissen in der Klausur erfolgreich anwenden können. Sie möchten Erfolgserlebnisse schon während des Studiums. Sie möchten am Abend eines Studientages wissen, ob und wie weit Sie Ihrem Ziel, der Ersten Juristischen Prüfung, näher gekommen sind. Und: Sie möchten sich dann – ohne schlechtes Gewissen – Ihren Interessen und Neigungen jenseits des Studiums widmen oder sich einfach nur entspannen, um am nächsten Tag motiviert den nächsten Schritt zu tun.

Ziel des Buches ist es, Sie dabei nach Kräften zu unterstützen. Seit Jahren halte ich Lehrveranstaltungen zum juristischen Lernen, zur Methode der Fallbearbeitung und zu Schlüsselqualifikationen und stehe so im Austausch mit zahlreichen Studierenden aller Semester, die an unterschiedlichen Universitäten in unterschiedlichen Bundesländern unter unterschiedlichen Studienordnungen und Rahmenbedingungen studieren. Eines haben alle Studierenden gemeinsam: einen erheblichen Beratungsbedarf zu Themen dieses Buches. Diesem Beratungsbedarf gerecht zu werden und detaillierte fachbezogene Anleitung zu geben, sehe ich als meine Aufgabe.

Das Buch ist für Studierende aller Semester geeignet, vom Erstsemester bis zum Examenskandidaten. Denn viele Fragen entstehen nicht ganz am Anfang des Studiums und viele wohlwollende Ratschläge werden nicht aufgenommen, weil die dazu passende Frage noch nicht als relevant erkannt wurde. Studienanfänger brauchen – angesichts 41 unterschiedlicher Studienordnungen – mehr denn je vor allem einen konkreten und nachvollziehbaren – individuell erarbeiteten – Überblick über das, was genau sie im Studium erwartet und was von ihnen im Studium erwartet wird. Weiter benötigen sie konkrete Hilfestellungen im Umgang mit der für sie neuen und ungewohnten Materie des Rechts. Hierzu gehört das *Jura studieren lernen* ebenso wie Fragen der Zeiteinteilung und des Zeitmanagements im Studium. Studierende der mittleren

1 *Max Ernst Mayer*, Anleitung zum Studium der Rechtswissenschaft, Frankfurt/M., 1921, S. 1.
2 *Claus Roxin*, Vom Beruf des Juristen und vom Studium des Rechts, Vortrag vom 17.01.2002, www.jurawelt.com/aufsaetze/methodik/8691 (1.9.08), S. 11

Semester benötigen konkrete Anleitung zur sinnvollsten Speicherung des bereits erworbenen Wissens sowie zur Umsetzung dieses Wissens in komplexeren Fallgestaltungen. Studierende in der Examensvorbereitungsphase brauchen Hinweise zur Planung dieser Phase, zur Entscheidung, wie sie diese Phase auch in Koordination mit Schwerpunktbereichsstudium und Universitätsprüfung gestalten sollen sowie zur Entscheidung für ein Examen mit oder ohne privates Repetitorium. Sie brauchen Hinweise zum gemeinsamen Lernen in einer privaten Arbeitsgemeinschaft. Sie benötigen Hinweise zum Anfertigen der wissenschaftlichen Studienarbeit und zum Trainieren der mündlichen Argumentationsfähigkeit in Vorbereitung auf die mündlichen Prüfungen.

Alle diese Themen behandelt das vorliegende Buch. Anhand des umfangreichen Sachregisters können Sie jederzeit nach Bedarf auf sie zugreifen. Wie schon bei der 4. Auflage stellt der Verlag den Lesern auf einer Web-Seite die Aufgabenstellungen, Pläne und Formulare zum Download zur Verfügung. Neu sind Kapitel 14 und 15 zur Studienarbeit, zu mündlichen Prüfungen und zu Schlüsselqualifikationen. Der gesamte Inhalt des Buchs ist vollständig überarbeitet und nun auf dem Stand vom August 2008.

Herzlich danken möchte ich den Lesern der Vorauflage sowie den Teilnehmern meiner Kurse an den Universitäten Bochum, Göttingen, Halle-Wittenberg, Tübingen und Würzburg für den intensiven Austausch, für viele Fragen, kreative Anregungen und konstruktives Feedback. Vieles davon wurde in der Neuauflage berücksichtigt. Ich wünsche mir, dass dieser Dialog fortgeführt wird und freue mich über jede Rückmeldung (an barbara.lange@lange-law.de). Sehr herzlich danke ich den Korrekturlesern *Petra Grunenberg-Gomaa*, *Susanne Lafrenz*, *Egon Lange* und *Regina Stuchlik* für die zügige und sorgfältige Korrektur sowie *Elfriede Lange* für die wiederholte tatkräftige Mithilfe bei der Überarbeitung des umfangreichen Sachregisters. Und nicht zuletzt: Dank gilt vor allem meinem Mann und meinen Söhnen Florian und Manuel für die große persönliche Unterstützung bei dem Projekt, dieses Buch in der nun 5. Auflage erscheinen zu lassen.

Barbara Lange

Vorwort zur 3. Auflage

Die 2. Auflage hat – wie schon die 1. Auflage – bei Studierenden und Lehrenden großen Anklang gefunden, wie die vielen Zuschriften, E-Mails und persönlichen Stellungnahmen gezeigt haben. In ihnen kam zum Ausdruck, dass Studierende *aller* Semester das Buch wegen seiner vielen *ganz konkreten* Tipps und wegen seiner Anleitung zur *Selbsthilfe* außerordentlich hilfreich finden. Darüber haben wir uns sehr gefreut.

Die 3. Auflage ist überarbeitet, aktualisiert und erweitert worden. Neu hinzugekommen ist im Kapitel *Lernen* ein Abschnitt zu Mind Mapping. Diese kreative Lern- und Visualisierungsmethode hat viele Vorteile, ist leicht zu erlernen und kann sehr gut im Jurastudium eingesetzt werden. Neu ist auch eine Checkliste zur Planung und Durchführung eines Auslandsstudiums in Kapitel 4. Die in Kapitel 6 enthaltenen Informationen zu elektronischen Medien wurden entsprechend der schnellen Entwicklung auf diesem Gebiet vollständig überarbeitet; der Abschnitt enthält umfangreiche Hinweise auf studienrelevante Web-Seiten. Insgesamt hat sich seit der 2. Auflage das Angebot an Lehrbüchern, insbesondere zur Falllösung, erheblich vergrößert. Viele dieser Neuerscheinungen wurden in die Literaturhinweise im Text und in den Fußnoten aufgenommen.

Im August 2000 ist Elisabeth Hilligardt mit ihrem Mann bei einem tragischen Verkehrsunfall tödlich verunglückt. Elisabeth Hilligardt war mir Kollegin und enge Vertraute zugleich. Einer ihrer Lieblingssprüche war: »Träume nicht dein Leben, sondern lebe deinen Traum«. Sie hat es verstanden, Träume in Ziele zu verwandeln und diese zu verwirklichen. Eines unserer gemeinsamen Ziele war, mit einem Anleitungsbuch wie diesem Studierenden den Weg durch das – manchmal frustrierende – Jurastudium zu erleichtern ohne zu bevormunden. Unsere Arbeit an diesem Buch war – soweit möglich – fast immer gemeinsames, zeitgleiches Arbeiten. Bei dieser Arbeit im Team konnten wir auftretende Fragen sofort klären; darüber hinaus führten wir viele anregende fachliche und persönliche Gespräche. Obwohl all dies nun weggefallen ist, ist es mir ein großes Anliegen, dieses Buch und damit unsere gemeinsame Arbeit fortzuführen.

Herzlich danken für die Hilfe bei der Manuskriptüberarbeitung möchte ich den Kollegen vom Lehrstuhl, insbesondere Stefan Crohn und Dr. Rolf Sethe. Große Unterstützung beim Korrekturlesen habe ich darüber hinaus von Ellen Wagner, Regina Stuchlik, Elfriede Kurz, Dr. Lisa Gondos, Dr. Ira Gawlitzek und Dr. Ulrich Hopp erhalten; ihnen sei ebenfalls ganz herzlich gedankt.

Über Kritik und Anregung, z.B. per E-Mail, freue ich mich, denn jedes Feedback wird die nächste Auflage bereichern.

Tübingen, im September 2001 *Barbara Lange*, LL.M.

Vorwort zur 2. Auflage

Wir freuen uns über die große Resonanz, die das Buch sowohl bei Studierenden als auch bei Lehrenden gefunden hat. Es hat sich gezeigt, daß – unserer Intention entsprechend – sowohl Anfangssemester von dem Buch profitieren, als auch fortgeschrittene Studierende, die es bei der Examensvorbereitung heranziehen. Die Nachfrage nach dem Buch bestätigt überdies, daß viele Jurastudierende einen hohen Bedarf an *ganz konkreten* Anregungen und Hilfestellungen haben. Auch in der Zweitauflage wollen wir unserem Anspruch auf größtmögliche Aktualität gerecht werden. Deshalb wurden die zahlreichen Literaturhinweise im Text und die weiterführenden Hinweise in den Fußnoten aktualisiert sowie studienrelevante Neuerscheinungen aufgenommen.

Neu hinzugekommen sind zwei Textteile: In Kapitel 3 bieten wir, auch auf Anregung von Lesern, ausführliche Entscheidungskriterien für und gegen den Besuch eines privaten Repetitoriums. In Kapitel 6 geben wir Basisinformationen zum Umgang mit elektronischen Medien (Internet, CD-ROM) und nennen einige besonders studienrelevante Internetadressen. Außerdem enthält der Abschnitt zu elektronischen Medien – entsprechend der Konzeption des Buches als Arbeits- und Anleitungsbuch – eine Vielzahl von Hinweisen, anhand derer dieses Thema vertieft werden kann.

Herzlichen Dank all denen, die uns bei der Überarbeitung geholfen haben. Wie schon im Vorwort zur ersten Auflage betont, freuen wir uns über Kritik und Anregungen. Ihre Zuschriften werden wiederum den Lesern und Leserinnen der nächsten Auflage zugute kommen.

Potsdam/Tübingen, im Dezember 1997 *Elisabeth Hilligardt/Barbara Lange*, LL.M.

Aus dem Vorwort zur 1. Auflage

Dieses Buch hat zwei Ziele: Zum einen will es Sie in die Lage versetzen, ein auf Sie zugeschnittenes, individuelles Studien- und Examensvorbereitungskonzept für ein interessantes und effektives Studium zu entwickeln. Zum anderen will es Ihnen mit ausführlichen praktischen Anleitungen das Handwerkszeug zur Verfügung stellen, das für ein erfolgreiches Studium erforderlich ist. Zu diesem Handwerkszeug gehört ein genaues Wissen über Leseregeln zur effektiven Erarbeitung von Fachliteratur, über verschiedene Lernmethoden, über Karteikarten und private Arbeitsgemeinschaften, aber auch über die systematische Erarbeitung von Rechtsgebieten und die Methode der Fallbearbeitung. Die beiden Ziele des Buches hängen insofern eng zusammen, als die Verwirklichung eines persönlichen Studienkonzepts das Beherrschen des entsprechenden Handwerkszeugs voraussetzt.

Viele der in den letzten Jahren erschienenen Studienführer für die Rechtswissenschaften raten den Studierenden, das Studium so früh wie möglich zu planen und sich effektive Studientechniken anzueignen. Unsere Lehrveranstaltungen haben gezeigt, daß solche pauschalen Empfehlungen zwar richtig, aber nicht ausreichend sind. So wird z.B. Studierenden geraten, sich einen Überblick über den examensrelevanten Stoff zu verschaffen und sich diesen Stoff systematisch anzueignen. Doch eine Anleitung dazu, *wie genau* man sich einen Überblick verschaffen kann oder wie man sich Rechtsgebiete systematisch erarbeitet, wird nicht gegeben. Ein anderer häufiger Tip lautet, mit Karteikarten zu arbeiten. Wie man jedoch Karteikarten sinnvoll gestaltet, wird ebenso wenig *im Detail* beantwortet wie die Frage, welche Karteikartensysteme für das Jurastudium sinnvoll sind. Aus der Erfahrung, daß allgemein gehaltene Hinweise kaum weiterhelfen, entstanden einzelne Sonderveranstaltungen, z.B. unter dem Thema *»Erfolgreich studieren und erfolgreich im Examen«*. Die überaus positive Resonanz, mit der ins Detail gehende – und aus der Sicht des Erfahrenen oft banal erscheinende – Anleitungen zur effektiven Studienplanung und Examensvorbereitung von Studierenden aufgenommen wurden, hat uns veranlaßt, in Form dieses Buches Antworten auf die vielen »wie genau«-Fragen zu geben.

Das Buch versteht sich als *Hilfe zur Selbsthilfe.* Selbsthilfe setzt die Diagnose voraus, wo im Einzelfall Hilfe erforderlich ist. Notwendig ist also eine Analyse sowohl der Rahmenbedingungen als auch der eigenen Fähigkeiten. Das Buch zeigt Ihnen Mittel und Wege auf, diese Analyse vorzunehmen, um so ein individuelles Programm für ein interessantes, erfolgreiches und dennoch kurzes Studium zu erstellen.

Die Vorschläge und Hinweise in diesem Buch sind als Anregungen zu verstehen, nicht als strikt zu befolgende Regeln. Indem wir Vor- und Nachteile bestimmter Vorgehensweisen und Kriterien für das Für und Wider bestimmter Lösungen aufzeigen, haben Sie die Möglichkeit, aus dem Angebot an Ratschlägen diejenigen auszuwählen, die Sie überzeugen und die für Ihr persönliches Studienkonzept geeignet sind.

Das Buch wendet sich an *alle,* die sich für das Jura-Studium entschieden haben – vom Erstsemester bis zum Examenskandidaten. Aufgrund der vielen grundlegenden und praktischen Tips (vor allem in Teil 2) kann es als Ratgeber und Nachschlagewerk während des gesamten Studiums und in Teilen auch im Referendariat genutzt werden. Freilich gilt: Je früher man es liest, desto schneller kann man die eigenen Schwächen erkennen und desto größer ist die Chance, die Erkenntnisse gewinnbringend für das Jurastudium umsetzen zu können. Viele der Hinweise, Tips und Anleitungen helfen jedoch gerade auch in der Examensvorbereitungsphase. Für Abiturienten kann das Buch nützlich sein, indem es Auskunft über die speziellen Anforderungen und möglichen Schwierigkeiten im Jurastudium gibt und insofern Entscheidungshilfe für oder gegen ein Jura-Studium sein kann.

Allen, die das Manuskript gelesen haben, danken wir sehr herzlich für die vielen wertvollen Hinweise, Anregungen und ihr kritisches Feedback. Danken möchten wir auch besonders all denen, die uns bei den abschließenden Arbeiten vor der Drucklegung geholfen haben. Von unseren Lesern wünschen wir uns Anregungen sowie Berichte über die Erfahrungen und Resultate beim Durcharbeiten dieses Buches; ihre Beiträge werden weiteren Lesern zugute kommen.

Inhaltsübersicht

Inhaltsverzeichnis

Übersicht über Schaubilder, Checklisten, Fragebögen, spezielle Literatur und Formulare

Checklisten und Fragestellungen

Fragebögen

Schaubilder

Spezielle Literatur

Schaubilder und Aufgabenstellungen zum Download unter http://service.heymanns.com

Formulare zum Download unter http://www.ja-aktuell.de (im Buch in Ausschnitten)

Verzeichnis der abgekürzt zitierten Literatur

Belke, Rolf	Prüfungstraining Zivilrecht. Für Klausuren/Hausarbeiten/Zwischenprüfung/Vordiplom/Staatsexamen, Bd. 1: Fallbearbeitung und Anspruchsmethode, Neuwied u.a., 2. Aufl. 1995.
Birkenbihl, Verena F.	Stroh im Kopf, Vom Gehirn-Besitzer zum Gehirn-Benutzer, Landsberg, 43. Aufl. 2004.
Boehncke, Heiner	Schreiben im Studium, Vom Referat bis zur Examensarbeit, Mit Sonderkapitel: Internet & elektronische Recherche, Niedernhausen, 2000.
Braun, Johann	Der Zivilrechtsfall, Klausurenlehre für Anfänger und Fortgeschrittene, München, 4. Aufl. 2008.
Burchardt, Michael	Leichter studieren, Wegweiser für effektives wissenschaftliches Arbeiten, Berlin, 4. Aufl. 2006.
Burian, Michael/ Schultze, Michaela/ Waldorf, Dirk	Prädikatsexamen ohne Repetitor, JA 1997, 822–824.
Butzer, Hermann/ Epping, Volker	Arbeitstechnik im öffentlichen Recht, Vom Sachverhalt zur Lösung, Methodik, Technik, Materialerschließung, Stuttgart u.a., 3. Aufl. 2006.
Buzan, Tony/ Buzan, Barry	Das Mind-Map-Buch, Die beste Methode zur Steigerung Ihres geistigen Potentials, Landsberg am Lech, 5. Aufl. 2002.
Buzan, Tony/ North, Vanda	Business Mind Mapping, Visuell organisieren, übersichtlich strukturieren, Arbeitstechniken optimieren, Wien, 2000.
Capek, Peter	Mind Mapping, Besser strukturieren, schneller protokollieren, deutlicher visualisieren, Wien, 2. Aufl. 2004.
v. Caspary, Ralf (Hrsg.)	Lernen und Gehirn, Der Weg zu einer neuen Pädagogik, Freiburg (Br.), 2006.
Chevalier, Brigitte	Effektiver Lernen, Die eigenen Fähigkeiten erkennen, Textverständnis und Lesekapazität erhöhen, Nutzen aus einer Vorlesung ziehen, Arbeitsorganisation, Schriftliche Arbeiten und mündliche Prüfungen bewältigen, Frankfurt/M., 1999.
Cohn, Ruth	Von der Psychoanalyse zur themenzentrierten Interaktion, Von der Behandlung einzelner zu einer Pädagogik für alle, Stuttgart, 15. Aufl. 2004.
Dahmer, Hella/ Dahmer, Jürgen	Effektives Lernen, Stuttgart u.a., 4. Aufl. 1998.
Däubler, Wolfgang	BGB kompakt, Die systematische Darstellung des Zivilrechts, München, 2. Aufl. 2003.
Diederichsen, Uwe	Technik der juristischen Behandlung von Privatrechtsfällen, in: JuS-Studienführer, hrsg. von JuS-Redaktion (s. dort), S. 198–210 (zitiert: *Diederichsen*, JuS-Studienführer).
Diederichsen, Uwe/Wagner, Gerhard	Die BGB-Klausur, München, 9. Aufl. 1998 (zitiert: *Diederichsen*).
Dürig, Günter	Gesetze des Landes Baden-Württemberg, Loseblatt-Textsammlung, begründet v. Günter Dürig, München, 2008.
Edenfeld, Stefan	Strukturiertes Lernen und Überzeugen, JURA 2004, 604.

Ehlert, Percy/ Niehues, Hendrik/ Bleckmann, Frank	Vorbereitung auf das Erste Staatsexamen in privater Arbeitsgemeinschaft, JuS 1995, L 25–27, L 33–36.
Eipper, Martina	Sehen, Erkennen, Wissen, Arbeitstechniken rund um Mind Mapping, Renningen-Malmsheim, 2. Aufl. 2001.
Faust, Florian	Bürgerliches Recht Allgemeiner Teil, Baden-Baden, 2. Aufl. 2007.
Frantzen, Dieter	Effizient Lernen, Wie Sie Ihre Qualifikation selbst managen, Wiesbaden, 2. Aufl. 2000.
Gramm, Christof	Jura erfolgreich studieren, München, 5. Aufl. 2008.
Fritzemeyer, Wolfgang	Die Bedeutung der »Soft Skills« für die Juristenausbildung und die juristischen Berufe, NJW 2006, 2825.
Grosch, Olaf	Studienführer Jura, Stuttgart, 5. Aufl. 2007.
Haft, Fritjof	Einführung in das juristische Lernen, Unternehmen Jurastudium, Bielefeld, 6. Aufl. 1997.
Herzberg, Rolf D./ Ipsen, Knut/ Schreiber, Klaus (Hrsg.)	Effizient studieren, Rechtswissenschaften, Wiesbaden 1999.
Hesse, Jürgen/ Schrader, Hans Christian	Jura. Berufsorientiert studieren, Studienplanung, Arbeitsfelder, Berufseinstieg, Bewerbungsstrategien, Frankfurt a. M., 1997.
Hurek, Markus C./ Wolff, Tobias	Studienleitfaden Jura, Tips und Tricks für eine erfolgreiche Studienorganisation – mit ausführlichem Service-Teil, Bonn, 2. Aufl. 1998.
JuS-Redaktion (Hrsg.)	Studienführer (JuS-Sonderheft), München, 4. Aufl. 1997.
Kilian, Michael/ Eiselstein, Claus	Grundfälle im Staatsrecht, Heidelberg, 4. Aufl. 2003.
Klaner, Andreas	Richtiges Lernen für Jurastudenten und Rechtsreferendare, Berlin, 3. Aufl. 2003.
Köbler, Gerhard	Die einzelnen Materien des rechtswissenschaftlichen Studiums, in: JuS-Studienführer, hrsg. von JuS-Redaktion (s. dort), S. 87–97.
Koeder, Kurt W.	Studienmethodik: Selbstmanagement für Studienanfänger, München, 4. Aufl. 2007.
Körber, Torsten	Zivilrechtliche Fallbearbeitung in Klausur und Praxis, JuS 2008, 289.
Kraus, Josef	Was hat Bildung mit Gehirnforschung zu tun? Schule zwischen neurobiologischer Vision und bodenständiger Pädagogik, in: v. Caspary (siehe dort), S. 142.
Kröger, Detlef/ Kuner, Christopher	Internet für Juristen, Zugang, Recherche, Informationsquellen, München, 3. Aufl. 2001.
Kroiß, Ludwig/ Schuhbeck, Sebastian	Jura online, Recherchieren in Internet und Datenbanken, JA-Sonderheft 4, Neuwied u.a., 2000.
Lüke, Gerhard	Hinweise zur Studiengestaltung, in: JuS-Studienführer, hrsg. von JuS-Redaktion (s. dort), S. 114–129.
Medicus, Dieter	Grundwissen zum Bürgerlichen Recht – Ein Basisbuch zu den Anspruchsgrundlagen, Köln u.a., 7. Aufl. 2006.
Metzler-Müller, Karin/ Dörrschmidt, Harald	Wie löse ich einen Privatrechtsfall?, Aufbauschemata, Mustergutachten, Klausurschwerpunkte, Stuttgart u.a., 5. Aufl. 2008.

Möllers, Thomas M. J.	Juristische Arbeitstechnik und wissenschaftliches Arbeiten, Klausur, Hausarbeit, Seminar- und Studienarbeit, Staatsexamen, Dissertation, München, 4. Aufl. 2008.
Münch, Joachim (Hrsg.)	Die neue Juristenausbildung, Chancen, Perspektiven und Risiken, Stuttgart u.a., 2004.
Münchhausen, Marco von/ Püschel, Ingo P.	Lernprofi Jura, Wie Sie Jura richtig lernen, Lerntechnik, Klausurtechnik, Hausarbeitstechnik, Lernmotivation, Examensmanagement, München, 2002.
Musielak, Hans-Joachim	Grundkurs BGB, München, 10. Aufl. 2007.
Nieding, Norbert von/ Nieding, Bernd von	Berufsmöglichkeiten und Berufsaussichten für Juristen, in: JuS-Studienführer, hrsg. von JuS-Redaktion (s. dort), S. 15–86.
Niedostatek, André/ Lorenz, Jörg Christian	Der erfolgreiche Berufseinstieg für Juristen, Orientieren, Qualifizieren, Bewerben, Ein Leitfaden, Frankfurt/M., 2004.
Obergfell, Eva Ines	Der Gang zum Repetitor – Umweg oder Abkürzung auf dem Weg zum Examen, JuS 2001, 622.
Olzen, Dirk/ Wank, Rolf	Zivilrechtliche Klausurenlehre mit Fallrepetitorium, Köln u.a., 5. Aufl. 2007.
Otto, Harro	Übungen im Strafrecht, Berlin u.a., 6. Aufl. 2005.
Petersen, Wilhelm H.	Wissenschaftliches Arbeiten. Eine Einführung für Schule und Studium, München, 6. Aufl. 1999.
Prütting, Hanns/ Stern, Klaus/ Wiedemann, Herbert	Die Examensklausur, Originalfälle – Musterlösungen – Hinweise, Köln u.a., 3. Aufl. 2005.
Putzke, Holm	Juristische Arbeiten erfolgreich schreiben, Klausuren, Hausarbeiten, Seminare, München, 2. Aufl. 2007.
Rinken, Alfred	Einführung in das juristische Studium, Juristenausbildung und Juristenpraxis im Verfassungsstaat, München, 3. Aufl. 1996 (zitiert: Rinken).
Rinken, Alfred	Überblick über den Gang der Juristenausbildung, in: JuS-Studienführer, hrsg. von der JuS-Redaktion (s. dort), S. 1–14 (zitiert: *Rinken*, JuS-Studienführer).
Rollmann, Christian	Die Examensvorbereitung, JuS 1988, 206.
Roth, Gerhard	Möglichkeiten und Grenzen von Wissensvermittlung und Wissenserwerb, Erklärungsansätze aus Lernpsychologie und Hirnforschung, in: v. Caspary (siehe dort), S. 54.
Roxin, Claus	Vom Beruf des Juristen und vom Studium des Rechts, Vortrag vom 17.01.2002, www.jurawelt.com/aufsaetze/methodik/8691 (1.9.08).
Schmalz, Dieter	Methodenlehre für das juristische Studium, Baden-Baden, 4. Aufl. 1998.
Scholz, Christian/ Wohlers, Wolfgang	Klausuren und Hausarbeiten im Strafrecht, Methodik und Formalien des Gutachtens, Baden-Baden, 3. Aufl. 2003.
Schönfelder	Deutsche Gesetze, Loseblatt-Textsammlung des Zivil-, Straf- und Verfahrensrechts. Begründet von Heinrich Schönfelder, München, 2005.
Schräder-Naef, Regula	Rationeller Lernen lernen, Ratschläge und Übungen für alle Wissbegierigen, Weinheim, 21. Aufl. 2003.
Schwab, Dieter/ Löhnig, Martin	Falltraining im Zivilrecht, Ein Übungsbuch für Anfänger, Heidelberg, 3. Aufl. 2007.

Seiwert, Lothar J.	Das 1x1 des Zeitmanagement, Frankfurt/M., 24. Aufl. 2004.
Sesink, Werner	Einführung in das wissenschaftliche Arbeiten, Mit Internet – Textverarbeitung – Präsentation, München u.a., 7. Aufl. 2007.
Spitzer, Manfred	Medizin für die Schule, Plädoyer für eine evidenzbasierte Pädagogik, in: v. Caspary (siehe dort), S. 23.
Steimel, Christof	Examina und Leistungskontrollen, in: JuS-Studienführer, hrsg. von der JuS-Redaktion (s. dort), S. 254–266.
Steimel, Christof	Am Beginn des Studiums, in: JuS-Studienführer, hrsg. von der JuS-Redaktion (s. dort), S. 98–113 (zitiert: Steimel, Am Beginn des Studiums).
Tettinger, Peter J.	Arbeitstechnische Hinweise für die Klausur, die Haus- und Seminararbeit, in: JuS-Studienführer, hrsg. von der JuS-Redaktion (s. dort), S. 160–174 (zitiert: Tettinger, JuS-Studienführer).
Tettinger, Peter J.	Einführung in die juristische Arbeitstechnik, Unter besonderer Berücksichtigung öffentlich-rechtlicher Fragestellungen, München, 3. Aufl. 2003 (zitiert Tettinger).
Tiedemann, Klaus	Die Anfängerübung im Strafrecht, München, 4. Aufl. 1999.
Timm, Wolfram/ Schöne, Thorsten	Handels- und Wirtschaftsrecht Band I, Ein Arbeitsbuch: Pflichtfachstoff, München, 3. Aufl. 2004.
Vehslage, Thorsten/ Bergmann, Stefanie/ Kähler, Svenia/ Zabel, Matthias	JuS-Referendarführer, Referendarian und Berufseinstieg, München, 2. Aufl. 2007.
Vester, Frédéric	Denken, Lernen, Vergessen, Was geht in unserem Kopf vor, wie lernt das Gehirn, und wann läßt es uns im Stich?, München, 2004.
Weber, Hermann	Der Umgang mit juristischer Literatur und der Aufbau einer eigenen Handbibliothek, in: JuS-Studienführer, hrsg. von der JuS-Redaktion (s. dort), S. 130–159.
Wolters, Gereon	Fälle mit Lösungen für Fortgeschrittene im Strafrecht, Neuwied, 2. Aufl. 2006.
Wörlen, Rainer	Anleitung zur Lösung von Zivilrechtsfällen, Methodische Hinweise und Bearbeitungs-Muster, Köln u.a., 8. Aufl. 2007.

Gebrauchsanleitung für das Buch

I. Wie man mit dem Buch arbeiten sollte

Dieses Buch ist ein **Anleitungs- und Arbeitsbuch.** Es stellt Ihnen Aufgaben und Fragen, die Sie daran erkennen, dass sie in Kästen gesetzt und kursiv gedruckt sind.

Beispiel (aus Kapitel 6):

> ✎ *Erstellen Sie eine Liste mit den prüfungsrelevanten Themenkomplexen zum BGB-AT. Probieren Sie dabei die oben genannten Vorgehensweisen aus.*

Viele Tipps und Hinweise sind nur dann in vollem Umfang nutzbar und umsetzbar, wenn man die Aufgaben dazu erledigt oder die Fragebögen beantwortet. Das Buch wird also erst durch Ihre Mitarbeit vollständig.

> ☞ Wichtige Aussagen und Zusammenfassungen sind durch einen Rahmen hervorgehoben.

Diese Hervorhebungen ermöglichen es, bei einem wiederholten Durchlesen des Buches wichtige Aussagen schnell wiederzufinden. Ebenso wichtig wie die umrahmten Aussagen und Zusammenfassungen sind jedoch die Erkenntnisse, die Sie bezüglich Ihrer individuellen Studiensituation, den speziellen Studienbedingungen an Ihrer Fakultät und dem richtigen Umgang mit dem juristischen Handwerkszeug beim Lesen dieses Buches gewinnen. Deshalb empfehle ich Ihnen an vielen Stellen, sich die *für Sie* wichtigen Erkenntnisse zu notieren.

Das Buch besteht aus zwei Teilen. Im ersten Teil werden Sie in insgesamt vier Kapiteln angeleitet, Ihr persönliches Studienkonzept zu entwickeln, im zweiten Teil erhalten Sie in acht Kapiteln das Handwerkszeug, das Sie benötigen, um Ihr persönliches Studienkonzept auch umsetzen zu können. Die Kapitel des zweiten Teils stellen voneinander unabhängige Module dar. Sie können in beliebiger Reihenfolge gelesen werden, ohne dass das Verständnis dadurch beeinträchtigt wird. Demgegenüber bauen die Kapitel im ersten Teil aufeinander auf. So setzt die individuelle Studienplanung in Kapitel 4 voraus, dass Sie die Aufgaben in Kapitel 2 und 3 beantwortet haben. Kapitel 2 und 3 wiederum könnten Ihnen sehr abstrakt vorkommen, wenn Sie nicht zuvor Kapitel 1 gelesen haben und am Beispiel des Studenten B sehen konnten, welche Bedeutung der Studienplanung zukommt. Deshalb sollte der erste Teil des Buches in der vorgesehenen Reihenfolge durchgearbeitet werden. Wenn Sie jedoch zu dem Lerntyp gehören, der sofort konkrete Ergebnisse sehen möchte, ist es möglich, nach dem Lesen von Kapitel 1 sofort Kapitel 4 zu erarbeiten. In diesem Fall werden Kapitel 2 und 3 schrittweise erarbeitet, und zwar immer dann, wenn Sie in Kapitel 4 die Ergebnisse der Aufgaben aus den Kapiteln 2 und 3 benötigen. Unabhängig davon, ob Sie das Buch in der vorgesehenen Reihenfolge durcharbeiten wollen oder nicht, empfehle ich, zuerst die Leseregeln (Kapitel 5) zu lesen, damit Sie diese Leseregeln beim Lesen der übrigen Kapitel schon umsetzen können. Ähnliches gilt für das Kapitel über das Verfassen von Buchexzerpten (Kapitel 7), insbesondere, wenn Sie bislang mit Ihren Exzerpten oder Lesenotizen nicht zufrieden waren.

II. Was das Buch im Einzelnen bietet

Zentrales Thema von **Teil 1** ist die individuelle Studienplanung. **Kapitel 1** stellt am Beispiel des Studenten B vor, wie ein solches Studienkonzept und eine individuelle Planung aussehen kann. **Kapitel 2** fordert Sie auf, herauszufinden, was genau von Ihnen im Jurastudium und im Examen erwartet wird, und leitet Sie an, sich anhand der Ausbildungs- und Prüfungsordnung Ihres Bundeslandes und der Studien- oder Prüfungsordnung Ihrer Universität einen Überblick über examensrelevante Rechtsgebiete zu erstellen. Ziel von **Kapitel 3** ist, herauszufinden, inwieweit das Lehrangebot Ihrer Universität Ihre individuelle Studienplanung und Examensvorbereitung unterstützt. Es wird aufgezeigt, wie Sie den Studienplan Ihrer Universität analysieren können. Mit detaillierten Kenntnissen über Prüfungsanforderungen, Prüfungsinhalte, einer Stoffübersicht über den examensrelevanten Stoff und einem Überblick über das Lehrveranstaltungsangebot Ihrer Universität ausgestattet, erhalten Sie in **Kapitel 4** eine konkrete Anleitung für Ihre individuelle Studienplanung. Dabei überlege ich mit Ihnen, wie Sie Ihr Studium (lang-, mittel- und kurzfristig) organisieren können, um erfolgreich und mit Spaß zu studieren und auch Zeit zu haben, auf nicht prüfungsrelevante und außerfachliche Interessengebiete einzugehen.

Doch auch der schönste Plan nützt nichts, wenn man ihn nicht verwirklichen kann, weil das dazu nötige Handwerkszeug fehlt oder man im richtigen Gebrauch des Handwerkszeugs nicht unterrichtet wurde. **Teil 2** des Buches stellt deshalb das erforderliche Handwerkszeug und die konkreten »Gebrauchsanweisungen« zur Verfügung. **Kapitel 5** bietet eine effektive Methode zur Erarbeitung von Fachliteratur. Außerdem enthält es Hinweise zur gezielten Auswahl von Büchern und sonstigem Lernmaterial. **Kapitel 6** gibt eine ausführliche Anleitung zur systematischen Erarbeitung von Rechtsgebieten. Zunächst wird beschrieben, wie man sich eine Übersicht über den Inhalt und die Systematik eines Rechtsgebiets verschaffen kann. Darauf aufbauend wird die Frage beantwortet, wie man wesentliche und prüfungsrelevante Themenkomplexe eines Rechtsgebiets erkennt. Anschließend wird ausführlich darauf eingegangen, wie man Themenkomplexe im Einzelnen erarbeiten kann. Kapitel 7 und 8 sind den verschiedenen Formen von Informationserfassung und Wissensspeicherung gewidmet. Im juristischen Studium erfolgt die Wissensvermittlung durch Lehrveranstaltungen und Fachliteratur. **Kapitel 7** beantwortet deshalb die Frage, wie man Informationen aus diesen Wissensquellen sinnvoll erfassen und speichern kann, und stellt Methoden zum Anfertigen von guten Vorlesungsmitschriften und Buchexzerpten vor. Da Wissen mit Vorlesungsmitschriften und Buchexperten nicht in seinem Gesamtzusammenhang erfasst werden kann, sind für eine endgültige Wissensspeicherung andere Formen erforderlich. Im Jurastudium, in dem Gesamtzusammenhänge erst nach und nach deutlich werden und Wissen immer wieder ergänzt werden muss, stellt der Aufbau eines eigenen Karteikartensystems eine besonders gut geeignete Form der Wissensspeicherung dar. **Kapitel 8** gibt daher eine konkrete Anleitung zum Aufbau eines solchen Systems und zu Gestaltungsmöglichkeiten der einzelnen Karteikarten. **Kapitel 9** befasst sich mit der Umsetzung juristischen Wissens bei der Bearbeitung von Fällen. Das Beherrschen der Methode der juristischen Fallbearbeitung gehört zum unentbehrlichen Handwerkszeug im Jurastudium. Die Anwendung dieses Handwerkszeugs fällt jedoch vielen Studierenden schwer. Ursache hierfür ist das Fehlen von Anleitungen, die sowohl das gedankliche Vorgehen als auch das schriftliche Ausformulieren genau erklären. Diese Lücken in den vorhandenen Anleitungen zur Fallbearbeitung zu schließen, ist Zweck der ausführlichen Darstellung der Fallbearbeitung in Kapitel 9. Während sich Kapitel 5 bis 9 mit dem individuellen Studieren beschäftigen, möchte **Kapitel 10** Sie zum Lernen in einer privaten Arbeitsgemeinschaft motivieren. In diesem Kapitel erfahren Sie alles Wissenswerte über private Arbeitsgemeinschaften, angefangen von der Suche nach geeigneten Mitgliedern über die konkrete Planung und Vorgehensweise in Arbeitsgemeinschaften bis hin zur Bewältigung von typischen Schwierigkeiten in Arbeitsgemeinschaften. Die beiden abschließenden Kapitel 11 und 12 widmen sich dem für jedes Studium erforderlichen »Universalhandwerkszeug«, nämlich den Themen Lernen und Zeitmanagement. **Kapitel 11** stellt wichtige Erkenntnisse zum Lernen vor. Dann bietet es die Möglichkeit, anhand von ausführlichen Fragebögen zu ermitteln, auf welche Weise man besonders effektiv lernen und Lernstoff wiederholen kann. Es geht um Fragen wie z.B.: Wie muss der Lernstoff aufbereitet sein, damit Sie gute Lernerfolge erzielen? Mit welcher Art der Lernkontrolle macht es Ihnen am meisten Spaß, Ihren Lernerfolg zu überprüfen? Die Hinweise zur Auswertung der Fragebögen enthalten viele konkrete Tipps zum juristischen Lernen. **Kapitel 12** behandelt die Grundregeln des Zeitmanagements. Im Gegensatz zur Studienplanung im ersten Teil des Buches geht es hier nun nicht nur um die Planung des Jurastudiums, sondern um allgemeine, in vielen Bereichen anwendbare Regeln: u.a. um verschiedene Möglichkeiten der Zeitplanung, um die persönliche Leistungskurve, um die Analyse persönlicher Schwachstellen, um das Setzen von Prioritäten sowie um Ziele als Motivatoren. **Kapitel 13** widmet sich zwei Bereichen, die seit der Einführung der Universitätsprüfung verstärkt in die Examensnote einfließen und deswegen mehr als früher gut beherrscht werden müssen. Der erste Bereich erhöhter Anforderungen betrifft das wissenschaftliche Arbeiten. Durch die in den meisten Bundesländern als Teil der Universitätsprüfung eingeführte Studienarbeit geht in die Bewertung des ersten Examens auch die Note einer wissenschaftlichen Themenarbeit ein. Der zweite Bereich betrifft mündliche Leistungen. Diese haben durch zwei mündliche Prüfungen am Ende des Studiums ebenfalls erhöhtes Gewicht. Insgesamt fließen die mündlichen Leistungen zu ca. 1/3 in die Endnote der ersten Prüfung ein. Angesichts zahlreich vorhandener Literatur kann sich Kapitel 13 weitgehend auf weiterführende Literaturhinweise beschränken. Das Handwerkszeug für das Jurastudium muss seit der Studienrefom noch um weitere Werkzeuge ergänzt werden. **Kapitel 14** weist auf die in Unterricht und Prüfung zunehmend berücksichtigten rechtsberatenden und rechtsgestaltenden Aspekte hin. Die Klausuren des Examens enthalten auch Anwaltsklausuren, d.h. Aufgabenstellungen aus der Rechtsberatung und der Vertragsgestaltung. Auch hierzu werden Tipps und Literaturhinweise gegeben. **Kapitel 15** gibt einen Überblick über den Bereich der allgemeinen und der speziell für Juristen erforderlichen erforderlichen Schlüsselqualifikationen. Zu allgemeinen Schlüsselqualifikationen enthält dieses Buch viele Hinweise. In der Tabelle am Ende von Kapitel 15 erhalten Sie einen Überblick, welche Schlüsselqualifikationen Sie fördern können, wenn Sie die hier im Buch enthaltenen Anleitungen und Tipps umsetzen. **Kapitel 16** nennt statt einer Zusammenfassung Verhaltensweisen, deren Befolgung mit Sicherheit den Erfolg im Studium vergrößert. Ihre Missachtung führt zu den für das Jurastudium typischen Misserfolgen. Da diese Verhaltensweisen somit *wesensnotwendig für den Erfolg* im Jurastudium sind, sind sie als »Essentialia eines erfolgreichen Jurastudiums« zusammengefasst.

Da die Anleitungen, Tipps und auch die Querverweise auf die anderen Kapitel beim erstmaligen Durchlesen vermutlich noch nicht allesamt erfasst und genutzt werden können, lohnt es sich, das Buch mehrmals durchzulesen und es als »persönlichen Erfolgsberater« während des gesamten Studiums zu verwenden. Einen schnellen Überblick über die im Buch und im Internet enthaltenen Schaubilder, Formulare, Tabellen und Checklisten ermöglichen die Übersichten, die Sie am Anfang des Buches im Anschluss an das Inhaltsverzeichnis finden.

Abschließend möchte ich auf die zahlreichen Literaturhinweise und -tipps im Text der einzelnen Kapitel hinweisen. Diese sollen Ihnen helfen, aus der zahlreichen aktuellen Studienliteratur für Sie geeignete Bücher zu bestimmten Themen herausfinden. Um Ihnen dies zu erleichtern, werden die Titel in diesen Literaturhinweisen im Vollzitat genannt. Kurzzitate, d.h. das Fehlen von Titel und Erscheinungsjahr, ermöglichen es nicht, sich sofort einen Überblick über die Literatur zu einem bestimmten Thema und deren Aktualität zu verschaffen. Das Literaturverzeichnis am Beginn des Buches enthält dagegen diejenigen Titel im Vollzitat, die in den Fußnoten im Kurzzitat genannt sind. Um das Literaturverzeichnis jedoch nicht unnötig aufzublähen, sind Titel, die im gesamten Buch nur *einmal* verwendet wurden, bereits in der Fußnote selbst im Vollzitat enthalten. Im Literaturverzeichnis befindet sich nur die in Fußnoten *mehrfach* zitierte Literatur. In den Fußnoten wurden bewusst wörtliche Zitate zur Veranschaulichung und Verstärkung aufgenommen. Dies gibt Ihnen die Möglichkeit, einen guten Gedanken – noch einmal anders formuliert – auf sich wirken zu lassen.

Teil I Anleitung zur individuellen Studienplanung

Kapitel 1 Warum ist es so wichtig, das Jurastudium zu planen und zu organisieren?

Wenn Sie in Ihrem Jurastudium schon einmal das Gefühl hatten, den Überblick zu verlieren, oder den Stoff nicht bewältigen zu können, oder wenn Sie ständig ein schlechtes Gewissen haben, weil sie zu wenig lernen, kann eine wesentliche Ursache sein, dass Sie bisher das Studium auf sich zukommen ließen anstatt die Planung selbst in die Hand zu nehmen. Die Frage, warum es wichtig ist, das Jurastudium zu planen, lässt sich am leichtesten beantworten, wenn man die beiden folgenden Beispiele einmal gegenüberstellt.

I. Studienverlauf der Studenten A und B

Lassen Sie mich zunächst das Studium des Studenten A skizzieren:

Student A[3] hat sich für das Jurastudium entschieden, weil er sich für naturwissenschaftlich unbegabt und Germanistik für eine brotlose »Kunst« hält. Eine konkrete Vorstellung davon, was er mit dem Jurastudium machen möchte, hat er nicht. Er ist der Meinung, dass es sowieso besser ist, sich nicht auf einen Beruf zu versteifen, da man sonst nur enttäuscht ist, wenn man die erforderliche Note nicht schafft.

Er hält es für ziemlich übertrieben, sich schon im zweiten Semester damit zu befassen, was eventuell im Examen drankommen könnte. Außerdem denkt er, dass man ja wohl das Wichtigste mitbekommen muss, wenn man wenigstens die Vorlesungen besucht. Das macht er dann auch meistens. Allerdings eben auch nicht regelmäßig. Na ja, und die »schlimmsten« Vorlesungen besucht er dann schon auch 'mal gar nicht. Dafür nimmt er sich fest vor, den Stoff aus einem Lehrbuch zu lernen. Mit diesem Vorsatz setzt er sich nach den Vorlesungen in die Bibliothek und versucht, ein Lehrbuch durchzuarbeiten. Aber dann fällt ihm ein, dass er ja noch etwas zu dem Stoff durchlesen sollte, der gerade in einer Vorlesung drankommt, die er besucht. Außerdem interessiert ihn der Stoff aus dieser Vorlesung auch viel mehr. Nach einigen Versuchen, sich während des Semesters auch das Stoffgebiet der Vorlesung, die er nicht mehr besucht, aus einem Lehrbuch anzueignen, verschiebt er dieses Vorhaben auf die Semesterferien.

In den Semesterferien macht er zunächst Urlaub; danach schreibt er seine Hausarbeit, deren Bearbeitung ihn mehr Zeit kostet als er angenommen hat. So kommt es, dass er bis unmittelbar zum Abgabetermin vollkommen mit der Hausarbeit beschäftigt ist. Da der Abgabetermin am Ende der ersten Vorlesungswoche ist, kommt er erst ab der zweiten Woche dazu, die Vorlesungen zu besuchen. Mit schlechtem Gewissen denkt er an das Stoffgebiet, das er doch in den Semesterferien erarbeiten wollte. Da er jetzt

3 Zur besseren Lesbarkeit des Textes wird zwischen der ausschließlich männlichen und der ausschließlich weiblichen Bezeichnung gewechselt. Selbstverständlich ist jeweils die nicht ausdrücklich genannte (männliche oder weibliche) Bezeichnung miteingeschlossen.

aber keine Möglichkeit sieht, sich damit zu beschäftigen, verschiebt er es auf die nächsten Semesterferien.

Nach einer Woche des regelmäßigen Vorlesungsbesuchs wird der gerade gefundene Rhythmus durcheinander gebracht, weil er sich nun schwerpunktmäßig auf die Klausur vorbereiten muss. Der Professor hatte nämlich angedeutet, dass in der Klausur eine sachenrechtliche Problematik drankommen soll. Und gerade diesen Bereich hat er noch gar nicht gelernt. Als er die Klausur geschrieben hat, stellt er fest, dass er in den Vorlesungen, die er wegen der Klausurvorbereitung nur unregelmäßig besucht hat, den Anschluss verpasst hat. Er beschließt nun, Schwerpunkte zu setzen, um wenigstens in den drei wichtigsten Vorlesungen den Anschluss zu finden. Um dies zu schaffen, besucht er die übrigen Vorlesungen, die ihn teilweise auch langweilen, nicht mehr. Diese Stoffgebiete will er irgendwann in den Semesterferien oder eben in der Examensvorbereitung erarbeiten. Da er sich dies aber schon mehrmals vorgenommen und es dann doch nicht geschafft hat, überblickt er zwischenzeitlich nicht mehr, wie viele Stoffgebiete er noch selbständig erarbeiten oder nachlernen muss. Andererseits hat er doch schon einiges gelernt und die Scheine bisher gar nicht so schlecht und dann auch noch auf Anhieb bestanden. In gewisser Weise tröstet ihn das, zumal es den meisten seiner Mitstudierenden mit ihrem Studium nicht anders zu gehen scheint.

Ab und zu denkt er daran, dass es ihm vielleicht helfen könnte, wenn er sich einen richtigen Plan machen würde, der für alle Stoffgebiete feste Lern- oder Vorlesungszeiten vorsieht. Da er aber Angst davor hat, dann völlig verplant zu sein, setzt er diese Idee nie in die Tat um. Im Übrigen möchte er wenigstens im Studium seine Zeit ganz flexibel einteilen können. Wo bleibt denn sonst die vielgepriesene studentische Freiheit? Ein bisschen etwas vom lockeren Studentenleben will man ja schließlich auch noch mitbekommen. Da er nicht genau weiß, was er werden will, besucht er ab und zu die Vorlesungen zum Schwerpunktbereich »Rechtspflege in Zivilsachen«. Richtig eingearbeitet in diesen Schwerpunktbereich hat er sich aber noch nicht.

Nach dem sechsten Semester hat er alle Scheine, und wie fast alle möchte er den Freiversuch machen. Aber nach den ersten Ergebnissen der Klausurenkurse kommt er ziemlich in Stress. Danach würde er das Examen nicht bestehen. So langsam dämmert es ihm, wie viel er noch lernen muss. Er setzt sich hin und versucht, einen Plan zu erstellen, in den er eintragen will, welchen Stoff er in welcher Zeit noch lernen muss. Aber schon bei der Stoffübersicht ist er sich nicht sicher, ob er alle Gebiete erfasst hat und welche Examensrelevanz die einzelnen Gebiete haben. Bei der Einschätzung des Zeitbedarfs fühlt er sich vollends überfordert. Und wann soll er eigentlich die 6-wöchige schriftliche Arbeit für die Universitätsprüfung anfertigen? In der Übersicht über das Studium, die er sich daraufhin einer Webseite seiner Fakultät anschaut, steht in der Zeile für das 9. Semester einfach das Wort »Universitätsprüfung«. Aber wann genau soll er die schriftliche Arbeit erstellen, wann soll er die Klausur für den Schwerpunktbereich schreiben und hat er dann am Ende des Studiums gleich zwei mündliche Prüfungen, eine für die Staatsprüfung und eine für die Universitätsprüfung? Fragen über Fragen. Einige seiner Mitstudierenden haben diese Arbeit noch vor dem 7. Semester geschrieben. Das war vielleicht gar nicht so dumm. Aber jetzt muss er jedenfalls erst einmal möglichst schnell den Pflichtfachstoff lernen. Es erscheint ihm trotz der Kosten am sinnvollsten, ein sechsmonatiges privates Repetitorium zu besuchen, das die Behandlung des gesamten examensrelevanten Stoffes in dieser Zeit verspricht. Da der nächste Kurs erst in 12 Wochen beginnt, beschließt er, die schriftliche Arbeit für den Schwerpunktbereich zu erstellen. Dies fällt ihm nicht besonders leicht, weil er sich gleichzeitig die Grundkenntnisse des Schwerpunktbereichs aneignen muss. Anschließend besucht der das Repetitorium. Als er vom Repetitor eine Stoffübersicht erhält, errechnet er sich, dass er bei einer Fünftagewoche nun pro Tag mindestens elf Stunden arbeiten müsste, um den ganzen Stoff in der verbleibenden Zeit (noch ca. 9 Monate) zu bewältigen.

Ab sofort versucht er, auf seine elf Stunden pro Tag zu kommen. Am ersten Tag schafft er es mit großer Anstrengung neben dem Repetitorium fünf Stunden in der Bibliothek zu verbringen. Doch wenn er ganz ehrlich ist und alle kleineren Pausen und Unterbrechungen abzieht, hat er gerade dreieinhalb Stunden gelernt. Mit der Zeit stellt er fest, dass er an Tagen mit Repetitorium zusätzlich maximal fünf Stunden lernen kann, an Tagen ohne Repetitorium allerhöchstens acht Stunden. Und wenn er ausnahmsweise einmal acht Stunden geschafft hat, kann er am nächsten Tag meist nur noch vier Stunden unter Mühe arbeiten. Also fängt er an, die Stoffgebiete zu streichen, die »nicht ganz so examensrelevant« sind, und beschließt, den Freiversuch mit Mut zur Lücke zu wagen. (Außerdem muss er sich ja erst drei Monate vor dem Examen endgültig entscheiden, ob er antreten will oder nicht.) Die meisten Freizeitaktivitäten hat er aufgegeben, weil er auch abends noch einmal an den Schreibtisch muss, um auch nur annähernd sein Lernpensum zu schaffen, obwohl er schon um 8 Uhr morgens beginnt. Und das gelingt ihm nur, wenn er sich ganz streng an seine Zeitpläne hält. So hart hat er sich das Ganze nicht vorgestellt. Er überlegt sich oft, wie viel einfacher es gewesen wäre, wenn er von Anfang an regelmäßig ein oder zwei Stunden mehr gelernt hätte und dafür jetzt nur vier oder sechs Stunden pro Tag lernen müsste, zumal ihm jetzt ein gewisser Lernrhythmus gar nicht mehr so schlecht erscheint. Ganz abgesehen davon stellt er fest, dass er bei der Wiederholung von Gebieten, die er schon einmal erarbeitet hatte, nun doch Vieles besser versteht bzw. Themen, von denen er glaubte, sie schon ganz verstanden zu haben bzw. sie nie verstehen zu können, dann doch richtig versteht.

A entscheidet sich trotz einiger Lücken für den Freiversuch und besteht ihn mit einer passablen Note (befriedigend). Allerdings möchte er so einen Stress wie in der Examensvorbereitung nicht unbedingt noch einmal erleben. Seine Note findet er dafür, dass er nur im letzten Jahr systematisch gelernt hat, ganz gut. Aber er ist sich auch sicher, dass er, wenn er schon früher kontinuierlich gelernt hätte, noch besser hätte sein können.

So wie A geht es vielen Studierenden.[4] Obwohl sie sich von Anfang an vornehmen, den Freiversuch nach acht Semestern zu machen, handeln sie nicht diesem Entschluss entsprechend, sondern studieren in den ersten Semestern und teilweise auch bis zur Examensvorbereitung planlos. Häufig steckt hinter diesem Verhalten neben einer gewissen Bequemlichkeit auch das Vorurteil, dass eine genaue Planung nur dann notwendig ist, wenn man gestresst oder in Zeitnot ist. Dass man aber planen kann, um gar nicht erst in Stress oder Zeitnot zu geraten, bedenken nur wenige. Deshalb sehen Sie am Beispiel des Studenten B[5], wie so eine Planung aussehen kann.

4 *Edenfeld*, JURA 2004, 604: »Oft stellt der fortgeschrittene Student rückschauend fest, dass er seine ersten Semester an der Universität effektiver hätte gestalten können.«

5 B ist als Idealstudent natürlich eine Erfindung. Sein Verhalten soll Sie anspornen, seine Perfektion jedoch nicht entmutigen.

Student B ist relativ gelassen, obwohl in sechs Wochen die schriftliche Examensprüfung anfängt. Er hat den examensrelevanten Stoff nun schon komplett wiederholt und widmet sich in der Zeit bis zum Examen vor allem den Themen, die ihm noch Schwierigkeiten machen. Auf das Examen freut er sich zwar nicht gerade, aber er fühlt sich ganz gut vorbereitet. Außerdem wird es ihn seinem Ziel, als Anwalt in einer internationalen Kanzlei tätig zu sein, einen großen Schritt näher bringen.

Er hat gleich zu Beginn seines Studiums von einem Freund, der auch Jura studierte und schon kurz vor dem Examen stand, den Tipp bekommen, sein Jurastudium von Anfang an zu planen. Auch die Fachschaft an seiner Fakultät hatte schon in den Einführungsveranstaltungen am Beginn des Studiums darauf hingewiesen, dass das reformierte Studium mehr Prüfungsleistungen beinhalte und man deshalb von Anfang mitlernen müsse. Zu einer genauen Planung hat sich B allerdings erst am Ende des ersten Semesters aufraffen können. Er verschaffte sich anhand des Juristenausbildungsgesetzes, der Juristenausbildungsordnung, der Zwischenprüfungsordnung und der Studienordnung seiner Universität einen Überblick darüber, was er nach acht Semestern – er wollte wie viele andere den Freiversuch machen – an Lernstoff erarbeitet haben müsste. Anhand der Übersicht teilte er sich die Stoffgebiete so ein, dass er nach sechs Semestern alle Stoffgebiete einmal durchgearbeitet hatte. Konkret[6] sah das so aus, dass er sich ein Stoffgebiet entweder mit einer Vorlesung und der Nachbereitung der Vorlesung anhand von Lehrbüchern oder nur mit Lehrbüchern erarbeitet hat, indem er deren Inhalt stichwortartig notierte und dann später Karteikarten dazu erstellte. Die letzten zwei Semester vor dem Examen hat er sich für die Stoffwiederholung und die Veranstaltungen zur Examensvorbereitung, eventuell auch bei einem privaten Repetitorium, vorbehalten.

Diese Einteilung hat nach gewissen Startschwierigkeiten auch sehr gut funktioniert. Er hat schon nach der ersten vorlesungsfreien Zeit gemerkt, dass er mit dem Pensum nicht zurechtkommt, wenn er diese Zeit als (Semester)Ferien betrachtet. Seither hat er sich pro Jahr sechs Wochen studienfreie Zeiten gegönnt und in der übrigen vorlesungsfreien Zeit Hausarbeiten geschrieben, Praktika gemacht und gelernt. Außerdem wurde ihm recht schnell klar, dass er mit seinem Stoffpensum nicht zu Rande kommen würde, wenn er sämtliche im Studienplan vorgesehenen Vorlesungen besuchen würde. Seither ging er nur noch in die Vorlesungen, die ihm auch Lernfortschritte ermöglichten, und erarbeitete sich ansonsten den Stoff aus Büchern. Für die Erarbeitung von Teilbereichen, die er während der Vorlesungszeit nicht schaffte, sah er die Semesterferien vor.

Er hat sich seit dem zweiten Semester vorgenommen, montags bis freitags täglich mindestens sechs Stunden (netto, also nach Abzug aller Pausen) für das Studium (Vorlesungsbesuche, Eigenstudium, etc.) aufzuwenden. Mehr schafft er nicht, ohne das Gefühl zu haben, dass seine Lebensqualität und seine Lernqualität darunter leiden. Außerdem hat er Freizeitaktivitäten, die er durch das Studium nicht einschränken wollte. Es ist ihm ein Rätsel, wie z.B. sein Kommilitone A pro Tag acht und mehr Stunden (netto!) lernen kann.

Bei der Ausarbeitung seines Plans stellte er fest, dass an seiner Universität der günstigste Zeitpunkt für die Studienarbeit als Teil der Universitätsprüfung die Zeit nach dem 6. Semester ist, denn die intensive Examensvorbereitungsphase ab dem 7. Semes-

6 Siehe dazu auch den Wochenstundenplan von B für die Vorlesungszeit, S. 23.

ter wollte er dann nicht noch einmal unterbrechen. Dementsprechend begann er schon im 4. Semester mit dem Schwerpunktstudium. Er wählte passend zu seinem Berufsziel den Schwerpunktbereich Unternehmens- und Wirtschaftsrecht. Es war gut, dass er seit dem 2. Semester kontinuierlich gelernt hatte, denn so konnte er die Übungen für Fortgeschrittene und das Schwerpunktstudium parallel betreiben. Manche seiner Mitstudierenden waren das ganze Semester mit der jeweiligen Übung und der Vorbereitung auf die Klausuren beschäftigt. Zu Beginn des siebten Semesters gibt er die schriftliche Arbeit der Universitätsprüfung ab und hört bei einem Repetitorium zwei Wochen Probe. Er entscheidet sich dann aber dagegen, weil er vieles schon weiß und ihm die Probleme, die er noch einmal ausführlich lernen will, dort zugunsten des Überblicks oft zu kurz behandelt werden. Gemessen am Zeitaufwand und den hohen Kosten, ist ihm der persönliche Nutzen zu gering, zumal er sich das Geld selbst verdienen müsste. Außerdem hat seine Fakultät seit Neuestem ein Repetitorium eingeführt, das zu festen und sinnvollen Zeiten stattfindet und ihm genügend Freiraum zum Lernen lässt. Allerdings hat B immer vorgehabt, kurz vor dem Examenstermin noch einen Crashkurs zur neuesten Rechtsprechung bei einem privaten Repetitorium zu besuchen. Aber dann wurde im Rahmen der Veranstaltungen an der Universität die neueste Rechtsprechung ausführlich besprochen, so dass er auch darauf verzichten konnte.

B besteht den Freiversuch mit »gut« (11,7 Punkte). Damit hat er sein Ziel, ein zweistelliges Examensergebnis zu erreichen, mehr als erreicht. Besonders glücklich ist er darüber, dass er mit dieser Examensnote einen großen Schritt in Richtung seines Berufswunsches gemacht hat. Alles in allem sieht er seine Studienzeit als eine Zeit, in der er relativ intensiv gelernt hat. Im Gegensatz zu Mitstudierenden fand er das Studium aber nicht stressig. Besonders genoss er es, häufig eine lange Mittagspause machen zu können, und auch die Abende, selbst in der Examensvorbereitungsphase, überwiegend »jurafrei« zu haben.

Was unterscheidet nun B von A?

1. B hat ein *Berufsziel,* für das es sich lohnt, Jura zu studieren und das Examen (gut) zu machen. A dagegen hat kein solches Ziel vor Augen.
2. B hat sich am Ende des ersten Semesters einen *Überblick über den examensrelevanten Stoff* verschafft und festgelegt, wann er welchen Stoff erarbeiten muss. A hat sich einen solchen Überblick erst im Laufe des siebten Semesters, in der Examensvorbereitungsphase, erstellt.
3. B hat sich zeitliche Ziele gesetzt, indem er festlegte, *wann* er *welche Stoffgebiete erarbeiten* wollte, und hat sich im Großen und Ganzen auch daran gehalten. A hat, da er sich keine solchen Ziele gesetzt hat, nicht erkannt, dass er für bestimmte Stoffgebiete in der Examensvorbereitung nicht mehr genügend Zeit haben würde.
4. Außerdem hat B sich überlegt, wie viele Stunden er pro Tag mindestens und wie viele Stunden er höchstens mit Lernen verbringen will. Er hat sich also auch *für jeden Tag ein zeitliches Lernziel* gesetzt. A hat sich nur vorgenommen, die Vorlesungen zu besuchen.
5. B hat sich klargemacht, welche *Freizeitaktivitäten* er mit dem Studium unbedingt in Einklang bringen will, hat die entsprechende Zeit dafür auch eingeplant und sich seine Lernzeiten entsprechend eingeteilt. A hat sich für Freizeitaktivitäten meistens Zeit genommen, unabhängig davon, ob es zu seinen Studienveranstaltungen passte

oder nicht. In der Examensvorbereitungsphase hatte er dagegen fast gar keine Freizeit mehr.

6. B hat darüber hinaus während des gesamten Studiums genügend Zeit für *Urlaub eingeplant.* A hat in den ersten sechs Semestern sehr viel Urlaub gemacht, dafür in der Examensvorbereitungsphase gar keinen mehr.
7. B hat sich als Ziel gesetzt, die *zwei letzten Semester vor dem Examen* wirklich *zum Repetieren* zu haben und hat deshalb für diese Zeit keinen neuen Stoff mehr eingeplant. A hatte keine Zeit mehr zum Repetieren; er hatte nicht einmal die Zeit, den ganzen examensrelevanten Stoff auch nur einmal zu lernen.
8. B hat die *Semesterferien* lediglich als vorlesungsfreie aber *nicht als lernfreie Zeit* geplant und genutzt. A hat in den Semesterferien allenfalls die Zeit für Hausarbeiten und Praktika eingeplant. Gelernt hat er in den Semesterferien nicht.

II. Vorteile einer konkreten Studienplanung

Während Idealstudent B sein Studium bewusst plante und so das Jurastudium für sich überschaubar machte, nahm A das andere Extrem ein und verwechselte studentische Freiheit mit Planlosigkeit. Untersuchungen haben bestätigt, dass ein gutes Examen unmittelbar mit einer guten Studienplanung zusammenhängt. Eine konsequente Planung trägt aber nicht nur viel zu einem guten Examen bei. Schon während des Studiums führt sie dazu, dass

☺ mehr Freizeit übrig bleibt,

☺ mehr Zeit für konzentriertes Arbeiten zur Verfügung steht,

☺ Sie den Überblick über Ihr Studium und den Stand Ihrer Examensvorbereitung behalten,

☺ Sie mehr Erfolgserlebnisse als andere haben,

☺ Sie vermeiden können, dass Sie in der Examensvorbereitungsphase den Stoff nicht mehr bewältigen,

☺ Sie weniger unter Stress und Hektik leiden und

☺ Sie mehr Zeit für das Wesentliche haben.

Wer dagegen meint, ohne eine entsprechende zeitliche Planung auskommen zu können, läuft gerade im Jurastudium, das sehr auf die Eigenverantwortung des Einzelnen angelegt ist, Gefahr,

☹ den Überblick zu verlieren,

☹ sich hinsichtlich des schon bewältigten Lernpensums selbst etwas vorzumachen,

☹ ständig ein schlechtes Gewissen zu haben,

☹ das Gefühl zu haben, dass ihm das Studium über den Kopf wächst,

☹ in der Examensvorbereitung nicht mehr den ganzen Stoff bewältigen zu können.

Wer sein Studium effektiv organisieren und planen will, sollte

- für sich persönliche Ziele definieren,
- sich einen Überblick über die zur Zielerreichung erforderlichen Aktivitäten verschaffen,

- schriftlich planen,
- einen Grobplan für das gesamte Studium erstellen,
- Semester, Wochen und Tagespläne verwenden,
- Prioritäten setzen,
- seine eigene Leistungskurve beachten,
- Pausen einplanen und
- Pufferzeiten reservieren.

Was sich hinter den einzelnen Punkten dieser Auflistung jeweils verbirgt, zeige ich in diesem Kapitel am Fall des (Ideal-)Studenten B beispielhaft auf. In den Kapiteln 2 bis 4 finden Sie dann eine genaue Anleitung und viele zusätzliche Tipps, wie Sie Ihr eigenes Studium so planen können, dass Ihre individuellen Wünsche berücksichtigt sind und Ihr Examen erfolgreich wird.

III. Ziele als Basis der Planung

1. Berufsbilder als Studienmotivation

Ein wesentlicher Unterschied zwischen A und B besteht darin, dass B sich sehr früh Ziele gesetzt hat, während A es vorzog, die »Dinge auf sich zukommen zu lassen«. Mit der Vorstellung, Rechtsanwalt in einer internationalen Kanzlei zu werden, hatte B ein für ihn sehr attraktives berufliches Ziel (seinen Traumjob) vor Augen, das ihn motivierte, den manches Mal beschwerlichen Weg ohne Zögern weiterzugehen.[7] Denn er wusste wofür. A dagegen ging es mehr wie Alice im Wunderland:

»Würdest du mir bitte sagen, wie ich von hier aus weitergehen soll?« »Das hängt zum größten Teil davon ab, wohin du möchtest«, sagte die Katze. »Ach wohin ist mir eigentlich gleich...«, sagte Alice. »Dann ist es auch egal, wie du weitergehst«, sagte die Katze.[8]

> ☞ Nur wer sich Ziele setzt, kann sich motivieren und dadurch bewusst beeinflussen, dass er sie auch erreicht.
>
> ☞ Wer ein konkretes Ziel, das er mit dem Jurastudium erreichen will, vor Augen hat, wird auch die nötige Motivation für das Studium haben.

2. Ziele für das Jurastudium

B hat sich nicht nur ein berufliches Ziel, sondern auch Ziele für das Jurastudium gesetzt.[9] So strebte er von Anfang an eine zweistellige Examensnote an. Auch bei den Scheinen nahm er sich immer eine konkrete Note für die Klausuren und die Hausarbeit vor. So hatte er einen Anhaltspunkt dafür, ob er genügend und vor allem ob er richtig gelernt hatte. Er betrachtete diese Ziele immer als einen sportlichen Wett-

7 Zu Berufsbildern siehe ausführlich Kap. 12 (Zeitmanagement), Fn. 870. Siehe auch *Hartmut Kilger*, Anwaltausbildung und die Frage der Berufswahl, JuS 2003, 309: »Wer rechtzeitig und konsequent ein Berufsziel angestrebt hat, hat nach dem Ende der Ausbildung wesentlich bessere Chancen (...)«.

8 *Lewis Carroll*, Alice im Wunderland, in: Alice im Wunderland und was Alice hinter dem Spiegel fand, Aus dem Englischen von Barbara Teutsch, Hamburg, 1991, S. 61 f.

9 Zur Zielfindung siehe Kap. 12 (Zeitmanagement), S. 352.

kampf mit sich selbst, so dass es für ihn auch kein Beinbruch war, diese Ziele nicht oder nicht auf Anhieb zu erreichen. Bei der Anfängerübung im Öffentlichen Recht hatte er sich z.B. vorgenommen, die Hausarbeit und mindestens eine Klausur mit »vollbefriedigend« zu bestehen. Die Hausarbeit, die er in der vorlesungsfreien Zeit geschrieben hatte, bestand er mit 7 Punkten. Darüber war er etwas enttäuscht, weil er sich wirklich viel Mühe gegeben und sein Notenziel trotzdem nicht erreicht hatte. Aber in Anbetracht des enormen Aufwands, den das Schreiben einer zweiten Hausarbeit während der Vorlesungszeit mit sich gebracht hätte, entschied er sich dagegen, nur zur Notenverbesserung eine zweite Hausarbeit zu schreiben. Die erste Klausur bestand er, was er schon geahnt hatte, nur mit 6 Punkten. Natürlich war er froh darüber, dass er den Anfängerschein nun »in der Tasche« hatte. Aber gleichzeitig bestätigte die Note, dass er noch große Wissenslücken hatte und vor allem, dass er sein Wissen noch nicht so umsetzen konnte, wie es in einer Klausur gefordert war. Deshalb lernte er unvermindert weiter, jetzt mit besonderem Augenmerk darauf, wie und wo genau Wissen in der Klausur umzusetzen sei. Diese Bemühungen zahlten sich aus, die zweite Klausur bestand er mit 8 Punkten. Er freute sich, dass sich das klausurorientierte Lernen gelohnt hatte. Da er sein Notenziel noch nicht ganz erreicht hatte, lernte er auch auf die dritte Klausur unvermindert weiter. Diese bestand er dann mit 12 Punkten.

☞ Nur wenn man sich konkrete Ziele hinsichtlich
- des zeitlichen Umfangs des Jurastudiums,
- der Examensnote und
- der Noten der Klausuren und Hausarbeiten

setzt, kann man überprüfen, ob man auf dem richtigen Kurs ist und erforderlichenfalls eine Kurskorrektur vornehmen.

IV. Studienplanung

Als sich B am Ende des ersten Semesters an die konkrete Studienplanung machte, wollte er zunächst nur einen Stoffüberblick erstellen. Aber anstatt nun klarer zu sehen, war er von dem Stoffüberblick wie erschlagen, als er schwarz auf weiß vor sich hatte, wie viel Stoff bis zum Examen zu bewältigen sein würde. Zufällig stieß er auf ein Buch über Zeitplanung. Dort stand, dass der Sinn einer Planung darin bestehe, sich ein Ziel in so kleine Teilschritte oder Teilziele oder Einheiten aufzuteilen, dass man sie möglichst leicht bewältigen kann. Nach und nach wurde ihm klar, dass eine gute Studienplanung zwar bei einer Stoffübersicht anfängt, aber damit noch nicht getan ist. Neben einer detaillierten Stoffübersicht erstellte er sich deshalb zusätzlich eine Liste der nichtjuristischen Aktivitäten, einen Grobplan für das gesamte Studium, dann für jedes Semester einen Semesterplan, ein Kalendarium mit den Terminen im Semester und Wochenstundenpläne. Wie er dies im Einzelnen macht, stelle ich im Folgenden vor.

Auch einen Berg besteigt man Schritt für Schritt.

1. Detaillierte Stoffübersicht

Zunächst hat sich B daran gemacht, seinen Stoffüberblick in kleinere Lerneinheiten aufzuteilen[10]. Als Erstes hat er den prüfungsrelevanten Stoff nach Rechtsgebieten sortiert. Dann hat er jedes Rechtsgebiet noch einmal in kleinere Einheiten unterteilt, wenn er feststellte, dass es zu diesen kleineren Einheiten eigene Lehrbücher gab. So kam er, alle examensrelevanten Stoffgebiete (aus dem Zivilrecht, dem Öffentlichen Recht, dem Strafrecht und dem Schwerpunktbereich) zusammengezählt, auf ca. 30–35 Rechtsgebiete, die er bis zum Examen bearbeiten müsste. Jetzt hatte er zumindest das Gefühl, einen gewissen Überblick darüber zu haben, was auf ihn zukommen würde. Die detaillierte Übersicht zu erstellen, kostete ihn zwar Zeit, die er ansonsten zum Lernen hätte verwenden können, doch er wollte vermeiden, dass es ihm so ergeht wie dem Waldarbeiter:[11]

Ein Spaziergänger geht durch einen Wald und begegnet einem Waldarbeiter, der hastig und mühselig damit beschäftigt ist, einen bereits gefällten Baumstamm in kleinere Teile zu zersägen. Der Spaziergänger tritt näher heran, um zu sehen, warum der Holzfäller sich so abmüht, und sagt dann: »Entschuldigen Sie, aber mir ist da etwas aufgefallen: Ihre Säge ist ja total stumpf! Wollen Sie diese nicht einmal schärfen?« Darauf stöhnt der Waldarbeiter erschöpft auf: »Dafür habe ich keine Zeit – ich muss sägen!«

2. Liste der nichtjuristischen Aktivitäten

B hat parallel zu der Stoffübersicht die nichtjuristischen Tätigkeiten aufgelistet, die er während des Studiums machen wollte und zum Zeitpunkt der Planung schon benennen konnte. Pro Jahr hat er sechs Wochen Urlaub eingeplant, weil er findet, dass es so viel jurafreie Zeit einfach geben muss. Später als Anwalt würde er vermutlich nicht mehr so viel Urlaub haben. Sehr wichtig war es ihm, bestimmte Freizeitaktivitäten und Hobbys von Anfang an mit einzuplanen. Den Zeitbedarf pro Semester hat er geschätzt. Um realistische Zeiten zu bekommen, hat er nicht nur den Zeitbedarf für die Aktivität selbst, sondern auch Wegezeiten u.ä. eingerechnet (Bruttozeit). Denn er hat festgestellt, dass er, wenn er eine Stunde joggt, für Wegezeiten, für das Umziehen vorher und nachher, für das Duschen, insgesamt eine Erholungsphase von zweieinhalb bis drei Stunden braucht. Die Liste seiner geplanten nichtjuristischen Tätigkeiten sieht so aus:

Priorität	nichtjuristische Aktivitäten	Zeitbedarf
1	Ferienjob	6 Wochen/Jahr, in den großen Semesterferien
1	Nebenjob	1 Abend/Woche
1	Urlaub	6 Wochen, davon 4 Wochen im Sommer
1	Joggen	zweimal 3 Stunden/Woche
2	Theatergruppe	1 Abend/Woche 1 Probewochenende/Semester 3 Aufführungswochenenden/Semester
1	Orchester	1 Abend/Woche 1 Probewochenende/Semester 2 Konzertwochenenden/Semester
3	Reise nach Moskau	einmal 2 Wochen in den Semesterferien

10 Wie man diese detaillierte Stoffübersicht erstellt, zeige ich Schritt für Schritt in Kap. 2 (Studieninhalte und Prüfungsanforderungen).

11 *Lothar J. Seiwert*, Das neue 1x1 des Zeitmanagements, Offenbach, 23. Aufl. 2001, S. 44.

In dieser Aktivitätenliste hat B auch eine Spalte für Prioritäten vorgesehen. Dies ist ihm besonders wichtig, weil er dazu neigt, sich zu viel vorzunehmen. »1« bedeutet für B eine sehr wichtige Aktivität, »2« eine wichtige, aber aufschiebbare Aktivität und »3« eine weniger wichtige Aktivität.

B hat für Ferienjob, Nebenjob, Urlaub, Joggen und Orchester die höchste Priorität (»1«) vergeben, weil er darauf auf keinen Fall verzichten will. Die Theatergruppe ist ihm auch sehr wichtig, aber darauf könnte er angesichts des hohen Zeitaufwandes noch eher verzichten als auf die aktive Teilnahme im Orchester. Die Reise nach Moskau hat die niedrigste Prioritätsstufe. Es wäre zwar schön, wenn das während des Studiums einmal klappen würde, aber es ist nicht wichtig.

3. Grobplan für das Studium

Als nächstes hat sich B einen Grobplan für das gesamte Studium erstellt (Ausschnitt s. S. 15). Beim Erstellen des Grobplans orientierte er sich am Studienplan seiner Fakultät. Der Studienplan ordnet die Erarbeitung von Rechtsgebieten bestimmten Semestern zu. Das erste Semester hat er noch miteinbezogen, obwohl es zum Zeitpunkt der Planung schon fast vorüber war. Aber B wollte auch sehen, welche Stoffgebiete er nach dem Studienplan seiner Fakultät jetzt schon beherrschen sollte. Bei der Erstellung des Grobplans hat B immer ein Semester, d.h. Vorlesungszeit und die anschließende vorlesungsfreie Zeit, betrachtet.

Zuerst hat er festgelegt, was er in welchem Semester und in welchen Semesterferien machen will oder muss, um sein Studium in neun Semestern möglichst mit einem »vollbefriedigend« abschließen zu können: Er hat bestimmt, welche Stoffgebiete er in den einzelnen Semestern lernen will; dabei hat er sich vor allem am Studienplan orientiert. Dies hat er in die Spalte »juristische Tätigkeiten« eingetragen. In Klammern hat er notiert, wie viele Semesterwochenstunden (SWS)[12] Vorlesung im Studienplan für dieses Rechtsgebiet vorgesehen sind. Denn er ging davon aus, dass man damit ungefähr einschätzen könnte, wie viel Zeitbedarf die Erarbeitung des entsprechenden Rechtsgebiets mit sich bringen würde. Außerdem konnte er so zusammenrechnen, wie viele Stunden pro Woche alleine für Lehrveranstaltungen verplant sein würden, falls er alle besuchen wollte. Auch wenn er diese Veranstaltung nicht besuchen wird, muss er für das Erlernen des Stoffgebiets diese Zeit vorsehen, so dass es in jedem Fall sinnvoll ist, sich diese Zahl zu notieren. Für Hausarbeiten hat er in diese Spalte den üblichen Zeitbedarf von drei Wochen eingetragen, in die letzte Spalte die Studienziele. Diese Spalte kann er am Ende des Semesters einfach durchgehen und das abhaken, was er erreicht hat. So kann er leicht überprüfen, ob er seine Teilziele erreicht hat, und falls er sie nicht erreicht hat, frühzeitig Änderungen vornehmen. In die Spalte »nichtjuristische Tätigkeiten« hat er alle Aktivitäten aus der bereits erstellten »Liste der nichtjuristischen Aktivitäten« eingetragen.

12 Eine SWS entspricht einer Unterrichtsstunde von 45 Minuten/Vorlesungswoche.

Wichtiger Hinweis: Dies ist ein Ausschnitt des individuellen Grobplan des Studenten B. Er kann nicht von Ihnen übernommen werden, sondern muss von Ihnen auf die Gegebenheiten Ihrer Universität abgestimmt werden.

Ausschnitt aus dem Grobplan des Studenten B (hier 3. Semester)

wann?	nichtjur. Tätigkeiten	jur. Tätigkeiten	Studienziele: Am Ende des Semesters/der vorlesungsfreien Zeit habe ich ...
3. Semester Vorlesungszeit WS (15 Wo.)	– 1 Abend/Woche Nebenjob – zweimal/Woche Joggen – 1 Abend/Woche Orchester – 1 Woche Urlaub in den Weihnachtsferien	– SachenR erarbeiten (4) – Außervertragl. SchuldR erarbeiten (3) – allg. VerwaltungsR erarbeiten (4+2) – Grundzüge d. Europäischen Verfassungsrechts erarbeiten (3) – Grundrechte vertiefen – StrafR BT erarbeiten (3+2) – Klausuren in der Übung für Anfänger im StrafR vorbereiten und schreiben (2)	– gute Grundkenntnisse im SachenR, vor allem hinsichtlich des Erwerbs und der Veräußerung von beweglichen und unbeweglichen Sachen – gute Grundkenntnisse im Recht der ungerechtfertigten Bereicherung und der unerlaubten Handlung – gute Kenntnisse d. Rechtsquellen und der grundlegenden Rechtsinstitute d. VerwaltungsR sowie der Handlungsformen der Verwaltung – gute Grundkenntnisse im Europäischen Verfassungsrecht – vertiefte Kenntnisse in der Auslegung von Grundrechten – gute Kenntnisse Im Recht der Eigentums- und Vermögensdelikte – Übung im Klausurenschreiben und Schein im StrafR für Anfänger
Vorlesungsfreie Zeit Frühjahr (9 Wo.)	– 1 Abend/Woche Nebenjob – zweimal/Woche Joggen – 1 Abend/Woche Orchester – 1 Woche Skiurlaub	– Hausarbeit für die Übung für Fortgeschrittene im StrafR schreiben – Praktikum (Strafrecht) machen – Stoff wiederholen	– vertiefte Kenntnisse der Themen der Hausarbeit – Einblick in die strafrechtliche Praxis und Praktikumsnachweis

Vollstandiger Grobplan des B zur Ansicht unter http://www <

B stellt fest, dass die vorgesehene SWS-Zahl zwischen 20 und 23 schwankt. Wenn er jetzt für die Nachbereitungszeit jeder Veranstaltung entsprechend allgemeiner Empfehlungen noch einmal die gleiche Stundenzahl ansetzt wie für die Veranstaltung selbst, kommt er auf eine Stundenbelastung von 40 bis 46 Stunden[13] pro Woche, und dabei hat er noch keine Zeit für die Stoffwiederholung und für eine private AG eingeplant! Aber nicht nur die Vorlesungszeit ist völlig ausgebucht. Auch die vorlesungsfreie Zeit ist durch Hausarbeiten und Praktika größtenteils schon belegt. Nun will B es genau wissen: Er rechnet sich aus, wie viel Zeit ihm für Ferienjobs und für das Wiederholen oder Erarbeiten von Stoff bis zum Beginn der Examensvorbereitung bleibt. Er hofft nämlich, die Nachbereitung von Stoff auf die Semesterferien verschieben zu können, um die Arbeitsbelastung in der Vorlesungszeit zu reduzieren.

Berechnung des Studenten B über die in den vorlesungsfreien Zeiten zur Verfügung stehenden Zeit

	vorlesungsfreie Wochen insg.	Wochenbedarf für Hausarbeiten	Wochenbedarf für Praktikum	verbleibende Wochen	Wochenbedarf für Urlaub	verbleibende Wochen für Stoffwiederholung, Ferienjobs etc.
1. Semester *WS*	2 (Weihnachten/ Neujahr)	0	0	2	1	1
Sem.»ferien« *Frühjahr*	8	6 (2x3)	0	2	1	1
2. Semester *SS*	0	0	0	0	0	0
Sem.»ferien« *Sommer*	13	3	4	6	4	2
3. Semester *WS*	2 (Weihnachten/ Neujahr)	0	0	2	1	1
Sem.»ferien« *Frühjahr*	9	3	4	2	1	1
4. Semester *SS*	0	0	0	0	0	0
Sem.»ferien« *Sommer*	12	6 (2x3)	0	6	4	1
5. Semester *WS*	2 (Weihnachten/ Neujahr)	0	0	2	1	1
Sem.»ferien« *Frühjahr*	8	3	4	1	1	0
6. Semester *SS*	0	0	0	0	0	0
Sem.»ferien« *Sommer*	13	6	0	7	4	3

Bei der Berechnung geht er davon aus, dass er sich während der Vorlesungszeit voll auf das Studium konzentriert und keine disponible Zeit hat. Deshalb erfasst er in der Tabelle nur die vorlesungsfreien Zeiten. Er trägt in Spalte 2 die Anzahl der vorlesungsfreien Wochen ein: Während des Wintersemesters jeweils zwei Wochen Weihnachtsferien, in den Frühjahrsemesterferien acht oder neun Wochen und in den Sommersemesterferien 12 oder 13 Wochen[14]. Da er die Zeit für die Hausarbeiten, für die Seminararbeit, für die schriftliche Arbeit der Universitätsprüfung und das Praktikum auf jeden Fall einplanen muss, hat er dafür jeweils eine Spalte vorgesehen. In

13 Eine Stunde entspricht dabei einer Lerneinheit von 45 Minuten.

14 Die Semesterferien können in der Dauer sowohl im Frühjahr als auch im Sommer um eine Woche variieren, betragen jährlich aber i.d.R. insgesamt 23 Wochen (inkl. Weihnachtsferien).

Spalte 3 trägt er anhand seines Grobplans nun den Zeitbedarf für die Hausarbeiten[15], in Spalte 4 den Zeitbedarf für die Praktika ein. Er muss insgesamt 6 Hausarbeiten (3 für die kleine, 3 für die große Übung), eine Seminararbeit und die Arbeit für die Universitätsprüfung schreiben. Das Praktikum dauert 3 x 4 Wochen. In Spalte 5 zieht er eine Zwischenbilanz, um zu sehen, wie viel Zeit ihm für Urlaub, Stoffwiederholung, Seminare und Ferienjobs, also für alle nichtobligatorischen Tätigkeiten verbleibt. Da er eigentlich nicht auf die sechs Wochen Urlaub verzichten will, sieht er dafür eine eigene Spalte (6) vor und trägt wie geplant in den Sommersemesterferien 4 Wochen, in den Frühjahrsemesterferien 1 Woche und in den Weihnachtsferien 1 Woche ein. In Spalte 7 trägt er die nach Abzug des Urlaubs verbleibenden Wochen ein.

Vom Ergebnis ist er schockiert. Denn er muss feststellen, dass er bis zum Ende des 6. Semesters *nur einmal mehr als 1 Woche* Zeit zum Stoffwiederholen oder zum Lernen neuen Stoffes oder für Ferienjobs hat. Ansonsten ist die vorlesungsfreie Zeit bis zum 7. Semester mit Hausarbeiten und Praktika ausgebucht.[16] Nach dem 6. Semester hat er zwar nach der Anfertigung der häuslichen Arbeit noch 4 Wochen Urlaub und 3 Wochen, die nicht verplant sind. Aber eigentlich muss er sofort mit der Examensvorbereitung beginnen, denn 11 Monate später ist schon das schriftliche Examen. Vermutlich muss er hier auch den Urlaub ausfallen lassen, um wenigstens noch 12 Monate zu haben. Die Hoffnung von B, in den Semesterferien Zeit für die gründliche Nachbereitung von Stoffgebieten zu haben, stellt sich jetzt als illusorisch heraus. Im Gegenteil! Er muss sich überlegen, wie er es überhaupt schaffen kann, in den Semesterferien den gelernten Stoff wenigstens noch einmal zu wiederholen. B beschließt, das Wort Semesterferien nicht mehr zu gebrauchen, denn das verleitet ihn, tatsächlich an Ferien zu denken.

☞ Was Hänschen in der Vorlesungszeit nicht lernt, lernt Hans in der vorlesungsfreien Zeit nicht mehr.

Wie B wird den meisten Studierenden erst durch eine Grobplanung des Studiums klar, wie viel Zeit von vornherein verplant und wie wenig frei verfügbare Zeit noch übrig ist. Daran zeigt sich, dass auch ein Studium mit viel akademischem Freiraum keinen großen zeitlichen Freiraum und noch weniger ein geringes »Verplantsein« bedeutet.

☞ Erst bei schriftlicher Planung sieht man, wie viel Zeit man tatsächlich zur Verfügung hat, und erkennt rechtzeitig zeitliche Engpässe.

B hatte in seiner Aktivitätenliste sechs Wochen für Ferienjobs vorgesehen. Nun muss er erkennen, dass er nur nach dem 2. Semester dafür Zeit hätte, wenn er auf den Urlaub verzichtet. In den weiteren Semestern ist definitiv keine Zeit. Gegen das Jobben nach dem 2. Semester spricht jedoch, dass er im 1. Semester noch wenig konsequent gearbeitet hat und diese Lücken nicht bis zur Examensvorbereitung mitschleppen will.

15 B studiert an einer Universität, an der die Hausarbeiten in den Semesterferien geschrieben werden können.

16 Wenn man die Hausarbeit während der Vorlesungszeit schreibt, wird man die vorlesungsfreie Zeit dafür benötigen, den versäumten Stoff nachzuholen.

Die Überlegungen des B zeigen, dass ein Jurastudium in neun Semestern nicht genügend Freiräume lässt, um das Studium überwiegend selbst zu finanzieren.[17] Natürlich kann man überlegen, den vierwöchigen Sommerurlaub zu streichen und statt dessen in dieser Zeit zu jobben. Wer in der Vorlesungszeit jedoch konsequent arbeitet und dann auch noch die Hausarbeiten zügig geschrieben und die Praktika absolviert hat, hat einen Erholungsbedarf, der sich nicht einfach wegrechnen und wegplanen lässt. Wenn man diesen Erholungsbedarf ignoriert, wird sich das im nächsten Semester auf die Leistungsfähigkeit auswirken.

☞ Wer Erholungsphasen nicht einplant, wird sie sich zusammenstehlen.

Die Grobplanung des Studiums hat B Erkenntnisse gebracht, die man verallgemeinern kann:

☞ Die vorlesungsfreien Zeiten im Jurastudium sind durch Hausarbeiten, Seminararbeiten, Prüfungsarbeit, Praktika und den nötigen Urlaub fast vollständig verbraucht.
☞ Was Hänschen in der Vorlesungszeit nicht lernt, lernt Hans in der vorlesungsfreien Zeit nicht mehr.
☞ Wenn man die nicht mit Hausarbeiten oder Praktika belegte Zeit zum Jobben verwendet, hat man bis zur Examensvorbereitung keine Zeiträume, in denen man versäumten Stoff nachholen könnte, und wird daher nur mit Wissenslücken den Freiversuch wagen können.

4. Semesterplan

Anhand des Grobplans für das gesamte Studium hat B nun das jeweils kommende Semester konkret geplant (siehe Semesterplan des B vom 3. Semester auf S. 19). Als Grundlage für den Semesterplan dient der entsprechende Ausschnitt aus dem Grobplan, den B daraufhin überprüft, ob die geplanten nichtjuristischen oder juristischen Tätigkeiten so beibehalten werden, wegfallen oder weitere hinzukommen sollen und ggf. geändert werden müssen. B trägt nun an drei Wochenenden Orchesterproben bzw. Konzert ein, da er dies zum Zeitpunkt der Grobplanung noch nicht wusste. Für die vorlesungsfreie Zeit plant er drei Wochen für die Hausarbeit und eine Woche für Wiederholung ein. Auch die Studienziele konkretisiert er nun, indem er einträgt, dass er eine Klausur in der Übung im Strafrecht mit mindestens »befriedigend« bestehen will. Für die verbleibende Woche in der vorlesungsfreien Zeit plant er, möglichst viel Stoff des letzten Semesters anhand seiner Karteikarten zu wiederholen.

Im Semesterplan ist also aufgelistet, welche konkreten Aktivitäten im kommenden Semester eingeplant werden müssen. B kann sehr gut neuen Stoff lernen, wenn er zuerst eine Vorlesung hört und dann diese Vorlesung nachbereitet. Trotzdem schreibt er nicht in seinen Plan »Vorlesung besuchen«, denn ob er Vorlesungen tatsächlich während des ganzen Semesters besucht oder sich den Stoff im Selbststudium aneignet, wird er erst nach zwei Vorlesungswochen entscheiden, wenn er alle Vorlesungen probegehört hat. Als juristische Tätigkeit trägt er stattdessen ein, welche Rechtsgebiete er erarbeiten und welche Klausuren er vorbereiten und schreiben will.

17 Zu Finanzierungsmöglichkeiten und Stipendien siehe Fn. 311.

Semesterplan des Studenten B für das 3. Semester
Ergänzungen und Änderungen zum Grobplan sind zur Hervorhebung kursiv gedruckt.

wann?	nichtjur. Tätigkeit	jur. Tätigkeit	Studienziele: Am Ende des Semesters/der vorlesungsfreien Zeit habe ich ...
3. Semester Vorlesungszeit WS (16 Wo.)	– zweimal/Woche Joggen – 1 Abend/Woche Orchester – *an 3 Wochenenden an Orchesterprobe bzw. Konzert teilnehmen* – 2 Wochen Urlaub in den Weihnachts»ferien«	– SachenR erarbeiten (4) – Außervertragl. SchuldR erarbeiten (3) – Allg. VerwaltungsR erarbeiten (4+2) – Grundzüge d. Europäischen Verfassungsrechts erarbeiten (2) – Grundrechte vertiefen – StrafR BT erarbeiten (3+2) – Klausuren in der Übung für Anfänger im StrafR vorbereiten und schreiben (2)	– gute Grundkenntnisse im SachenR, vor allem hinsichtlich des Erwerbs und der Veräußerung von beweglichen und unbeweglichen Sachen – gute Grundkenntnisse im Recht der ungerechtfertigten Bereicherung und der unerlaubten Handlung – gute Kenntnisse d. Rechtsquellen, der grundlegenden Rechtsinstitute, der Handlungsformen der Verwaltung und Grundkenntnisse im Verwaltungsverfahrensrecht – gute Grundkenntnisse im Europäischen Verfassungsrecht – vertiefte Kenntnisse in der Auslegung von Grundrechten – gute Kenntnisse im Recht der Eigentums und Vermögensdelikte und der Delikte gegen die Person – Übung im Klausurenschreiben und den Schein im StrafR für Anfänger erworben sowie die *Klausur mind. mit befriedigend* bestanden
Vorlesungsfreie Zeit Frühjahr (9 Wo.)	– 1 Abend/Woche Nebenjob *mit dem Ziel, mind. 250 € zu verdienen* – zweimal/Woche Joggen – 1 Abend/Woche Orchester – 1 Woche Skiurlaub	– Hausarbeit für die Übung für Fortgeschrittene im StrafR *in 3 Wochen* schreiben – 4 Wochen Praktikum (Strafrecht) machen – *1 Woche anhand der Karteikarten den Stoff des letzten Semesters noch einmal wiederholen*	– vertiefte Kenntnisse der Themen der Hausarbeit und die Hausarbeit *mit mind. 10 Punkten bestanden* – Einblick in die strafrechtliche Praxis und den Praktikumsnachweis – *den Stoff des letzten Semesters abrufbar*

Anhand des kommentierten Vorlesungsverzeichnisses kann B nun feststellen, ob für die Stoffgebiete, die er sich im 3. Semester aneignen soll, Vorlesungen angeboten werden. Er stellt fest, dass es in diesem Semester keine Vorlesung zum Europarecht gibt. Außerdem wird grundsätzlich keine Vertiefungsveranstaltung für Grundrechte angeboten, so dass er dies in die Eigenstudienzeit einplanen muss. Eine Studentin aus dem 4. Semester hat ihm außerdem gesagt, dass die Grundzüge des Verwaltungsverfahrens und Verwaltungsprozessrechts zwar in der Vorlesung zum Allgemeinen Verwaltungsrecht mitbehandelt werden, dass dies aber nicht ausreiche, um einen Überblick über die wichtigsten Fragen des Verwaltungsverfahrens und Verwaltungsprozessrechts zu bekommen. Sie hat ihm ein Buch empfohlen, mit dem er sich diesen Stoff gut aneignen kann. Also muss er auch dafür zusätzliche Eigenstudienzeit einplanen.

5. Kalendarium für das Semester

Um festzustellen, ob sich die Aktivitäten im kommenden Semester überhaupt zeitlich vereinbaren lassen und sich Termine nicht überschneiden, erstellt B ein Kalendarium, das ihm *auf einer Seite* einen Überblick über die gesamte Vorlesungszeit bietet (siehe nächste Seite). Er hat die wichtigen Termine des nächsten Semesters (Abgabe der 1. Hausarbeit, Klausurtermine, Weihnachtsferien, vorlesungsfreie Tage wie z.B. Allerheiligen) und private Termine (Probe und Konzertwochenenden, Urlaub) eingetragen. Dadurch wird ihm schnell klar, dass es eine Interessenkollision zwischen Orchester und Klausurvorbereitung gibt: Gleich unmittelbar vor der 1. Klausur liegt ein Proben-Wochenende des Orchesters. Und ausgerechnet vor der 2. Klausur ist das Konzertwochenende.

B weiß nun, dass er im Semester viel Eigenstudienzeit für das Strafrecht vorsehen muss, wenn er an dem Konzert teilnehmen will. Da er unmittelbar vor der 1. Klausur wegen des Proben-Wochenendes nicht lernen kann, wird er notfalls am Donnerstag und Freitag vor der Klausur nur noch Klausurvorbereitung betreiben. B ist sich darüber klar, dass dies stressig werden kann, aber die Teilnahme am Konzert ist ihm das wert. Sollten die ersten beiden Klausuren nicht so erfolgreich verlaufen, wie er sich das wünscht, wird er in der vorlesungsfreien Zeit schon ab dem 2. Januar noch einmal bis zur 3. Klausur intensiv Strafrecht lernen. Allerdings hofft er sehr, dass das nicht nötig sein wird, weil er dann in der vorlesungsfreien Woche nicht zur Wiederholung anderer Stoffgebiete kommen würde. Und er weiß jetzt, dass er die erste Januarwoche auf jeden Fall freihalten muss.

Nur anhand des Kalendariums konnte B die Kollision zwischen Orchester und Vorbereitung auf die Strafrechtsklausuren rechtzeitig erkennen. Nun hat er die Chance, in seinen Wochenstundenplan viel Eigenstudienzeit für das Strafrecht einzuplanen. B zählt außerdem die Vorlesungswochen und stellt fest, dass das Wintersemester mit 16 Wochen dieses Mal relativ lang ist. Vor den Weihnachtsferien liegen 10 volle Wochen, nach den Weihnachtsferien kommen noch 6 Wochen. Also hält er für das Erarbeiten der Stoffgebiete als Merkposten fest, dass er bis zu den Weihnachtsferien ca. 2/3 des Stoffes gelernt haben muss.

Kalendarium des Studenten B für das 3. Semester

Oktober 2008	November 2008	Dezember 2008	Januar 2009	Februar 2009
1 Mi	1 Sa Allerheiligen	1 Mo *Rückg. d. 1. HA*	1 Do Neujahr	1 So
2 Do	2 So	2 Di	2 Fr *frei*	2 Mo *Rückg. d. 2. HA*
3 Fr Dt. Einheit	3 Mo	3 Mi	3 Sa *Ferienende*	3 Di
4 Sa	4 Di	4 Do		4 Mi
5 So	5 Mi	5 Fr		5 Do
6 Mo	6 Do	6 Sa *Proben-*	6 Di Heilige 3 Könige	6 Fr
7 Di	7 Fr *ab 16.00*	7 So *Wochenende*	7 Mi	7 Sa
8 Mi	8 Sa *Proben-*	8 Mo *Ausg. d. 2. HA*	8 Do	8 So
9 Do	9 So *Wochenende*	9 Di	9 Fr	9 Mo *Bespr. 3. Klausur*
10 Fr	10 Mo ***1. Klausur***	10 Mi	10 Sa	10 Di
11 Sa	11 Di	11 Do	11 So	11 Mi
12 So	12 Mi	12 Fr	12 Mo *Bespr. 2.Klausur*	12 Do
13 Mo *Vorlesungsbeginn*	13 Do	13 Sa *Konzert-*	13 Di	13 Fr
14 Di	14 Fr	14 So *wochenende*	14 Mi	14 Sa *Vorlesungsende*
15 Mi	15 Sa	15 Mo ***2. Klausur***	15 Do	15 So
16 Do	16 So	16 Di	16 Fr	16 Mo
17 Fr	17 Mo	17 Mi	17 Sa	17 Di
18 Sa	18 Di	18 Do *ende*	18 So	18 Mi
19 So	19 Mi	19 Fr	19 Mo *Rückg. d. 2. HA*	19 Do
20 Mo	20 Do	20 Sa	20 Di	20 Fr
21 Di	21 Fr	21 So	21 Mi	21 Sa
22 Mi	22 Sa	22 Mo *Ferienbeginn*	22 Do	22 So
23 Do	23 So	23 Di	23 Fr	23 Mo
24 Fr	24 Mo *Bespr. 1. Klausur*	24 Mi Heiliger Abend	24 Sa	24 Di
25 Sa	25 Di	25 Do 1. Feiertag	25 So	25 Mi
26 So	26 Mi	26 Fr 2. Feiertag	26 Mo ***3. Klausur***	26 Do
27 Mo ***Abgabe 1. HA***	27 Do	27 Sa *frei*	27 Di	27 Fr
28 Di	28 Fr	28 So *frei*	28 Mi	28 Sa
29 Mi	29 Sa	29 Mo *frei*	29 Do	
30 Do	30 So	30 Di *frei*	30 Fr	
31 Fr		31 Mi Silvester	31 Sa	

6. Wochenstundenpläne

B hat einen *ersten* (vorläufigen) Wochenstundenplan (siehe S. 23) erstellt. Wichtig war ihm dabei, alle Abende, den Sonntag und möglichst auch den Samstag für Freizeitaktivitäten zur Verfügung zu haben. In den Wochenstundenplan hat er alle Pflicht-Lehrveranstaltungen eingetragen, die für das dritte Semester laut Studienplan angeboten werden. Sein Stundenplan ist mehr als voll: Die Pflichtveranstaltungen betragen 18 SWS plus 4 SWS freiwillige Fallbesprechung. Er hat jetzt aber noch keine Wahlveranstaltung oder ihn sonst interessierende Veranstaltung eingetragen.

☞ Mit dem Erwerb von Zusatzqualifikationen, z.B. von betriebswirtschaftlichen Grundlagen, EDV-Kenntnissen oder Sprachkenntnissen, sollte unbedingt im ersten Semester begonnen werden. Denn die Arbeitsbelastung steigt kontinuierlich.

☞ Auch mit dem Erwerb von Schlüsselqualifikationen sollte möglichst früh begonnen werden.[18]

Da er jedoch nicht – wie viele seiner Kommilitonen – die Nachbereitung der Vorlesungen teilweise ausfallen lassen möchte, sieht er von Zusatzveranstaltungen ab. Denn er hat es ausprobiert und festgestellt, dass er ohne Nachbereitung nur sehr wenig von dem Vorlesungsstoff behält[19]. Weiter ist er für sich zu dem Ergebnis gekommen, dass es sinnvoller ist, die Erarbeitung eines Stoffgebietes ganz zu verschieben, als zu mehreren Stoffgebieten nur die Vorlesung zu hören. Wenn das der Fall ist, streicht er das Stoffgebiet in dem jeweiligen Semester mit einem roten Stift durch und überträgt es auf das nächste Semester.

B ist sich darüber klar, dass er den ersten Wochenstundenplan vermutlich nur wenige Wochen beibehalten wird. Denn wenn er bestimmte Vorlesungen nicht mehr besuchen wird, muss er auch den Wochenstundenplan noch einmal modifizieren. Trotzdem macht er sich die Mühe und erstellt für die ersten zwei bis drei Wochen diesen Plan. Denn er hat festgestellt, dass er keinen guten Lernrhythmus findet, wenn er die ersten Wochen einfach in die Vorlesungen geht und ansonsten denkt, dass sich die Nachbereitungsphasen schon ergeben werden. Anfangs hat B zum Nachbereiten der Vorlesungen nur Lehrbücher gelesen. Aber dann stellte er fest, dass er von dem Gelesenen nicht besonders viel behielt. Seit er sich bei der Nachbereitung Karteikarten zu dem Vorlesungsstoff erstellt[20], ist sein Lernen sehr effektiv geworden. Er empfindet das Erstellen von Karteikarten als Abwechslung, weil er dabei noch einmal anders über den Stoff nachdenkt als beim Zuhören in der Vorlesung oder beim bloßen Lesen von Lehrbüchern. Außerdem hat er gelesen, dass man den gelernten Stoff innerhalb von 48 Stunden wiederholen soll[21]. Das hat er ausprobiert und festgestellt, dass er sich langfristig viel mehr merken konnte. Auch deshalb versucht B, die Vorlesungen möglichst bald nachzubereiten. Im Wochenstundenplan hat er die Pausen zwischen zwei Veranstaltungen von 15–30 Minuten nicht extra vermerkt, da sie sich sowieso ergeben.

18 Manche Studienpläne sehen Schlüsselqualifikationen erst ab dem 5. Semester vor. Gleichzeitig soll dann mit dem Schwerpunktstudium und ab dem 7. Semester mit der Examensvorbereitung begonnen werden. Dies führt zu Schwierigkeiten in der Studienplanung.

19 Dazu ausführlich in Kap. 11 (Lernen).

20 Zu verschiedenen Karteikartensystemen und dem Erstellen von Karteikarten siehe Kap. 8 (Karteikarten).

21 Siehe dazu Kap. 11 (Lernen).

Erster Wochenstundenplan des Studenten B für die Vorlesungszeit im 3. Semester

	Montag	Dienstag	Mittwoch	Donnerstag	Freitag	Samstag	Sonntag
8.00		StrafR BT nachbereiten	SachenR nachbereiten		Grundrechte vertiefen	*Pufferzeit*	*frei*
8.30	StrafR BT Vorlesung=VL			Europäisches VerfassungsR			
9.00		SachenR (VL)	SachenR (VL)				
9.30					*Pause*		
10.00					Fallbespr.VerwR vorbereiten		
10.30							
11.00	Fallbesprechung im StrafR	Außervertragl. SchuldR (VL)	SachenR nachbereiten	Allg. VerwR (VL)			
11.30					Fallbespr. StrafR vorbereiten		
12.00			Außervertr. SchuldR (VL)				
12.30							
13.00	*Mittagspause*	*Mittagspause*	*Mittagspause*	*Mittagspause*	*Mittagspause*		
13.30							
14.00	Übung im StrafR für Anfänger (VL)		Allg. VerwR (VL)				
14.30		Außervertragl. SchuldR nachbereiten					
15.00				Allg. VerwR nachbereiten	private AG zur Wiederholung des Stoffes der Woche		
15.30		*Pause*				Wiederholung d. Stoffes dieser Woche anhand der Karteikarten	
16.00	*Pause*	Fallbesprechung im Allg. VerwR	*Pause*				
16.30	Übung und StrafR BT nachbereiten/Falllösungstechnik üben		Außervertragl. SchuldR nachbereiten	*Pause*			
17.00				StrafR BT nachbereiten			
17.30						*Pause*	
18.00		*Abendessen/ Pause*			*Joggen*		
18.30			*Abend zur freien Verfügung*	*Abend zur freien Verfügung*		*In der Kneipe bedienen*	
19.00	*Joggen*						
19.30							
20.00		*Orchester*					

Zwei Wochen lang besucht B alle Vorlesungen um herauszufinden, in welchen Vorlesungen er wirklich etwas mitnehmen kann. Obwohl es ihm schwer fällt, beschließt er, mehrere Vorlesungen nicht mehr zu besuchen.[22] B lernt an sich gut beim Zuhören, wenn die Vorlesung spannend ist und die Stoffschwerpunkte richtig gelegt sind. Ansonsten lernt er aus Lehrbüchern in weniger Zeit mehr. Dieses Semester hat er offensichtlich Pech: Bei der einen Vorlesung kommt er mit der Darbietung des Stoffes nicht zurecht, bei der anderen hat er bei der Nachbereitung festgestellt, dass der Dozent zu viel Zeit auf Spezialthemen verwendet. Außerdem ist der Dozent in der dritten Woche immer noch bei seiner Einleitung.[23] Insofern könnte B diese Vorlesung auch nicht »nachbereiten«, sondern müsste parallel zur Vorlesung beginnen, den Stoff aus Lehrbüchern voraus zu lernen. In der dritten Vorlesungswoche erstellt B einen neuen Wochenstundenplan (siehe S. 25). Auch in diesen Plan hat B zuerst die Abende und den Sonntag als Freizeit markiert. Außerdem hat er regelmäßige und feste Pausen eingeplant.

☞ Sowohl fehlende Pausen als auch zu lange Pausen wirken sich negativ auf die Konzentrationsfähigkeit und damit auf den Lernerfolg aus.
☞ Pausen müssen eingeplant werden, um zu vermeiden, dass sie in hektischen Situationen ganz entfallen und in entspannten Zeiten zu sehr ausgedehnt werden.

B hat – außer am Montag, wo es wegen der Übung im Strafrecht nicht möglich ist – eine sehr lange Mittagspause (von 13.00 bis 15.30 Uhr) vorgesehen. Denn er hat festgestellt, dass er regelmäßig zwischen 14 Uhr und 15 Uhr mindestens eine halbe Stunde ein absolutes Tief hat. In der Vorlesung am Montag um 14 Uhr kann er sich oft kaum wach halten. Deshalb berücksichtigt er an den anderen Tagen seine Leistungskurve, indem er sich z.B. im Sommer nach dem Essen in den nahegelegenen Park legt und ein kurzes Nickerchen hält. Wenn er nicht so müde ist, macht er Erledigungen oder trifft sich kurz mit Freunden.

☞ Wer seine persönliche Leistungskurve beachtet, erhöht dadurch seine Leistungsfähigkeit und vermeidet Konzentrations- und Motivationstiefs.

B ist ein Morgenmensch. Deshalb beginnt er jeden Tag um 8 Uhr. Da am Dienstag und Mittwoch dann um 9 Uhr die Sachenrechtsvorlesung beginnt, hatte er zunächst Zweifel, ob sich vorher eine Stunde Eigenstudienzeit überhaupt lohnen würde. Aber dann stellte er fest, dass er der Vorlesung besonders gut folgen kann, wenn er vorher die Sachenrechtsvorlesung vor- oder nachbereitet. Außerdem hat er gemerkt, dass er sich mit dem Lernen leichter tut, wenn er jeden Tag zur gleichen Uhrzeit aufsteht. Von den Alternativen, morgens früher zu beginnen oder aber abends länger zu lernen, liegt ihm das frühere Beginnen deutlich mehr. Außerdem ist es ihm sehr wichtig, regelmäßig einen langen Feierabend zu haben.

22 Der Besuch geeigneter und didaktisch guter Vorlesungen ist sehr sinnvoll. Der Besuch einer Vorlesung sollte nur nach einer ausreichenden Testphase und intensiver Abwägung des Für und Wider aufgegeben werden. Ausführlich zu den Faktoren dieser Entscheidung Kap. 6 (Systematisches Erarbeiten eines Rechtsgebiets).

23 Dies konnte er feststellen, indem er die Gliederung der Vorlesung mit den Inhaltsverzeichnissen verschiedener Lehrbücher verglich. Dabei stellte er fest, dass der Professor mit Themengebieten, die in mehreren Lehrbüchern Schwerpunkte bildeten, noch nicht begonnen hatte.

Korrigierter Wochenstundenplan des Studenten B für die Vorlesungszeit im 3. Semester

	Montag	Dienstag	Mittwoch	Donnerstag	Freitag	Samstag	Sonntag
8.00	Fallbesprechung im StrafR vorbereiten und/oder StrafR BT lernen	SachenR wiederholen/ nachbereiten	SachenR wiederholen/ nachbereiten	StrafR BT lernen	Grundrechte vertiefen	*Pufferzeit*	*frei*
8.30							
9.00		SachenR (VL)	SachenR (VL)				
9.30					*Pause*		
10.00					Allg. VerwR lernen		
10.30	*Pause*			*Pause*			
11.00	Fallbesprechung im StrafR	*Pause*	SachenR wiederholen und nachbereiten	StrafR BT lernen			
11.30		Fallbesprechung im VerwR vorbereiten			*Pause*		
12.00					Allg. VerwR lernen		
12.30							
13.00	*Mittagspause*	*Mittagspause*	*Mittagspause*	*Mittagspause*	*Mittagspause*		
13.30							
14.00	Übung im StrafR für Anfänger (VL)						
14.30							
15.00		VerwprozessR lernen	Außervertr. SchuldR lernen	Außervertr. SchuldR lernen	private AG zur Wiederholung des Stoffes der Woche		
15.30						Wiederholung d. Stoffes dieser Woche anhand der Karteikarten	
16.00	*Pause*	Fallbesprechung im Allg. VerwR		*Pause*			
16.30	Übung und StrafR BT nachbereiten/Falllösungstechnik üben		*Pause*	private AG zum außervertragl. SchuldR			
17.00			Außervertragl. SchuldR lernen				
17.30						*Pause*	
18.00		*Abendessen/ Pause*			*Joggen*		
18.30			*Abend zur freien Verfügung*			*In der Kneipe bedienen*	
19.00	*Joggen*						
19.30				*Abend zur freien Verfügung*			
20.00		*Orchester*					

Seine Kommilitonin C ist im Gegensatz zu B ein typischer Abendmensch. Dementsprechend sieht ihr Wochenstundenplan anders aus:

Wochenstundenplan der Studentin C für die Vorlesungszeit

	Montag	Dienstag	Mittwoch	Donnerstag	Freitag	Samstag	Sonntag
10.00	StrafR lernen	Außer-vertragl. SchR lernen	private AG zum Außer-vertragl. SchR	Allg. VerwR nachbereiten	Falllösungs-technik im StrafR lernen u. Fallbespr. vorbereiten	*Pufferzeit*	*frei*
10.30							
11.00	Fallbespre-chung im StrafR	Außer-vertragl. SchuldR (VL)		Allg. VerwR (VL)			
11.30					*Pause*		
12.00			Außervertr. SchuldR (VL)		Falllösungs-technik im StrafR		
12.30							
13.00	*Mittagspause*	*Mittagspause*	*Mittagspause*	*Mittagspause*	*Mittagspause*		
13.30							
14.00	Übung im StrafR für Anfänger (VL)	SachenR lernen mit *Pause* dazwi-schen	Allg. VerwR (VL)	Allg. VerwR nachbereiten	StrafR BT lernen		
14.30							
15.00				*Kaffeepause*	*Kaffeepause*		
15.30							
16.00	*Kaffeepause*	*Kaffeepause*	*Kaffeepause*				
16.30	Übung im StrafR nach-bereiten	private AG zum Sa-chenR mit *Pause* dazwi-schen	Allg. VerwR lernen	StrafR BT lernen	Grundrechte vertiefen		
17.00							
17.30			*Pause*				
18.00	*Pause*		Fallbespre-chung im VerwR	*Pause*	*Tennis*		
18.30	*Tennis*			private AG, in der der Stoff der letzten Tage wieder-holt wird		*In der Kneipe bedienen*	
19.00							
19.30		*Abendessen*					
20.00		*Mitarbeit in Kinoverein*	*Abend zur freien Verfü-gung*				
20.30	StrafR BT lernen				Fallbespr. im VerwR vorbe-reiten/ Grundzüge d. VerwprozessR lernen		
21.00							
21.30				*frei*			
22.00		*frei*					
22.30	*Frei*				*frei*		

C gelingt es fast nie, vor 10 Uhr an der Uni zu sein. Schwierig findet sie allerdings, dass sie dann abends noch lernen muss, wenn andere schon Freizeit haben. Aber wenn sie erst einmal am Schreibtisch sitzt, freut sie sich regelmäßig darüber, dass sie jetzt gut lernen kann. Am Morgen wäre sie bei Weitem nicht so aufnahmefähig. Wenn sie abends länger lernt, verabredet sie sich hinterher gerne mit Freunden in einer Kneipe, weil sie das zusätzlich motiviert. Da hat sie dann auch noch nichts versäumt, weil das Kneipenleben selten vor zehn Uhr beginnt. Im Übrigen kann sie ja am nächsten Morgen relativ lange schlafen.

Trotz aller Planung ist der Wochenstundenplan in der Vorlesungszeit sowohl für B als auch für C ein Kompromiss zwischen der Beachtung der eigenen Leistungskurve und dem Wunsch, an bestimmten Lehrveranstaltungen teilzunehmen.

In der vorlesungsfreien Zeit dagegen können B und C ihren eigenen Rhythmus in vollem Umfang berücksichtigen. B erstellt auch für die Zeit, in der er eine Hausarbeit schreibt oder den Stoff des letzten Semesters wiederholt, einen Wochenstundenplan (siehe S. 28).

B beginnt wie üblich schon um 8 Uhr, weil er um diese Zeit sehr gut lernen kann. Außerdem ist die Bibliothek zu dieser Zeit noch leer, so dass er keine Probleme hat, an die neueste Auflage der Lehrbücher oder – bei Hausarbeiten – an bestimmte Monographien zu kommen. Er hat sich vorgenommen, pro Tag sechs Stunden (Nettoarbeitszeit) an der Hausarbeit zu arbeiten, da er in spätestens drei Wochen mit ihr fertig sein muss. Er hofft, dass er bei sechs Stunden pro Tag vielleicht sogar zwei oder drei Tage früher fertig wird. Dann könnte er ein paar Tage früher in den Urlaub fahren. Falls er unter der Woche daran gehindert wurde, seine Lernzeiten einzuhalten, dient ihm der Samstag als Pufferzeit, um die versäumte Zeit nachzuholen. Hat er planmäßig an der Hausarbeit gearbeitet, bleibt der Samstag »jurafrei«, da er findet, dass die Vorlesungszeit und auch das jetzige Arbeitspensum anstrengend genug sind. Seiner Leistungskurve entsprechend hat er die sechs Stunden so über den Tag verteilt, dass er abends frei hat. Er empfindet es als angenehm, dass Arbeitsphasen und Pausen jeden Tag zur gleichen Zeit stattfinden. So kann er sich regelmäßig mit seinen Freunden zur Kaffeepause verabreden. Auch bei Leuten, die er zufällig trifft, fällt es ihm leichter, ungeplante Kaffeepausen, die ihn aus seinem Rhythmus bringen würden, zu vermeiden und ihnen statt dessen passende Zeiten vorzuschlagen. Er gönnt sich in der vorlesungsfreien Zeit eine lange Mittagspause, da er gemerkt hat, dass es sich überhaupt nicht lohnt, das Mittagstief zu bezwingen. In der Zeit zwischen 13 und 15 Uhr ist seine Konzentrationsfähigkeit einfach stark beeinträchtigt. In der einen vorlesungsfreien Woche, in der er Stoff wiederholt, lernt er täglich nur vier Stunden. Er findet, dass dies in Anbetracht der Anstrengung, die ihm die nächste Vorlesungszeit wieder abverlangen wird, reicht. In dieser Woche lässt er daher die Arbeitsphasen am Nachmittag ganz oder teilweise ausfallen, da er am Nachmittag nicht mehr so gut lernen kann wie am Vormittag.

Wochenstundenplan des Studenten B für die vorlesungsfreie Zeit

	Montag	Dienstag	Mittwoch	Donnerstag	Freitag	Samstag	Sonntag
8.00	drei Arbeitsabschnitte mit einer kurzen Pause dazwischen	drei Arbeitsabschnitte mit einer kurzen Pause dazwischen	drei Arbeitsabschnitte mit einer kurzen Pause dazwischen	drei Arbeitsabschnitte mit einer kurzen Pause dazwischen	drei Arbeitsabschnitte mit einer kurzen Pause dazwischen	*Pufferzeit*	*frei*
10.30	*2. Frühstück*	*2. Frühstück*	*2. Frühstück*	*2. Frühstück*	*2. Frühstück*		
11.00	zwei Arbeitsabschnitte mit kurzer Pause	zwei Arbeitsabschnitte mit kurzer Pause	zwei Arbeitsabschnitte mit kurzer Pause	zwei Arbeitsabschnitte mit kurzer Pause	zwei Arbeitsabschnitte mit kurzer Pause		
12.30	*Mittagspause*	*Mittagspause*	*Mittagspause*	*Mittagspause*	*Mittagspause*		
15.30	zwei Arbeitsabschnitte mit kurzer Pause	zwei Arbeitsabschnitte mit kurzer Pause	zwei Arbeitsabschnitte mit kurzer Pause	zwei Arbeitsabschnitte mit kurzer Pause	zwei Arbeitsabschnitte mit kurzer Pause		
17.00	*Pause*	*Pause*	*Pause*	*Pause*	*Pause*		
17.30	letzter Arbeitsabschnitt	letzter Arbeitsabschnitt	letzter Arbeitsabschnitt	letzter Arbeitsabschnitt	letzter Arbeitsabschnitt		
18.30	*Joggen*	*Abendessen*	*Abend zur freien Verfügung*	*Joggen*	*Abend zur freien Verfügung*	*In der Kneipe bedienen*	
19.00							
19.30	*Abendessen*			*Abendessen*			
20.00		*Orchester*					

C als Abendmensch hat dagegen ihre Lernzeit zwischen 10 Uhr und 22.30 Uhr verteilt. Wie B hat sie ihren Plan so erstellt, dass sie jeden Tag auf sechs Stunden Arbeitszeit kommt. In der Woche, in der sie Stoff wiederholt oder lernt, will sie entweder die ersten beiden oder die letzten beiden Arbeitsphasen wegfallen lassen. Obwohl sie am Morgen später beginnt, hat auch sie am Nachmittag ein Leistungstief, allerdings im Vergleich zu B etwas später. Ihr Wochenstundenplan sieht in der vorlesungsfreien Zeit so aus:

Wochenstundenplan der Studentin C für die vorlesungsfreie Zeit

	Montag	Dienstag	Mittwoch	Donnerstag	Freitag	Samstag	Sonntag
10.00	2 Arbeitsabschnitte mit einer Minipause	2 Arbeitsabschnitte mit einer Minipause	2 Arbeitsabschnitte mit einer Minipause	2 Arbeitsabschnitte mit einer Minipause	2 Arbeitsabschnitte mit einer Minipause	*Pufferzeit*	*frei*
11.30	*2. Frühstück*	*2. Frühstück*	*2. Frühstück*	*2. Frühstück*	*2. Frühstück*		
12.00	2 Arbeitsabschnitte mit einer Minipause	2 Arbeitsabschnitte mit einer Minipause	2 Arbeitsabschnitte mit einer Minipause	2 Arbeitsabschnitte mit einer Minipause	2 Arbeitsabschnitte mit einer Minipause		
13.30	*Mittagspause*	*Mittagspause*	*Mittagspause*	*Mittagspause*	*Mittagspause*		
16.30	2 Arbeitsabschnitte mit einer Minipause	2 Arbeitsabschnitte mit einer Minipause	2 Arbeitsabschnitte mit einer Minipause	2 Arbeitsabschnitte mit einer Minipause	2 Arbeitsabschnitte mit einer Minipause		
18.00	*Tennis*	*Pause*	*Pause*	*Tennis*	*Pause*		
18.30		1 Arbeitsabschnitt	2 Arbeitsabschnitte mit einer Minipause		2 Arbeitsabschnitte mit einer Minipause	*In der Kneipe bedienen*	
19.00							
19.30		*Abendessen*					
20.00		*Mitarbeit im Kinoverein*	*Abend zur freien Verfügung*		*Abend zur freien Verfügung*		
20.30	*Pause*			*Pause*			
21.00	2 Arbeitsabschnitte mit einer Minipause			2 Arbeitsabschnitte mit einer Minipause			
21.30							
22.00		*frei*					
22.30	*frei*			*frei*			

B und C haben den Samstag als Pufferzeit eingeplant, um durch spontane Aktivitäten ausgefallene Lernzeiten der vergangenen Woche nachholen zu können. Wenn sie den Samstag von vornherein für Freizeit verplant hätten, wären ihre Pläne unrealistisch. Denn in ihren Plänen ist keine Zeit für länger dauernde einmalige Aktivitäten (Behördengänge mit Wartezeiten, Arztbesuche, Sprachtest, Termin beim Professor wegen eines Gutachtens für Auslandsaufenthalt etc.) vorgesehen. Da sich solche Aktivitäten weder einplanen noch vermeiden lassen, ist es wichtig, einen festen Zeitraum (Pufferzeit) zu haben, in dem man Lernausfallzeiten nachholen kann. Nur so kann man vermeiden, ständig frustriert zu sein, weil man seinen Plan nicht einhalten kann und, was schlimmer ist, seine Lernziele nicht erreicht. Unabhängig von solchen Pufferzeiten können B und C an einzelnen Tagen Arbeitsphasen und Erholungsphasen vertauschen (z.B. weil sie an einem sehr heißen Sommertag nachmittags lieber baden gehen und am Abend dafür noch lernen wollen).

> ☞ Es ist besser, einen realistischen und damit motivierenden Plan zu erstellen als einen »idealen« Plan, den man sowieso nicht einhalten kann und der deshalb ständig frustriert.

7. Tagespläne

B hat kurz vor Weihnachten neben dem Studium einige Erledigungen zu machen, da er es nicht geschafft hat, die Weihnachtsgeschenke vor dem Weihnachtsrummel zu besorgen. In solchen Zeiten macht er sich Tagespläne, um sonstige Aktivitäten so in den Tagesablauf einzuplanen, dass er möglichst wenig von seiner Lernzeit »opfern« muss. Sein Tagesplan vom Mittwoch vor Weihnachten ist auf der nächsten Seite abgebildet.

Um nicht die beste Lernzeit des Tages damit zu verbringen, nach Weihnachtsgeschenken zu suchen, hat B seine Erledigungen auf eine Tageszeit gelegt, in der ihm das Lernen sowieso schwer fällt. Bei der Tagesplanung hat sich B Ziele gesetzt, um sich so noch einmal zu vergegenwärtigen, was er an diesem Tag unbedingt erreichen möchte. Als ein Ziel hat er »6×45 Minuten lernen« eingetragen. Es ist ihm sehr wichtig, dass seine Ziele realistisch sind, und er glaubt nicht, dass er zu mehr kommen wird.

Die Planung des B führt dazu, dass er immer einen Überblick über sein Lernverhalten und das Studium hat. Er hat viel Zeit für konzentriertes Arbeiten zur Verfügung. Gleichzeitig bleibt ihm aber selbst in der Examensvorbereitungsphase noch Freizeit und er leidet nicht unter Stress und Hektik. Im Laufe des Studiums lernt B, die Pläne immer besser zu gestalten. Auch der Zeitaufwand für die Planung verringert sich mit zunehmender Erfahrung. Überdies führt die Planung dazu, den Blick für das Wesentliche zu schulen und Prioritäten richtig einzuschätzen. Mit dem immer besser werdenden Zeitmanagement und seiner Selbstorganisation erwirbt er Fähigkeiten, die nicht nur während des Studiums, sondern erst recht in der beruflichen Praxis von großer Bedeutung sind. B wird auch im Referendariat entsprechende Pläne erstellen, da er weiß, dass er die Planungszeit um ein Vielfaches zurückgewinnt und durch das Erreichen der selbst gesetzten Zwischenziele wesentlich mehr Erfolgserlebnisse hat als Kommilitonen, die als Ziel nur das Examen selbst vor Augen haben, nicht aber kleine Zwischenziele.

Tagesplan des Studenten B im 3. Semester

Mittwoch, 17. Dezember 2008, Wo. 51

🕘		Termine	✓
07 _			
08 _		*SachenR wiederholen und nachbereiten*	
09 _		*SachenR-Vorlesung*	
10 _		*Pause*	
11 _		*SachenR wiederholen und nachbereiten*	
12 _		*Mittagessen, evtl. mit Tom u. Alina*	
13 _		*Weihnachts-E-Mails an Freunde schreiben*	
14 _		*zum Bahnhof;*	
15 _		*Außervertragl. SchR lernen*	
16 _		*Geschenk(e) besorgen*	
17 _			
18 _			
19 _		*Geschenk(e) einpacken; Telefonate*	
20 _		*Weihnachtsfeier Orchester*	
21 _			

☎	✉	Kontakte	O.K
X		Tom wg. AG-Termin	
X		Alina wg. AG-Termin	
	X	Weihnachts-E-Mails an Freunde	

P	h	Aufgaben	O.K
1	*1,0*	*Fahrkarte kaufen/Platz reservieren*	
1	*0,5*	*AG-Termin vereinbaren*	
1	*1,5*	*Geschenke vollends besorgen*	
1	*0,2*	*Geschenk für Weihnachtsfeier einpacken*	
2	*0,7*	*Geschenke einpacken*	

Ziele

1. 6 × 45 Minuten lernen
2. Weihnachtsgeschenke vollends besorgen.
3. AG-Termin für 1. Januarwoche vereinbaren.

B ist – wie schon gesagt – ein Idealstudent. Wer auch nur Teile dieser Planung übernimmt, wird schnell feststellen, welche Vorteile damit verbunden sind. Wenn Sie Lust bekommen haben, wie B eine eigene Studienplanung vorzunehmen, finden Sie in den Kapiteln 2 bis 4 eine ausführliche Anleitung dazu. Wenn Sie zu Beginn des Kapitels bejaht haben, dass Sie das Gefühl haben, keinen Überblick zu haben, oder glauben, den Stoff nicht bewältigen zu können, oder wenn Sie häufig ein schlechtes Gewissen haben, haben Sie vermutlich bisher zu wenig geplant. Dann wird es sich für Sie lohnen, in den nächsten Kapiteln einen Grobplan Ihres Studiums zu erstellen und zumindest ein Semester lang zu probieren, wie Sie mit einem anhand der Anleitung geplanten Studium zurechtkommen.

Eine effektive individuelle Studienplanung setzt voraus, dass Sie sich

1. persönliche Ziele setzen,
2. eine detaillierte Stoffübersicht,
3. eine Liste der nichtjuristischen Aktivitäten,
4. einen Grobplan für Ihr Studium,
5. Pläne für die einzelnen Semester,
6. Wochenstundenpläne für Vorlesungszeiten und vorlesungsfreie Zeiten und
7. eventuell Tagespläne erstellen.

Wichtigste Voraussetzung, um den Grobplan für das Studium erstellen zu können, ist eine detaillierte Stoffübersicht. Da das Erstellen der Stoffübersicht umfangreiche Vorarbeiten erfordert, wird dieser Planungsschritt vorgezogen und in Kapitel 2. Des Weiteren benötigt man einen genauen Überblick über das universitäre Lehrveranstaltungsangebot. Denn daraus kann man wichtige Schlüsse darauf ziehen, welche Prüfungsinhalte man in welchem Umfang erarbeiten, üben oder vertiefen muss. In Kapitel 3 erhalten Sie die Anleitung dafür, wie Sie das Lehrveranstaltungsangebot an Ihrer Universität analysieren können, um die für Ihre Studienplanung wichtigen Faktoren herauszufinden. Aufbauend auf dem Wissen von Kapitel 2 und 3 werden Sie in der Lage sein, mit Hilfe der Anleitung in Kapitel 4 Ihr Studium individuell zu planen, d.h. genaue Grob-, Semester- und Wochenstundenpläne zu erstellen.

Die genaue Anleitung für die einzelnen Pläne finden Sie also erst in Kapitel 4. Sie haben nun zwei Möglichkeiten: Entweder Sie beginnen, Kapitel 4 zu lesen und schieben jeweils an der Stelle, an der Sie das Wissen aus Kapitel 2 bzw. Kapitel 3 benötigen, das Durcharbeiten dieser Kapitel ein. Oder Sie erarbeiten zunächst anhand der Kapitel 2 und 3 das Grundlagenwissen, das Sie für die Planung in Kapitel 4 benötigen.

Kapitel 2 Welche Studienleistungen muss ich während und am Ende des Jurastudiums erbringen? Welche Erkenntnisse lassen sich daraus ableiten?

Eine effektive Planung des Studiums ist nur möglich, wenn man *ganz genau* über die *Anforderungen des Jurastudiums* Bescheid weiß, dann aus diesem Wissen Schlüsse zieht und diese bei der individuellen Planung berücksichtigt. Zu Beginn des Studiums liegt das Examen noch in weiter Ferne. Zwar wissen die meisten Studierenden im Großen und Ganzen, welche Voraussetzungen erfüllt werden müssen, um zum Examen zugelassen zu werden. Über die Einzelheiten machen sich viele jedoch keine Gedanken und vertrauen darauf, von Semester zu Semester mitzubekommen, was von ihnen verlangt wird. Diese Haltung wäre angemessen, wenn es ausreichend wäre, zu wissen, wie viele Scheine und welche sonstigen Studienleistungen man im Studium machen muss. Aber allein mit diesem Wissen ist es nicht getan. Man benötigt darüber hinaus detaillierte Kenntnisse über sämtliche Anforderungen des Jurastudiums, also nicht nur über die Scheine, sondern auch über die genauen Prüfungsinhalte und insbesondere über die Art und Weise, in der die juristischen Kenntnisse geprüft werden.

Wenn Sie dieses Kapitel durchgearbeitet haben, werden Sie wissen, was von Ihnen im Jurastudium an Studienleistungen gefordert wird und welche Rechtsgebiete Sie am Ende des Studiums im Examen beherrschen müssen. Doch dabei möchte ich nicht stehen bleiben, denn dieses Wissen würden Sie auch ohne meine Hilfe früher oder später im Studium erlangen. Das darüber hinausgehende Ziel des Kapitels ist, dass Sie auf der Grundlage dieses Wissens wichtige Erkenntnisse für die Planung Ihres Studiums ableiten. Nicht das Wissen, sondern die daraus erwachsenden Erkenntnisse sind also das eigentliche Ziel dieses Kapitels. In einem Studienführer zur Rechtswissenschaft ist zu lesen: »Außerdem ist es wichtig, vorher eine solide Grundlage für die Planung des Studiums zu schaffen: das Informationsmaterial zum Studium (Prüfungsordnungen, Studienpläne, Kurzinformationen und sonstige Merkblätter) nicht nur nach Hause tragen und dort gewissenhaft abheften, sondern auch durcharbeiten.«[24] Die Erfahrung zeigt jedoch, dass man sich ohne konkrete Anleitung nicht daran macht, Informationsmaterial systematisch durchzulesen. Hinzu kommt, dass man Informationsmaterial nicht richtig auswerten kann, solange man nicht weiß, wie man ein Studium plant und was man dabei genau zu beachten hat.

Das Jurastudium wurde durch das Gesetz zur Reform der Juristenausbildung vom 11.07.2002[25] in Aufbau und Inhalt erheblich verändert. Alle Studierenden, die nach dem SS 2003 ihr Studium begonnen haben, studieren nach neuem Recht. Die ersten Prüfungen nach neuem Recht fanden 2007 statt. Da jedoch die Veränderungsphase noch anhält, wird vorab zum Verständnis ein kurzer Überblick über die wichtigsten Änderungen gegeben.[26]

24 *Sigrun von Elsner*, Studienführer Rechtswissenschaft, München, 3. Aufl. 1996, S. 43.
25 BGBl. I, 2592.
26 Zur Reform der Juristenausbildung siehe Literaturhinweise in der Vorauflage (4. Aufl. 2005), S. 36.

I. Das Jurastudium nach der Ausbildungsreform

Ziel der Reform war, die Studierenden besser auf den juristischen Beruf vorzubereiten, insbesondere auch auf den Beruf des Anwalts. Das Studium soll praxis- und anwaltsorientierter sein. Die Unterrichtsvermittlung soll verstärkt die Bedeutung des jeweiligen Rechtsgebiets aus der Sicht der Anwaltschaft berücksichtigen. Rechtsberatung und Rechtsgestaltung sollen Bestandteile des Grundstudiums sein. Die Schwerpunkte der Neuregelung waren:

1. Erste Juristische Prüfung

Das juristische Examen heißt seit der Studienreform im Deutschen Richtergesetz *erste Prüfung*[27], manche Bundesländer nennen es *Erste Juristische Prüfung*.[28] Es besteht aus einer Staatsprüfung und einer Universitätsprüfung, die im Verhältnis 70 % zu 30 % gewichtet werden.[29] Dies bedeutet, dass ein Teil des bisherigen ersten Staatsexamens in Form einer Universitätsprüfung an die Universitäten verlagert wurde. In der Universitätsprüfung ist mindestens eine schriftliche Leistung zu verlangen. Die Ausgestaltung der Universitätsprüfung erfolgt zunächst durch die Bundesländer und dann im Rahmen der Ermächtigungsgrundlagen durch Satzungen der einzelnen Universitäten. Die Zahl der insgesamt zu erbringenden Prüfungsleistungen hat sich dadurch in manchen Bundesländern deutlich erhöht. Es gibt verschiedene Arten von Prüfungsleistungen, z.B. auch Vorträge.[30] Dadurch hat sich die Bedeutung von mündlichen Leistungen erhöht. Die Prüfungen werden in den einzelnen Bundesländern unterschiedlich bezeichnet, daher eine Übersicht über die Terminologie:

Erste Prüfung = Erste Juristische Prüfung =		
Staatliche Prüfung Staatsprüfung Juristische Staatsprüfung Pflichtfachprüfung Staatliche Pflichtfachprüfung	+	Universitäre Prüfung Universitätsprüfung Juristische Universitätsprüfung Schwerpunktbereichsprüfung Universitäre Schwerpunktprüfung

2. Schwerpunktbereiche

Gemäß § 5a Abs. 2 S. 1 DRiG sind Gegenstand des Studiums Pflichtfächer und Schwerpunktbereiche mit Wahlmöglichkeiten. Das Schwerpunktbereichstudium ist eine berufsbezogene wissenschaftliche Ergänzung des Studiums, in der allgemeine juristische Fähigkeiten und Kenntnisse bezogen auf den gewählten Schwerpunkt vertieft und trainiert werden. Die Schwerpunktbereiche sollen einerseits eine frühzeitige Berufsorientierung ermöglichen, andererseits die Fähigkeit zu vertieftem wissenschaftlichen Arbeiten fördern. Das Studium dient der Vertiefung der mit dem Bereich zusammenhängenden Pflichtfächer und der Vermittlung der interdisziplinären und

27 So auch JAG NRW.

28 § 1 Abs. 2 JAPrO BaWü; § 1 Abs. 2 JAG LSA.

29 § 5 Abs. 2 DRiG. Die Note der Staatsprüfung und die Note der Universitätsprüfung werden auf dem Zeugnis der ersten Prüfung separat ausgewiesen.

30 Eine Übersicht bietet der Aufsatz von *Christian Rolfs/Sara Rossi-Wilberg*, Die Ausbildung im Schwerpunktbereich und die erste Prüfung an den juristischen Fakultäten in Deutschland, JuS 2007, 297.

internationalen Bezüge der Rechtsgebiete des Schwerpunktbereichs. Die konkrete Ausgestaltung der Schwerpunktbereiche ist den Universitäten überlassen. Mögliche Gegenstände der Schwerpunktausbildung sind exemplarisch ausgewählte Rechts- oder Lebensbereiche oder eine Grundlagendisziplin. Da jeder Fachbereich seine Schwerpunktbereiche selbständig definieren kann, gibt es eine Vielzahl von möglichen Fächerkombinationen.[31] Das Schwerpunktstudium umfasst mindestens 16 Semesterwochenstunden. Bei der vertieften Beschäftigung mit dem Schwerpunktbereich sollen auch die geschichtlichen, gesellschaftlichen, wirtschaftlichen, rechtsphilosophischen und politischen Bezüge berücksichtigt werden. Insofern erlangen die Grundlagenfächer eine höhere Bedeutung als bisher.[32] Aufgrund der größeren Bedeutung der Schwerpunktbereiche wurde der Pflichtstoff reduziert, jedoch nicht in der Größenordnung, in der Fächer aus dem Schwerpunktbereich hinzu kamen.[33] Auch wenn durch die Reform auf bestimmte Teilgebiete aus dem Pflichtfachbereich ausdrücklich verzichtet wurde, ging damit in der tatsächlichen Belastung des Studierenden höchstens eine geringfügige Änderung einher.[34]

3. Rechtsberatung und Rechtsgestaltung als Unterrichts- und Prüfungsinhalt

Entsprechend dem Ziel der Reform, einen Wechsel von der richterorientierten zur anwaltsorientierten Ausbildung vorzunehmen, ist es Aufgabe der Lehre »jeden Studenten im Laufe des Studiums wiederholt und nachdrücklich (...) mit der anwaltlichen Perspektive und Vorgehensweise zu konfrontieren.«[35] Die Prüfungen haben auch die rechtsberatende Praxis zu berücksichtigen.[36] »Das rechtsberatende Element soll (...) sowohl in der universitären als auch in der staatlichen Prüfung aufscheinen«.[37] Was bedeutet rechtsberatende Praxis? Von Rechtsanwälten wird rechtliche Vertretung, außergerichtliche Streitschlichtung und vor allem auch vorsorgende Rechtsberatung und Rechtsgestaltung erwartet. Ein Schwerpunkt der Rechtsberatung und Rechtsgestaltung liegt bei wirtschaftlichen Überlegungen, einschließlich der steuerlichen Auswirkungen. Die Prüfungen enthalten daher vermehrt sogenannte Anwaltsklausuren mit rechtsberatenden und rechtsgestaltenden Elementen.[38]

---

31 Die angebotenen Fächerkombinationen unterscheiden sich erheblich. Eine Tabellenübersicht über das Angebot von 41 Universitäten bieten *Rolfs/Rossi-Wilberg*, JuS 2007, 297, 300 ff.

32 Wie wichtig die Grundlagenfächer zum Verständnis anderer Rechtsbereiche sind, beschreiben anschaulich *Hommelhoff/Teichmann*, Das Jurastudium nach der Ausbildungsreform, JuS 2002, 839, 842: »In vielen modernen Rechtsgebieten, die sich derzeit so rasend schnell entwickeln, [...] könnte ein Rückbezug auf die Grundlagen des Rechts den Studierenden helfen, festen Boden unter die Füße zu bekommen.«

33 *Thomas Wünsch*, Reform der Juristenausbildung in Sachsen-Anhalt, Beispiel einer Umsetzung der neuesten Ausbildungsreform, LKV 2004, S. 491, 493, spricht von einer nur marginalen Einschränkung des Pflichtfachstoffs.

34 Selbst wenn der Pflichtfachstoff »auf dem Papier« um 30 % gekürzt worden sein sollte, darf man nicht vergessen, dass die Studierenden vorher niemals 100 % des Pflichtfachstoffs gelernt haben, sondern Randbereiche von sich aus als nicht besonders prüfungsrelevant aussortiert haben. *Hommelhoff/Teichmann*, JuS 2002, 839, 843, zum Zustand vor der Reform: »Konsequent setzt der Prüfling ›auf Lücke‹, notdürftig kaschiert durch einzelne vom Repetitor eingepaukte ›Wissens-Inseln‹«.

35 BT-Dr. 14/7176.

36 Dies stand schon bisher in § 5a S. 1 DRiG, blieb aber in der Prüfungspraxis weitgehend unberücksichtigt.

37 BT-Dr. 14/7463, Begründung zu § 5d DRiG.

38 Dazu auch Kap. 14.

4. Schlüsselqualifikationen als Unterrichts- und Prüfungsinhalt

Die Studieninhalte wurden ergänzt um die Vermittlung von Schlüsselqualifikationen, die für die juristische Tätigkeit wesentlich sind. Das DRiG nennt in § 5a Abs. 3 beispielhaft Verhandlungsmanagement, Gesprächsführung, Streitschlichtung, Mediation, Rhetorik, Vernehmungslehre und Kommunikationsfähigkeit. Die genannten Fähigkeiten haben alle mit Kommunikationskompetenz zu tun, um deren Förderung es dem Gesetzgeber ging.[39] Diese Kompetenzen sollen bei den staatlichen und bei den universitären Prüfungen berücksichtigt werden.[40]

5. Förderung der fachspezifischen Fremdsprachenkompetenz

Im Jurastudium muss auch die fachspezifische Fremdsprachenkompetenz gefördert werden (§ 5a Abs. 2 S. 2 DRiG). Die Fremdsprachenkompetenz kann in den Prüfungen berücksichtigt bzw. geprüft werden.[41]

II. Vorgehensweise

Ziel des Kapitels ist, dass Sie das Basiswissen für die Planung Ihres Studiums erlangen. Ich leite Sie an, die *Rahmenbedingungen Ihres Bundeslandes und Ihrer Universität* in drei Schritten zu analysieren:

Zuerst werden Sie untersuchen, welche (zwingenden) Anforderungen das Jurastudium an Sie *während Ihres Studiums* stellt. Dazu muss die Frage »Welche Studienleistungen (Scheine etc.) muss ich während des Studiums erbringen und welche Erkenntnisse lassen sich daraus für die Studienplanung ziehen?« beantwortet werden. Anschließend untersuchen Sie, welche inhaltlichen Anforderungen das Examen stellt. Dabei leite ich Sie an, die im Gesetz aufgeführten Prüfungsfächer in Lerneinheiten für das Studium zu unterteilen. Gleichzeitig erhalten Sie dadurch einen ersten Überblick über Anzahl und Umfang der examensrelevanten Rechtsgebiete[42]. Diese Stoffübersicht ist eine wesentliche Voraussetzung, um einen Grobplan für das Studium zu erstellen. Im nächsten Schritt wird geklärt, wie das Examen genau abläuft. Aus der Art und Weise, in der die im Studium erworbenen Kenntnisse im Examen überprüft und bewertet werden, ergeben sich ebenfalls wichtige Erkenntnisse für die Studienplanung. Dafür ein einfaches Beispiel: Wenn Sie feststellen, dass von Ihnen nicht regelmäßig Nachweise Ihres Studienfortschritts verlangt werden, müssen Sie in der individuellen Planung nach anderen Möglichkeiten der Lernkontrolle suchen. Ich gebe Ihnen Hilfestellung, indem ich mögliche Erkenntnisse und Schlussfolgerungen anbiete. Ihre Aufgabe ist es dann, zu überprüfen, ob und inwieweit die Erkenntnisse – an Ihrer Universität – zutreffen oder durch andere Erkenntnisse ergänzt oder ersetzt werden müssen. Bei der Analyse trenne ich jeweils zwischen Pflichtfachstudium und Schwerpunktbereichsstudium.

39 BT-Dr. 14/8629, 11 f.
40 § 5d Abs. 1 S. 1 DRiG.
41 Dazu im Einzelnen siehe IV. 1. g).
42 Das systematische Erarbeiten eines einzelnen Rechtsgebiets wird in Kapitel 6 behandelt.

Überblick über Kapitel 2

Studienleistungen, Studieninhalte und Prüfungsanforderungen					
Studienleistungen (IV.)		Prüfungsfächer (V.)		Erste Juristische Prüfung (VI.)	
Pflichtfachstudium (IV. 1.)	Schwerpunktbereichsstudium (IV.2)	Pflichtfachstudium (V.1.)	Schwerpunktbereichsstudium (V. 2.)	Staatsprüfung (VI.1.)	Universitätsprüfung (VI.2.)
Erkenntnisse					

Viele Einführungsbücher in das juristische Studium enthalten Darstellungen über den Ablauf des Jurastudiums, die Leistungsnachweise und die Studieninhalte. Diese sind zwangsläufig sehr allgemein gehalten.[43] Da Sie für die Planung Ihres Studiums eine genaue Grundlage benötigen, wäre Ihnen mit einer weiteren allgemeinen Darstellung nicht gedient. Die Vorgehensweise in diesem Kapitel ist daher eine andere: Sie erarbeiten anhand von Aufgabenstellungen die Grundlagen Ihrer Planung selbst. Damit wird vermieden, dass Sie beim Lesen des Buches Hinweise erhalten, die schon nicht mehr zutreffen, weil sich die Rahmenbedingungen in Ihrem Bundesland oder die Studienordnung Ihrer Universität geändert haben. Dieses Kapitel ist also vor allem ein »Arbeitskapitel«, das erst durch Ihre Mitarbeit vollständig wird. Die Aufgabenstellungen befinden sich immer in einem Rahmen. Nach der Aufgabenstellung sind unter der Überschrift »Hilfsmittel« die Unterlagen genannt, mit deren Hilfe Sie die Aufgabenstellung beantworten können.

✎ *(Aufgabenstellung:..)*
Hilfsmittel:

Damit Sie bei der Lösung der Aufgaben einen Anhaltspunkt haben, schließt sich an die meisten Aufgabenstellungen eine Antwort am Beispiel eines Bundeslandes oder einer Universität an:

Antwort am Beispiel Baden-Württemberg:

...

Dort beantworte ich beispielhaft die Aufgabenstellung anhand der gesetzlichen Regelung eines Bundeslandes[44] oder, falls es sich um eine fakultätsbezogene Regelung handelt, anhand einer juristischen Fakultät.[45] Diese Antwort hat den Zweck, Ihnen eine Orientierung zu geben. Er kann jedoch nicht Ihre Antwort ersetzen, denn die Antwort gilt nur für das genannte Bundesland oder die genannte Fakultät. Damit Sie Ihre Antworten in den weiteren Kapiteln parat haben, empfehle ich Ihnen, die Aufgabenstellungen auszudrucken, mit Ihrer Antwort zu ergänzen und sich auf diese

43 So z.B. *Rinken*, JuS-Studienführer, S. 4: »Angesichts dieser Vielzahl ineinandergreifender Regelungen versteht es sich von selbst, dass der folgende Überblick nur die allgemeinen Grundlinien nachzeichnen kann und auf landesrechtliche Details verzichten muss.«

44 I.d.R. Baden-Württemberg (nach dem Stand 08/2008).

45 Der Begriff »Fakultät« wird im Folgenden als Oberbegriff für juristische Fakultät oder Fachbereich Rechtswissenschaft verwendet.

Weise ein eigenes Kompendium für Ihre Studienplanung zu erstellen.[46] Damit Sie beim wiederholten Lesen des Buches Ihre zugehörigen Antworten in Ihrem Kompendium schnell wieder finden, können Sie handschriftlich neben den Aufgaben hier im Buch einen Verweis auf Ihre Antwort eintragen.

Im Anschluss an die Beispiel-Antwort finden Sie unter bestimmten Stichworten ergänzende Erläuterungen. Dabei weise ich exemplarisch auf abweichende Regelungen in anderen Bundesländern oder an anderen Universitäten hin. Diese Zusatzinformationen zeigen Ihnen auf, wie unterschiedlich die Antworten lauten können und dass daher auch Ihre Antwort erheblich abweichen kann. Außerdem erhalten Sie so einen Überblick über Besonderheiten einzelner juristischer Fakultäten, die für Sie dann interessant sein können, wenn Sie einen Hochschulwechsel in Betracht ziehen.[47]

III. Die gesetzlichen Rahmenbedingungen

Die Ausbildung des Jurastudiums ist bundesrechtlich, landesrechtlich und durch hochschuleigenes Normenwerk geregelt. Die bundesgesetzlichen Regelungen über das Jurastudium sind im Deutschen Richtergesetz (DRiG) enthalten. § 5a DRiG und § 5d DRiG treffen nur sehr allgemeine Regelungen zum Jurastudium und zum Examen. Es ist den einzelnen Bundesländern überlassen, innerhalb des bundesgesetzlichen Rahmens Näheres zu regeln (§ 5a Abs. 4, § 5d Abs. 6 DRiG). Die Bundesländer haben daher Ausführungsgesetze zum Deutschen Richtergesetz erlassen, zum Beispiel Brandenburg das »Brandenburgische Juristenausbildungsgesetz« (Bbg JAG) und Nordrhein-Westfalen das »Juristenausbildungsgesetz« (JAG NRW). Die Ausführungsgesetze der Bundesländer enthalten wiederum Ermächtigungsgrundlagen an die Landesregierungen, Durchführungsverordnungen zur Ausbildung und Prüfung zu erlassen; meist werden diese Rechtsverordnungen »*Juristenausbildungsordnung* (JAO)« oder »*Ausbildungs- und Prüfungsordnung für Juristen*« (JAPO oder JAPrO) genannt. Die Landesgesetze enthalten wiederum Ermächtigungsgrundlagen, welche die Universitäten ermächtigen, Satzungen zu erlassen, die das Studium und die Prüfungen im Detail regeln. Die von den Universitäten beschlossenen Satzungen heißen *Studienordnungen*, *Prüfungsordnungen* und *Zwischenprüfungsordnungen*. Aufgrund der bundesgesetzlichen Vorgabe im Deutschen Richtergesetz ähneln sich die Regelungen der Bundesländer, es gibt jedoch auch deutliche Unterschiede.

Wenn im Folgenden in den Aufgabenkästen als Hilfsmittel das »*Ausbildungsgesetz*« angegeben ist, meine ich damit das Juristenausbildungsgesetz Ihres Bundeslandes.[48] Die Ausbildungs- und Prüfungsordnungen werden in den Aufgabenkästen »*Ausbildungsordnung*« genannt. Wenn ich allgemein über Regelungen zur juristischen Ausbildung spreche, die je nach Bundesland sowohl im Ausbildungsgesetz als auch in der Ausbildungsordnung stehen können, verwende ich »*Ausbildungsgesetze*« als Ober-

---

46 Die Aufgabenstellungen stehen als Download auf der Webseite des Carl Heymanns Verlags unter http://www.< zur Verfügung. Sie können sie einzeln ausdrucken und Ihre Antworten dann direkt unter die Aufgabe schreiben.

47 Unter http://www.jura.uni-saarland.de/studienrecht/studord.htm sind die meisten Studienordnungen abrufbar.

48 Bayern hat kein Ausbildungsgesetz, sondern nur eine Ausbildungsverordnung.

begriff für Ausbildungsgesetze <u>und</u> Ausbildungsordnungen (Gesetz im materiellen Sinn).

✎ *(1) Stellen Sie fest, welche Ausbildungsgesetze/Ausbildungsordnungen es in Ihrem Bundesland gibt, wie diese genau genannt werden und welches die aktuelle Fassung ist.*

✎ *(2) Für die weitere Erarbeitung dieses Kapitels benötigen Sie die für Sie geltenden Ausbildungsregelungen im Wortlaut. Legen Sie die für Sie geltenden Ausbildungsregelungen (Ausbildungsgesetz, Ausbildungsordnung, Studien- und Prüfungsordnung der Universität) bereit.*

Hilfsmittel:

zu (1) Einen Gesamtüberblick über die einschlägigen Gesetze der Bundesländer in ihrer neuesten Fassung finden Sie im Schönfelder[49] in einer Fußnote zu § 5 DRiG.

zu (2) Die Ausbildungsgesetze finden Sie in den jeweiligen Gesetzessammlungen zum Landesrecht oder im Internet.[50] Bei den meisten juristischen Fakultäten sind die Ausbildungsgesetze über die Website der Fakultät abrufbar. Achten Sie darauf, dass es sich bei dem angebotenen Gesetzestext um einen aktuellen handelt.

Antwort am Beispiel Baden-Württemberg/Universität Tübingen:

(1) In Baden-Württemberg ist die Juristenausbildung im *Juristenausbildungsgesetz* (JAG)[51] und in der *Juristenausbildungs- und Prüfungsordnung* (JAPrO) geregelt.[52]

IV. Welche Studienleistungen muss ich während des Studiums erbringen und welche Erkenntnisse lassen sich daraus ableiten?

Das reformierte Jurastudium besteht aus dem Studium der *Pflichtfächer*, die in der *staatlichen Prüfung* geprüft werden, und dem Studium der *Prüfungsfächer des Schwerpunktbereichs*, die in der *Universitätsprüfung* geprüft werden. Um festzustellen, was während des Studiums von Ihnen erwartet wird, sollten Sie überprüfen, welche Nachweise Sie am Ende des Studiums brauchen, um zum Examen zugelassen zu werden, und welche Einzelleistungen dafür nötig sind.

In Einführungsveranstaltungen zum Jurastudium wird meistens auch über die erforderlichen Studienleistungen gesprochen, so dass Ihnen ein Teil der nachfolgenden Ausführungen bereits bekannt vorkommen wird. Durch die Reform des Jurastudiums ist jedoch eine so große Bandbreite unterschiedlicher Regelungen entstanden, dass im Detail viele Unsicherheiten bestehen.[53] Für Ihre Studienplanung ist wichtig,

49 *Schönfelder*, Deutsche Gesetze, Sammlung des Zivil-, Straf- und Verfahrensrecht. Das DRiG ist im Ergänzungsband unter Nr. 97 abgedruckt.

50 Z.B. http://www.jurawiki.de/JuristenAusbildungsRecht, http://www.jurasmus.de, unter Gesetze/Ausbildungsvorschriften; http://www.jura.uni-sb.de/studienrecht/gesetze.htm.

51 In der Fassung vom 16.07.2003, z.B. abgedruckt unter Nr. 39 im *Dürig*.

52 In der Fassung vom 08.10.2002, geändert durch Verordnung vom 20.04.2005, z.B. abgedruckt unter Nr. 39a im *Dürig*.

53 An manchen Fakultäten werden die Voraussetzungen der Zulassung zur Prüfung und die Art der Leistungsnachweise sehr ausführlich beschrieben, andere Fakultäten beschränken sich auf kurze Hinweise.

dass Sie selbst ganz konkret die Zulassungsvoraussetzungen überprüfen und so auflisten, dass Sie sie bei der Studienplanung vor Augen haben. Ich empfehle Ihnen, Ihre Antworten in einer Tabelle zusammenzufassen, auf die Sie dann bei der Studienplanung zurückgreifen können. Da die Materie der Zulassungsvoraussetzungen sehr »trocken« ist, besteht die Gefahr, den roten Faden zu verlieren. Im Folgenden wird daher genau erklärt, welche Bedeutung die jeweilige Aufgabenstellung für die Studienplanung hat. Zunächst geht es um die Studienleistungen, die Voraussetzung für die Zulassung zur Staatsprüfung sind.

1. Welche Studienleistungen muss ich während des Pflichtfachstudiums als Voraussetzung für die Zulassung zur Staatsprüfung erbringen?

Voraussetzung für die Zulassung zur Staatsprüfung ist nach dem Wortlaut der Ausbildungsgesetze häufig die *erfolgreiche Teilnahme* oder die *regelmäßige Teilnahme* an einer Lehrveranstaltung. An der Universität wird oft von Scheinen gesprochen. *Schein* bedeutet also die Bestätigung, dass man eine oder mehrere benotete Leistungen erbracht oder dass man regelmäßig an einer Lehrveranstaltung teilgenommen hat. Weiter nennen die Ausbildungsgesetze den Begriff des *Leistungsnachweises.* Dieser Begriff wird nicht einheitlich verwendet: Mit Leistungsnachweis ist einerseits der »Schein« selbst gemeint; andererseits werden mit Leistungsnachweis die benoteten Einzelleistungen (z.B. Klausuren, Hausarbeiten, Referate, Abschlusstests), also Teilleistungen für einen Schein, bezeichnet. Ich verwende ihn im Sinn von benoteter Einzelleistung. Mit *Studienleistungen* bezeichne ich die Leistungen, die laut gesetzlicher Regelung für die Zulassung zum Examen erforderlich sind. Das sind nicht nur Scheine, sondern auch andere Bestätigungen, wie z.B. diejenige über die praktische Studienzeit.

Im Folgenden geht es zunächst um diejenigen Studienleistungen (Scheine, Zeugnisse), die bestandene Klausuren, Hausarbeiten, Referate oder Vorträge bestätigen. Folgende Studienleistungen setzen benotete Leistungen voraus und können in Ihrem Bundesland Voraussetzung für die Zulassung zur Staatsprüfung sein:

- die Scheine aus den Übungen für Fortgeschrittene (a),
- Scheine aus den Übungen für Anfänger oder Zeugnisse über Abschlussklausuren (b),
- der Nachweis der Zwischenprüfung (c),
- Grundlagenscheine (d),
- Seminarscheine (e).

Folgende Studienleistungen können (müssen aber nicht) eine benotete Einzelleistung voraussetzen und können Voraussetzung für die Zulassung zur Staatsprüfung sein:

- Scheine aus Lehrveranstaltungen zur Vermittlung von Schlüsselqualifikationen (f),
- Scheine aus fremdsprachigen rechtswissenschaftlichen Veranstaltungen (g),
- Scheine aus sonstigen Veranstaltungen (h),

In allen Bundesländern ist Voraussetzung für die Zulassung zur Staatsprüfung

- der Nachweis der praktischen Studienzeit (i).

Häufigste und wichtigste Voraussetzung für die Zulassung zur Staatsprüfung sind die Scheine aus den *Übungen für Fortgeschrittene.*[54] Teilweise haben die Bundesländer jedoch auf diese Voraussetzung verzichtet und verlangen nur das Bestehen der Zwischenprüfung (z.B. Bayern). Manche Bundesländer setzen sowohl das Bestehen der Zwischenprüfung als auch die Scheine aus den Übungen für Fortgeschrittene voraus.

> ✎ *Brauchen Sie die Scheine aus den Übungen für Fortgeschrittene als Voraussetzung für die Zulassung zur Staatsprüfung?*
> **Hilfsmittel:**
> * *Ausbildungsgesetz/-ordnung/Studien- oder Prüfungsordnung*

Antwort am Beispiel Baden-Württemberg:
Um zur Staatsprüfung zugelassen zu werden, muss der Kandidat mit Erfolg an je einer Übung für Fortgeschrittene im Zivilrecht, im Strafrecht und im Öffentlichen Recht teilgenommen haben (§ 9 Abs. 2 Nr. 1 JAPrO BaWü). In Baden-Württemberg ist der Schein aus der Übung für Fortgeschrittene also erforderlich.

Wenn Sie in einem Bundesland studieren, in dem das Bestehen der Übung für Fortgeschrittene Voraussetzung für die Zulassung zur Staatsprüfung ist, lesen Sie bitte bei a) weiter. Wenn Sie keinen Schein aus der Übung für Fortgeschrittene brauchen (z.B. in Nordrhein-Westfalen), lesen Sie bitte unter c) weiter.

a) Scheine aus den Übungen für Fortgeschrittene (»große Scheine«)

> ✎ *(1) Stellen Sie fest, welche Leistungen Sie in der Übung für Fortgeschrittene erbringen müssen: Entweder geht dies aus der gesetzlichen Bestimmung hervor, oder es ergibt sich aus der Studien- oder Prüfungsordnung.*
> ✎ *(2) Müssen Sie diese Leistungsnachweise innerhalb eines Semesters (Vorlesungszeit einschließlich vorlesungsfreier Zeit) erbringen, oder können Sie den Schein »in Teile zerlegen«, also z.B. die Klausur im 2. und die Hausarbeit im 3. Semester anfertigen?*
> ✎ *(3) Regeln die Ausbildungsgesetze auch die Voraussetzungen für die Zulassung zur Übung für Fortgeschrittene oder ist dies den Universitäten überlassen?*
> **Hilfsmittel:**
> * *Ausbildungsgesetz/-ordnung/Studien- oder Prüfungsordnung*

Antwort am Beispiel Baden-Württemberg:

(1) Gem. § 9 Abs. 3 JAPrO BaWü muss der Kandidat in den Übungen entweder eine Hausarbeit und eine Aufsichtsarbeit (= Klausur) oder zwei Aufsichtsarbeiten bestehen.

(2) Gem. § 9 Abs. 3 JAPrO BaWü können die Leistungsnachweise auch innerhalb zweier, zeitlich aufeinander folgender Semester erbracht werden.

(3) Die Voraussetzungen, für die Übungen zugelassen zu werden, sind nicht in der JAPrO geregelt, sondern diese Regelung ist der jeweiligen Universität überlassen.

Zahl der Leistungsnachweise. Die Zahl der zu bestehenden Klausuren variiert. So gibt es Regelungen, dass zwei Klausuren und eine Hausarbeit je Übung zu bestehen sind (z.B. Hannover).

54 Auch Übung für Vorgerückte, Vorgerücktenübung oder große Übung genannt.

Teilscheinregelung. Viele Fragen können entstehen, wenn Teilscheine möglich sind. Diese Fragen können Ihnen der Studiendekan oder die Studienfachberatung der Fakultät konkret beantworten.

Die Voraussetzungen, um zur Übung für Fortgeschrittene zugelassen zu werden, werden häufig von den Universitäten selbst festgesetzt. Universitäten mit dem klassischen System verlangen die erfolgreiche Teilnahme an der *Übung für Anfänger.* Die Übung für Anfänger kann in einen sogenannten Grundkurs oder in eine Anfängervorlesung integriert sein. An Stelle der Übung für Anfänger gibt es inzwischen an vielen Fakultäten Vorlesungsabschlussklausuren.[55] Es wird von Vorlesungen oder Vorbereitungskursen mit schriftlichen Abschlussarbeiten, Abschlusstests, Semesterabschlussklausuren gesprochen. Hausarbeiten sind dann nicht mehr oder nur in geringerer Zahl anzufertigen.

✎ *Unter welchen Voraussetzungen werden Sie an Ihrer Fakultät zur Übung für Fortgeschrittene zugelassen?*

Hilfsmittel:
- *Ausbildungsgesetz/-ordnung/Studien- oder Prüfungsordnung*[56]
- *Studienführer Ihrer Fakultät oder der Studentenvertretung Jura*[57]

Antwort am Beispiel Tübingen:
Gem. § 9 StudPrO 2003[58] setzt die Teilnahme an den Übungen für Fortgeschrittene die erfolgreiche Teilnahme an den Übungen für Anfänger im Zivilrecht, Strafrecht und Öffentlichen Recht voraus.

Zulassung zur Übung für Fortgeschrittene. Teilweise sind die Scheine aus den Anfängerübungen ausreichend, teilweise muss eine gewisse Anzahl von Semesterabschlussklausuren bestanden worden sein. Teilweise ist die bestandene Zwischenprüfung erforderlich, teilweise reicht die jeweilige Teilprüfung der Zwischenprüfung (z.B. Zivilrecht für die große Übung im Zivilrecht) aus. In Konstanz ist das Bestehen der zivilrechtlichen, strafrechtlichen und öffentlich-rechtlichen Zwischenprüfungsklausuren Voraussetzung für die Teilnahme an der entsprechenden Übung für Fortgeschrittene.

b) Scheine aus den Übungen für Anfänger (»kleine Scheine«) oder Leistungsnachweise in Form von Semesterabschlussklausuren

Wenn Sie einen Schein aus einer Anfängerübung oder aus einem Grundkurs brauchen, studieren Sie an einer Universität mit dem klassischen System. Ist kein Schein erforderlich, kommt es für die Zulassung zur großen Übung auf das Bestehen der Zwischenprüfung oder auf eine bestimmte Anzahl bestandener Klausuren an. Daher sind nachfolgende Fragen alternativ zu beantworten.

55 Z.B. die Universitäten Augsburg, Passau, Konstanz, Göttingen, Köln, Düsseldorf, Münster.

56 Diese finden Sie auf den Webseiten Ihrer Fakultät.

57 Unter Studienführer werden hier die Anleitungen verstanden, die speziell für das Jurastudium gelten (Fach-Studienführer) und die von den Fakultäten oder Studentenvertretungen erstellt werden. Sie enthalten ähnlich wie kommentierte Vorlesungsverzeichnisse Hinweise zum Lehrangebot und zum Studienplan der Fakultäten. Sie sind häufig unter den Stichworten »Studium« oder »Studienberatung« auf den Webseiten der Fakultät zu finden.

58 Satzung der Universität Tübingen über die Orientierungsprüfung, die Zwischenprüfung, die Ausbildung im Schwerpunktbereich und die Universitätsprüfung für den Studiengang Rechtswissenschaft vom 10.07.2003 in der Fassung vom 28.08.2007 (im Folgenden StudPrO 2003).

Für Universitäten mit Anfängerübungen:

✎ *(1) Können Sie ohne Voraussetzung an der Übung für Anfänger teilnehmen, oder brauchen Sie erst einen weiteren Leistungsnachweis, um zur Übung für Anfänger zugelassen zu werden?*

✎ *(2) Welche und wie viele Leistungsnachweise müssen Sie in der Übung für Anfänger erbringen?*

✎ *(3) Wie viele Klausuren und Hausarbeiten werden in einer Übung für Anfänger angeboten?*

✎ *(4) Müssen Sie die Leistungsnachweise innerhalb eines Semesters erbringen, oder können Sie den Schein »in Teile zerlegen«, also z.B. die Klausur im 2. und die Hausarbeit im 3. Semester anfertigen?*

✎ *(5) Können Leistungen bei Nichtbestehen wiederholt werden?*

Für Universitäten mit Vorlesungsabschlussklausuren:

✎ *(1) Wie viele Klausuren und Hausarbeiten müssen Sie bestehen, um zu den Übungen für Fortgeschrittene zugelassen zu werden?*

✎ *(2) Wie oft kann eine nicht bestandene Klausur wiederholt werden?*

Hilfsmittel:

* *Ausbildungsgesetz/-ordnung/Studien- oder Prüfungsordnung/Studienführer*

Antwort am Beispiel Tübingen (Universität mit Anfängerübung):

(1) Erforderlich für die Zulassung zu allen Anfängerübungen ist die Vorlage *eines* Fallbesprechungs-Scheines[59] unabhängig davon, ob dieser Schein in einer Fallbesprechung zum Zivilrecht, Strafrecht oder Öffentlichen Recht erworben wurde.

(2) Erfolgreiche Teilnahme an einer Übung bedeutet das Bestehen *einer* Klausur und *einer* Hausarbeit mit mindestens 4 Punkten.[60]

(3) Pro Übung werden 2–3 Klausuren und 2 Hausarbeiten angeboten, so dass Sie, falls Sie eine Klausur oder eine Hausarbeit nicht bestanden haben, weitere Chancen haben, den Schein zu erwerben.

(4) Die Leistungsnachweise müssen innerhalb eines Semesters (einschließlich der davor liegenden Semesterferien) erbracht werden.[61] Es gibt also keine Teilscheinregelung.

(5) Die Leistungsnachweise müssen bis zum Ende des dritten Semesters erbracht werden. Ist die Teilnahme an einer Übung bis zum Ende des dritten Semesters erfolglos, kann sie bis zum Ende des fünften Semesters einmal wiederholt werden. Eine nicht bestandene Übung kann nur einmal wiederholt werden.[62]

Antwort am Beispiel Konstanz (Universität mit Vorlesungsabschlussklausuren)

(1) Es müssen 9 Semesterabschlussklausuren, davon 4 im Zivilrecht, 2 im Strafrecht und 3 im Öffentlichen Recht, bestanden sowie eine Facharbeit angefertigt werden, damit die Teilnahme an den Übungen für Fortgeschrittene möglich ist. In allen Pflichtveranstaltungen werden Abschlussklausuren angeboten.[63]

---

59 Zu Fallbesprechungen siehe S. 50 unter h).

60 § 4 Abs. 2 StudPrO Tübingen.

61 § 4 Abs. 2 StudPrO Tübingen.

62 § 5 Abs. 1 StudPrO Tübingen.

63 § 3 Abs. 2 ZwischenprüfungsO für den Studiengang Rechtswissenschaft (Konstanz), zuletzt geändert 02.03.2007.

(2) Werden die Klausuren bis zum Ende des vierten Semesters nicht bestanden, können sie einmal bis zum Vorlesungsbeginn des siebten Semesters wiederholt werden.[64]

Zulassungsvoraussetzung für die Übung für Anfänger. An manchen Universitäten bestehen Zulassungsvoraussetzungen zur Übung für Anfänger, z.B. in der Form, dass man vorher an einer Fallbesprechung oder Arbeitsgemeinschaft für Studienanfänger teilnehmen muss. An der TU Dresden ist etwa das Zeugnis über die regelmäßige Teilnahme an den Arbeitsgemeinschaften im Zivilrecht, im Strafrecht und im Verfassungsrecht Voraussetzung für die Teilnahme an den Prüfungsleistungen in den Grundkursen.[65]

c) Nachweis der Zwischenprüfung

Das Jurastudium fällt unter § 15 Abs. 1 S. 2 HRG (Hochschulrechtsrahmengesetz), wonach jeder Studiengang mit einer Regelstudienzeit von mindestens 4 Jahren eine Zwischenprüfung vorsehen muss.[66] Die von den Universitäten gewählten Modelle unterscheiden sich erheblich. An Universitäten mit klassischem System überwiegt die Sukzessivprüfung, die aus den drei Anfängerübungen besteht, wobei alle oder ein Teil der Klausuren unter Prüfungsbedingungen zu schreiben sind. Andere Universitäten haben ein umfangreiches studienbegleitendes Prüfungsprogramm, bestehend aus zahlreichen Einzelklausuren, eingeführt. Große Unterschiede bestehen auch bei den Wiederholungsmöglichkeiten der Einzelleistungen der Zwischenprüfung und dem Zeitpunkt, bis zu dem Wiederholungen stattfinden können.

64 § 7 Abs. 1 ZwischenprüfungsO für den Studiengang Rechtswissenschaft (Konstanz), zuletzt geändert 02.03.2007.

65 § 18 der Prüfungsordnung der Juristischen Fakultät der TU Dresden.

66 Die Zwischenprüfung hat eine wechselhafte Geschichte hinter sich. In den 1980er Jahren wurde im Rahmen einer Studienreform eine Zwischenprüfung in Form von »studienbegleitende Leistungskontrollen« (§ 5a Abs. 4 DRiG a.F.) eingeführt. Daraufhin regelten viele Universitäten die Zwischenprüfung so, dass die Prüfungsleistungen im Rahmen der Übungen für Anfänger erbracht werden konnten. Eine eigenständige Zwischenprüfung fand also nicht statt. Das Gesetz zur Verkürzung der Juristenausbildung strich 1992 die Zwischenprüfung wieder aus dem DRiG. Dennoch gab es an einigen Universitäten weiterhin Zwischenprüfungsordnungen für den Studiengang Rechtswissenschaft. An diesen Universitäten war die Teilnahme an den »studienbegleitenden Leistungskontrollen« zwar nicht mehr Zulassungsvoraussetzung für das Examen, aber Voraussetzung für die Fortsetzung des Studiums. Weiterhin galten meist die bestandenen Anfängerübungen als erfolgreich abgelegte Zwischenprüfung. Nun sind die Zwischenprüfungen teilweise wieder Voraussetzung für die Juristische Prüfung.

✎ *(1) Wo und in welcher Form ist die Zwischenprüfung in Ihrem Bundesland/an Ihrer Fakultät geregelt?*
✎ *(2) Ist eine Aussage zum Ziel der Zwischenprüfung enthalten?*
✎ *(3) Ist das Bestehen der Zwischenprüfung Voraussetzung für die Zulassung zum Examen und/oder Voraussetzung für die Teilnahme an der Übung für Fortgeschrittene?*
✎ *(4) Welche Prüfungsleistungen sind für das Bestehen der Zwischenprüfung erforderlich?*
✎ *(5) Ist das Bestehen der Zwischenprüfung Voraussetzung für die Aufnahme des Schwerpunktstudiums?*

Hilfsmittel:
* *Ausbildungsgesetz/-ordnung/Prüfungsordnung/Studienführer/ZwischenprüfungsO*[67]

Antwort am Beispiel Tübingen:

(1) Gem. § 4 JAPrO BaWü ist bis zum Ende des vierten Semesters eine Zwischenprüfung abzulegen, die je einen Prüfungsteil im Zivilrecht, im Strafrecht und im Öffentlichen Recht umfasst. Die Universität Tübingen hat die Zwischenprüfung in §§ 3 ff. StudPrO 2003 geregelt.

(2) Die Zwischenprüfung soll den Nachweis erbringen, dass der Studierende die Voraussetzungen für ein erfolgreiches Weiterstudium erfüllt (§ 1 Abs. 1 S. 2 StudPrO 2003).

(3) Die bestandene Zwischenprüfung ist nach dem Gesetzeswortlaut nicht Voraussetzung für die Zulassung zum Examen; eine endgültig nichtbestandene Zwischenprüfung führt jedoch zur Exmatrikulation. Die bestandene Zwischenprüfung ist auch nicht ausdrücklich Voraussetzung für die Zulassung zu den Übungen für Fortgeschrittene.

(4) Der Erwerb der drei Scheine in den Anfängerübungen gilt als erfolgreich abgelegte Zwischenprüfung. Die Klausuren der Anfängerübung sind unter Prüfungsbedingungen zu schreiben.

(5) Die bestandene Zwischenprüfung ist Voraussetzung für die Aufnahme des Schwerpunktstudiums.[68]

Zweck der Zwischenprüfung. Bei den in den Ausbildungsgesetzen genannten Zielen der Zwischenprüfung lassen sich zwei Zielrichtungen unterscheiden. Zum einen soll die Zwischenprüfung der Überprüfung der Eignung für das weitere Studium dienen und feststellen, ob die Studierenden die für das weitere Studium erforderliche Qualifikation besitzen (siehe auch oben Antwort zu (2).[69] Hier wird die Zwischenprüfung eher als Eignungsprüfung gesehen. Zum anderen ist Ziel der Zwischenprüfung die Überprüfung des im Grundstudiums erzielten Studienerfolgs.[70] Damit ist eine umfangreiche Überprüfung des bisherigen Kenntnisstandes gemeint. Aus dem Zweck

67 Eine Linkliste auf die Zwischenprüfungsordnungen der Universitäten enthält die Website http://www.jurawelt.com/studenten/zwischenpruefung/8028.
68 § 15 Abs. 1 StudPrO 2003.
69 Siehe § 28 Abs. 1 S. 2 Studien- und Prüfungsordnung der LMU München v. 30.10.2007.
70 Z.B. § 18 Studien- u. PrüfungsO der Juristischen Fakultät Frankfurt/Oder.

und der Art der Zwischenprüfung lassen sich Erkenntnisse für die eigene Studienplanung ableiten, auf die ich später eingehe.[71]

Zwischenprüfung als Voraussetzung für ...? Das erfolgreiche Bestehen der Zwischenprüfung ist ausdrücklich Voraussetzung zur Zulassung zum Examen beispielsweise in Sachsen-Anhalt, Niedersachsen, Nordrhein-Westfalen, Schleswig-Holstein, Rheinland-Pfalz und Hessen. Das Bestehen der Zwischenprüfung ist beispielsweise in Konstanz und Mainz Voraussetzung für die Teilnahme an den großen Übungen. Das Bestehen der Zwischenprüfung kann auch Voraussetzung für die Anfertigung der häuslichen Arbeit der Universitätsprüfung sein, so z.B. in Würzburg.

Bestandteile der Zwischenprüfung. Die Ausgestaltung der Zwischenprüfung hängt davon ab, ob die Zwischenprüfung ausdrücklich Zulassungsvoraussetzung zum Examen ist und ob sie die Übung für Fortgeschrittene ersetzt. An manchen Universitäten ist der Grundlagenschein oder eine Abschlussklausur in einem Grundlagenfach Bestandteil der Zwischenprüfung. Neben Semesterabschlussklausuren sind Hausarbeiten entweder gar nicht mehr oder nur noch in einem[72] oder zwei Fächern[73] anzufertigen. Damit das nicht so abstrakt bleibt, vier konkrete Beispiele:

- **Universität Köln:** Es sind insgesamt 12 Klausuren zu bestehen, im Einzelnen 5 Semesterabschlusstests im Bürgerlichen Recht, 3 im Öffentlichen Recht (davon einer im Staatsrecht, einer im Allgemeinen Verwaltungsrecht), 2 im Strafrecht, 2 in Grundlagenfächern. Dazu muss eine Hausarbeit wahlweise aus dem ZR, ÖR oder StR, bestanden werden. Weiter ist der Besuch einer Arbeitsgemeinschaft Pflicht.
- **Universität Halle-Wittenberg:** Es sind 6 Semesterabschlussklausuren zu bestehen. Weiter muss der Grundlagenschein vorliegen. In den Abschlussklausuren ist ein Gutachten (Falllösung) anzufertigen. Die Abschlussklausuren des ersten Semesters dürfen auch bis zu 25 % Wissensfragen enthalten.
- **Universitäten Göttingen/Münster**: Es müssen bestimmte durch Klausuren erworbene Credit-Point-Summen erbracht (ca. 8 bis 12 Klausuren) und zusätzlich zwei Hausarbeiten geschrieben werden. In Münster ist auch der Grundlagenschein erforderlich.
- **Universität Augsburg**: Es sind 4 Abschlussklausuren in Zivilrecht, Strafrecht, im Öffentlichen Recht und im Grundlagenfach zu schreiben.

Zusätzliche Voraussetzung für die Zwischenprüfung. Eine Besonderheit ist die Orientierungsprüfung an Universitäten in Baden-Württemberg, die es Studierenden ermöglichen soll, ihre Studienwahlentscheidung möglichst frühzeitig zu überprüfen. Sie besteht aus einer Übung für Anfänger und einem Grundlagenschein und muss bis zum Ende des zweiten Semesters bestanden werden.[74]

d) Grundlagenschein

Die meisten Ausbildungsgesetze verlangen einen Schein in einem *Grundlagenfach* (Grundlagenschein). Als *Grundlagenfächer* werden diejenigen Wissensgebiete bezeichnet, die sich mit den philosophischen, geschichtlichen und gesellschaftlichen

71 Siehe S. 57.

72 Z.B. in Augsburg oder Konstanz (eine Facharbeit zu propädeutischer Übung, wahlweise aus ZR/StR/ÖR).

73 In Würzburg ist eine Hausarbeit im Zivilrecht und eine im Öffentlichen Recht erforderlich.

74 § 2 StudPrO 2003.

Grundlagen von Rechtsordnungen befassen.[75] Im Studium sind dies die Rechtsgeschichte (Römische und Deutsche Rechtsgeschichte, Verfassungs- und Privatrechtsgeschichte der Neuzeit), die Rechtsphilosophie, die Juristische Methodenlehre und die Rechtssoziologie. In Lehrveranstaltungen zu Grundlagenfächern ist es möglicherweise dem Dozenten überlassen, welchen Leistungsnachweis er fordert, also ob er eine Klausur, Hausarbeit oder ein Referat verlangt.

> ✎ *(1) Verlangt Ihr Ausbildungsgesetz/-ordnung den Erwerb eines Grundlagenscheins?*
> ✎ *(2) Welche Leistungsnachweise müssen Sie für den Grundlagenschein erbringen?*
> **Hilfsmittel:**
> * *Ausbildungsgesetz/-ordnung/Studien- oder Prüfungsordnung/Studienführer*

Antwort am Beispiel Baden-Württemberg:

(1) Es ist die erfolgreiche Teilnahme an einer »Lehrveranstaltung« in Rechtsgeschichte, Rechtsphilosophie, Rechtssoziologie, Juristischer Methodenlehre, Rechtsvergleichung oder Allgemeiner Staatslehre erforderlich (§ 9 Abs. 2 Nr. 2 i.V.m. § 3 Abs. 1 S. 2 JAPrO BaWü).

(2) Eine erfolgreiche Teilnahme setzt voraus, dass entweder eine Aufsichtsarbeit (Klausur) oder eine Hausarbeit bestanden wird (§ 9 Abs. 3 S. 1 JAPrO BaWü).

Normalerweise muss man ein Semester lang an der Lehrveranstaltung teilnehmen. Teilweise ist die Teilnahme an einer zweisemestrigen Veranstaltung Pflicht, z.B. in Hannover.[76]

e) Seminarschein

Die meisten Ausbildungsgesetze verlangen für die Zulassung zur Staatsprüfung einen Seminarschein. Durch das Schreiben von Seminararbeiten lernt man Argumentationsfähigkeit und die für wissenschaftliche Arbeiten wichtige Auswertung von Rechtsprechung und juristischer Literatur.

> ✎ *(1) Ist an Ihrer Universität die erfolgreiche Teilnahme an einem Seminar Voraussetzung für die Zulassung zur Staatsprüfung?*
> ✎ *(2) Wenn ja, welche Leistungsnachweise müssen Sie dafür erbringen?*
> ✎ *(3) Ist es möglich, anstelle des Seminarscheins einen weiteren Grundlagenschein zu erwerben?*
> **Hilfsmittel:**
> * *Ausbildungsgesetz/-ordnung/Studien- oder Prüfungsordnung/Studienführer*

Antwort am Beispiel Baden-Württemberg:

(1) Die erfolgreiche Teilnahme an einem Seminar ist Voraussetzung für die Zulassung zur Staatsprüfung (§ 9 Abs. 2 Nr. 3 JAPrO BaWü).

75 § 5a Abs. 2 S. 2 DRiG.

76 § 6 StudO Hannover. In Hannover ist zusätzlich die erfolgreiche Teilnahme an einer Lehrveranstaltung in Methodenlehre Voraussetzung für die Zulassung zur Universitätsprüfung (§ 11 StudO Hannover).

(2) Ein Schein wird ausgestellt, wenn in dem Seminar ein schriftlich ausgearbeitetes Referat angefertigt, mündlich vorgetragen und mit mindestens 4 Punkten bewertet wurde (§ 9 Abs. 3 S. 2 JAPrO BaWü).

(3) Nein. Ein Leistungsnachweis aus einem Seminar ist obligatorisch.

Teilweise kann der Seminarschein durch eine gleichwertige Veranstaltung in einem Grundlagenfach ersetzt werden.[77] Die Frage, ob der Seminarschein auch für die Universitätsprüfung erforderlich ist, beantworte ich dort (S. 54).

Für die Scheine und Studienleistungen, die ich bisher behandelt habe, sind in allen Bundesländern benotete Einzelleistungen erforderlich. Nun bespreche ich Studienleistungen, bei denen die Bundesländer unterschiedlich entschieden haben, ob benotete Leistungen zu erbringen sind oder nicht. Wenn benotete Leistungen nicht zu erbringen sind, handelt es sich um *Teilnahmescheine,* also Bestätigungen darüber, dass eine Lehrveranstaltung regelmäßig besucht wurde. Studierende nennen sie auch »Sitzscheine«. Nachfolgende Scheine können also entweder ein benoteter Schein oder ein Teilnahmenachweis sein.

f) Scheine aus Lehrveranstaltungen zur Vermittlung von Schlüsselqualifikationen

Ein Ziel der Juristenausbildung ist, auch die für den Beruf erforderlichen Schlüsselqualifikationen der Studierenden besser zu fördern. Die Ausbildungsgesetze verlangen daher, dass die Universitäten Lehrveranstaltungen zur exemplarischen Vermittlung von Schlüsselqualifikationen anbieten. Das DRiG nennt in § 5a Abs. 3 beispielhaft Verhandlungsmanagement, Gesprächsführung, Streitschlichtung, Mediation, Rhetorik, Vernehmungslehre und Kommunikationsfähigkeit.[78] Gem. § 5d Abs. 1 DRiG sollen die Prüfungen die Schlüsselqualifikationen berücksichtigen.

✎ *(1) Ist die erfolgreiche Teilnahme oder nur die Teilnahme an einer Lehrveranstaltung zur Vermittlung von Schlüsselqualifikationen Voraussetzung für die Zulassung zum Examen?*

✎ *(2) Falls erfolgreiche Teilnahme gefordert ist: Wie kann der Leistungsnachweis für die Lehrveranstaltung erbracht werden?*

✎ *(3) Kann eine erfolgreiche Teilnahme an Veranstaltungen anderer Fakultäten anerkannt werden?*

✎ *(4) Können Lehrveranstaltungen zum Erwerb von Schlüsselqualifikationen auch Bestandteil des Schwerpunktstudiums sein?*

Hilfsmittel:

* *Ausbildungsgesetz/-ordnung/Studien- oder Prüfungsordnung der Universität*

Antwort am Beispiel Baden-Württemberg/Universität Tübingen:

(1) Es ist die erfolgreiche Teilnahme an einer Lehrveranstaltung zur Vermittlung interdisziplinärer Schlüsselqualifikationen erforderlich (§ 9 Abs. 2 Nr. 4 JAPrO BaWü). Zu den Schlüsselqualifikationen zählen auch Grundkenntnisse in Wirtschafts- und Sozialwissenschaften (§ 3 Abs. 5 JAPrO).

77 § 4 Abs. 1 Nr. 5 JAPO Rheinland-Pfalz.

78 Weiterführend zu Schlüsselqualifikationen siehe Kap. 15 (Erwerb von Schlüsselqualifikationen).

(2) Ein Schein wird ausgestellt, wenn ein Vortrag gehalten oder eine vergleichbare Prüfungsleistung erbracht und mit mindestens 4 Punkten bewertet wurde (§ 9 Abs. 3 S. 3 JAPrO BaWü).

(3) Die erfolgreiche Teilnahme an einer Veranstaltung einer anderen Fakultät der Universität kann anerkannt werden (§ 9 Abs. 6 JAPrO BaWü).

(4) Der Erwerb des Nachweises der Schlüsselqualifikation kann im Rahmen des Schwerpunktstudiums erfolgen (§ 27 Abs. 3 JAPrO BaWü).

Benoteter Schein oder Teilnahmeschein? Die Mehrzahl der Bundesländer fordert einen Leistungsnachweis. Unter anderem in Bayern, Niedersachsen und Schleswig-Holstein wird nur ein Teilnahmeschein verlangt. Teilweise reicht eine Veranstaltung mit 2 SWS nicht aus, sondern es sind mehr Semesterwochenstunden nötig.[79]

Anerkennung gleichwertiger Leistungen. Der für die Schlüsselqualifikationen erforderliche Nachweis kann teilweise auch an wirtschaftwissenschaftlichen, soziologischen, philosophischen, historischen Fachbereichen erbracht werden. Weiter sind häufig Veranstaltungen zentraler Universitätseinrichtungen wie z.B. eines career centers, gleichwertig. Fragen im Zusammenhang mit der Anerkennung der Leistungen anderer Fachbereiche sind mit dem Justizprüfungsamt, dem Prüfungsamt der Fakultät, der Fachstudienberatung oder dem Studiendekan zu klären.

g) Scheine aus fremdsprachigen rechtswissenschaftlichen Veranstaltungen

Ein weiteres Ziel der Juristenausbildung ist die Förderung der Fremdsprachenkompetenz. Die Ausbildungsgesetze verlangen daher, dass die Universitäten entsprechende Lehrveranstaltungen anbieten. Die Prüfungen im Examen können auch die Fremdsprachenkompetenz berücksichtigen.

✎ *(1) Ist die erfolgreiche Teilnahme oder nur die Teilnahme an einer fremdsprachigen rechtswissenschaftlichen Veranstaltung Voraussetzung für die Zulassung zum Examen?*

✎ *(2) Falls erfolgreiche Teilnahme gefordert ist: Wie kann der Leistungsnachweis für die Lehrveranstaltung erbracht werden?*

✎ *(3) Kann der Nachweis durch ein Auslandsstudium ersetzt werden?*

✎ *(4) Kann die Fremdsprachenkompetenz auf andere Weise nachgewiesen werden?*

Hilfsmittel:

* *Ausbildungsgesetz/-ordnung/Studien- oder Prüfungsordnung der Universität*

Antwort am Beispiel Baden-Württemberg:

(1) Während des Studiums ist die Teilnahme an einer fremdsprachigen rechtswissenschaftlichen Veranstaltung oder einem rechtswissenschaftlich ausgerichteten Sprachkurs erforderlich (§ 9 Abs. 1 Nr. 3 JAPrO BaWü).

(2) Ein Leistungsnachweis ist nicht erforderlich.

(3) Die Teilnahme an einer solchen Veranstaltung kann ersetzt werden durch ein Semester eines fremdsprachigen rechtswissenschaftlichen Auslandsstudiums (§ 9 Abs. 4 JAPrO BaWü).

79 An der Universität Frankfurt/Oder müssen insgesamt 8 SWS aus dem Bereich Schlüssel- und Zusatzqualifikationen nachgewiesen werden.

(4) Die JAPrO BaWü nennt keine weiteren Möglichkeiten eines Nachweises.

Benoteter Schein oder Teilnahmeschein? Einen Leistungsnachweis verlangen z.B. Bayern, Sachsen-Anhalt, Schleswig-Holstein, Hessen oder Mecklenburg-Vorpommern. An manchen Universitäten muss die fremdsprachige Veranstaltung sogar im Umfang von 4 SWS besucht werden, z.B. in Bayreuth. Nur einen Teilnahmeschein verlangen beispielsweise Hessen, Rheinland-Pfalz und Schleswig-Holstein.

Anerkennung gleichwertiger Leistungen. Bezüglich der Anerkennung von Leistungsnachweisen außerhalb der Fakultät kommt es auf die konkrete gesetzliche Regelung an. Herkömmliche Sprachkurse können von der Anerkennung ausgeschlossen sein, da ihnen die spezielle rechtswissenschaftliche Ausrichtung fehlt. Die BayJAPO regelt sehr allgemein, dass gleichwertige Nachweise oder Vorkenntnisse auf Antrag anerkannt werden können und lässt damit großen Spielraum.[80] In Sachsen-Anhalt kann der Leistungsnachweis auch durch die Teilnahme an einem fremdsprachlichen Moot Court ersetzt werden. In Zweifelsfällen wenden Sie sich an den Studiendekan oder die Fachstudienberatung.

h) Scheine aus sonstigen Lehrveranstaltungen

Scheine aus sonstigen Lehrveranstaltungen können Zulassungsvoraussetzung zum Examen oder zur Zwischenprüfung oder zur Übung für Anfänger[81] sein. Manche Bundesländer bzw. Universitäten verlangen zusätzliche benotete Scheine oder Teilnahmescheine, z.B. aus volkswirtschaftlichen Lehrveranstaltungen. Scheine werden auch für die regelmäßige Teilnahme an Anfängerarbeitsgemeinschaften (auch vorlesungsbegleitende Arbeitsgemeinschaften, Fallbesprechungen, Konversatorien, Propädeutikum, Tutorien genannt) ausgestellt.

✎ *(1) Ist die Teilnahme an einer Anfängerarbeitsgemeinschaft Voraussetzung zur Zulassung zum Examen? Falls nicht, ist die Teilnahme an einer Anfängerarbeitsgemeinschaft Voraussetzung für die Zwischenprüfung?*

✎ *(2) Ist die Teilnahme an weiteren Lehrveranstaltungen Voraussetzung für die Zulassung zum Examen?*

Hilfsmittel:

* *Ausbildungsgesetz/-ordnung/Studien- oder Prüfungsordnung*

Antwort am Beispiel Baden-Württemberg/Universität Tübingen

(1) Die JAPrO BaWü verlangt keinen Nachweis der Teilnahme an einer Arbeitsgemeinschaft, so dass es den Universitäten überlassen ist, die Teilnahme an einer Arbeitsgemeinschaft zur Pflicht zu machen. An der Juristischen Fakultät Tübingen wird zu den Klausuren der Anfängerübungen nur zugelassen, wer in einem vorangegangenen Semester an *einer* Fallbesprechung im Zivilrecht, Strafrecht *oder* Öffentlichen Recht regelmäßig teilgenommen hat.[82]

(2) Es sind keine weiteren Scheine erforderlich. Auch die Teilnahme an volkswirtschaftlichen Veranstaltungen ist keine Zulassungsvoraussetzung mehr.

80 § 24 Abs. 2 S. 2 BayJAPO.

81 Ob die Teilnahme an einer Anfängerarbeitsgemeinschaft für die Anfängerübung erforderlich ist, wurde
oben, S. 44, festgestellt.

82 § 3 Abs. 2 S. 2 StudPrO 2003.

Besonderheiten:
In Schleswig-Holstein ist die Teilnahme an je einer »Pflichtarbeitsgemeinschaft für Anfänger« im Bürgerlichen Recht, im Strafrecht und im Öffentlichen Recht Zulassungsvoraussetzung zum Examen.[83] In Niedersachsen ist die erfolgreiche Teilnahme an Lehrveranstaltungen für Wirtschafts- und Sozialwissenschaften erforderlich. In Nordrhein-Westfalen ist die Teilnahme an Lehrveranstaltungen über die Grundlagen und Erkenntnismöglichkeiten der politischen Wissenschaft, der Sozialwissenschaften und der Psychologie vorgesehen. Außerdem sollen die Studierenden Kenntnisse in Buchhaltungs- und Bilanzkunde erwerben.[84]

i) Nachweis der praktischen Studienzeit
Bei der praktischen Studienzeit handelt es sich um ein mehrwöchiges Praktikum, das in der vorlesungsfreien Zeit bei Gericht, bei der Staatsanwaltschaft, bei Verwaltungsbehörden, bei Rechtsanwälten oder sonstigen geeigneten Stellen absolviert werden muss. Nach Bundesrecht muss die praktische Studienzeit mindestens 3 Monate dauern.[85]

✎ *(1) Wie viele Wochen oder Monate praktische Studienzeit müssen Sie nachweisen?*
✎ *(2) Kann die praktische Studienzeit in jeder vorlesungsfreien Zeit absolviert werden, oder müssen Sie erst bestimmte Studienleistungen erbringen oder eine bestimmte Studiendauer nachweisen?*
✎ *(3) Gibt es weitere Bestimmungen für die praktische Studienzeit?*
Hilfsmittel:
* *Ausbildungsgesetz/-ordnung/Studienführer*
* *Informationen des Justizprüfungsamts zur praktischen Studienzeit*

Antwort am Beispiel Baden-Württemberg:
(1) Nach § 5 JAPrO BaWü muss die praktische Studienzeit insgesamt drei Monate umfassen.
(2) Sie kann im Zeitraum nach dem ersten Semester bis zum Ende des Studiums absolviert werden. Eine höhere Semesterzahl wird nicht vorausgesetzt. Allerdings sind manche Behörden nur dann bereit, Praktikanten zu nehmen, wenn diese mindestens die Scheine der Anfängerübungen vorlegen können.
(3) *Hinweise zur praktischen Studienzeit* in Baden-Württemberg gibt das Justizprüfungsamt auf seiner Webseite.[86] Eine Aufteilung in verschiedene Rechtsbereiche oder auf unterschiedliche Ausbildungsstellen ist nicht erforderlich. Die praktische Studienzeit kann auch bei einer Stelle im Ausland abgeleistet werden.

Zeitpunkt der praktischen Studienzeit. In einigen Bundesländern ist vorgeschrieben, dass die praktische Studienzeit erst nach dem zweiten[87] oder dritten Semester[88] absolviert werden kann. Manche Bundesländer empfehlen ausdrücklich, dass bereits die »kleinen Scheine« erworben wurden. Auch ohne einen ausdrücklichen Hinweis

83 § 2 Abs. 1 Nr. 3 JAVO Schleswig-Holstein.
84 § 7 Abs. 3 JAG NRW.
85 § 5a Abs. 3 S. 2 DRiG. Teilweise sehen die Landesgesetze 13 Wochen vor.
86 http://www.jum.baden-wuerttemberg.de, Ruprik Justizprüfungsamt.
87 Z.B. in Bayern (§ 25 Abs. 1 S. 1 BayJAPO), in Sachsen-Anhalt (§ 12 Abs. 2 JAPrVO LSA).
88 Z.B. in Sachsen (§ 19 Abs. 3 SächsJAPO).

empfiehlt es sich, die praktische Studienzeit zwischen das dritte und sechste Semester zu legen. In Hannover sollen die Klausuren in der Übung für Fortgeschrittene auch die in den praktischen Studienzeiten gewonnenen Einblicke in die Praxis berücksichtigen.[89] Dies spricht dafür, die praktische Studienzeit vor den großen Scheinen zu absolvieren.

Organisation und Ablauf. Die praktische Studienzeit kann in zwei oder drei Teilen abgeleistet werden. In Nordrhein-Westfalen sind zweimal 6 Wochen vorgesehen.[90] Über die Einzelheiten der praktischen Studienzeit können Sie sich bei der Studienberatung Ihrer Fakultät oder bei den Fachschaften informieren. Die Studentenvertreter können meist auch eigene Erfahrungen weitergeben oder geeignete Behörden, Anwaltskanzleien oder Firmen nennen. Teilweise gibt es zusätzlich zur Ausbildung bei einem Rechtsanwalt ein- oder mehrwöchige Gruppenausbildungen.[91]

j) Exkurs: Antrag auf Zulassung zur Staatsprüfung

Die Bestätigungen der für die Staatsprüfung erforderlichen Studienleistungen sind dem Antrag auf Zulassung zur Staatsprüfung beizufügen. Zuständig für die Staatsprüfung sind die Justizprüfungsämter.[92] Bei Fragen in Bezug auf die Voraussetzungen für die Zulassung zur Staatsprüfung sind sie die geeignete Anlaufstelle. In den Ankündigungen der Staatsprüfungen für einen konkreten Examenstermin geben sie genaue Hinweise. Auf ihren Web-Seiten gibt es meist auch das Zulassungsantragsformular als Download und ausführliche Anleitungen zum Ausfüllen des Antrags mit Hinweis auf alle beizufügenden Unterlagen. Manche Ausbildungsgesetze sehen auch das Einreichen einer Geburtsurkunde[93] oder eines Führungszeugnisses vor. Zu beachten ist auch, dass man in den beiden der Prüfung unmittelbar vorausgehenden Semestern an der Universität des Prüfungsortes eingeschrieben sein muss.

2. Welche Studienleistungen muss ich während des Studiums des Schwerpunktbereichs als Voraussetzung für die Zulassung zur Universitätsprüfung erbringen?

Nachdem Sie nun wissen, welche Scheine Sie im Pflichtfachstudium erwerben müssen, wenden wir uns dem Studium des Schwerpunktbereichs zu und fragen, welche Voraussetzungen Sie für die Zulassung zur Universitätsprüfung erbringen müssen. Im Gegensatz zur Staatsprüfung setzt die Zulassung zur Universitätsprüfung keine oder nur wenige Leistungsnachweise voraus. Dies liegt daran, dass schon die Teilleistungen der Universitätsprüfung studienbegleitend abgelegt werden können. Die Einzelheiten der Universitätsprüfung stelle ich später dar. Hier untersuche ich nur, welche Voraussetzungen für die Zulassung zur Universitätsprüfung erforderlich sind.

---

89 § 12 Abs. 4 Studienordnung der Juristischen Fakultät der Universität Hannover.

90 § 8 Abs. 2 JAG NRW.

91 Z.B. in Tübingen die einwöchige Gruppenausbildung für den Bereich der anwaltlichen Tätigkeit, veranstaltet vom Anwaltverein Tübingen e.V. und der Rechtsanwaltskammer Tübingen, mit Einführungsvorträgen aus der Rechtspraxis (sog. »Tübinger Modell«).

92 Dies hängt damit zusammen, dass die Staatsprüfung eine Eingangsprüfung für das Referendariat darstellt.

93 Z.B. Schleswig-Holstein.

✎ *(1) In welchen Bestimmungen ist das Schwerpunktstudium geregelt?*
✎ *(2) Was sind die Voraussetzungen für die Aufnahme und Wahl des Schwerpunktstudiums?*
✎ *(3) Müssen Leistungsnachweise erbracht werden, bevor man Teilprüfungen der Universitätsprüfung ablegen kann?*
✎ *(4) Wie viele Semesterwochenstunden muss das Schwerpunktstudium umfassen?*
✎ *(5) Wie müssen Sie die Teilnahme an den Lehrveranstaltungen nachweisen? Reicht das Belegen im Studienbuch?*
✎ *(6) Was sind die Voraussetzungen für die Zulassung zur Universitätsprüfung?*

Hilfsmittel:

* *Ausbildungsgesetz/-ordnung/Studien- oder Prüfungsordnung*
* *Prüfungsamt der Fakultät: Web-Seiten der Fakultät/Informationsbroschüren*

Antwort am Beispiel Tübingen:

(1) Das Schwerpunktstudium ist in §§ 26 ff. JAPrO BaWü und in §§ 14 ff. StudPrO 2003 geregelt.

(2) Das Schwerpunktstudium kann nach Bestehen der Zwischenprüfung aufgenommen werden.[94]

(3) Während des Studiums im Schwerpunktbereich ist kein über die Teilleistungen der Universitätsprüfung hinausgehender Leistungsnachweis zu erbringen.

(4) Das Studium im Schwerpunktbereich umfasst mindestens 16 Semesterwochenstunden.[95]

(5) Der Nachweis wird durch die Vorlage der Belegbögen geführt, in welche die besuchten Lehrveranstaltungen ordnungsgemäß eingetragen werden.

(6) Es gibt keine Bestimmung, in der die Zulassung zur Universitätsprüfung geregelt ist. Die häusliche Arbeit ist studienbegleitend anzufertigen, sie setzt die Wahl des Schwerpunktbereichs und den Antrag auf Zuteilung der häuslichen Arbeit als Prüfungsleistung voraus. Die Zulassung zur Abschlussprüfung setzt das Zeugnis über die häusliche Arbeit und das Bestehen der Zwischenprüfung sowie den Nachweis der Teilnahme am Schwerpunktstudium im Umfang von 16 SWS voraus.

Aufnahme des Schwerpunktstudiums. Die Aufnahme des Schwerpunktstudium erfolgt durch Wahl eines bestimmten Schwerpunktbereichs und die Zulassung zu diesem. Diese Zulassung ist zu unterscheiden von der Zulassung zur eigentlichen Universitätsprüfung. In München kann die Zulassung zu einem Schwerpunktbereich bei Kapazitätsengpässen beschränkt werden. Die Zulassung richtet sich dann nach der Durchschnittsnote der Zwischenprüfung oder eines bestimmten Rechtsgebiets in der Zwischenprüfung.[96] An manchen Universitäten muss der Antrag auf Zulassung zum Schwerpunktbereichsstudium bis zu einem bestimmten Termin (z.B. Beginn 7. Se-

94 § 15 Abs. 1 StudPrO 2003.
95 § 16 Abs. 1 StudPrO 2003. Die SWS pro Semester werden zusammengezählt; 16 SWS können also z.B. verteilt werden auf 2 Semester mit je 3 Vorlesungen à 2 h und 1 Semester mit je 2 Vorlesungen à 2 h.
96 § 38 Prüfungs- und Studienordnung der LMU München v. 30.10.2007.

mester) gestellt sein, andernfalls gelten die studienbegleitenden Leistungsnachweise als mit ungenügend bewertet.

Seminar als zusätzliche Voraussetzung für die Zulassung. Manche Universitäten haben als zusätzliche Voraussetzung für die Universitätsprüfung[97] festgelegt, dass vorher erfolgreich an einem Seminar mit einem schriftlichen Referat teilgenommen wurde (z.B. Bayreuth). Das Seminar soll der Vorbereitung und Übung der Anfertigung der schriftlichen Arbeit als Prüfungsleistung dienen. Dieses Seminar muss an manchen Universitäten aus dem Gebiet des Schwerpunktbereichs stammen (z.B. Halle-Wittenberg), teilweise ist dies nicht erforderlich (z.B. in Würzburg). In Augsburg kann wahlweise ein Seminar, ein propädeutisches Seminar (Juristische Arbeitstechnik) oder eine Exegese als Leistungsnachweis erbracht werden.

Andere zusätzliche Leistungsnachweise. Die Universität Hannover verlangt die erfolgreiche Teilnahme an einer Veranstaltung in Methodenlehre für die Zulassung zur Universitätsprüfung. Andere Universitäten fordern den Nachweis der Teilnahme an Lehrveranstaltungen zum Erwerb von Schlüsselqualifikationen.[98]

Umfang des Schwerpunktstudiums. Die Anzahl der Mindest-Semesterwochenstunden ist unterschiedlich, z.B. Tübingen mindestens 16 SWS, Augsburg mindestens 18 SWS, Frankfurt/Oder mindestens 22 SWS.

3. Tabelle über die im Studium zu erbringenden Studienleistungen

Nachdem Sie nun geklärt haben, welche Studienleistungen Sie an Ihrer Universität im Einzelnen zu erbringen haben, empfiehlt es sich, die Ergebnisse in einer Tabelle zusammenzufassen, um einen Gesamtüberblick zu erhalten. Auf diese Tabelle können Sie später bei der individuellen Planung in Kapitel 4 zurückgreifen.

✎ *Erstellen Sie eine Tabelle für die im Studium zu erbringenden Studienleistungen. Sie können das Formular aus dem Internet verwenden. Tragen Sie in Spalte 3 ein, wofür der Leistungsnachweis erforderlich ist (für die Staatsprüfung, für die Universitätsprüfung, für die Zwischenprüfung etc.).*

Die im Studium zu erbringenden Studienleistungen

was?	Womit?	wofür? für die Zulassung – zur Staatsprüfung? – zur Universitätsprüfung? für die Zwischenprüfung? ...	wo geregelt?
1 Grundlagenschein	*eine Hausarbeit oder eine Klausur*	*Für die Zulassung zur Staatsprüfung*	*§ 9 Abs. 2 Nr. 2 JAPrO BaWü*

Formular zum Download unter http://www.ja-aktuell.de

97 Genauer: Für die häusliche schriftliche Arbeit als Teil der Universitätsprüfung.
98 So etwa Halle-Wittenberg.

4. Erkenntnisse für die individuelle Studienplanung

Wir haben festgestellt, dass große Unterschiede in der Eingangsphase des Studiums bestehen, die im Hinblick auf die Anerkennung von Leistungen bei einem Hochschulwechsel in den ersten vier Semestern zu beachten sind.[99] Sie haben geklärt, welche Studienleistungen Sie während des Studiums erbringen müssen. Diese Information möchte ich jetzt verwerten, indem ich den Blickwinkel etwas verändere und frage, wie oft und in welcher Form Ihr Lernfortschritt von der Universität überprüft wird. Denn aus Anzahl und Art der Leistungskontrollen ergeben sich wichtige Erkenntnisse für Ihre individuelle Studienplanung.

a) Wie viele (zwingende) Leistungskontrollen gibt es während des Studiums?

Während wir oben die erforderlichen Einzelleistungen pro Schein (pro Studienleistung) festgestellt haben, soll hier die Gesamtzahl der Leistungskontrollen in den *Pflichtfächern* (ohne Grundlagenfächer) bestimmt werden. Dabei zähle ich nur die zwingenden Leistungskontrollen, also diejenigen, die Sie unbedingt erbringen müssen.

✎ *(1) Wie viele Klausuren müssen Sie während des Studiums (ohne Examen) in den Fächern Zivilrecht, Öffentliches Recht und Strafrecht bestehen*
- *in den Übungen für Fortgeschrittene,*
- *in den Anfängerübungen oder in Vorlesungen mit Vorlesungsabschlussklausuren,*
- *zusätzlich für die Zwischenprüfung? Zählen Sie alle Klausuren zusammen.*

✎ *(2) Müssen Sie eine größere Anzahl als die unter (1) genannte Anzahl von Klausuren mitschreiben (also ohne sie bestehen zu müssen)?*

✎ *(3) Welchen zeitlichen Umfang haben die Klausuren während des Studiums?*

Hilfsmittel:

* *Ihre Tabelle über die zu erbringenden Studienleistungen.*

Antwort am Beispiel Baden-Württemberg:

(1) Insgesamt sind im Zivilrecht, Öffentlichen Recht und Strafrecht während des Studiums sechs Klausuren zu bestehen (drei in den Anfängerübungen, drei in der Übung für Fortgeschrittene).

(2) Es reicht aus, in jeder Übung *eine* Klausur mitzuschreiben. Wenn man diese bestanden hat, muss man die weiteren angebotenen Klausuren nicht mehr mitschreiben.

(3) Die Klausuren dauern jeweils 120 Minuten.

Wie viele Klausuren sind zu bestehen? Während man also in Tübingen in den Pflichtfächern im gesamten Studium mit 6 bestandenen Klausuren à 120 Minuten »durchkommen« könnte, müssen an manchen Universitäten deutlich mehr (Semesterabschluss-)Klausuren bestanden werden (z.B. Köln 12, Halle-Wittenberg 9, Augsburg 12 Klausuren). Die Klausuren können auch länger dauern, die Prüfungsordnun-

99 Wegen der Anerkennung von Leistungen wenden Sie sich an den Studiendekan oder die Studienfachberatung derjenigen Hochschule, an die Sie wechseln wollen.

gen sehen Zeiträume bis zu 240 Minuten vor.[100] Es gibt auch Universitäten, an denen mehr Klausuren mitgeschrieben werden müssen als zu bestehen sind.

Welche Auswirkungen haben die festgestellten Zahlen für Ihre Studienplanung? Wenn Sie an einer Universität mit klassischen Anfängerübungen oder Grundkursen studieren, wird die Zahl der zwingenden Leistungskontrollen eher niedrig liegen. Wie festgestellt, könnten Sie es an manchen Universitäten bei 6 zweistündigen Klausuren belassen. Dies sind auf 8 Semester verteilt angesichts der Bedeutung der Pflichtfächer verschwindend wenige Leistungskontrollen. An Universitäten mit Abschlussklausuren gilt, dass in der Anfangs- und Mittelphase des Studiums häufiger Leistungskontrollen stattfinden. In den höheren Semestern wird die Zahl der verpflichtenden Klausuren dort ebenfalls geringer. In den Übungen für Fortgeschrittene sind pro Fach ein bis zwei Klausuren zu bestehen. Die Frage, wie oft Sie Leistungskontrollen unterworfen sind, ist für Ihre Studienplanung ein wichtiger Merkposten. Je weniger externe Lernkontrollen es während des Studiums gibt, desto mehr müssen Sie darauf achten, eigene Lernkontrollen vorzunehmen.

b) Gibt es Leistungskontrollen am Ende der einzelnen Semester?

Neben der Frage, wie viele Leistungskontrollen es insgesamt gibt, ist eine weitere wichtige Frage für die Studienplanung, ob solche Leistungskontrollen während des Semesters oder am Ende des Semesters stattfinden.

An Universitäten mit Anfängerübungen werden die Klausuren meistens während des Semesters geschrieben (die erste Klausur findet ca. 3 Wochen nach Semesterbeginn statt). Die Klausuren umfassen nicht nur den bisherigen Semesterstoff, sondern an sich das gesamte bisherige Wissen in dem Rechtsgebiet. Häufig wird jedoch das Thema der Klausur zumindest grob eingegrenzt. Dies bewirkt, dass Studierende während des Semesters punktuell lernen und dann am Semesterende auch nur punktuelles Wissen besitzen.[101] Zusätzliche Abschlussklausuren am Ende des Semesters gibt es an diesen Universitäten nur vereinzelt. Demgegenüber finden an Universitäten mit Vorlesungsabschlussklausuren in der Anfangsphase und in den mittleren Semestern regelmäßige Leistungskontrollen am Ende des Semesters statt. An manchen Universitäten wird zu jeder Pflichtfachvorlesung, an wenigen Universitäten in allen Fächern eine Abschlussklausur angeboten.[102] Diese Abschlussklausuren beziehen sich auf den Stoff des Semesters und überprüfen, ob das Wissen richtig erfasst wurde. Teilweise enthalten die Klausuren Wissensfragen oder fordern zur Bearbeitung mehrerer kleiner Fälle auf.[103] Dieses System hat den Vorteil, dass Studierende in der Anfangsphase des Studiums, in der eigenverantwortliches Erarbeiten des Rechtsstoffes häufig noch schwer fällt, in vielen Fächern zu kontinuierlichem Lernen angeregt werden. Denn

100 Z.B. dauern in Konstanz die Klausuren in der Übung für Fortgeschrittene 180 Minuten. In Augsburg können die Klausuren während des Studiums bis zu 240 Minuten dauern.

101 Zu diesem System kritisch *Münch*, S. 20: »Eine Ausbildung darf sich nie in punktuellem ›Scheinerwerb‹ erschöpfen, nötig sind vermehrte studienbegleitende Prüfungen«.

102 Die Universität Münster bietet zu jeder Vorlesung im Pflicht- und Schwerpunktbereich (insgesamt 27 Vorlesungen) gegen Vorlesungsende oder in der ersten Woche der vorlesungsfreien Zeit ein Abschlussklausur an. An der Universität Halle-Wittenberg werden zu folgenden Vorlesungen Abschlussklausuren angeboten: BGB AT, Schuldrecht I, Schuldrecht II, Sachenrecht, Strafrecht I, Strafrecht II, Strafrecht III, Staatsorganisationsrecht, Grundrechte, Allgemeines Verwaltungsrecht. Im Zivilrecht darf nur an drei (von vier) Klausuren teilgenommen werden.

103 *Jan F. Orth*, Zur Übung – Abschlusstest im Europarecht, JuS 2002, 442, zeigt eine im Rahmen des Grundkurses Europarecht gestellte Abschlussklausur.

der Lernfortschritt der Studierenden wird unterstützt und regelmäßig unter Beweis gestellt:[104] »Im Idealfall können durch regelmäßiges Mitlernen Wissenslücken gar nicht entstehen«.[105] Lernkontrollen am Ende eines Semesters können auch zu einer schnelleren Selbstprognose führen, ob Jura das richtige Fach ist.[106] Wenn Sie an einer Universität studieren, an der am Ende des Semesters wenig oder gar keine Leistungskontrollen vorgesehen sind oder angeboten werden, bedeutet dies für Ihre Studienplanung, dass Sie eigenständig Lernkontrollen am Ende des Semester durchführen sollten.[107]

c) Inwieweit ist die Zwischenprüfung eine »Zwischen-Kontrolle« in der Mitte des Studiums?

Aus dem Zweck und der Art einer Zwischenprüfung lassen sich wichtige Erkenntnisse für die eigene Studienplanung ableiten. Zwischenprüfung im eigentlichen Sinne bedeutet, dass in der Mitte des Studiums eine Prüfung über den bisherigen Stoff stattfindet und man ein Zwischenergebnis bezüglich des gegenwärtigen Kenntnisstandes erhält. So erfolgt in vielen anderen Studienfächern nach mehreren Semestern ein zeitlicher und inhaltlicher Einschnitt. Es findet eine größere Prüfung (Vordiplom, Physikum, Zwischenprüfung) statt, in welcher der Stoff des Grundstudiums abgeprüft wird. Teilweise kann nach der Zwischenprüfung bestimmtes Wissen schon »ad acta« gelegt werden. Ein solches Abschichten ist im Jurastudium nicht möglich, weil der Wissenserwerb in höheren Semestern das Grundlagenwissen voraussetzt und daran anknüpft oder es vertieft. Die Zwischenprüfung im Jurastudium erlaubt also nicht, dass man Stoff »abhaken« kann. Für Ihre Studienplanung ist daher wichtig, zu wissen, ob und inwieweit die Zwischenprüfung Rückschlüsse auf Ihren gegenwärtigen Kenntnisstand ermöglicht. Dies hängt von der Zielsetzung und Ausgestaltung der Zwischenprüfung ab. Oben wurde festgestellt, dass sich die in den Prüfungsordnungen genannten Ziele der Zwischenprüfung unterscheiden. Teilweise soll festgestellt werden, ob die Studierenden die für das weitere Studium erforderliche Qualifikation besitzen, die Zwischenprüfung wird also eher als Eignungsprüfung verstanden.[108] Das korreliert damit, dass die Leistungskontrollen für die Zwischenprüfung in den Übungen für Anfänger, also schon im 2. und 3. Semester stattfinden. Das ist jedoch keine Zwischenprüfung im oben beschriebenen Sinne. Denn das Lernen für die Klausuren der Anfängerübungen führt häufig nur zu punktuellem Wissen, so dass ein Überblick über den bisherigen Stoff fehlt und der eigene Kenntnisstand nicht eingeschätzt werden kann.[109] Der Leistungsstand wird nur in Bezug auf das konkrete

104 Das ist der richtige Weg, auch wenn Kritiker von einer Verschulung des Jurastudiums sprechen. Kritiker fürchten auch, dass mit dem Wegfall der »kleinen Hausarbeiten« die Wissenschaftlichkeit der Ausbildung leiden könnte. Tatsache ist, dass die Studierenden nur auf der Basis eines soliden Grundwissens beginnen können, wissenschaftlich zu arbeiten.

105 So die Universität Augsburg, die es sich zur Aufgabe macht, die Studierenden in Ihrem Lernprozess zu unterstützen; weiter ist unter http://www.jura.uni-augsburg.de/studium/jura_klassisch/ zu lesen: »Im ersten Studienjahr erfahren die Studierenden intensive Betreuung in Arbeitsgemeinschaften, im zweiten Studienjahr schließt sich ein Tutorium an. Mit Vorlesungsabschlussklausuren in den ersten vier Semestern werden die Studierenden von Anfang an mit der selbständigen praktischen Falllösung vertraut gemacht.«.

106 *Münch*, S. 11.

107 Wie Sie dies tun können, wird ausführlich in Kap. 6 (Systematisches Erarbeiten eines Rechtsgebiets), S. 194, erläutert.

108 *Hans Albrecht Hesse*, Die Reform des Jura-Studiums als Politik seiner Mechanisierung, JZ 2002, 704, 705, spricht von einer nachgeholten Zulassungsprüfung.

109 Kritisch auch *Münch*, S. 11, 15 zur Effektivität der Zwischenprüfung. Die studienbegleitenden Leistungskontrollen, die man punktuell in den Anfängerübungen verlangte, seien ineffektiv. Sie

Rechtsgebiet und evtl. sogar nur in Bezug auf den eingegrenzten (Klausur-) Prüfungsgegenstand überprüft. Mehr Aussagekraft haben die Vorlesungsabschlussklausuren, da sie eine Rückkoppelung des Lernprozesses sicherstellen, den Stoff des gesamten Semesters umfassen und zu einem kontinuierlichen Lernen motivieren. An Universitäten mit Vorlesungsabschlussklausuren hat die Zwischenprüfung den Zweck, »den Studierenden von Anfang an eine kontinuierliche Selbstkontrolle« zu ermöglichen und sie »zu einem zielgerichteten Studium« anzuhalten.[110] Aber auch die Vorlesungsabschlussklausuren zwingen nicht dazu, den gesamten Stoff der ersten vier Semester so zusammenhängend zu lernen, dass man – wie im Examen gefordert – gleichzeitig Wissen aus verschiedenen Rechtsgebieten parat hat. Die Mehrzahl der Studierenden lernt – trotz Abschlussklausuren – in den ersten vier bis fünf Semestern zu wenig, was sich dann häufig in der Phase der Examensvorbereitung zeigt. Deshalb ist es wichtig, den Studierenden eine Möglichkeit zu geben, ihren Leistungsstand und ihre Leistungsfähigkeit zuverlässig zu beurteilen. Hier wäre eine Zwischenprüfung im Sinne eines »Mini-Examens« mit einer umfangreichen Überprüfung des bisherigen Kenntnisstands nach dem 4. oder 5. Semester ein geeignetes Mittel. Ideal wäre die Einführung eines »kleinen« Examensklausurenkurses nach dem 4. oder 5. Semester mit vier bis sechs Übungsklausuren (auf dem Niveau der Fortgeschrittenenübung).

An dieser Stelle wird nun häufig auf die Eigenverantwortung der Studierenden in einem nicht verschulten Universitätssystem hingewiesen. Genau dieser Appell an die Eigenverantwortung muss der Ansatzpunkt für Ihre Studienplanung sein. Sie erkennen, dass Sie während der Anfangs- und Mittelphase des Studiums in keine dem Examen vergleichbare Prüfungssituation kommen, in der Sie mehrere Prüfungsgegenstände gleichzeitig beherrschen müssen.[111] Es besteht daher die Gefahr, das systematische Lernen während der Anfangssemester zu versäumen und dadurch lange Zeit keinen Überblick zu besitzen.[112]

Für Ihre Studienplanung bedeutet dies, dass Sie im Zeitraum zwischen 4. und 6. Semester, also zeitlich nach der eigentlichen Zwischenprüfung, in Eigenverantwortung eine »Zwischen-Kontrolle« vornehmen, um ein persönliche Zwischenbilanz ziehen zu können.[113] Eine Möglichkeit wäre, – wenn von der Fakultät aus möglich – im fünften oder sechsten Semester übungshalber die Klausuren aller Übungen für Fortgeschrittene (möglichst zeitnah) mitzuschreiben und vorher den wichtigsten Stoff aus diesen Rechtsgebieten zu wiederholen. Eine offizielle Teilnahme an diesen Klausuren wird teilweise an den Zugangskontrollen scheitern, eine Korrektur der Klausur meist

---

könnten weder positiv zur frühzeitiger, weiterer Lernanstrengung anhalten, noch negativ eine verfehlte Studienfachwahl offen legen. Des Weiteren seien Studien- und Prüfungsinhalt zeitlich nicht genügend aufeinander abgestimmt. Diese Vorwürfe gelten weiterhin für solche Fakultäten, die die Zwischenprüfung in der Form der Bezugnahme auf die Klausuren der Anfängerübung geregelt haben. An diesen Fakultäten müssen Sie als Studierender besonders auf die eigene Lernkontrolle achten. Die Übungen bieten nicht die Möglichkeit, den eigenen Leistungsstand zu beurteilen (a.A. *Lüke*, S. 123).

110 § 1 Abs. 1 S. 3 ZwPrO d. Universität Hannover.

111 Zwar gibt es die Möglichkeit der Teilnahme an sogenannten Probeexamen im 7. und 8. Semester. Dies ist als Zwischenkontrolle jedoch zu spät.

112 So auch Regierungsentwurf zur Abschaffung der Zwischenprüfung Anfang der 90er Jahre, BT-DR 12/2507 S. 7 re.Sp.: »Die Studenten vernachlässigen andere Fächer, konzentrieren sich zu sehr auf die Erbringung der erforderlichen Teilleistungen und beginnen erst zu spät mit einem systematischen Studium«.

113 Siehe dazu Kap. 4 (Individuelle Studienplanung), S. 137.

an den finanziellen Mitteln der Fakultät. Die Texte der Aufgabenstellung lassen sich jedoch meist besorgen. Es empfiehlt sich, die Klausuren zu sammeln, und dann (vielleicht mit anderen Studierenden zusammen) ein Mini-Examen durchzuführen, indem Sie mindestens vier Klausuren (2 ZR, 1 ÖR, 1 StR) an vier Tagen in einer Woche schreiben.

d) Gibt es ausreichend Leistungskontrollen in Form von mündlichen Prüfungen oder Referaten während des Studiums?

✎ *(1) Gibt es während des Studiums mündliche Prüfungen als Leistungsnachweis?*
✎ *(2) Für welche Scheine müssen Sie während des Studiums mündliche Leistungen erbringen?*
✎ *(3) Wie viele mündliche Leistungsnachweise müssen Sie insgesamt erbringen?*
Hilfsmittel:
* *Ausbildungsgesetz/-ordnung*
* *Prüfungsordnung der Universität/Studienordnung*

Antwort am Beispiel Baden-Württemberg:

(1) Während des Studiums sind keine mündlichen Prüfungen als Leistungsnachweis vorgesehen.

(2) Für den Seminarschein ist ein schriftlich ausgearbeitetes Referat mündlich vorzutragen. In der Lehrveranstaltung zur Vermittlung interdisziplinärer Schlüsselqualifikationen muss ein Vortrag gehalten werden oder eine vergleichbare Prüfungsleistung erbracht werden.[114]

(3) Es sind also zwei mündliche Leistungen in Form eines Referats oder eines Vortrags erforderlich.

Teilweise werden mehr mündliche Leistungen gefordert. Angesichts der Tatsache, dass die mündliche Argumentationsfähigkeit eine der wichtigsten Fähigkeiten eines Juristen ist, ist die Anzahl der Leistungskontrollen in Form von mündlichen Prüfungen, Vorträgen und Referaten während des Studiums generell viel zu gering.[115] Dies bedeutet für Ihre Studienplanung, dass Sie den Erwerb dieser Fähigkeiten selbständig betreiben und einplanen müssen.[116]

5. Zusammenfassung

☞ Die meisten Leistungsnachweise im Jurastudium werden in Form von Klausuren und Hausarbeiten erbracht. Mündliche Prüfungen in der Form, wie sie im Examen stattfinden, gibt es während des Studiums nicht.

☞ Im Jurastudium gibt es vergleichsweise wenige vorgeschriebene Leistungskontrollen. An manchen Universitäten reicht es aus, in den Kerngebieten des Rechts (Zivilrecht, Strafrecht, Öffentliches Recht) während des Studiums ins-

114 § 9 Abs. 3 S. 2, 3 JAPrO BaWü.

115 *Schlieffen/Michaelis*, Schlüsselqualifikation Rhetorik, JA 2003, 718, 719 kritisieren ebenfalls, dass Examen gemacht würden, »ohne dass der Kandidat eine einzige Rede gehalten, eine Debatte geführt oder ein Gespräch moderiert hat«.

116 Siehe dazu Kap. 8 (Private Arbeitsgemeinschaften) und Kap. 13 (Studienarbeit und mündliche Prüfung).

gesamt sechs Klausuren und drei Hausarbeiten zu bestehen. An zunehmend mehr Universitäten gibt es Semesterabschlussklausuren. Diese zwingen zu einem kontinuierlichen Lernen, da am Ende des Semesters eine Leistungskontrolle über den Stoff eines Semesters stattfindet.

☞ Wegen des Fehlens eines »Mini-Examens« in der Mittelphase des Studiums ist es schwierig, eine genaue Zwischenbilanz zu ziehen und die eigene Leistungsfähigkeit im Hinblick auf die Anforderungen im Examen zu beurteilen. Eine Sukzessiv-Zwischenprüfung bis zum Ende des 4. Semesters kann die Funktion einer Zwischenbilanz nicht erfüllen.

6. Folgerungen für Ihre Studienplanung

☞ Sie sind selbst dafür verantwortlich, regelmäßige Lernkontrollen einzuplanen.

☞ Auch, wenn Sie zum Erwerb der Scheine nur wenige Klausuren schreiben müssen, empfiehlt es sich unbedingt, – wenn möglich – sämtliche angebotenen Klausuren zur eigenen Lernkontrolle mitzuschreiben (auch, wenn Sie schon die zum Scheinerwerb nötige Klausur bestanden haben).

☞ Es empfiehlt sich, am Ende eines jeden Semesters eine Wiederholungsphase einzuplanen, in der man sich einen Gesamtüberblick über den Stoff des letzten Semesters verschafft.

☞ Um der Gefahr vorzubeugen, durch das Lernen auf die Leistungskontrollen nur punktuelles Wissen zu erwerben, ist es sehr wichtig, von Studienbeginn an Rechtsgebiete systematisch zu erarbeiten und kontinuierlich zu lernen.

☞ Es empfiehlt sich, im 5. Semester (mit anderen Studierenden zusammen) eigenverantwortlich ein »Mini-Examen« durchzuführen, indem Sie sich Klausuren auf dem Niveau der Übung für Fortgeschrittene besorgen und dann mindestens vier Klausuren (2 ZR, 1 ÖR, 1 StR) an vier Tagen in einer Woche schreiben.

Wie die bisherigen Erkenntnisse umgesetzt und in der Planung berücksichtigt werden können, wird in Kapitel 4 (Individuelle Studienplanung) und im zweiten Teil des Buches besprochen.

V. Wie viele und welche Prüfungsfächer muss ich im Studium lernen?

Bislang haben wir unser Augenmerk darauf gerichtet, welche Studienleistungen Sie während des Studiums erbringen müssen. Nun wenden wir uns der Frage zu, welche Fächer Sie in welchem Umfang im Examen beherrschen müssen. Zu Beginn des Studiums ist es ziemlich schwer, einen Überblick über den Rechtsstoff zu erhalten. Nach dem ersten Semester kennen Sie z.B. im Zivilrecht häufig erst den *Allgemeinen Teil des Bürgerlichen Gesetzbuches* sowie das *Allgemeine und Besondere Schuldrecht*. Die anderen Fächer des Zivilrechts sind Ihnen normalerweise noch unbekannt. Einen ersten Überblick über den Stoff erhält man aus dem Wortlaut der Ausbildungsgesetze und Ausbildungsordnungen. Da die Prüfungsfächer in den Ausbildungsgesetzen stichwortartig genannt werden, lassen sich daraus der Stoffumfang und damit auch die einzelnen größeren »Lerneinheiten« nicht erkennen (vor allem im Zivilrecht). Umgekehrt werden manchmal einzelne Rechtsgebiete so detailliert aufgeführt, dass man den Stoffumfang ebenfalls nicht einschätzen kann (z.B. im Strafrecht). Deshalb reicht es nicht aus, die Prüfungsfächer anhand des Wortlauts der Ausbildungsgesetze festzustellen. In einem zweiten Schritt leite ich Sie daher an, die Prüfungsfächer in große Lerneinheiten einzuteilen. Diese großen Lerneinheiten entsprechen in etwa dem Umfang eines Lehrbuchs. Damit erhalten Sie einen Gesamtüberblick über den prüfungsrelevanten Stoff und über die Gesamtzahl der großen Lerneinheiten im Studium.[117]

Das Deutsche Richtergesetz (DRiG) enthält keinen Katalog der Prüfungsfächer. Es legt in § 5a lediglich fest, dass Pflichtfächer der staatlichen Prüfung die Kernbereiche des Bürgerlichen Rechts, des Strafrechts, des Öffentlichen Rechts und des Verfahrensrechts einschließlich der europarechtlichen Bezüge sowie die Grundlagenfächer sind. Die Prüfungsfächer der Staatsprüfung ergeben sich daher aus den Ausbildungsgesetzen und den Ausbildungsordnungen der einzelnen Bundesländer. Nachfolgend werden zunächst die Prüfungsfächer der Staatsprüfung behandelt. Anschließend geht es unter 2. um die Fächer der Schwerpunktbereiche.

1. Prüfungsfächer, die für die Staatsprüfung zu beherrschen sind

Entsprechend der Regelung in § 5a DRiG kann man zivilrechtliche, öffentlich-rechtliche, strafrechtliche, europarechtliche[118] Pflichtfächer und Grundlagenfächer unterscheiden.

a) Zivilrechtliche Pflichtfächer

✎ *Welche Rechtsgebiete **im Zivilrecht** sind nach dem Wortlaut Ihres Ausbildungsgesetzes oder Ihrer Ausbildungsordnung Pflichtfächer?*

Hilfsmittel:

* *Ausbildungsgesetz/-ordnung.*

Antwort am Beispiel Baden-Württemberg:
Nach § 6 Abs. 2 Nr. 1–6 JAPrO BaWü gehören aus dem Zivilrecht folgende Fächer zu den Pflichtfächern:

1. Bürgerliches Recht:
   - Allgemeine Lehren und Allgemeiner Teil des Bürgerlichen Gesetzbuches (im Überblick: Juristische Personen);
   - aus dem Recht der Schuldverhältnisse die Abschnitte 1 bis 7 sowie der Abschnitt 8 ohne die Titel 2, 11, 15, 18, 19, 25;
   - aus dem Sachenrecht die Abschnitte 1 bis 3 und 5 sowie der Abschnitt 7 (ohne Rentenschuld); im Überblick der Abschnitt 8 (ohne Pfandrecht an Rechten);

117 Dazu, wie eine große Lerneinheit in einzelne examensrelevante Themenkomplexe unterteilt werden kann und wie diese Themenkomplexe systematisch erarbeitet werden können, siehe Kap. 6 (Systematisches Erarbeiten eines Rechtsgebiets).

118 Das Europarecht wird hier als eigenes Gebiet behandelt (so z.B. auch § 8 Abs. 2 Nr. 11 JAPrO BaWü; § 18 Abs. 2 Nr. 6 BayJAPO; § 11 Abs. 2 Nr. 11 JAG NRW). In manchen Ausbildungsgesetzen wird es allerdings aufgrund seiner früheren Anknüpfung (Völker- und Europarecht) noch dem Öffentlichen Recht zugeordnet (z.B. § 3 Abs. 5 Nr. 6 JAVO Schleswig-Holstein, § 11 Abs. 2 Nr. 3d JAPO M-V).

- die Bezüge des Familienrechts zum bürgerlichen Vermögensrecht (insbesondere die §§ 1357, 1359, 1362, 1363 bis 1371, 1408, 1589, 1626, 1629, 1643, 1664, 1795 BGB);
- aus dem Erbrecht: gesetzliche Erbfolge, Verfügungen von Todes wegen, Annahme und Ausschlagung der Erbschaft, Erbengemeinschaft, Wirkungen des Erbscheins;

2. aus dem Handelsrecht im Überblick:

   Kaufleute, Publizität des Handelsregisters, Prokura und Handlungsvollmacht, allgemeine Vorschriften über Handelsgeschäfte, Handelskauf;

3. aus dem Gesellschaftsrecht im Überblick:

   Recht der OHG und der KG, Errichtung, Vertretung und Geschäftsführung der GmbH;

4. aus dem Arbeitsrecht:
   - Individualarbeitsrecht: Begründung, Inhalt und Beendigung des Arbeitsverhältnisses mit Bestandsschutz, Leistungsstörungen und Haftung im Arbeitsverhältnis;
   - Kollektives Arbeitsrecht im Überblick: Abschluss und Wirkung von Tarifverträgen und Betriebsvereinbarungen;

5. aus dem Internationalen Privatrecht:

   Allgemeiner Teil; aus dem EGBGB: Recht der natürlichen Personen und der Rechtsgeschäfte, Schuldrecht, Sachenrecht;

6. aus dem Zivilprozessrecht im Überblick:
   - Verfahrensgrundsätze, Prozessvoraussetzungen, Arten und Wirkungen von Klagen und gerichtlichen Entscheidungen, Prozessvergleich, vorläufiger Rechtsschutz;
   - Arten und Rechtsbehelfe der Zwangsvollstreckung.

Besonderheiten:
In manchen Bundesländern ist der Pflichtfachstoff weiter eingegrenzt. So gehören zum Beispiel in Sachsen-Anhalt das Arbeitsrecht, das Handelsrecht und das Gesellschaftsrecht zwar zu den Pflichtfächern, aber in den Klausuren der Staatsprüfung werden diese Rechtsgebiete nicht geprüft. Die Fächer sind nur Gegenstand der mündlichen Prüfung.[119]

b) Lerneinheiten im Zivilrecht

Wie oben bereits angedeutet, lassen sich aus der Auflistung der Pflichtfächer im Ausbildungsgesetz die Bedeutung und vor allem der Stoffumfang nicht erkennen. Dies zeigt folgender Auszug: *»aus dem Recht der Schuldverhältnisse die Abschnitte 1 bis 7 sowie der Abschnitt 8 ohne die Titel 2, 11, 15, 18, 19, 25«*.[120] Hinter dieser Auflistung verstecken sich mindestens vier große Lerneinheiten:

- Das allgemeine Schuldrecht mit dem Hauptkomplex des Leistungsstörungsrechts,

119 § 16 Abs. 3 JAPrVO Sachsen-Anhalt. In Schleswig-Holstein gehört das Europarecht zwar zu den Pflichtfächern, aber es gibt dazu keine Klausur (§ 11 Abs. 2 JAVO Schleswig-Holstein).
120 § 8 Abs. 2 Nr. 1 JAPrO BaWü.

- Das besondere Schuldrecht bei typischen Verträgen, also insbesondere die Gewährleistungsregeln beim Kauf- und Werkvertrag, und die weiteren Vertragstypen wie Auftrag, Darlehen, Bürgschaft etc.,
- aus dem Recht der gesetzlichen Schuldverhältnisse die Geschäftsführung ohne Auftrag (GoA), die ungerechtfertigte Bereicherung und
- das Recht der unerlaubten Handlung (Deliktsrecht).

Mit verschiedenen Hilfsmitteln, auf die ich gleich eingehen werde, kann man die in den Ausbildungsgesetzen genannten Pflichtfächer in große Lerneinheiten gliedern. Die Einteilung in große Lerneinheiten soll dazu dienen, dass Sie einen besseren und vor allem anschaulicheren Überblick über den Umfang der Prüfungsfächer erlangen als durch den bloßen Wortlaut der Ausbildungsgesetze. Von einer großen Lerneinheit spreche ich, wenn das (Teil-) Rechtsgebiet so bedeutend ist, dass es dazu eigene Lehrbücher oder Skripten gibt. Zu Beginn des Studiums ist man nicht in der Lage, den Examensstoff nach inhaltlichen Kriterien in große Lerneinheiten einzuteilen. Man muss daher auf »formale« Kriterien zurückgreifen. Eine gute Lösung ist, sich an den Titeln von Lehrbüchern, die in derselben Lehrbuch-Reihe erschienen sind, zu orientieren. Fast alle juristischen Verlage haben Buch-Reihen zur juristischen Ausbildung.[121] Ähnlich wie bei den Titeln von Lehrbüchern kann man auch aus den Titeln von Skripten[122] oder von Karteikartensammlungen[123] Lerneinheiten ersehen.

Um es an einem Beispiel zu verdeutlichen:

Zum *Recht der Schuldverhältnisse* gibt es bei den meisten Buch-Reihen mindestens drei Lehrbücher, eines zum allgemeinen Schuldrecht, eines zu den vertraglichen Schuldverhältnissen[124] und eines zu den gesetzlichen Schuldverhältnissen.[125] Die Lerneinheit *gesetzliche Schuldverhältnisse* ist oft nochmals unterteilt in das Recht der ungerechtfertigten Bereicherung und in das Recht der unerlaubten

121 Einen Überblick über die Buch-Reihen erhalten Sie aus Verlagsübersichten, die sich speziell an Studierende richten und die zu Semesterbeginn in Buchhandlungen kostenlos erhältlich oder auch im Internet abrufbar sind. Der C. H. Beck Verlag gibt z.B. die Buch-Reihen »Lernbücher Jura«, »Juristische Kurz-Lehrbücher«, »Grundrisse des Rechts« und »Beck'sches Examinatorium« heraus. Besonders geeignet für das Auffinden von größeren Lerneinheiten ist die Orientierung an den Buchtiteln der Reihe »Grundrisse des Rechts«. Der Carl Heymanns Verlag hat die Reihe »Basisstudium Recht« oder »Academia Juris«. Aus dem C. F. Müller Verlag kommt die Reihe »schwerpunkte«.

122 Mit Skripten werden meist Veröffentlichungen von privaten Repetitoren bezeichnet. Verlage, die repetitoriumsmäßige Lernliteratur publizieren, sind neben Alpmann Schmidt und Hemmer z.B. Braunschneider, GoJura, Fall-Fallag-Rumpf-Rometsch, Lamadé, Helmut Schlegel, H.P. Richter, Rolf Schmidt. Allerdings sind auch in namhaften Verlagen von Repetitoren geschriebene Bücher erschienen, die dann von den Verlagen als Lehrbuch bezeichnet werden. Umgekehrt gibt es von Professoren verfasste Bücher, die von ihnen oder vom Verlag als Skripten bezeichnet werden.

123 Z.B. Jura-Karteikarten *Münchhausen & Partner.*

124 Z.B. *Arndt Teichmann*, Vertragliches Schuldrecht, Leistungsstörungen und Gewährleistung, München, 4. Aufl. 2008; *Hartmut Oetker/Felix Maultzsch*, Vertragliche Schuldverhältnisse, Berlin, 3. Aufl. 2007; *Klaus Tonner*, Schuldrecht, Vertragliche Schuldverhältnisse, Baden-Baden, 2005; *Jürgen Oechsler*, Schuldrecht Besonderer Teil, Vertragsrecht, München, 2. Aufl. 2007.

125 Z.B. *Dieter Medicus*, Gesetzliche Schuldverhältnisse, München, 5. Aufl. 2007; *Günter Ch. Schwarz/Manfred Wandt*, Gesetzliche Schuldverhältnisse, Deliktsrecht, Schadensrecht, Bereicherungsrecht, GoA, München, 2. Aufl. 2006.

Handlung.[126] Eine Aufteilung des Pflichtfaches *Recht der Schuldverhältnisse* ergibt also mindestens vier große Lerneinheiten: Allgemeines Schuldrecht, vertragliche Schuldverhältnisse (insbesondere Kauf-, Miet-, Werkvertrag), ungerechtfertigte Bereicherung und unerlaubte Handlung. Es gibt auch noch weitere Unterteilungen, z.B. die Aufteilung der vertraglichen Schuldverhältnisse in ein Skript zum Kauf- und Werkvertragsrecht und ein weiteres Skript zu den sonstigen vertraglichen Schuldverhältnissen.[127]

✎ *Erstellen Sie eine Übersicht über die Lerneinheiten* ***im Zivilrecht.*** *Kennzeichnen Sie die Rechtsgebiete, die Sie nur im Überblick, in Grundzügen oder mit anderer Einschränkung beherrschen müssen.*[128] *Wie viele Lerneinheiten ergeben sich bei Ihnen?*

Hilfsmittel:

* *z.B. Verlagsverzeichnisse (zur Ausbildungsliteratur).*

Hinweis

Selbstverständlich gibt es keine verbindliche Aufteilung der Kernbereiche des Rechts in große Lerneinheiten. Wichtig ist, dass Sie einen ersten anschaulichen Überblick über den Umfang des examensrelevanten Stoffes erlangen. Bei Rechtsgebieten, die Ihnen noch völlig unbekannt sind, wird Ihnen eine Einteilung schwer fallen; hier können Sie zunächst nur das Rechtsgebiet als solches bzw. den Wortlaut der Ausbildungsordnung aufnehmen. Je nachdem, wo Sie gerade in Ihrem Studium stehen, wird Ihre Übersicht also mehr oder weniger detailliert ausfallen.

Vorschlag für die Einteilung des zivilrechtlichen Prüfungsstoffes in Baden-Württemberg:

Orientiert an den Pflichtfächern der JAPrO BaWü im Zivilrecht ergeben sich *16 Lerneinheiten*:[129]

1. Allgemeiner Teil des BGB (Juristische Personen im Überblick)
2. Schuldrecht Allgemeiner Teil
3. Schuldrecht Besonderer Teil: Typische Verträge/sonstige vertragliche Schuldverhältnisse
4. Schuldrecht Besonderer Teil: Gesetzl. Schuldverhältnisse, insb. Bereicherungsrecht
5. Schuldrecht Besonderer Teil: Gesetzl. Schuldverhältnisse, insb. Deliktsrecht
6. Mobiliarsachenrecht (mit Einschränkung)
7. Immobiliarsachenrecht (mit Einschränkung)
8. Familienrecht (Bezüge zum bürgerlichen Vermögensrecht)
9. Erbrecht (mit Einschränkung)
10. Handelsrecht (im Überblick)
11. Personengesellschaftsrecht (im Überblick)
12. Grundzüge des GmbH-Rechts (im Überblick)
13. Arbeitsrecht (mit Einschränkung)
14. Internationales Privatrecht (mit Einschränkung)
15. Zivilprozessrecht (im Überblick)
16. Zwangsvollstreckungsrecht (im Überblick)

126 Z.B. *Hans J. Wieling*, Bereicherungsrecht, Berlin, 4. Aufl. 2006; *Ulrich Loewenheim*, Bereicherungsrecht, München, 3. Aufl. 2007; *Hein Kötz/Gerhard Wagner*, Deliktrecht, Neuwied, 10. Aufl. 2005; *Erwin Deutsch/Hans-Jürgen Ahrens*, Deliktsrecht, Köln u.a., 4. Aufl. 2002; *Maximilian Fuchs*, Deliktsrecht, Berlin, 6 Aufl. 2006

127 Alpmann Schmidt hat sechs Skripten zum Schuldrecht, zwei zum Allgemeinen Teil und vier zum Besonderen Schuldrecht.

128 Was genau »im Überblick« heißt, wird bei der Feststellung examensrelevanter Themenkomplexe behandelt, siehe dazu Kap. 6 (Systematisches Erarbeiten eines Rechtsgebiets).

129 Jeweils mit den im Gesetzeswortlaut genannten Einschränkungen, siehe oben S. 61.

c) Strafrechtliche Pflichtfächer

> ✎ *Welche Rechtsgebiete* ***im Strafrecht*** *sind nach dem Wortlaut Ihres Ausbildungsgesetzes oder Ihrer Ausbildungsordnung Pflichtfächer?*
> **Hilfsmittel:**
> * *Ausbildungsgesetz/-ordnung*

Antwort am Beispiel Baden-Württemberg:
§ 8 Abs. 2 JAPrO BaWü zählt in Nr. 7 und Nr. 8 folgende Fächer als strafrechtliche Pflichtfächer auf:

7. Strafrecht:
   a) Allgemeiner Teil des Strafrechts (mit Konkurrenzen, ohne Rechtsfolgesystem);
   b) aus dem Besonderen Teil des Strafgesetzbuchs:
      - aus dem 6. Abschnitt: § 113
      - aus dem 7. Abschnitt: §§ 123, 124, 142, 145 d
      - 9 und 10. Abschnitt
      - 14. Abschnitt (ohne § 189)
      - 16. Abschnitt (ohne § 220a)
      - 17. Abschnitt
      - aus dem 18. Abschnitt: §§ 239 bis 241
      - 19.–21. Abschnitt
      - 22. Abschnitt (ohne §§ 264, 264a, 265b)
      - aus dem 23. Abschnitt: §§ 267, 268, 271, 274, 281
      - aus dem 27. Abschnitt: §§ 303, 303c
      - aus dem 28. Abschnitt: §§ 306 bis 306 f, 315 b, 315 c, 316, 316a, 323a, 323c;
8. aus dem Strafprozessrecht im Überblick:
   - gerichtsverfassungsrechtliche Grundlagen; Verfahrensgrundsätze;
   - Ermittlungsverfahren: Zwangsmittel und Eingriffsbefugnisse;
   - Hauptverfahren: Beteiligte, Gang des Verfahrens, Beweisrecht, Rechtskraft;

d) Lerneinheiten im Strafrecht

Im Strafrecht ist die in manchen Ausbildungsgesetzen enthaltene Auflistung der zu beherrschenden Themenkomplexe sehr detailliert und auf die schlichte Aufzählung von Paragraphen beschränkt. Hier muss man, um einen Überblick zu erhalten, die Themenkomplexe in größere – sachlich zusammengehörende – Lerneinheiten zusammenfassen.

> ✎ *Arbeiten Sie vier größere Lerneinheiten im Strafrecht heraus. Kennzeichnen Sie die Rechtsgebiete, die Sie nur im Überblick oder mit Einschränkung beherrschen müssen.*
> **Hilfsmittel:**
> * *Verlagsverzeichnisse (zur Ausbildungsliteratur).*

Vorschlag für die Einteilung des strafrechtlichen Prüfungsstoffes in Baden-Württemberg:

Es ergeben sich folgende vier[130] große Lerneinheiten:[131]

1. Allgemeiner Teil des Strafrechts (mit Einschränkung)
2. Besonderer Teil des Strafrechts: Straftaten gegen die Person und andere Nichtvermögensdelikte (mit Einschränkung)
3. Besonderer Teil des Strafrechts: Vermögensdelikte und Urkundsdelikte (mit Einschränkung)
4. Strafprozessrecht (im Überblick)

e) Öffentlich-rechtliche Pflichtfächer

✎ *Welche Rechtsgebiete **im Öffentlichen Recht** sind nach dem Wortlaut Ihres Ausbildungsgesetzes oder Ihrer Ausbildungsordnung Pflichtfächer?*

Hilfsmittel:

* *Ausbildungsgesetz/-ordnung.*

Antwort am Beispiel Baden-Württemberg:
Nach Nr. 9 und 10 des § 8 Abs. 2 JAPrO BaWü gehören folgende Fächer zu den öffentlich-rechtlichen Pflichtfächern:

9. Öffentliches Recht:
   - Verfassungsrecht (ohne Notstands- und Finanzverfassungsrecht);
   - Allgemeines Verwaltungsrecht und allgemeines Verwaltungsverfahrensrecht (verfassungsrechtliche Grundlagen, Rechtsquellen und Normen des Verwaltungsrechts, Handlungsformen der Verwaltung, Teile I bis IV des Verwaltungsverfahrensgesetzes) ohne besondere Verwaltungsverfahren, im Überblick: Verwaltungsvollstreckungsrecht, Staatshaftungsrecht;
   - aus dem Besonderen Verwaltungsrecht: Polizeirecht, Baurecht (Recht der Bauleitplanung, Zulässigkeit von Bauvorhaben, bauaufsichtsrechtliche Instrumentarien), Kommunalrecht (ohne Kommunalwahlrecht und Kommunalabgabenrecht);
10. aus dem Verwaltungsprozessrecht im Überblick:

    Verfahrensgrundsätze, Prozessvoraussetzungen, Klagearten (einschließlich Normenkontrolle), Arten und Wirkungen von gerichtlichen Entscheidungen, vorläufiger Rechtschutz.

f) Lerneinheiten im Öffentlichen Recht

Auch hier kann der Prüfungsstoff in Lerneinheiten eingeteilt werden.

130 An dieser Einteilung orientieren sich viele Strafrechtslehrbücher, z.B. diejenigen von *Johannes Wessels*: siehe *Beulke/Wessels*, Strafrecht Allgemeiner Teil, Die Straftat und ihr Aufbau, Heidelberg, 38. Aufl. 2008; *Wessels/Hettinger*, Strafrecht Besonderer Teil/1, Straftaten gegen Persönlichkeits- und Gemeinschaftswerte, Heidelberg, 32. Aufl. 2008; *Wessels/Hillenkamp*, Strafrecht Besonderer Teil/2, Straftaten gegen Vermögenswerte, Heidelberg, 31. Aufl. 2008. Ebenso die Lehrbücher von *Fritjof Haft* zum Strafrecht sowie von *Urs Kindhäuser*, Strafrecht Allgemeiner Teil, Baden-Baden, 3. Aufl. 2008; *ders.*, Strafrecht, Besonderer Teil I, Straftaten gegen Persönlichkeitsrechte, Staat und Gesellschaft, Baden-Baden, 3. Aufl. 2007; *ders.*, Strafrecht Besonderer Teil II, Straftaten gegen Vermögensrechte, Baden-Baden, 5. Aufl. 2008. Möglich wäre auch eine Dreiteilung des Besonderen Teils des Strafrechts, nämlich (1) Straftaten gegen Güter der Rechtsgemeinschaft, (2) Straftaten gegen die Person und (3) Vermögensdelikte.

131 Zum genauen Prüfungsstoff siehe den unter c) genannten Gesetzeswortlaut.

✎ *Erstellen Sie eine Übersicht über die Lerneinheiten im Öffentlichen Recht. Kennzeichnen Sie die Rechtsgebiete, die Sie nur im Überblick oder mit Einschränkung beherrschen müssen. Wie viele Lerneinheiten ergeben sich bei Ihnen?*

Hilfsmittel:

* *Verlagsverzeichnisse (zur Ausbildungsliteratur).*

Vorschlag für die Einteilung des öffentlich-rechtlichen Prüfungsstoffes in Baden-Württemberg:

Es ergeben sich folgende 9 große Lerneinheiten:[132]

1. Staatsrecht: Die Grundrechte
2. Staatsrecht: Staatsorganisationsrecht und Allgemeine Staatslehre (mit Einschränkung)
3. Allgemeines Verwaltungsrecht (mit Einschränkung)
4. Staatshaftungsrecht (im Überblick)
5. Verwaltungsvollstreckungsrecht (im Überblick)
6. Polizeirecht
7. Baurecht (mit Einschränkung)
8. Kommunalrecht (mit Einschränkung)
9. Verwaltungsprozessrecht (im Überblick)

g) Europarecht und europarechtliche Bezüge des Zivilrechts, Öffentlichen Rechts und Strafrechts

✎ *Inwieweit werden nach dem Wortlaut Ihres Ausbildungsgesetzes europarechtliche Kenntnisse verlangt?*

Hilfsmittel:

* *Ausbildungsgesetz/-ordnung.*

Antwort am Beispiel Baden-Württemberg:

Nach § 8 Abs. 2 Nr. 11 JAPrO BaWü gehören zu den Pflichtfächern:

11. aus dem Europarecht:
    - Rechtsquellen des Europäischen Gemeinschaftsrechts; Rechtsnatur, Organe und Handlungsformen der Europäischen Gemeinschaft; Grundfreiheiten des EG-Vertrags und ihre Durchsetzung; Struktur der Europäischen Union.

Nach § 8 Abs. 3 JAPrO BaWü gehören zu den Pflichtfächern ihre europarechtlichen Bezüge.

h) Lerneinheiten im Europarecht

✎ *Welche Lerneinheiten lassen sich im Europarecht bilden?*

Hilfsmittel:

* *Verlagsverzeichnisse (zur Ausbildungsliteratur).*

Vorschlag für die Einteilung des europarechtlichen Prüfungsstoffes in Baden-Württemberg:

Es ergeben sich 2 große Lerneinheiten:

1. Europäisches Organisationsrecht
2. Materielles Europarecht

132 Jeweils mit den im Gesetzeswortlaut genannten Einschränkungen, siehe oben e).

Diese Aufteilung lässt sich ohne Grundkenntnisse im Europarecht nicht ohne weiteres erkennen, denn viele Lehrbücher behandeln beide Gebiete.[133] Es gibt aber auch Lehrbücher, deren Schwerpunkt auf dem Organisationsrecht liegt,[134] und Lehrbücher, bei denen die zivil- und wirtschaftsrechtlichen Aspekte im Vordergrund stehen.[135]

i) Grundlagenfächer

✎ *Inwiefern sind Grundlagenfächer nach Ihrem Ausbildungsgesetz oder Ihrer Ausbildungsordnung Gegenstand der Staatsprüfung?*

Hilfsmittel:

* *Ausbildungsgesetz/-ordnung*

Antwort am Beispiel Baden-Württemberg:
Zu den Pflichtfächern gehören ihre Bezüge zu den Grundlagenfächern.[136] Grundlagenfächer sind nach § 3 Abs. 1 JAPrO BaWü folgende Fächer: Rechtsgeschichte, Rechtsphilosophie, Rechtssoziologie, Juristische Methodenlehre, Rechtsvergleichung, Allgemeine Staatslehre.

Jedes Grundlagenfach stellt eine gesonderte Lerneinheit dar. Deshalb ist die Zahl der Grundlagenfächer den bisherigen Lerneinheiten hinzuzurechnen.

Als Zwischenbilanz lässt sich feststellen, dass für Baden-Württemberg im Bereich der Prüfungsfächer für die Staatsprüfung insgesamt 38 Lerneinheiten festgestellt wurden (16 im Zivilrecht, 4 im Strafrecht, 9 im Öffentlichen Recht, 2 im Europarecht und 6 in den Grundlagenfächern).

2. Prüfungsfächer, die für die Universitätsprüfung zu beherrschen sind

Die Schwerpunktbereiche dienen der Ergänzung des Studiums, der Vertiefung der mit ihnen zusammenhängenden Pflichtfächer sowie der Vermittlung ihrer interdisziplinären und internationalen Bezüge. Das Schwerpunktbereichstudium soll eine frühe Spezialisierung im Hinblick auf die spätere berufliche Tätigkeit ermöglichen. Die Fächer im Schwerpunktbereich sind juristische Spezialmaterien, die in Gruppen zusammengefasst sind. Der Zuschnitt der Schwerpunktbereiche ist auf Grund von Ermächtigungsnormen in den Ausbildungsgesetzen den einzelnen Universitäten überlassen. Die Regelung der Schwerpunktbereiche und der dazu gehörenden Prüfungsfächer finden sich in den Prüfungsordnungen der Universitäten. Anzahl und Inhalt der Schwerpunktbereiche sind somit von Universität zu Universität unterschiedlich. Die Universitäten sind auch zuständig für die Prüfung und haben ein Prüfungsamt, das für die Universitätsprüfung zuständig ist.

133 Z.B. *Roland Bieber/Bengt Beutler/Astrid Epiney*, Die Europäische Union. Rechtsordnung und Politik, Baden-Baden, 7. Aufl. 2006; *Rudolf Streinz*, Europarecht, Heidelberg, 8. Aufl. 2008. Die Aufteilung in zwei Lerneinheiten ist dagegen aus dem Untertitel ersichtlich bei *Christian Zacker/Stephan Wernicke*, Examinatorium Europarecht, Grundlagen – Institutionelles Recht – Materielles Recht – Rechtsschutz, Köln u.a., 3. Aufl. 2004.

134 *Christian Koenig/Andreas Haratsch*, Europarecht, Tübingen, 5. Aufl. 2006.

135 *Stephan Hobe*, Europarecht, Köln u.a., 4. Aufl. 2008.

136 § 8 Abs. 3 JAPrO BaWü.

✎ *(1) Wo genau sind die Schwerpunktbereiche Ihrer Fakultät geregelt? Gibt es Informationsmaterial zum Schwerpunktstudium an Ihrer Fakultät?*
✎ *(2) Wie viele und welche Schwerpunktbereiche gibt es?*
✎ *(3) Wo sind die Prüfungsfächer der Schwerpunktbereiche geregelt?*
✎ *(4) Falls Sie schon wissen, welchen Schwerpunktbereich Sie nehmen (oder schon bestimmt haben): Welche Prüfungsfächer nennt die gesetzliche Regelung?*
✎ *(5) Wie viele und welche Lerneinheiten ergeben sich daraus?*

Hilfsmittel:
- * *Studien- und/oder Prüfungsordnung der Universität*
- * *Web-Seiten oder Informationsbroschüre des Prüfungsamts oder -ausschuss*
- * *Studienfachberatung/Studiendekan*

Antwort am Beispiel Tübingen:

(1) Die Schwerpunktbereiche sind in § 14 StudPrO 2003 geregelt. Es gibt eine ausführliche Informationsbroschüre »Studienaufbau und Prüfungen nach der JAPrO 2003«.[137]

(2) Es gibt folgende sieben Schwerpunktbereiche, die teilweise in Schwerpunktteilbereiche aufgeteilt sind (von denen nur der gewählte Teilbereich Prüfungsgegenstand ist):

- Unternehmens- und Wirtschaftsrecht;
- Rechtspflege in Zivilsachen;
- Fundamente Europäischer Rechtsordnungen;
- Internationales und europäisches Recht, Internationales Wirtschaftsrecht;
- Öffentliche Wirtschaft, Infrastruktur und Umwelt;
- Steuern und Finanzierung;
- Rechtspflege in Strafsachen.

(3) Die Prüfungsfächer sind in § 19 StudPrO 2003 geregelt.

(4) Beispielhaft soll der Schwerpunktbereich Steuern und Finanzierung betrachtet werden. § 19 StudPrO 2003 zählt – mit weiterer Differenzierung – folgende Fächer auf:

- Steuerrecht (...);
- Gesellschaftsrecht (...);
- Bilanzrecht (...)
- Kapitalmarkt- und Kapitalanlagerecht (...).

(5) Es ergeben sich 9 Lerneinheiten: Grundlagen des Steuerrechts; Körperschaftssteuer und Gewinnermittlung; Abgabenordnung/Finanzgerichtsordnung; Umsatz-, Erbschafts- und Schenkungssteuer; Gewerbesteuer; Personengesellschaftsrecht, Grundzüge des GmbH- und Aktienrechts/Kapitalgesellschaften; Unternehmensfinanzierung; Kapitalmarktrecht; Kapitalanlagerecht.

Die Zahl der Schwerpunktbereiche der Universitäten schwankt erheblich, sie liegt zwischen 5 und 15 (z.B. Köln). Die konkrete Ausgestaltung ist ebenfalls völlig unter-

137 http://www.jura.uni-tuebingen.de/einrichtungen/pruefungsamt/, Stichwort Informationsmaterial.

schiedlich, teilweise werden die Schwerpunktbereiche in Schwerpunktteilbereiche untergliedert, teilweise gibt es innerhalb des Schwerpunktbereichs wiederum Pflichtfächer[138] und Wahlbereiche, teilweise gibt es Schwerpunktbereiche, die sich aus einzelnen Fächergruppen zu bestimmten Modulen verbinden lassen.[139] Der konkrete Inhalt hängt von der fachlichen Schwerpunktsetzung der Fakultäten ab. Mit der Einführung der Schwerpunktbereiche erhoffte man auch eine stärkere Profilierung der Fakultäten und die Förderung eines Wettbewerbs. Zwei Besonderheiten sollen genannt werden: In Hannover gibt es die Möglichkeit, ein anwaltorientiertes Schwerpunktstudium mit einem Abschlusszertifikat (ADVO-Zertifikat) durchzuführen. In Köln gibt es den Schwerpunktbereich »Gemeinsame Studiengänge der Fakultät mit ausländischen Hochschulen«. Hier kann der Erwerb eines LL.M. Köln/Paris I der Universität Köln die Universitätsprüfung vollständig ersetzen.[140] In München[141] wird eine *Licence en droit*, die im Rahmen des Integrierten Studiengangs Deutsch-Französisches Recht der LMU und der Universität Paris II erworben wurde, als Universitätsprüfung anerkannt.

Für die Studienplanung ist festzuhalten, dass im angenommenen Beispiel zu den Lerneinheiten der Prüfungsfächer für die Staatsprüfung noch 9 Lerneinheiten aus dem Schwerpunktbereich hinzukommen.

3. Nicht ausdrücklich genannte Fächer als Prüfungsfächer

✎ *Können neben den bisher genannten Prüfungsfächern auch andere Fächer Gegenstand der Juristischen Prüfung sein?*

Hilfsmittel:

* *Ausbildungsgesetz/-ordnung*

Antwort am Beispiel Baden-Württemberg:

Nach § 8 Abs. 5 JAPrO BaWü dürfen

> »andere als die [...] genannten Rechtsgebiete [...] im Zusammenhang mit den Pflichtfächern zum Gegenstand der Prüfung gemacht werden, soweit lediglich Verständnis und Arbeitsmethode festgestellt werden sollen und Einzelwissen nicht vorausgesetzt wird«.

Die Tatsache, dass unbekannte Rechtsgebiete Gegenstand des Examens sein können, zeigt, welche große Bedeutung im Examen dem Verständnis der Rechtsordnung und dem Beherrschen der juristischen Arbeitsmethode beigemessen wird. Dies bedeutet für Ihre Studienplanung, dass Sie vor allem Wert auf das Verständnis der Rechtsordnung, auf die Kenntnis der Rechtsdogmatik, auf Querschnittswissen, juristische Argumentationsfähigkeit, Transferfähigkeit und das Beherrschen der juristischen Arbeitsmethode legen sollten.[142] Diese Fähigkeiten sind für die spätere Berufsausübung außerordentlich wichtig, denn jeder Jurist muss in der Lage sein, sich schnell in neue Rechtsgebiete einarbeiten zu können. Da das Recht häufigen Änderungen unterwor-

138 Z.B. in Halle-Wittenberg. Damit ist der Begriff »Pflichtfächer« dort doppelt belegt.

139 Universität Mainz.

140 § 12 Abs. 1 Studien- und Prüfungsordnung der Rechtswissenschaftlichen Fakultät Köln v. 15.07.2008.

141 § 38 Abs. 5 Studien- und Prüfungsordnung der LMU München v. 30.10.2007.

142 Anleitungen dazu, wie Sie dieses Verständnis entwickeln und die juristische Arbeitsmethode erlernen können, finden Sie in Kap. 6 (Systematisches Erarbeiten eines Rechtsgebiets) und Kap. 9 (Fallbearbeitung).

fen ist, müssen Sie als Jurist oder Juristin später häufig mit Regelungen zurechtkommen, die Sie im Studium nicht gelernt haben. Eine gutes Verständnis der Rechtsordnung und das Beherrschen der juristischen Arbeitsmethode sind die wesentlichen Voraussetzungen dafür, im Examen mit unbekannten Rechtsgebieten umgehen zu können. Es ist daher wesentlich wichtiger, die rechtsdogmatischen Kenntnisse zu vertiefen und die juristische Arbeitsmethode zu üben, als sich vorsorglich den Stoff weiterer Rechtsgebiete anzueignen.

4. Erkenntnisse

Bei der Einteilung der Prüfungsfächer in große Lerneinheiten am Beispiel der JAPrO Baden-Württemberg ergaben sich insgesamt 46 Lerneinheiten, ohne Grundlagenfächer 40.[143] Dabei sind gewisse Überschneidungen von Pflichtfächern und Schwerpunktbereichfächern möglich, und nicht alle Lerneinheiten sind so umfangreich wie z.B. das Gebiet der Grundrechte oder das Deliktsrecht. Aber dennoch: Eine wesentliche Erkenntnis für die individuelle Studienplanung und Examensvorbereitung ist, dass im Examen sehr viele Lerneinheiten beherrscht werden müssen.[144] Hier hilft nur eine gute individuelle Planung des Studiums, um sich von der Stofffülle nicht erdrücken zu lassen.

- ☞ In der ersten juristischen Prüfung sind – je nach Differenzierung – sehr viele große Lerneinheiten zu beherrschen.
- ☞ Ein gutes Verständnis der Rechtsordnung, die Kenntnis der Rechtsdogmatik, juristische Argumentationsfähigkeit und das Beherrschen der juristischen Arbeitsmethode sind unbedingt erforderlich, um diese Lerneinheiten im Examen anwenden zu können.
- ☞ Es können auch unbekannte Rechtsgebieten, die nicht ausdrücklich als Prüfungsfächer genannt sind, geprüft werden, sofern Einzelwissen nicht vorausgesetzt wird.

VI. In welcher Form werde ich in der Ersten Juristischen Prüfung geprüft?

1. Die Staatsprüfung

Diese Prüfung besteht nach bundesgesetzlichen Vorgaben in allen Bundesländern aus einem schriftlichen und einem mündlichen Teil (§ 5d Abs. 1 S. 1 DRiG). Der schriftliche Teil der Staatsprüfung besteht in allen Bundesländern nur aus Klausuren.

143 Einen guten Überblick über die Lerneinheiten gibt der sehr gut gestaltete und übersichtliche Studienplan der Universität Konstanz. Besonders anschaulich ist der »Netzplan« des Online-Repetitoriums ejura-examensexpress unter http://www.ejura.examensexpress.de. *Münchhausen/Püschel*, S. 238 ff., unterscheiden 24 Lerneinheiten ohne Grundlagenfächer und Fächer des Schwerpunktbereichs.

144 Die Reaktion auf diese Erkenntnis hat bereits Professor *Bernhard Großfeld*, Das Elend des Jurastudiums, JZ 1986, 357, 358, zutreffend so beschrieben: »Der normale Jurastudent antwortet auf diese unkontrollierbare Stofffülle mit Angst«. Auch *Münchhausen/Püschel*, Die Erstsemesterkartei Jura, München, 3. Aufl. 2003, zählen die Stofffülle zur ersten der fünf Hauptschwierigkeiten im Jurastudium (die anderen Hauptschwierigkeiten sind ihrer Meinung nach Abstraktheit & Komplexität, schnelles Vergessen, Wissensanwendung am konkreten Fall, fehlende Lern- und Arbeitsanleitung).

a) Klausuren

aa) Beschreibung in den Ausbildungsgesetzen

✎ *(1) Wie viele Klausuren müssen Sie im Examen schreiben?*
✎ *(2) Welche Bearbeitungszeit steht zur Verfügung?*
✎ *(3) In welchen Fächern werden die Klausuren geschrieben?*
✎ *(4) Können Sie die Klausuren zeitlich getrennt schreiben (Möglichkeit zur »Abschichtung«)?*

Hilfsmittel:
* *Ausbildungsgesetz/-ordnung*

Antwort am Beispiel Baden-Württemberg:
(1) bis (3): Gem. § 13 Abs. 1 JAPrO BaWü sind in der schriftlichen Prüfung »*sechs Aufgaben mit einer Bearbeitungszeit von jeweils 5 Stunden zu bearbeiten*«. Gem. § 13 Abs. 3 JAPrO BaWü sind dies im Einzelnen: drei Aufgaben aus dem Zivilrecht, eine Aufgabe aus dem Strafrecht, zwei Aufgaben aus dem Öffentlichen Recht.

(4) Eine Abschichtung ist nicht möglich. Die Klausuren müssen in einem Prüfungstermin angefertigt werden.

Anzahl der Klausuren. Die Anzahl der Klausuren schwankt zwischen fünf[145] und sieben.[146] In Hessen wird eine von sechs Klausuren im Arbeits-, Handels- oder Gesellschaftsrecht geschrieben.[147]

Abschichtung. In manchen Bundesländern gibt es die Möglichkeit, das Examen »abgeschichtet« zu schreiben. Das bedeutet, dass die Klausuren in zwei oder drei zeitlich getrennten Prüfungsdurchgängen geschrieben werden können.[148] Sie können zunächst die eine Hälfte der Klausuren und nach 6–12 Monaten die andere Hälfte der Klausuren schreiben.[149] Der zeitliche Rahmen für diese Abschichtung ist sehr eng. Die Anmeldung darf nicht vor dem 6. Fachsemester und nicht nach dem 7. Fachsemester erfolgen. Der letzten Klausuren müssen nach dem 8. Fachsemester geschrieben werden. Wegen dieses engen zeitlichen Rahmens wird die Möglichkeit zur Abschichtung relativ wenig in Anspruch genommen.

bb) Der tatsächliche Ablauf der schriftlichen Staatsprüfung

10 entscheidende Tage nach 1200 Tagen Jurastudium

Student B hat sich in Baden-Württemberg zum Examen angemeldet. Eines Dienstags ist es soweit. Er wacht auf und weiß, dass er während der nächsten 10 Tage[150] an sechs Klausurtagen – jeweils in 5 Stunden – beweisen soll, ob und was er in den letzten 8 Semestern an juristischem Wissen erarbeitet und an juristischen Arbeitsmethoden erlangt hat. Und er stellt sich die nächsten Tage vor:

145 Sachsen.
146 Berlin u. Brandenburg: 7 Klausuren (3 ZR, 2 StrafR, 2 ÖR).
147 § 13 Abs. 2 HessJAG. Auch in Bremen und Schleswig-Holstein muss eine Zivilrechtsklausur aus einem Nebengebiet stammen.
148 Die Regelungen dieser Bundesländer beruhen auf § 5d Abs. 2 S. 2 DRiG: Danach kann das Landesrecht zulassen, dass Prüfungsleistungen schon während des Studiums erbracht werden, nicht jedoch vor Ablauf von zweieinhalb Jahren.
149 Bundesländer, in denen eine Abschichtung zulässig ist, sind z.B. Niedersachsen (§ 4 Abs. 2 NJAG), Nordrhein-Westfalen (§ 12 Abs. 1 JAG NRW).
150 Die Examen 2009 in BaWü finden laut Ankündigung vom 03.–13.03.2009 bzw. 01.09.–11.09.2009 statt.

1. Tag	Dienstag:	Zivilrecht
2. Tag	Mittwoch:	–*
3. Tag	Donnerstag:	Zivilrecht
4. Tag	Freitag:	Zivilrecht
5. Tag	Samstag:	–
6. Tag	Sonntag:	–
7. Tag	Montag:	Strafrecht
8. Tag	Dienstag:	Öffentliches Recht
9. Tag	Mittwoch:	–
10. Tag	Donnerstag:	Öffentliches Recht

Fazit: 30 Stunden, von denen viel abhängt!

✎ *(1) Erkundigen Sie sich, wie das Examen tatsächlich abläuft.*
✎ *(2) Wie viele Tage dauert das Examen insgesamt (also mit freien Tagen zwischen den Klausuren)?*
Hilfsmittel:
* *Auskunft des Justizprüfungsamts*

In manchen Bundesländern gibt es nur zwei Prüfungstermine pro Jahr (z.B. Bayern[151], Baden-Württemberg, Brandenburg). Andere Bundesländer haben den Ablauf ausdrücklich gesetzlich festgelegt, so sind etwa in Schleswig-Holstein die Klausuren innerhalb von zwei Wochen anzufertigen und nach je 2 Klausuren muss ein prüfungsfreier Tag stattfinden.[152]

cc) Erkenntnisse

Aus dem tatsächlichen Ablauf des Examens (alle Klausuren in kurzem Zeitraum hintereinander) lassen sich einige wichtige Erkenntnisse zur Lernorganisation ableiten. In diesem kurzen Zeitraum ist es nicht möglich, Tausende von Einzelproblemen gleichzeitig im Kopf zu haben (es sei denn, Sie sind ein Genie). Die Tatsache, dass der große Stoffumfang in kurzer Zeit anzuwenden ist, lässt den Schluss zu, dass Prüfungsziel etwas anderes sein muss als die Abfrage von Einzelproblemen.

dd) Aufgabenstellung und Leistungsbewertung der Klausuren

Examensklausuren bestehen in der Regel aus 1–2-seitigen Sachverhalten, zu denen verschiedene Rechtsprobleme zu lösen sind.[153] Dabei sind die Sachverhalte häufig so

151 In Bayern sind keine freien Zwischentage vorgesehen, d.h. die sechs Klausuren werden Dienstag, Mittwoch, Donnerstag, Freitag, Montag, Dienstag (z.B. 03.–10.03.09) geschrieben.

152 § 11 Abs. 2 JAVO Schleswig-Holstein.

153 Gem. § 28 Abs. 2 S. 3 BayJAPO können die Klausuren ganz oder teilweise die Behandlung theoretischer Themen zum Gegenstand haben. Solche Themenklausuren waren bisher relativ selten. Es geht dabei meistens um juristische Grundfragen. Siehe *Hans Kudlich*, Beispiel einer strafrechtlichen Themenklausur, JuS 2001, 1071 mit folgender Aufgabenstellung: »Stellen Sie kurz das System der Brandstiftungsdelikte des StGB dar. Gehen Sie dabei insbesondere auf die Deliktsnatur und das Verhältnis der verschiedenen Vorschriften zueinander ein.« Siehe auch *Möllers*, Original-Examensklausur: Der Verbraucherschutz im deutschen Zivilrecht, JuS 1999, 1191 ff. Weitere Beispiele nennt *Schmalz*, Rn. 548: Probleme der Sicherungsübereignung; Die Abgrenzung der Anfechtung zum Wegfall der Geschäftsgrundlage; Die Problematik der lebenslangen Freiheitsstrafe; Das Prüfungsrecht des Bundespräsidenten bei Gesetzen; Die Entwicklung des Eigentums-

gewählt, dass Sie sich mit dem Rechtsproblem genau in dieser Variante vorher noch nicht beschäftigt haben. In den Examensklausuren wird – entgegen einer weit verbreiteten Ansicht – nicht vorrangig verlangt, dass Sie rechtliche Probleme bis in das letzte Detail und in Kenntnis aller Rechtsprechung lösen können.[154] Wesentlicher Bewertungsmaßstab ist vielmehr, ob Sie die Gesetzessystematik und vor allem die Zusammenhänge kennen, die juristische Arbeitsmethode beherrschen[155] und ob Sie in der Lage sind, die wesentlichen Inhalte der Rechtsgebiete – auf den Fall angewandt – zu erörtern. Die Ausbildungsgesetze legen dies auch ausdrücklich fest: Im Vordergrund der Leistungsbewertung soll das ***systematische Verständnis der Rechtsordnung*** **und die *Fähigkeit zu methodischem Arbeiten*** stehen.[156] Unter *Fähigkeit zu methodischem Arbeiten* wird verstanden, dass Sie in der Lage sind, »ein Rechtsproblem als solches zu erkennen, verschiedene Lösungsmöglichkeiten innerhalb des vorgegebenen rechtlichen Rahmens zu entwickeln, Argumente für und gegen die in Betracht kommenden Lösungen zu finden und gegeneinander abzuwägen und daraus schließlich eine begründete Entscheidung zu treffen oder eine Regelung vorzuschlagen«.[157] Die juristische Arbeitsmethode beherrschen heißt also, dass Sie fähig sind, Gesetze auszulegen, Gesetze anzuwenden und in Fällen fehlender gesetzlicher Regelung angemessene Lösungen aus Ihrem Gesamtverständnis heraus entwickeln können. Die Betonung des systematischen Verständnisses der Rechtsordnung zeigt sich auch bei der Bewertung von Prüfungsfächern, die nur *»im Überblick«* zu beherrschen sind. Hier wird die Kenntnis der Systematik und der wichtigsten Rechtsfiguren ohne Einzelwissen verlangt.[158] Die Klausuren »sollen den Kandidaten Verständnis, systematisches Denken sowie eigenständiges, folgerichtiges Argumentieren und nicht auswendig erlernbares Detailwissen abverlangen.«[159] Die Landesjustizprüfungsämter betonen immer wieder, dass Gegenstand der Klausuren »nicht möglichst schwierige, nur mit präsentem Detailwissen lösbare Probleme abgelegener (Teil-)Rechtsgebiete sind«, sondern Fragen, die die Studierenden mit den erworbenen Kenntnissen und methodischen Fähigkeiten zu einer vertretbaren Lösung führen können.[160]

---

schutzes im Verfassungsrecht. *Medicus*, S. 5, nennt beispielhaft Verkehrssicherungspflichten, Verbraucherschutz oder Produzentenhaftung.

154 *Grunewald/Gernhuber*, Bürgerliches Recht, Ein systematisches Repetitorium, München, 2003: »Detaillierte Kenntnisse von in der Literatur zu einzelnen Fragen vertretenen Ansichten oder von Entscheidungsreihen der Rechtsprechung werden heute nicht mehr verlangt und kaum noch honoriert«.

155 Siehe auch die Ausführungen oben S. 70 zu Prüfungsanforderungen in unbekannten Rechtsgebieten.

156 § 7 Abs. 2 S. 2 JAPrO BaWü.

157 *Lüke*, S. 116.

158 § 8 Abs. 5 JAPrO BaWü. Statt von Überblick spricht § 5 Abs. 1 S. 3 BayJAPO von Grundzügen: »Die Grundzüge eines Rechtsgebiets umfassen seine Systematik, seine wesentlichen Normen und Rechtsinstitute sowie deren Regelungsgehalt, Sinn und Zweck, Struktur und Bedeutung im Gesamtzusammenhang«. Die JAPrVO LSA definiert in § 14 Abs. 3 ausführlich folgende Begriffe: »im Überblick«, »Bezüge«, »Grundzüge«, »Strukturen«, »Prinzipien« und »Arten«.

159 Bericht des Bayerischen Landesjustizprüfungsamtes für das Jahr 2007, S. 8 (http://www.justiz.bayern.de, Prüfungsamt, Staatsprüfung).

160 Gegenstände der Pflichtaufgaben der Ersten Juristischen Staatsprüfung 2007 (http://www.justiz.bayern.de, Prüfungsamt, Staatsprüfung).

Entsprechend der Anwaltsorientierung des Studiums sollen die Klausuren auch rechtsgestaltende oder rechtsberatende Fragen aus dem anwaltlichen Tätigkeitsbereich zum Gegenstand haben.[161]

Als Hilfsmittel dürfen in der Ersten Juristischen Prüfung nur Gesetzessammlungen verwendet werden. In manchen Bundesländern werden die Gesetze in der Prüfung gestellt, in manchen sind sie mitzubringen.[162] Die Justizministerien bzw. Landesjustizprüfungsämter bestimmen, welche Gesetzessammlungen im Examen zugelassen sind.[163] Es empfiehlt sich, bereits frühzeitig genau mit denjenigen Gesetzessammlungen zu arbeiten, die Sie im Examen verwenden dürfen, da Sie auf diese Weise am besten mit dem Gesetz vertraut werden.[164] Die üblicherweise zulässigen Gesetzessammlungen sind der »Schönfelder«[165] und der »Sartorius«[166] sowie die Gesetzessammlungen zum jeweiligen Landesrecht.[167] Daneben dürfen in der Regel die Textausgaben zum Arbeitsrecht[168] und Europarecht[169] sowie Gesetzessammlungen zur Wahlfachgruppe verwendet werden.

Entsprechend dem Ziel, im Examen zu überprüfen, ob Sie die systematischen Zusammenhänge zwischen Rechtsnormen desselben Rechtsgebiets und die Querverbindungen zwischen unterschiedlichen Rechtsgebieten verstanden haben, verknüpfen Examenssachverhalte häufig unterschiedliche Rechtsgebiete. Zum Beispiel kann eine Zivilrechtsklausur mit einem familienrechtlichen Problem beginnen. Die weitere rechtliche Beziehung der Beteiligten ist schuldrechtlicher Art und führt in das Allgemeine und Besondere Schuldrecht. Zur Sicherung schuldrechtlicher Beziehungen wurden Sicherungsrechte vereinbart. Dies zwingt den Klausurbearbeiter zu sachenrechtlichen Ausführungen. Dieser gesamte materielle Teil der Klausur ist »umrahmt« von einem zivilprozessualen Teil, denn die Fallfrage lautet, ob die Klage eines Beteiligten Aussicht auf Erfolg hat. Bei einer handelsrechtlichen Klausur müssen innerhalb der Fallprüfung regelmäßig Normen aus dem HGB und dem BGB miteinander verknüpft und sogenannte Paragraphenketten gebildet werden. Denn das Handelsrecht verdrängt nicht das Bürgerliche Recht, sondern fügt ergänzende Vorschriften hinzu.

161 § 7 Abs. 2 S. 2 JAPrO BaWü, § 28 Abs. 2 S. 4 BayJAPO; § 10 Abs. 1 S. 3 JAG NRW.

162 Nach § 13 Abs. 4 JAPrO BaWü sind die Hilfsmittel von den Kandidaten mitzubringen.

163 In Baden-Württemberg geregelt durch VwV des JuM v. 14.06.2004 über die *Hilfsmittel in den juristischen Staatsprüfungen, der Notar- und der Rechtspflegerprüfung*, abgedruckt in *Dürig*, Nr. 39g, auch auf den Webseiten des Justizprüfungsamts. Siehe hierzu auch die Erläuterungen des Justizprüfungsamtes vom November 2006.

164 Manchmal erinnert man sich nämlich an bestimmte Regelungen nicht nach der Paragraphenzahl, sondern man erinnert sich daran, dass die Regelung im Gesetz z.B. links unten oder rechts oben steht.

165 *Schönfelder*, Deutsche Gesetze, Sammlung des Zivil-, Straf- und Verfahrensrecht, München, in der aktuellen Fassung, Hauptwerk und Ergänzungsband.

166 *Sartorius I*, Verfassungs- und Verwaltungsgesetze der Bundesrepublik Deutschland, München; teilweise zugelassen *Sartorius II*, Internationale Verträge – Europarecht, München – jeweils in der aktuellen Fassung.

167 Alternativ sind in manchen Bundesländern die STUD-JUR Nomos Textausgaben zum Zivilrecht/Wirtschaftsrecht, Strafrecht/Straßenverkehrsrecht/Arbeits- und Sozialrecht/Europarecht sowie Öffentliches Recht zugelassen.

168 Z.B. Arbeitsgesetze, Beck-Texte im dtv, Band 5006, oder *Hans C. Nipperdey* (Hrsg.), Arbeitsrecht, München, in der aktuellen Fassung.

169 Beck-Texte im dtv, Band 5014, Europarecht, in der aktuellen Fassung.

In die Klausurlösung fließen in einer bestimmten Reihenfolge viele einzelne Wissensteilchen aus den unterschiedlichsten Rechtsgebieten ein. Grafisch lässt sich dies so darstellen:

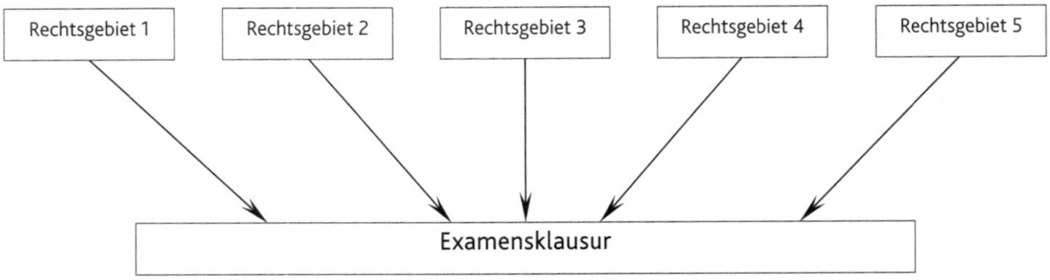

Bei der Lösung von Klausuren im Studium kommt es maßgeblich auf analytisches Denken, auf Problembewusstsein und Urteilsfähigkeit sowie auf methodische Fähigkeiten an. Das Examen umfasst alle Prüfungsfächer, da ein Jurist die Fähigkeit zum übergreifenden Denken und zum Erkennen der Zusammenhänge besitzen muss.

☞ Wesentlich für das erfolgreiche Bestehen einer Klausur in Studium und Examen ist
- Grundlagenwissen in allen Prüfungsfächern,
- Kenntnis der Gesetze und der Gesetzessystematik, der Rechtsdogmatik,
- Kenntnis der Zusammenhänge,
- Problembewusstsein und Urteilsfähigkeit,
- Kenntnis der Querverbindungen zwischen Gesetzen
- und das Beherrschen der Falllösungstechnik.

Weniger wichtig ist isoliertes Einzel- und Faktenwissen.

b) Mündliche Prüfung

✎ *(1) Wie läuft die mündliche Prüfung ab?*
✎ *(2) Ist auch ein Vortrag erforderlich?*
✎ *(3) Welchen Anteil hat die mündliche Prüfung an der Staatsprüfung?*

Hilfsmittel:
* *Ausbildungsgesetz/-ordnung*

Antwort am Beispiel Baden-Württemberg:

(1) Die mündliche Prüfung umfasst je einen Abschnitt im Zivilrecht, im Strafrecht und im Öffentlichen Recht (§ 17Abs. 2 JAPrO BaWü). Die mündliche Prüfung findet regelmäßig mit vier Kandidaten statt. Insgesamt soll jeder Kandidat ca. 30 Minuten geprüft werden, so dass die mündliche Prüfung inklusive der Pause ca. 3 Stunden dauert. Am Ende der mündlichen Prüfung findet eine Beratung der Prüfer über die mündlichen Noten und die Gesamtnote der Staatsprüfung statt. Anschließend erfährt der Kandidat die Endnote der Staatsprüfung (§ 19 JAPrO BaWü).

(2) In Baden-Württemberg muss kein Vortrag gehalten werden.

(3) Die mündliche Prüfung zählt 3/10 der Endnote der Staatsprüfung (§ 19 Abs. 2 S. 2 Nr. 2 JAPrO BaWü).

Dauer der mündlichen Prüfung. Die Zeitdauer der mündlichen Prüfung liegt zwischen 30 und 45 Minuten.[170]

Vortrag. Viele Bundesländer sehen in den Ausbildungsgesetzen als neues Element der mündlichen Prüfung im ersten Examen einen Vortrag vor. Der Vortrag soll 10–12 Minuten dauern, ihm folgt teilweise ein 5-minütiges Vertiefungsgespräch.[171] Mit dem Vortrag soll der Studierende neben Rechtskenntnissen seine Fähigkeit zur mündlichen Erörterung einer juristischen Aufgabe in freier Rede und zur Diskussion rechtlicher Fragen zeigen.[172] In Sachsen ist eine 15-minütige mündliche Prüfungsleistung aus dem Bereich der Schlüsselqualifikationen zu erbringen.[173] Für die Vorbereitung des Vortrags wird meist eine Stunde Vorbereitungszeit gewährt.

Anteil an der Gesamtnote der Staatsprüfung. In manchen Bundesländern hat die mündliche Prüfung einen höheren Anteil an der Endnote der Staatsprüfung, z.B. in Sachsen 33 %, in Hessen, Rheinland-Pfalz, Schleswig-Holstein 34 %, in Berlin und Brandenburg 37 %, in Nordrhein-Westfalen, Niedersachsen und Sachsen-Anhalt 40 %.[174] In Bayern[175] und Hamburg zählt die mündliche Prüfung dagegen nur 25 %.

Obwohl der Schwerpunkt der Staatsprüfung auf den Klausuren liegt, sollte der Anteil der mündlichen Prüfung nicht unterschätzt werden. In der mündlichen Prüfung wird vor allem die Fähigkeit bewertet, Sachverhalte mündlich zu analysieren und das Für und Wider eines bestimmten Lösungsansatzes abzuwägen. Um diese Anforderungen zu erfüllen, brauchen Sie vor allem eine gute mündliche Argumentations- und Ausdrucksfähigkeit. Der Erwerb dieser Fähigkeiten muss während des Studiums eingeplant werden und es empfiehlt sich, immer wieder nach Gelegenheiten zu suchen und sich Situationen auszusetzen, in denen Sie Ihr mündliches Ausdrucksvermögen schulen können.[176] Teil der Examensvorbereitungsphase muss auch das gezielte Training der mündlichen Ausdrucksfähigkeit sein.[177]

2. Die Universitätsprüfung

Die Universitätsprüfung hat das Ziel, festzustellen, ob die Studierenden vertiefte Kenntnisse in den Rechtsgebieten des Schwerpunktbereichs einschließlich deren Grundlagen und die Befähigung zur praktischen Rechtsanwendung erworben haben.[178] Nach § 5d Abs. 2 S. 2 DRiG muss die universitäre Schwerpunktbereichsprüfung mindestens eine schriftliche Leistung umfassen, ansonsten ist es Sache der Bundesländer und der einzelnen Universitäten, Anzahl und Art der Leistungsnachweise

170 Mecklenburg-Vorpommern und Schleswig-Holstein: 45 Minuten.

171 Berlin: Vortrag von 10 Minuten und Vertiefungsgespräch von 5 Minuten Dauer. Nordrhein-Westfalen: Vortrag von maximal 12 Minuten. Vorträge sind auch in Brandenburg, Hamburg, Niedersachsen, Sachsen und Sachsen-Anhalt vorgesehen.

172 § 9 Abs. 2 S. 3 Berliner JAO.

173 § 26 SächsJAPO.

174 § 7 Abs. 1 Berliner JAG; § 18 Abs. 3 JAG NRW.

175 § 34 Abs. 1 S. 2 BayJAPO.

176 Zur Verbesserung der mündlichen Ausdrucksfähigkeit bieten sich private Arbeitsgemeinschaften an, siehe dazu Kap. 10 (Private Arbeitsgemeinschaften).

177 Weiterführende Literatur siehe Kap. 13 (Studienarbeit und mündliche Prüfung).

178 So z.B. § 32 StudPrO Studiengang Rechtswissenschaften, Universität Augsburg v. 10.08.2004 i.d.F.v. 22.04.2008

festzulegen.[179] Eine mündliche Prüfung ist nicht zwingend vorgesehen. Wegen der großen Bandbreite möglicher Prüfungsbestandteile ist es sehr wichtig, möglichst früh festzustellen, welche Teilleistungen Sie an Ihrer Fakultät zu erbringen haben.

✎ *(1) Welche Normen regeln die Schwerpunktbereichsprüfung an Ihrer Fakultät?*
✎ *(2) Welche Prüfungsleistungen müssen genau erbracht werden?*
✎ *(3) Wie werden die Prüfungsleistungen gewichtet?*
✎ *(4) In welchem Zeitrahmen müssen diese Prüfungsleistungen erbracht werden?*

Hilfsmittel:

* *Ausbildungsgesetze/Studien- oder Prüfungsordnung der Universität*
* *Auskunft des Prüfungsamts/Informationsbroschüre der Fakultät/Universität*

Antwort am Beispiel Tübingen:

(1) Die Universitätsprüfung ist in §§ 26–33 JAPrO BaWü und in §§ 20 ff. StudPrO 2003 geregelt.

(2) Die Universitätsprüfung besteht aus drei Prüfungsleistungen: einer studienbegleitenden häuslichen Arbeit und einer Abschlussprüfung, die sich aus einer Aufsichtsarbeit und einer mündlichen Prüfung zusammensetzt. Die häusliche Arbeit kann ein schriftliches Seminarreferat oder eine Hausaufgabe (Falllösung oder wissenschaftliches Thema) sein; sie hat eine Bearbeitungszeit von sechs Wochen. Die Abschlussprüfung besteht aus einer 5-stündigen Klausur und einer mündlichen Prüfung mit insgesamt 4 Kandidaten, wobei auf jeden Kandidaten ca. 15 Minuten Prüfungsgespräch entfallen sollen.

(3) Die Ergebnisse der Prüfungsleistungen werden gleich gewichtet, d.h. zu je 1/3.

(4) Die häusliche Arbeit kann während des Schwerpunktstudiums nach dem 5. Fachsemester vorgelegt werden. Die Abschlussprüfung muss gem. § 33 JAPrO BaWü spätestens sechs Monate nach Abschluss des schriftlichen Teils der Staatsprüfung beendet sein. Bis zu diesem Zeitpunkt nicht erbrachte Prüfungsleistungen im Schwerpunktbereich werden mit der Note ungenügend (0 Punkte) gewertet.

Art und Anzahl der Prüfungsleistungen. Die Prüfungsleistungen variieren erheblich. Es werden bis zu sechs Einzelleistungen gefordert. Schriftliche Arbeiten haben Bearbeitungszeiten zwischen drei und sechs Wochen, Klausuren eine Bearbeitungszeit von 2 bis 5 Stunden, und mündliche Prüfungen können aus Vorträgen und/oder nur aus Prüfungsgesprächen bestehen. Die Vielzahl möglicher Regelungen zeigt anschaulich die nachfolgende Übersicht exemplarisch ausgewählter Universitäten:[180]

179 Zur Notengebung siehe *Heino Schöbel*, Die universitäre Schwerpunktbereichsprüfung – Kuschelnoten ante portas?, JA 2008, 94.

180 Übersicht über Regelungen von 41 deutschen Fakultäten bei *Rolfs/Rossi-Wilberg*, JuS 2007, 297, 300 ff.

Universität	Häusliche Arbeit	Disputation	Klausur	Mündliche Prüfung
Köln	Ja (6 Wochen)	Vortrag u. Diskussion	3 Klausuren je 120 bis 180 Minuten	Nein
Augsburg	Ja (4 Wochen)	Nein	2 studienbegleitende Prüfungsmodule	15 Minuten
Würzburg	Ja (6 Wochen)	Nein	Nein	30 Minuten
Halle-Wittenberg	Ja (6 Wochen)	Ja	Nein	45 Minuten
Mainz	Nein	Nein	2 Klausuren je 180 Minuten	30 Minuten
Konstanz	Ja (4 Wochen)	Ja (20 Minuten)	1 Klausur (5 Std.)	30 Minuten

Zeitraum der Erbringung der Prüfungsleistungen. Die ersten Prüfungsleistungen können an manchen Universitäten schon im 3. Semester erbracht werden. Zur mündlichen Universitätsprüfung wird teilweise nur zugelassen, wer auch zum schriftlichen Teil der Staatsprüfung zugelassen ist. § 33 JAPrO BaWü (s.o. Antwort 4) macht es unmöglich, die Universitätsprüfung erst nach der Staatsprüfung zu absolvieren. Diese Erkenntnis ist sehr wichtig für die individuelle Studienplanung.[181] In anderen Bundesländern muss die Universitätsprüfung erst ein Jahr nach der Zulassung zum mündlichen Teil der Staatsprüfung beendet sein.[182]

Anerkennung anderer Prüfungen. Die Universitätsprüfung kann in München[183] durch eine *Licence en droit*, die im Rahmen des Integrierten Studiengangs Deutsch-Französisches Recht der LMU und der Universität Paris II erworben wurde, und in Köln[184] durch den Erwerb eines LL.M. Köln/Paris I der Universität Köln ersetzt werden.

a) Schriftliche häusliche Arbeit

Fast alle Universitäten sehen als eine erforderliche Prüfungsleistung der Schwerpunktbereichsprüfung die Anfertigung einer umfangreicheren schriftlichen Arbeit vor.[185] Dabei handelt es sich in der Regel um eine wissenschaftliche Themenarbeit, die häufig mit einem Seminar verbunden wird. Hier ist unbedingt zu empfehlen, vorher zur Übung ein schriftliches Seminarreferat zu erstellen, um die Grundsätze wissenschaftlichen Arbeitens zu erlernen und zu vertiefen. Teilweise ist die vorherige Teilnahme an einem Seminar zwingend.[186] In Bayreuth wird zwischen Seminaren und Oberseminaren, in dem die Prüfungsarbeit angefertigt wird, unterschieden.

181 Die Bedeutung dieser Regelung ist vielen Studierenden in Baden-Württemberg immer noch nicht bewusst, obwohl die Studienberater der Fakultäten – jedenfalls inzwischen – deutlich darauf hinweisen.

182 Z.B. in Sachsen, § 13 Abs. 1 SächsJAPO.

183 § 38 Abs. 5 Studien- und Prüfungsordnung der LMU München v. 30.10.2007.

184 § 12 Abs. 1 Studien- und Prüfungsordnung der Rechtswissenschaftlichen Fakultät Köln v. 15.07.2008.

185 Mainz und Saarbrücken verlangen keine häusliche schriftliche Arbeit.

186 Siehe dazu S. 54. Insofern sind Regelungen, die zulassen, dass die Studienarbeit der Universitätsprüfung gleichzeitig als Seminar für die Staatsprüfung verwendet werden kann, zwar für Studierende zeit- und für Lehrende ressourcensparend, aber kontraproduktiv. Auch wo die Anferti-

Besteht die Hausarbeit aus einer Falllösung, ist unter Verwendung von Schrifttum und Rechtsprechung ein rechtswissenschaftlich begründeter Vorschlag für die Lösung eines Rechtsfalls zu erarbeiten. Es wird ein Gutachten verlangt, in dem die rechtlichen Probleme des Falles auf der Grundlage des materiellen Wissens und der Falllösungsmethode zu lösen sind.[187] Die Hausarbeiten in den Übungen können als gewisse Vorbereitung dienen.

b) Klausuren

Viele Bundesländer sehen als eine erforderliche Prüfungsleistung eine Klausur vor, so dass sich die Gesamtzahl der Examensklausuren erhöht. Die Klausuren sind auch im Schwerpunktbereich überwiegend Falllösungen, jedoch unter Einbeziehung von rechtsberatenden oder rechtsgestaltenden Aspekten. Das bedeutet, dass vermehrt auch Anwaltsaufgaben oder Anwaltsklausuren zu bearbeiten sind. Dabei ist die methodische Verschiedenheit von Streitentscheidung (im Klausurfall) und Rechtsgestaltung und -beratung zu beachten.[188] In Anwaltsklausuren wechselt die Perspektive. Es geht zum Beispiel darum, einem Mandanten Rat zu erteilen.[189] Typische Fragestellungen sind »Was ist A zu raten?« oder »Welche Möglichkeiten stehen A zur Verfügung?«.[190] Dabei kann auch nach Möglichkeiten gefragt sein, wie ein Rechtsstreit vermieden werden kann. Im Öffentlichen Recht kann es Aufgabe sein, eine Gemeinde zu beraten, z.B. von wem sie Ersatz ihrer Kosten verlangen kann, wenn sie Altlasten beseitigen lässt. Rechtsgestaltende Aufgaben sind der Entwurf von Verträgen (z.B. Ehevertrag, Gesellschaftsvertrag), der Entwurf von Allgemeinen Geschäftsbedingungen oder der Entwurf eines Testaments. Gerade im Erbrecht bieten sich rechtsgestaltende Aufgaben an. Im Öffentlichen Recht kann es Aufgabe sein, eine Satzung oder eine Verfügung einer Behörde zu entwerfen.[191]

c) Mündliche Prüfung

Auch im Schwerpunktbereich hat die mündliche Prüfung einen erheblichen Anteil (z.B. in Halle 40 %). Die mündliche Prüfung im Schwerpunktbereich ist vor allem eine Verständnisprüfung. Teilweise besteht die mündliche Prüfung zu einem Teil auch aus der sogenannten Verteidigung der wissenschaftlichen Abschlussarbeit, so z.B. in Köln und Halle.

---

gung einer Seminararbeit durch eine zweite Grundlagenklausur ersetzt werden kann, ist die häusliche Arbeit die erste Arbeit dieser Art. Die Erfahrung mit Seminararbeiten zeigt, dass bei der Anfertigung häufig typische Anfängerfehler gemacht werden, die dann bei der zweiten Arbeit dieser Art nicht mehr passieren. Regelungen, die ermöglichen, dass die Studienarbeit das Erstlingswerk ist, führen zu qualitativ schlechteren Studienarbeiten. Würzburg regelt z.B. ausdrücklich, dass das Seminar der Übung in der Anfertigung einer schriftlichen Arbeit dient, wie sie in der Juristischen Universitätsprüfung in der Form der Studienarbeit gefordert wird.

187 Zur Falllösung in der Hausarbeit siehe Kapitel 9 (Fallbearbeitung) S. 272 f. mit ausführlichen Literaturhinweisen.

188 Dies betonen auch *Mattheus/Teichmann*, JuS 2003, 635.

189 *Medicus*, S. 3.

190 Zu Gutachtensaufträgen siehe auch *Schmalz*, Rn. 548, z.B. Welche Möglichkeiten stehen einer europaweit tätigen Handelsfirma für die Gestaltung ihres Vertriebssystems zur Verfügung? Zu den Arbeitsschritten bei einer Anwaltsklausur siehe *Schmalz*, Rn. 550 ff. sowie die Literaturhinweise in Kapitel 14.

191 Zur Rechtsberatung und Rechtsgestaltung siehe die weiterführenden Hinweise in Kapitel 14.

d) Erkenntnisse

In Bezug auf das Schwerpunktstudium und die Universitätsprüfung ergeben sich folgende Erkenntnisse: In vielen Bundesländern ist die Anfertigung einer wissenschaftlichen Themenarbeit Teil der universitären Schwerpunktprüfung. Die frühzeitige Vorbereitung darauf muss bei der Studienplanung berücksichtigt werden. Es wird unbedingt empfohlen, schon vorher eine Seminararbeit schreiben, um die Fähigkeiten, die in der Prüfungsarbeit erwartet werden, vorher einzuüben. Weitere Erkenntnis ist, dass die Bedeutung von Vorträgen und mündlichen Leistungen deutlich gestiegen ist. Wenn die Universitätsprüfung eine mündliche Prüfung vorsieht, sind am Ende des Studiums zusammen mit der Staatsprüfung zwei mündliche Prüfungen zu bestehen. Die Vorbereitung auf mündliche Prüfungsgespräche muss bei der Studienplanung berücksichtigt werden. Zu den Anforderungen der Universitätsprüfung im Hinblick auf wissenschaftliches Arbeiten sind weiterführende Hinweise in Kapitel 13 enthalten.[192]

e) Durchführung der Universitätsprüfung

Zuständig für die Prüfung im Schwerpunktbereich sind die Universitäten, die Prüfungsämter eingerichtet haben. Die Wahl des Schwerpunktbereichs ist dem Universitätsprüfungsamt anzuzeigen. Bei allen Fragen, die mit der Zulassung zur Universitätsprüfung zusammenhängen, ist das Universitätsprüfungsamt der richtige Ansprechpartner. Ausführliche Hinweise gibt es auf den entsprechenden Web-Seiten der Fakultäten.

3. Erkenntnisse zur Ersten Juristischen Prüfung

☞ In der Staatsprüfung sind, je nach Differenzierung, 30–40 Lerneinheiten zu beherrschen. Hinzu kommen etwa 5–10 Lerneinheiten aus dem Schwerpunktbereich.

☞ In der Staatsprüfung werden in den Kernfächern Zivilrecht, Öffentliches Recht und Strafrecht zwischen fünf und sieben Klausuren geschrieben. An manchen Universitäten müssen Sie während Ihres gesamten Studiums in diesen Fächern nur 6 Klausuren bestehen. Die Klausuren im Examen sind 5-stündig und damit länger und umfangreicher als die Klausuren, die man während des Studiums bestehen muss.

☞ In den Examensklausuren können alle Rechtsgebiete geprüft werden, während sich der Stoff für die Klausuren im Studium eingrenzen lässt und teilweise nur punktuelles Wissen und Verständnis verlangt wird.

☞ Die Klausuren der Staatsprüfung werden in vielen Bundesländern zeitlich unmittelbar hintereinander geschrieben. Es sind alle Pflichtfächer für einen Termin vorzubereiten. Zwischen den Klausuren ist keine Zeit, sich weiter vorzubereiten oder sich in ein anderes Rechtsgebiet einzuarbeiten. Daher wird nicht unbegrenzt Detailwissen verlangt, sondern maßgeblich ist das Verständnis der Rechtsordnung und die Fähigkeit zum methodischen Arbeiten.

☞ Wesentlich für das erfolgreiche Bestehen einer Klausur in Studium und Examen ist
- Grundlagenwissen,
- Kenntnis der Gesetze und der Gesetzessystematik,
- Kenntnis der Rechtsdogmatik,
- Kenntnis der Zusammenhänge,

192 Kap. 13 (Studienarbeit und mündliche Prüfungen).

- Kenntnis der Querverbindungen zwischen Gesetzen
- und das Beherrschen der Falllösungstechnik.

Weniger wichtig ist umfangreiches Einzelwissen.

☞ Während die Examensvorbereitung in Bezug auf die Staatsprüfung vor allem auf die Fallbearbeitung in einer Klausur gerichtet ist, erfordert die wissenschaftliche häusliche Prüfungsarbeit der Universitätsprüfung gute Kenntnis des wissenschaftlichen Arbeitens.

☞ Im fast allen Bundesländern sind am Ende des Studiums zwei mündliche Prüfungen zu absolvieren. Wichtige Voraussetzungen für eine erfolgreiche mündliche Prüfung sind gutes Ausdrucksvermögen und juristische Argumentationsfähigkeit. Da während des Studiums nur wenige mündliche Leistungen zu erbringen sind, ist es wichtig, den Erwerb dieser Fähigkeiten selbstverantwortlich in das Studium einzuplanen und die mündliche Argumentationsfähigkeit zu schulen, wo und wann immer es möglich ist.

VII. Zusammenfassung und Schlussfolgerungen

Die folgende Zusammenfassung ist allgemein formuliert. Auf die Besonderheiten wurde jeweils bei den betreffenden Abschnitten hingewiesen. Ihre Aufgabe ist es jetzt, zu überprüfen, welche Erkenntnisse für Ihre Studienumgebung zutreffen oder durch andere ergänzt oder ersetzt werden müssen.

☞ Das Schwerpunktstudium ist ein zeitintensiver Bestandteil des Jurastudiums und muss bei der Planung des Studiums neben den Pflichtfächern berücksichtigt werden.

☞ Um der Gefahr vorzubeugen, durch Lernen auf die Leistungskontrollen nur punktuelles Wissen zu erwerben, ist es erforderlich, von Studienbeginn an Rechtsgebiete systematisch zu erarbeiten und kontinuierlich zu lernen.

☞ Sie sind selbst dafür verantwortlich, regelmäßig eigene Lernkontrollen vorzunehmen. Dafür empfiehlt es sich, auch am Ende eines jeden Semesters eine Wiederholungsphase einzuplanen, in der man sich einen Gesamtüberblick über den Stoff des letzten Semesters verschafft. Semesterabschlussprüfungen der Universitäten können diese Wiederholungsphase erleichtern. Finden am Ende des Semesters keine Leistungskontrollen statt, ist diese Wiederholung selbstverantwortlich vorzunehmen.

☞ Auch wenn Sie zum Erwerb der Scheine nur wenige Klausuren schreiben müssen, empfiehlt es sich unbedingt, sämtliche angebotenen Klausuren zum Klausurtraining mitzuschreiben (selbst wenn man schon eine Klausur bestanden hat). Da im Studium keine 5-stündigen Klausuren zu bestehen sind, ist es erforderlich, vor dem Examen möglichst viele (Examens-)Klausuren probehalber zu schreiben.

☞ Als Hilfsmittel stehen in den Klausuren während des Studiums und im Examen nur die Gesetzestexte zur Verfügung. Wichtig ist vor allem also die Kenntnis des Gesetzes, seiner Systematik und seiner Auslegung.

☞ Gegenstand der Klausuren sind zunehmend auch Fragen der Rechtsgestaltung und Rechtsberatung. Dabei ist die methodische Verschiedenheit von Streitentscheidung und Rechtsgestaltung zu beachten. Der Erwerb von Kenntnissen in Rechtsgestaltung und Rechtsberatung muss im Studium eingeplant werden.

✎ *Notieren Sie die für Sie wichtigsten Erkenntnisse aus Kapitel 2.*

📖 **zum Jurastudium (Anforderungen und Studieninhalte)**

Baldus, Christian/ Finkenauer, Thomas/ Rüfner, Thomas	Juristenausbildung in Europa zwischen Tradition und Reform, Tübingen, 2008 (Tagungsband).
Gramm, Christof/ Wolff, Heinrich A.	Jura – erfolgreich studieren, Für Schüler und Studenten, München, 5. Aufl. 2008.
Grosch, Olaf	Studienführer Jura, Stuttgart, 5. Aufl. 2007.
Heinrich, Martin	Einführung in das richtige Studieren, http://www.jura.uni-tuebingen.de/reichold/erstsemester, Stichwort Studienanfänger, Richtiges Studieren.
Herzberg, Rolf D./ Ipsen, Knut/ Schreiber, Klaus (Hrsg.)	Effizient Studieren, Rechtswissenschaften, Wiesbaden, 1999 (insbesondere die Beiträge von Knut Ipsen, Die schriftliche Arbeit im ersten Examen, S. 269 ff., und Rolf D. Herzberg, Die mündliche Prüfung im ersten Examen, S. 285 ff.).
JuS-Redaktion (Hrsg.)	Studienführer (JuS-Sonderheft), München, 4. Aufl. 1997.
Kallert, Rainer/ Marschner, Lara/ Schreiber, Frank/ Söder, Stefan	Das erfolgreiche Jurastudium, Eine praktische Anleitung, Köln, 1998.
Köbler, Gerhard	Wie werde ich Jurist? Eine Einführung in das Studium des Rechts, München, 5. Aufl. 2007.
Kudlich/Reimer/Wolf (Hrsg.)	JA Sonderheft für Erstsemester, Köln, 2008.
Neureither, Georg/ Norouzi, Ali	Ein Kompass durch das Studium der Rechtswissenschaft, JuS Magazin 2/2006, S. 7.
v. Münchhausen, Marco/ Püschel, Ingo P.	Die Erstsemesterkartei Jura, Zum Einstieg ins Jurastudium ... nicht nur für Erstsemester, Kurzkarteikarten-Programm, München, 3. Aufl. 2004.
Rinken, Alfred	Einführung in das juristische Studium, München, 3. Aufl. 1996.
Roxin, Claus	Vom Beruf des Juristen und vom Studium des Rechts, Vortrag vom 17.01.2002, http://www.jurawelt.com/aufsaetze/methodik/8691.
Scholz, Peter/ Schulte, Christian	Der Weg zum juristischen Prädikatsexamen, Erstes und zweites juristisches Examen erfolgreich bestehen, Berlin, 2. Aufl. 2007 (rezensiert von Marcus Bergmann/Michael Sturm, ZJS 2008, 327 – http://www.zjs-online.de)
Ter Haar, Philipp/ Lutz, Carsten/ Wiedenfels Matthias	Prädikatsexamen, Der selbständige Weg zum erfolgreichen Examen, Baden-Baden, 2. Aufl. 2007.
Ziegert, Nora	Einstieg in das Jurastudium, JuS-Magazin 2/08, S. 8 ff.

Kapitel 3 Welche Lehrveranstaltungen bietet meine Fakultät zu den Prüfungsfächern? Wie und in welchem Ausmaß kann ich das Lehrveranstaltungsangebot meiner Fakultät beim Erwerb des prüfungsrelevanten Stoffes einbeziehen?

I. Einleitung

1. Ziel des Kapitels

In Kapitel 2 haben Sie festgestellt, welche konkreten Leistungsnachweise während des Studiums von Ihnen verlangt werden, welche Rechtsgebiete Sie im Examen beherrschen müssen und in welcher Form diese am Ende des Studiums geprüft werden. Die prüfungsrelevanten Rechtsgebiete wurden in große Lerneinheiten unterteilt, wodurch Sie einen ersten Überblick über die zu bewältigende Stoffmenge erhalten haben. Für Ihre individuelle Studienplanung wissen Sie nun, was von Ihnen während und am Ende des Studiums erwartet wird. Sie fragen sich wahrscheinlich jetzt, wie Sie das alles schaffen sollen. Diese Frage hat schon Generationen von Jurastudierenden beschäftigt. Um es vorwegzunehmen: Tatsache ist, dass auch das Jurastudium und insbesondere die Stoffmenge mit einer richtigen Planung gut zu bewältigen sind. Mit der Frage, ob das Stoffpensum zu schaffen ist, haben Sie schon den ersten Schritt zur individuellen Studienplanung gemacht.

Ziel dieses Kapitels ist nun, dass Sie einen genauen Überblick über das Lehrveranstaltungsangebot Ihrer Fakultät erhalten. Damit werden Sie am Ende des Kapitels wissen, welche Einführungs- und Vertiefungsveranstaltungen es an Ihrer Fakultät in den einzelnen Prüfungsfächern gibt und wann und in welchem Umfang diese Veranstaltungen üblicherweise angeboten werden. Dieses Wissen bietet die Grundlage für einen weiteren und für die Studienplanung sehr wesentlichen Schritt, in dem es darum geht, festzustellen, inwiefern – vom Studienplan ausgehend – das universitäre Lehrveranstaltungsangebot die Vermittlung examensrelevanter Kenntnisse und Fähigkeiten (z.B. Grundlagenwissen, Verständnis der Zusammenhänge und Querverbindungen, Beherrschen der Falllösungstechnik oder mündliches Ausdrucksvermögen) umfasst. Soweit das Lehrveranstaltungsangebot kein ausreichendes Training für bestimmte examensrelevante Fähigkeiten enthält oder Kenntnisse nicht ausreichend vermittelt, müssen Sie diese Fähigkeiten selbständig erwerben und dies schon bei der Studienplanung[193] gezielt berücksichtigen.

2. Grundlage: Studienpläne der Fakultäten

Einen Überblick über das gesamte Lehrveranstaltungsangebot Ihrer Fakultät erhalten Sie aus dem Studienplan. Die meisten Fakultäten verwenden die Bezeichnung »Studienplan«; es gibt aber auch die Bezeichnungen »Studienprogramm«, »Studienempfehlung«, »Studienablaufplan« oder »Studienverlaufsplan«. Der Studienplan enthält die von der Fakultät angebotenen Lehrveranstaltungen. Die meisten Fakultäten gliedern das Lehrveranstaltungsangebot im Studienplan nach Semestern. An Universitäten, an denen es möglich ist, das Jurastudium im Sommersemester zu beginnen, gibt

193 Eine ausführliche Anleitung zur individuellen Studienplanung erfolgt in Kapitel 4 (Individuelle Studienplanung).

es in der Regel zwei Studienpläne, einen für Studierende, die im Sommersemester beginnen, und einen für Studierende, die im Wintersemester beginnen.

3. Überblick

Bei der Analyse des Lehrangebots unterscheide ich Lehrveranstaltungen zum erstmaligen und ergänzenden Wissenserwerb und Lehrveranstaltungen zur unmittelbaren Examensvorbereitung (Examinatorien, Unirepetitorien). Lehrveranstaltungsangebote mit dem Schwerpunkt auf Fallbearbeitung und Klausurentraining behandle ich unter einem gesonderten Punkt. Die Analyse des Lehrangebots der Universität erfolgt in folgenden Teilschritten:

- Lehrveranstaltungsangebot in den Prüfungsfächern der Staatsprüfung ohne Lehrveranstaltungen zur Examensvorbereitung (II.),
- Lehrveranstaltungsangebot in den Prüfungsfächern der Universitätsprüfung (III.),
- Lehrveranstaltungsangebot mit Schwerpunkt Fallbearbeitung, Falllösung, Klausurentraining (IV.),
- Lehrveranstaltungsangebot zur Vorbereitung auf die mündlichen Prüfungen (V.),
- Lehrveranstaltungsangebot zur Examensvorbereitung (VI.).

II. Lehrveranstaltungsangebot zum erstmaligen und ergänzenden Wissenserwerb in den Pflichtfächern

Ziel des Lehrveranstaltungsangebots der Universitäten ist es, die Studierenden mit den Methoden der Rechtswissenschaft vertraut zu machen, damit sie die Fähigkeit entwickeln können, das Recht mit Verständnis zu erfassen und anzuwenden[194]. Dagegen ist es – im Unterschied zur Schule[195] und auch zur Fachhochschule – nicht Aufgabe der Universitäten, den Prüfungsstoff umfassend zu vermitteln.[196] Die Lehrveranstaltungen der Universitäten sind als Angebot und Hilfestellung zu verstehen, nicht aber als Garantie für die vollständige Behandlung des examensrelevanten Stoffes.[197] Ich beginne mit dem Lehrveranstaltungsangebot in den Pflichtfächern der Staatsprüfung und unterscheide Zivilrecht, Öffentliches Recht, Strafrecht, Europarecht und Grundlagenfächer. Ziel ist festzustellen, in welchem Umfang es Lehrveranstaltungen zur Wissensvermittlung sowie Lehrveranstaltungen zur Wiederholung und Vertiefung gibt.

1. Lehrveranstaltungen im Zivilrecht

a) Aufteilung der zivilrechtlichen Pflichtfächer in Kernfächer und Nebenfächer

Die zivilrechtlichen Pflichtfächer lassen sich – nach ihrer Bedeutung – in *Kernfächer* und *Nebenfächer* unterteilen. *Kernfächer* sind diejenigen Rechtsgebiete, die für das Verständnis der Rechtsordnung unbedingt erforderlich sind. Dies sind im Zivilrecht

194 § 2 Abs. 2 JAG NRW.

195 Die Universität ist nicht die Fortsetzung des Gymnasiums mit anderen Mitteln.

196 Viele Studienanfänger sind sich ihrer Eigenverantwortung bezüglich der Aneignung des Stoffes nicht bewusst und haben die Erwartung, dass der Stoff umfassend vermittelt wird.

197 *Steimel*, Am Beginn des Studiums, S. 110: »Die Vorlesung ist Anreiz und Leitfaden zur Vervollkommnung des Wissens.«

die zentralen Gebiete des Bürgerlichen Rechts, genauer, die ersten drei Bücher des Bürgerlichen Gesetzbuches (Allgemeiner Teil, Schuldrecht, Sachenrecht). Der Schwerpunkt der zivilrechtlichen Ausbildung liegt auf diesen Kernfächern. *Nebenfächer* ergänzen die Kernfächer und sind häufig nur in Teilen und/oder nur *im Überblick* Prüfungsgegenstand. In Nebenfächern wird weniger Wissen als in den Kernfächern verlangt. Zu den Nebenfächern zählen die übrigen Rechtsgebiete aus dem jeweiligen zivilrechtlichen Pflichtfächerkatalog, also in der Regel das Familien- und Erbrecht, das Handels- und Gesellschaftsrecht, das Zivilprozess- und Zwangsvollstreckungsrecht und das Arbeitsrecht. Die Bezeichnung *Nebenfächer* darf nicht missverstanden werden. Nebenfächer sind Pflichtfächer, die für alle Studierenden Prüfungsgegenstand sind und das Wissen aus den Kernfächern ergänzen.

b) Lehrveranstaltungen in den Kernfächern

aa) Überblick

✎ *(1) Welche Lehrveranstaltungen zu den zivilrechtlichen Kernfächern sieht Ihr Studienplan vor? Lassen Sie dabei Lehrveranstaltungen zur unmittelbaren Examensvorbereitung außer Betracht. Gehen Sie semesterweise vor und notieren Sie sich auch die jeweilige Semesterwochenstundenzahl.*

✎ *(2) In welchen Semestern erfolgt die Vermittlung der Grundkenntnisse in den Kernfächern? In welchen Semestern gibt es Wiederholungs- und Vertiefungsveranstaltungen zum Zivilrecht?*

Hilfsmittel:

* *Studienplan (z.B. Web-Seiten der Fakultät unter »Studienberatung« oder »Lehre«)*

Antwort am Beispiel Tübingen:

zu (1)

In den Kernfächern sieht der Studienplan[198] folgende Lehrveranstaltungen vor:

1. Semester

6 Std. Zivilrecht I

Schwerpunkt ist meist der Allgemeine Teil des BGB.

2. Semester

6 Std. Zivilrecht II: Schwerpunkt Schuldrecht, verbunden mit integrierter Übung im Zivilrecht für Anfänger

3. Semester

3–4 Std. Zivilrecht III

Schwerpunkt: Außervertragliches Schuldrecht

4 Std. Zivilrecht IV

Schwerpunkt Sachenrecht

4. Semester

3 Std. Zivilrecht V

Schwerpunkt: Einzelne vertragliche Schuldverhältnisse

5. Semester

2 Std. Übung im Zivilrecht für Fortgeschrittene

6. Semester

2–3 Std. Wiederholungs- und Vertiefungskurs Zivilrecht II

198 Studienplan für den Studiengang Rechtswissenschaft (Erste Juristische Prüfung) gem. § 16 Abs. 3 StudPrO.

zu (2)
In den ersten vier Semestern des Jurastudiums erfolgt die Einführung in die zivilrechtlichen Kernfächer (Zivilrecht I bis V). Im 5. Semester findet die Übung für Fortgeschrittene statt. Im 6. Semester findet eine Wiederholungs- und Vertiefungsveranstaltung statt.

bb) Erkenntnisse
Wichtig ist die Erkenntnis, dass nach einer meist relativ umfassenden Einführung in die Kernfächer keine weitere, ebenso ausführliche Wiederholung und Vertiefung erfolgt. Es wird vorausgesetzt, dass nach dem Besuch der angebotenen Lehrveranstaltungen in den ersten vier Semestern die Kernfächer bis auf Spezialprobleme beherrscht werden. Dies zeigt sich auch daran, dass für das 5. Semester die Übung für Fortgeschrittene angesetzt ist.[199] Für die Sachverhalte, die in den Übungen für Fortgeschrittene besprochen werden, ist fundiertes Wissen erforderlich. Um es deutlich zu sagen: Die meisten Studierenden im 4. Semester meinen, dass sie gerade erst die Einführung in die Kernfächer hinter sich haben. Tatsächlich ist aber die systematische Ausbildung in den Kernfächern abgeschlossen. In Vertiefungsveranstaltungen werden zwar bestimmte Teilgebiete und Detailfragen wiederholt, ergänzt und vertieft, aber dies erfolgt nicht mehr mit dem Ziel einer umfassenden Darstellung des Stoffes. Vielmehr erfolgt die Auswahl des Stoffes nach Kriterien wie z.B. »ausgewählte und besonders klausurrelevante oder typische Probleme«.[200] Die Ergänzungs- und Vertiefungsveranstaltungen setzen voraus, dass man die Kernfächer und ihre Systematik schon weitgehend beherrscht. Zu berücksichtigen ist außerdem, dass die Lehrveranstaltungen in der Regel jedes Semester von anderen Dozenten angeboten werden. Daher wiederholen sich im Laufe des Studiums manche Fallgestaltungen und typische Klausurprobleme, andere werden überhaupt nicht erörtert. Für Ihre Studienplanung bedeutet dies:

> ☞ Das systematische Erarbeiten der Kernfächer (BGB AT, Schuldrecht, Sachenrecht) muss spätestens nach dem vierten Semester abgeschlossen sein, um den Stoff im fünften und sechsten Semester vertiefen zu können.

Nur dann sind Sie auch in der Lage, Nutzen aus den Lehrveranstaltungen zur Vertiefung zu ziehen, denn in diesen Lehrveranstaltungen werden Einzelprobleme der Kernfächer bereits auf einem sehr fortgeschrittenen Niveau vermittelt.

c) Lehrveranstaltungen in den Nebenfächern
aa) Überblick

> ✎ *(1) Welche Lehrveranstaltungen sieht Ihr Studienplan in den zivilrechtlichen Nebenfächern vor (Familien-, Erb-, Handels- und Gesellschaftsrecht, Zivilprozess- und Zwangsvollstreckungsrecht, Arbeitsrecht, Internationales Privatrecht)? Lassen Sie Lehrveranstaltungen zur unmittelbaren Examens-*

199 § 25 Abs. 1 Studien- und Prüfungsordnung der LMU München v. 30.10.2007: »Die Übungen für Fortgeschrittene umfassen den gesamten Stoff der Pflichtfächer [...]«.

200 Siehe z.B. Ankündigung einer Vertiefungsveranstaltung zum Thema *Einzelne vertragliche Schuldverhältnisse*: Die Vorlesung muss sich angesichts des knappen Zeitrahmens auf die Behandlung wesentlicher exemplarischer Probleme konzentrieren und kann darüber hinaus nur Anregungen zum Selbststudium geben.

vorbereitung außer Betracht. Gehen Sie semesterweise vor und notieren Sie sich auch die jeweilige Semesterwochenstundenzahl.

✎ *(2) Gibt es Wiederholungs- und Vertiefungsveranstaltungen zu den Nebenfächern (ohne unmittelbare Examensvorbereitung)?*

Hilfsmittel:

* *Studienplan*

Antwort am Beispiel Tübingen:
In den Nebenfächern sieht der Studienplan folgende Lehrveranstaltungen vor:

zu (1)

1., 2. und 3. Semester
keine Veranstaltungen

4. Semester
3 Std. Zivilrecht VI: Schwerpunkt Erbrecht
2 Std. Handelsrecht
4–5 Std. Zivilprozessrecht einschließlich Gerichtsverfassung

5. Semester
2 Std. Zivilrecht VI: Schwerpunkt Familienrecht
2 Std. Zwangsvollstreckungsrecht
2 Std. Internationales Privatrecht I

6. Semester
3 Std. Gesellschaftsrecht I
3 Std. Arbeitsrecht I

7. Semester
3 Std. Arbeitsrecht II

zu (2)
Es gibt in der Mittelphase des Studiums keine speziellen Wiederholungs- und Vertiefungsveranstaltungen für die Nebenfächer.

bb) Erkenntnisse

Erste Erkenntnis ist, dass in dem genannten Beispiel die Vermittlung der Nebenfächer erst im 4. Semester beginnt. Für die Studienplanung bedeutet dies, dass die ersten drei Semester der systematischen Erarbeitung der Kernfächer vorbehalten sind, und dieser Zeitraum auch dazu genutzt werden sollte. Für die Nebenfächer sehen die Studienpläne 2–3stündige Vorlesungen vor. Diese Vorlesungen führen in das Rechtsgebiet ein und behandeln seine wesentlichen Fragestellungen im Überblick. Außerhalb der unmittelbaren Examensvorbereitungsphase werden Wiederholungs- und Vertiefungsveranstaltungen eher selten angeboten. Um festzustellen, welche Bedeutung diese Erkenntnis für die Studienplanung hat, ist zu fragen, in welcher Form Nebenfächer im Jurastudium geprüft werden.

Viele Rechtsfiguren der Kernfächer gelten auch in den Nebenfächern; die Nebenfächer regeln besondere Bereiche des Privatrechts, z.B. das Familienrecht die personenrechtliche Beziehung zwischen Ehegatten oder unter Verwandten, das Handelsrecht die Besonderheiten des Handelsverkehrs und das Sonderrecht der Kaufleute. Es kommt sehr selten vor, dass eine Examensklausur gestellt wird, die sich inhaltlich auf ein Nebenfach beschränkt. Vielmehr werden in Examensklausuren Nebenfächer in der Form von »Rand«- oder »Zusatz«problemen geprüft. Eine Variante ist, dass sich

Teilfragen oder Zusatzfragen auf das Nebenfach beziehen.[201] Eine andere Variante ist, dass das Nebenfach »Einstieg« oder »Aufhänger« ist, der Hauptteil der Klausur aber mit rechtlichen Regelungen aus den Kernfächern zu lösen ist (z.B. beim Handelskauf muss auf die kaufrechtlichen Vorschriften des BGB zurückgegriffen werden, bei den schuldrechtlichen Beziehungen zwischen Gesellschaftsmitgliedern auf das Leistungsstörungsrecht des BGB). Besonders gut veranschaulichen lassen sich diese beiden Varianten im Zivilprozessrecht:

1. Variante: Nebenfach als Zusatzfrage

Fallfrage: Wie ist die Rechtslage? Wäre eine Klage auf Schadensersatz zulässig?

Lösung: Zunächst Falllösung mit Erörterung von Problemen aus dem materiellen Recht der Kernfächer (z.B. Stellvertretung, Vertragsrecht, Schadensersatzrecht); dann Beantwortung der Frage aus dem Nebenfach (hier: Zivilprozessrecht).

2. Variante: Nebenfach als Einstieg oder Aufhänger

Fallfrage: Hat die Klage Aussicht auf Erfolg?

Lösung: Die Lösung erfolgt in zwei Teilen. In Teil 1 ist die Zulässigkeit der Klage zu prüfen, hierzu benötigen Sie das Wissen aus dem Zivilprozessrecht (Nebenfach). In Teil 2 ist die Begründetheit der Klage zu prüfen: Hier geht es um die Erörterung von Problemen des materiellen Rechts der Kernfächer, z.B. Stellvertretung, Vertragsrecht oder Schadensersatzrecht.[202]

Viele Studierende haben große Schwierigkeiten, Kenntnisse aus den Nebenfächern mit den Kenntnissen aus den Kernfächern zu verbinden. Eine Ursache dieser Schwierigkeiten ist, dass sich die 2–3-stündige Vorlesung zu den Nebenfächern manchmal darauf beschränkt, in das Nebenfach einzuführen und es in seinem systematischen Zusammenhang darzustellen. Eine »Verzahnung« mit den bereits bekannten Rechtsgebieten unterbleibt. Studierenden fällt es daher schwer, das Nebenfach mit dem Wissen aus den Kernfächern zu verknüpfen. Dieses Problem ist schon länger bekannt, deshalb heißen die Vorlesungen zu den Nebenfächern häufig nicht mehr nur »*Familienrecht*« oder »*Erbrecht*«, sondern »*Zivilrecht mit Schwerpunkt Familienrecht*« oder »*Zivilrecht: Schwerpunkt Erbrecht*«. Allerdings garantiert diese Änderung der Bezeichnung nicht, dass besonderer Wert auf die Vermittlung von Querverbindungen gelegt wird. Angesichts einer Stundenzahl von 2–3 Stunden ist auch fraglich, ob genügend Zeit ist, die Verzahnung mit den Kernfächern darzustellen. Noch weniger bleibt Zeit, ausführlich Fälle zu besprechen, in denen die Verknüpfung zwischen Problemkreisen und die Darstellung dieser Verknüpfung in der Klausur geübt wird. Hinzu kommt, dass es in den Nebenfächern nur an manchen Universitäten Semesterabschlussklausuren gibt (z.B. in Würzburg in den Fächern Familienrecht und Erbrecht, an der TU Dresden in der ZPO). Die Klausuren in der *Übung für Anfänger* beschränken sich auf die Kernfächer, da Nebenfächer noch gar nicht gehört wurden. Aber auch die Klausuren in der *Übung für Fortgeschrittene* behandeln meistens rechtliche Probleme aus den Kernfächern. Für Ihre Studienplanung bedeutet dies:

201 Dazu *Uwe Murmann/Nils Grassmann*, Die strafprozessuale Zusatzfrage im Ersten Juristischen Staatsexamen, JuS 2001, Beilage zu Heft 3, und *Peter Oestmann*, Die prozessuale Zusatzfrage in der BGB-Klausur, JuS 2004, 870.

202 Ausführlich zu den Besonderheiten von Prozessrechtsfällen *Braun*, S. 28 ff.

☞ In den zivilrechtlichen Nebenfächern finden nur an manchen Universitäten Lernkontrollen statt.
☞ Es ist daher wichtig, Nebenfächer eigenständig zu erarbeiten, zu vertiefen und besonders auf die Querverbindungen zwischen Kern- und Nebenfächern zu achten.[203]

2. Lehrveranstaltungen im Öffentlichen Recht

a) Überblick

Eine zentrale Bedeutung im Öffentlichen Recht hat das allgemeine Verwaltungsrecht. Es durchdringt seiner Natur nach alle anderen Bereiche des Öffentlichen Rechts. Das allgemeine Verwaltungsrecht lässt sich ohne Beispiele aus dem Besonderen Verwaltungsrecht nicht darstellen. Wegen dieser Durchdringung können die besonderen Bereiche des Verwaltungsrechts nicht als Nebenfächer bezeichnet werden. Darüber hinaus haben die meisten öffentlich-rechtlichen Themen einen unmittelbaren oder mittelbaren Verfassungsbezug. Denn die Rechtswirkungen der Verfassung erstrecken sich auf alle Rechtsgebiete, insbesondere auch in das Allgemeine Verwaltungsrecht. Aufgrund dieser Verbindungen ist eine Aufteilung in Kern- und Nebenfächer im Öffentlichen Recht nicht sinnvoll.[204]

✎ *(1) Welche Lehrveranstaltungen sieht Ihr Studienplan für die öffentlich-rechtlichen Pflichtfächer vor? Lassen Sie dabei Lehrveranstaltungen zur unmittelbaren Examensvorbereitung außer Betracht. Gehen Sie semesterweise vor und notieren Sie sich auch die jeweilige Semesterwochenstundenzahl.*
✎ *(2) Gibt es Wiederholungs- und Vertiefungsveranstaltungen (ohne unmittelbare Examensvorbereitung)?*

Hilfsmittel:
* *Studienplan*

Antwort am Beispiel Tübingen:
In den öffentlich-rechtlichen Pflichtfächern sieht der Studienplan folgende Lehrveranstaltungen vor:
zu (1)
1. Semester
4 Std. Öffentliches Recht I: Staatsrecht (Staatsorganisation)
2. Semester
6 Std. Öffentliches Recht II: Staatsrecht (Grundrechte) verbunden mit integrierter Übung im Öffentlichen Recht für Anfänger
1–2 Std. Verfassungsprozessrecht
3. Semester
4 Std. Öffentliches Recht III: Allgemeines Verwaltungsrecht
4. Semester

203 Dazu, wie Sie Querverbindungen erkennen und erarbeiten können, siehe Kap. 6 (Systematisches Erarbeiten eines Rechtsgebiets), S. 200 f.

204 Siehe dazu *Walter Schmidt*, Staats- und Verwaltungsrecht, Neuwied u.a., 3. Aufl. 1999, S. 5 ff. (Die Stoffgebiete von Staats- und Verwaltungsrecht, Schwerpunktbildungen und Überschneidungen).

2 Std. Öffentliches Recht IV: Besonderes Verwaltungsrecht (Polizeirecht)
2 Std. Verwaltungsprozessrecht
5. Semester:
2 Std. Öffentliches Recht V: Besonderes Verwaltungsrecht (Kommunalrecht)
1 Std. Öffentliches Recht VI: Besonderes Verwaltungsrecht (Baurecht)
6. Semester:
2 Std. Übung im Öffentlichen Recht für Fortgeschrittene

zu (2)
Es gibt in der Mittelphase des Studiums keine Wiederholungs- und Vertiefungsveranstaltungen im Öffentlichen Recht.

b) Erkenntnisse
Bis zum 6. Semester werden in diesem Beispiel alle öffentlich-rechtlichen Pflichtfächer in jeweils einer Lehrveranstaltung *einmal* behandelt. Wiederholungs- und Vertiefungsveranstaltungen gibt es wenige oder gar keine. Was bedeutet das für die Studienplanung? Im Öffentlichen Recht stellt sich das Problem der fehlenden Verknüpfung zwischen Kernfächern und Nebenfächern nicht in dem Ausmaß wie im Zivilrecht. Denn bei der Behandlung der meisten öffentlich-rechtlichen Fälle spielt das Verfassungsrecht eine Rolle oder es müssen grundlegende Institute des Allgemeinen Verwaltungsrechts mitberücksichtigt werden. Fälle aus dem Baurecht oder Polizeirecht lassen sich nicht ohne Rückgriff auf das allgemeine Verwaltungsrecht und den Grundrechtskatalog lösen. Das bedeutet, dass die grundlegenden Institute des Verwaltungsrechts und die Grundrechte in den meisten Lehrveranstaltungen zum Öffentlichen Recht (z.B. Polizei-, Bau-, Kommunal- und Verwaltungsprozessrecht) immer wieder angesprochen werden und damit Querverbindungen in öffentlichrechtlichen Lehrveranstaltungen deutlicher hervortreten. Die Schwierigkeit für Studierende liegt im Öffentlichen Recht eher darin, zu erkennen, dass in den verschiedenen Lehrveranstaltungen immer wieder die gleichen Aspekte angesprochen werden, allerdings jeweils unter einem neuen Blickwinkel und auf verschiedenen Regelungsstufen.[205] Wichtig im Öffentlichen Recht ist daher, die Zusammenhänge zwischen den verschiedenen verwaltungsrechtlichen Sondergesetzen zu kennen. Bei der Studienplanung im Öffentlichen Recht ist also darauf zu achten, die grundlegenden Institute möglichst schnell und intensiv zu erlernen, um neues Wissen auch unter einer anderen Betrachtungsweise bekanntem Wissen zuordnen und die Zusammenhänge erkennen zu können.

Weiter kann es sein, dass Sie – je nach konkretem Lehrveranstaltungsangebot – vor dem Beginn der Examensvorbereitungsphase alle öffentlich-rechtlichen Pflichtfächer nur *einmal* hören.[206] Nur an einigen Universitäten gibt es Abschlussklausuren im Besonderen Verwaltungsrecht, z.B. im Kommunalrecht, Sicherheits- und Polizeirecht und Baurecht.[207] An anderen Universitäten fehlen Leistungskontrollen. Für Ihre Studienplanung im Öffentlichen Recht bedeutet dies:

205 So *Bauer/Braun/Tenckhoff*, JA-Sonderheft für Studienanfänger, Neuwied u.a., 5. Aufl. 1992, S. 67.
206 *Gunter Kisker/Wolfram Höfling*, Fälle zum Staatsorganisationsrecht, München, 3. Aufl. 2001, kritisieren eine Unterrichtspraxis, welche dazu neige, das Staatsrecht als spätestens im 4. Semester als »abgehakt« zu behandeln.
207 Z.B. in Würzburg, Konstanz, Dresden.

☞ Die Grundrechte und das allgemeine Verwaltungsrecht müssen sofort intensiv und systematisch erarbeitet werden, damit Sie das Besondere Verwaltungsrecht mit dem Allgemeinen Verwaltungsrecht verbinden können und die Grundlagen für die Fallbearbeitung im Öffentlichen Recht geschaffen sind. Für die Gebiete des Besonderen Verwaltungsrechts müssen Sie selbständig Wiederholung, Vertiefung und Lernkontrollen einplanen, da die Klausuren der Fortgeschrittenenübung nur einen geringen Teilbereich abdecken.

3. Lehrveranstaltungen im Strafrecht

a) Überblick

✎ *(1) Welche Lehrveranstaltungen (ohne Seminare) bietet Ihnen Ihre Fakultät in den strafrechtlichen Pflichtfächern an? Lassen Sie dabei Lehrveranstaltungen zur unmittelbaren Examensvorbereitung außer Betracht. Gehen Sie semesterweise vor und notieren Sie sich auch die jeweilige Semesterwochenstundenzahl.*

✎ *(2) Gibt es Wiederholungs- und Vertiefungsveranstaltungen (ohne unmittelbare Examensvorbereitung)?*

Hilfsmittel:

* *Studienplan*

Antwort am Beispiel Tübingen:

In den strafrechtlichen Pflichtfächern sieht der Studienplan[208] folgende Lehrveranstaltungen vor:

zu (1)

1. Semester

4 Std. Strafrecht I: Allgemeiner Teil

2. Semester

3 Std. Strafrecht Besonderer Teil 1 (Delikte gegen höchstpersönliche und überindividuelle Rechtsgüter)

3. Semester

3 Std. Strafrecht II: Besonderer Teil 2 (Eigentums- und Vermögensdelikte)

2 Std. Übung für Anfänger

4. Semester

2 Std. Übung für Fortgeschrittene

5. Semester

3 Std. Strafprozessrecht einschließlich Gerichtsverfassung

6. Semester

2 Std. Ergänzungs- und Vertiefungsvorlesung zum Strafrecht

zu (2)

Es gibt im 6. Semester eine Vertiefungsvorlesung.

b) Erkenntnisse

Aufgrund des begrenzten Stoffumfanges ist das Lehrveranstaltungsangebot im Strafrecht geringer als im Zivilrecht und im Öffentlichen Recht. Manche Universitäten bieten Ergänzungs- und Vertiefungsvorlesungen an (in der Regel zwischen dem

208 Der Studienplan variiert je nach Studienbeginn zum WS oder zum SS.

4. und 6. Semester). Eine systematische Vertiefung des Stoffes findet nicht immer statt. In der Realität erarbeiten sich viele Studierende den strafrechtlichen Stoff systematisch erst im Rahmen ihrer Examensvorbereitung. Dabei wird erfahrungsgemäß der Stoffumfang und der Lernaufwand im Strafrecht unterschätzt. Eine verbreitete Auffassung unter Studierenden ist, dass man in strafrechtlichen Klausuren relativ sicher gute Ergebnisse erzielen kann. Dies ist richtig, aber es setzt voraus, dass man den Stoff sicher beherrscht.

☞ Es reicht nicht, kurz vor dem Examen Strafrecht zu »pauken«. Der Allgemeine Teil des Strafrechts ist eine schwierige und komplexe Lerneinheit, die langsam erarbeitet werden muss, um das für die Klausurlösung erforderliche Verständnis zu haben.

Um mit den komplexen Klausurvarianten im Strafrecht zurechtzukommen, bedarf es einer intensiven Fallübung. Da den Lehrveranstaltungen zum Strafrecht AT, Strafrecht BT und Strafprozessrecht in der Regel nur wenige Ergänzungs- und Vertiefungsveranstaltungen gegenüberstehen, ist es erforderlich, sich den strafrechtlichen Stoff selbständig vertiefend zu erarbeiten und das Wissen aus den ersten Semestern zu wiederholen. Ich empfehle für Ihre Studienplanung daher, sich schon vor der Examensvorbereitung intensiv und systematisch mit dem Strafrecht zu beschäftigen.

4. Lehrveranstaltungen zum Europarecht

a) Überblick

✎ *(1) Welche speziellen Lehrveranstaltungen (ohne Seminare) bietet Ihre Fakultät zum Europarecht als Pflichtfach an? Welches Semester ist jeweils dafür vorgesehen? Notieren Sie sich auch die jeweilige Semesterwochenstundenzahl.*

✎ *(2) Gibt es Wiederholungs- und Vertiefungsveranstaltungen (ohne unmittelbare Examensvorbereitung)?*

Hilfsmittel:

* *Studienplan*

Antwort am Beispiel Tübingen:
Im Europarecht als Pflichtfach sieht der Studienplan folgende Lehrveranstaltung vor:

zu (1)

3. Semester:
2 Std. Europarecht I (Europäisches Verfassungsrecht)

6. Semester:
2 Std. Europarecht II (insbesondere europäisches Wirtschaftsrecht)

zu (2)
Es gibt keine speziellen Wiederholungs- und Vertiefungsveranstaltungen.

b) Erkenntnisse

Dafür, dass das Europarecht »innerhalb weniger Jahre den Weg vom Exotenfach zum Kernbereich juristischer Ausbildung und Arbeit zurück gelegt«[209] hat, sind zwei

209 So *Florian C. Haus/Mark D. Cole*, Grundfälle zum Europarecht, JuS 2003, 1180.

2-stündige Vorlesungen nicht ausreichend. Noch dazu, wenn man berücksichtigt, dass bei allen Pflichtfächern die europarechtlichen Bezüge zu beherrschen sind.[210] Diese Bezüge kann man nur mit einem Grundwissen im Europarecht überhaupt verstehen. Das Europarecht gehört aufgrund seiner Bedeutung inzwischen zum zentralen Pflichtfachstoff. Für Ihre Studienplanung heißt das:

☞ Da alle Pflichtfächer mit ihren europarechtlichen Bezügen zu beherrschen sind, ist es empfehlenswert, sich möglichst früh ein solides Grundwissen im Europarecht anzueignen.

5. Lehrveranstaltungsangebot zu den Grundlagenfächern

a) Überblick

✎ *Welche Lehrveranstaltungen bietet Ihre Fakultät zu den Grundlagenfächern an? In welchem Semester kann man den Grundlagenschein machen?*
Hilfsmittel:
* *Studienplan*

Antwort am Beispiel Tübingen:
In den Grundlagenfächern sieht der Studienplan folgende Lehrveranstaltungen vor:
1. Semester
3 Std. Rechts- und Verfassungsgeschichte I: Verfassungsgeschichte der Neuzeit (mit Abschlussklausur)
2. Semester
3 Std. Grundzüge der Rechts- und Verfassungsgeschichte II: Deutsche Rechtsgeschichte und Privatrechtsgeschichte der Neuzeit (mit Abschlussklausur)
3. Semester
3 Std. Grundzüge der Rechts- und Verfassungsgeschichte III: Römische Rechtsgeschichte (mit Abschlussklausur)
4. Semester
2 Std. Methodenlehre (keine Pflichtveranstaltung)
5. Semester
2 Std. Rechtsphilosophie (auch Veranstaltung des Schwerpunktbereichs)
2 Std. Methodenlehre (auch Veranstaltung des Schwerpunktbereichs)
6. Semester
2 Std. Privatrechtsvergleichung (auch Veranstaltung des Schwerpunktbereichs)

b) Erkenntnisse

Ziel der Beschäftigung mit diesen Fächern ist es, die Grundlagen des Rechts, der Rechtsanwendung, der geschichtlichen, sozialen und philosophischen Bezüge des Rechts sowie die Abhängigkeit der Rechtsordnung von Tradition, Kultur und sozialen Strukturen zu begreifen. Grundlagenfächer sind zwar im schriftlichen Examen nur mittelbar im Hinblick auf das Wissen um Zusammenhänge und um die historische Entwicklung relevant. Die Grundlagenfächer ermöglichen jedoch ein erheblich besseres Verständnis der geltenden Rechtsordnung. Deshalb haben sie zum einen in der mündlichen Prüfung als Verständnisprüfung eine große Bedeutung. Zum anderen sind sie im Rahmen des vertieften wissenschaftlichen Studiums im Schwerpunktbe-

210 Z.B. § 8 Abs. 3 JAPrO BaWü.

reich wichtig. Deshalb ist es sinnvoll, Grundlagenscheine möglichst frühzeitig zu erwerben, also (auch) schon im ersten Semester. Weiter ist empfehlenswert, zu Grundlagenfächern, zu denen keine (oder keine geeigneten) Lehrveranstaltungen angeboten werden, schon in den ersten drei Semestern zumindest eine Einführung zu lesen.[211] Dies gilt besonders für die Methodenlehre.[212] Für Ihre Studienplanung bedeutet dies:

> ☞ Da alle Pflichtfächer mit ihren Bezügen zu den Grundlagenfächern zu beherrschen sind und die Grundlagenfächer das Verständnis der Pflichtfächer deutlich erhöhen können, ist es empfehlenswert, sich möglichst früh Grundkenntnisse in den Grundlagenfächern anzueignen.

III. Lehrveranstaltungsangebot zu den Fächern der Schwerpunktbereiche

Da jede Fakultät unterschiedliche Lehrveranstaltungen anbietet, kann auf die Lehrveranstaltungen zu den Schwerpunktbereichen im Einzelnen nicht eingegangen werden. Aber für die individuelle Studienplanung ist wichtig, wie umfangreich das Schwerpunktstudium geplant ist. Das Schwerpunktstudium beträgt mindestens 16 Semesterwochenstunden; an vielen Universitäten wurden höhere Mindeststundenzahlen festgelegt. Bezogen auf vier Semester sind das vier Semesterwochenstunden, bei kürzerem Studium entsprechend mehr. Falls Sie sich schon für einen Schwerpunktbereich entschieden haben, sollten Sie in Frage kommende Veranstaltungen aus dem Studienplan heraussuchen und Ihrer Liste hinzufügen. Überprüfen Sie auch, inwieweit im Schwerpunktbereich Vertiefungsveranstaltungen vorgesehen sind. Falls nicht, bedeutet dies wiederum für Sie, dass Sie die Wiederholung und Vertiefung selbständig einplanen und vornehmen müssen.

---

211 Zu den Grundlagenfächern *Johann Braun*, Einführung in die Rechtswissenschaft, Tübingen, 3. Aufl. 2007; *Hans-Martin Pawlowski*, Einführung in die Juristische Methodenlehre, Ein Studienbuch zu den Grundlagenfächern Rechtsphilosophie und Rechtssoziologie, Heidelberg, 2. Aufl. 2000; *Klaus F. Röhl*, Allgemeine Rechtslehre, Köln u.a., 3. Aufl. 2008. Einführend in die Rechtsgeschichte *Mathias Schmoekel/Stefan Stolte*, Examinatorium Rechtsgeschichte, Köln, 2008; *Ulrich Eisenhardt*, Deutsche Rechtsgeschichte, München, 5. Aufl. 2008 (aus der Reihe *Grundrisse des Rechts*); *Rudolf Gmür/Andreas Roth*, Grundriss der deutschen Rechtsgeschichte, Köln, 12. Aufl. 2008; *Stephan Meder*, Rechtsgeschichte, München, 3. Aufl. 2008. Einführend in die Rechtsphilosphie: *Thomas Osterkamp*, Forum: Rechtsphilosophie – Orchideenfach oder juristische Grundausstattung? Ein Plädoyer für die Grundlagenfächer, JuS 2004, 657 ff.; *ders.*, Zur Didaktik des Fachs »Rechtsphilosophie« – Ein Fragebogen, JuS 2004, 737 ff. (Überblick zu didaktisch besonders geeigneten Texten und Themen); *Christian Fahl*, 15 Fragen zur Rechts- und Staatsphilosophie I, JA 2004, 449; *ders.*, 12 Fragen zur Rechts- und Staatsphilosophie II, JA 2006, 523; *Thomas Hoeren/Christian Stallberg*, Grundzüge der Rechtsphilosophie, Münster, 2001; *Norbert Horn*, Einführung in die Rechtswissenschaft und Rechtsphilosophie, Heidelberg, 4. Aufl. 2007; *Norbert Hoerster*, Was ist Recht? Grundfragen der Rechtsphilosphie, München, 2006; *Reinhold Zippelius*, Rechtsphilosophie, 5. Aufl. 2007; *Kurt Seelmann*, Rechtsphilosophie, München, 4. Aufl. 2007; zur Rechtssoziologie *Manfred Rehbinder*, Rechtssoziologie, München, 6. Aufl. 2007; zur Rechtsvergleichung: *Oliver Brand*, Grundfragen der Rechtsvergleichung, JuS 2003, 1083.

212 Zur Methodenlehre *Hans Peter Schwintowski*, Juristische Methodenlehre, München, 2005; *Reinhold Zippelius*, Juristische Methodenlehre, München, 10. Aufl. 2006; *Claus-Wilhelm Canaris*, Methodenlehre der Rechtswissenschaft, Berlin, 2008. Einführend auch *Andreas Klaner*, Basiswissen Logik für Jurastudenten, Berlin, 2005.

IV. Lehrveranstaltungsangebot mit Schwerpunkt Fallbearbeitung und Falllösung

1. Überblick

Eine wichtige Erkenntnis aus Kapitel 2 war, dass das Beherrschen der juristischen Arbeits- und Falllösungstechnik zu den wesentlichen Voraussetzungen für das erfolgreiche Bestehen von (Examens-)Klausuren gehört.

✎ *(1) Welche Fallbesprechungen (Arbeitsgemeinschaften, Konversatorien) und Übungen bietet Ihnen Ihre Fakultät im Zivilrecht, Öffentlichen Recht und Strafrecht, und welches Semester ist jeweils dafür vorgesehen? (ohne unmittelbare Examensvorbereitung)? Tragen Sie über diese Veranstaltungen hinaus auch die Übungen für Anfänger (falls gegeben) und die Übungen für Fortgeschrittene ein.*

✎ *(2) Gibt es weitere Lehrveranstaltungen zur Methodik der Fallbearbeitung und zum Klausurentraining?*

Hilfsmittel:

* *Studienplan*

Antwort am Beispiel Tübingen:
Der Studienplan sieht folgende Lehrveranstaltungen vor:
zu (1)
1. Semester
2 Std. Fallbesprechung im Zivilrecht
2 Std. Fallbesprechung im Strafrecht
2 Std. Fallbesprechung im Öffentlichen Recht
2. Semester
2 Std. freiwillige Fallbesprechung im Zivilrecht
2 Std. freiwillige Fallbesprechung im Strafrecht
2 Std. Übung im Zivilrecht für Anfänger
2 Std. Übung im Öffentlichen Recht für Anfänger
3. Semester
2 Std. freiwillige Fallbesprechung im Strafrecht
2 Std. freiwillige Fallbesprechung im Öffentlichen Recht
2 Std. Übung im Strafrecht für Anfänger
4. Semester
2 Std. Übung im Strafrecht für Fortgeschrittene
5. Semester
2 Std. Übung im Zivilrecht für Fortgeschrittene
6. Semester
2 Std. Übung im Öffentlichen Recht für Fortgeschrittene

zu (2)
Es gibt in der Mittelphase des Studiums keine weiteren Lehrveranstaltungen.

2. Erkenntnisse

An allen Universitäten sind für Studienanfänger Fallbesprechungen, Arbeitsgemeinschaften oder sogenannte propädeutische Übungen vorgesehen, deren Aufgabe es ist, die Falllösungstechnik einzuüben und die systematischen Rechtskenntnisse aus der

Vorlesung auf Fälle anzuwenden. Teilweise geben diese Veranstaltungen auch die Möglichkeit zum Schreiben von Probeklausuren. Einige Universitäten bieten darüber hinaus zusätzliche Lehrveranstaltungen zur Methode der Fallbearbeitung und Falllösungs- und Klausurtechnik an, wie z.B. »Einführung in das juristische Arbeiten für Anfänger«, »Methodenlehre für Studienanfänger«, »Methodik der Fallbearbeitung«, »Falllösung aus anwaltlicher Sicht« oder »Das Handwerkszeug des Juristen«.[213] Teilweise gibt es auch Tutorien, in denen Jurastudenten höherer Semester für Studienanfänger den Stoff anhand von Fällen besprechen.[214] An einigen Universitäten gibt es auch in der Mittelphase des Studiums ein intensives Falltraining, so in Heidelberg[215] oder Würzburg[216]. Die Universität Augsburg hat mit der aus drei Teilen bestehenden *Augsburger Klausurenlehre* ein das gesamte Studium umfassende Konzept der Vermittlung der Methodik der Falllösung geschaffen, um die Studierenden »auf das erfolgreiche Verfassen von Klausuren vorzubereiten«.[217] Bei vielen Universitäten fehlen jedoch Veranstaltungen zwischen dem vierten und sechsten Semester.

Dort soll die Vermittlung der Methodik der Fallbearbeitung im Rahmen der Übungen und im Rahmen der Lehrveranstaltungen zu den einzelnen Pflichtfächern erfolgen. Es hängt jedoch in diesen – nicht ausdrücklich der Fallbearbeitung gewidmeten – Lehrveranstaltungen sehr vom einzelnen Dozenten ab, wie genau er auf die Methode der Fallbearbeitung und die Klausurtechnik eingeht.[218] Viele Dozenten erörtern im Rahmen einer Falllösung nur die schwierigen Rechtsfragen. Deshalb bleibt Studierenden oft unklar, an welche Stelle genau die Erörterung der besprochenen Argumente in eine schriftliche Lösung einzubauen wäre. Wenn nur wenige Pflichtklausuren geschrieben werden müssen, fehlt bis zum sechsten Semester auch der Lerneffekt durch »learning by doing«.[219] Dies führt dazu, dass Studierende erst im Klausurenkurs zur Examensvorbereitung bemerken, wie wenig sie sich bisher mit der Fallbearbeitung und Klausurtechnik beschäftigt haben und wie sehr das Klausurenschreiben geübt werden muss.[220] Für Ihre individuelle Studienplanung bedeutet dies:

☞ Von Beginn des Studiums an muss eigenverantwortlich ausreichend Zeit zum Erlernen der Methodik der Fallbearbeitung und zum Schreiben von Übungsklausuren eingeplant werden. Um gute Falllösungen zu erstellen, bedarf es einer intensiven und kontinuierlichen Übung.

213 Z.B. in Bochum, Augsburg. An der Universität Halle-Wittenberg gibt es eine Erstsemester-Veranstaltung (2 SWS) mit dem Titel »Einführung in das Studium der Rechtswissenschaft und in die juristischen Lern- und Arbeitstechniken«. Auch in Hamburg gibt es seit einem Jahr eine Einführungsveranstaltung in das rechtswissenschaftliche Arbeiten in Anlehnung an die »legal writing«-Kurse anglo-amerikanischer Universitäten.

214 Z.B. in Bayreuth oder an der FU Berlin.

215 Anwaltsorientierte Arbeitsgemeinschaften zur Verbesserung der Fallbearbeitung.

216 Blockkonservatorien vor Semesterbeginn zur Vorbereitung auf die Fortgeschrittenen-Übungen, in denen schwerpunktmäßig die Methodik der juristischen Falllösung geübt wird, sowie Vorbereitungskurse auf die Examenskurse, z.B. Falllösungstechnik Zivilrecht.

217 http://www.jura.uni-augsburg.de/klausurenlehre.

218 Diesbezüglich sind in den letzten Jahren teilweise erhebliche Verbesserungen festzustellen. Vorlesungskommentare enthalten die Absichtsbekundung, dass die Vorlesung auch die handwerklichen Voraussetzungen vermitteln wolle.

219 Eine weitere Ursache ist das häufige Fehlen von brauchbaren Korrekturanmerkungen. Es wird bei der Korrektur nicht oder nicht ausreichend begründet, warum die Lösung des Klausurbearbeiters nicht zutreffend ist.

220 Ausführlich zur Falllösungstechnik und wie sie geübt werden kann, in Kap. 9 (Fallbearbeitung).

V. Lehrveranstaltungsangebot zur Vorbereitung auf mündliche Prüfungen

1. Überblick

✎ *Welche Lehrveranstaltungen bietet Ihnen Ihre Fakultät gezielt zur Vorbereitung auf die Prüfungsgespräche in den mündlichen Prüfungen an?*

Hilfsmittel:

* *Studienplan*

Antwort am Beispiel Tübingen:
Der Studienplan sieht keine speziellen Lehrveranstaltungen vor.

An einigen Universitäten werden Prüfungstrainings oder simulierte mündliche Prüfungen angeboten. Geprüft werden Examensfälle in Echtzeit (2–4 Stunden) und in echter Gruppenstärke (3–6 Kandidaten). Anschließend erfolgt meist eine ausführliche Besprechung, zum Teil mit Tipps zur persönlichen Präsentation in der Prüfung.[221] Teilweise werden auch Noten vergeben. An manchen Universitäten gibt es Veranstaltungen, in denen in kleinen Gruppen speziell das mündliche Argumentieren geübt wird.[222] An manchen Universitäten gibt es spezielle Lehrveranstaltungen zur Vorbereitung auf die mündliche Prüfung.[223]

2. Erkenntnisse

Eine wichtige Erkenntnis aus Kapitel 2 war, dass die mündliche Argumentationsfähigkeit eine wesentliche Qualifikation jedes Juristen ist. Durch zwei mündliche Prüfungen (eine staatliche und eine universitäre) am Ende des Studiums ist die Bedeutung mündlicher Leistungen gestiegen. Je weniger Sie durch die Universität auf diese mündlichen Prüfungen vorbereitet werden, desto mehr müssen Sie die Vorbereitung darauf in Ihre Studienplanung einplanen.[224]

VI. Lehrveranstaltungsangebot zur Vorbereitung auf die Staatsprüfung (Examensvorbereitung)

Die meisten Studienpläne sind so konzipiert, dass bis zum Ende des 6. Semesters der gesamte Stoff der Pflichtfächer in Lehrveranstaltungen behandelt wird. Anschließend werden Lehrveranstaltungen zur Examensvorbereitung angeboten.

221 Z.B. Würzburg oder Münster.

222 Z.B. Bayreuth.

223 Z.B. Augsburg: »Der Prüfer und sein Kandidat«. In Münster muss für die Universitätsprüfung eine Veranstaltung von 2 SWS besucht werden, in welcher der mündliche Vortrag geübt wird (§ 18 StudienO i.d.F. v. 22.04.2008).

224 Siehe ausführlich dazu Kap. 13 (Studienarbeit und mündliche Prüfungen), S. 363.

1. Überblick

✎ *(1) Welche* ***speziellen*** *Lehrveranstaltungen sieht der Studienplan Ihrer Fakultät für die Examensvorbereitung vor, und welches Semester ist jeweils dafür vorgesehen?*

✎ *(2) Welche Lehrveranstaltungen bietet Ihnen Ihre Fakultät zum Klausurentraining an? Gibt es ein Probeexamen? Wie viele Klausuren können Sie pro Semester (inkl. Semesterferien) schreiben?*

Hilfsmittel:

* *Studienplan*
* *Internet: Manche Fakultäten haben Informationen speziell zu den Lehrveranstaltungen zur Examensvorbereitung. Teilweise gibt es auch Jahresübersichten mit Erläuterungen zu den Examensvorbereitungs-Lehrveranstaltungen, wenn sich Examensvorbereitungskurse über zwei Semester erstrecken.*

Antwort am Beispiel Tübingen:
Für die Examensvorbereitung sieht der Studienplan folgende Lehrveranstaltungen vor:

zu (1):

7. Semester
4–6 Std. Examensrepetitorium Zivilrecht I
4 Std. Examensrepetitorium Öffentliches Recht I
4 Std. Examensrepetitorium Strafrecht I (Allgemeiner Teil)
Ferienrepetitorium der Assistenten zum Zivilrecht, Zivilprozessrecht, Strafrecht, Öffentlichen Recht

8. Semester
6 Std. Examensrepetitorium Zivilrecht II
4 Std. Examensrepetitorium Öffentliches Recht II
4 Std. Examensrepetitorium Strafrecht II (Besonderer Teil)
1 Std. Examensrepetitorium zivilrechtliche Nebengebiete: Handels, Gesellschafts- und Arbeitsrecht
Ferienrepetitorium der Assistenten zum Zivilrecht, Zivilprozessrecht, Strafrecht, Öffentlichen Recht

zu (2)
Im 7. und 8. Semester findet jeweils ein Semesterklausurenkurs statt. In den vorlesungsfreien Zeiten findet ein Ferienklausurenkurs in Form eines Probeexamens statt. Pro Semester (inkl. Semesterferien) können ca. 20 Klausuren geschrieben werden.

Art und der Umfang der Examensvorbereitung durch die Universitäten schwanken erheblich, wobei inzwischen viele Universitäten umfangreiche Repetitorien anbieten, um den Studierenden die Möglichkeit zu geben, sich an der Universität auf die Prüfung vorzubereiten.[225] Sogenannte Probeexamen (5–8 Klausuren innerhalb von

225 Z.B. Augsburg (durchgehendes 11-monatiges Repetitorium einschließlich Klausurenkurs); Universität Halle-Wittenberg (Ganzjahresrepetitorium zum examensrelevanten Stoff in Themenschwerpunkten, drei Tage pro Woche von 8–12 Uhr, ausführlicher Jahresplan mit genauen Inhalten einschließlich Themenschwerpunkten und Dozent, pro Woche 1 Klausur). Weitere Beispiele in Fn. 241.

2 Wochen) finden in den vorlesungsfreien Zeiten an sehr vielen Universitäten statt.[226] An einigen Universitäten gibt es zusätzlich zu den Klausurenkursen in der Examensvorbereitungsphase spezielle Veranstaltungen zum Vertiefen der Technik der Klausurlösung, z.B. in München die sogenannte »Klausurwerkstatt« der Assistenten.

2. Erkenntnisse

Der Schwerpunkt der Examensvorbereitungskurse liegt nicht zwingend in der wiederholten systematischen Vermittlung von Wissen, sondern bei der Besprechung und Vertiefung ausgewählter examensrelevanter Themenkomplexe und einzelner Rechtsfragen. Es wird davon ausgegangen, dass man im Studium bisher kontinuierlich mitgearbeitet hat und bereits einen fundierten Kenntnisstand besitzt. Da dies in der Realität häufig nicht der Fall ist, haben viele Studierende Bedenken gegen die Art der Wissensvermittlung in den universitären Examensvorbereitungskursen. Ob diese Bedenken berechtigt sind, muss jeder Studierende aufgrund einer ausführlichen Abwägung selbst entscheiden. Entscheidungshilfen werden sogleich unter Abschnitt 3 gegeben.

Die Examensvorbereitungskurse werden begleitet von Examensklausurenkursen.[227] Diese bieten die Chance, Übungsklausuren auf Examensniveau (z. T. auch Originalklausuren) zu schreiben, die korrigiert und besprochen werden. Die Klausuren dauern genauso lange wie im Examen, also fünf Stunden. Befragt man Studierende nach ihren Erfahrungen mit den ersten Klausuren im Examensklausurenkurs, berichten viele, dass sie sich damit vollkommen überfordert gefühlt hätten. Entmutigt stellen sich viele die Frage, was sie in den ersten sechs Semestern ihres Studiums eigentlich gelernt haben.[228] Obwohl sie alle für die Staatsprüfung erforderlichen Studienleistungen erbracht haben (und damit »scheinfrei« sind), fühlen sie sich von einem erfolgreichen Examen weit entfernt. Dies hat mehrere Ursachen: Die größere Komplexität der Klausursachverhalte und die Verlängerung der Klausurbearbeitungszeit von zwei auf fünf Stunden sind ungewohnt und überfordern zunächst. Viele Studierenden haben Schwierigkeiten, die wichtigen Querverbindungen zwischen Kernfächern und sonstigen Pflichtfächern herzustellen, weil sie es versäumten, diese Querverbindungen selbst zu erarbeiten.[229] Hinzu kommt, dass im Examensklausurenkurs Rechtsfragen zu lösen sind, mit denen sich die Studierenden noch nie oder jedenfalls nicht unmittelbar vor der Klausur auseinandergesetzt haben. Im Gegensatz zu den Übungen, bei denen meist eine Eingrenzung auf bestimmte Rechtsgebiete vorgenommen werden konnte,[230] sind die Studierenden auf die Rechtsfragen der Klausuren im Examensklausurenkurs nicht speziell vorbereitet. Weitere Ursache für den anfänglichen Miss-

226 In Greifswald wird dies unter den gleichen Bedingungen wie im Examen, also unter Aufsicht und mit Teilnehmernummern, durchgeführt.

227 Die Anzahl der angebotenen Klausuren schwankt sowohl von Universität zu Universität als auch von Semester zu Semester.

228 *Gramm/Wolff*, S. 175, beschreibt das so: »In dieser Zeit kommt meist der [...] Einbruch hinzu, der einem jede Freude am Fach und die Hoffnung auf Besserung nimmt.«

229 Das liegt vor allem daran, dass zusammenhanglose Einzelinformationen gelernt wurden. Auch *Lüke*, S. 116 weist darauf hin, dass Examenskandidaten ein beachtliches Detailwissen zu komplizierten Rechtsinstituten haben, leider aber oft nicht in der Lage sind, einen einfachen Fall anhand des Gesetzestextes zu lösen. Zum richtigen juristischen Lernen siehe Kap. 6 (Systematisches Erarbeiten eines Rechtsgebiets), zum richtigen Lernen allgemein siehe Kap. 11 (Lernen).

230 Oder zumindest erahnt werden konnte.

erfolg im Klausurenkurs ist, dass viele Studierende für die Klausuren in den Übungen nur punktuell gelernt haben, was für diesen Fall auch ausreichend war. Mangels Wiederholung haben sie jedoch diese punktuellen Wissensteilchen wieder vergessen. Im Examensklausurenkurs ist der Stoffumfang wesentlich größer und es lässt sich – wie auch im Examen – keine Eingrenzung des Stoffgebietes mehr vornehmen.

Eine wichtige Erkenntnis in Bezug auf das Lehrveranstaltungsangebot der Universitäten zur Examensvorbereitung ist daher:

☞ In den Examensrepetitorien der Universität wird weitgehend unterstellt, die Studierenden hätten sich den prüfungsrelevanten Stoff sowohl systematisch als auch fallbezogen bereits angeeignet.
☞ Die Klausurenkurse und Probeexamen trainieren das Klausurenschreiben und sollten als Angebot unbedingt wahrgenommen werden, auch wenn man sich am Anfang von den Klausuren überfordert fühlt.

3. Ein offenes Wort zu privaten Repetitorien

Erst wenn es um die Examensvorbereitung geht, erkennen viele Studierende, dass sie – ganz anders als in der Schule – selbst dafür verantwortlich sind, sich den examensrelevanten Stoff *systematisch und umfassend* anzueignen. Doch die Zeit bis zur Prüfung drängt nun. In dieser Situation scheint die einzige Rettung der private Repetitor zu sein, der verspricht, den examensrelevanten Stoff von »A–Z« in kurzer Zeit systematisch und umfassend zu vermitteln.[231] Die Mehrzahl der Studierenden entscheidet sich daher für den privaten Repetitor und gegen eine universitäre oder ausschließlich individuelle Examensvorbereitung.[232] In diesem Abschnitt geht es darum, die Argumente für und gegen den Besuch eines Repetitoriums aufzuzeigen und Ihnen dadurch Entscheidungshilfen für die Studienplanung zu geben.[233]

Das universitäre Examensvorbereitungsangebot ist für Studierende in der Regel kostenlos. Es reicht je nach Fakultät von Klausurenkursen mit ca. 15–30 korrigierten Klausuren pro Semester inklusive Semesterferien – teilweise mit Musterlösungen – bis zu Examensrepetitorien (mit vorlesungsbegleitendem Material) im Zivil-, Strafrecht, und Öffentlichen Recht, die den Stoff noch einmal im Gesamtzusammenhang darstellen und den examensrelevanten Stoff vermitteln wollen.[234] Nicht an allen juristischen Fakultäten ist das Angebot zur Examensvorbereitung jedoch zufriedenstellend. Zum einen fehlt teilweise die Kontinuität und Verlässlichkeit des Angebots. Zum anderen sind die Veranstaltungen zeitlich und inhaltlich nicht aufeinander abgestimmt, oder kommen nicht über ein Jahr hinweg aus einer Hand. So trauen sich die

231 S. *Matthias Katzenstein*, Zum Status Quo des Repetitorwesens im juristischen Studium, JURA 2006, 418. Private Repetitorien haben eine lange Tradition, siehe *Selma Stern*, Pauken ohne Trompeten, Der Repetitor – ein geschichtlicher Rückblick, STUD.JUR 2/2002, S. 17 f. Danach seien schon im Jahr 1922 90 % der Studierenden zum Repetitor gegangen.

232 Was wiederum weitere Studierende beeinflusst, denn eine Entscheidung gegen den Trend, zum Repetitor zu gehen, fällt schwer. *Obergfell*, JuS 2001, 624: »Von dem allgemein benutzten Weg über das Repetitorium abzuweichen, erfordert eine gewisse Stärke und innere Sicherheit«.

233 Dazu siehe auch *Hans Kudlich*, Examensvorbereitung an der Universität und beim Repetitor: Fakten, Vorurteile und Perspektiven, JuS 2002, 414; *Eva Ines Obergfell*, Der Gang zum Repetitor – Umweg oder Abkürzung auf dem Weg zum Examen, JuS 2001, 622.

234 Siehe dazu auch S. 98 ff. und Fn. 227.

meisten Studierenden nicht, sich ohne privaten Repetitor auf das Examen vorzubereiten. Dabei haben schon viele Studierende bewiesen, dass die Examensvorbereitung auch ohne Repetitor erfolgreich möglich ist. Auch Veröffentlichungen aus letzter Zeit wollen dazu ermuntern, den Weg ohne privaten Repetitor zu gehen.[235]

Die Examensvorbereitung in einem privaten Repetitorium kostet – je nach Länge, Intensität und Gruppengröße zwischen ca. 600 € und 2500 €.[236] Dafür erhalten die Teilnehmer in den examensrelevanten Rechtsgebieten Unterricht, ein bis zwei korrigierte Klausuren pro Kurswoche, teilweise mit Musterlösungen, sowie je nach Repetitorium zusätzlich Skripten, Karteikarten o.ä. In der Regel erhält man einen Zeitplan und eine Anleitung darüber, was wie vor- und nachbereitet und wiederholt werden soll.

Vergleicht man die beiden Wege für die Examensvorbereitung, so scheint auf den ersten Blick der Unterschied (bis auf die Kosten) nicht sehr groß. Welche Gründe sprechen dafür, sich trotz der Kosten für ein privates Repetitorium zu entscheiden? Im Folgenden werden die Argumente, die immer wieder für private Repetitorien genannt werden, aufgelistet und in der rechten Spalte kommentiert.

	Häufig genannte Argumente für Repetitorien	Kommentar
1	Repetitorien sind **effektiver**.	Im Hinblick auf das Examensergebnis konnte *nicht* nachgewiesen werden, dass sich der Besuch eines privaten Repetitoriums tatsächlich auf die Examensnote auswirkt.[237] Studierende, die nicht beim Repetitor waren, weisen die gleiche Notenverteilung und den gleichen Notenschnitt auf wie Studierende, die zum Repetitor gingen. Im Hinblick auf die Dauer der Examensvorbereitung liegen keine Ergebnisse vor, die bestätigen, dass der Besuch eines privaten Repetitoriums die Zeitdauer verkürzt.
2	Repetitorien bieten **individuelle Betreuung** in **Kleingruppen** im Gegensatz zum Massenbetrieb an der Universität.	Eine Betreuung in der Kleingruppe ist sicherlich besser als in Vorlesungen mit 200 Studierenden, da in der Kleingruppe besser auf Verständnisschwierigkeiten der einzelnen Teilnehmer eingegangen werden kann. Eine wirklich individuelle Betreuung ist allerdings erfahrungsgemäß bereits ab einer Gruppengröße von mehr als 16 Teilnehmern nicht mehr möglich. Es gibt nur wenige Repetitorien, die ihre Teilnehmerzahl tatsächlich auf diese Größe beschränken. Das Argument der individuellen Betreuung wird aber auch von den Repetitorien angeführt, die diese Teilnehmerzahl überschreiten.
3	**Alle gehen** zum Repetitor.	Tatsächlich gehen zwischen 80% und 90% der Examenskandidaten in ein privates Repetitorium.[238] Aber immerhin machen auch ca. 10% der Kandidaten das Examen ohne Unterstützung durch den privaten Repetitor, an manchen Universitäten auch mehr, und dies ohne Qualitätseinbuße (s.o.).

235 Siehe zum Thema Examen ohne Repetitor mit Literaturhinweisen Kap. 4 (Individuelle Studienplanung), S. 147 f.

236 Z.B. gab es im Jahr 2008 10-monatige Kleingruppenkurse zum Preis von ca. 2000 € mit wöchentlich 2 Klausuren; Klausurenkurse mit Korrektur kosteten ca. 60 bis 80 € p.m., 12-monatige Jahreskurse inkl. Klausurenkurs und Materialien wurden für ca. 160,– € p.m. angeboten. Am Markt sind auch verschiedene Exklusivkurse mit sehr wenigen Teilnehmern, die deutlich teurer sind und bis zu 500 € p.m. kosten.

237 Ergebnisse aus Untersuchungen mit Vergleichsgruppen, siehe im Einzelnen *BMBF*, Das Studium der Rechtswissenschaft, Bonn, 1996, S. 228.

238 Nach der vom *BMBF* veröffentlichten Untersuchung, Das Studium der Rechtswissenschaft, Bonn, 1996, S. 221, mehr als 90%.

	Häufig genannte Argumente für Repetitorien	Kommentar
4	Private Repetitorium gleichen **mangelnde Selbstdisziplin** aus.	Dies stimmt. Aber ein vergleichbar intensives und straffes Angebot der Universität kann dies auch leisten. Abhilfe und mindestens gleichwertigen Ausgleich kann im Übrigen auch durch eine gut funktionierende private Arbeitsgemeinschaft geschaffen werden[239].
5	Private Repetitorien bieten Kurse über mehrere Monate **ohne größere Unterbrechungen** (keine vorlesungsfreien Zeiten). Die Kursinhalte sind **aufeinander abgestimmt**. Die Termine lassen **ausreichend Zeit für das Eigenstudium**.	Richtig ist, dass nicht alle juristischen Fakultäten ihr Angebot dem Bedarf der Examenskandidaten anpassen und für diese über den Zeitraum von einem Jahr kontinuierlich aufeinander aufbauende Veranstaltungen anbieten. Richtig ist auch, dass an den Universitäten Unterbrechungen durch die vorlesungsfreien Zeiten stattfinden. Doch es gibt zunehmend Ausnahmen! Examensrepetitorien sind zeitlich besonders gut organisiert, wenn intensive Unterrichtsblöcke entweder nur am Vormittag oder nur am Nachmittag stattfinden, damit ausreichend Zeit für das eigene Lernen bleibt. Ein sehr gutes Beispiel für ein solch umfassendes universitäres Angebot im Umfang von 20 Stunden pro Woche ist das universitätsinterne Repetitorium (Unirep) der rechtswissenschaftlichen Fakultät in Münster. Es findet täglich, auch in den Semesterferien, von 8.15–11 Uhr statt, so dass genug Zeit für eigenes Lernen bleibt.[240] Bei einem solchen Veranstaltungsrahmen ist das universitäre Angebot als Alternative zum privaten Repetitorium zu werten.[241] Inhaltlich ist die größte Kontinuität gewährleistet, wenn Dozenten über zwei Semester beteiligt sind.
6	Die **Klausuren** werden **besser korrigiert** und es gibt **Musterlösungen**.	Tatsächlich ist es so, dass die Musterlösung an der Universität eher die Ausnahme und in Repetitorien die Regel ist. Hinsichtlich der Korrekturqualität kann man dagegen kein Pauschalurteil abgeben. Hier sollte man sich nicht auf Urteile anderer verlassen, sondern selbst feststellen, wie gut die Korrektur an der Universität ist. Wenn das universitäre Angebot hier tatsächlich unbefriedigend ist, kann man sich bei einigen privaten Repetitorien die Klausuren zuschicken und korrigieren lassen, ohne die übrigen Kurse belegen zu müssen.
7	Man kann auch mit **wenig Vorwissen** zum Repetitor gehen, weil er mit den **Grundlagen beginnt**.	Dies trifft für die meisten privaten Repetitorien zu. In den universitären Repetitorien wird dagegen Grundlagenwissen und systematisches Verständnis vorausgesetzt. Deshalb werden überwiegend Fälle auf Examensniveau, examensrelevante Probleme und neueste Rechtsprechung besprochen.

239 Ausführlich zur Planung und Durchführung einer privaten AG zur Examensvorbereitung mit Muster-Lernplänen und Literaturempfehlungen *ter Haar/Lutz/Wiedenfels*, S. 39 ff.

240 Das Ergebnis nach eigenen Angaben: geringe Durchfallquoten, viele Prädikatsexamina und vergleichsweise kurze Studienzeiten.

241 An der Universität Würzburg finden die Examenskurse im Zivilrecht im Block statt, damit die Studierenden den Stoff komprimiert durcharbeiten können. Auch die Ruhr-Universität Bochum bietet einen zeitlich und inhaltlich sehr gut abgestimmten 8-monatigen Kompaktkurs zur Examensvorbereitung an. Die Universität Tübingen hat Zeitblöcke von 8.30–12 Uhr bzw. 10–12 Uhr an 4 Vormittagen pro Woche.

	Häufig genannte Argumente für Repetitorien	Kommentar
8	Repetitorien **wählen für die Teilnehmer** aus der Fülle des Stoffes **den examensrelevanten Stoff** aus und **beschränken** sich bei der Vermittlung **auf diesen**.	Das ist richtig. Allerdings leistet dies ein gutes universitäres Repetitorium auch.[242] Der Unterschied zwischen den beiden Angeboten liegt – wie oben erwähnt – eher darin, dass der private Repetitor die Teilnehmer an ihrem (niedrigen) Leistungsstand abholt. Beginnt man ein universitäres Repetitorium mit geringem Wissen, ist man kaum in der Lage, die Relevanz des vermittelten Stoffes zu erkennen und einzuordnen. Der Vorteil des Einstiegs beim privaten Repetitor auf niedrigem Niveau hat dagegen den Preis, dass der Stoff manchmal all zu sehr verkürzt wird oder examensrelevante Nebengebiete aus Zeitgründen weggelassen werden.[243]
9	In Repetitorien kann man sicher sein, dass man **kompetente, didaktisch gut aufbereitete Betreuung** erhält.	Einige Repetitorien bieten Anleitungen zum Lernmanagement[244]. In universitären Angeboten wird dies zumeist vorausgesetzt, es gibt aber auch hier Ansätze: In Würzburg werden im Rahmen eines Modellprojekts zwei Vorlesungen zu Themen wie Prüfungsvorbereitung, Arbeitsorganisation, Lernstrategien, Zeitmanagement und Umgang mit Prüfungsstress angeboten.[245] Hinsichtlich der Qualität der Betreuung zeigen die Erfahrungen, dass sie je nach Repetitor auch innerhalb desselben Repetitoriums sehr unterschiedlich sein kann. Deshalb ist zu raten, nur für diejenigen Kurse einen Vertrag zu unterschreiben, in denen man sich vorher durch Probehören persönlich von den Fähigkeiten des Repetitors überzeugen konnte. Auch an den Universitäten werden zunehmend Arbeitsunterlagen, teils auch online, zur Verfügung gestellt. In Münster gibt es das unirep Service-Center, das für alle Fragen in Zusammenhang mit der Examensvorbereitung zuständig ist.

Zusammengefasst lässt sich sagen, dass manche Argumente, die für private Repetitorien genannt werden, nicht zutreffen (1 u. 3), und es bei den anderen Argumenten (2, 4, 5, 8 u. 9) sehr davon abhängt, wie gut das universitäre Angebot ist (s.u. Checkliste). Es bleiben nur zwei Argumente (6 u. 7) übrig, denen zugestimmt werden kann: an einigen Universitäten fehlen gleichbleibend gute Korrekturen und Musterlösungen bei Examensklausuren, und die Examensvorbereitung beginnt nicht bei den Grundlagen. Unzureichende Korrekturen und fehlende Musterlösungen müssen jedoch, wie oben bereits erwähnt, nicht zwingend zum Besuch der Kurse privater Repetitoren führen. Hier reicht auch die Teilnahme an separaten Klausurenkursen.[246] Es kommt daher maßgeblich auf die konkrete Ausgestaltung des Repetitioriums an der Universität an. Folgende Checkliste soll Ihnen helfen, das universitäre Angebot zu beurteilen und abzuwägen, ob sich der Gang zum privaten Repetitor wirklich lohnt.

---

242 Aus der Konzeption des Unirep der Universität Münster: »Maßgebend für den Kursinhalt sind allein die Examensbedürfnisse der Studenten« (http://www.jura.uni-muenster/de/go/studieren/unirep/profil.html, 01.08.08).

243 Umgekehrt gilt nicht generell, dass Repetitorien allgemein »vollkommen unwissenschaftlich« an den juristischen Lernstoff herangehen, wie dies *Hurek/Wolff*, S. 103, behaupten. Richtig ist, dass es bei den einzelnen Repetitorien große Qualitätsunterschiede gibt.

244 Welcher Stoff wie oft und wann wiederholt werden soll, wie man mit Karteikarten arbeitet usw.

245 Positiv das Münchner Examenstraining: In der Einführungsveranstaltung zum Examinatorium werden auch ausführliche Hinweise zum juristischen Lernen gegeben.

246 Fernklausurenkurse (mit wöchentlich 1 bis 2 Klausuren) werden von vielen privaten Repetitorien angeboten.

Checkliste für die Beurteilung des universitären Angebots zur Examensvorbereitung

Meine Universität bietet ...	Ja	Nein
ein Examensrepetitorium aus »einer Hand« oder zumindest mit klar aufeinander abgestimmten Inhalten,		
ein Examensrepetitorium, dessen Veranstaltungszeiten eine vernünftige Vor- und Nachbereitung ermöglichen,		
ein Examensrepetitorium, dessen Veranstaltungen auch in den Semesterferien ohne größere Unterbrechungen stattfinden,		
ein Examensrepetitorium im Umfang von durchschnittlich 8–10 Wochenstunden,		
ein Examensrepetitorium, dessen Ziel die systematische Darstellung des examensrelevanten Stoffes ist,		
ein Examensrepetitorium, in dem Begleitmaterialien (Gliederungen, Skripten u.ä.) ausgegeben werden,		
ein Examensrepetitorium, in dem besonders auf die Fallbearbeitung und -lösung Wert gelegt wird,		
einen Klausurenkurs mit ausreichend Klausuren (mind. 40/Jahr),		
einen Klausurenkurs, bei dem die Korrekturanmerkungen von gleichbleibend guter Qualität sind,		
einen Klausurenkurs, bei dem neben der Besprechung Musterlösungen ausgegeben werden.		

Nun könnte der Eindruck entstanden sein, dass bei einem unzureichenden universitären Angebot nur der Weg zum privaten Repetitor bleibt. Dies ist keineswegs der Fall, wie bereits viele Generationen von Studierenden bewiesen haben. Allerdings setzt eine Examensvorbereitung ohne privates Repetitorium voraus, dass man sich selbst frühzeitig einen Überblick über die examensrelevanten Stoffgebiete verschafft, damit man Lücken, die das Lehrveranstaltungsangebot der Universität lässt, durch ein *systematisches Eigenstudium* schließen kann. Außerdem ist eine private Arbeitsgemeinschaft eine wichtige Unterstützung beim Examen ohne Repetitor. Wer schon während der ersten sechs Semester kontinuierlich Wissen erworben hat, kann aufgrund seiner Vorkenntnisse und dem schon vorhandenen Überblick viel Nutzen aus einem *universitären Repetitorium* ziehen; aber auch wenn man sich für ein *privates Repetitorium* entscheidet, wird man dann einen erheblich größeren Nutzen daraus ziehen können. Fest steht, dass es nur eine gezielte Planung ermöglicht, nach dem 6. Semester »frei« zu entscheiden, ob man noch ein privates Repetitorium besuchen möchte oder nicht. Dies bestätigen auch Studierende, die das Examen schon hinter sich haben. Nicht wenige sind im Nachhinein der Auffassung, mit frühzeitigerer Planung hätte man auf den privaten Repetitor verzichten können. Noch einmal anders herum gesagt: mit dem erforderlichen Grundlagenwissen und einer gut funktionierenden privaten Arbeitsgemeinschaft ist es durchaus möglich, ein erfolgreiches Examensergebnis zu erzielen. Wenn man erst noch Grundlagenwissen erwerben muss und gleichzeitig den Freiversuch machen will, ist dies auch mit einem (guten) privaten Repetitorium schwierig.[247] Fehlendes Grundlagenwissen und fehlendes systema-

247 Deutlich und zutreffend auch *Hurek/Wolff*, S. 101: »Die Grundlagen der Juristerei, den Gutachtenstil, die verschiedenen Klageaufbauten und die gängigen Definitionen sollte sich der zukünftige Jurist während seines Uni-Studiums bereits angeeignet haben – sei es nun in Vorlesungen,

tisches Verständnis zu Beginn der Examensvorbereitung können aus eigener Kraft *nicht in zwei Semestern* nachgeholt werden.[248] Hier bietet ein privates Repetitorium i.d.R. Zeitvorteile. Für Ihre Studienplanung bedeutet dies:

- ☞ Voraussetzung für eine erfolgreiche Examensvorbereitung ist die Konzentration auf das Wesentliche, die richtige Auswahl des Lernstoffes, das Beherrschen effektiver Arbeits- und Lerntechniken und ein gutes Zeitmanagement.
- ☞ Ein erfolgreiches Examen ist mit oder ohne privates Repetitorium gleichermaßen möglich.
- ☞ Viele Fakultäten bieten inzwischen eine gute Examensvorbereitung an.
- ☞ Repetitorien können einem das Lernen nicht abnehmen. Repetitorien erleichtern jedoch die Examensvorbereitung, indem sie den Stoff vorsortieren, die examensrelevante Materie verständlich aufbereiten und die Lernzeit durch einen straffen Stundenplan organisieren. Demgegenüber erfordert Lernen ohne ein privates Repetitorium ein höheres Maß an Eigenverantwortung und Disziplin sowie Selbstvertrauen in die eigenen Fähigkeiten.
- ☞ Beim Lernen ohne privates Repetitorium hat man den Vorteil, dass man durch das eigenständige Auswählen des examensrelevanten Stoffes lernt, das Wesentliche herauszufinden und sich darauf zu konzentrieren. Damit erwirbt man quasi nebenbei eine sehr wichtige juristische Schlüsselqualifikation. Dies ist bei der Examenvorbereitung mit einem privaten Repetitor nicht sicher gestellt. Private Repetitorien können demjenigen, der bis zum Beginn der Examensvorbereitung unstrukturiert und bruchstückhaft studiert hat, jedoch Zeit sparen.
- ☞ Ein privates Repetitorium ist durchaus *nicht* für alle Studierenden die beste Art, sich auf das Examen vorzubereiten. Eine gut funktionierende Lerngruppe kann viele Funktionen des privaten Repetitors übernehmen.

VII. Die wichtigsten Erkenntnisse und Schlussfolgerungen

- ☞ Ziel des Lehrveranstaltungsangebots der Universitäten ist es, Sie mit den Methoden der Rechtswissenschaft vertraut zu machen, damit Sie die Fähigkeit entwickeln können, das Recht mit Verständnis zu erfassen und anzuwenden. Dagegen sehen es die Universitäten nicht als ihre Aufgabe an, den Prüfungsstoff umfassend zu vermitteln. Die Lehrveranstaltungen der Universitäten sind als Angebot und Hilfestellung zu verstehen, nicht aber als Garantie für die umfassende Vermittlung des examensrelevanten Stoffes.
- ☞ **Zum Lehrveranstaltungsangebot im Zivilrecht:** Nach der relativ umfassenden Einführung in die Kernfächer erfolgt häufig keine weitere umfassende und systematische Aufbereitung der Kernfächer. Nach dem Besuch der angebotenen Lehrveranstaltungen in den ersten vier Semestern wird vorausgesetzt, dass Kernfächer bis auf Spezialprobleme beherrscht werden. Deshalb sollte das systematische Erarbeiten der Kernfächer nach dem 4. Semester abgeschlossen sein. Nur dann sind Sie in der Lage, aus den Lehrveranstaltungen zur Wieder-

Übungen oder privaten Arbeitsgemeinschaften. Der Repetitor kann diese Arbeit, die Ergebnis von mittlerweile sechs absolvierten Semestern sein müsste, nicht leisten.«

248 Eine Lösung ohne privaten Repetitor wäre, die Examensvorbereitungsphase auf drei Semester zu verlängern, eine gut funktionierende private Arbeitsgemeinschaft zur Examensvorbereitung zu gründen und die passenden Kurse des Unirepetitoriums zu besuchen.

holung und Vertiefung, in denen Einzelprobleme der Kernfächer bereits auf einem hohen Niveau vermittelt werden, Nutzen zu ziehen.

☞ Nebenfächer werden meist in Form von »Rand«- oder »Zusatz«problemen oder als »Aufhänger« geprüft. Deshalb kommt es bei den Nebenfächern maßgeblich auf die Querverbindungen und Verzahnung dieser Fächer mit den allgemeinen Rechtsfiguren an. Die Kenntnis dieser Querverbindungen erhalten Sie nicht allein durch den Besuch der zwei- bis dreistündigen (Einführungs-)Vorlesungen. Vielmehr müssen Sie die Querverbindungen zwischen Kern- und Nebenfächern selbst erarbeiten und durch das Lösen von Fällen feststellen, ob Sie die Zusammenhänge richtig erfasst haben.

☞ **Zum Lehrveranstaltungsangebot im Öffentlichen Recht:** Das allgemeine Verwaltungsrecht durchdringt seiner Natur nach alle anderen Bereiche des Öffentlichen Rechts. Viele öffentlich-rechtlichen Fälle haben daneben einen mittelbaren Verfassungsbezug. Dies bedeutet, dass Sie bei Ihrer Studienplanung darauf achten müssen, die Grundrechte und das allgemeine Verwaltungsrecht möglichst schnell und intensiv zu erlernen, um neues Wissen auch unter einer anderen Betrachtungsweise dem bekannten Wissen zuordnen zu können.

☞ Es kann sein, dass Sie vor dem Beginn der Examensvorbereitungsphase alle öffentlich-rechtlichen Pflichtfächer nur einmal gehört haben. Für Ihre Planung heißt das, dass Sie für die Gebiete des Öffentlichen Rechts selbständig Wiederholungsphasen einplanen müssen.

☞ **Zum Lehrveranstaltungsangebot im Strafrecht:** Es empfiehlt sich, das Strafrecht parallel zu den Lehrveranstaltungen zum Allgemeinen und Besonderen Teil des Strafrechts und zum Strafprozessrecht zu erarbeiten; auf keinen Fall sollte das systematische Erarbeiten bis zur Examensvorbereitungsphase hinausgeschoben werden. Die Ergänzungs- und Vertiefungsveranstaltung kann nur ausgewählte Themenkomplexe behandeln. Es obliegt also Ihrer Verantwortung, den strafrechtlichen Stoff vertiefend zu erarbeiten und Ihre Kenntnisse aus den ersten Semestern zu wiederholen.

☞ Während des gesamten Studiums sollten Sie ausreichend Zeit zum Erlernen und Einüben der Falllösungstechnik vorsehen. Es empfiehlt sich, alle Klausuren, die angeboten werden, mitzuschreiben. Hinsichtlich der Examensklausurenkurse empfiehlt es sich, das Angebot zum Klausurenschreiben so früh wie möglich wahrzunehmen, um sich an den Umfang der Examensklausuren zu gewöhnen.

☞ Nur eine gezielte Studienplanung und eine frühzeitige systematische und umfassende Wissensaneignung ermöglichen es, »frei« zu entscheiden, ob man zur Examensvorbereitung ein privates Repetitorium besuchen möchte oder nicht. Ein erfolgreiches Examen ist bei entsprechender Planung auch ohne privaten Repetitor möglich.

✎ *Notieren Sie die für Sie wichtigsten Erkenntnisse aus Kapitel 3.*

Kapitel 4 Wie plane ich das Studium konkret?

»Anders als in der Schule kümmert sich an der Universität niemand darum, ob Sie zu Vorlesungen, Übungen, Tutorien oder Arbeitsgemeinschaften erscheinen oder nicht. Keiner fragt Sie zu Stundenbeginn ab, was immerhin peinlich wäre, wenn man die letzte Vorlesung nicht nachbereitet hat und deshalb nichts weiß. Sie selbst müssen sich motivieren. Zum Besuch der Veranstaltungen, [zu] deren Vorbereitung, deren Nachbereitung, [zu] der Entwicklung eines Arbeitskonzepts, das zu Ihrem Lerntyp passt. Es gibt keine Kontrolle. Alles ist allein Ihre Entscheidung. Das ist die Kehrseite der großen Freiheit an der Universität: Sie können tun und lassen, was Sie wollen. Aber nur Sie allein sind auch dafür verantwortlich.«[249]

Kapitel 2 und 3 haben verdeutlicht, dass das Jurastudium von einem sehr hohen Stoffumfang gekennzeichnet ist und damit hohe Anforderungen an die eigene Lerndisziplin stellt. Diese Aussage finden Sie pauschal in vielen Studienführern; sie führt aber noch nicht zu einem erfolgreichen Studium, wenn nicht detailliert konkrete Möglichkeiten zum Umgang mit dieser Erkenntnis aufgezeigt werden. Dieses Kapitel soll Ihnen die individuelle Planung Ihres Studiums ermöglichen. Sie werden Schritt für Schritt angeleitet, Ihre persönlichen Studienpläne zu erstellen, um damit den Grundstein für ein erfolgreiches Examen zu legen. Befragt man Referendare danach, was sie im Nachhinein anders gemacht hätten, antworten die meisten, dass sie sich bei einem nochmaligen Studium *früher* mit der Planung des Studiums und der Examensvorbereitung befassen würden, da die Examensvorbereitung dann einfacher und das Studium wesentlich interessanter gewesen wäre. Als sie endlich ausreichendes Grundlagenwissen gehabt hätten, um bestimmte sie interessierende Themen wissenschaftlich zu vertiefen, wäre es leider zu spät gewesen, um »richtig zu studieren«.[250] Die richtige Planung setzt – wie ich im ersten Kapitel gezeigt habe[251] – voraus, dass Sie sich persönliche Ziele setzen.[252] Denn nur wenn Sie Ihre persönlichen Ziele genau kennen, sind Sie in der Lage, die einzelnen Schritte in Richtung auf diese Ziele zu bestimmen.

I. Ziele für das Jurastudium

Voraussetzung für Ihre Studienplanung ist, dass Sie sich darüber bewusst werden, welches Studienmodell Sie verfolgen. Das persönliche Studienmodell hängt von mehreren Faktoren ab: Dem gewünschte Examenserfolg, der fachlichen Breite, in der Sie Jura studieren wollen und der geplanten Dauer des Studiums. Dieses persönliche Studienmodell muss dann Leitlinie Ihrer konkreten Studienplanung sein. Nur so können Sie in den einzelnen Phasen Ihres Studiums überprüfen, ob Sie Ihren Zielen entsprechend vorgehen – und gegebenenfalls Ihr Studienverhalten korrigieren.

249 *Schwab/Löhnig*, S. 13.

250 *Roxin*, S. 11, 12 unterscheidet das »rein examensorientierte Lernen« und das »wissenschaftliche Studium höherer Art«. Bei vielen Studierenden steht das rein examensorientierte Lernen im Vordergrund.

251 Siehe oben Kap. 1 (Warum Studienplanung?), S. 11 f.

252 Zur Zielfindung siehe auch Kap. 12 (Zeitmanagement) S. 349 ff. Siehe dazu auch den Motivations- und Zieltest bei *Gramm/Wolff*, S. 201 ff.

1. (Gewünschter) Examenserfolg

Ein wichtiger Faktor, der über das Studienmodell entscheidet, ist das Ziel hinsichtlich des Examensergebnisses. Die Frage nach dem gewünschten Examensergebnis erscheint Ihnen vielleicht auf den ersten Blick merkwürdig, da man vermutet, dass doch jeder Studierende sein Studium mit einem gutem Examen abschließen will. Je nach persönlicher Lebensplanung und Berufsziel[253] gibt es jedoch unterschiedliche Ziele hinsichtlich der gewünschten Mindestnote: Einigen Studierenden reicht es, das Examen zu bestehen, da sie meinen, dass es bei Ihnen auf die Note nicht ankommen wird (z.B. weil sie sicher in die elterliche Kanzlei einsteigen oder nach dem Studium wieder in eine Firma zurückgehen können, bei der sie schon vorher gearbeitet haben). Andere Studierende möchten unbedingt in den Justizdienst oder in große internationale Wirtschaftskanzleien und streben daher mindestens ein »vollbefriedigend« an. Andere wollen Notar werden und müssen dazu (jedenfalls in Bayern) ein ganz herausragendes Examen vorweisen.

> ✎ *Was wäre für Sie ein optimales (und erreichbares) Examensergebnis?*
> ✎ *Was ist die Mindestpunktzahl, die Sie im Examen erreichen möchten?*

2. Vielseitigkeit des Studiums

Das persönliche Studienmodell hängt weiter davon ab, ob man eher ein »Schmalspurstudium«[254] oder ein Studium, das auf vielseitige juristische Interessen angelegt ist, absolvieren will. Mit Schmalspurstudium ist gemeint, dass das Studium von Beginn an nur unter dem Blickwinkel des Examens gesehen wird und ausschließlich die prüfungsrelevanten Rechtsgebiete gelernt werden. Dem gegenüber steht ein Studium, in dem auch Themen wissenschaftlich vertieft und Rechtsgebiete einbezogen werden, die nicht Prüfungsstoff sind. Die Erfahrung zeigt, dass viele Studierende bei einer Studiendauer von 8 Semestern keine Zeit finden, zusätzliche Rechtsgebiete zu vertiefen.[255] Allerdings ist durch die Schwerpunktbereiche und die Universitätsprüfung eine vertiefte wissenschaftliche Beschäftigung mit bestimmten Fächern zur Pflicht geworden, so dass ein reines Schmalspurstudium unter den neuen Ausbildungsgesetzen nicht mehr möglich ist. Es geht eher um den Gegensatz zwischen einem »stromlinienförmigen und prüfungsorientierten« Studium oder einem intensivem, auf Vielseitigkeit angelegten Studium. Wichtig ist, frühzeitig eine bewusste Entscheidung über die Art des Studiums zu treffen und dann die entsprechenden Planungsschritte vorzunehmen.

> ✎ *Setzen Sie sich ein Ziel bezüglich der Inhalte Ihres Studiums: Möchten Sie sich auf das Pflichtprogramm (einschließlich Schwerpunktbereiche) beschränken*

253 Zu Berufsbildern als Studienmotivation siehe ausführlich und mit vielen Literaturhinweisen Kap. 12 (Zeitmanagement), S. 349 ff.

254 »Schmalspuriger Rechtstechniker«, so *Bauer/Braun/Tenckhoff*, JA-Sonderheft für Studienanfänger, Neuwied u.a., 5. Aufl. 1992, S. 21. Diese drei Ziele und den Begriff des Schmalspurstudiums haben auch *Münchhausen/Püschel*, S. 121, aufgenommen.

255 *Thomas Hoeren*, Willkommen in Münster – erste Hinweise für Erstsemester, http://www.uni-muenster.de/JURA.itm/hoeren/INHALTE/lehre/leitfaden1.pdf, S. 7: »Das Studium ist eine wichtige Frei-Zeit in Ihrem Leben. Später werden Sie von dem zehren, was Sie im Studium an Dingen (auch und gerade außerhalb des Studiums) gelernt haben«.

oder möchten Sie auch Rechtsgebiete außerhalb des Pflichtprogramms kennen lernen oder vertiefen?

✎ *Möchten Sie Zusatzqualifikationen außerhalb des Jurastudiums erwerben?*

3. Dauer des Studiums

Die gewünschte Examensnote und die Frage der Vielseitigkeit des Studiums haben Einfluss auf die Dauer des Studiums. Weitere Faktoren, die die Dauer des Studiums beeinflussen, sind Nebentätigkeiten aus finanziellen Gründen oder familiäre Verpflichtungen. Wer während des Semesters nicht Vollzeitstudent sein kann, muss dementsprechend länger studieren. Bei der Festlegung der voraussichtlichen Dauer des Studiums – aus heutiger Sicht – ist zunächst zu entscheiden, ob Sie ein Studium in acht Semestern[256] *mit einem Freiversuch* am Ende[257] (insgesamt also die Regelstudienzeit von neun Semestern) oder ein Studium *ohne Freiversuch*, das also insgesamt zehn oder mehr Semester umfasst, anstreben.[258] Mit der Entscheidung für den Freiversuch treffen Sie eine gewisse Vorentscheidung über die Art Ihres Studiums: Sie werden – unabhängig davon, welche Note Sie anstreben – das Jurastudium sehr intensiv betreiben müssen. Ob Sie in acht Semestern noch Zeit haben, Rechtsgebiete zu vertiefen, die außerhalb des Pflichtprogramms und des Schwerpunktbereichs liegen, hängt in besonders hohem Maße von der Effektivität Ihres Arbeitsstils und Ihrem Zeitmanagement ab. Der Freischuss ist *eine* Möglichkeit der Studiengestaltung, er ist aber nicht notwendig die sinnvollste Gestaltung. Darauf weisen sowohl Professoren (»Vielen täte es gut, in aller Ruhe zu studieren, sich Zeit zu lassen, in Ruhe zu lernen«[259]) als auch Arbeitgeber hin (»Wir suchen niemanden, der möglichst schnell und stromlinienförmig durch Studiums gegangen ist ... Ich möchte am Lebenslauf erkennen, dass jemand flexibel ist und einen weiten Horizont hat«[260]). Wenn Sie den Freiversuch nicht anstreben, kann die längere Studiendauer in zweierlei Hinsicht genutzt werden: entweder zur Vertiefung von Rechtsgebieten außerhalb des Pflicht- und Schwerpunktbereichprogramms oder zur Intensivierung Ihrer Kenntnisse in den Pflichtfächern. Auch bei einer höheren Semesterzahl sind jedoch vollständige Kenntnisse nicht zu erreichen und werden im Examen auch nicht verlangt.[261] Letztlich geht jeder Examenskandidat mit einigen Wissenslücken ins Examen. Erfahrungen haben gezeigt, dass es sich nicht im Examensergebnis niederschlagen muss, wenn man noch ein Semester anhängt, um Erlerntes zu vertiefen.

256 Theoretisch ist es auch möglich, die Klausuren der Staatsprüfung nach dem 7. Semester zu schreiben. Da diese Möglichkeit nur von sehr wenigen Studierenden wahrgenommen wird, kann man insofern nicht von einem Studienmodell sprechen.

257 In Baden-Württemberg kann man das Examen zur Notenverbesserung nur wiederholen, solange man nicht mit dem Vorbereitungsdienst (Referendariat) beginnt, siehe § 23 Abs. 1 S. 2 JAPrO BaWü. Wer also das Examen zur Notenverbesserung wiederholen will, muss die Studienzeit verlängern.

258 In Bayern betrug der Prozentsatz der Studierenden, die den Freiversuch machten, im Jahre 2007 53,28 % (Bericht des Bayerischen Landesjustizprüfungsamtes für das Jahr 2007, http://www.justiz-bayern.de, Stichwort Jahresberichte).

259 *Thomas Hoeren*, Willkommen in Münster – erste Hinweise für Erstsemester, http://www.uni-muenster.de/JURA.itm/hoeren/INHALTE/lehre/leitfaden1.pdf, S. 6.

260 Markus Meier von Hengeler Mueller, zitiert von *Daniela Kuhr*, Bewerber mit Prädikat, Wie die großen Wirtschaftskanzleien auf Schloss Montabaur um Deutschlands beste Jura-Absolventen buhlen, SZ v. 07./08.10.2006, S. V2 14.

261 Zum Examen siehe Kap. 2 (Studieninhalte und Prüfungsanforderungen), S. 73.

✎ *Entscheiden Sie, ob Sie – nach heutigem Stand – den Freiversuch machen möchten oder nicht, und setzen Sie sich ein vorläufiges Ziel bezüglich der Dauer Ihres Studiums.*

4. Studienmodelle

Aus der Kombination von Examensergebnis, Vielseitigkeit des Studiums und Studiendauer ergeben sich folgende Studienmodelle:

Übersicht über die Studienmodelle

	Semesterzahl ohne Prüfung	nur Pflichtprogramm studieren/auch nichtexamensrelevante Rechtsgebiete studieren	Examensnote eher unwichtig/ Examensnote mind. vollbefriedigend
1	9	nur Pflichtprogramm studieren	Examensnote so gut wie möglich
2	9	nur Pflichtprogramm studieren	Examensnote mind. 9 Punkte
3	9	vielseitig studieren	Examensnote so gut wie möglich
4	9	vielseitig studieren	Examensnote mind. 9 Punkte
5	> 9	nur Pflichtprogramm studieren	Examensnote so gut wie möglich
6	> 9	nur Pflichtprogramm studieren	Examensnote mind. 9 Punkte
7	> 9	vielseitig studieren	Examensnote so gut wie möglich
8	> 9	vielseitig studieren	Examensnote mind. 9 Punkte

Modelle Nr. 1 und Nr. 2 veranschaulichen das, was ich oben mit Prüfungsorientierung bezeichnet habe, wobei es durchaus gute Gründe gibt, sich für eines dieser Modelle zu entscheiden. Mit einem guten Examen nach acht Semestern erfüllt man die Wünsche vieler Personalleiter. In Modell 2 muss man die Studiengestaltung vor allem unter dem Aspekt des bestmöglichen Erfolgs im Examen sehen. Modell 4 setzt ein sehr effektives Arbeiten und ein gutes Zeitmanagement voraus. Für das Modell 8 könnte sprechen, dass häufig nur im Studium Zeit bleibt, bestimmten Themen aus (bloßem) Interesse oder Neigung nachzugehen. Wenn Sie also nach dem Studium sofort in den Beruf gehen möchten, kann es eine Überlegung wert sein, ein Semester länger zu studieren und sich intensiver mit interessanten rechtswissenschaftlichen Fragestellungen auseinander zu setzen. Gedacht ist hier an Seminare, die nicht zur Ihrem Schwerpunktbereich gehören, die Sie aber trotzdem sehr interessant finden. Wichtig ist, dass sich eine längere Studiendauer rechtfertigen lässt. Mit dem Erwerb von Zusatzqualifikationen (volks- und betriebswirtschaftliche Kenntnisse, fachspezifische Fremdsprachenausbildungen, europarechtliche Zusatzstudien) zeigt man Vielseitigkeit und kann die Berufsaussichten bei längerem Studium sogar verbessern. Wenn Sie den Freiversuch machen wollen (Studienmodelle 1 bis 4), müssen Sie Ihr Studium anders planen als jemand, der beschließt, das Examen erst nach zehn Semestern zu machen. Man kann – im Regelfall – nach acht Semestern nur dann ein ebenso gutes Examen machen wie nach zehn Semestern, wenn man pro Semester entsprechend mehr Zeit für das Studium investiert.[262] Dieser Aussage widersprechen Untersuchun-

262 Statistisch erzielen Jurastudierende nach 9 Semestern die besten Ergebnisse. Allgemein schneiden Freiversuchsteilnehmer erheblich besser als länger Studierende ab: In Bayern haben im Jahr 2007 46,51 % der Freiversuchsteilnehmer, aber nur 26,81 % der übrigen Erstversuchsteilnehmer die Notenstufen befriedigend, vollbefriedigend, gut und sehr gut erreicht.

gen nicht, die gezeigt haben, dass die Examensergebnisse mit zunehmender Semesteranzahl im Durchschnitt schlechter werden. Denn hier wird vermutet, dass Studierende, die trotz höherer Semesterzahl schlechter abschneiden, entweder planlos studiert haben oder vor allem in der ersten Studienhälfte wenig Zeit auf das Studium verwendet haben oder nicht ausreichend für das Jurastudium motiviert waren. Umgekehrt zählt jedoch ein gutes Examensergebnis, verbunden mit einem neun- oder zehnsemestrigen Studium, in dem auch Zusatzqualifikationen erworben wurden, auf jeden Fall mehr als ein mittelmäßiges Examensergebnis im Freiversuch. Mit anderen Worten, nur wenn bei längerer Studiendauer die Semester nicht richtig für das Studium genutzt wurden, hat dies Auswirkungen auf die Berufsaussichten.

Voraussetzung für Ihre Planung ist also, dass Sie sich darüber bewusst werden, welches konkrete Studienmodell die Leitlinie Ihrer konkreten Studienplanung ist. Nur so können Sie in den einzelnen Phasen Ihres Studiums überprüfen, ob Sie Ihren Zielen entsprechend vorgehen und gegebenenfalls Ihr Studienverhalten korrigieren.

✎ *Überlegen Sie, welches Studienmodell Ihren Zielen am nächsten kommt.*
✎ *Stellen Sie fest, welches Ziel (Studiendauer, Note oder Inhalt) innerhalb Ihres Studienmodells Ihnen am wichtigsten ist.*
(Wenn Sie z.B. merken, dass Ihr wichtigstes Ziel ein »vollbefriedigendes« Examen ist, müssen Sie unter Umständen Ihre geplante Studiendauer ändern oder auf außercurriculare Rechtsgebiete verzichten, d.h. ein anderes Studienmodell wählen).

II. Grobplanung des Studiums

Aufbauend auf Ihrem Studienmodell und Ihren »Vorarbeiten« in Kapitel 2 und Kapitel 3, sind Sie nun in der Lage, anhand der folgenden Anleitung Ihren persönlichen Studienplan (Grobplan oder Langzeitplan[263]) zu erstellen.

1. Tabellenaufbau

Grobplan/Semesterplan für das .... Semester

wann?	nichtjur. Tätigkeiten	jur. Tätigkeiten	Studienziele: Am Ende des Semesters/der vorlesungsfreien Zeit habe ich ...
.... Semester Vorlesungszeit (... Wochen)			
Vorlesungsfreie Zeit (... Wochen)			

Formular zum Download unter http://www.ja-aktuell.de

263 *Münchhausen/Püschel*, S. 123 f.

Verwenden Sie für jedes bis zum Examen verbleibende Semester und die dazugehörige anschließende vorlesungsfreie Zeit ein gesondertes Formular (auch für das Semester, in dem Ihre mündliche Prüfung stattfinden wird).[264]

2. Juristische Tätigkeiten während des Studiums

Im Grobplan wird zunächst die Spalte »Juristische Tätigkeiten« bearbeitet. Für die Einzelschritte zum Ausfüllen dieser Spalte erhalten Sie im Folgenden eine detaillierte Anleitung. Es empfiehlt sich, die Formulare der einzelnen Semester nebeneinander zu legen, um einen Überblick über den gesamten Studienverlauf zu bekommen. Zur Veranschaulichung, auf keinen Fall aber als zu übernehmendes Muster, kann der Grobplan des Studenten B herangezogen werden.[265]

Der Grobplan ist die Grundlage der persönlichen Studienplanung. Es ist sinnvoll, diesen Grobplan möglichst früh im Studium zu erstellen, auch wenn er dann im Laufe des Studiums aufgrund besseren Wissens oder neuer Umstände verändert werden muss.

a) Eintragen der Prüfungen und der Examensvorbereitungsphase

Um feststellen zu können, wie viel Zeit Ihnen für das »eigentliche« Studium verbleibt, muss zunächst eingeplant werden, wie die Examensvorbereitungsphase am Ende des Studiums gestaltet sein soll und wie lange sie dauern soll. Die Examensvorbereitungsphase auf die Staatsprüfung umfasst in der Regel zwei Semester.[266] Sie sollte drei Semester nicht überschreiten, da nach drei Semestern erfahrungsgemäß das Durchhaltevermögen »aufgebraucht« ist und das zu Beginn der Examensvorbereitung erworbene Wissen erneut in Vergessenheit gerät. Bis zum Jahre 2006 war der Studienverlauf damit ziemlich einfach, man brauchte nur von dem geplanten Endtermin des Studiums rückwärts rechnen. Diese einfache Rechnung ist nicht mehr möglich, denn auf Grund des Nebeneinanders von Staatsprüfung und Universitätsprüfung muss zunächst geklärt werden, in welcher Reihenfolge diese beiden Prüfungen absolviert werden sollen. Manche Universitäten haben hierzu sehr konkrete Vorschläge in ihren Studienplänen, andere Universitäten gehen stillschweigend davon aus, dass das Schwerpunktstudium und seine Prüfungen parallel zum Pflichtfachstudium ablaufen.

aa) Vorgaben für den zeitlichen Ablauf

Um das Schwerpunktbereichsstudium optimal in den Studienablauf zu integrieren, sind eine Reihe von Überlegungen erforderlich. Stellen Sie zunächst fest, wie der Schwerpunktbereich von Ihrer Fakultät geplant wurde und ob konkrete Vorschläge zum Ablauf gemacht werden, insbesondere dazu, zu welchen Zeitpunkten die schriftliche Arbeit, eine eventuelle Klausur und die mündliche Prüfung zu absolvieren sind.

Es gibt mehrere Varianten des Ablaufs der letzten vier Semester des Studiums:

---

264 Da der offizielle Beginn der Semesters mitten in den Semesterferien liegt, empfiehlt es sich, bei der Planung nicht von dem offiziellen Zeitraum eines Semesters (WS: Oktober–März; SS: April bis September) auszugehen, sondern immer ein Semester und die anschließende vorlesungsfreie Zeit als eine Planungseinheit anzusehen. *Münchhausen/Püschel*, S. 126, verwendet den Begriff des Periodenzeitplans.

265 Download unter http://www.<.

266 Ein Zeitraum von nur *einem* Semester, wie *Lüke*, S. 125, anregt, erscheint zu kurz und widerspricht der Realität.

(1) Studium und Prüfungen laufen im Pflichtfach- und Schwerpunktbereich parallel.

(2) Zuerst Schwerpunktbereich mit Prüfung, dann Examensvorbereitung auf die Staatsprüfung und Staatsprüfung.

(3) Zuerst Examensvorbereitung und Staatsprüfung, dann Schwerpunktbereichsstudium und Universitätsprüfung.

Semester	Variante 1		Variante 2	Variante 3
5. Semester			Schwerpunktbereichsstudium	
6. Semester		Schwerpunktbereichsstudium	Schwerpunktbereichsstudium und Universitätsprüfung	Vorbereitung auf Staatsprüfung
7. Semester	Vorbereitung auf Staatsprüfung	Schwerpunktbereichsstudium	Vorbereitung auf Staatsprüfung	Vorbereitung auf Staatsprüfung und Staatsprüfung
8. Semester	Vorbereitung auf Staatsprüfung	Schwerpunktbereichsstudium	Vorbereitung auf Staatsprüfung	Schwerpunktbereichsstudium
9. Semester	Staatsprüfung	Universitätsprüfung	Staatsprüfung	Schwerpunktbereichsstudium mit Universitätsprüfung

Variante 1 geht davon aus, dass die Prüfungsleistungen für die Universitätsprüfung studienbegleitend neben der Vorbereitung auf die staatliche Prüfung erbracht werden. Hier wird in der Regel empfohlen, die Studienarbeit zwischen dem 7. und 8. Semester anzufertigen.[267] Nach dem 8. Semester werden die Klausuren der staatlichen Prüfung geschrieben.[268] Im 9. Semester finden die mündliche staatliche Prüfung und die mündliche Universitätsprüfung statt. Variante 2 und 3 trennen die beiden Bereiche. Betrachtet man die Universitäten, die diese Modelle verfolgen, genauer, stellt man fest, dass dort häufig auch universitäre Ganzjahresrepetitorien angeboten werden. Diese Veranstaltungen würden durch Prüfungsleistungen im Schwerpunktbereich unterbrochen. Ein Beispiel für eine Universität, die sich ganz eindeutig für Variante 2 entschieden hat, ist Münster. § 13 Abs. 1 der Studienordnung[269] regelt:

> Der Studiengang Rechtswissenschaft dauert in der Regel acht Semester und gliedert sich in drei Studienabschnitte:
> 1. Der erste Studienabschnitt umfasst vier Semester; er endet mit der Zwischenprüfung.
> 2. Der zweite Studienabschnitt umfasst zwei Semester; er endet mit der Prüfung im Schwerpunktbereich und dient der Ergänzung der Ausbildung im Pflichtfachbereich und der Ausbildung im Schwerpunktbereich.

267 So z.B. Konstanz; Bayreuth (Oberseminar mit Studienabschlussarbeit im 7. Fachsemester).

268 In Mainz wird ausdrücklich empfohlen, Klausuren und mündliche Prüfungen für beide Prüfungen im Rahmen derselben Kampagne abzulegen.

269 Studienordnung für den Studiengang Rechtswissenschaft an der WWU Münster v. 07.05.2004 i.d.F.v. 22.04.2008.

3. Der dritte Studienabschnitt umfasst zwei Semester; er endet mit der Anmeldung zur staatlichen Pflichtfachprüfung und dient der Vertiefung und Wiederholung des Pflichtfachstoffs und der Vorbereitung auf die staatliche Pflichtfachprüfung.

Es gibt auch Universitäten, die Variante 2 und Variante 3 in ihren Studienplänen ausdrücklich alternativ anbieten, z.B. Halle-Wittenberg.[270] Dieser kurze Überblick über die verschiedenen Gestaltungsmöglichkeiten zeigt nochmals, wie wichtig es für die Studienplanung ist, schon frühzeitig folgende Fragen anhand der Studien- oder Prüfungsordnung ganz genau zu klären (falls Sie Kapitel 2 bearbeitet haben, haben Sie sie schon dort beantwortet[271]):

Fragen zur Planung des Schwerpunktstudiums

- ☞ Wie viele und welche Prüfungsleistungen muss ich genau erbringen?
- ☞ Gibt es Regelungen dazu, in welchem zeitlichen Abstand zur Staatsprüfung die Prüfungsleistungen im Schwerpunktbereich zu erbringen sind? (Sie erinnern sich: In manchen Bundesländern muss 6 Monate nach den Klausuren der Staatsprüfung auch die Universitätsprüfung abgeschlossen sein[272])
- ☞ Macht mir die Fakultät im Studienplan oder sonstigen Informationen zum Schwerpunktstudium konkrete Vorschläge dazu, wann ich die Prüfungsleistungen erbringen soll?
- ☞ Gibt es den Vorschlag, Examensvorbereitung und Schwerpunktstudium zeitlich vollständig zu trennen (Variante 2 oder Variante 3)?
- ☞ Wird im Studienplan oder in sonstigen Informationen davon ausgegangen, dass das Schwerpunktstudium parallel zur Examensvorbereitung auf die Staatsprüfung stattfindet (Variante 1)?
- ☞ Kann der Freiversuch noch nach 9 Semestern absolviert werden, wenn die Universitätsprüfung vor der Staatsprüfung bestanden wird?[273]
- ☞ Muss ich vor der schriftlichen Arbeit im Schwerpunktbereich noch erfolgreich an einem Seminar im Schwerpunktbereich teilgenommen haben?

Wenn Ihr Studienplan oder die Erläuterungen zum Studienplan eine deutliche Empfehlung für Variante 2 oder Variante 3 enthalten, ist es sinnvoll, sich bei der Erstellung des Grobplans daran zu halten, da dann das gesamte Studium auf diesen Ablauf ausgerichtet ist.[274] Schwieriger ist es, wenn (implizit) von Variante 1 ausgegangen wird und nähere Angaben zum Ablauf fehlen. Zu beachten ist, dass es zu einer wissenschaftlichen Vertiefung im Schwerpunktbereich eines gewissen Freiraums bedarf. Soll der Zweck des Schwerpunktstudiums erreicht werden, lässt sich eine wissenschaftliche Arbeit nicht eben mal so inmitten der Examensvorbereitung für die staatliche Prüfung schreiben. Die zunächst zu entscheidende Frage ist daher, wann der geeignetste Zeitpunkt für die schriftliche häusliche Arbeit ist. Wenn Sie keine häusliche Arbeit schreiben müssen, können Sie gleich bei cc) weiterlesen.

270 Siehe dazu *Thomas Wünsch*, Reform der Juristenausbildung in Sachsen-Anhalt, Beispiel einer Umsetzung der neuesten Ausbildungsreform, LKV 2004, 491, 493.
271 Siehe oben Kap. 2 (Studieninhalte und Prüfungsanforderungen), S. 78 f.
272 Z.B. in Baden-Württemberg, § 33 JAPrO BaWü.
273 So in Sachsen-Anhalt.
274 Der Studienablaufplan der Universität Halle-Wittenberg empfiehlt, nach dem 7. Semester zunächst die Staatsprüfung und dann im 9. Semester die Universitätsprüfung abzulegen.

bb) Eintragen der schriftlichen häuslichen Arbeit der Universitätsprüfung

Nach dem Deutschen Richtergesetz ist es unzulässig, die häusliche Arbeit der Universitätsprüfung vor dem Ende des 5. Semesters anzufertigen. Aufgrund der Arbeitsbelastung während der Vorlesungszeit sollte die häusliche Arbeit in der vorlesungsfreien Zeit angefertigt werden. Es kommen daher grundsätzlich die vorlesungsfreien Zeiten nach dem 5., 6., 7., und 8. Semester in Betracht. Nachfolgende Übersicht zeigt Argumente für oder gegen die jeweiligen Zeiträume auf:

Schriftliche häusliche Arbeit nach welchem Semester?	Kommentar
Nach dem 5. Semester	Nach dem 5. Semester dürfte es regelmäßig zu früh sein. Denn erstens müssen Sie u.U. noch die Hausarbeit für einen großen Schein schreiben. Zweitens sind Sie noch nicht ausreichend in das Schwerpunktgebiet eingearbeitet, um schon einen Teil der Prüfungsleistung zu erbringen. An manchen Universitäten ist vor der häuslichen Arbeit im Schwerpunktbereich die erfolgreiche Teilnahme an einem Seminar nachzuweisen. Für dieses Seminar würde sich dann ggfs. der Zeitpunkt nach dem 5. Semester anbieten.
Nach dem 6. Semester	Für den Zeitraum nach dem 6. Semester spricht, dass Sie dann normalerweise alle Hausarbeiten und sonstige Seminararbeiten hinter sich haben. Gleichzeitig haben Sie noch nicht mit der intensiven Examensvorbereitung begonnen. Wenn Sie die Arbeit nach dem 6. Semester anfertigen und Sie nach dem achten Semester die Pflichtfachklausuren schreiben wollen, verkürzt sich die Examensvorbereitungszeit um den entsprechenden Zeitraum. Beispiel: Sie wollen die Klausuren nach dem 8. Semester im September 2010 schreiben. Das 6. Semester endet Mitte Juli 2009. Anschließend schreiben Sie 6 Wochen die häusliche Arbeit, also bis Ende August 2009. Dann haben Sie noch genau 12 Monate. Allerdings hatten Sie dann vor dem Beginn der Examensvorbereitungsphase keinen Urlaub mehr. Wenn Sie in einem Sommersemester mit dem Studium begonnen haben, ist der Zeitplan noch etwas enger.
Nach dem 7. Semester	Ob es sinnvoll ist, die Arbeit nach dem 7. Semester anzufertigen, hängt davon ab, inwieweit dadurch die kontinuierliche Vorbereitung auf die staatliche Prüfung unterbrochen wird. Wenn Sie mitten in der Vorbereitung auf die Klausuren der Staatsprüfung sind, ist es fraglich, wie sinnvoll es ist, die Vorbereitung mit der intensiven Beschäftigung mit einem Thema aus einem anderen Bereich zu unterbrechen. Dennoch gehen viele Universitäten ausdrücklich oder implizit davon aus, dass Sie die Arbeit parallel zur Examensvorbereitung anfertigen.[275] Es ist auch ein Unterschied, ob die häusliche Arbeit in drei, vier oder sechs Wochen anzufertigen ist. Eine dreiwöchige Unterbrechung ist im Hinblick auf den Pflichtfachstoff eher zu verkraften als eine sechswöchige. Falls Sie ein Repetitorium besuchen wollen, ist vorab zu klären, wie sich die häusliche Arbeit mit dem parallelen Repetitoriums-Besuch vereinbaren lässt.

Mit Hilfe Ihres Studienplans und der oben genannten Erwägungen legen Sie nunmehr fest, wann Sie voraussichtlich die häusliche Arbeit für die Universitätsprüfung anfertigen wollen. Üblicherweise wird die häusliche Arbeit im Rahmen eines Seminars vergeben und in der vorlesungsfreien Zeit vor dem Semester, in dem das Seminar stattfindet, angefertigt.

275 Der Studienplan der Universität Bayreuth sieht das Oberseminar mit der Studienabschlussarbeit im 7. Semester vor, parallel zum Examinatorium für die staatliche Prüfung.

✎ (1) *Tragen Sie »Teilnahme an einem Seminar im Schwerpunktbereich« auf dem Formular des Semesters ein, in dem Sie daran teilnehmen möchten.*
✎ (2) *Tragen Sie dann auf dem Formular des davor liegenden Semesters bei vorlesungsfreien Zeiten »Anfertigung der häuslichen Arbeit/Studienarbeit etc.« ein. Tragen Sie auch die Anzahl der Wochen ein, die dafür vorgesehen sind.*

Hilfsmittel:

* *Wie viele Wochen vorgesehen sind, können Sie Ihren Antworten zu Kapitel 2 entnehmen.*

cc) Eintragen der Klausuren und der mündlichen Prüfung der Staatsprüfung

Anschließend empfiehlt es sich, die Klausuren für die staatliche Prüfung einzutragen. Abhängig von den oben genannten Varianten kommt dafür – ausgehend von einem Examen im Freiversuch – der Zeitpunkt nach dem 7. oder 8. Semester in Betracht. Bei Variante 1 und Variante 2 sind die Klausuren frühestens nach dem 8. Semester einzutragen, bei Variante 3 sind sie frühestens nach dem 7. Semester einzutragen.

✎ (1) *Tragen Sie »Klausuren der staatlichen Prüfung« und »mündliche staatliche Prüfung« auf den Formularen der Semester ein, in denen Sie nach Ihrer Planung das Examen ablegen wollen. Die mündliche Prüfung findet ca. 3 Monate nach den Klausuren statt.*

Hilfsmittel:

* *Wie Ihre staatliche Prüfung tatsächlich abläuft, können Sie Ihren Antworten zu Kapitel 2 entnehmen.*

✎ (2) *Tragen Sie nach dem schriftlichen Teil »Vorbereitung auf die mündliche staatliche Prüfung« ein.*
✎ (3) *Legen Sie fest, wie viele Semester (inkl. vorlesungsfreier Zeiten) die Examensvorbereitungsphase umfassen soll. Wann müssen Sie also – rückgerechnet vom Termin der Klausuren – mit der Examensvorbereitung für die staatliche Prüfung beginnen? Tragen Sie ab diesem Zeitpunkt als juristische Tätigkeit »Examensvorbereitung für staatliche Prüfung« ein.*

dd) Eintragen der mündlichen Universitätsprüfung

Bei Variante 1 findet die mündliche Universitätsprüfung parallel zur mündlichen Staatsprüfung, d.h. relativ zeitnah statt. Bei Variante 2 beendet die mündliche Prüfung das Schwerpunktstudium. Die mündliche Prüfung liegt dann zwischen dem Abschluss des 7. Semester und dem 8. Semester. Bei Variante 3 findet die mündliche Prüfung am Ende des 9. Semesters statt.

✎ (1) *Tragen Sie »mündliche Universitätsprüfung« auf den Formularen des Semesters ein, in dem Sie nach Ihrer Planung die Prüfung ablegen wollen.*
✎ (2) *Tragen Sie in diesem Semester dann »Vorbereitung auf die mündliche Universitätsprüfung« ein.*

ee) Eintragen der Aufsichtsarbeiten der Universitätsprüfung

Manche Universitäten gehen davon aus, dass Klausuren und andere Aufsichtsarbeiten studienbegleitend geschrieben werden, andere haben eine oder mehrere Aufsichtsarbeiten als Teil einer Abschlussprüfung geregelt. Im Übrigen ist es von der gewählten Variante abhängig, in welchen Semestern Sie das Schwerpunktstudium absolvieren und die übrigen Bestandteile der Universitätsprüfung erbringen. Zu beachten ist aber, dass in manchen Bundesländern die Universitätsprüfung binnen eines gewissen Zeitraums nach Abschluss des schriftlichen Teils der Staatsprüfung beendet sein muss.[276] Manche Universitäten regeln ausdrücklich, dass die Aufsichtsarbeit im Schwerpunktbereich in unmittelbaren Zusammenhang mit der schriftlichen Pflichtfachprüfung stattfinden muss.[277]

✎ *(1) Tragen Sie die übrigen Teilleistungen der Universitätsprüfung, also z.B. »Klausuren der Universitätsprüfung« auf den Formularen der Semester ein, in denen Sie nach Ihrer Planung das Schwerpunktstudium absolvieren.*

Hilfsmittel:

* *Welche genauen Bestandteile die Universitätsprüfung hat, können Sie Ihren Antworten zu Kapitel 2 entnehmen.*

✎ *(2) Tragen Sie jeweils zu den Klausuren »Vorbereitung auf die Klausuren der Universitätsprüfung« ein.*

Nachdem Sie nun im Groben geklärt haben, wie Ihr Studienablauf am Ende aussehen wird, erkennen Sie gleichzeitig, wie weit Ihre Planungen der Endphase schon Rückwirkungen auf die ersten vier Semester haben. Im Variante 2 beispielsweise beginnt das Schwerpunktstudium schon im fünften Semester sehr intensiv. Durch dieses Wissen lassen sich jetzt Auslandsstudien, Hochschulwechsel und Praktika in den unteren Semestern realistischer einplanen.

b) Eintragen eines Auslandsstudiums

Ein Auslandsaufenthalt fördert und bestätigt die Aufgeschlossenheit gegenüber Neuem und Anderem, belegt Mobilität und Flexibilität und führt zu den inzwischen unerlässlichen Fremdsprachenkenntnissen. Angesichts der internationalen Ausrichtung von Unternehmen und der Europäisierung des Rechts kann ein Auslandsaufenthalt innerhalb Europas die Berufsaussichten vergrößern. Auf der anderen Seite unterbricht er das Studium des deutschen Rechts für einen längeren Zeitraum,[278] was viele von einem Aufenthalt im Ausland »abschreckt«.

✎ *Möchten Sie während des Studiums ein oder zwei Semester im Ausland studieren?*
Wenn nein, können Sie bei »c) Eintragen eines Hochschulwechsels« weiterlesen.

Wichtig für die Grobplanung ist, dass Sie sich rechtzeitig Gedanken über die Länge[279] und den passenden Zeitpunkt eines Auslandsaufenthalts machen und den Zeitbedarf für die Vorbereitung richtig einschätzen. Es ist sinnvoll, vor dem Wechsel ins Ausland

276 § 33 JAPrO BaWü regelt, dass die Universitätsprüfung spätestens 6 Monate nach Abschluss des schriftlichen Teils der Staatsprüfung beendet sein muss. Nach § 13 Abs. 1 SächsJAPO kann die staatliche Prüfung vor der Universitätsprüfung abgelegt werden. Die Universitätsprüfung ist spätestens ein Jahr nach der Zulassung zum mündlichen Teil der staatlichen Prüfung nachzuweisen.

277 In Konstanz wird die Aufsichtsarbeit innerhalb einer Woche nach Durchführung der schriftlichen Klausuren der Staatsprüfung geschrieben (§ 11 der Satzung über die Universitätsprüfung i.d.F. v. 16.10.2003/18.06.2008).

278 Ein Auslandsaufenthalt ist jedoch freiversuch-»unschädlich«, weil je nach Bundesland bis zu drei Auslandssemester von der Gesamtstudiendauer abgezogen werden können. Zu den Voraussetzungen, unter denen die Anrechnung erfolgen kann, siehe die Ausbildungsgesetze der Bundesländer.

279 Empfehlenswert im Hinblick auf den Spracherwerb sind zwei Semester, so auch *Fritzemeyer*, NJW 2006, 2825, 2827.

einen Studienabschnitt abgeschlossen zu haben (entweder die Grundphase oder die Mittelphase). Ein Auslandsaufenthalt erfordert schon im Vorfeld eine Reihe von organisatorischen und verwaltungstechnischen Vorbereitungen (Auswahl des geeigneten Studienortes, Bewerbungen an der ausländischen Universität, Beantragung von Stipendien, Sprachtests, Gutachten von Dozenten).[280]

Der Zeitbedarf und die Vorlaufzeit ist – je nach Land des Auslandsaufenthalts – sehr unterschiedlich. Wenn Sie ein Stipendium beantragen wollen, müssen Sie ca. 1 1/2 Jahre vorher mit der Planung beginnen.[281] Der Zeitbedarf für die langfristige Vorbereitung des Auslandsaufenthalts beträgt erfahrungsgemäß bei 2 Semestern im Ausland zusammengerechnet mindestens 4 Wochen (bei einem Auslandssemester ca. 2 Wochen). Zur kurzfristigen Vorbereitung unmittelbar vor und nach dem Auslandsstudium zählen Tätigkeiten wie z.B. Zimmer räumen, Visum besorgen, Fahrkarten/Flugtickets besorgen, Krankenversicherung klären, Zimmer im Ausland suchen, wieder Zimmer in Deutschland suchen, Wiedereingewöhnung. Dieser Zeitaufwand nimmt

280 Zu Fragen des Auslandsstudiums gibt es umfangreiche Literatur, so u.a. *Deutscher Akademischer Austauschdienst (DAAD)*, Allgemeine Hinweise zum Auslandsstudium und zur Anerkennung im Ausland erbrachter Studienleistungen, Bonn, in jeweils aktueller Auflage, mit vielen Adressen und Links für die weitere Recherche; ausführliche Informationen des DAAD auf seiner Website unter http://www.daad.de, Rubrik »Studieren, Forschen und Lehren im Ausland – Länderinformationen und Studienbedingungen«. Der DAAD hat weitere Studienführer für China, Großbritannien und Irland, Kanada, Niederlande, Spanien und USA herausgegeben. Zum Auslandsstudium siehe auch *Hesse/Schrader*, S. 91–93, 103–106. *Marianne Andreas Wacke/Christian Baldus/Susanne Kaiser*, Juristische Vorlesungen und Prüfungen in Europa, Stuttgart, 2002, geben Einblick in das Lernen und die Vorlesungen im Ausland, dazu zahlreiche landesbezogene Literaturhinweise und Adressen. Auf der Webseite http://www.europaeische-juristenausbildung.de findet man ausführliche Hinweise zur Juristenausbildung in Europa mit Länderbeschreibungen und weiterführenden Links. Einen ersten Eindruck bieten Erfahrungsberichte von Studierenden in der JuS oder JA über Auslandssemester. Zum Studium in den USA siehe *Marianne Roth/Renate Nikolay*, Rechtsstudium in den USA, Baden-Baden 2000, mit Informationen über einzelne Law Schools, über die erforderlichen Studienabschlüsse, über die Bewerbung um einen Studienplatz und über Studienablauf und -Abschluss. Weiter siehe die Publikationen der Deutsch-Amerikanischen Juristenvereinigung *DAJV* (Hrsg.) wie z.B. *Daniel Biene/Marc Guman*, USA-Studienführer für Juristen, Bonn, 6. Aufl. 2004. Zum Studium in Frankreich siehe *Olivier Bonnet*, Rechtsstudium in Frankreich, Baden-Baden, 2003. Zum Studium in Großbritannien siehe *Peter Binder*, Rechtsstudium in Großbritannien, Baden-Baden, 2001. Zum Studium in Australien siehe *Dirk Neuhaus/Karsta Neuhaus*, Arbeiten und Studieren in Australien und Neuseeland, Bochum, 2008. Zum LL.M.-Studium: Unter http://www.llm-guide.com werden weltweit LL.M.-Programme beschrieben; e-fellows-net (Hrsg.), Der LL.M., Das Wichtigste zum Master of Laws, München, 2. Aufl. 2008; *Jens Karsten/Markus Marcell Wirtz*, Der LL.M. in der Europäischen Union, Neuwied u.a., 2. Aufl. 2002 (Antworten auf die Frage: wie gehe ich mein LL.M.-Studium richtig an?). Zur Frage des richtigen Zeitpunkts siehe *Arne von Freeden*, Erwerb eines LL.M. nach dem 1. oder nach dem 2. Staatsexamen, JuS 2002, 1039. Zum Masterstudium in den USA siehe *Hans-Peter Ackmann/Anja Mengel/Ina M. Müller/Daniel Biene*, USA-Masterstudium für Juristen (LL.M., M.C.L., M.C.J.), Bonn, 3. Aufl. 2008. Die DAJV führt regelmäßig im Sommer dreitägige Informations-Seminare zum Masterstudium in den USA für Juristen durch. Zur Einführung in das ausländische Recht siehe die Bücher der JuS-Schriftenreihe Ausländisches Recht des C. H. Beck Verlags. Unter http://www.central.uni-koeln.de, Infothek gibt es Links zum LL.M. im Ausland, zum Erasmus-Studium und zu Praktika im Ausland.

281 Insbesondere wenn Sie für den Auslandsaufenthalt ein Stipendium beantragen wollen, müssen Sie mit dieser Vorlaufzeit rechnen. Die Frist des DAAD für die Einreichung von Anträgen auf Stipendien für einen Auslandsaufenthalt in den USA beträgt in der Regel ca. 15 Monate vor Studienbeginn in den USA. Ausführliche Hinweise zu Stipendien findet man in *DAAD*, Studium, Forschung, Lehre – Förderungsmöglichkeiten im Ausland für Deutsche, Bonn, in jährlich aktueller Auflage, sowie unter http://www.daad.de. Für einen USA-Aufenthalt siehe http://www.fulbright.de.

i.d.R. mindestens die Hälfte, häufig aber bereits die gesamte vorlesungsfreie Zeit vor Beginn des Auslandsstudiums[282] und die Hälfte der vorlesungsfreien Zeit nach dem Ende des Studiums in Anspruch.

✎ *(1) Verwenden Sie für jedes Semester, das Sie im Ausland verbringen wollen, ein zusätzliches Formular und tragen Sie dort »Auslandsaufenthalt« ein. Integrieren Sie die Pläne in Ihren Grobplan.*[283]
✎ *(2) Tragen Sie in den vorlesungsfreien Zeiten unmittelbar vor und nach dem Auslandsaufenthalt »Kurzfristige Vorbereitung des Auslandsaufenthalts« bzw. »Nachbereitung des Auslandsaufenthalts« ein.*
✎ *(3) Tragen Sie in die vorlesungsfreie Zeit, die 1 1/2 Jahre* **vor** *dem Beginn Ihres Auslandsaufenthaltes liegt, »3 Wochen langfristige Vorbereitung Auslandsaufenthalt« und bei den nachfolgenden Semesterferien jeweils noch einmal je »1 Woche langfristige Vorbereitung Auslandsaufenthalt« ein.*

Exkurs: Planung und Durchführung eines Auslandsaufenthaltes
Wenn Sie einen Auslandsaufenthalt planen, geben Ihnen nachfolgende Fragen einen ersten Überblick darüber, welche Punkte bei der Vorbereitung und Durchführung eines Auslandsstudiums auf jeden Fall geklärt werden müssen. Bei der Beantwortung der Fragen können Ihnen zum Beispiel der Studienberater Ihrer Universität, die akademischen Auslandsämter der Universitäten und die Websites der ausländischen Universitäten helfen. Einfacher ist die Planung, wenn die Universität, an der Sie studieren, ein institutionalisiertes Austauschprogramm mit Universitäten im Ausland hat.[284]

35 Fragen zur Vorbereitung und Durchführung eines Auslandsstudiums

- ☞ Welche Professoren können gutachterliche Aussagen über mich treffen?
- ☞ Wann muss ich spätestens mit der Planung beginnen?
- ☞ Wie komme ich schnell und ohne großen Aufwand an ausführliches, vollständiges und aktuelles Informationsmaterial?
- ☞ Wie hoch sind die Studiengebühren?
- ☞ Was kostet das Auslandsstudium voraussichtlich insgesamt?
- ☞ Welche Stipendiengeber gibt es und welche kommen konkret in Betracht?
- ☞ Was brauche ich jeweils für die Bewerbung um ein Stipendium?
- ☞ Welche institutionalisierten Austauschprogramme mit ausländischen Universitäten gibt es an der Universität, an der ich gegenwärtig studiere?
- ☞ An welche Universität/welches College möchte ich gehen? Warum?
- ☞ Welche Unterlagen werden für die Bewerbung benötigt?
- ☞ Welche Noten brauche ich für die Bewerbung?
- ☞ Wie werden bisherige Studien- und Prüfungsleistungen anerkannt?
- ☞ Was sind die genauen Sprachanforderungen?
- ☞ Welche Sprachtests gibt es?
- ☞ Wann und wo kann ich diese ablegen?
- ☞ Wie schnell erhalte ich die Ergebnisse?

282 Im Ausland beginnt die Vorlesungszeit meist schon im August/September.
283 Die späteren Semester müssen Sie somit neu nummerieren.
284 Informieren Sie sich daher frühzeitig über solche Austauschprogramme. Informationen über das Erasmus-Programm (im Rahmen des Life Long Learning Programme) zum Austausch europäischer Studenten siehe http://ec.europa.eu/education. Jura-Studierende der Universität Augsburg können ein Semester ohne Studiengebühren an bestimmten amerikanischen Universitäten studieren. Einzelheiten unter http://www.jura.uni-augsburg.de, Hyperlink International, Kooperationen.

- ☞ Wie lange ist der Test gültig?
- ☞ Muss ich meine Sprachkenntnisse noch vor dem Auslandsaufenthalt intensivieren?
- ☞ Welche Einreise- und Aufenthaltsbestimmungen gibt es (z.B. Visum)?
- ☞ Ist eine zusätzliche Krankenversicherung erforderlich?
- ☞ Wo kann ich am Studienort wohnen?
- ☞ Wann genau beginnen die Lehrveranstaltungen?
- ☞ Wie ist das Studium im Einzelnen aufgebaut?
- ☞ Welche Kurse gibt es?
- ☞ Wie viele Kurse muss ich besuchen?
- ☞ Nach welchen Kriterien suche ich die für mich passenden Kurse aus?
- ☞ Wie laufen die Lehrveranstaltungen ab?
- ☞ Welche Zusatzangebote kann ich während des Studiums nutzen?
- ☞ Findet das Examen im Anschluss an die Vorlesungszeit statt oder erst später in den Semesterferien?
- ☞ Wie sieht das Examen genau aus?
- ☞ In wie vielen Fächern findet es statt?
- ☞ Wann ist der Auslandsaufenthalt konkret beendet? Wann also kann ich in Deutschland das Studium fortsetzen?
- ☞ Kann ich mich (insbesondere für ein LL.M.-Studium) auch mit den großen Scheinen bewerben?
- ☞ Kann bei einem LL.M.-Studium eine Magisterarbeit (extended essay) statt einer schriftlichen Prüfung angefertigt werden?
- ☞ Was spricht dafür, eine solche Magisterarbeit zu schreiben?

c) Eintragen eines Hochschulwechsels

Auch ein innerdeutscher Hochschulwechsel fördert die Selbständigkeit und erweitert den Horizont. Hochschulwechsel werden außerdem von Arbeitgebern als positiv bewertet, da hierdurch Mobilität und Flexibilität bewiesen werden. Motive für einen Hochschulwechsel können sein, einen anderen Stil, eine andere Tradition oder eine andere fachliche Ausrichtung einer Fakultät kennen zu lernen, ein bestimmtes Schwerpunktbereichsangebot zu wählen oder an eine Hochschule mit Zusatzangeboten (z.B. betriebswirtschaftliche Zusatzstudien oder spezielle Fremdsprachenausbildung) oder einem vielfältigeren Lehrveranstaltungsangebot zu wechseln.[285] Anzahl und Art der Prüfungsleistungen der Universitätsprüfung können eine Rolle spielen. Weiteres Motiv kann die Landeskinderklausel[286] bei der Zulassung zum Referendariat sein. Vor einem Hochschulwechsel ist zu klären, inwieweit Studienleistungen, insbesondere aus dem Grundstudium, an der neuen Hochschule anerkannt werden. Auskunft geben die Dekanate der Fakultäten oder die Prüfungsämter. Im Vergleich zum Auslandsstudium ist

285 Zu Fragen des Studienortwechsels siehe *Kallert/Marschner/Schreiber/Söder*, Das erfolgreiche Jurastudium, Frankfurt/M., 1998, S. 117 ff. Jedenfalls im Grundstudium ist weniger der wissenschaftliche Ruf einer Hochschule als die konkreten Studienbedingungen wichtig, so auch *Bauer/Braun/Tenckhoff*, JA-Sonderheft für Studienanfänger, Neuwied u.a., 5. Aufl. 1992, S. 40: »Von einem berühmten Rechtslehrer, dessen Ruhm zudem meist in erster Linie von seinen Veröffentlichungen und nicht von seiner Rhetorik herrührt, haben Sie bei sonst miserablen Studienbedingungen in einem überfüllten Hörsaal sicher weniger, als von seinem jungen Kollegen an einer kleineren Universität, der noch eher Zeit hat, auf die Studenten einzugehen«.

286 Manche Bundesländer bevorzugen Landeskinder, wenn es mehr Bewerber als Referendariatsplätze gibt.

bei einem innerdeutschen Wechsel der organisatorische Aufwand geringer. Die auch hier vorherrschende Angst vor großem Zeitverlust ist unbegründet, denn bei rechtzeitiger Planung kann ein innerdeutscher Wechsel so gestaltet werden, dass das Studium an der neuen Universität ohne »Zeit- und Reibungsverluste« aufgenommen werden kann.

> ✎ *Möchten Sie während des Studiums die Hochschule wechseln?*
> *Wenn nein, können Sie gleich unter »d) Eintragen der Studienleistungen« weiterlesen.*

Bei der Planung eines Hochschulwechsels ist zu beachten, dass es einige prüfungsrelevante öffentlich-rechtliche Rechtsgebiete gibt, die landesrechtlich normiert sind (z.B. das Kommunalrecht). Wer vorhat, in den mittleren Semestern an die Hochschule eines anderen Bundeslandes zu wechseln, sollte das Erlernen des Besonderen Verwaltungsrechts auf spätere Semester verschieben und dafür zivilrechtliche Nebenfächer vorziehen. Weiter empfiehlt es sich, mindestens zwei Semester vor der staatlichen Prüfung an der Universität zu studieren, an der man das Examen ablegen will.[287] Für die lang- und kurzfristige Planung und Durchführung des Hochschulwechsels können Sie einen Gesamt-Zeitbedarf von ca. 28 Tagen einplanen (Auswahl der Universität, Information über Anerkennung von Studienleistungen, Schriftverkehr, Ex- und Immatrikulation, Zimmersuche, Umzug, Neuorientierung).

> ✎ *(1) Tragen Sie in die vorlesungsfreie Zeit, die* **ein Semester vor** *dem Hochschulwechsel liegt, »1 Woche langfristige Vorbereitung Hochschulwechsel« ein.*
> ✎ *(2) Tragen Sie* **vor** *dem Semester, in dem Sie die Hochschule wechseln wollen (also in der entsprechenden vorlesungsfreien Zeit) »3 Wochen Durchführung Hochschulwechsel« ein.*

d) Eintragen der Studienleistungen

Wenn man die Studienleistungen früher als im Studienplan vorgesehen erbringt, um möglichst schnell »scheinfrei« zu sein, hat dies den Nachteil, dass man ein wichtiges (und im Jurastudium teilweise rares) Mittel der Lern- und Erfolgskontrolle leichtfertig verschenkt. Mit dem »Erschlagen« der Scheine erreicht man zwar, dass man einige Examensvoraussetzungen formal erfüllt, inhaltlich hat man aber nur punktuell dazu gelernt. Um von der Vertiefung der eigenen Kenntnisse, die mit den Übungen einhergehen kann, wirklich profitieren zu können, sollte man sich nur dann zum Scheinerwerb entschließen, wenn man den dafür erforderlichen Stoff bereits gründlich erarbeitet hat. Dies gilt insbesondere für die großen Scheine. Bei einem geringen Leistungsstand muss man zu viel Zeit in den Scheinerwerb investieren. Diese Zeit ist besser angelegt, wenn man sie dafür verwendet, sich systematisch Wissen anzueignen.

> ✎ *(1) Überprüfen Sie, welche Studienleistungen (kleine Scheine, Abschlussklausuren, große Scheine, Praktika, Seminarschein, Grundlagenschein, Erwerb von Schlüsselqualifikationen, Fremdsprachen-Nachweis) Sie noch machen müssen. Überprüfen Sie dies sowohl für das Pflichtfachstudium als auch für das Schwerpunktbereichsstudium. Legen Sie fest, in welchen Semestern Sie diese Leistungen erbringen wollen.*

287 Dies schreiben einige Bundesländer ausdrücklich in ihren Ausbildungsgesetzen vor. Um das Schwerpunktstudium nicht zu unterbrechen, empfiehlt sich ein Wechsel nach dem 4. Semester.

✎ *(2) Stellen Sie fest, welche Leistungsnachweise im Einzelnen Sie noch zu erbringen haben (Klausuren für Übungen, Semesterabschlussklausuren, Referate, Vorträge, Hausarbeiten etc.).*

✎ *(3) Tragen Sie in den Grobplan bei den entsprechenden Semestern die Leistungsnachweise ein (z.B. »Vorbereitung und Schreiben der Klausuren im Zivilrecht«, »Vorbereitung der Semesterabschlussklausur«).*

✎ *(4) Stellen Sie fest, welche Leistungsnachweise Sie noch in vorlesungsfreien Zeiten erbringen müssen.*

✎ *(5) Tragen Sie bei den vorlesungsfreien Zeiten die Hausarbeiten, Praktika und Seminarvorbereitungszeiten einschließlich des geschätzten Zeitaufwands ein (für die Anfertigung von Hausarbeiten und von Seminararbeiten ist ein Zeitbedarf von je 3 Wochen, für die Praktika in der Regel 3 x 4 Wochen einzuplanen).*

Hilfsmittel:

* *Die Liste aller erforderlichen Studienleistungen und der dafür erforderlichen Leistungsnachweise können Sie Ihren Antworten zu Kapitel 2 entnehmen.*

e) Eintragen der Erarbeitung von Prüfungsfächern der Staatsprüfung

Nachdem Sie so die Eckdaten Ihres Studiums eingetragen haben, geht es nun darum, festzulegen, wann Sie die Prüfungsfächer erarbeiten, vertiefen und wiederholen, oder anders gesagt, wie Sie diese Prüfungsfächer auf die (verbleibenden) Semester vor dem Beginn der Examensvorbereitungsphase verteilen. Wenn Sie nach dem 8. Semester den Freiversuch machen wollen und zwei Semester für die Examensvorbereitung einplanen, müssten Sie die Erarbeitung und Vertiefung von Rechtsgebieten auf die ersten sechs Semester verteilen. Ab dem 5. Semester beginnt jedoch das Schwerpunktstudium, das nicht unerhebliche wöchentliche Arbeitszeit in Anspruch nimmt. Dies bedeutet, dass ab dem 5. Semester höchstens 2/3 der wöchentlichen Arbeitszeit für das Pflichtfachstudium zur Verfügung steht. Die Erarbeitung der Rechtsgebiete des Pflichtfachbereichs ist daher vor allem auf die ersten 4 Semester zu verteilen.

Auf die Frage, in welchem Semester man welches Rechtsgebiet erarbeiten soll, gibt es zwar keine eindeutige Antwort, aber eine Vielzahl von Orientierungshilfen. Eine wichtige Orientierungshilfe bietet der Studienplan Ihrer Universität[288]. Die Studienpläne enthalten Empfehlungen über die Reihenfolge, in der Lehrveranstaltungen gehört werden sollten; sie sind so angelegt, dass Sie die Lehrveranstaltungen möglichst kollisionsfrei besuchen können. Wenn Sie sich bei der Erstellung des Grobplans am Studienplan orientieren, hat dies den Vorteil, dass Sie sich die Möglichkeit offen halten, parallel zu der eigenen Erarbeitung eines Rechtsgebiets auch die entsprechende Lehrveranstaltung zu hören. Die meisten Studienpläne gehen von drei »Lernphasen« des juristischen Studiums aus, nämlich von der Anfangsphase oder Studieneingangsphase (in der Regel die ersten drei Semester), von der Mittelphase (in der Regel das vierte bis sechste Semester) und der Wiederholungs- und Vertiefungsphase oder Examensvorbereitungsphase (in der Regel siebtes bis achtes Semester).[289] Für die Wissensaneignung sind die Anfangsphase und die Mittelphase vorgesehen, wobei sich bestimmte Rechtsgebiete der Anfangsphase und andere Rechtsgebiete der Mittelphase

288 Siehe Kap. 3 (Lehrveranstaltungsangebot), S. 84 f.

289 Es gibt auch Studienpläne, die Grundstudium und Hauptstudium unterscheiden. Manche teilen dann das Hauptstudium nochmals in einen ersten Abschnitt (4. und 5. Semester) und in einen zweiten Abschnitt (6. bis 9. Semester), so TU Dresden.

zuordnen lassen; die Examensvorbereitungsphase dient der Wiederholung, Vertiefung und Vervollkommnung der Kenntnisse.

aa) Rechtsgebiete der Anfangsphase

Die Anfangsphase bereitet vielen Studierenden Schwierigkeiten. Da man in der Anfangsphase des Studiums nur »Puzzleteile« eines unbekannten Bildes erkennen kann und die Zusammenhänge weitgehend fehlen, sind viele Studierende im Jurastudium zunächst frustriert. Dazu kommt häufig – im Vergleich zu schulischen Leistungen – ein erheblicher Notenabfall, denn Bestnoten sind (fast) nicht erreichbar.[290] Um die Noten zu verbessern, glauben viele, die Rechtsgebiete bis ins letzte Detail lernen zu müssen. Dabei entfernen sie sich aber immer weiter vom Überblick und »verzetteln« sich in Detailproblemen. Diese Schwierigkeit lässt sich nur vermeiden, wenn man sich Sinn und Zweck der Anfangsphase vergegenwärtigt und über die Notenverteilung im Jurastudium Bescheid weiß.

(1) Ziele der Anfangsphase

Wie Sie schon in Kapitel 3 gesehen haben,[291] dient die Anfangsphase dazu, sich in die Kernfächer des Zivilrechts sowie in die Grundlagen des Öffentlichen Rechts und des Strafrechts einzuarbeiten. Die Ziele der Anfangsphase sind im Einzelnen:

- Kenntnis über den Zusammenhang und die Gliederung der Rechtsordnung,
- Erwerb von Kenntnissen wesentlicher Rechtsnormen in den Kernfächern,
- Erlangung von gefestigten Kenntnissen in den zentralen Rechtsgebieten,
- Systematisierung des Wissens und Verständnis von Zusammenhängen,
- Festhalten des Grundwissens auf einem Speichermedium, das ergänzbar ist (z.B. Karteikarten),
- Erlernen von Arbeitstechniken, insbesondere Einübung der Falllösungstechnik,
- Entwicklung der juristischen Argumentationsfähigkeit,
- Fähigkeit, das Grundwissen bei der Lösung von Fällen (mit Anfängerniveau) anzuwenden,
- Erlernen wissenschaftlicher Methoden (durch das Schreiben einer Hausarbeit),
- Beschäftigung mit den Grundlagenfächern.

Das Hauptziel der Anfangsphase ist also erreicht, wenn man ein gefestigtes Grundlagenwissen in den Kerngebieten des Rechts gewonnen hat und dieses Wissen auch anwenden kann.[292] Ziel der Anfangsphase ist dagegen nicht, möglichst viel detailliertes Wissen zu einzelnen Problemstellungen zu erlangen. Denn dieses Wissen kann in der Regel noch nicht richtig in die Gesamtzusammenhänge eingeordnet werden. Mit punktuellem Einzelfallwissen sind Sie nicht in der Lage, Probleme zu erkennen und Argumente zu entwickeln. Das juristische Gespür lässt sich zu Beginn besser durch die Aneignung von Grundwissen und daraus abgeleitete juristische Betrachtungen schulen.

---

290 Viele Studierende sind durch das plötzliche Abrutschen der Noten demotiviert. Wichtige Erkenntnis ist daher, dass die Notengebung im Jurastudium anders als in der Schule erfolgt und eine befriedigende Klausur mit z.B. 7 von 18 erreichbaren Punkten schon zu den guten (überdurchschnittlichen) Ergebnissen zählen kann. In dieser Phase der Enttäuschung kann vielleicht ein Trost sein, dass sich letztlich die guten Noten der Schule doch fortsetzen. Es wurde nämlich ein deutlicher Zusammenhang zwischen Abiturnote und Examensnote festgestellt. Kandidaten mit Abiturnote zwischen 1,0 und 1,5 erreichen häufig Examensnoten von über 10 Punkten. Das heißt aber umgekehrt nicht, dass man nur mit einer guten Abiturnote auch ein gutes Examen machen kann.

291 Siehe Kap. 3 (Lehrveranstaltungsangebot), S. 87.

292 Einige Studienordnungen haben ähnliche Ziele ausdrücklich festgelegt, so z.B. § 6 Prüfungs- und StudienO München v. 30.10.2007 (Grundphase soll zu einem intensivem, eigenen Studium des Rechts führen), §§ 7, 10 StudO TU Dresden.

(2) Große Lerneinheiten der Anfangsphase
Orientiert man sich an den Zielen der Anfangsphase, sind folgende (große) Lerneinheiten in der Anfangsphase zu bewältigen:

- BGB AT
- BGB Schuldrecht AT
- BGB Schuldrecht BT: einzelne vertragliche Schuldverhältnisse
- BGB Schuldrecht BT: GoA, Bereicherungsrecht
- BGB Schuldrecht BT: Delikt
- Sachenrecht
- Grundrechte
- Staatsorganisationsrecht
- Europarecht I (VerfassungsR)
- Verfassungsprozessrecht
- Allgemeines Verwaltungsrecht[293]
- Strafrecht Allgemeiner Teil
- Strafrecht Besonderer Teil
- Grundlagenfächer

bb) Rechtsgebiete der Mittelphase
Die mittleren Semester umfassen diejenigen Semester, in denen Sie sich auf die Vorgerücktenübungen vorbereiten und diese absolvieren, also je nach Studienplan das 3. bis 5. oder das 4. bis 6. Semester.

(1) Ziele der Mittelphase
Das für die Studierenden wichtigste Ziel in der Mittelphase ist der Erwerb der drei großen Scheine, um die Voraussetzungen der Zulassung zur staatlichen Prüfung zu erfüllen. Da der Erwerb der Scheine der einzige äußere Druck ist, rückt er völlig in den Vordergrund; das systematische Erarbeiten von Rechtsgebieten wird meist als nachrangig angesehen. Die innere Stimme, die sagt, dass man eigentlich systematischer und mehr lernen sollte, wird damit besänftigt, dass man das jeweilige Semesterziel mit dem Erwerb des Scheines ja erreicht habe. Ziel der mittleren Semester ist jedoch nicht der Erwerb der großen Scheine, sondern vielmehr:

- Erwerb von Grundwissen in den Nebenfächern, in denen laut Studienplan häufig nur eine Vorlesung vorgesehen ist,
- Systematische Aneignung von Wissen in den Kernfächern, soweit dies noch nicht in der Anfangsphase des Studiums erfolgt ist,
- Systematische Wiederholung und Vertiefung des Wissens in den Kernfächern,
- Schaffung einer ausreichenden Wissensbasis für die Examensvorbereitungsphase,
- Entwicklung der Fähigkeit, sich ausgehend von den bisherigen Kenntnissen tiefer in das Rechtsgebiet einzuarbeiten,
- Erkennen der Querverbindungen zwischen Nebenfächern und Kernfächern
- Fähigkeit, das Wissen bei Falllösungen mittleren Schwierigkeitsniveaus gut anzuwenden,
- Vertiefung der wissenschaftlichen Methoden.

Wesentliche Aufgabe in der Mittelphase muss also sein, trotz des Scheinerwerbs systematisch Rechtsgebiete zu erarbeiten oder zu vertiefen. Dies ist nur bei einer rechtzeitigen und genauen Planung der mittleren Semester möglich.[294]

293 Verwaltungsprozessrecht steht meist erst in den mittleren Semestern im Studienplan. Verwaltungsrechtliche Fälle lassen sich jedoch ohne Kenntnisse im außergerichtlichen und gerichtlichen Verwaltungsverfahrensrecht kaum lösen. Deshalb sollten Sie sich innerhalb der Lerneinheit »Allgemeines Verwaltungsrecht« auch mit den wesentlichen Klagearten im Verwaltungsprozess (Anfechtungs- und Verpflichtungsklage) beschäftigen.

294 Auf die Aussage von *Lüke*, S. 115, wonach der Durchblick in den mittleren Semestern von selbst komme, sollte man sich nicht verlassen.

(2) Große Lerneinheiten der Mittelphase

Orientiert man sich an den Zielen der mittleren Semester, sind die folgenden (großen) Lerneinheiten zu bewältigen:

- Familienrecht
- Erbrecht
- Zivilprozessrecht
- Zwangsvollstreckungsrecht
- Handelsrecht
- Gesellschaftsrecht
- Arbeitsrecht
- Internationales Privatrecht
- Kommunalrecht
- Baurecht
- Polizeirecht
- Verwaltungsprozessrecht
- Europarecht II (WirtschaftsR)
- Strafverfahrensrecht

Diese Liste nennt nur die Lerneinheiten, die man in der Mittelphase erstmals systematisch erarbeiten sollte. Sie besteht im Zivilrecht vor allem aus Nebenfächern, so z.B. Handels- und Gesellschaftsrecht sowie Verfahrensrecht, im Öffentlichen Recht aus den Gebieten des Besonderen Verwaltungsrechts. Für die Erarbeitung dieser Lerneinheiten gibt es keine zwingende Reihenfolge. Deshalb kann man auch vom Studienplan abweichen. So kann man z.B. überlegen, das zivilrechtliche Verfahrensrecht (Erkenntnisverfahren und Zwangsvollstreckung) in einem Semester zu erarbeiten, obwohl die Vorlesungen zum Zivilprozessrecht und Zwangsvollstreckungsrecht häufig in verschiedenen Semestern stattfinden. Im Verwaltungsrecht könnten die Lerneinheiten Baurecht, Kommunalrecht und Polizeirecht zusammengezogen und in einem Semester (in dem Sie die Vorgerücktenübung im Öffentlichen Recht absolvieren) verstärkt gelernt werden. An vielen Universitäten sind in den mittleren Semestern keine Fallbesprechungen oder universitäre Arbeitsgemeinschaften mehr vorgesehen.[295] Dies erhöht nochmals Ihre Eigenverantwortung in Bezug auf die Fallbearbeitungstechnik.

Zusätzlich zu den aufgelisteten Lerneinheiten muss in den mittleren Semestern die Vertiefung oder Ergänzung derjenigen Lerneinheiten eingeplant werden, die in der Anfangsphase genannt wurden, denn ein wichtiges Ziel der mittleren Semester ist der Ausbau und die Konsolidierung des bereits erworbenen Wissens. Synergieeffekte beim juristischen Lernen lassen sich nur nutzen, wenn Sie neues Wissen sinnvoll mit vorhandenem Wissen verbinden können. Nur auf der Grundlage eines gefestigten Grundwissens wird das Studium interessant und dadurch motivierend.[296]

✎ *Tragen Sie in den Grobplan (Spalte »Juristische Tätigkeiten«) ein, welche großen Lerneinheiten (für die staatliche Prüfung) Sie bis zum Beginn der Examensvorbereitungsphase erarbeiten oder vertiefen werden.*[297]

295 Vorbildlich jedoch die Universität Augsburg mit den Veranstaltungen der *Augsburger Klausurenlehre*, die aus den Arbeitsgemeinschaften der ersten Semester, den Tutorien der mittleren Semester und dem Examinatorium bestehen. »Die Tutorien dienen dazu, in der Mittelphase des Studiums die in den Grundvorlesungen erworbenen Kenntnisse zu vertiefen und eigenständig anzuwenden«, siehe http://www.jura.uni-augsburg.de, Stichwort Klausurenlehre.

296 Dazu, wie mit zunehmendem Wissen auch die Freude am Lernen kommt, auch Kap. 11 (Lernen).

297 Wenn Sie schon kurz vor der Examensvorbereitungsphase stehen und nun anhand der Stoffübersicht feststellen, dass Sie bis zum Beginn der Examensvorbereitungsphase nicht mehr alle Stoffgebiete bewältigen werden, sind Sie gezwungen zu entscheiden, welche Stoffgebiete Sie noch vor Beginn der Examensvorbereitungsphase erarbeiten oder vertiefen. Da die großen Lerneinheiten aus der Anfangsphase das absolut notwendige Wissen darstellen, sollten Sie diesen Lerneinheiten den Vorzug geben und zunächst überprüfen, ob Sie diese Lerneinheiten beherrschen.

> **Hilfsmittel:**
> * *Die Liste der Lerneinheiten und der Lehrveranstaltungen an Ihrer Universität können Sie Ihren Antworten zu Kapitel 2 und Kapitel 3 entnehmen.*
> * *Dazu, welche Rechtsgebiete der Anfangsphase und welche den mittleren Semestern zuzuordnen sind, siehe oben S. 124 ff.*

f) Eintragen der Erarbeitung von Prüfungsfächern der Universitätsprüfung

Oben haben Sie den zeitlichen Rahmen für das Studium im Schwerpunktbereich festgelegt. Nun ist zu klären, in welchen Semestern Sie sich die notwendigen Kenntnisse in den Prüfungsfächern des Schwerpunktbereichs aneignen wollen. Dazu empfiehlt es sich, die bisher festgestellte (Stunden-)belastung pro Semester aufzulisten. Denn daraus kann sich ergeben, ob es sinnvoll ist, die Aneignung der Prüfungsfächer im Schwerpunktbereich auf drei, vier oder fünf Semester zu verteilen.

Zur Feststellung der wöchentlichen Belastung ist von den Pflichtveranstaltungen auszugehen. Wegen der Bedeutung der Falllösungstechnik empfehle ich, zusätzlich alle Veranstaltungen dazu zu rechnen, in denen ausdrücklich die Fallbearbeitung oder das Klausurenschreiben geübt wird, insbesondere also Fallbesprechungen, Arbeitsgemeinschaften, Tutorien etc. In der Examensvorbereitungsphase für die staatliche Prüfung zählen Sie die Semesterwochenstunden des angebotenen Examensrepetitoriums und des Klausurenkurses zusammen. Diese Veranstaltungen sind zwar nicht Pflichtveranstaltungen, aber Sie können die Stundenzahl als Richtwert für die Berechnung Ihrer wöchentliche Belastung nehmen.

Beispielberechnung: Wochenstunden pro Semester

	Gesamtzahl der SWS der Pflichtveranstaltungen pro Semester	Gesamtzahl der SWS von LV zum Üben der Fallbearbeitung	Gesamtzahl der SWS aus Spalte 2 und Spalte 3	Gesamtzahl der SWS für Studium im Schwerpunktbereich		SWS für Grundlagenfach/Schlüsselqualifikation/ Fremdsprachenkompetenz/	Gesamtzahl SWS	
1. Semester	14	6	20			3 GLF	23	
2. Semester	17	4	21			2 FSK	23	
3. Semester	18	4	22				22	
4. Semester	19		19	*4*			23	
5. Semester	14		14	*5*	*(6)*	2 SchQ	*21*	*(22)*
6. Semester	16		16	*5*	*(6)*		*21*	*(22)*
7. Semester	21		21	*2*	*(0)*		*23*	*(21)*
8. Semester	23		23				23	

Formular zum Download unter http://www.ja-aktuell.de

Welche Erkenntnisse ergeben sich aus dieser Berechnung für die Planung des Schwerpunktbereichs? Die Examensvorbereitungsphase ist mit 21 SWS und 23 SWS nicht dazu geeignet, nebenher viel für das Schwerpunktstudium zu tun.[298] Etwas »Luft« ist dagegen im 4., 5. und 6. Semester. In diesem Beispiel würde es sich daher anbieten, schon im 4. Semester mit dem Schwerpunktstudium zu beginnen. Dies ist auch dann empfehlenswert, wenn man die häusliche Arbeit nach dem 6. Semester schreiben will. Dann hat man die Prüfungsfächer des Schwerpunktbereichs alle schon einmal gehört. Die genaue Verteilung der Prüfungsfächer auf die Semester hängt auch davon ab, in welchem Rhythmus (Semester- oder Jahresrhythmus) die Lehrveranstaltungen abgehalten werden. Aus dieser Übersicht zeigt sich aber sehr deutlich, dass die Einführung des Schwerpunktbereichs für die mittleren Semester bedeutet, dass hier mindestens 1,5 Tage pro Woche für den Schwerpunktbereich reserviert sein müssen. Denn 6 Stunden Vorlesung plus 6 Stunden Vor- und Nachbereitung ergeben eine Netto-Belastung von 12 Stunden, das sind 1,5 Lerntage. Auch wenn Sie die Vorlesungen nicht besuchen, ist mindestens diese Zeit zur selbständigen Erarbeitung der Prüfungsfächer einzuplanen.

✎ *Tragen Sie in den Grobplan (Spalte »Juristische Tätigkeiten«) ein, welche großen Lerneinheiten (für die Universitätsprüfung) Sie erarbeiten oder vertiefen werden. Wenn Sie sich noch nicht für einen Schwerpunktbereich entschieden haben[299], haben Sie zwei Möglichkeiten: Sie verwenden im Grobplan als Stellvertreter für die Lerneinheiten, die zu erarbeiten sind, einfach die Abkürzung LE 1, LE 2 etc., oder Sie entscheiden sich vorläufig für einen Schwerpunktbereich und verwenden für den Grobplan die Lerneinheiten dieses Schwerpunktbereichs.*

Hilfsmittel:

* *Die Liste der Lerneinheiten und der Lehrveranstaltungen an Ihrer Universität können Sie Ihren Antworten zu Kapitel 2 und Kapitel 3 entnehmen.*

3. Studienziele

Wenn Sie festgelegt haben, welche großen Lerneinheiten Sie in welchem Semester erarbeiten wollen, kommt nun der wichtigste Teil des Grobplans, die Formulierung der mit den Lerneinheiten verbundenen inhaltlichen Ziele. Es hat verschiedene Vorteile, in einer Spalte neben der juristischen Tätigkeit zusätzlich das jeweils damit verbundene Ziel zu formulieren. Zum einen kann man sich damit immer wieder klar machen, was genau man mit der juristischen Tätigkeit erreichen will (z.B. *nur* Grundwissen erlangen). Zum anderen wird durch das Festlegen solcher Zwischenziele das große (Fern-)Ziel »Erste Prüfung« in überschaubare Teilschritte zerlegt. Das bewusste Erreichen solcher Zwischenziele führt zu Erfolgserlebnissen, die zum Weiterlernen motivieren.

298 In Hannover wird davon ausgegangen, dass Studierende vom 5. bis 8. Semester parallel zum Pflichtfachbereich das Schwerpunktbereichsstudium im Umfang von 8 SWS absolvieren.

299 Bei der Wahl des Schwerpunktbereichs sollten Sie nach Interesse und Neigung und nach dem Nutzen für Ihr Berufsziel, aber nicht nach – von Ihnen vermuteten – Anforderungen im Examen und somit examenstaktischen Erwägungen entscheiden.

Bei der genauen Formulierung von Lernzielen hilft es, sich zu vergegenwärtigen, in welcher Studienphase die Lerneinheit behandelt wird und welche Hauptziele diese Studienphase hat.[300] Ein weiteres gutes Hilfsmittel kann das kommentierte Vorlesungsverzeichnis sein, besonders wenn Sie die Inhalte von Rechtsgebieten noch nicht kennen. Aus den Erläuterungen zu den Lehrveranstaltungen gehen meist die wesentlichen Inhalte hervor. In den Anfangssemestern können Sie bei jeder Lerneinheit als Ziel formulieren, dass Sie am Ende des Semesters Grundkenntnisse haben (z.B. »gute Grundkenntnisse im Schuldrecht AT«). Bei Fächern, die in den mittleren Semestern neu hinzukommen, können Sie das Lernziel ebenso formulieren. Bei Fächern, die Sie erstmalig schon in der Anfangsphase erarbeitet haben, können Sie in den mittleren Semestern eintragen, dass Sie Kenntnisse wiederholen und vertiefen (z.B. »vertiefte Kenntnisse im Verwaltungsrecht« oder »umfassende Kenntnisse im Leistungsstörungsrecht«).

✎ *Notieren Sie in der Spalte »Studienziele« Ihre mit den juristischen Tätigkeiten verbundenen Lernziele. Beachten Sie dabei, dass Ziele positiv und im Präsens formuliert werden.*[301]

Zur laufenden Kontrolle, inwieweit Sie Ihre Studienziele erreichen, empfiehlt es sich, darüber Buch zu führen, wie und wann man eine Lerneinheit erstmals erlernt hat, wann man sie wiederholt hat und wie viele Klausuren man in dem Fach geschrieben hat.[302]

4. Erwerb von Zusatzqualifikationen

Zu möglichen weiteren »Juristischen Tätigkeiten« gehört der (freiwillige) Erwerb von Zusatzqualifikationen, wie umfangreichere Fremdsprachenausbildungen,[303] wirtschaftswissenschaftliche Zusatzausbildungen[304] und, falls noch nicht ausreichend vorhanden, EDV-Kenntnisse.[305] Fachkenntnisse auf dem Gebiet der Betriebswirtschaftslehre, der Informatik, der Architektur- und Ingenieurswissenschaften oder der Medizin können im Hinblick auf eine spätere Spezialisierung zum Fachanwalt sinnvoll sein.[306] Nach den bisherigen Feststellungen ist dafür eigentlich nur noch in den Anfangssemestern oder im Grundstudium Zeit. In der Mittelphase können Sie in zeitlich bedingte Interessenkonflikte zwischen dem schon umfangreichen Pflichtprogramm (Pflichtfächer und Schwerpunktbereichsfächer) und dem Erwerb von Zusatzqualifikationen kommen. Zahlreiche Fakultäten bieten komplementäre Studiengänge

300 Siehe oben S. 124 f.

301 Ausführlich zu Zielen Kapitel 12 (Zeitmanagement), S. 349 ff., zur Zielformulierung siehe S. 350 (Aufgabenkasten).

302 Siehe auch die Checklisten in *Münchhausen/Püschel*, S. 238 ff.

303 Einige Universitäten, z.B. Augsburg oder Passau, bieten studienbegleitende fachspezifische Fremdsprachenausbildungen mit Zertifikat an.

304 Z.B. an der Universität Bayreuth. International ausgerichtete Kanzleien, Unternehmensberatungen und Unternehmen beklagen die Defizite von Jura-Absolventen hinsichtlich wirtschaftswissenschaftlicher Grundkenntnisse.

305 Zu Gründen, die für den Erwerb von Zusatzqualifikationen im Studium sprechen, siehe oben S. 118 ff.

306 Zugelassene Fachanwaltsbezeichnungen sind z.B. Fachanwalt für Bau- und Architektenrecht, für Medizinrecht, für Informationstechnologierecht, für Handels- und Gesellschaftsrecht, für Bank- und Kapitalmarktrecht, für Steuerrecht.

an, z.B. in Bayreuth und Köln die Ausbildung zum Wirtschaftsjuristen oder in Regensburg und Passau Begleitstudien zum osteuropäischen Recht.[307] Wenn es um die Verbesserung von Fremdsprachenkenntnissen geht, kann man den zeitlichen Konflikt dadurch entschärfen, dass man ein oder zwei Auslandssemester einschiebt oder den Fremdsprachenerwerb auf einen Auslandsaufenthalt in der Referendarzeit verschiebt.

✎ *Tragen Sie, falls Sie Zusatzqualifikationen erwerben wollen, diese in die Spalte »Juristische Tätigkeiten« und die damit verbundenen Ziele in die Spalte »Studienziele« ein.*

5. Zwischenbilanz

Lesen Sie dazu noch einmal zur Veranschaulichung die Ausführungen in Kapitel 1, S. 16 f.

Bevor Sie weitere Tätigkeiten in den Grobplan eintragen, sollten Sie für die vorlesungsfreien Zeiten eine Art »Zwischenbilanz« ziehen, um festzustellen, wie viel Zeit Ihnen insgesamt noch für private Aktivitäten und Stoffwiederholung verbleibt.

✎ *(1) Drucken Sie das Formular zur Berechnung des in den vorlesungsfreien Zeiten zur Verfügung stehenden Zeitrahmens aus.* [308]

✎ *(2) Tragen Sie den Zeitbedarf für Hausarbeiten und Praktika ein. Rechnen Sie aus, wie viele vorlesungsfreie Wochen Ihnen nach Abzug des Wochenbedarfs für Hausarbeiten und Praktika jedes Semester verbleiben (»verbleibende Wochen«).*

✎ *(3) Tragen Sie in die Spalte »Wochenbedarf für Urlaub« die Anzahl der geplanten Urlaubswochen ein. Gehen Sie, wenn Sie noch keine festen Pläne haben, pro Jahr von ca. 6 Wochen aus. Rechnen Sie die »verbleibenden Wochen für Stoffwiederholung, Ferienjobs, etc.« aus und tragen Sie diese in die letzte Spalte ein.*

307 Zur Übersicht über die Studienangebote der Juristischen Fakultäten 2008 (einschließlich Zusatzangeboten und Aufbaustudiengängen) siehe Deutscher Juristenfakultätentag http://www.dijft.de.

308 Vorlesungsfrei sind im WS 1–2 Wochen, im SS 0 Wochen. Die vorlesungsfreien Zeiten betragen im Frühjahr zwischen 8 und 9 Wochen, im Sommer zwischen 12 und 13 Wochen. Es kommt für die Berechnung der vorlesungsfreien Zeiten des gesamten Studiums nicht darauf an, die Wochenzahl für die nächsten Semester ganz genau zu wissen, daher sind abwechselnd 8 und 9 bzw. 12 und 13 Wochen eingetragen. Im konkreten Semesterplan kann die Dauer der vorlesungsfreien Zeit dann genau berücksichtigt werden.

Beispielsberechnung

Studium beginnt im WS:	vorlesungsfreie Wochen insg.	Wochenbedarf für Hausarbeiten/Seminararbeiten	Wochenbedarf für Praktikum	Zwischenergebnis: noch verbleibende Wochen	davon Wochenbedarf für Urlaub	verbleibende Wochen für Stoffwiederholung, Jobben etc.
1. Semester	2 (Weihnachten)				1	1
Sem.»ferien«	8	3 + 3 = 6 (HA + HA)		2	1	1
2. Semester	0					
Sem.»ferien«	13	3 (HA)	4	6	4	2
3. Semester	2 (Weihnachten)				1	1
Sem.»ferien«	9	3 (HA)	4	2	1	1
4. Semester	0					
Sem.»ferien«	12	3 (HA)	4	5	4	1
5. Semester	2 (Weihnachten)				1	1
Sem.»ferien«	8	3 (Seminar)	0	5	1	4
6. Semester	0					
Sem.»ferien«	12	6 (Studienarbeit)		6	Beginn der Examensvorbereitung (nur kurzer Urlaub)	

Formular zum Download unter http://www.ja-aktuell.de

Im Beispiel wird von je drei Hausarbeiten für die kleine und die große Übung ausgegangen. Außerdem wird eine Seminararbeit von 3 Wochen geschrieben. Die Studienarbeit im Umfang von 6 Wochen als Teil der Universitätsprüfung wird nach dem sechsten Semester geschrieben. Was zeigt dieses Beispiel? Es zeigt deutlich, dass es völlig illusorisch ist, zu glauben, man könnte nicht gelernten Stoff in den Semesterferien »nebenbei noch nachlernen«.[309] Wenn Sie während des Studiums »geschludert« haben, ist die einzige Möglichkeit, Stoff nachzulernen, teilweise auf den Urlaub zu verzichten. Noch einmal zur Erinnerung:

☞ Die vorlesungsfreien Zeiten im Jurastudium sind durch Hausarbeiten, Seminararbeiten, Prüfungsarbeit für den Schwerpunktbereich, Praktika und den nötigen Urlaub fast vollständig belegt.

309 *Lüke*, S. 119, meint, realistischerweise müsse der Vorlesungsstoff in der nachfolgenden vorlesungsfreien Zeit aufgearbeitet werden, da man es zeitlich im laufenden Semester kaum schaffe. Angesichts der tatsächlichen Gegebenheiten ist genau das Umgekehrte zu empfehlen: es muss unter allen Umständen versucht werden, den Stoff bereits während des Semesters zu erarbeiten, da in den Semesterferien keine Zeit dafür ist.

☞ Was Hänschen in der Vorlesungszeit nicht lernt, lernt Hans in der vorlesungsfreien Zeit nicht mehr. In der vorlesungsfreien Zeit bleibt keine Zeit, sich Stoff anzueignen.

Anhand der Berechnung ergibt sich auch, dass es fast unmöglich ist, sich ein kurzes Studium teilweise oder hauptsächlich durch einen Nebenjob zu finanzieren.[310] Versuchen Sie deshalb unbedingt, die Finanzierung des Studiums[311] auf andere Arten (BAföG, Eltern, Stipendien) zu sichern, oder planen Sie andernfalls Ihr Studium von vornherein auf eine längere Studiendauer. Wenn man die nicht durch Hausarbeiten, Praktika oder Urlaub ausgebuchte Zeit zum Jobben verwendet, hat man bis zur Examensvorbereitung keine Zeiträume, in denen man versäumten Stoff nachholen kann, und wird daher nur mit großen Wissenslücken den Freiversuch wagen können.

6. Nichtjuristische Tätigkeiten

Lesen Sie dazu noch einmal zur Veranschaulichung die Ausführungen in Kapitel 1, S. 13.

Wenn man von 6 Wochen Jahresurlaub ausgeht, bleiben nur wenige Wochen übrig. Die privaten Tätigkeiten und ein eventueller Ferienjob müssen daher genau überlegt sein. Weiter ist zu berücksichtigen, dass die vorlesungsfreie Zeit nach dem 6. Semester bereits zur Examensvorbereitung gerechnet werden muss.[312] Nun geht es darum, zu entscheiden, was in den verbleibenden Wochen der vorlesungsfreien Zeiten eingeplant werden kann.

a) Auflistung der nichtjuristischen Tätigkeiten

Für den nichtjuristischen Bereich ist eine Auflistung aller Aktivitäten notwendig, von denen bereits fest steht, dass sie während des Studiums Zeit in Anspruch nehmen werden (z.B. Nebenjobs während des Semesters, Ferienjobs, Urlaub, Mithilfe im elterlichen Betrieb).

310 Bei einer Selbstfinanzierung des Studiums ist der Freiversuch nur mit erheblichen Wissenslücken möglich.

311 Trotzdem jobben 2/3 der Studierenden neben dem Studium. Zur Finanzierung des Studiums siehe *Verbraucherzentrale*, Clever studieren mit der richtigen Finanzierung, 2. Aufl. 2007; *Horst Siewert*, Studieren mit Stipendien, Deutschland – Weltweit, Freiburg/Breisgau, 2. Aufl. 2007. Eine Checkliste des Centrums für Hochschulentwicklung in Gütersloh für die Wahl des passenden Studienkredits findet man unter http://www.che-studienkredit-test.de. Zur Finanzierung mittels BAföG siehe *Ulrich Ramsauer/Michael Stahlbaum/Sonja Sternal*, Mein Recht auf BAföG, München, 4. Aufl. 2003; *Becher*, S. 23 ff. Zu arbeitsrechtlichen Fragen siehe *Harro Plander*, Ratgeber Studentenjobs, Arbeitsrecht, Sozialversicherungsrecht, Steuern, München, 2007.

312 In Bundesländern mit festen Klausurterminen liegt ein Zeitraum von 12 bis 13 Monaten zwischen Ende des 6. Semesters und Beginn des Examens. Wenn Sie im Anschluss an das 6. Semester die Prüfungsarbeit für den Schwerpunktbereich schreiben, bleiben 11 bis 12 Monate zur Examensvorbereitung.

✎ *(1) Tragen Sie Ihre privaten Aktivitäten in die Liste ein.*
✎ *(2) Entscheiden Sie, welche Priorität[313] die einzelnen Aktivitäten haben sollen, und ordnen Sie jede Aktivität einer vorläufigen Prioritätsstufe (z.B. 1, 2, 3) zu.*
✎ *(3) Schätzen Sie den Zeitaufwand und tragen Sie bei »Zeitbedarf« die Bruttozeiten (Zeit für die Aktivität plus Wegzeiten) ein.*

Liste der privaten Aktivitäten

Priorität	private Aktivitäten	Zeitbedarf

Download unter http://www.ja-aktuell.de

b) Interessenabwägung

Wahrscheinlich muss für die verbleibenden Wochen eine Interessenabwägung zwischen nichtjuristischen Tätigkeiten und juristischen Tätigkeiten vorgenommen werden, da nicht für alle aufgelisteten Tätigkeiten Zeit zur Verfügung steht. Diese Interessenabwägung kann nur von Ihnen selbst vorgenommen werden. Dabei kann Ihnen die Prioritätsstufe, die Sie bei den nichtjuristischen Tätigkeiten vergeben haben, helfen. Auf Tätigkeiten mit der Prioritätsstufe 3 müssen Sie unter Umständen verzichten.

✎ *(1) Überlegen Sie, welche Tätigkeiten (nichtjuristische oder juristische) Sie in den verbleibenden vorlesungsfreien Zeiten durchführen wollen.*
(a) Wenn Sie sich für Stoffwiederholung entschieden haben, tragen Sie diese Tätigkeiten mit dem geschätzten Zeitbedarf in den Grobplan ein. Tragen Sie in die Spalte »Studienziele« das jeweils damit verbundene Ziel ein.
(b) Tragen Sie die nichtjuristischen Tätigkeiten, die Sie in den vorlesungsfreien Zeiten durchführen wollen, mit dem geschätzten Zeitbedarf in den Grobplan ein.
✎ *(2) Tragen Sie die nichtjuristischen Tätigkeiten, die Sie während der Vorlesungszeit neben dem Studium ausüben wollen, ein (siehe Auflistung der nichtjuristischen Tätigkeiten).*

Damit ist Ihr Grobplan für das (verbleibende) Studium vollständig.

III. Semesterplanung

Die Anfangsphase und die Mittelphase des Studiums sollten semesterweise geplant werden. Für die Examensvorbereitungsphase (in Bezug auf die staatliche Prüfung) empfiehlt sich ein Gesamtplan.

Die Realität der Anfangssemester und mittleren Semester sieht häufig wie im Beispiel des Studenten A[314] aus: Der Hauptteil der Semesterferien wird für die Anfertigung

313 Näheres dazu in Kap. 12 (Zeitmanagement), S. 355 f.
314 Siehe Kap. 1 (Studienplanung des A), S. 5 f.

der Hausarbeit verwendet, und bei vielen Studierenden auch noch der Beginn des Semesters bis zum Abgabetermin. Dadurch verpasst man die ersten Vorlesungen des Semesters. In der dritten oder vierten Semesterwoche wird dann die erste Klausur in der Übung geschrieben. Daher werden die ersten Wochen des Semesters fast ausschließlich dafür verwendet, sich möglichst schnell viel Wissen in dem Rechtsgebiet der Übung anzueignen, um die Klausur zu bestehen. Der Besuch anderer Vorlesungen wird der Vorbereitung auf die Klausur »geopfert«. Nach der Klausur könnte man nun endlich – bis zu nächsten Klausur oder Hausarbeit – »normal« studieren. Oft ist dann jedoch der Anschluss in den anderen Vorlesungen verpasst, weshalb viele Studierende das systematische Lernen für dieses Semester ganz aufgeben. Einen solchen Semesterverlauf kann man nur vermeiden, wenn man vor Semesterbeginn einen Semesterplan erstellt und sich neben dem Ziel des Scheinerwerbs auch inhaltliche Ziele setzt.[315] Ein Semesterplan mit inhaltlichen Zielsetzungen kann insbesondere in den Fächern, in denen keine Abschlussklausur geschrieben und kein Schein erworben wird, zum Lernen motivieren.[316]

1. Semesterplan

Als Basis für den Semesterplan dient der entsprechende Ausschnitt aus dem Grobplan. Dieser Ausschnitt wird daraufhin überprüft, ob die geplanten juristischen und nichtjuristischen Tätigkeiten beibehalten, ggf. geändert werden sollen, wegfallen müssen oder ob weitere hinzukommen. Der Semesterplan ist also der ergänzte und auf den neuesten Stand gebrachte Ausschnitt aus dem Grobplan. Außerdem enthält er genaue Angaben zum Zeitbedarf. Am Ende des Semesters kann man anhand der Studienziele im Semesterplan feststellen, welche der Ziele erreicht wurden. Wurden Ziele nicht erreicht (z.B. bestimmte Rechtsgebiete nicht oder nicht vollständig erarbeitet), werden sie im Grobplan entweder in ein anderes Semester übertragen oder als Ziel für die Examensvorbereitungsphase notiert.

✎ *Erstellen Sie den Semesterplan für das kommende Semester. (Nehmen Sie als Basis den Ausschnitt aus dem Grobplan und überprüfen Sie, ob der bisherige Plan beibehalten werden kann oder aufgrund neuerer Entwicklungen modifiziert werden muss.)*

2. Kalendarium für das Semester

Lesen Sie dazu noch einmal zur Veranschaulichung die Ausführungen in Kapitel 1, S. 20 f.

Um zu überprüfen, ob sich die einzelnen Tätigkeiten eines Semesters terminlich vereinbaren lassen, bedarf es eines Semester-Kalendariums.[317] Dabei empfiehlt es sich,

315 Sollte es jedoch trotz aller guten Vorsätze nicht gelingen, im Semester von Anfang an Stoffgebiete systematisch zu erarbeiten, sollte man damit wenigstens nach den Klausuren beginnen nach dem Motto: Lieber spät als nie.

316 Je weniger Leistungskontrollen es an Ihrer Universität gibt, desto wichtiger ist ein Semesterplan als Anhaltspunkt.

317 Siehe Kalendarium des B für die Vorlesungszeit im 3. Semester in Kap. 1 (Warum Studienplanung?), S. 21.

ein Kalendarium zu verwenden, das die gesamte Vorlesungszeit auf einen Blick bietet, also im Wintersemester über den Jahreswechsel hinausgeht.[318]

> ✎ *(1) Tragen Sie in ein Kalendarium für das kommende Semester die schon feststehenden Termine ein.*
>
> ✎ *(2) Überprüfen Sie, ob sich die Termine zeitlich vereinbaren lassen. Falls sich Termine überschneiden, müssen Sie Ihren Semesterplan entsprechend korrigieren. Überprüfen Sie, ob es besondere Lernengpässe oder Zeiten hoher Belastungen geben wird, und kennzeichnen Sie diese im Kalendarium.*

IV. Wochenstundenplan

> *Lesen Sie dazu noch einmal zur Veranschaulichung die Ausführungen in Kapitel 1, S. 21 ff.*

Im Wochenstundenplan wird festgelegt, zu welchen Zeiten welche konkreten Tätigkeiten stattfinden sollen. Feststehende Lernzeiten und Lerninhalte entlasten Sie davon, immer wieder neu entscheiden zu müssen, wann, wie, wo und was Sie lernen.

1. Welche Tätigkeiten berücksichtige ich im Wochenstundenplan? Wie kann ich den Zeitbedarf richtig einschätzen?

In den Wochenstundenplan tragen Sie den Besuch der Lehrveranstaltungen, das eigenständige Erarbeiten von Rechtsgebieten, die Teilnahme an privaten Arbeitsgemeinschaften, Wiederholungsphasen, Pufferzeiten und feststehende private Tätigkeiten ein. Außerdem sollten Sie ausreichend Zeit zur freien Verfügung einplanen.

a) Lehrveranstaltungen

aa) Vorlesungen

Viele Studierende verkennen den zeitlichen Aufwand für die Vor- und/oder Nacharbeit und belegen (zu) viele Lehrveranstaltungen. Nur durch regelmäßige Nacharbeit, am besten aber durch Vor- und Nacharbeit, bleibt der Stoff der Vorlesungen »hängen«. Allgemein gilt die Faustregel, dass man genauso viel Zeit für die Vor- und Nachbereitung einschließlich Wiederholungsphasen einplanen sollte wie für die Vorlesung selbst.[319] Bei genauer Planung zeigt sich jedoch schnell, dass die Faustregel aufgrund der überladenen Studienpläne nicht einzuhalten ist. Bei einer Semesterwochenstundenzahl von 23 Vorlesungsstunden ergeben sich mit Vor- und Nachbereitung nach der Faustregel bereits 46 Wochenstunden (!). Zu diesen 46 Wochenstunden kommt der Zeitbedarf für eigenständige Wiederholungsphasen (z.B. die Gesamtwiederholung des Stoffes der letzten Woche mit Karteikarten) und für private Arbeitsgemeinschaften hinzu. Wenn Sie für die private Arbeitsgemeinschaft und für die eigenständige Wiederholung jeweils noch drei Stunden rechnen, sind Sie bei 52 (!) Wochenstunden. Hier kann man natürlich einwenden, dass es sich bei dieser Berechnung um 45-Minuten-Einheiten handelt und deshalb tatsächlich nur 39 Zeitstunden

318 Geeignet sind Leporellos, d.h. Kalender mit harmonikaartig zusammenfaltbaren Seiten. Eine Kopiervorlage für ein Kalendarium enthält *Hellermann/Plehn-Hellermann*, Leichter lernen, Münster, 2007, S. 119 und 120.

319 *Steimel*, Am Beginn des Studiums, S. 110; *Chevalier*, S. 152.

pro Woche verplant sind. Aber diese Rechnung geht nicht auf, da sie die notwendigen und die »erzwungenen« Pausen zwischen den Vorlesungen oder zwischen den individuellen Arbeitsphasen nicht berücksichtigt. Tatsache bleibt, dass Sie bei 52 Wochenstunden im Durchschnitt täglich 10 Stunden mit Studienaktivitäten beschäftigt sind. Damit dürften die meisten Studierenden an der Grenze ihrer Kapazitäten angelangt sein.[320] Wenn Sie nicht entweder unter der Arbeitslast »zusammenbrechen« oder alles nur »halbherzig« betreiben wollen, sollten Sie von Anfang an darauf achten, nur so viele Vorlesungen einzuplanen, wie Sie nacharbeiten können. Wenn Sie feststellen, dass Sie keine Zeit haben, alle Vorlesungen in dem zeitlichen Umfang vor- und nachzuarbeiten, wie die Faustregel es vorgibt, kann es ein Kompromiss sein, die Vor- und Nachbereitungszeit bei manchen Vorlesungen auf die Hälfte der Vorlesungszeit zu reduzieren. Diese Zeit sollte jedoch auf keinen Fall unterschritten werden. Es bringt nichts, »wenigstens mal hinzugehen und ein paar Stichworte zu notieren«, um die Notizen später einmal durchsehen zu können.[321] Wenn Sie also feststellen, dass Sie nicht auf die Mindestzeiten für Vor- und Nachbereitung kommen, sollten Sie die Vorlesung besser aus Ihrem Plan streichen.

Ob generell für Sie der Besuch von Vorlesungen eher mehr oder eher weniger sinnvoll ist, hängt unabhängig von der konkreten Vorlesung zunächst davon ab, welcher Lerntyp Sie sind. In bezug auf eine konkrete Vorlesung ist dann maßgeblich, ob Sie vom Aufbau, der Vortragsweise und dem Stil des Dozenten angesprochen werden. Ist dies der Fall, spricht einiges dafür, die Vorlesung zu besuchen und parallel dazu das Rechtsgebiet zu erarbeiten. Erstens kann die Vorlesung Sie immer wieder dazu motivieren, sich mit diesem Rechtsgebiet zu beschäftigen. Zweitens erhalten Sie durch die Gliederung der Vorlesung Anhaltspunkte für die einzelnen Arbeitsschritte und Hilfestellung bei der Frage, wo Sie Schwerpunkte setzen sollten. Drittens können Sie sich bei Fragen, die während der Erarbeitung des Rechtsgebietes entstehen, an den Dozenten wenden und erhalten so eventuell Informationen, die nicht im Lehrbuch stehen (z.B. über neueste Entwicklungen). Haben Sie allerdings nach zwei bis drei Wochen das Gefühl, mit der Vorlesung nichts »anfangen« zu können, sollten Sie möglichst schnell auf den Vorlesungsbesuch verzichten und sich das Rechtsgebiet individuell erarbeiten. Ihre Zeit ist in diesem Fall wesentlich sinnvoller im Eigenstudium angelegt. Die Gründe dafür, dass Sie persönlich nichts mit der Vorlesung anfangen können, sind dabei völlig unerheblich (Es kann sein, dass die Vorlesung Schwerpunkte bei Rechtsfragen setzt, die Ihnen nicht unbedingt examensrelevant erscheinen; es kann sein, dass Ihnen Stil und Vortragsweise des Dozenten nicht liegen, etc.). Bei der Planung der Vor- und Nacharbeit sollten Sie darauf achten, dass die erneute Beschäftigung mit dem Stoff der Vorlesung innerhalb von 48 Stunden nach der

320 Die Studienpläne der Fakultäten gehen von 18–24 Wochenstunden an Vorlesungen aus. 24 Wochenstunden führen nach der Berechnung zu einer Belastung von 48 Zeitstunden (Pausen noch nicht eingerechnet) und damit zu einer täglichen Brutto-Studienzeit von über 12 Stunden. Beim juristischen Lernen, das eine Dauerkonzentration verlangt, sind 24 SWS unrealistisch und werden mit Sicherheit dazu führen, dass die Vor- und Nachbereitung der einzelnen Vorlesung zu kurz kommt. Der Empfehlung von *Martina Deckert*, Praktische Anleitung für ein erfolgreiches Jurastudium, JuS 1994, L 1, 3, in den ersten Semestern »lieber mäßig, aber regelmäßig« zu lernen, kann nur noch hinsichtlich des »regelmäßig« gefolgt werden. Nach der Reform des Jurastudiums verlangt ein erfolgreiches Studium in 9 Semestern bereits im ersten Semester vollen Einsatz.

321 Nur bei ausgeprägt auditiven Lerntypen führt schon der Vorlesungsbesuch allein zu einem erhöhten Lerneffekt. Zur Feststellung des Lerntyps siehe die Ausführungen in Kap. 11 (Lernen), S. 316 ff.

Vorlesung erfolgt.[322] Außerdem ist es günstig, eine Arbeitsphase möglichst kurz vor die nächste Vorlesung in diesem Fach zu legen. Erstens finden Sie dann in der Vorlesung den Einstieg in die Materie schneller, und zweitens haben Sie sich durch die nochmalige Wiederholung des Stoffes auf die Vorlesung vorbereitet.

bb) Fallbesprechungen/Arbeitsgemeinschaften

An den meisten Universitäten werden in den ersten Semestern Fallbesprechungen, Arbeitsgemeinschaften oder Begleitkollegs angeboten. Da die Teilnehmerzahl begrenzt ist, bieten Fallbesprechungen eine sehr gute Möglichkeit, die Falllösungstechnik zu erlernen und zu üben. In dem relativ kleinen Kreis von Teilnehmern kann man unbefangen Fragen stellen und vor allem auch die mündliche Argumentationsfähigkeit schulen. Im Gegensatz zu Vorlesungen haben Sie bei Fallbesprechungen meist die Möglichkeit, zwischen parallel stattfindenden Fallbesprechungen zu wählen. Die Chance, eine bezüglich der Art der Stoffvermittlung und der Leitung geeignete Fallbesprechung zu finden, ist also groß. Durch die gemeinsame Falllösung in den Fallbesprechungen haben Sie Gelegenheit, Mitstudierende fachlich und persönlich kennen zu lernen und auf diesem Wege »Mitstreiter« für eine private Arbeitsgemeinschaft zu finden. Aus diesem Grund sollten Sie alle Möglichkeiten, an Fallbesprechungen teilzunehmen, wahrnehmen. Hinsichtlich des Zeitbedarfs gilt dasselbe wie für Vorlesungen. Zur Vor- und Nachbereitung benötigt man genauso viel Zeit wie für die Fallbesprechung selbst.

cc) Übungen/Vorlesungen mit Abschlussklausuren

Die Teilnahme an Übungen dient bei den meisten Studierenden dem Zweck, den Schein zu erwerben und damit eine Voraussetzung zum Examen abzuhaken. Dabei wird verkannt, dass Übungen zu den wenigen universitären Lern- und Erfolgskontrollen gehören. Nutzen Sie daher jede Gelegenheit, Klausuren zu schreiben und – für Sie kostenlos – korrigieren zu lassen. Die Korrekturen ermöglichen jedenfalls eine gewisse Selbsteinschätzung. Zu Übungszwecken (wie der Name der Lehrveranstaltung schon sagt) sollten Sie alle angebotenen Klausuren mitschreiben, auch wenn Sie bereits eine Klausur bestanden und damit den Schein »in der Tasche« haben. An vielen Universitäten kann man nach dem Scheinerwerb, also in den darauf folgenden Semestern, an Übungen teilnehmen und die Klausuren mitschreiben, um das Klausurenschreiben zu trainieren. Wenn ein solches Klausurtraining an Ihrer Fakultät möglich ist, könnten Sie sich vornehmen, im fünften oder sechsten Semester möglichst zeitnah die Klausuren im Zivilrecht, Öffentlichen Recht und Strafrecht als eine Art eigener »Mini-Zwischenprüfung« mitzuschreiben, um Ihren Leistungsstand zu beurteilen.[323]

> ✎ *Stellen Sie fest, ob es an Ihrer Fakultät möglich ist, auch nach dem Erwerb eines Scheines übungshalber die Klausuren von Übungen mitzuschreiben.*
> **Hilfsmittel:**
> * *Auskunft des Studiendekans/Studienberatung*

Es empfiehlt sich, bei Rechtsgebieten, in denen Sie an einer Übung teilnehmen, von vornherein größere Zeiteinheiten für die Vor- und Nacharbeit einzuplanen. Damit

322 Zur Vergessenskurve siehe Kap. 11 (Lernen).
323 Siehe dazu Kap. 2 (Studieninhalte und Prüfungsanforderungen), S. 57.

vermeiden Sie, dass Sie durch die Klausurvorbereitung aus dem wöchentlichen Lernrhythmus geworfen werden und den Wochenstundenplan nicht einhalten können.

b) Eigenständiges Erarbeiten von Rechtsgebieten

Das eigenständige Erarbeiten eines Rechtsgebiets erfordert erfahrungsgemäß mehr Selbstdisziplin als das Erarbeiten des Rechtsgebiets parallel zur Vorlesung und deren Nachbereitung. Da die wichtigste Erfolgskontrolle (das Examen) noch in weiter Ferne ist und man in der Schule häufig nur auf Grund des Notendrucks gelernt hat, fällt es schwer, ohne unmittelbaren Anreiz in eigener Verantwortung Rechtsgebiete zu erarbeiten. Diesen Anreiz kann man sich schaffen, indem man im Wochenstundenplan Lernzeiten für das entsprechende Rechtsgebiet vorsieht, die man genau so verbindlich sieht wie Vorlesungstermine. Einen zusätzlichen und sehr wirksamen Anreiz kann eine private Arbeitsgemeinschaft bieten, in der regelmäßig die gelernten Themenkomplexe des Rechtsgebiets besprochen werden.[324] Für das eigenständige Erarbeiten des Rechtsgebiets sollten Sie das 1,5-fache der vorgesehenen Vorlesungszeit pro Woche einplanen. Wenn Sie die Arbeitsphasen auf zwei Tage verteilen, erzielen Sie über die Wiederholung einen höheren Lerneffekt.

Übrigens gilt bei der selbständigen Erarbeitung eines Rechtsgebiets für die Auswahl der Lehrbücher ähnliches wie für die Auswahl der Vorlesungen. In der knappen Zeit kann man es sich nicht leisten, ein Lehrbuch zu lesen, das einen nicht anspricht. Denn auch wenn man sich tapfer durch das Lehrbuch »quält«, wird man aufgrund der fehlenden Motivation nur sehr wenig davon behalten.

c) Exkurs: Gewichtung einzelner Rechtsgebiete

Bei der Verteilung der Vor- und Nachbereitungszeit und der Zeit für die eigenständige Erarbeitung von Rechtsgebieten sollten Sie bei folgenden Rechtsgebieten wegen der hohen Bedeutung und des Schwierigkeitsgrades einen erhöhten Zeitbedarf einplanen:

aa) Zivilrecht: BGB AT und Schuldrecht AT

Ohne fundierte Kenntnisse im 1. und 2. Buch des BGB können Sie fast keinen zivilrechtlichen Fall lösen: Das 1. Buch des BGB (AT) enthält die allgemeinen Regeln, die nicht nur für die anderen Bücher des BGB, sondern meist auch im übrigen Zivilrecht gelten. Der Allgemeine Teil des Schuldrechts trifft allgemein gültige Regelungen für schuldrechtliche Beziehungen zwischen einzelnen Rechtssubjekten, die elementar für das Verständnis des Zivilrechts sind. Mit einer allgemeinen Regelung ist immer auch ein gewisser Abstraktionsgrad verbunden, weshalb BGB AT und Schuldrecht AT zumindest in Teilen als schwierige Rechtsmaterie bezeichnet werden können. Ca. 50 % des Wissens, das Sie benötigen, um die Examensklausuren im Zivilrecht zu schreiben, bezieht sich auf die ersten beiden Bücher des BGB.[325] Viele Studierende sind überrascht, wenn man ihnen nach dem 2. Semester mitteilt, dass sie mit ihrem Wissen

324 Siehe unter d, S. 140 und ausführlich Kap. 10 (Private Arbeitsgemeinschaften).

325 Zum Anteil von einzelnen Rechtsgebieten an den Rechtsproblemen in zivilrechtlichen Examensklausuren siehe den Erfahrungsbericht mit konkreten Prozentangaben von *Günter Brambring* in: Prütting/Stern/Wiedemann, Die Examensklausur, Köln u.a., 2. Aufl. 2000, S. 3 ff. Die Gegenstände der Pflichtaufgaben der ersten Prüfung werden z.B. in Bayern jährlich detailliert vom Bayerischen Landesjustizprüfungsamts veröffentlicht (in Anlage 1 zum Jahresbericht).

nun bereits einige Examensklausuren bestehen könnten.[326] Für Ihre Planung bedeutet dies, dass Sie in den ersten beiden Semestern den Grundstein für ein erfolgreiches Examen legen, oder umgekehrt, dass sich Lücken im gesamten Studium rächen.[327]

Für das Erlernen der zivilrechtlichen Fächer sollte man in der Regel etwa die Hälfte der Gesamtstudienzeit pro Woche einplanen, auch wenn die Wochenstundenzahl der zivilrechtlichen Lehrveranstaltungen nicht die Hälfte der Wochenstundenzahl aller Lehrveranstaltungen ausmacht. Da der Studienplan in den ersten beiden Semestern noch keine zivilrechtlichen Nebenfächer vorsieht, steht für die fundierte Erarbeitung von BGB AT und Schuldrecht AT ausreichend Zeit zur Verfügung. In den ersten beiden Semestern sollte also die Eigenstudienzeit für das Zivilrecht ungefähr das 1,5-fache der Lehrveranstaltungs-Zeiten im Zivilrecht betragen.

bb) Öffentliches Recht

(1) Grundrechte

Der Grundrechtskatalog hat Einfluss auf die gesamte Rechtsordnung und spielt im Öffentlichen Recht eine sehr wichtige Rolle.[328] In sehr vielen öffentlich-rechtlichen Fällen muss daher auch auf die Grundrechte eingegangen werden. Nach dem Studienplan wird der Grundrechtskatalog meist im Rahmen einer Einführungsvorlesung in das Staatsrecht behandelt. Danach verschwinden die »Grundrechte« vom Studienplan. Dies bedeutet für Sie, dass Sie sich in den ersten Semestern ein gutes Grundlagenwissen zu den Grundrechten aneignen sollten, um darauf zurückgreifen zu können.[329] Als Basis für eine Grundrechtsprüfung wird meist die Verfassungsbeschwerde verwendet. In höheren Semestern werden verfassungsprozessuale Grundzüge nicht mehr behandelt. Deshalb sollte man sich neben der Grundrechtsvorlesung so eingehend mit der Verfassungsbeschwerde befassen, dass man in der Lage ist, eine Verfassungsbeschwerde in allen wichtigen Erscheinungsformen nach der Falllösungstechnik zu prüfen.[330] Für die Vor- und Nachbereitung der Vorlesung zu den Grundrechten sollten Sie mindestens noch einmal die Vorlesungszeit einplanen.

(2) Allgemeines und Besonderes Verwaltungsrecht

Das allgemeine Verwaltungsrecht enthält diejenigen verwaltungsrechtlichen Rechtsbegriffe und grundlegenden Rechtsinstitute, die für das gesamte Verwaltungsrecht gelten, sofern das Besondere Verwaltungsrecht keine Sonderregelungen trifft. Mit Ihren Kenntnissen im Allgemeinen Verwaltungsrecht legen Sie den Grundstein für alle verwaltungsrechtlichen Fallbearbeitungen, da im Besonderen Verwaltungsrecht dieselben Fragestellungen vorkommen wie im Allgemeinen Verwaltungsrecht. Für die Vor- und Nacharbeit der Vorlesung zum Allgemeinen Verwaltungsrecht sollten Sie also ausreichend Zeit einplanen und sich an der Faustregel (das 1,0-fache der Vorle-

326 Es gibt Examensklausuren, die fast ausschließlich Leistungsstörungsrecht zum Inhalt haben. Meistens sind die erzielten Ergebnisse hier unterdurchschnittlich, weil sich viele Kandidaten in der Examensvorbereitung nicht mehr mit diesen »Grundlagen« beschäftigen.

327 *Schwab/Löhnig*, S. 12, zutreffend zum Lernen in den ersten Semestern: »So gesehen ist Ihre momentane Beschäftigung mit den Kerngebieten bürgerlichen Rechts tatsächlich ein wichtiger Bestandteil Ihrer Examensvorbereitung, den Sie ernst nehmen sollten«.

328 Siehe oben Kap. 3 (Lehrveranstaltungsangebot), S. 90.

329 Zur Wissensspeicherung eignen sich besonders gut Karteikarten, siehe dazu Kap. 8 (Karteikarten).

330 *Bodo Pieroth/Bernhard Schlink*, Staatsrecht II, Grundrechte, Heidelberg, 24. Aufl. 2008, enthält auf S. 292 ff. eine Anleitung zur Prüfung einer Verfassungsbeschwerde mit lösungstechnischen Hinweisen.

sungszeit) orientieren. An manchen Universitäten gibt es inzwischen auch Fallbesprechungen zum Verwaltungsrecht. Da hier vor allem auch der Umgang mit gerichtlichen und außergerichtlichen Rechtsbehelfen in der öffentlich-rechtlichen Fallbearbeitung geübt wird, sollten Sie diese Veranstaltungen unbedingt einplanen.

Eine Erkenntnis zu den Rechtsgebieten des Besonderen Verwaltungsrechts war, dass Sie die Rechtsgebiete meist nur einmal in einer Vorlesung hören.[331] Dabei ist gerade das Studium des Besonderen Verwaltungsrechts nicht einfach: Es gibt viele Rechtsquellen unterschiedlichen Ranges (Bundes- und Landesrecht), und Teile des Besonderen Verwaltungsrechts sind häufigen Änderungen unterworfen.[332] Es ist daher vor allem wichtig, aufbauend auf den Kenntnissen des Allgemeinen Verwaltungsrechts, Sonderregelungen und Abweichungen zu erkennen und für diese Sonderregelungen die richtigen Anknüpfungspunkte zum Allgemeinen Verwaltungsrecht zu kennen. Bei der Erarbeitung von Gebieten des Besonderen Verwaltungsrechts sollte man sich nicht im (häufigen Änderungen unterliegenden) Detail verlieren, sondern Wert auf die Grundzüge legen. Im Rahmen der Vor- und Nacharbeit von Vorlesungen zum Besonderen Verwaltungsrecht sollten Sie immer auch Ihre Kenntnisse aus dem Allgemeinen Verwaltungsrecht berücksichtigen. Hinsichtlich des Zeitbedarfs können Sie es sich hier eher erlauben, nur das 0,5-fache der Vorlesungszeit für die Vor- und Nachbereitung anzusetzen, da die Fragestellungen im Besonderen Verwaltungsrecht denen im Allgemeinen Verwaltungsrecht ähneln. Dies gilt nicht für das Polizeirecht, weil im Rahmen des Polizeirechts auch verwaltungsvollstreckungsrechtliche Probleme zu erarbeiten sind. Das Verwaltungsvollstreckungsrecht wird also erfahrungsgemäß erst an dieser Stelle richtig gelernt. Deshalb ist hier als Zeitbedarf die 1,0-fache Zeit anzusetzen.

cc) Strafrecht: Allgemeiner Teil

Der Allgemeine Teil des Strafrechts enthält die allgemeinen Strafrechtslehren und die Grundlagen der Prüfung von Straftatbeständen. Deshalb gilt hier dasselbe wie im Zivilrecht für BGB AT und Schuldrecht AT: Man sollte den Allgemeinen Teil des Strafrechts gründlich erarbeiten. Als Zeitbedarf sollte man mindestens das 1,0-fache der Vorlesungszeit ansetzen.

dd) Prüfungsfächer des Schwerpunktbereichs

Für die Prüfungsfächer des Schwerpunktbereichs sollten Sie ebenso das 1,5-fache der Vorlesungszeit einplanen. Denn dies sind die Fächer, mit denen Sie sich vertieft wissenschaftlich beschäftigen wollen oder sollen. Außerdem müssen Sie sich am Anfang erst in die neuen Rechtsgebiete eindenken, die unter Umständen mit dem bisherigen Stoff fast nichts zu tun hatten. Wenn Sie die Vorlesung nicht vor- und nachbereiten können, hat es hier wegen der fehlenden Querverbindungen ebenso wenig Sinn, »einfach mal hinzugehen«. Der einzige Grund, sich dann für die Vorlesung zu entscheiden, liegt bei manchen Studierenden darin, die Dozenten (und damit auch die Prüfer) des Schwerpunktsbereichs kennenzulernen.

d) Private Arbeitsgemeinschaften

Neben der Vor- und Nachbereitung von Vorlesungen und dem Eigenstudium können und sollten private Arbeitsgemeinschaften in den Wochenstundenplan aufgenommen werden. Die Zusammenarbeit mit anderen Studierenden in einer privaten Arbeitsge-

331 Siehe Kap. 3 (Lehrveranstaltungsangebot), S. 91.

332 Deshalb ist es gerade im Besonderen Verwaltungsrecht wichtig, aktuelle Ausbildungsliteratur zu verwenden und Aufsätze aus Ausbildungszeitschriften (JA, JuS) heranzuziehen.

meinschaft ist eine sehr angenehme und gleichzeitig sinnvolle Art, sich eine zusätzliche Lernkontrolle zu verschaffen. Wie oben bereits erwähnt, kann die private Arbeitsgemeinschaft bei einer eigenständigen Erarbeitung von Rechtsgebieten den nötigen Anreiz dafür schaffen, regelmäßig zu lernen.[333] In Sonder- und Nebengebieten, in denen bis zum Examen keine Klausuren geschrieben werden,[334] bietet eine private Arbeitsgemeinschaft eine sehr gute Möglichkeit zum fallorientierten Lernen und Klausurtraining. Für einen AG-Termin sollte man im Wochenstundenplan mindestens 2, besser 3 Stunden vorsehen.[335]

e) Wiederholungsphasen

Für die Wiederholung des Stoffes der letzten Woche(n), z.B. anhand von Karteikarten, sollten Sie zwei bis drei Wiederholungsdurchgänge vorsehen.[336]

f) Pufferzeiten

Der Wochenstundenplan muss, um realistisch zu sein und eingehalten werden zu können, Zeitreserven für unvorhergesehene Aktivitäten, Lernunterbrechungen und nichteingeplante Aktivitäten enthalten.[337]

g) Private Aktivitäten und Zeit zur freien Verfügung

Planen Sie mindestens 3 Abende pro Woche zur freien Verfügung ein und halten Sie sich einen Tag pro Woche ganz frei. Nebentätigkeiten, vor allem solche, die nicht mit dem Jurastudium zusammenhängen, sollten – wenn möglich – während der Vorlesungszeit des Semesters 4–6 Stunden pro Woche nicht überschreiten. Muss man Nebentätigkeiten in höherem Umfang ausüben, wird man die Anzahl der zu erarbeitenden und zu vertiefenden Stoffgebiete pro Semester verringern müssen.

2. Wie erstelle ich den Wochenstundenplan?

Lesen Sie dazu noch einmal zur Veranschaulichung die Ausführungen in Kapitel 1, S. 21 ff. Darüber hinaus enthalten Kap. 11 (Lernen) und Kap. 12 (Zeitmanagement) das Basiswissen für die Wochenplanung.

Es ist sehr wichtig, die Pläne so realistisch zu gestalten, dass sie auch tatsächlich eingehalten werden können. Wenn Sie zu viel Zeit verplanen, werden Sie ständig den Plan durchbrechen und dies damit rechtfertigen, dass Sie sowieso ausreichend Zeit für das Eigenstudium vorgesehen haben. Beachten Sie bei der Planung auch Ihre persönliche Leistungskurve. Legen Sie Ihre Lernzeiten nicht auf Tageszeiten, in denen Sie generell nicht so gut lernen können.[338] Es geht nicht darum, möglichst viele Stunden an der Universität zu verbringen, sondern darum, die Stunden, die man an der Universität verbringt, effektiv zu nutzen. Im Unterschied zur beruflichen Tätigkeit, in der es meist auch organisatorische oder verwaltungstechnische Tätigkeiten gibt, die

333 Siehe oben b, S. 138.
334 Siehe dazu ausführlich Kap. 2 (Studieninhalte und Prüfungsanforderungen), S. 88.
335 Ausführlich zu Planung, Durchführung und Zeitbedarf siehe Kap. 10 (Private Arbeitsgemeinschaften).
336 Siehe dazu die Vergessenskurve in Kap. 11 (Lernen).
337 Dazu Kap. 12 (Zeitmanagement).
338 Morgenmenschen sind am Abend nicht mehr leistungsfähig und umgekehrt Abendmenschen nicht am frühen Morgen. Außerdem wurde nachgewiesen, dass jeder Mensch in ein mehr oder weniger ausgeprägtes Mittagstief fällt. Näheres dazu in Kap. 12 (Zeitmanagement), S. 352 ff.

man z.B. während des Mittagstiefs erledigen kann, erfordert das juristische Eigenstudium immer eine erhöhte Konzentration. Seien Sie deshalb ehrlich zu sich selbst, und nutzen Sie die Zeit Ihres Mittagstiefs lieber für Freizeit, Mittagsschlaf oder Erledigungen. Achten Sie auf ausreichende Erholungsphasen. Berücksichtigen Sie bei der Verteilung der Eigenstudienzeiten, dass neu Gelerntes innerhalb der nächsten 48 Stunden wiederholt werden sollte.[339] Planen Sie so viel Pufferzeiten ein, dass Sie bei unvorhergesehenen Tätigkeiten Platz in Ihrem Plan haben und Eigenstudienzeiten auf diese Pufferzeiten verlegen können. Dagegen sollten Sie nicht so viele Pufferzeiten einplanen, dass Sie damit jede sich bietende Kaffeepause rechtfertigen können. Wenn Sie von Anfang an realistische Pausen einplanen, fällt es Ihnen leichter, sich daran zu halten. Wenn Sie also feststellen, dass Sie meistens eine dreiviertel Stunde Pause machen, ist es besser, dies einzuplanen als ständig zu überziehen. Gegen Unterbrechungen beim Lernen hilft es oft, sich schon im Voraus mit Kommilitonen für eine bestimmte Pausenzeit zu verabreden und bei unvorhergesehenen Unterbrechungen darum zu bitten, dies in die Pause zu verlegen.

a) Erster Wochenstundenplan für die Vorlesungszeit

Der Wochenstundenplan, den Sie vor Vorlesungsbeginn aufstellen (erster Wochenstundenplan), kann sich in den ersten drei Wochen dadurch ändern, dass Sie entscheiden, ursprünglich eingeplante Lehrveranstaltungen zu streichen (korrigierter Wochenstundenplan, siehe unten b).

✎ *(1) Stellen Sie anhand des kommentierten Vorlesungsverzeichnisses fest, ob für die Rechtsgebiete, deren Erarbeitung Sie für dieses Semester geplant haben, Vorlesungen angeboten werden, und tragen Sie alle Lehrveranstaltungen ein, die Sie gerne besuchen möchten.*

✎ *(2) Tragen Sie zu diesen Lehrveranstaltungen Vor- und/oder Nachbereitungszeiten sowie Wiederholungsphasen ein.*

✎ *(3) Tragen Sie, wenn Sie Rechtsgebiete ohne Vorlesungsbesuch erarbeiten wollen, Zeiten für die selbständige Erarbeitung dieser Rechtsgebiete ein.*

✎ *(4) Tragen Sie mindestens eine* ***selbständige*** *Wiederholungsphase für den Stoff der letzten Woche ein.*

✎ *(5) Tragen Sie Zeiten für eine private Arbeitsgemeinschaft ein.*

✎ *(6) Tragen Sie (bereits feststehende) private Aktivitäten ein.*

✎ *(7) Tragen Sie die Zeiten, in denen Sie notfalls versäumte Tätigkeiten nachholen können, als Pufferzeiten ein.*

Hilfsmittel:

* *Formular für einen Wochenstundenplan: Download unter http://www.ja-akutell.de*

b) Korrigierter Wochenstundenplan für die Vorlesungszeit

Um möglichst schnell zu einem endgültigen Lernrhythmus zu finden, sollten Sie spätestens nach der 3. Vorlesungswoche entscheiden, welche Rechtsgebiete Sie weiterhin parallel zum Besuch einer Lehrveranstaltung erlernen und auf welche Lehrveranstaltungsbesuche Sie für das restliche Semester verzichten müssen.[340] Denn in Anbetracht der Stofffülle und des engen Zeitplans im Jurastudium ist es besonders wichtig, sich

339 Siehe dazu Kap. 11 (Lernen).

340 *Steimel*, Am Beginn des Studiums, S. 111, rät, sich nach zwei Wochen zu entscheiden.

sehr schnell von Aktivitäten zu trennen, die für einen nicht besonders effektiv sind. Oft fällt Studierenden der Entschluss, von Lehrveranstaltungen Abstand zu nehmen, nicht leicht.[341] Dies kann zum einen an der Angst liegen, etwas Wichtiges zu versäumen, und zum anderen an einer gewissen Bequemlichkeit. Es ist nämlich einfacher, sich morgens zwei Stunden in eine Vorlesung zu setzen und nur mit halbem Ohr hinzuhören als in der gleichen Zeit konzentriert einen Abschnitt eines Lehrbuchs durchzuarbeiten. Die Angst, etwas Wichtiges zu versäumen, ist unbegründet, da der Prüfungsstoff in den Ausbildungsgesetzen[342] vorgegeben ist und die Wahrscheinlichkeit gering ist, dass der Professor, dessen Vorlesung man besucht, später die eigene Examensklausur entwirft.[343] Im Hinblick auf die Examensrelevanz sind also Lehrbücher in der Regel einer Vorlesung gleichwertig, wenn nicht manchmal sogar überlegen. Der berühmte Strafrechtsprofessor Claus Roxin aus München hat gesagt: »Zweitens sollte man Kurse und Vorlesungen ... dann besuchen, wenn man ausnahmsweise vom Dozenten und seiner Stoffvermittlung fasziniert ist. Man erhält dadurch Verständnishilfen und Anregungen, die man sich selbst nicht so leicht hätte erarbeiten können.«[344]

Wenn Sie sich dafür entscheiden, eine für das laufende Semester vorgesehene Vorlesung nicht zu besuchen, haben Sie zwei Möglichkeiten: Sie können sich entweder dafür entscheiden, dieses Rechtsgebiet in diesem Semester selbständig zu erarbeiten, oder dafür, es in diesem Semester gar nicht zu erarbeiten. Letzteres ist allerdings nur dann zu empfehlen, wenn man dafür die Erarbeitung eines anderen Rechtsgebiets aus dem nächsten (oder aus dem vergangenen) Semester einplant. Angesichts des umfangreichen Stoffplans sollten Rechtsgebiete zwischen verschiedenen Semestern nur ausgetauscht, nicht aber ersatzlos verschoben werden. Die Änderungen sind im Grobplan zu vermerken. Wenn Sie feststellen, dass Sie bestimmte Rechtsgebiete bei realistischer Planung erst in der Examensvorbereitungsphase erstmals erarbeiten können, sollten Sie diese Rechtsgebiete in einer gesonderten Liste notieren.

Liste der Stoffgebiete, die in der Examensvorbereitungsphase erstmals zu lernen sind

In welchem Semester ursprünglich geplant?	juristische Tätigkeit	Studienziele: Am Ende der Examensvorbereitung habe ich ...

Formular zum Download unter http://www.ja-aktuell.de

341 Dazu deutlich aus der Feder von Professoren, z.B. *Möllers*, S. 18: »Eine Vorlesung, die Sie nur »absitzen«, ist verschwendete Zeit«, oder *Schwab/Löhnig*, S. 13: »haben Sie gleichzeitig den Mut, schlechte Veranstaltungen oder solche, die Sie überfordern, nicht mehr zu besuchen«.

342 Siehe Kapitel 2 (Studieninhalte und Prüfungsanforderungen), S. 60 ff. Deutlich aus der Feder von Professoren, z.B. *Möllers*, S. 18: »Eine Vorlesung, die Sie nur »absitzen«, ist verschwendete Zeit«, oder *Schwab/Löhnig*, S. 13: »haben Sie gleichzeitig den Mut, schlechte Veranstaltungen oder solche, die Sie deutlich überfordern, nicht mehr zu besuchen«.

343 Im Pflichtfachbereich kann die Angst, etwas Wichtiges zu versäumen, allenfalls bei den Übungen für Fortgeschrittene begründet sein. Denn hier kommt es immer wieder vor, dass in der Übung Hinweise für die Klausuren gegeben werden. Im Schwerpunktbereich stellt sich die Lage anders dar. Hier wird der Prüfungsstoff vom Dozenten bestimmt.

344 *Roxin*, S. 10. Zum Vorlesungsbesuch siehe auch Kap. 6 (Systematisches Erarbeiten eines Rechtsgebiets).

Mit einer solchen Liste behält man den Überblick und vermeidet Stress, der oftmals dadurch ausgelöst wird, dass man den Überblick verloren hat.

Der zweite, an den tatsächlichen Lehrveranstaltungsbesuch und die geplanten Eigenstudienzeiten angepasste Wochenstundenplan könnte seinerseits noch einmal änderungsbedürftig sein. Dies ist besonders dann der Fall, wenn Sie wiederholt feststellen, dass Sie im Studienalltag den Plan nicht einhalten können. Um sich nicht zu demotivieren, ist es wichtig, den Plan genau mit der eigenen Leistungsfähigkeit und den eigenen Leistungszeiten abzustimmen. Nach und nach werden Sie jedoch feststellen, dass Sie Routine im Erstellen von Plänen bekommen und von Semester zu Semester besser planen können. Nebenbei erlernen Sie so auch eine wichtige Qualifikation für Ihren späteren Beruf, denn die Fähigkeit des Planens ist in fast jedem Beruf gefragt, und Zeitmanagement gehört zu den Schlüsselqualifikationen.

c) Wochenstundenplan für die vorlesungsfreie Zeit

Lesen Sie dazu die Ausführungen in Kapitel 1, S. 28 ff.

Bei der Erstellung von Wochenstundenplänen für die vorlesungsfreien Zeiten können Sie mehr als in der Vorlesungszeit auf Ihre persönliche Leistungskurve Rücksicht nehmen und die einzelnen Arbeitsphasen entsprechend planen. Es empfiehlt sich, einen Zeitplan zu erstellen, in dem Sie vier bis sechs Arbeitsphasen mit entsprechenden Pausen einplanen, ohne zu konkretisieren, was genau Sie in diesen Arbeitsphasen machen (also unabhängig davon, ob Sie gerade eine Hausarbeit schreiben oder Rechtsgebiete wiederholen).[345] Der Vorteil dieses Zeitplans ist, dass Sie auch in der vorlesungsfreien Zeit einen festen Arbeitsrhythmus haben und nicht ständig mit sich ringen müssen, ob und wann Sie etwas tun. Auch hier gilt, dass der Wochenstundenplan umgehend geändert werden sollte, wenn Sie feststellen, dass Sie ihn nicht einhalten können.

d) Planung »außergewöhnlicher Wochen«

Auch der beste Wochenstundenplan passt nicht für alle Semesterwochen, weil es erfahrungsgemäß immer »außergewöhnliche« Wochen gibt, in denen besondere oder unerwartete Ereignisse stattfinden oder in denen besondere oder unerwartete Tätigkeiten auszuüben sind. Im Bereich des Studiums sind außergewöhnlich vor allem Wochen, in denen Klausuren geschrieben werden. In solchen Wochen ist es erfahrungsgemäß nicht möglich, am normalen Plan festzuhalten. Deshalb empfiehlt es sich, für diese Wochen gezielt einen eigenen Wochenstundenplan zu machen und danach wieder auf den »alten« Wochenstundenplan zurückzukommen. Nur durch eine vorherige Planung können Sie bewusst entscheiden, ob und ggf. welche Lehrveranstaltungen Sie ausfallen lassen (müssen), um genügend Eigenstudienzeit für die Klausurvorbereitung zu haben. Wenn Sie dagegen am normalen Plan festhalten wollen, werden Sie jeden Tag neu mit sich kämpfen und bei jeder einzelnen Entscheidung ein schlechtes Gewissen haben. Eine rechtzeitige neue Planung hat den Vorteil, dass man Mitstudierende darum bitten kann, in Lehrveranstaltungen, die man ausfallen lassen muss, für einen mitzuschreiben. Mitschriften, die auch für andere erstellt werden, sind erfahrungsgemäß besser als Mitschriften, bei denen man nicht mit einer Weitergabe an andere rechnet. Außerhalb des Studiums gibt es außergewöhnliche Wochen

345 Was genau Sie in den einzelnen Arbeitsphasen machen, können Sie anhand eines Lernplans (siehe unten VI, S. 145 und Fn. 347) festlegen.

mit besonderen Ereignissen, die als solche vorhersehbar sind (z.B. die Woche vor Weihnachten, die Hochzeit naher Familienangehöriger). Wenn außergewöhnliche Wochen vorhersehbar sind, hilft eine gesonderte Planung sehr, auch diese Wochen effektiv zu nutzen. Bei Wochen mit unerwarteten Ereignissen (z.B. eigene Krankheit, Unfall, Krankheit in der Familie) weiß man erst hinterher, dass alles »drüber und drunter« ging. Solche Wochen lassen sich durch keine noch so gute Planung in den Griff bekommen. Wenn Sie einen guten Lernrhythmus haben, werden sie nach solchen Wochen wieder in Ihren Rhythmus finden. Wichtig ist dann, die ausgefallenen Lernzeiten festzustellen und sobald wie möglich nachzuholen.

V. Tagesplan

Lesen Sie dazu die Ausführungen in Kapitel 1, S. 30 f.

So wie es außergewöhnliche Wochen gibt, gibt es auch außergewöhnliche Tage, an denen verschiedene Aktivitäten und Termine miteinander zu koordinieren sind. An solchen Tagen sind Tagespläne besonders sinnvoll. Tagespläne helfen zu vermeiden, dass man die beste Lernzeit des Tages damit verbringt, Arzttermine wahrzunehmen oder auf dem BAföG-Amt zu sitzen. Hinzu kommt, dass man unproduktive Zeitverschwendung selten als Erholungs- oder Freizeitphase betrachtet und am Abend zwar erledigt, aber nicht zufrieden ist. Tagespläne haben also die Aufgabe, Aktivitäten sinnvoll über den Tag zu verteilen und Erledigungen gezielt in den Tagesablauf einzuplanen. Sie sind vor allem an Tagen, die vom gewohnten, im Wochenstundenplan vorgesehenen Ablauf abweichen, hilfreich.[346]

VI. Lernplan mit Lernzielen

Ein Beispiel für einen Lernplan finden Sie in Kapitel 10 (Private Arbeitsgemeinschaften), S. 296.

Aus den bisher besprochenen Zeitplänen geht noch nicht hervor, was Sie konkret in den Eigenstudienzeiten zu den einzelnen Rechtsgebieten lernen. In den Wochenstundenplänen findet sich lediglich ein allgemeiner Eintrag wie z.B. »Strafrecht BT lernen«. Deshalb ist zu Beginn der systematischen Erarbeitung eines Rechtsgebiets zusätzlich ein Lernplan erforderlich, aus dem hervorgeht, wann und in welchen Einzelschritten Sie die einzelnen Themenkomplexe des Rechtsgebiets erarbeiten werden.[347] Diese Lernpläne vermitteln einen guten Überblick über das, was Sie im Laufe des Semesters inhaltlich erarbeiten müssen. An den Lernplänen können Sie ablesen, wie schnell Sie bei der Erarbeitung eines Rechtsgebiets vorwärtskommen und eventuell Ihr Arbeitstempo anpassen. Wenn Sie an Weihnachten (nach ungefähr 2/3 der Vorlesungszeit) noch nicht die Hälfte der Themenkomplexe erarbeitet haben, spricht dies

346 Zu Tagesplänen ausführlich Kap. 12 (Zeitmanagement), S. 358 ff.

347 Wie Sie eine detaillierte Stoffübersicht zu einem Rechtsgebiet erstellen und examensrelevante Schwerpunkte bilden, wird in Kap. 6 (Systematisches Erarbeiten eines Rechtsgebietes), S. 161 ff. dargestellt. Zur Erstellung eines Lernplans anhand der Stoffübersicht siehe das Beispiel eines Lernplans einer privaten Arbeitsgemeinschaft in Kap. 10 (Private Arbeitsgemeinschaften), S. 296. Die dort beschriebene Vorgehensweise ist ebenso bei Erarbeitung eines Rechtsgebiets im Eigenstudium möglich.

dafür, dass Sie die Themen des Rechtsgebietes im Moment zu ausführlich, d.h. in vermutlich zu vielen Details, lernen. Lernpläne haben auch den Vorteil, dass man nach jeder Woche feststellen kann, was man bereits erarbeitet hat. Das »Abhaken« zeigt, wie viel man schon geschafft hat, und führt so zu einem (motivierenden) Erfolgserlebnis.

VII. Planung der Examensvorbereitungsphase für die Staatsprüfung

»Ihre Frage muss lauten: Welche Art der Examensvorbereitung wähle ich? Nicht: Zu welchem Repetitor gehe ich?«[348]

Die intensive Vorbereitung auf das Examen (Examensvorbereitungsphase) umfasst zwei bis drei Semester und dient dazu, kontinuierlich und Schritt für Schritt alle examensrelevanten Rechtsgebiete noch einmal zu wiederholen (oder notfalls erstmals zu erarbeiten).[349] Wenn man den Freiversuch machen möchte, ist wegen des Schwerpunktbereichsstudiums eine dreisemestrige ausschließliche Examensvorbereitung auf die staatliche Prüfung kaum möglich, so dass unabhängig davon, welche Variante der Examensvorbereitung Sie wählen, »netto« höchstens zwei Semester bleiben. Diese Erkenntnis verdeutlicht noch einmal, wie wichtig im (reformierten) Jurastudium das kontinuierliche Mitlernen von Studienbeginn an ist.

Am Beginn der Examensvorbereitungsphase steht die Entscheidung für eines der vier Examensvorbereitungsmodelle:

Modell 1:	Schwerpunkt auf dem Besuch des universitären Repetitoriums; Vor- und Nachbereitung des Repetitoriums; Ergänzung durch private Arbeitsgemeinschaften.
Modell 2:	Schwerpunkt auf dem selbständigen Lernen; Ergänzung durch universitäre Repetitorien und durch private Arbeitsgemeinschaften.
Modell 3:	Schwerpunkt auf dem selbständigen Lernen; Ergänzung, Wiederholung oder Kontrolle durch ein privates Repetitorium; Ergänzung durch private Arbeitsgemeinschaft.
Modell 4:	Schwerpunkt auf dem Besuch des privaten Repetitoriums[350]; Hauptteil des Lernens besteht aus der Vor- und Nachbereitung des Repetitoriums; Ergänzung durch private Arbeitsgemeinschaft.

Wie in Kapitel 3 dargestellt, kommt **Modell 1** vor allem an den Universitäten in Betracht, an denen die Veranstaltungen des Unirepetitoriums inhaltlich umfassend angelegt und aufeinander abgestimmt sind, auch in den vorlesungsfreien Zeiten stattfinden und zeitlich so angeboten werden, dass ausreichend Zeit für das Eigenstudium verbleibt. Exemplarisch seien genannt Göttingen (einjährige Examensvorbereitung), Halle-Wittenberg (Repetitorium *hart aber herzlich*), Mainz (Examenskurs), München (Münchner Examenstraining), Münster (unirep), Hamburg (HEX Hamburger Examenskurs[351]) Tübingen (Xaminatorium), Würzburg (Examensvorbereitung). Wenn

348 *Ter Haar/Lutz/Wiedenfels*, S. 14.

349 Zur Examensvorbereitungsphase siehe auch *Warringsholz*, Der Fahrschein fürs Staatsexamen – oder: Was einem sonst keiner sagt, JuS 2000, 311.

350 Zum Pro und Contra von privaten Repetitorien ausführlich Kap. 3 (Lehrveranstaltungsangebot), S. 101 ff.

351 Mit einer eigenen Skriptenreihe in 20 Bänden sowie Workshops zu Lerntechniken, Zeit- und Stressmanagement.

dies an Ihrer Universität nicht gewährleistet ist,[352] sollten Sie in der Reihenfolge der Nennung **Modell 2, Modell 3**[353] **oder Modell 4** in Betracht ziehen.

Wenn Sie sich für Modell 1 oder 2 entscheiden, gehören Sie zu den Studierenden, die sich zutrauen, das Projekt **Examen ohne Repetitor** zu starten. Diejenigen, die den Schritt gewagt haben, waren meistens sehr erfolgreich. Manche von ihnen haben ihre Erfahrungen und Tipps aufgeschrieben, um Studierende zu ermuntern, es ihnen nachzumachen. Auch wenn Sie nicht Modell 1 oder 2 wählen, sind in diesen Büchern viele nützliche Tipps für die Examensvorbereitungsphase enthalten.

Examen ohne Repetitor

Berge, Achim/ Rath, Christian/ Wapler, Friederike.	Examen ohne Repetitor, Leitfaden für eine selbstbestimmte und erfolgreiche Examensvorbereitung, Baden-Baden, 2. Aufl. 2001 (wie man AG-Pläne erstellt, erprobte AG-Pläne, Interviews mit Examenskandidaten, Übersicht über universitäre Angebote).
Obergfell, Eva Ines	Der Gang zum Repetitor – Umweg oder Abkürzung auf dem Weg zum Examen?, JuS 2001, 623 (befürwortet eine selbstorganisierte Examensvorbereitung und nennt fünf Planungsschritte für die Durchführung).
Odendahl, Kerstin	Examensvorbereitung ohne Repetitor, JuS 1998, 572.
Schack, Heimo	Studieren ohne Repetitor, JuS 1998, 190.
Scholz, Peter/ Schulte, Christian	Der Weg zum juristischen Prädikatsexamen, Wie man es bei richtiger Vorbereitung – fast – garantiert schaffen kann, Berlin, 2004.
Steffek, Felix	Wie bereite ich mich auf das erste Staatsexamen vor? – Das Heidelberger Tutorium, JuS 2003, 514.
Münchhausen, Marco v./ Püschel, Ingo P.	Lernprofi Jura, München, 2002 (S. 163 ff. zum Examensmanagement mit Checklisten, S. 236 ff. Wiederholungsmonatspläne).
Ter Haar, Philipp/ Lutz, Carsten/ Wiedenfels, Matthias	Prädikatsexamen, Der selbständige Weg zum erfolgreichen Examen, Baden-Baden, 2. Aufl. 2007 (praktische Anleitung zur individuellen Examensvorbereitung ohne Repetitor mit ausführlichem Muster-AG Plan für die erste Prüfung; auf S. 137 ff. eine Kurzanleitung zum erfolgreichen Examen).
Wolter, Christoph	Mit Repetitor? Ohne Repetitor? – Ein Erfahrungsbericht über den Weg zum erfolgreichen Examen, JA 2006, Report 12/2006, IV ff.

Im Internet

http://www.jurawelt.com/studenten/examenohnerep/: Kurzer Leitfaden mit Tipps zur Zeiteinteilung und Lernplan.

http://www.lrz-muenchen.de/~lorenz/info/lernen.htm (mit ausführlichem Lernplan, zwar Stand 2000, aber als Anhaltspunkt gut geeignet) mit weiterführenden Hinweisen sowie Hinweis auf die Broschüre *Examen ohne Rep* der Fachschaftsinitiative Jura, München

http://www.jura.uni-augsburg.de/de/prof/rosenau/Arbeitstipps/exor.html: Mut zum Examen ohne Repetitor

http://www.examen-ohne-rep.de/vu: Erfahrungsbericht mit genauem Lernplan für 44 Wochen zum Ausdrucken

http://examen-ohne-rep.piranho.de: Sehr ausführlicher Erfahrungsbericht mit vielen vertiefenden Hinweisen zum Lernen, zur Stoffeinteilung etc.

352 Siehe Checkliste zum universitären Angebot in Kap. 3 (Lehrveranstaltungsangebot), S. 104.

353 Es gibt auch online-Repetitorien, z.B. JURIQ® (http://www.cfmueller-campus.de) oder http://www.i-jura.de.

http://www.ejura-examensexpress.de: Juristisches Internetrepetitorium *eJura-Examensexpress*.[354] Der Examensstoff ist als Netzplan mit Linienplänen und Haltestellen dargestellt. Die Übersichten bieten einen guten Überblick und können für die private Examensvorbereitung ausgedruckt werden. Für die Stoffabschnitte werden auch Zeitvorgaben gemacht.

http://www.jura.uni-freiburg.de/: Unter dem Stichwort Ex-O-Rep steht ein 34-seitiges Skript zum Examen ohne Repetitor von *Marco König, Daniel Steinseifer, Daniel Valerius* zur Verfügung (empfehlenswert, viele Hinweise zu privaten Examens-AG).

Abhängig vom jeweiligen Modell der Examensvorbereitung wird für die Examensvorbereitungsphase ein Gesamtplan erstellt. Es handelt sich dabei um eine Art Grobplan, der ähnlich wie der Grobplan des Studiums die juristischen Tätigkeiten (der Examensvorbereitungsphase) und die damit verbundenen Ziele enthält. Statt in Semester wird der Gesamtplan in Monate unterteilt. Viele Studierende erstellen die Pläne für die Examensvorbereitungsphase unter Anleitung der privaten Repetitorien, die genaue Arbeits- und Wiederholungspläne für die Erarbeitung der einzelnen Rechtsgebiete vorgeben. Diese Pläne können eine individuelle Planung der Examensvorbereitungsphase jedoch nicht ersetzen, sondern nur ergänzen.

Gesamtplan für die Examensvorbereitungsphase

Monat	Juristische Tätigkeit	Lernziele
1. Monat		
2. Monat	*Was steht hier?* – *das erstmalige Erarbeiten von Rechtsgebieten (die noch nicht gelernt wurden);* – *Wiederholung von Rechtsgebieten* – *Vertiefung von Rechtsgebieten* – *Besuch eines universitären oder privaten Repetitoriums* – *Besuch von Klausurenkursen*	
3. Monat		*Wie gut muss die konkrete Lerneinheit beherrscht werden?* – *Grundzüge und Überblick* – *gute Grundkenntnisse* – *detaillierte Kenntnisse* – *Strukturen, Zusammenhänge* – *Querverbindungen, Verknüpfungen* – *Systematik* *Welche Ergebnisse sollen in den Übungsklausuren erzielt werden?*
.....		
.....		
12. Monat	*Gesamtwiederholung in Kurzform*	*Sichere Kenntnis des Prüfungswissens*

Formular zum Download unter http://www.ja-aktuell.de

In einem ausgefüllten Gesamtplan enthält die Spalte »Juristische Tätigkeiten« die Angabe aller großen Lerneinheiten sowie dazu die jeweils erforderliche Tätigkeit. Ein Eintrag in diese Spalte könnte z.B. lauten »Examensrepetitorium Strafrecht AT besuchen«. Zum Erstellen eines Gesamtplans ist eine Übersicht über alle examensrelevanten großen Lerneinheiten[355] erforderlich mit dem jeweiligen Vermerk, welche Lerneinheiten Sie erstmalig erarbeiten müssen (also welche im Laufe des Studiums

354 Examensvorbereitung online, konzipiert von Professoren der Universität des Saarlandes zusammen mit dem Repetitorium Alpmann Schmidt. Das Programm bereitet Studierende interaktiv auf das Examen vor, z.B. ermöglichen Wiederholungsfunktionen individuelle Vertiefungen. Der einjährige Hauptkurs kostet ca. 40,– € monatlich (8/2008). Es gibt auch ein dreimonatiges Last-Minute-Programm.

355 Siehe Kap. 2 (Studieninhalte und Prüfungsanforderungen), S. 60 ff.

übriggeblieben sind)[356] und welche Sie wiederholen und vertiefen müssen. In die Spalte »Lernziele« wird eingetragen, auf welchem Niveau das Rechtsgebiet oder die große Lerneinheit zu beherrschen ist.[357] Zusätzlich tragen Sie die allgemeinen Ziele der Examensvorbereitungsphase ein:

- intensive Wiederholung des Prüfungsstoffs,
- Vertiefung der Kenntnisse in den Prüfungsfächern,
- Ergänzung der Kenntnisse in den Prüfungsfächern,
- Überblick über neueste Entwicklungen und Rechtsprechung,
- Verbesserung der juristischen Argumentationsfähigkeit,
- Verbesserung der schriftlichen und mündlichen Ausdrucksfähigkeit,
- Fähigkeit, das Wissen in Falllösungen auf Examensniveau anzuwenden,
- intensives Klausurentraining.

Vier bis sechs Wochen vor der Prüfung beginnt die reine Wiederholungsphase, in der kein neuer Stoff erlernt werden sollte.[358] Der Gesamtplan wird in Monate und dann in Wochenstundenpläne unterteilt. In die Wochenstundenpläne werden, vergleichbar mit den Wochenstundenplänen für die Vorlesungszeit, der Besuch von Lehrveranstaltungen, die Teilnahme an den Klausurenkursen und in den Eigenstudienzeiten das jeweilige Rechtsgebiet eingetragen. Beispiele für einen Wochenplan enthalten der Ratgeber von *Ter Haar/Lutz/Wiedenfels* und *Möllers*.[359] Es empfiehlt sich, als Erstes die Zeiten der Übungsklausuren einzutragen. Denn nach einer fünfstündigen Klausur muss man eine größere Pause einplanen. Da die Wochenstundenpläne die aktuell zu bearbeitenden Rechtsgebiete enthalten, ändern sie sich mit dem Wechsel zu einem weiteren Rechtsgebiet. Die Wochenstundenpläne der Examensvorbereitungsphase werden also häufig angepasst oder neu erstellt.[360]

VIII. Was tun, »wenn's schief geht?«

Eine gute Planung kann das Studium sehr erleichtern, sie schützt aber nicht davor, dass durch nichteinplanbare und unvorhergesehene Ereignisse Pläne völlig durcheinandergeraten. Unabhängig davon, ob es sich beispielsweise um eine »verpatzte« Hausarbeit, um einen längeren Krankheitsfall, um eine Schwangerschaft oder einfach um Studiermüdigkeit handelt, führen diese Ereignisse dazu, dass die Grundannahmen, auf denen die bisherige Planung basierte, nun nicht mehr zutreffen. Statt große Anstrengungen zu unternehmen, um den Plan doch noch einhalten zu können (z.B. bei einer Hausarbeit) oder sich an eine neue Planung zu machen, sollte man sich die Zeit für eine Bestandsaufnahme gönnen. Eine solche Bestandsaufnahme ist vielleicht im ersten Moment frustrierend, sieht man doch schwarz auf weiß, dass man bestimmte Teilziele nicht mehr in der vorgesehenen Zeit erreichen wird. Die Bestandsaufnahme ist jedoch der erste und unabdingbare Schritt dafür, dass eine neue Planung von

356 Zur Liste der Stoffgebiete, die nach dem 6. Semester noch zu lernen/vertiefen sind, siehe S. 143.

357 Zu Lernzielen für Anfangsphase/mittlere Semester siehe auch S. 124 f.

358 *Ter Haar/Lutz/Wiedenfels*, S. 177 ff., unterscheiden vier Projektphasen der Examensvorbereitung und bieten vier Checklisten für die jeweiligen Tätigkeiten in diesen Phasen an.

359 *Ter Haar/Lutz/Wiedenfels*, S. 116; *Möllers*, S. 11.

360 Wenn man davon ausgeht, dass man bei einer zwölf-monatigen Examensvorbereitung ca. 40 Lerneinheiten wiederholt, ergeben sich pro Monat ca. 4 Lerneinheiten. Die Wochenstundenpläne ändern sich also spätestens nach einem Monat.

Anfang an auf soliden Fundamenten steht. Teil dieser Bestandsaufnahme ist die Feststellung, welche prüfungsrelevanten Rechtsgebiete entgegen dem ursprünglichen Plan nicht bearbeitet werden konnten. Nur anhand des Ergebnisses der Bestandsaufnahme kann man feststellen, ob man den Semesterplan oder sogar den Grobplan des Studiums ändern muss.

Eine nicht bestandene Hausarbeit führt dazu, dass man i.d.R. während des Semesters weitere drei bis vier Wochen für die Anfertigung einer zweiten Hausarbeit verwenden muss. Diese Zeit steht dann nicht für die Erarbeitung von Rechtsgebieten zur Verfügung. Hier ist zu überlegen, ob das systematische Erarbeiten des Rechtsgebiets in der nächsten vorlesungsfreien Zeit vollständig oder teilweise nachgeholt werden kann. Wenn dies nicht der Fall ist und es sich um ein Kernfach handelt, sollte man lieber im nächsten Semester die Erarbeitung eines Neben- oder Sondergebietes zunächst zurückstellen und dafür die versäumten Themenkomplexe des Kernfachs erarbeiten.

Ist absehbar, dass große Teile eines Rechtsgebiets oder der Stoff eines ganzen Semesters nicht erarbeitet werden können (z.B. bei längerer Erkrankung), wird sich das Versäumte in den verbleibenden Semestern kaum mehr aufholen lassen. In diesem Fall sind nach der Bestandsaufnahme die für das Studienmodell maßgeblichen Ziele neu festzulegen. Falls das Studienmodell hinsichtlich der Note und der Vielseitigkeit des Studiums beibehalten werden soll, wird dies nur mit einer Verlängerung der Studiendauer möglich sein.[361]

Genauso wichtig wie die Bestandsaufnahme und Neuplanung ist die Überlegung, wo die Ursachen für das Scheitern der ursprünglichen Planung liegen. Eine nicht bestandene Hausarbeit kann z.B. ein wichtiger Hinweis dafür sein, dass man sich vermehrt mit Falllösungstechniken beschäftigen sollte. Hier würde allein eine Neuplanung nicht helfen, weil dadurch die Ursachen für den Misserfolg nicht beseitigt würden. Wenn Studiermüdigkeit oder fehlende Selbstdisziplin die Ursachen für das Scheitern der Planung waren, deutet dies darauf hin, dass grundsätzlich oder momentan keine ausreichende Motivation für das Jurastudium besteht. Auch hier hilft eine Planung nicht weiter. Vielmehr sollte man sich Zeit nehmen, um darüber nachzudenken, ob die Motivation schon deshalb fehlt, weil die Juristerei an sich nicht als reizvoll empfunden wird, weil man noch nicht die richtige Methode zur Selbstmotivation gefunden hat oder weil man »müde« vom vielen Lernen ist. Bei prinzipiellen Zweifeln an der Studienwahl hilft nur eine Auseinandersetzung mit diesem Thema.[362] Fehlt es an der richtigen Methode, können Lerntechniken weiterhelfen.[363] Im Fall der Studiermüdigkeit sollte man sich ganz bewusst eine »Auszeit«, notfalls von mehreren Wochen, gönnen. Wenn man Studiermüdigkeit zu ignorieren versucht, wird man mit so wenig Energie studieren, dass letztlich verdeckte Auszeiten entstehen. Wenn man dagegen dem Erholungsbedürfnis in ausreichendem Maße nachgibt, wird man mit neuer Energie keine großen Schwierigkeiten haben, die versäumten Themenkomplexe relativ schnell, zumindest teilweise, nachzuholen.[364]

361 Bei längerer Krankheit ist unter bestimmten Voraussetzungen ein weiteres Semester »freiversuch-unschädlich«, wenn man ein ärztliches Attest über die Erkrankung vorlegen kann.

362 Zur Zielfindung siehe die Literaturhinweise in Fn. 874; zu Berufsbildern als mögliche Motivatoren siehe Fn. 870.

363 Siehe dazu die Kapitel des 2. Teils und insbesondere Kap. 11 (Lernen).

364 Sollte die Studiermüdigkeit trotz Pausen andauern oder Sie stellen fest, dass Ihnen weiterhin die Grundmotivation zum Jurastudium fehlt, ist es wirklich der bessere Weg, das Studium abzubre-

Nachdem Sie nun im ersten Teil dieses Buches Anregungen dazu erhalten haben, wie Sie Ihr Studium (lang-, mittel- und kurzfristig) organisieren können, um im Studium Erfolgserlebnisse und Spaß am Studieren zu haben, erhalten Sie im zweiten Teil die Gelegenheit, das Handwerkszeug für Ihr Jurastudium zu erwerben und zu ergänzen. Denn der beste Plan nützt nichts, wenn man ihn nicht verwirklichen kann, weil das nötige Handwerkszeug fehlt oder nicht richtig eingesetzt wird. Aber auch wenn Ihre Werkzeugkiste schon sehr gut bestückt ist, kann das eine oder andere Stück noch ergänzt oder Ihre Fertigkeit im Umgang damit verbessert werden. Denn auch hier gilt das Motto: Man muss nicht schlecht sein, um besser zu werden.

IX. Zusammenfassung und wichtige Erkenntnisse

Das Schwerpunktstudium und die Universitätsprüfung erfordern mehr als bisher eine genaue und frühzeitige Planung der einzelnen Phasen des Studiums. Diese Planung haben Sie nun Schritt für Schritt durchgeführt und sind damit vielen Studierenden voraus. Denn die Realität sieht nach wie vor so aus, dass nicht wenige Studierende erst ab dem 5. und 6. Semester beginnen, systematisch zu lernen. Mit der einjährigen Examensvorbereitung ist das Versäumte nur schwer aufzuholen. Denn unabhängig davon, wie man Pflichtfachstudium und Schwerpunktbereichsstudium kombiniert, fehlt die Zeit, die das Schwerpunktstudium erfordert, für die Examensvorbereitung.[365] Das Schwerpunktbereichsstudium nimmt mindestens die Hälfte der wöchentlichen Arbeitszeit ein, wenn man von einem zweisemestrigen Studium ausgeht (1/3 bei dreisemestrigen Studium, 1/4 bei viersemestrigen Studium). Bei einem dreisemestrigen Studium sind das 2 Tage pro Woche. Da sich die Schwerpunktbereiche aus berechtigten Gründen nicht beim Repetitor erlernen lassen,[366] muss man diese Zeit auch einplanen und dafür verwenden. Ich möchte das Kapitel und diesen Teil des Buches mit einem Bild beenden: Wer bisher nicht rechtzeitig auf den Zug des Jurastudiums aufgesprungen war, musste sich mit einem Düsenjet (eines Repetitors) zum Ziel bringen zu lassen. Auch dieser Düsenjet kann Sie nun nicht mehr ganz zum Ziel bringen, vor allem kann er nicht an allen Stationen, an denen eine Schwerpunktprüfung zu erbringen ist, anhalten, und die Universitätsprüfung findet nicht an dem Ort statt, wo er Sie absetzt.

chen. Siehe dazu auch *Annegret Hennig/Andreas Kunkel*, Erfolgreiche Studienabbrecher, Karrieren unter der Lupe, Würzburg, 2003.

365 Der Pflichtfachstoff wurde nicht in dem Maße gekürzt wie das Schwerpunktstudium Zeitaufwand erfordert. Denn vieles von dem, was gekürzt wurde, haben die Studierenden auch bisher schon mit einem gewissen Mut zur Lücke nicht gelernt. Das sieht man zum Beispiel am Familienrecht. Die Vermittlung des Familienrechts nimmt bei privaten Repetitorien ein bis zwei Sitzungen in Anspruch. Auch bisher wurden hier nur die notwendigsten Kenntnisse gelernt. Die größere Einschränkung des Stoffes hat hier faktisch keine Auswirkung. Ähnlich liegt es bei vielen anderen Rechtsgebieten.

366 Dennoch gibt es bereits die ersten entsprechenden Angebote. Ein gewisses Grundwissen ist auch beim Repetitor erlernbar. Da es sich um eine Universitätsprüfung handelt, hängen die inhaltlichen Schwerpunkte sehr von den Dozenten ab, die den Schwerpunktbereich vertreten. Auch das Anfertigen der Studienarbeit kann der Repetitor nicht abnehmen. Darüber hinaus sollte der Dozent den Kandidaten vor der mündlichen Prüfung schon einmal in seinen Lehrveranstaltungen gesehen haben.

- ☞ Wenn man bisher den Rat geben konnte, es sei *sinnvoll*, möglichst frühzeitig mit dem Lernen zu beginnen, muss man im reformierten Studium umformulieren: Es ist *unumgänglich*, von Anfang an kontinuierlich mitzulernen. Die Feststellung, dass die Zahl der Wochenstunden im Semester allein für die Pflichtveranstaltungen durchgehend über 20 liegt, und die Feststellung, dass die vorlesungsfreien Zeiten ebenfalls fast vollständig ausgefüllt sind, führen dazu, dass nur ein Lernen von Anfang an hilft, die Anforderungen des Studiums zu erfüllen und dabei auch noch Spaß zu haben. Durch das Schwerpunktstudium steht deutlich weniger Zeit für die Vorbereitung auf die Staatsprüfung zur Verfügung. Der Pflichtfachbereich muss daher früher und intensiver gelernt werden. Es ist – anders als bisher – in höheren Semestern keine Zeit mehr, sich Rechtsgebiete der Pflichtfächer erstmals anzueignen
- ☞ Der Schwerpunktbereich soll zu einer Spezialisierung und zu einer Vertiefung des Wissens führen. Im Schwerpunktstudium soll vermehrt auch wissenschaftlich gearbeitet werden. Erfolgreich wird man in der Universitätsprüfung nur sein, wenn man diese Zielsetzung ernst nimmt und entsprechende Studienzeiten einplant. Vertieftes wissenschaftliches Arbeiten erfordert auch Kenntnisse in den Grundlagenfächern. Diese haben somit eine höhere Bedeutung als früher.
- ☞ Ein erfolgreiches Jurastudium hängt wesentlich mehr als früher von einem richtigen Start in das Jurastudium ab. Das Versäumte ist anders als früher kaum mehr nachzuholen. Ohne Grundlagenwissen wird man im Schwerpunktbereich nicht folgen können, weil man Detailfragen, Entwicklungstendenzen, Schwerpunkte, aktuelle Fragestellungen nicht zuordnen und wissenschaftlichen Diskussionen nicht folgen kann.
- ☞ Das früher übliche Verlassen der Universität nach dem 6. Semester, um sich beim Repetitor auf das Examen vorzubereiten, ist nicht mehr ohne weiteres möglich. Das Schwerpunktstudium erfordert die Anwesenheit an der Universität und muss zeitlich genau eingeplant werden.
- ☞ Nicht alle Universitäten geben deutliche Ablaufempfehlungen hinsichtlich der genauen Reihenfolge von studienbegleitenden Prüfungsteilen, Staatsprüfung und Abschlussprüfung der Universitätsprüfung. Unklarheiten sollten Sie durch gezieltes Nachfragen bei der Studienberatung so früh wie möglich beseitigen.

Teil II Das Handwerkszeug für ein erfolgreiches Studium

Kapitel 5 Leseregeln

Kommt Ihnen das bekannt vor? *Erstsemester-Student X begibt sich hochmotiviert nach der Vorlesung in die Bibliothek und will mit Brox BGB AT die Vorlesung nachbereiten. Er hat von anderen gehört, dass Brox ein sehr verständliches Einführungslehrbuch sein soll. Deshalb wundert es ihn auch nicht, dass er zustimmend nickend alles versteht. Zufrieden stellt er das Buch zurück, als er 40 Seiten durchgelesen hat. Doch als er auf dem Gang einer Kommilitonin begegnet, die ihn fragt, womit er sich beschäftigt hat, kann er nicht viel mehr sagen, als dass er eben im Brox gelesen hat. Was er genau gelesen hat, weiß er fast gar nicht mehr.*

Diese Erfahrung ist nicht nur Anfangssemestern vorbehalten. Ohne effektive Lesetechnik[367] kann man viel Zeit damit verbringen, Fachbücher zu lesen, und wird trotzdem nicht in der Lage sein, den Inhalt aktiv wiederzugeben. Das liegt daran, dass die Lesetechnik, die man beim Lesen von Unterhaltungsliteratur üblicherweise anwendet, nämlich das Lesen Seite für Seite, bei Fachliteratur nicht sinnvoll ist. Hier hat sich die »5-Punkte-Lese-Methode« oder »5-Schritte-Lese-Methode« bewährt.

I. Die 5-Schritte-Lese-Methode (SQ3R-Methode)

Die 5-Schritte-Lese-Methode wurde in den USA unter dem Namen **SQ3R-Methode** (**S**urvey, **Q**uestion, **R**ead, **R**ecite, **R**eview) entwickelt und wird seit Jahrzehnten erprobt und sehr erfolgreich eingesetzt.[368] Danach sollte man Fachliteratur in folgenden fünf Schritten durcharbeiten:[369]

1. Überblick gewinnen (**S**urvey)
2. Fragen stellen (**Q**uestion)
3. Lesen (**R**ead)
4. Rekapitulieren in Form von Lesenotizen (**R**ecite)
5. Rückblick und Endkontrolle (**R**eview)

Erst der dritte Arbeitsschritt besteht also aus dem Lesen selbst und setzt voraus, dass man sich einen Überblick über den Lesestoff verschafft hat.

1. Überblick gewinnen

Ziel dieses Schrittes ist es, sich einen ersten Eindruck vom Autor des Buches, vom Inhalt des Buches und von der Art und Weise, in welcher der Inhalt präsentiert wird, zu verschaffen. Dies verringert die Gefahr, den Zusammenhang nicht zu erkennen

367 Zum (aktiven) Lesen im Studium siehe *Sesink*, S. 27 ff.; *Schräder-Naef*, S. 22 ff.; *Christian Grüning*, Garantiert erfolgreich lernen, Würzburg, 2005, S. 16 ff.; *Brigitte Chevalier*, Effektiv lesen, Lesekapazität und Textverständnis erhöhen, Frankfurt/M., 2007.

368 *F. Robinson*, Effective Study, revised edition, New York, 1961.

369 Siehe *Koeder*, S. 110 ff.; *Dahmer/Dahmer*, S. 98 ff.

oder sich in Details zu verlieren. Gerade das Nichterkennen von Zusammenhängen ist in der Juristerei besonders fatal, weil es hier vor allem auf die Systematik und das Erkennen von Querverbindungen und weniger auf Detailwissen ankommt.[370]

Wenn Sie mit der Lektüre eines *Buches* beginnen, können Sie sich einen Überblick über den Inhalt des gesamten Buches verschaffen, indem Sie das Inhaltsverzeichnis des Buches lesen und sich dabei z.B. folgende Fragen stellen: Welchen Aufbau hat der Autor gewählt? Welche Kapiteleinteilung? Wie hat er die Kapitel untergliedert? Fasst der Autor die Ergebnisse am Ende eines Abschnitts noch einmal zusammen? Welche Themen interessieren mich besonders? Welche Themen möchte oder muss ich unbedingt durcharbeiten? Bauen die Kapitel so aufeinander auf, dass ich sie in ihrer ursprünglichen Reihenfolge lesen sollte, oder handelt es sich eher um einen modularen Aufbau? Oft gibt das Vorwort, die Einleitung oder eine »Gebrauchsanleitung«[371] wertvolle Hinweise darüber, wie das Buch nach Meinung des Autors am sinnvollsten erarbeitet werden kann.

Auch vor dem Lesen einer kleineren Einheit, also eines *Aufsatzes* oder eines *Kapitels in einem Buch,* ist es wichtig, sich einen Überblick über den Inhalt zu verschaffen, indem man anhand von Überschriften, Schlagzeilen und Zusammenfassungen (am Anfang oder Ende) herausfindet, wie der Aufsatz bzw. das Kapitel gegliedert ist und worum es ungefähr geht.

2. Fragen stellen

Effektives Lesen wird dadurch erreicht, dass man schon vorab Fragen an den Text richtet. Denn Fragen an den Text erhöhen zum einen die Konzentration beim Lesen und zum anderen verbessern sie wesentlich die Behaltensleistung. Wichtig dabei ist, sich die Fragen selbst zu überlegen, denn vorgegebene Fragen bleiben einem oft genug fremd. Fragen nach Zusammenhängen können z.B. sein: Was weiß ich bereits über dieses Rechtsgebiet? Wo bzw. wie kann ich den neuen Stoff in mein vorhandenes Wissen einordnen? Oft lassen sich auch die Überschriften des Buches oder des Aufsatzes in Fragen umwandeln. Wenn neue Begriffe auftauchen, kann nach ihrer Bedeutung oder Definition gefragt werden. Jede Frage, die Ihnen einfällt, ist wichtig genug, um beantwortet zu werden: Es gibt keine dummen Fragen. Alle Fragen sollten schriftlich festgehalten werden, damit man später überprüfen kann, ob und in welchem Umfang der Text Antworten auf die Fragen gegeben hat.

☞ Das Erkennen von Zusammenhängen und der Systematik des Stoffes beginnt schon bei der Lesevorbereitung.
☞ Fragen an und über den Text wecken die Neugier auf den und das Interesse an dem Text und verbessern wesentlich die Behaltensleistung.

✎ *Bevor Sie nun weiterlesen, probieren Sie doch diese Erkenntnisse schon einmal aus, indem Sie sich zu den nachfolgenden Seiten einen Überblick verschaffen und mindestens fünf Fragen stellen, die Sie beim Weiterlesen beantworten wollen.*

370 Siehe dazu oben Kap. 2 (Studieninhalte und Prüfungsanforderungen), S. 74.
371 *Manuel R. Theisen*, Wissenschaftliches Arbeiten, München, 13. Aufl. 2006.

3. Lesen

Erst wenn Sie einen Überblick gewonnen und sich Fragen zum Text zurechtgelegt haben, sind Sie hinreichend vorbereitet, um mit dem eigentlichen Lesen zu beginnen. Lesen Sie den Text, und vergegenwärtigen Sie sich beim Lesen immer wieder Ihre Fragen. Suchen Sie nach den Hauptaussagen oder der Grundidee des Textes. Hauptaussagen sind oft gekennzeichnet durch Formulierungen wie: »Zusammenfassend lässt sich sagen ...«, »Von großer Wichtigkeit ist ...«. Sie sollten sich aber beim Lesen noch *keine Lesenotizen* machen, sondern lediglich Markierungen oder Hinweise im Text vornehmen, um den Lesefluss nicht zu sehr zu unterbrechen.[372] Es empfiehlt sich, ein einheitliches Markierungs- und Hinweissystem zu verwenden, wie z.B.:

- Unterstreichung für Signalwörter und Kerngedanken;
- Senkrechte Striche am Rand für wichtige Textpassagen;
- »L« für Literaturhinweis;
- »V« für Voraussetzung
- »D« für Definition;
- »P« für Problem;
- »F« für Fragestellung;
- »RF« für Rechtsfolge;
- ⇨ für Fazit;
- Σ für Zusammenfassung;
- »?« für unklar;
- »?!?« für zweifelhaft.

Dadurch können Sie den Text schon beim Lesen entsprechend Ihren Fragen und Kommentierungen strukturieren.[373] Dies wird im 5. Schritt beim nochmaligen Durchsehen des Textes Ihre Lesegeschwindigkeit erhöhen. Falls Sie auf unbekannte Fremdwörter und Fachausdrücke stoßen, sind diese spätestens am Ende des Abschnitts zu klären. Dazu sollten Sie zum einen ein Fremdwörterbuch und zum anderen ein Rechtswörterbuch[374] ständig griffbereit haben.[375] Dies unterbricht zwar u.U. am Anfang häufig die Lektüre, aber langfristig erhöht es das Lesetempo erheblich.

☞ Legen Sie sich ein eigenes Markierungs- und Hinweissystem zurecht.
☞ Klären Sie unbekannte Fremdwörter und Fachausdrücke sofort, spätestens aber, nachdem Sie den Abschnitt zu Ende gelesen haben.

372 In geliehenen Büchern kann man wichtige Textstellen mit wieder ablösbaren Indexstreifen sehr gut markieren. Es gibt auch ein wieder ablösbares gelb-transparentes Markierband, das man an Stelle von Textmarkern vorübergehend auf die hervorzuhebenden Textstellen kleben kann.

373 Konkrete Markierungsvorschläge gibt auch *Koeder*, S. 121; *ter Haar/Lutz/Wiedenfels*, S. 124.

374 Z.B. Creifelds Rechtswörterbuch, hrsg. von *Klaus Weber*, München, 19. Aufl. 2007, auch mit CD-ROM erhältlich; *Gerhard Köbler*, Juristisches Wörterbuch, Für Studium und Ausbildung, München, 14. Aufl. 2007. Wem die Erklärungen im Creifelds zu ausführlich sind, kann auch zu *Dieter Meyer*, Juristische Fremdwörter, Fachausdrücke und Abkürzungen, Neuwied u.a., 12. Aufl. 2004 (Taschenbuchformat) greifen. Ein Online-Wörterbuch finden Sie unter http://www.rechtswoerterbuch.de.

375 Hier empfiehlt sich eine Anschaffung.

4. Rekapitulieren in Form von Lesenotizen

Ziel dieses Schrittes ist die Verankerung des Gelesenen im Gedächtnis durch das Anfertigen von Lesenotizen und die bewusste Trennung von Wichtigem und Unwichtigem.

Ein häufig gemachter Fehler ist, zu viel Text auf einmal zu lesen. Das hat zur Folge, dass die Informationen der zuerst gelesenen Abschnitte von den später gelesenen Informationen überlagert werden. Dies lässt sich verhindern, wenn man nach jedem Abschnitt, spätestens aber nach ca. 10 Minuten den Text beiseite legt, die Hauptaussagen des Abschnitts aus der Erinnerung *notiert*[376] und erforderlichenfalls eine Überblickskizze oder ein kleines Mindmap erstellt. Beantworten Sie nach dem Lesen außerdem schriftlich Ihre Fragen. Damit Sie sich nicht zu sehr in die Beantwortung einer schwierigen Frage vertiefen und überdies die Antworten der anderen Fragen vergessen, empfiehlt es sich, zuerst all jene Fragen zu beantworten, die Sie spontan beantworten können. Wenn bei der Beantwortung einer Frage neue Fragen auftauchen, notieren Sie diese für den 5. Schritt. Wurden alle Ihre Fragen beantwortet? Sind durch das Lesen weitere Fragen an den Text entstanden? Zielten Ihre Vorbereitungsfragen tatsächlich auf den wesentlichen Inhalt, oder haben Sie am Thema vorbeigefragt? Falls Ihre Fragen nicht auf den Inhalt des Textes zielten, gibt es zwei Möglichkeiten: Sie stellen erstens noch keine treffenden Fragen, obwohl der Text dies möglich machen würde. Dann gibt Ihnen die nächste »Leserunde« die Chance, dies zu trainieren. Dieses Training wird Ihnen helfen, auch in anderen Bereichen das Wesentliche schneller zu erkennen. Die zweite Möglichkeit besteht darin, dass die Überschriften des Autors irreführend sind. Allerdings sollten Sie dies erst in Erwägung ziehen, wenn Sie auch beim Weiterlesen keine treffenderen Fragen finden *und* Mitstudierende auch keine besseren Ergebnisse erzielen als Sie. Sollten Sie jedoch tatsächlich zu dem Ergebnis kommen, dass es dem Autor nicht gelungen ist, im Großen und Ganzen treffende Überschriften zu wählen, wird Ihnen diese Erkenntnis Mut machen, Ihrer eigenen Beurteilung in Zukunft Glauben zu schenken. Sie können außerdem nun entscheiden, ob Sie sich lieber einem anderen Lehrbuch zuwenden oder trotz dieses Nachteils weiter mit diesem Buch arbeiten wollen.

☞ Unterbrechen Sie spätestens nach 10 Minuten die Lektüre und rekapitulieren Sie das Gelesene, indem Sie die Hauptpunkte und die wichtigsten Sätze aus dem Kopf notieren, erforderlichenfalls eine Überblickskizze erstellen und überprüfen, ob der Text schon Antworten auf Ihre Fragen gegeben hat.

5. Rückblick und Endkontrolle

Mit diesem letzten Schritt sollen die noch offenen Fragen an den Text (s. oben Schritt 4) geklärt, die wesentlichen Aussagen noch einmal verdeutlicht und der Inhalt des Textabschnitts vertieft werden, indem man den Text noch einmal überfliegt. Unklare Abschnitte werden noch einmal gründlich nachgelesen. Das Augenmerk sollte bei diesem Schritt außerdem auf dem Verstehen von Zusammenhängen liegen. Die eigenen Notizen werden jetzt auf ihre Richtigkeit überprüft und ggf. berichtigt und ergänzt. Wenn Sie im 4. Schritt festgestellt haben, dass Ihre Fragen nicht genau das er-

376 Zu Inhalt und Form von Buchexzerpten ausführlich Kap. 7 (Mitschriften und Exzerpte).

fassten, was Sie dem Text entnehmen wollten, sollten Sie auch die Frage noch einmal neu und treffender formulieren.

Wahrscheinlich erscheint Ihnen die Vorgehensweise nach der 5-Schritte-Lese-Methode erst einmal sehr mühselig und zeitraubend. Bevor Sie jedoch weiterhin Lehrbücher einfach nur durchlesen, könnte folgender Test für Sie interessant sein: Suchen Sie sich aus einem Lehrbuch zwei gleich lange Abschnitte aus. Lesen Sie nun einen Abschnitt mit Ihrer herkömmlichen Methode, und stoppen Sie die dafür benötigte Zeit. Arbeiten Sie nach einer gründlichen Erholungspause den anderen Abschnitt mit der hier beschriebenen Methode durch, und stoppen Sie auch die dafür benötigte Zeit. Legen Sie nach beiden Abschnitten das Buch weg, ohne sich weiter mit dem Inhalt zu beschäftigen. Nun nehmen Sie sich am nächsten Tag etwas Zeit und geben aus dem Gedächtnis den Inhalt beider Kapitel wieder. Von welchem haben Sie mehr behalten? Wie viel mehr? Wissen Sie vom ersten Abschnitt überhaupt noch etwas?

Vielleicht hilft es Ihnen, die nachfolgende »Kurzanleitung zum effektiven Lesen von Fachbüchern« (Zusammenfassung aller Leseregeln) zu kopieren und dieses Blatt am Anfang neben sich zu legen, wenn Sie einen Abschnitt in einem Lehrbuch erarbeiten. Formulieren Sie Regeln um, wenn Sie mit anderen Formulierungen mehr anfangen können. Es hat sich als nützlich erwiesen, diese Liste so lange als Checkliste zu verwenden, bis man die einzelnen Schritte automatisiert hat.

6. Kurzanleitung zum effektiven Lesen von Fachbüchern

Kurzanleitung zum effektiven Lesen von Fachbüchern

1. Überblick gewinnen über
- ein Buch anhand des *Titels und Untertitels, Inhaltsverzeichnisses, Vorwortes und der Einleitung*,
- einen Abschnitt aus einem Buch oder Aufsatz anhand der *Überschriften, Schlagzeilen und Zusammenfassungen.*

2. Fragen

an den Text stellen, indem man *Überschriften in Fragen umwandelt* oder nach der *Bedeutung oder Definition unbekannter Begriffe* oder nach der *praktischen Relevanz* fragt.

Auch Fragen *zum Gesamtzusammenhang* können das Verständnis sehr fördern, z.B.: Was weiß ich schon über das Rechtsgebiet? Wo oder wie kann ich den neuen Stoff in mein vorhandenes Wissen einordnen?

3. Lesen

Lesen Sie mit *Interesse, Neugier und Aufmerksamkeit.*

Suchen Sie schon während des Lesens *Antworten* auf Ihre Fragen.

Lesen Sie abschnittweise, maximal jedoch 10 Minuten am Stück.

Verwenden Sie ein individuelles *Markierungs- und Hinweissystem.*

Klären Sie unbekannte Begriffe spätestens am Ende eines Abschnittes.

4. Rekapitulieren in Form von Lesenotizen

Fassen Sie die Hauptaussagen aus der Erinnerung in eigenen Worten zusammen.

Haben Sie Antworten auf Ihre Fragen gefunden? Welche?

Was haben Sie konkret erfahren bzw. jetzt dazugelernt?

Welche Fragen haben Sie nun noch an den Text?

5. Rückblick und Endkontrolle

Klären Sie nun die *Fragen,* die noch nicht beantwortet wurden.

Überprüfen Sie, *ob* die von Ihnen aus der Erinnerung notierten Hauptaussagen *stimmen*

Berichtigen und ergänzen Sie ggf. Ihre Notizen.

II. Die Text- oder Buchauswahl

Bevor man die 5-Schritte-Lese-Methode anwenden kann, muss man sich, zumindest bei Lehrbüchern, entscheiden, mit welchen Büchern man arbeiten will.[377] Student X im Beispiel hat einfach zu »Brox BGB AT« gegriffen, weil er hörte, dass das Buch ganz gut sein solle. Bei den meisten Studierenden sind Empfehlungen von Lehrenden oder von Mitstudierenden der Grund, ein bestimmtes Lehrbuch zu verwenden. So wichtig diese Empfehlungen sind, um überhaupt auf die entsprechenden Lehrbücher aufmerksam zu werden, so wenig kann man sich darauf verlassen, dass das Lehrbuch auch für einen persönlich geeignet ist. Mit welchem Lehr- oder Fachbuch man wirklich gut arbeiten kann, hängt von sehr subjektiven Kriterien ab. Auch wenn Lehrende in ihren Veranstaltungen ein bestimmtes Lehrbuch empfehlen, kann es sein, dass man persönlich damit nicht zurecht kommt. Umgekehrt kann es sein, dass Lehrende von bestimmten Büchern als zu oberflächlich oder zu unwissenschaftlich abraten. Diese Bücher können für den einen oder anderen als Einstieg aber sehr gut geeignet sein. Das generell »geeignete Lehrbuch« gibt es also nicht. Wichtig ist, dass Sie das für Sie persönlich geeignete Lehrbuch finden. Dazu müssen Sie vor dem Lesen verschiedene Lehrbücher miteinander vergleichen.

Dabei empfiehlt es sich, als Erstes den Klappentext, das Inhaltsverzeichnis und das Vorwort zu lesen. Oft erhält man damit schon einen ersten wichtigen Eindruck über das Buch und den Stil des Autors. Dann ist es wichtig, zu prüfen, ob man überhaupt zu dem Adressatenkreis gehört, den der Autor ansprechen will. Hat man dies geklärt, kann es sehr interessant sein, etwas über die Intention des Autors zu erfahren: Warum hat der Autor das Buch geschrieben? Welches Ziel verfolgt der Autor mit dem Buch? Was soll der Leser am Ende des Buches wissen oder können? Wenn Sie dann noch ein bis zwei kleinere Themen (die vielleicht gerade in der Vorlesung behandelt wurden) parallel in den zu vergleichenden Lehrbüchern nachlesen, werden Sie schnell feststellen, mit welchem Buch Sie gerne arbeiten wollen. Wichtige Entscheidungskriterien können sein:

- *Ist Ihnen die Schrift des Buches angenehm?* Zu kleine oder dichtgedrängte Schrift kann für die Augen sehr unangenehm sein und unbewusst zur Abneigung gegen das Buch führen.
- *Ist das Buch im Großen und Ganzen verständlich oder erscheint es Ihnen sehr kompliziert?* Wenn Ihnen die Darstellung kompliziert erscheint, muss dies noch lange nicht am Stoff liegen. Es kann auch an der Darbietung des Stoffes liegen. Es lohnt sich also, es mit anderen Lehrbüchern zu vergleichen. Vielleicht ist ein Autor dabei, der für Sie verständlicher klingt.
- *Ist das Buch klar gegliedert?* Eine übersichtliche Gliederung trägt erheblich zum Verständnis des Stoffes bei, da die Gliederung schon einen hohen Informationsgehalt hat.
- *Lässt das Lehrbuch viele Fragen offen, die Sie beschäftigen?* Für die meisten Studierenden wird zwar die Regel gelten, je leichter das Lehrbuch geschrieben ist, desto besser kommt man für den Einstieg damit zurecht. Ich habe es aber auch schon erlebt, dass manche Studierende große Schwierigkeiten mit dem Verständnis des Stoffes hatten, gerade weil der Autor Probleme ihrer Meinung nach zu einfach behan-

377 Siehe dazu auch Kap. 6 (Systematisches Erarbeiten von Rechtsgebieten), S. 179.

delte. Diesen Studierenden ist zu empfehlen, schon von Anfang an mit umfangreicheren Lehrbüchern zu arbeiten.

- *Wie stehen Sie zu dem Autor oder der Autorin?* Diese Frage ist z.B. interessant, wenn man bei dem Autor eine Vorlesung gehört hat. Findet man ihn sympathisch, wird sich dies positiv auf das Verständnis des Buches auswirken. Hat man allerdings eine Abneigung gegen den Autor, sollte man sich zumindest für den ersten Zugang zum Stoff nach einem anderen Buch umsehen, weil sich die Antipathie auf den Stoff übertragen könnte.

☞ Sie sind Ihr eigener Experte, wenn es um die Auswahl eines für Sie geeigneten Lehrbuchs oder eines Textes geht.

III. Noch einige Worte zur Lesegeschwindigkeit

An deutschen Universitäten ist es im Gegensatz zu amerikanischen Universitäten eher unüblich, dass Kurse zur Verbesserung der Lesegeschwindigkeit angeboten werden. Dabei ist es bei der heutigen Informationsflut geradezu lebensnotwendig, Geschriebenes schnell nach relevanten Informationen durchsuchen und es mit hoher Effizienz erfassen zu können.[378] Dies gilt besonders auch für Juristen, die größtenteils mit geschriebenen Texten arbeiten.[379] Dabei ist zunächst festzustellen, dass das Gehirn den Inhalt des Gelesenen bei langsamen Lesen schlechter aufnehmen kann als bei schnellerem Lesen. Denn das Verständnis des Textes hängt nicht vom Lesen der einzelnen Worte eines Satzes ab, sondern vom Erkennen der wesentlichen Schlüsselwörter.[380]

Es gibt verschiedene Methoden, um die Lesegeschwindigkeit zu erhöhen. Eine der bekanntesten ist das Speed Reading[381] oder das dynamische Querlesen, auch selektives oder diagonales Lesen genannt.[382] Eine weitere Methode aus den USA ist das *PhotoReading*[383], das zusätzlich zu den herkömmlichen Lesetechniken das Photolesen einsetzt. Entgegen vielen Vorurteilen gegenüber Schnelllesemethoden helfen die meisten dieser Methoden zumindest in begrenztem Umfang. Selbst wenn eine Lesemethode nicht die (vielleicht versprochene) Verbesserung der Lesegeschwindigkeit um das 10fache bringt,[384] geht schon mit einer Verdoppelung der Lesegeschwindigkeit bei gleichem Erfolg eine enorme Zeitersparnis einher. Ein Rechenexempel: Bei einer durchschnittlichen Lesegeschwindigkeit (Normalleser ca. 100 Wörter/Minute) braucht man zum (reinen) Lesen von Kapitel 4 dieses Buches 2 Stunden und 26 Mi-

378 John F. Kennedy sagt man nach, dass er 1200 Wörter pro Minute erfassen konnte.

379 Das schnelle Erfassen der wesentlichen Inhalte ist eine bei allen juristischen (und auch nichtjuristischen) Tätigkeiten sehr geschätzte Schlüsselqualifikation.

380 *Chevalier*, S. 57 ff.

381 *Tony Buzan*, Speed Reading, Schneller lesen – mehr verstehen – besser behalten, Frankfurt/M., 10. Aufl. 2005 oder Taschenbuchausgabe 2007; *Gerhard Hörner*, Professionelles Speed Reading, Maximale Lesegeschwindigkeit – minimaler Aufwand, Frankfurt/M., 2. Aufl. 2005; *Holger Backwinkel/Peter Sturtz*, Schneller lesen, Zeit sparen, das Wesentliche erfassen, mehr behalten, Freiburg/Breisgau, 4. Aufl. 2007.

382 *Tom Werneck/Frank Ullmann*, Dynamisches Lesen, München, 4. Aufl. 1993. Dazu auch *Chevalier*, S. 30 ff., 65 ff., und *Burchardt*, S. 84 ff.

383 *Paul R. Scheele*, PhotoReading, Die neue Hochgeschwindigkeits-Lesemethode in der Praxis, Paderborn, 6. Aufl. 2008.

384 Siehe *Klaner*, S. 65, zum dynamischen Lesen.

nuten. Könnte man die Lesegeschwindigkeit auch nur verdoppeln, hätte man eine Zeitersparnis von 1 Stunde und 13 Minuten! Es lohnt also, sich mit Schnelllesetechniken näher zu beschäftigen.[385] Angesichts des Stoffumfangs im Jurastudium und der Tatsache, dass Sie auch später im Beruf Dokumente, Gerichtsakten, Verträge etc. schnell erfassen müssen, lohnt sich ein Schnelllesetraining auf jeden Fall.

Allen Schnelllesetechniken ist gemeinsam, dass sie zunächst schlechte Lesegewohnheiten beseitigen wollen, da diese das Lesetempo drastisch verringern. Schlechte Lesegewohnheiten sind größtenteils leicht zu beseitigen. Sie sollen deshalb kurz angesprochen und Maßnahmen zu ihrer Beseitigung genannt werden.

Schlechte Lesegewohnheit	Gegenmaßnahmen
Buchstabieren (Buchstabe für Buchstabe lesen)	Erkennen, dass man nicht jeden Buchstaben lesen muss, um ein Wort zu erfassen. Bsp.: R.chtsw.ss. nsch.ft
Vokalisieren (leises oder lautes Mitsprechen beim Lesen)	Kaugummikauen oder ein Stückchen Papier zwischen die Lippen nehmen.
Regression (Zurückspringen auf bereits gelesenen Text beim erstmaligen Durchlesen)	Schnell und konzentriert lesen. Gelesenes mit einer leeren Karteikarte abdecken.
Langsames und unkonzentriertes Lesen	Sich vor und beim Lesen anspornen, »schnell!« zu lesen. Konzentrationsübungen aller Art.
Lesekrücken verwenden (z.B. mit Zeigefinger oder Stift die Zeilen nachfahren)	Stifte und sonstige Hilfsmittel aus der Hand legen.
Wort für Wort lesen	Blickspanne erweitern, indem man mehrere Wörter mit einem Blick erfasst.

✎ *Führen Sie ein Lese-Training durch, wenn Sie Ihre Lesegeschwindigkeit verbessern wollen.[386] Geben Sie den Übungsprogrammen eine Chance, indem Sie diese mindestens zwei Wochen ausprobieren.*

385 Informationen zu verschiedenen Lesemethoden, z.B. Rationelles Lesen, Kreatives Lesen, Querlesen, Schnelles Lesen, gibt es unter http://www.scanreading.de, Rubrik Download.

386 Viele Übungen dazu enthält das Buch von *Ernst Ott*, Optimales Lesen. Schneller lesen – mehr behalten. Ein 25-Tage-Programm, Reinbek (Hamburg), 31. Aufl. 2007; siehe auch *Chevalier*, S. 30 ff., 65 ff. mit Trainingsaufgaben; *Fred N. Bohlen/Gabriele A. Forster*, Effizient Lesen, Eine systematische Hilfe für alle, die zu viel zu lesen haben, Renningen, 7. Aufl. 2008; Selbstlernkurs Rationelles Lesen (Arbeitsheft), Heidesheim, 2006.

Kapitel 6 Wie kann ich ein bestimmtes Rechtsgebiet erarbeiten?

Zu diesem Thema werden meist zwei Fragen gestellt: *Wann* ist der richtige Zeitpunkt für das Erarbeiten eines bestimmten Rechtsgebiets, und *wie* kann ich dabei im Einzelnen vorgehen. Auf die Frage nach dem *Wann* sind ich bereits im Rahmen der Studienplanung eingegangen.[387] Im Folgenden geht es darum, *wie* man Schwerpunkte eines bestimmten Rechtsgebiets erkennen und wie man sich das für das Rechtsgebiet erforderliche Wissen systematisch aneignen kann. Es empfiehlt sich immer, das Erarbeiten des Rechtsgebiets individuell zu planen und sich selbst einen Stoffüberblick zu erstellen, auch beim parallelen Besuch einer Vorlesung. Denn dadurch erlernen Sie wichtige Fähigkeit, sich schnell in unbekannten Gebieten orientieren zu können. Diese Fähigkeit brauchen Sie im Berufsleben nahezu ständig. Ein weiterer Grund ist, dass die Vorlesung möglicherweise den Stoff nicht vollständig erfasst.

Ziel beim Erlernen eines Rechtsgebiets ist, dessen Systematik, den Inhalt der wesentlichen rechtlichen Bestimmungen und Rechtsinstitute, deren Sinn und Zweck und die dazu von Rechtsprechung und Literatur entwickelten Interpretationen zu kennen. Aufgrund des großen Stoffumfangs des Jurastudiums müssen Sie sich immer wieder in Erinnerung rufen, dass es vor allem auf die wesentlichen Prinzipien des Rechtsgebiets und nicht auf Detailwissen ankommt.

Das systematische Erarbeiten eines Rechtsgebiets erfolgt in mehreren Schritten:

- Übersicht über Inhalt, Systematik, Sinn und Zweck sowie Bedeutung des Rechtsgebiets
- Feststellung der wichtigen Themenkomplexe
- das konkrete Erarbeiten prüfungsrelevanter Themenkomplexe und ihrer Zusammenhänge.

Je nachdem, wie genau Sie sich in das Rechtsgebiet einarbeiten wollen und je nachdem, wie viele Vorkenntnisse Sie in dem Rechtsgebiet schon haben, erfordern die einzelnen Schritte einen unterschiedlichen Zeitaufwand. Die genannten Arbeitsschritte werden nicht nur beim erstmaligen Erlernen, sondern auch bei der Wiederholung vorgenommen. Denn auch bei der Wiederholung müssen Sie zunächst überprüfen, ob Sie einen Überblick über das Rechtsgebiet haben und die Schwerpunkte benennen können. Bei der Vertiefung und Ergänzung beschäftigen Sie sich jedoch mit bestimmten Themenkomplexen detaillierter als beim erstmaligen Wissenserwerb.

I. Überblick über Inhalt und Systematik des Rechtsgebiets

Eine der wichtigsten Erkenntnisse aus Teil I dieses Buches ist, dass zu den wesentlichen Voraussetzungen für das erfolgreiche Bestehen einer Klausur die Kenntnis der Gesetzessystematik sowie die Kenntnis von Zusammenhängen und Querverbindungen gehören, und punktuelles Wissen allein nicht weiter hilft. Es ist also sehr wichtig, dass Sie sich bei dem Erarbeiten eines Rechtsgebiets als Erstes einen Überblick über Inhalt und Systematik verschaffen. Ich sage dies deshalb so ausdrücklich, weil viele Studierende das erste oder zweite Kapitel eines Lehrbuchs aufschlagen und mit dem

387 Kap. 4 (Individuelle Studienplanung).

Lesen beginnen, ohne sich vorher einige grundlegende Gedanken über das Rechtsgebiet zu machen.

Es gibt mehrere Möglichkeiten, sich einen Überblick über ein Rechtsgebiet zu verschaffen, z.B. anhand

- der Gliederung des Gesetzes (im Inhaltsverzeichnis zum Gesetz),
- der Gliederung der Vorlesung zu dem Rechtsgebiet,
- der Gliederung eines Lehrbuchs zu dem Rechtsgebiet.

Da das Gesetz sowohl im Studium als auch in der späteren Praxis die Grundlage aller Ihrer rechtlichen Überlegungen bildet, empfiehlt es sich, auf jeden Fall zunächst die Inhaltsübersicht der gesetzlichen Regelung zu lesen. Die Inhaltsübersichten gliedern die Gesetze nach Abschnitten oder Titeln, bei umfangreicheren Gesetzen auch nach Büchern. Aus den Überschriften der Titel und Abschnitte erhalten Sie einen ersten Überblick über die Regelungsbereiche. So erkennen Sie allein durch das Lesen der Inhaltsübersicht des BGB, dass das BGB aus 5 Büchern besteht, dass das erste Buch (Allgemeiner Teil des BGB) 7 Abschnitte, also größere Themenbereiche hat, wobei der dritte Abschnitt (Rechtsgeschäfte) in 6 Titel untergliedert ist. Häufig übersehen Studierende bei der Aneignung von Wissen, dass sich vieles unmittelbar aus dem Gesetz ergibt.

Um eine Vorstellung davon zu bekommen, was sich hinter den Überschriften der Inhaltsübersicht verbirgt, empfiehlt es sich, als nächstes die einzelnen Paragraphen durchzulesen. Wenn Sie noch keine Vorkenntnisse in dem Rechtsgebiet haben, wird es so sein, dass Sie beim ersten Durchlesen des Gesetzes wenig verstehen (besonders in Rechtsgebieten mit einem hohen Abstraktionsgrad wie z.B. im Allgemeinen Teil des Schuldrechts), so dass Sie das Durchlesen des Gesetzestextes vielleicht als sinnlos empfinden. Das Gegenteil ist der Fall, denn es kommt bei diesem ersten Durchlesen nicht darauf an, die Regelungen im Einzelnen zu verstehen, sondern nur darauf, dass Sie einen ersten Eindruck davon bekommen, was der Gesetzgeber explizit geregelt hat. Wichtig ist, dass Sie beim Durchlesen des Gesetzes die Aufmerksamkeit darauf richten, was Sie verstehen, und nicht darauf, was Sie nicht verstehen. Das Durchlesen des Gesetzes hat darüber hinaus den unschätzbaren Vorteil, dass Sie es beim späteren Lesen von Lehrbüchern merken, wenn der Verfasser des Lehrbuchs nur die gesetzliche Regelung wiedergibt[388], was für Sie bedeutet, dass Sie sich lediglich daran erinnern müssen, wo das Besprochene im Gesetz steht. Darüber hinaus hilft Ihnen das Lesen des Gesetzes dabei, die Systematik des Gesetzes zu erkennen. Das Verstehen der Gesetzessystematik ist die Grundlage dafür, dass Sie bei der Lösung eines Rechtsfalles aus der Gesetzessystematik Argumente ableiten können.[389]

388 Leider vergessen auch manche Lehrbuchautoren, bei der bloßen Wiedergabe von Gesetzestexten den entsprechenden Paragraphen dazu zu zitieren.

389 Die Auslegung des Gesetzes nach der Gesetzessystematik (grammatikalische Auslegung) ist eine der vier wichtigen Auslegungsmethoden neben der Wortinterpretation (semantische Auslegung), der historischen Interpretation und der teleologischen Auslegung. Bei Normen, die auf europäische Richtlinien zurückgehen (vor allem im Verbraucherschutzrecht), ist auch auf eine richtlinienkonforme Auslegung zu achten. Zu den Auslegungsmethoden siehe *Reinhold Zippelius*, Juristische Methodenlehre, München, 10. Aufl. 2006; *Claus-Wilhelm Canaris/Karl Larenz*, Methodenlehre der Rechtswissenschaft, Berlin, 4. Aufl. 2008, S. 133 ff.; *Rolf Wank*, Die Auslegung von Gesetzen, Köln u.a., 4. Aufl. 2008. *Schmalz*, S. 125 ff.; in Kurzform: *Butzer/Epping*, S. 32 ff.

Nach der Lektüre des Gesetzes sollten Sie die Gliederung mehrerer Lehrbücher und evtl. der Vorlesung zur Hand nehmen und die Inhaltsübersichten (Inhaltsverzeichnisse) der Lehrbücher oder die Gliederung der Vorlesung miteinander vergleichen. Die Inhaltsübersichten der Lehrbücher werden sich in einzelnen Punkten voneinander unterscheiden, denn es gibt meist mehrere sinnvolle Arten, ein Rechtsgebiet zu gliedern. Aus allen Informationsquellen zusammen sollten Sie nun eine Übersicht über den Inhalt des Rechtsgebiets erstellen, sich sozusagen den »kleinsten gemeinsamen Nenner« notieren oder, anders gesagt, die Themenkomplexe notieren, die mehrmals genannt werden. Solche Inhaltsangaben werden Ihnen zunächst schwer fallen. Dies liegt daran, dass Ihnen noch die Zusammenhänge fehlen. Es ist so, als sollten Sie die Wand eines Gebäudes errichten, hätten aber nur wenige Bausteine dazu. Doch immerhin enthalten die Lehrbücher schon die Architektenpläne, an denen Sie sich orientieren können. Wichtig ist, sich das Ziel dieser Übersicht in Erinnerung zu rufen: Bei dem Überblick über das Rechtsgebiet kommt es nur darauf an, dass Sie den Umfang und die Themenkomplexe des Rechtsgebiets kennen lernen. Diese Fähigkeit, schnell einen Überblick zu gewinnen, brauchen Sie später sowohl in den Examensklausuren als auch in der beruflichen Praxis. Sie erinnern sich: Im Examen können auch Fächer geprüft werden, die nicht zum Pflichtfachstoff gehören, wenn es vor allem auf das Erkennen von Zusammenhängen ankommt. Und in der beruflichen Praxis kommt es immer wieder vor, dass Sie sich schnell und unerwartet in einem fremden Rechtsgebiet zurechtfinden müssen. Damit Sie den ersten Schritt des Erarbeitens eines Rechtsgebiets, das Erstellen einer Übersicht, praktisch üben können, folgende Aufgabenstellung:

✎ *Erstellen Sie, bevor Sie weiterlesen, eine schriftliche Übersicht über den Inhalt des Allgemeinen Schuldrechts – oder versuchen Sie es zumindest.*

Hilfsmittel:

* *Verwenden Sie das Gesetz und mindestens zwei Lehrbücher sowie, falls vorhanden, eine Vorlesungsgliederung.*

Sie werden beim Erstellen der Übersicht festgestellt haben, dass es im Gesetz die Überschrift »Allgemeines Schuldrecht« nicht gibt, sondern das 2. Buch des BGB das Recht der Schuldverhältnisse regelt. Ohne Vorkenntnisse könnten Sie also nun schon gar nicht feststellen, welche Paragraphen das Allgemeine Schuldrecht umfasst. In einem solchen Fall empfiehlt es sich, erst einmal den Begriff »Allgemeines Schuldrecht« zu klären, am besten anhand eines Rechtslexikons oder eines Lehrbuches. Dabei würden Sie relativ schnell feststellen, dass das Allgemeine Schuldrecht die ersten sechs Abschnitte des Zweiten Buches, also die §§ 241–432 BGB, umfasst, und im siebten Abschnitt (§§ 433–853 BGB) das Recht einzelner Schuldverhältnisse (Besonderes Schuldrecht) geregelt ist. Aufbauend auf dieser Erkenntnis könnten Sie sich wieder dem Gesetz zuwenden und aus den Überschriften der einzelnen Abschnitte eine erste Übersicht erstellen:

- Inhalt der Schuldverhältnisse
- Gestaltung rechtsgeschäftlicher Schuldverhältnisse durch Allgemeine Geschäftsbedingungen
- Schuldverhältnisse aus Verträgen
- Erlöschen der Schuldverhältnisse

- Übertragung einer Forderung
- Schuldübernahme
- Mehrheit von Schuldnern und Gläubigern

Wenn Sie diese Übersicht mit den Inhaltsübersichten von Lehrbüchern vergleichen, werden Sie feststellen, dass sich die dort genannten Themenkomplexe auf den ersten Blick erheblich von den Überschriften im Gesetz unterscheiden.

Beispiel 1:[390]
Grundlagen und Regelungsbereich des Schuldrechts
Begründung von Schuldverhältnissen
Inhalt von Schuldverhältnissen
Beendigung von Schuldverhältnissen
Störungen von Schuldverhältnissen (Leistungsstörungen)
Beteiligung Dritter am Schuldverhältnis

Beispiel 2:[391]
Schuldverhältnisse
Inhalt der Schuldverhältnisse
Erlöschen der Schuldverhältnisse
Rücktritt, Widerruf, Kündigung
Verantwortlichkeit des Schuldners
Überschreitung der Leistungszeit
Unmöglichkeit der Leistung
Andere Pflichtverletzungen
Schadensersatz
Die Einbeziehung Dritter in das Schuldverhältnis
Die Rechtsnachfolge in Forderungen und Schulden
Mehrheit von Schuldnern und Gläubigern

Beispiel 3:[392]
Grundlagen
Die Entstehung von Schuldverhältnissen
Der Inhalt von Schuldverhältnissen und Forderungen
Erfüllung und Erfüllungssurrogate
Die Leistungsstörungen
Grundprobleme
Leistungsstörungen im einseitigen Schuldverhältnis
Leistungsstörungen im gegenseitigen Vertrag
Die Beendigung von Schuldverhältnissen
Der Inhalt von Schadensersatzansprüchen
Die Auswechslung eines Beteiligten
Beteiligung weiterer Personen

Wenn dieselben Themenkomplexe in verschiedenen Lehrbüchern genannt werden, können Sie daraus schließen, dass diese wesentlich sind. In unserem Beispiel sind dies folgende Themenkomplexe: Leistungsinhalt/Inhalt von Schuldverhältnissen, Leistungsstörungen, Unmöglichkeit, Andere Pflichtverletzungen, Erlöschen/Beendigung von Schuldverhältnissen, Beteiligung Dritter am Schuldverhältnis. Durch den Vergleich verschiedener Lehrbücher werden aber nicht nur Schwerpunkte sichtbar, sondern es lassen sich schon erste weiterführende Erkenntnisse gewinnen. So sieht man (erst) an der Inhaltsübersicht des dritten verwendeten Lehrbuchs, dass man zwischen Leistungsstörungen im einseitigen Schuldverhältnis und Leistungsstörungen im gegenseitigen Vertrag unterscheiden kann.

Aus der Zusammenschau der Informationsquellen (Gesetz, Lehrbücher und, falls vorhanden, der Vorlesungsgliederung) ergibt sich folgende Übersicht über die Themenkomplexe des Allgemeinen Schuldrechts:[393]

390 *Rainer Wörlen*, Schuldrecht AT, Lernbuch, Strukturen, Übersichten, Köln u.a., 9. Aufl. 2008.
391 *Christoph Hirsch*, Allgemeines Schuldrecht, Köln u.a., 5. Aufl. 2004.
392 *Dieter Medicus*, Schuldrecht I, Allgemeiner Teil, München, 15. Aufl. 2004 in Auszügen.

- Grundlagen und Regelungsbereich des allgemeinen Schuldrechts/Begriffsklärung
- Leistungsinhalt und Leistungsmodalitäten
- Leistungsstörungen
- Erlöschen von Schuldverhältnissen
- Beteiligung Dritter an Schuldverhältnissen
- Mehrheit von Gläubigern und Schuldnern

Das Allgemeine Schuldrecht ist ein zivilrechtliches Kernfach, in dem Sie vielleicht schon Vorkenntnisse hatten. Als weitere Übung soll nun eine Übersicht in einem zivilrechtlichen Nebenfach, dem Familienrecht, erstellt werden. So haben Sie die Gelegenheit, den ersten Schritt zur Erarbeitung eines Rechtsgebiets an einem Rechtsgebiet zu üben, in dem Sie vielleicht noch keine Vorkenntnisse haben. Beim Erstellen von Übersichten sollten Sie immer das gesamte Rechtsgebiet betrachten und dabei noch keine Rücksicht darauf nehmen, dass Sie es im Examen eventuell nur eingeschränkt, nur in Grundzügen oder nur im Überblick beherrschen müssen.[394]

✎ *Erstellen Sie, bevor Sie weiterlesen, eine schriftliche Übersicht über den Inhalt des Familienrechts.*

Hilfsmittel:

* *Verwenden Sie das Gesetz und mindestens zwei Lehrbücher sowie, falls vorhanden, eine Vorlesungsgliederung*

Aus dem Gesetz ergibt sich folgende Übersicht:

Bürgerliche Ehe	Abstammung
Verlöbnis	Unterhaltspflicht
Eingehung der Ehe	Rechtsverhältnis zwischen Eltern und Kind
Aufhebung der Ehe	Elterliche Sorge
Wiederverheiratung nach Todeserklärung	Beistandschaft
Wirkungen der Ehe im Allgemeinen	Annahme als Kind
Eheliches Güterrecht	Pflegschaft
Scheidung der Ehe	**Vormundschaft, Rechtliche Betreuung, Pflegschaft**
Kirchliche Verpflichtungen	Vormundschaft
Verwandtschaft	Rechtliche Betreuung
Allgemeine Vorschriften	Pflegschaft

Aus Lehrbüchern zum Familienrecht stammen die beiden folgenden Übersichten:

393 Einzelne Themenkomplexe können auch anders benannt sein. Hilfreich beim Erstellen der Übersicht kann es sein, sich anschließend mit anderen Kommilitonen zu treffen und die Ergebnisse zu vergleichen bzw. zu diskutieren. Sollten dann noch Unsicherheiten bestehen, können Sie den Dozenten der Vorlesung fragen. Auf diese Weise erhalten Sie bereits zu Beginn des Semesters einen relativ guten Überblick über das Rechtsgebiet.

394 Zu den Gründen für diese Vorgehensweise siehe S. 169.

Beispiel 1:[395]

Das Eherecht

Einführung in das Eherecht

Das Verlöbnis

Die Eheschließung

Die eheliche Gemeinschaft

Das eheliche Güterrecht

Ehescheidung und Getrenntleben

Das Kindschaftsrecht

Die Verwandtschaft

Einführung in das Kindschaftsrecht

Die Abstammung

Die allgemeinen Wirkungen der Kindschaft

Die elterliche Sorge

Die Annahme als Kind

Das Unterhaltsrecht

Die Vormundschaft

Die Pflegschaft

Die rechtliche Betreuung

Rechtsprobleme des nichtehelichen Zusammenlebens

Die eingetragene Lebenspartnerschaft

Beispiel 2:[396]

Ehe und Familie in der Entwicklung und gegenwärtigen Rechtsordnung

Eherecht

Eheschließung und fehlerhafte Ehe

Die allgemeinen Ehewirkungen

Eheliches Güterrecht

Scheidung und Scheidungsfolgen

Kindschaftsrecht

Die Reform des Kindschaftsrechts

Das Abstammungsrecht

Die Unterhaltspflicht zwischen Eltern und ihren Kindern

Die Rechtsbeziehungen zwischen Eltern und Kindern im Allgemeinen

Die elterliche Sorge

Die Annahme als Kind

Das Betreuungsrecht

Die eingetragene Lebenspartnerschaft

Die nichteheliche Lebensgemeinschaft

Aus dem Vergleich der Gesetzesübersicht und den Inhaltsverzeichnissen der Lehrbücher ergeben sich folgende Themenkomplexe zum Familienrecht:

- Grundlagen
- Eheschließung und fehlerhafte Ehe
- Die allgemeinen Ehewirkungen
- Eheliches Güterrecht
- Scheidung der Ehe und Scheidungsfolgen
- Die nichteheliche Lebensgemeinschaft
- Verwandtschaft/Abstammung
- Das Unterhaltsrecht der Verwandten
- Elterliche Sorge
- Annahme als Kind
- Vormundschaft
- Betreuungsrecht
- Eingetragene Lebenspartnerschaft

☞ Der erste Schritt der Erarbeitung eines Rechtsgebiets besteht darin, sich einen Überblick über den Inhalt und die Systematik des Rechtsgebiets zu verschaffen. Es hat sich bewährt, zum Erstellen einer solchen Übersicht das Gesetz, mindestens zwei Lehrbücher und, falls vorhanden, die Gliederung der Vorlesung zu verwenden.

395 *Dieter Schwab*, Familienrecht, München, 11. Aufl. 2001.

396 *Wilfried Schlüter*, BGB-Familienrecht, Heidelberg, 10. Aufl. 2003.

☞ Durch das Lesen der Gesetzesbestimmungen erfahren Sie, was explizit im Gesetz geregelt ist und was Sie sich deshalb nicht zu merken brauchen. Darüber hinaus lernen Sie durch das Lesen des Gesetzes die Systematik des Gesetzes erkennen. Die Kenntnis der Gesetzessystematik ist eine wichtige Voraussetzung für das Lösen von Rechtsfällen.

☞ Durch das Erstellen einer Übersicht aus dem Vergleich Gesetz und Lehrbuch können Sie wichtige Erkenntnisse über das Rechtsgebiet erzielen, z.B. dass Themenkomplexe, die in Lehrbüchern einen eigenen Abschnitt darstellen, im Gesetz nicht unter einer gesonderten Überschrift hervortreten, oder dass bestimmte Rechtsinstitute gar nicht im Gesetz geregelt sind.

II. Feststellung prüfungsrelevanter Themenkomplexe

Der nächste Schritt besteht darin, festzustellen, welche Bedeutung den einzelnen Themenkomplexen zukommt und welche Themenkomplexe für Sie besonders prüfungsrelevant sind.[397] Dazu müssen Sie feststellen, in welchem Umfang das Rechtsgebiet an sich überhaupt prüfungsrelevant ist, mit anderen Worten, ob das Rechtsgebiet nach den Ausbildungsgesetzen relativ umfassend oder nur eingeschränkt, nur im Überblick oder nur in Grundzügen zu beherrschen ist.[398]

1. Rechtsgebiete mit größerer Einschränkung des Stoffumfangs (z.B. »im Überblick« oder »in Grundzügen«)

Rechtsgebiete mit größerer Einschränkung des Stoffumfangs sind vor allem die Nebenfächer. Einschränkungen sind in unterschiedlicher Hinsicht möglich: Zum einen können nur ausdrücklich genannte Themenkomplexe oder Rechtsnormen Prüfungsgegenstand sein. Dies zeigt sich an Formulierungen wie z.B. »aus dem Sachenrecht die Abschnitte 1 bis 3 ... «. Zum anderen kann es sein, dass bezüglich der genannten Prüfungsgegenstände kein Detailwissen gefordert wird (z.B. »aus dem Gesellschaftsrecht im Überblick«). »Im Überblick« bedeutet dann, dass die Systematik des Gesetzes und die wichtigsten Rechtsfiguren ohne vertieftes Wissen der Rechtsprechung und Literatur beherrscht werden.[399] Bei Rechtsgebieten, die Sie nur im Überblick oder in den Grundzügen beherrschen müssen, enthalten die Ausbildungsgesetze in der Regel eine Aufzählung einzelner Themenkomplexe. Die Feststellung der prüfungsrelevanten Themenkomplexe ist daher bei diesen Rechtsgebieten einfacher. Es kann aber auch sein, dass das Rechtsgebiet nur insoweit zu beherrschen ist, als es Sonderregelungen zum Pflichtfachstoff des bürgerlichen Rechts trifft.

397 An dieser Stelle sei darauf hingewiesen, dass mit der Betonung der Prüfungsrelevanz keineswegs der Eindruck erweckt werden soll, das Jurastudium ließe sich auf eine Ansammlung abfragbaren Wissens reduzieren. Jedoch setzt die Fähigkeit zu einer kritischen Problemanalyse ein umfassendes strukturiertes Wissen voraus. Um den Erwerb dieses grundlegenden prüfungsrelevanten Wissens geht es hier.

398 Dies haben Sie in Kap. 2 (Studieninhalte und Prüfungsanforderungen), S. 61 ff., festgestellt. Siehe dort.

399 § 11 Abs. 4 NRW JAG, § 8 Abs. 4 JAPrO BaWü.

✎ (1) *Überprüfen Sie, inwieweit Sie das Nebenfach Familienrecht im Examen beherrschen müssen.*
✎ (2) *Gibt das/die Ausbildungsgesetz/-ordnung konkrete Hinweise, welche Themenkomplexe Sie beherrschen müssen?*

Hinweis

* *Wenn Sie Kapitel 2 (Studieninhalte und Examensanforderungen) schon durchgearbeitet haben, haben Sie die Frage 1 schon dort beantwortet (siehe S. 61)*

Antwort am Beispiel Baden-Württemberg:

(1) Gem. § 8 Abs. 2 Nr. 1 JAPrO BaWü sind in Baden-Württemberg *die Bezüge des Familienrechts zum bürgerlichen Vermögensrecht* zu beherrschen.

(2) Die JAPrO BaWü zählt ausdrücklich bestimmte Rechtsnormen auf: *insbesondere die §§ 1357, 1359, 1362, 1363 bis 1371, 1408, 1589, 1626, 1643, 1664, 1795 BGB.*

Mit der Aufzählung der Paragraphen ist eine sehr deutliche Einschränkung des Rechtsgebiets verbunden. Ein Studierender aus Baden-Württemberg muss nun anhand der Paragraphen-Überschriften feststellen, welche Ausführungen in einem Familienrechtslehrbuch für ihn von Bedeutung sind. Ein Blick in das Gesetz ergibt zu den genannten Paragraphen folgende Stichworte:

- § 1357 BGB: Geschäfte zur Deckung des Lebensbedarfs
- § 1359 BGB: Umfang der Sorgfaltspflicht
- § 1363 BGB: Zugewinngemeinschaft
- § 1364 BGB: Vermögensverwaltung
- § 1365 BGB: Verfügung über Vermögen im Ganzen
- § 1366 BGB: Genehmigung von Verträgen
- § 1367 BGB: Einseitige Rechtsgeschäfte
- § 1368 BGB: Geltendmachung der Unwirksamkeit
- § 1369 BGB: Verfügungen über Haushaltsgegenstände
- § 1370 BGB: Ersatz von Haushaltsgegenständen
- § 1371 BGB: Zugewinnausgleich im Todesfall
- § 1408 BGB: Ehevertrag. Vertragsfreiheit
- § 1589 BGB: Verwandtschaft
- § 1626 BGB: Elterliche Sorge. Grundsätze
- § 1629 BGB: Vertretung des Kindes
- § 1643 BGB: Genehmigungspflichtige Rechtsgeschäfte
- § 1664 BGB: Beschränkte Haftung der Eltern
- § 1795 BGB: Ausschluss der Vertretungsmacht

Wenn Sie die genannten Stichworte genau lesen, werden Sie entdecken, dass Ihnen einige aus den Kernfächern bekannt sind: Rechtsgeschäft, Verfügung, Vertrag, Vertragsfreiheit, Genehmigung, Vertretung, Ausschluss der Vertretungsmacht, Haftung. Auch ohne Kenntnisse im Familienrecht erkennen Sie, dass es hier viele Verknüpfungen mit dem Allgemeinen Teil und dem Schuldrecht geben wird. Es empfiehlt sich, die Stichworte im Sachregister eines Familienrecht-Lehrbuchs nachzuschlagen und festzustellen, bei welchen Themen und in welchem Zusammenhang diese Stichworte genannt werden. So können Sie feststellen, welche Themenkomplexe prüfungsrelevant sind. Ein Studierender aus Baden-Württemberg hätte im Familienrecht folgende Themenkomplexe zu erarbeiten: Schlüsselgewalt, Güterstand der Zugewinngemeinschaft, Ehevertrag, Definition der Verwandtschaft, elterliche Sorge, gesetzliche Vertretung von Kindern. Bei der Erarbeitung des Rechtsgebiets ist besonders wichtig, die Querverbindungen zum BGB zu lernen, denn der Gesetzeswortlaut der JAPrO BaWü spricht ausdrücklich von den »Bezügen« zum bürgerlichen Vermögensrecht.

Prüfungsrelevante und nicht prüfungsrelevante Themenkomplexe innerhalb eines Rechtsgebiets lassen sich nicht völlig trennen. Häufig knüpfen Vorschriften aus prüfungsrelevanten Themenkomplexen an Vorschriften aus nicht prüfungsrelevanten Themenkomplexen an oder nehmen aufeinander Bezug. Sie müssen damit rechnen, dass Sie in Klausuren auch Vorschriften aus nicht prüfungsrelevanten Themenkomplexen anwenden müssen. Deshalb folgender Tipp: Wenn in Lehrbüchern ein prüfungsrelevanter Themenkomplex (z.B. »gesetzliche Vertretung des Kindes«) nicht als eigene Themeneinheit behandelt wird, sondern einen Teilbereich eines größeren Kapitels (z.B. dem Abschnitt »elterliche Sorge«) darstellt, sollten Sie auf jeden Fall das gesamte Kapitel (zur elterlichen Sorge) einmal vollständig durchlesen, um den Standort und die wichtigsten Zusammenhänge der Regelung (zur gesetzlichen Vertretung der Kinder) zu kennen.[400] Trotz der Beschränkung des Stoffumfangs müssen Sie einen groben Überblick über das *gesamte* Rechtsgebiet haben. Denn nur, wenn Sie die Systematik des Rechtsgebiets verstehen, können Sie auch die Systematik und den Standort des prüfungsrelevanten Themenkomplexes erkennen. Dies wiederum ist Voraussetzung für das Verständnis der Rechtsfiguren. Aus diesem Grunde habe ich bewusst Einschränkungen des Stoffumfangs wie z.B. »im Überblick« nicht unter Punkt I. besprochen, sondern Ihnen empfohlen, immer zuerst eine Übersicht über das gesamte Rechtsgebiet zu erstellen, unabhängig vom prüfungsrelevanten Umfang. Denn damit verschaffen Sie sich bereits Kenntnisse zur Systematik des Rechtsgebiets.

2. Rechtsgebiete, die relativ umfassend zu beherrschen sind

Rechtsgebiete, die relativ umfassend Prüfungsgegenstand sind, sind im Wesentlichen die Kernfächer. Hier sind im Grunde alle Themenkomplexe prüfungsrelevant. Die einzelnen Themenkomplexe sind jedoch unterschiedlich bedeutend. Um beim Erarbeiten des Rechtsgebiets Schwerpunkte auf die wichtigen Themenkomplexe setzen zu können, ist im nächsten Schritt festzustellen, welche Themenkomplexe besonders prüfungsrelevant sind. Dazu gibt es mehrere Vorgehensweisen:

- Sie können die Einleitung des Lehrbuchs daraufhin durchlesen, ob diese einen Hinweis auf bestimmte Schwerpunkte enthält.
- Sie können einen Einführungsaufsatz zu dem Rechtsgebiet in einer Ausbildungszeitschrift[401] lesen und anhand dieses Aufsatzes die wesentlichen Themenkomplexe feststellen.[402]

400 Z.B. befindet sich im Lehrbuch von *Schlüter* der Abschnitt »Die Vertretung des Kindes« unter »Der Inhalt und die Schranken der elterlichen Sorge«; im Kapitel vorher werden die »Grundlagen« der elterlichen Sorge behandelt.

401 Zu Ausbildungszeitschriften siehe Fn. 441.

402 Zum Beispiel *Klaus Reischl*, Grundfälle zum neuen Schuldrecht, JuS 2004, 40, 250, 453, 667, 865; *Martin Nolte*, Grundfälle zu Art. 5 Abs. 1 S. 1 GG, JuS 2004, 111, 199, 294; *Katja Langenbucher*, Grundfälle zum Recht der Gesellschaft mit beschränkter Haftung, JuS 2004, 387, 478, 581; *dies.*, Einführung in das Recht der Aktiengesellschaft, JURA 2004, 577; *Benjamin Schmidt*, Der Anwendungsbereich der berechtigten Geschäftsführung ohne Auftrag, JuS 2004, 862.

- Wenn Sie parallel eine Vorlesung besuchen, ergeben sich wichtige Themenkomplexe eventuell bereits aus der Vorlesungsgliederung.
- Einige (Lehr-)Buch-Reihen sind so konzipiert, dass die Lehrbücher vor allem klausurrelevante Themenkomplexe behandeln.[403]
- Darüber hinaus gibt es Bücher zur Examensvorbereitung, die sich mit den besonders prüfungsrelevanten Bereichen der einzelnen Rechtsgebiete befassen. Diese Bücher eignen sich weniger zum erstmaligen Erarbeiten des Rechtsgebiets, sondern eher zur Vertiefung und gezielten Examensvorbereitung. Sie können sie aber zu Beginn des Erarbeitens eines Rechtsgebiets als Hilfsmittel heranziehen, um festzustellen, wo Schwerpunkte und examenswichtige Klausurprobleme liegen.[404] Z.B. behandeln Bücher aus der Reihe »Klausurprobleme« aus dem Heymanns Verlag die wichtigsten Streitfragen eines Rechtsgebiets, deren Beherrschung in Klausuren und Hausarbeiten vorausgesetzt wird.[405]
- Eine weitere Möglichkeit ist, festzustellen, ob an Ihrer Fakultät gerade ein Repetitorium oder Examinatorium zu dem Rechtgebiet stattfindet. Eventuell ist zu dieser Veranstaltung eine Gliederung im Internet abrufbar. Aus den Gliederungspunkten dieser Veranstaltung sollten sich dann ebenfalls prüfungsrelevante Schwerpunkte ergeben.
- An einigen Universitäten enthalten die Informationen über das Unirepetitorium auch Pläne über die genauen Inhalte einschließlich der relevanten Themenkomplexe. Diese detaillierte Stoffbeschreibung können Sie als Hinweis auf die Prüfungsrelevanz schon in unteren Semestern heranziehen.[406]

Erkennen prüfungsrelevanter Themenkomplexe

Becht, Ernst	Prüfungsschwerpunkte im Zivilprozess, Stuttgart u.a., 4. Aufl. 2004 (zu Fragen der Zulässigkeit einer Klage auch für das erste Examen geeignet).
Beulke, Werner	Klausurenkurs im Strafrecht I, Heidelberg, 4. Aufl. 2008 (40 Hauptprobleme aus dem Strafrecht AT und 6 Probleme aus dem Strafrecht BT sind optisch hervorgehoben und am Ende des Buches – geordnet nach der Gesetzessystematik – noch einmal zusammengefasst).[407]
Beulke, Werner	Klausurenkurs im Strafrecht III, Ein Fall- und Repetitionsbuch für Examenskandidaten, Heidelberg, 2. Aufl. 2006 (133 Hauptprobleme, 38 aus dem AT, 73 aus dem BT, 22 aus der StPO sind hervorgehoben).
Dietlein, Johannes	Examinatorium Staatsrecht, Köln u a., 2. Aufl. 2005.
Degenhart, Christoph	Klausurenkurs im Staatsrecht, Ein Fall- und Repetitionsbuch, Heidelberg, 4. Aufl. 2007 (problemorientierter Repetitionskurs).

403 Z.B. die Reihe »Schwerpunkte« aus dem C. F. Müller Verlag oder die Reihe »Grundrisse des Rechts« aus dem C. H. Beck Verlag.

404 Z.B. die Reihen »Examenstraining« aus dem Carl Heymanns Verlag oder »UNIREP JURA« aus dem C. F. Müller Verlag.

405 Z.B. *Timo Hebeler*, 40 Probleme aus dem Staatsrecht, Köln, 2. Aufl. 2008; *Dieter Rössner*, 30 Probleme aus dem Strafprozessrecht, Köln, 2. Aufl. 2007. Siehe auch die Reihe Beck'sches Examinatorium aus dem C.H. Beck Verlag.

406 Einen detaillierten Stoffüberblick bietet die Informationsbroschüre über das Ganzjahresrepetitorium »Hart aber herzlich« des Fachbereichs Rechtswissenschaften an der Universität Halle-Wittenberg.

407 Im Vorwort schreibt *Beulke*, bei den Problemschwerpunkten handele es sich um den Kernbereich des Wissens, der nach seiner Einschätzung etwa 60–80 % aller Klausuren abdecke.

Faust, Florian	Bürgerliches Gesetzbuch, Allgemeiner Teil, Baden-Baden, 2. Aufl. 2007 (Stoff nach Klausurrelevanz ausgewählt, vertiefte Behandlung typischer Klausurprobleme).
Grunewald, Barbara/ Gernhuber, Joachim	Bürgerliches Recht, Ein systematisches Repetitorium, München, 7. Aufl. 2006.
Haug, Volker	Staats- und Verwaltungsrecht, Fallbearbeitung, Übersichten, Schemata, Heidelberg, 6. Aufl. 2006 (Basiswissen zum Öffentlichen Recht).
Grigoleit, Hans Christoph/ Herresthal, Carsten	BGB Allgemeiner Teil, München, 2006 (Beck'sches Examinatorium).
Hilgendorf, Eric	dtv-Atlas Recht, Bd. 1, Grundlagen Staatsrecht, Strafrecht, München, 2003 (mit vielen Fallbeispielen, Grafiken, Visualisierungen zum Einstieg, zur Zusammenfassung und Wiederholung).
Hilgendorf, Eric	dtv-Atlas Recht, Bd. 2, Verwaltungsrecht, Zivilrecht, 2008 (mit vielen Fallbeispielen, Grafiken, Visualisierungen zum Einstieg, zur Zusammenfassung und Wiederholung).
Kämmerer, Jörn Axel	Staatsorganisationsrecht, Köln u.a., 2008 (prüfungsrelevante Kernfragen).
Kintz, Roland	Das Assessorexamen im Öffentlichen Recht, Klausurtypen, wiederkehrende Probleme und Formulierungshilfen, München, 5. Aufl. 2007 (teilweise auch gut für das erste Examen geeignet).
Murmann, Uwe	Prüfungswissen Strafprozessrecht, München, 2008.
Musielak, H. J.	Grundkurs ZPO, Eine Darstellung zur Vermittlung von Grundlagenwissen im Zivilprozessrecht, Mit Fällen, Fragen und Übungsklausuren, München, 10. Aufl. 2007.
Neuner, Jörg	Examinatorium Sachenrecht, München, 2. Aufl. 2005.
Plate, Jürgen.	Das gesamte examensrelevante Zivilrecht, Berlin, 4. Aufl. 2008.
Schwerdtfeger, Gunther	Öffentliches Recht in der Fallbearbeitung, Grundfallsystematik, Methodik, Fehlerquellen, München, 13. Aufl. 2007 (konzentriert sich auf die klausur- und hausarbeitsrelevanten Teile des Öffentlichen Rechts, systematisiert diese Themen, zeigt Fehlerquellen auf).
Werner, Olaf Neureither, G.	22 Probleme aus dem BGB – Allgemeiner Teil, Examenswichtige Klausurprobleme, Prüfungsvorbereitung, Neuwied, 7. Aufl. 2005.
Stern, Klaus/ Blanke, H.-J.	Verwaltungsprozessuale Probleme in der öffentlich-rechtlichen Arbeit, München, 9. Aufl. 2008.
Timm, Wolfram/ Schöne, Torsten	Handels- und Wirtschaftsrecht, Band 1, Ein Arbeitsbuch: Pflichtfachstoff, München, 3. Aufl. 2004 (deckt den examensrelevanten Stoff im Pflichtfach ab und stellt die Besonderheiten des handels- und gesellschaftsrechtlichen Gutachtens dar).

Kehren wir zu unserem Beispiel Allgemeines Schuldrecht zurück. Es handelt sich um ein Kernfach, das relativ umfassend zu beherrschen ist. Wir hatten im ersten Schritt eine Übersicht über die Themenkomplexe des Allgemeinen Schuldrechts erstellt. Nun wollen wir die besonders klausur- und prüfungsrelevanten Themenkomplexe feststellen. Dazu nehmen wir ein Buch zur Hand, das in Kurzform den wichtigsten Stoff des Schuldrechts wiederholt. Die Gliederung dieses Buchs[408] lautet:

408 *Jens Petersen*, Examens-Repetitorium Allgemeines Schuldrecht, Heidelberg, 2. Aufl. 2005.

Grundbegriffe Entstehung des Schuldverhältnisses Erlöschen des Schuldverhältnisses Die Lösung vom Schuldvertrag Die Unmöglichkeit und die Folgen der Unmöglichkeit Verzögerung der Leistung Die Abtretung Schuldübernahme, Schuldbeitritt und Vertragsübernahme	Die Gesamtschuld Der echte Vertrag zugunsten Dritter Das Schuldverhältnis mit Schutzwirkung zugunsten Dritter Die Drittschadensliquidation Schadensrecht Allgemeine Geschäftsbedingungen

Wenn Sie die genannten Themenkomplexe mit der Übersicht aus dem Gesetz und den Lehrbüchern vergleichen, erkennen Sie, dass viele Themenkomplexe in dieser Form in der Gesetzesgliederung gar nicht zum Ausdruck kommen, z.B. gibt es im Gesetz weder die Überschrift »Unmöglichkeit« noch die Überschrift »Verzögerung der Leistung«. Manche Themenkomplexe können Sie gar nicht im Gesetz finden, wie z.B. die Drittschadensliquidation. Damit erzielen Sie bereits wichtige Erkenntnisse über das Allgemeine Schuldrecht, z.B. dass die Themenkomplexe »Unmöglichkeit« und »Verzögerung der Leistung« zwar äußerst prüfungsrelevant sind, sie aber weder im Gesetz noch in den Lehrbüchern zunächst besonders auffallen. Im Gesetz ist die Unmöglichkeit versteckt im Abschnitt »Inhalt der Schuldverhältnissen« unter dem Titel »Verpflichtung zur Leistung« enthalten. In den beiden erstgenannten Lehrbüchern werden die beiden Themen unter der allgemeinen Überschrift Leistungsstörungen behandelt. Zur Übung noch eine Aufgabe zum BGB AT:

✎ *Erstellen Sie eine Liste mit besonders prüfungsrelevanten Themenkomplexen zum BGB AT. Probieren Sie dabei die oben genannten Vorgehensweisen aus.*

Im BGB AT ergeben sich folgende *besonders* prüfungsrelevante Themenkomplexe als Schwerpunkte bei der Erarbeitung des Rechtsgebiets:

- Rechtsgeschäftslehre (Willenserklärungen/Verträge)
- Geschäftsfähigkeit
- Stellvertretung
- Irrtum und Anfechtung
- Einwilligung/Genehmigung

Nicht in die Schwerpunktliste aufgenommen wurden die Vorschriften zu den Juristischen Personen, zu Sachen und zu Nothilfe und Notstand. Dies liegt bei den Vorschriften zu den »Juristischen Personen« (§§ 21–89 BGB) daran, dass sie vor allem im Rahmen des Gesellschaftsrechts bedeutend sind und deshalb dort mitbehandelt werden.[409] Die Vorschriften zu »Sachen« (§§ 90–103 BGB) werden vor allem im Sachenrecht relevant.[410] Die Vorschriften zu Notstand und Notwehr (§§ 226–231 BGB) erlangen meist im Rahmen des Deliktsrechts Bedeutung und werden dort mitbehan-

409 So auch *Faust*, S. 5: »So bleibt etwa das Vereinsrecht völlig ausgeklammert, weil es üblicher- und sinnvollerweise als Teil des Gesellschaftsrechts unterrichtet wird«.

410 Für den Allgemeinen Teil des BGB ist jedoch das Verständnis des Unterschieds zwischen Verpflichtungs- und Verfügungsgeschäft und des Abstraktionsprinzips wichtig.

delt.[411] Wenn Sie beginnen, ein Rechtsgebiet zu erarbeiten, können Sie diese Zusammenhänge häufig noch nicht erkennen. Doch auch ohne diese Kenntnis können Sie nach den oben genannten Vorgehensweisen vorgehen und versuchen, Schwerpunkte herauszufinden. Wenn Sie nicht beurteilen können, welche Bedeutung einem Themenkomplex zukommt, sollten Sie sich nicht scheuen, sofern Sie parallel zum Erarbeiten des Rechtsgebiets eine Vorlesung besuchen, den Dozenten zu fragen.[412] Mit der Zeit werden Sie auch einen gewissen Spürsinn dafür entwickeln, welche Informationsquellen besonders rasch eine gute Übersicht über die Schwerpunkte bieten.

Viele Studierende meinen, sie würden mit der Zeit schon mitbekommen, welche Themenkomplexe besonders bedeutend sind und lernen einfach »drauflos«. Ohne eine Gesamtübersicht und ohne Schwerpunktsetzung ist jedoch kein systematisches Erarbeiten eines Rechtsgebiets möglich, und man kommt über Einzelwissen nicht hinaus. Private Repetitorien werden unter anderem auch dafür bezahlt, dass sie solche Übersichten bieten und genau die prüfungsrelevanten Schwerpunkte benennen.[413]

Wenn Sie festgestellt haben, welche Themenkomplexe zu erarbeiten sind, sollten Sie bei der Erarbeitung eines jeden Rechtsgebiets einen weiteren Themenkomplex zu den »Grundlagen und Regelungsbereich des Rechtsgebiets« hinzufügen und mit diesem Themenkomplex die Erarbeitung beginnen. In diesem Themenkomplex sind die wesentlichen Rechtsquellen festzustellen und Funktion, Zweck und Bedeutung des Rechtsgebiets im Gesamtzusammenhang sowie spezifische Rechtsbegriffe zu klären. Die Notwendigkeit einer solchen Einführung, in der man sich mit dem Regelungszweck, der Bedeutung und den Rechtsquellen des Rechtsgebiets vertraut macht, wird oft verkannt. Dabei lässt sich gerade aus diesen Überlegungen wichtiges Argumentationsmaterial für die Behandlung von Einzelproblemen in dem Rechtsgebiet gewinnen. Für diesen Themenkomplex sollten Sie mindestens zwei Arbeitsphasen verwenden. Eine gute Hilfestellung zur Klärung von Funktion, Zweck und Bedeutung des Rechtsgebiets sowie der einzelnen Rechtsquellen finden Sie in den Einführungskapiteln der Lehrbücher.[414] Ein Buch zum Handelsrecht beginnt zum Beispiel mit folgenden Fragen, die Sie in ähnlicher Form auf andere Rechtsgebiete anwenden können:[415]

- Was ist unter Handelsrecht zu verstehen und wie ist es zu definieren?
- Wie ist das Handelsrecht in der Rechtsordnung verwurzelt?

411 Es kann auch vorkommen, dass bei der Deliktsrechts-Vorlesung davon ausgegangen wird, dass die §§ 226–231 BGB schon in der BGB AT-Vorlesung behandelt wurden. Deshalb sollte man sich bei der Erarbeitung dieser Paragraphen nicht auf die Vorlesung verlassen.

412 Nicht gefolgt werden kann insoweit *Faust*, S. 19, der Nachfragen beim Dozenten erst dann für zulässig erklärt, wenn alle anderen Wege nicht zum Erfolg geführt haben.

413 Beispiel aus der Werbung eines Repetitoriums: »Aus der Lernstofffülle sind diejenigen Teile auszuwählen, die zwingend zur Absolvierung des Ersten juristischen Staatsexamens beherrscht werden müssen. Unsere Strategie der Stoffauswahl ...«.

414 Zur Klärung von Grundlagen und Regelungsbereich eignen sich auch die Bücher aus der Reihe »Prüfe Dein Wissen« des Beck Verlags, die mit Fragen zu den Grundlagen des Rechtsgebiets beginnen. Im Öffentlichen Recht z.B. *Christian Starck/Thorsten Ingo Schmidt*, Staatsrecht, Grundriss des Staatsorganisationsrechts und der Grundrechte, Stuttgart u.a., 2. Aufl. 2008 (zeigt den systematischen Aufbau des Grundgesetzes und die wechselseitigen Bezüge zwischen Organisationsrecht und den Grundrechten auf; anschauliche Darstellung).

415 *Rolf Steding*, Handels- und Gesellschaftsrecht, Baden-Baden, 3. Aufl. 2002, S. 17 ff.

- Zu welchen Rechtszweigen bzw. -gebieten außer dem Bürgerlichen Recht hat das Handelsrecht Wechselbeziehungen?
- Wie ist das Verhältnis des Handelsrechts zum Bürgerlichen Recht zu kennzeichnen?
- Welche Prinzipien prägen das Handelsrecht in besonderer Weise?
- Welche Rechtsquellen sind für das Handelsrecht bedeutsam?
- Welche Bücher des HGB sind von besonderer handelsrechtlicher Relevanz?

Da Art, Inhalt und Umfang solcher Einführungskapitel sehr unterschiedlich sein können, lohnt es sich, die Einführungskapitel in mindestens zwei Lehrbüchern zu lesen. Im Schuldrecht Allgemeiner Teil wären u.a. folgende Fragen bzw. Begriffe zu klären: Was regelt das Schuldrecht, was ist der Unterschied zwischen Schuldrecht und Sachenrecht, wo ist das Schuldrecht geregelt, was versteht man unter einem Schuldverhältnis (im weiteren und im engeren Sinn), wie entsteht ein Schuldverhältnis oder welche Arten von Schuldverhältnissen gibt es, was versteht man unter den Begriffen »Forderung«, »Gläubiger«, »Schuldner«, »Synallagma« etc.

☞ Bei Rechtsgebieten, die Sie nur eingeschränkt, nur im Überblick oder nur in Grundzügen beherrschen müssen, enthalten die Ausbildungsgesetze in der Regel eine Aufzählung von Themenkomplexen. Die Feststellung der prüfungsrelevanten Themenkomplexe ist daher bei diesen Rechtsgebieten einfacher.

☞ Bei Rechtsgebieten, die nach der Prüfungsordnung im Examen umfassend beherrscht werden müssen, sind alle Themenkomplexe prüfungsrelevant. Innerhalb des Rechtsgebiets sind jedoch einzelne Themenkomplexe unterschiedlich wichtig. Zur Feststellung, welche Themenkomplexe besonders prüfungsrelevant sind, gibt es mehrere Vorgehensweisen, u.a. das Lesen von Einführungsaufsätzen in Zeitschriften und die Verwendung von speziell konzipierten Buch-Reihen, die den Schwerpunkt auf Prüfungsrelevanz setzen.

☞ Das Erarbeiten eines Rechtsgebiets sollte regelmäßig mit einem eigenen Themenkomplex beginnen, in welchem man den Regelungsbereich, die Rechtsquellen sowie die Funktion, Zweck und Bedeutung des Rechtsgebiets klärt.

III. Konkretes Erarbeiten einzelner Themenkomplexe

Erarbeitet ist ein Rechtsgebiet dann, wenn Sie sich das Wissen aus den prüfungsrelevanten Themenkomplexen eines Rechtsgebiets so angeeignet haben, dass Sie dieses Wissen verstehen und es in der Fallbearbeitung umsetzen und anwenden können. Juristisches Können erfordert also zweierlei: das juristische Wissen und die Fähigkeit, dieses Wissen anzuwenden. Im Folgenden geht es um den ersten Punkt, die Aneignung des juristischen Wissens; der zweite Punkt, die Anwendung des Wissens, setzt voraus, dass man die Methode der Fallbearbeitung[416] beherrscht. Darüber hinaus hängt die Fähigkeit, das Wissen anzuwenden, jedoch maßgeblich davon ab, inwieweit schon bei der Wissensaneignung gefragt wird, in welcher Form das Wissen später umgesetzt werden kann.

Die wesentlichen Fragestellungen bei der Wissensaneignung sind:

416 Zur Methode der Fallbearbeitung siehe Kap. 9 (Fallbearbeitung).

(1) Woher kann ich juristisches Wissen beziehen? Welche Wissensquellen gibt es?
(2) Wie kann ich das Wissen speichern und wie kann ich schon bei der Wissensspeicherung berücksichtigen, dass ich das Wissen später umsetzen muss?
(3) Wie kann ich überprüfen, ob ich einen Themenkomplex verstanden habe und in der Lage bin, es umzusetzen?

1. Wissensquellen

Im Jurastudium sind die wesentlichen Wissensquellen das Gesetz, die Vorlesungen, die juristische Literatur und die Rechtsprechung. Alle diese Wissensquellen gibt es inzwischen auch in elektronischer Form (siehe unter b).[417]

a) Arten von Wissensquellen

aa) Gesetzliche Regelung

Die wichtigste Wissensquelle und das wichtigste Handwerkszeug des Juristen ist der Gesetzestext.[418] Leider wird dieses wichtige Hilfsmittel von Studierenden bei der Aneignung von Wissen häufig vernachlässigt oder sogar vergessen.[419] Nochmals: Die Vertrautheit mit dem Gesetz ist auch deswegen so wichtig, weil Sie in Klausuren und im Examen nur das Gesetz als Hilfsmittel haben. Hinzu kommt, dass Sie im Examen auch in unbekannten Rechtsgebieten geprüft werden können.[420] Sie müssen also darin geübt sein, schnell die maßgeblichen Regelungen zu finden und zu erfassen. Dies ist nicht zuletzt auch eine wichtige Voraussetzung für Ihren späteren Beruf: Dort können Sie jederzeit in die Situation kommen, nur das Gesetz zur Verfügung zu haben und schnell ein Rechtsgebiet daraufhin überprüfen zu müssen, ob es für Ihren Fall etwas Relevantes enthält (z.B. als Rechtsanwalt in einer Gerichtsverhandlung). Es ist also sehr wichtig, beim Lernen immer wieder mit dem Gesetz zu beginnen und sich darin zu üben, mit der Gesetzesgliederung zurechtzukommen und Text und Systematik der Gesetze schnell zu erfassen. Dabei wird Ihr Blick und Ihr Verständnis für Gesetzestexte immer mehr geschult werden. Trotz aller Appelle neigen viele Studierende

417 Zu virtuellen Lehrveranstaltungen siehe das Kursangebot der Virtuellen Hochschule Bayern (http://www.vhb.org). Im SS 2008 gab es 22 Lehrveranstaltungen, darunter z.B. Grundwissen Zivilrecht, BGB-AT und Klausurenkurs von Prof. Inge Scherer der Universität Würzburg.

418 Für die ersten Semester reichen gebundene Gesetzessammlungen, z.B. die dtv-Texte, aus (BGB, Band 5001; StGB, Band 5007; GG, Band 5003). In manchen Bundesländern sind die gebundenen STUD-JUR Nomos Textausgaben zum Zivilrecht/Wirtschaftsrecht, Strafrecht/Straßenverkehrsrecht/Arbeits- und Sozialrecht/Europarecht, Öffentlichen Recht sowie zum jeweiligen Landesrecht für die Klausuren der Übungen und teilweise auch im Examen zugelassen. Der Vorteil gegenüber den dtv-Texten ist, dass sie wesentlich umfangreicher sind und auch in den ersten Semestern Einblicke in andere Gesetze zulassen, z.B. in das HGB oder in die ZPO. Gegenüber Schönfelder und Sartorius haben sie den Vorteil, dass die hohen Kosten für Ergänzungslieferungen entfallen, allerdings fehlen die bei den Loseblattsammlungen in den Fußnoten enthaltenen zusätzlichen Informationen. Nicht vernachlässigt werden sollte auch der Aspekt, dass man sich sehr schnell daran gewöhnt, an welcher konkreten Stelle eine Norm steht (z.B. rechts oben). Wechselt man später vom dtv Text zum Schönfelder, muss man sich umgewöhnen.

419 *Wörlen*, BGB AT, S. XI: »Die Hälfte aller Fehler in juristischen Anfängerklausuren könnte vermieden werden, wenn die Bearbeiter die zitierten Vorschriften (genauer) lesen würden.«

420 Soweit lediglich Verständnis und Arbeitsmethode festgestellt werden sollen und Einzelwissen nicht vorausgesetzt wird, § 8 Abs. 5 JAPrO BaWü, siehe Kap. 2 (Studieninhalte und Prüfungsanforderungen), S. 70.

dazu, den Gesetzestext nicht zu lesen.[421] In Klausuren wird dann versäumt, das Gesetz als Beleg zu zitieren, oder es wird sogar ein anderer Beleg angeführt (Beispiel: Nicht die herrschende Meinung oder die Rechtsprechung haben den Begriff der Fahrlässigkeit definiert, sondern der Gesetzgeber in § 276 Abs. 2 BGB). Manche Lehrbuchautoren fordern den Leser ausdrücklich auf, zuerst die gesetzliche Vorschrift zu lesen.[422]

bb) Lehrveranstaltungen

Viele Studierende halten Lehrveranstaltungen vor allem in der Anfangsphase und in den mittleren Semestern für eine bedeutende Wissensquelle. Deshalb ist eine der wichtigsten Fragen, vor allem in den Anfangssemestern, welche Lehrveranstaltungen man besuchen und nach welchen Kriterien man sie auswählen soll.[423] Grundsätzlich gibt es drei Kriterien für die Auswahl einer Lehrveranstaltung: die generelle, die konkrete und die individuelle Geeignetheit.

Ob eine Lehrveranstaltung **generell**, d.h. für die eigene Semesterzahl **geeignet** ist, ergibt sich aus dem Studienplan der Fakultät. Denn im Studienplan wird berücksichtigt, welche Stoffgebiete man bei Einhaltung des Studienplans schon beherrschen sollte.[424] Außerdem bietet der Studienplan Gewähr dafür, dass die einzelnen Lehrveranstaltungen zeitlich nicht kollidieren.

Ob eine Lehrveranstaltung **konkret geeignet** ist, hängt vom genauen Inhalt, vom Aufbau, von der Vortragsweise und vom methodischen Vorgehen des Dozenten ab. Einen ersten Eindruck kann man sich anhand des kommentierten Vorlesungsverzeichnisses verschaffen, in dem die Dozenten die Themen ihrer Lehrveranstaltung und (teilweise) die geplante methodische Vorgehensweise erläutern.[425] Ein Pluspunkt für eine Vorlesung ist auch, wenn Sie sich mit Hilfe von Übungsmaterialien gezielt auf die einzelnen Vorlesungsstunden vorbereiten können. Denn dann ist der Lernerfolg durch den anschließenden Besuch der Veranstaltung wesentlich höher.

Die **individuelle Geeignetheit** hängt davon ab, ob Sie für Lehrveranstaltungen geeignet sind, mit anderen Worten, welcher Lerntyp Sie sind. Je nach Lerntyp kann der Besuch von Lehrveranstaltungen zur Aneignung von Wissen mehr oder weniger sinnvoll sein. Deshalb ist es wichtig, den eigenen Lerntyp zu kennen.[426]

---

421 Deutlich auch *Butzer/Epping*, S. 11: »es zeigt sich immer wieder, dass methodisch sauberes Arbeiten am Gesetzestext Wissensdefizite kompensieren kann, während unsauberes Vorgehen den Wert der Bearbeitung auch bei inhaltlich weitgehend fehlerfreier Lösung beeinträchtigt«.

422 So z.B. *Rainer Wörlen*, Handelsrecht mit Gesellschaftsrecht, Köln, 6. Aufl. 2003, Vorwort: »Lesen Sie jede Vorschrift sorgfältig durch.« Ebenso *Kilian/Eiselstein*, S. 19: »**Jede** (bitte auch wenn es den Lesefluss aufhält!) zitierte Rechtsnorm müssen Sie dabei sofort und **vollständig** durchlesen.«.

423 Dazu *Schreiber*, Der Besuch von Lehrveranstaltungen, in Herzberg/Ipsen/Schreiber, S. 87 ff. Zu den Vor- und Nachteilen des Vorlesungsbesuchs auch *Koeder*, S. 27 ff

424 Aus dem kommentierten Vorlesungsverzeichnis können Sie entnehmen, welche Vorkenntnisse für die Lehrveranstaltung erforderlich sind. Darüber hinaus können Sie, wenn Sie unsicher sind, ob Ihr Leistungsstand ausreicht, beim Dozenten oder bei der Studienberatung nachfragen.

425 Positiv ist z.B. die Aussage, eine Vorlesung sei didaktisch auf Studienanfänger zugeschnitten.

426 Zum Lerntyp und zur Auswahl von Lehrveranstaltungen unter lernpsychologischen Gesichtspunkten siehe den »Fragebogen zu den bevorzugten Wahrnehmungskanälen« in Kap. 11 (Lernen), S. 319.

Da der Gewinn, den man aus dem Besuch einer Lehrveranstaltung zieht, in hohem Maße von individuellen Faktoren abhängt, muss in erster Linie jeder für sich selbst entscheiden, ob er an der Lehrveranstaltung teilnehmen möchte. Wenn die Entscheidung für den Besuch einer Lehrveranstaltung gefallen ist, muss durch den probeweisen Besuch der Lehrveranstaltung in den ersten Vorlesungswochen festgestellt werden, ob der Besuch der Lehrveranstaltung tatsächlich sinnvoll ist und den gewünschten Lernerfolg bringt.[427]

Etwas andere Kriterien für den Vorlesungsbesuch gelten im Studium des Schwerpunktbereichs. Hier steht nicht die Vermittlung von Wissen im Vordergrund, sondern die vertiefte Beschäftigung mit einzelnen Rechtsfragen, aktuellen Entwicklungen sowie wissenschaftlich und praktisch interessanten Themen aus dem gewählten Schwerpunktbereich. Im Schwerpunktbereich kommt es auch auf die Spezialisierung und Schwerpunktsetzung der beteiligten Dozenten an. Ein Lehrbuch kann hier die Teilnahme an der Vorlesung nicht ersetzen. Es ist wichtig, die fachliche Ausrichtung und die »Vorlieben« des Dozenten zu kennen, insbesondere in der mündlichen Prüfung. Auch ist empfehlenswert, dass der Dozent Sie in der mündlichen Prüfung als Teilnehmer seiner Vorlesungen wiedererkennt.

cc) Lehrbücher, Kommentare, Ausbildungszeitschriften

Das Jurastudium wird nicht umsonst Lesestudium genannt, denn die wesentlichsten Wissensquellen sind Lehrbücher, Kommentare, (Ausbildungs-)Zeitschriften und Skripten[428]. Zur juristischen Literatur gehören darüber hinaus noch Monographien, Festschriften, Handbücher, Enzyklopädien und Fachzeitschriften. Zu Wissensquellen gibt es zahlreiche gute Darstellungen, die hier nicht wiederholt werden müssen.[429] Deshalb wird im Folgenden nur auf die Aspekte eingegangen, die in den üblichen Darstellungen zu kurz kommen und die für das systematische Erarbeiten eines Rechtsgebiets von Bedeutung sind.

Lehrbücher. Da es eine sehr große Auswahl an Lehrbüchern und Skripten gibt, wären allgemeine Empfehlungen an dieser Stelle erstens unvollständig und zweitens in kürzester Zeit veraltet. In Kapitel 5 wurde auf Fragen der Buchauswahl eingegangen. Dort können Sie ergänzend noch einmal mögliche Entscheidungskriterien für oder gegen ein Buch nachlesen.[430] Wichtig ist, dass ein Buch *generell* und *individuell* ge-

427 *Möllers*, S. 23: »Ich habe seinerzeit Vorlesungen immer nur dann besucht, wenn sie unterhaltsamer und informativer waren als das Lehrbuch zu dem einschlägigen Rechtsgebiet. Suchen Sie sich die guten Vorlesungen heraus [...]«. *Roxin*, S. 10: »Zweitens sollte man Kurse und Vorlesungen ... dann besuchen, wenn man ausnahmsweise vom Dozenten und seiner Stoffvermittlung fasziniert ist. Man erhält dadurch Verständnishilfen und Anregungen, die man sich selbst nicht so leicht hätte erarbeiten können.«

428 Zum Begriff »Skript« siehe Fn. 122. Über die Zitierfähigkeit von Skripten herrscht Uneinigkeit. Für die Zitierfähigkeit gilt ganz allgemein folgende Regel: Zitierfähig sind generell *eigene* Ansichten des Autors. Deshalb sind Skripten wie jede andere Literatur dann zitierfähig, wenn der Verfasser des Skripts eine eigene Ansicht vertritt und nicht nur fremde Ansichten (z.B. aus anderen Lehrbüchern oder Kommentaren) darstellt. Auch hinsichtlich ihres Niveaus müssen manche Skripten den Vergleich mit Lehrbüchern nicht scheuen. *Weber*, S. 142, bezeichnet manche Skripten des Repetitoriums Alpmann Schmidt vom wissenschaftlichen Niveau her als durchaus vergleichbar mit manchen Lehrbüchern. Da zumindest einige der jüngeren Professoren auch mit Skripten auf das Examen gelernt haben, kann man sogar vereinzelt Skripten auf Literaturlisten von juristischen Lehrstühlen finden.

429 So z.B. einführend zur Literatur im Öffentlichen Recht *Kilian/Eiselstein*, S. 5 ff.

430 Kap. 5 (Leseregeln), S. 158 f.

eignet ist. Um aus der Vielzahl der Lehrbücher *generell geeignete* Bücher herauszufinden, empfiehlt es sich, Hinweise auf Bücher in Ausbildungszeitschriften, in Verlagsverzeichnissen und Prospekten sowie Tipps von Kommilitonen zu sammeln und gelegentlich zu überprüfen. Viele Zeitschriften und »Studenteninfos« enthalten Kurzbesprechungen, in denen Inhalt, Aufbau und Stil des Buches sowie die Intention der Verfasser dargestellt werden. Anhand dieser Kurzbesprechungen können Sie also schon eine gewisse Vorauswahl treffen. Manchmal gibt es auch in Büchern oder in Ausbildungszeitschriften Sammelbesprechungen der Studienliteratur zu bestimmten Rechtsgebieten.[431]

Übersichten über Studienliteratur	
http://www.jura.uni-tuebingen.de/reichold (12/2004)	Unter den Stichworten Studienanfänger/Literatur eine Zusammenstellung von Literatur für Studienanfänger mit Erläuterung.
Kastner, Doris/ Müller, Alexander (Redaktion)	Jura – Prüfstand, Verlag Kastner, Wolznach; semesterweise herausgegebene, kostenlose, Broschüre aus dem Verlag Kastner, die teilweise in Buchhandlungen ausliegt. Es werden verlagsübergreifend ca. 700 Titel juristischer Studienliteratur mit Kurzbeschreibung genannt.
http://www.schweitzer-online.de	Unter dem Stichwort »Schweitzer für Studierende«, Studienliteratur Jura, eine umfangreiche und jedes Semester aktualisierte Sammlung von Studienliteratur zum Download
Wiedenfels, Matthias/ ter Haar, Philipp/ Lutz, Carsten	Prädikatsexamen, Der selbständige Weg zum erfolgreichen Examen, Baden-Baden, 2. Aufl. 2007, S. 161 ff. (Literaturempfehlungen, Literatur für das 1. und 2. Staatsexamen, Was Sie auf jeden Fall benötigen, mit kurzen Erläuterungen)
Weber, Hermann	Der Umgang mit juristischer Literatur und der Aufbau einer eigenen Handbibliothek, in: JuS-Studienführer, aaO, S. 130–154.

Ein wichtiges Kriterium für die generelle Geeignetheit eines Lehrbuchs zum Erarbeiten eines Rechtsgebiets ist, inwieweit der Autor auch die Umsetzung des Wissens in der Fallbearbeitung anspricht. Ein Beispiel für einen Klappentext, der vielversprechend klingt: »Es (das Werk) spricht nicht nur alle klausurrelevanten Problembereiche an. Vielmehr wird die Darstellung durch zahlreiche Fälle und Lösungen, Klausurhinweise, systematische Aufbauhilfen und Anleitungen für notwendige Fragestellungen in der Klausur ergänzt. Damit vermittelt der Autor auch die erforderlichen Techniken, gelerntes Wissen unmittelbar in der Klausur umzusetzen.«[432] Bei Lehrbüchern zu Nebenfächern ist wichtig, dass die Lehrbücher auch die Querverbindungen berücksichtigen. Folgender Klappentext eines Lehrbuchs zum Familienrecht klingt ebenfalls vielversprechend: »Dabei kam es mir auch darauf an, immer wieder die Verbindungen zwischen dem Familienrecht und den anderen Teilen des BGB ... deutlich werden zu lassen.«[433] Wichtig ist auch das Schriftbild, z.B. ob der Autor Grundlagenwissen und Examenskenntnisse deutlich unterscheidet (durch Groß- und Kleindruck).[434]

431 Z.B. *Alessandro Bellardita*, Literatur zum Allgemeinen Teil des Schuldrechts, JuS-Magazin 2/07, S. 12.

432 *Ekkehard Schumann*, Die ZPO-Klausur, München, 3. Aufl. 2006, Buchrückentext.

433 *Martin Lipp*, Examens-Repetitorium Familienrecht, Heidelberg, 2. Aufl. 2005, Vorwort.

434 Siehe z.B. *Werner Beulke*, Klausurenkurs im Strafrecht 1, Heidelberg, 4. Aufl. 2008, Buchrückentext: » optisch hervorgehobene Hauptprobleme nebst Streitständen«.

Welche Art von Lehrbüchern für Sie *individuell geeignet* ist, hängt davon ab, mit welcher Art der Aufbereitung von Lernstoff Sie am besten lernen können.[435] Wenn Sie ein Lehrbuch daraufhin überprüfen wollen, ob Sie damit zurechtkommen könnten, empfiehlt es sich, zuerst das Vorwort zu lesen. Denn aus dem Vorwort sollte die Zielsetzung des Verfassers, die Adressatengruppe und das methodische Vorgehen des Verfassers hervorgehen. Anschließend sollten Sie die Inhaltsübersicht des Lehrbuchs durchlesen und prüfen, ob und in welchem Umfang die prüfungsrelevanten Themenkomplexe des Rechtsgebiets behandelt werden. Besonders wenn Ihnen das Rechtsgebiet noch fremd ist und Sie die Schwerpunktsetzung noch nicht beurteilen können, empfiehlt es sich, ein Kapitel Probe zu lesen. Sie haben ein für Sie geeignetes Buch in der Hand, wenn Sie beim Lesen das Gefühl haben, dass das Buch verständlich ist und dass Ihnen das methodische Vorgehen des Autors (Übersichten, Zusammenfassungen, anschauliche und ausreichende Fallbeispiele, Musterlösungen u.ä.) liegt.

Viele Studierende haben gute Erfahrungen damit gemacht, mehrere (zumindest zwei) Lehrbücher parallel zu lesen.[436] Vorteil dieser Vorgehensweise ist, dass man die Zusammenhänge gerade durch die unterschiedliche Aufbereitung des Stoffes oder etwas andere Sichtweisen besser versteht. Außerdem kann es sein, dass gerade der Stoff, den man nicht verstanden hat, in dem anderen Lehrbuch anschaulicher erklärt wird.

Geben Sie sich nicht mit *irgendeinem* Lehrbuch zufrieden, sondern machen Sie sich die Mühe, die für Sie geeigneten Lehrbücher zu finden. Das heutige Lehrbuch-Angebot bietet (fast) die Garantie dafür, dass auch für Sie das richtige Buch dabei ist.[437] Während früher die Ausbildungsliteratur durchgehend mit *Lehr*buch bezeichnet wurde, gibt es heute *Lern*bücher Jura.[438] Die Zeit, die Sie für die Suche verwenden, ist nicht verloren. Sie holen diese Zeit beim Durcharbeiten eines Lehrbuchs, das Ihnen wirklich liegt, nicht nur wieder herein, sondern Sie werden den Stoff besser begreifen und damit letztlich schneller sein. Wenn Sie ein geeignetes Buch gefunden haben, ist es empfehlenswert, sich die Reihe, aus der das Buch stammt, zu merken. Denn möglicherweise können Sie mit den anderen Büchern aus dieser Reihe ebenso gut lernen.

Tipp:

Sie finden Bücher, mit denen Sie gearbeitet haben, schnell wieder, wenn Sie auf Karteikarten eine Literaturkartei mit Autor, Titel, Auflage, Erscheinungsort und Erscheinungsjahr und – falls in der Bibliothek vorhanden – mit der Signatur und dem Standort erstellen. Auf die Rückseite der Karteikarten können Sie persönliche Bemerkungen zu dem Buch schreiben.

☞ Am Beginn des Erarbeitens eines Rechtsgebiets ist eine ausführliche Literatursichtung unerlässlich. Ob Sie das für Sie geeignete Lehrbuch finden, hängt in hohem Maß davon ab, ob Sie bereit sind, genügend Zeit in die Lehrbuchauswahl zu investieren, ob Sie aufgeschlossen gegenüber Hinweisen und Buchtipps sind und ob Sie auch bereit sind, Bücher, die sich als »Fehlkäufe« erweisen, wieder beiseite zu legen.

435 Zu der für Sie geeigneten Art der Aufbereitung des Lernstoffs siehe den Fragenbogen in Kap. 11 (Lernen), S. 323 f.

436 Auch *Faust*, S. 17, rät, zwei Lehrbücher parallel zu lesen.

437 *Roxin*, S. 10: »Es gibt heute hervorragende Werke dieser Art, und jeder kann sich aus einem reichem Angebot das aussuchen, was seiner Aufnahmefähigkeit am besten entspricht«.

438 In der Didaktik wird von »The shift form teaching to learning« gesprochen.

☞ Es empfiehlt sich, am Beginn des Semesters ein paar Stunden zum Suchen neuer Lern-Literatur einzuplanen und sich in einer Buchhandlung in Ruhe über das neueste Angebot zu informieren. Alternativ können Sie auch in der Universitätsbibliothek oder im Juristischen Seminar die Buchregale durchstöbern. Dabei müssen Sie aber darauf achten, dass Sie einigermaßen aktuelle Auflagen in der Hand haben.

☞ Achten Sie zunächst auf die Zielsetzung der Verfasser im Vorwort. Wichtig sind Stichworte wie Prüfungsrelevanz, Überblick, Grundzüge, Schwerpunkte, Querverbindung, Fallbeispiele, Fälle und Lösungen und Umsetzung des Gelernten. Autoren, die sich die Mühe gemacht haben, ihre Ziele genau zu benennen, haben im Zweifel auch ein besser verständliches Lehrbuch geschrieben. Im Einzelnen müssen Sie dies natürlich am Inhalt des Buches überprüfen.

☞ Es gibt inzwischen sehr viele (didaktisch) gelungene und daher für den Zweck der Erarbeitung eines Rechtsgebiets gut geeignete Lehrbücher und Fallsammlungen. Autoren wünschen heutzutage dem Leser im Vorwort viel »Spaß« beim Lesen. Deshalb ist es heutzutage nicht mehr zu verzeihen, wenn Sie mit einem Buch lernen, das Sie schwer verstehen, bei dem der Autor sich nicht um den Leser bemüht und Ihnen keine Hilfestellung gibt, keine Schwerpunkte setzt oder keine Zusammenfassungen eingefügt hat.[439]

Kommentare. Kommentare eignen sich vor allem für spezielle Fragen zu einzelnen gesetzlichen Bestimmungen und zur Vertiefung von Einzelproblemen. Bei der Bearbeitung von Hausarbeiten oder bei der Erstellung von Seminararbeiten findet man mit Hilfe von Kommentaren schnell weiterführende Literatur. Wegen der Notwendigkeit, den Gesetzeswortlaut wirklich zu verstehen und unklare Punkte schnell klären zu können, ist die Anschaffung von geeigneten Kurzkommentaren schon für das Studium zu empfehlen.[440]

439 Solche Bücher mögen für wissenschaftliche Arbeiten ihren Zweck erfüllen und ihre Berechtigung haben, zum Erlernen der Grundstrukturen, der Zusammenhänge, der »Basics« sind Sie nicht geeignet.

440 Speziell auf die Bedürfnisse von Studierenden zugeschnitten ist *Jan Kropholler*, Studienkommentar BGB, München, 11. Aufl. 2008. In diesem Kommentar werden die zentralen Vorschriften (also nicht alle Vorschriften) des BGB kommentiert, wobei der Schwerpunkt der Kommentierung auf klausurrelevanten Fragen liegt. Die Anmerkungen enthalten viele Definitionen, des Weiteren gibt es Übersichten zu den Zusammenhängen der gesetzlichen Bestimmungen. Weitere Kommentare im Zivilrecht: *Othmar Jauernig* u.a., Bürgerliches Gesetzbuch, München, 11. Aufl. 2004; *Reiner Schulze/Heinrich Dörner/Ina Ebert/Jörn Eckert u.a.*, BGB, Handkommentar, Baden-Baden, 5. Aufl. 2007. Im Bereich des Öffentlichen Rechts gibt es z.B. den Taschenkommentar von *Dieter Hömig* (Hrsg.), Grundgesetz für die Bundesrepublik Deutschland, Baden-Baden, 8. Aufl. 2007. Im Bereich des Strafrechts für Studierende geeignet: *Wolfgang Joecks*, Studienkommentar StGB, München, 7. Aufl. 2007; *Urs Kindhäuser*, Strafgesetzbuch, Lehr- und Praxiskommentar), Baden-Baden, 3. Aufl. 2006 (verbindet Vorteile von Lehrbuch und Kommentar, mit Prüfungsschemata, Argumentationsmustern, Beispielen und Kurzfällen).

Zeitschriften. Eine weitere Wissensquelle sind (Ausbildungs-)Zeitschriften.[441] Beiträge in juristischen Ausbildungszeitschriften haben den Vorteil, dass sie einen bestimmten Themenkomplex oder ein typisches Klausurproblem geschlossen darstellen und dabei mehr als Lehrbücher die neueste Entwicklung der Rechtsprechung berücksichtigen können.[442] Die JA enthält solche prüfungsrelevante Themenkomplexe zum Beispiel unter dem Stichwort »Lernbeitrag Zivilrecht/Öffentliches Recht/Strafrecht«, die JuS unter »Studium« und JURA unter »Aufsätze« oder »Grundstudium«. Da Zeitschriften sowohl Beiträge für Anfänger als auch für Fortgeschrittene und Examenskandidaten als auch Referendare bieten, sollten Sie darauf achten, dass der Beitrag für Ihren Kenntnisstand geeignet ist.[443]

Tipp:
Es empfiehlt sich, einmal im Monat alle Ausbildungszeitschriften auf geeignete Beiträge durchzusehen, entweder in der Bibliothek oder, soweit möglich, online.[444]

dd) Rechtsprechung

Je weiter Ihr Studium fortschreitet, um so mehr gewinnen auch Gerichtsentscheidungen als Wissensquelle an Bedeutung. Das Lesen von Urteilen will ebenfalls gelernt sein. Sie sollten sich daher von Studienbeginn an angewöhnen, wichtige Gerichtsent-

441 Die bedeutendsten Ausbildungszeitschriften sind die *Juristische Schulung (JuS)* des Verlags C. H. Beck, die *Juristische(n) Arbeitsblätter (JA)* des Carl Heymanns Verlag, München, und die *Juristische Ausbildung (Jura)* des Verlags de Gruyter, Berlin. Im Öffentlichen Recht ist neben den Ausbildungszeitschriften vor allem die NVwZ (Neue Verwaltungszeitschrift) interessant. Für höhere Semester und Examenskandidaten ist die Juristenzeitung (JZ) wegen der Berichte über Grundlegendes und Aktuelles aus dem deutschen Recht wichtig.

442 Exemplarisch seien genannt für das **Zivilrecht**: *Sonja Lange*, Die Willenserklärung, Teil 1 und 2, JA 2007, 687, 766; *Jens Eisfeld*, Der Zugang von Willenserklärungen, JA 2006, 851; *Jörg Fritzsche*, Der Abschluss von Verträgen, §§ 145 ff. BGB, JA 2006, 674; *Ulrich Schmolke*, Das Eigentümer-Besitzer-Verhältnis (§§ 987–1003), JA 2007, 101; *Stephan Lorenz*, Grundwissen Zivilrecht Vertretenmüssen (§ 276 BGB), JuS 2007, 611; *ders.*, Grundwissen Zivilrecht, Schadensarten bei der Pflichtverletzung (§ 280 II, III BGB, JuS 2008, 203; *Sebastian Mock*, Grundfälle zum Stellvertretungsrecht, JuS 2008, 309 ff., 391 ff.; *Franz Hofmann*, Die Übertragung von Rechten – Ein Überblick, JA 2008, 253; *Markus Kellermann*, Problemfelder des Anfechtungsrechts, JA 2004, 405; *Bert Füssenich*, Differenz- und Surrogationstheorie im neuen Schuldrecht, JA 2004, 403; *Klaus Schreiber*, Die Verfahrensgrundsätze im Zivilprozess, JURA 2007, 500; *Christoph Keller*, Der einstweilige Rechtsschutz im Zivilprozess, Teil 1 und 2, JURA 2007, 241, 327. Zum **Strafrecht**: *Dennis Bock*, Grundwissen zur Anstifung (§ 26 StGB), JA 2007, 599; *Uwe Murmann*, Grundwissen zur mittelbaren Täterschaft (§ 25 Abs. 1 2. Alt. StGB), JA 2008, 321; *Wolfgang Mitsch*, Grundzüge des Ordnungswidrigkeitenrechts (Teil 1), JA 2008, 174; *Jörg Kinzig/Sebastin Zander*, Der neue Tatbestand der Nachstellung (§ 238 StGB), JA 2007, 481; *Jörg Eisele*, Der Tatbestand der Gefährdung des Straßenverkehrs (§ 315c StGB), JA 2007, 168; *Urs Kindhäuser/Sonja Nikolaus*, Der Tatbestand des Betrugs (§ 263 StGB), JuS 2006, 293 ff. Zum **Öffentlichen Recht:** *Thomas Starke*, Grundfälle zur Kommunalverfassungsbeschwerde, JuS 2008, 319; *ders.*, Die BauGB-Novelle 2007, JA 2007, 488; *Dirk Ehlers*, Die verwaltungsgerichtliche Verpflichtungsklage, JURA 2004, 310; *ders.*, Die verwaltungsgerichtliche Anfechtungsklage, Teil I und II, JURA 2004, 30, 176; *Fridrich Schoch*, Das Widerspruchsverfahren nach §§ 68 ff. VwGO, JURA 2003, 752; *Christian Deckenbrück/Stefan Patzer*, Grundfälle zu Widerspruchs- und Klagefrist im Verwaltungsprozess, JURA 2003, 476.

443 Meist lässt sich dies anhand von Hinweisen in der Einleitung des Beitrags, in einer Fußnote oder anhand der Rubrik, in der der Beitrag steht, ermitteln.

444 Eine bestimmte Zeitschrift zu abonnieren, hat den Nachteil, dass Sie – je nach Kenntnisstand – nicht alle Beiträge verwerten können, aber trotzdem die anderen Ausbildungszeitschriften noch auswerten müssen.

scheidungen nachzulesen. Hilfreich können wiederum Ausbildungszeitschriften sein, weil dort die Entscheidungen speziell für Studierende aufbereitet sind und im Hinblick auf studentische Belange besprochen werden.[445] Zeitschriften enthalten auch Rechtsprechungsübersichten zu einzelnen Themenkomplexen, so dass Sie in Kürze über die aktuelle Rechtsprechung informiert sind.[446] Es gibt mehrere Bücher, die wichtige Entscheidungen der letzten Jahre und Jahrzehnte für Studierende zusammengefasst haben.[447] Der Erwerb einer solchen Entscheidungssammlung kann sich unter dem Aspekt lohnen, dass Sie dadurch Zeit sparen, die Entscheidungen jeweils herauszusuchen.

Tipp:

Genauere Ausführungen zum richtigen Lesen gerichtlicher Entscheidungen finden Sie bei *Weber*, S. 154–159.

Die meisten genannten Wissensquellen (Vorlesungen, Gesetze, Rechtsprechung, Lehrbücher) gibt es mittlerweile auch in elektronischer Form. Im Folgenden wird kurz auf das Wichtigste zu juristischen Informationen aus elektronischen Medien eingegangen und auf weiterführende Literatur verwiesen.

b) Wissensquellen aus elektronischen Medien

Zu den herkömmlichen Arten der Wissensvermittlung (gedruckte Form, Lehrveranstaltungen) ist der Wissenstransfer in Form von elektronischen Medien (Internet, digitale Datenträger) hinzugekommen. Juristische Informationen im Internet können von staatlichen Anbietern, z.B. Gerichten, Bundes- und Länderbehörden, oder von Universitäten, Fakultäten, Professoren, wissenschaftlichen Mitarbeitern, Fachschaften, Bibliotheken, oder von kommerziellen Anbietern wie z.B. von juristischen Verlagen oder von Buchhandlungen stammen. Webseiten können verschiedene Rechtstexte zum Inhalt haben, also sowohl auf Gesetzestexte als auch auf Rechtsprechung als auch auf Literatur verweisen oder selbst beinhalten. Informationen auf digitalen Datenträgern wie CD-ROMs oder USB-Sticks stehen – ähnlich wie ein Lehrbuch – jederzeit und unabhängig von einem Internetanschluss zur Verfügung. Digitale Datenträger wie CD-ROMs sind für die juristische Praxis entwickelt worden und deshalb entsprechend teuer. Eine private Anschaffung zu Studienzwecken kommt daher kaum in Betracht. Häufig können solche CD-ROMs zur Nutzung im Computerzentrum der Fakultät ausgeliehen werden oder der Zugriff auf sie ist direkt über fakultätsinterne Netze möglich. Dies bietet eine gute Gelegenheit, schon frühzeitig die

445 Die *JA* hat eine Rechtsprechungsübersicht mit examensrelevanten Entscheidungen in übersichtlicher Darstellung. Die *JuS* enthält Entscheidungsrezensionen und eine relativ umfangreiche Rechtsprechungsübersicht, die *JURA* enthält in jedem Heft 16 DIN A 5-Karteikarten mit prüfungsrelevanter Rechtsprechung. Weiter gibt es die RÜ des Alpmann Schmidt Verlags und seit Anfang 2008 die Nomos Rechtsprechungsübersicht (NRÜ).

446 Z.B. *Jana Kieselstein/Sylvia Rückebell*, Aktuelle Rechtsprechung zu einzelnen Problemen des Verbrauchsgüterkaufs, JA 2006, 423; *Heribert Hirte*, Die Entwicklung des Unternehmens- und Gesellschaftsrechts in Deutschland im Jahr 2007, NJW 2008, 964.

447 Z.B. *Dieter Grimm/Paul Kirchhof u.a. (Hrsg.)*, Entscheidungen des Bundesverfassungsgerichts, 2 Bde. Studienauswahl 1 und 2, Tübingen, 3. Aufl. 2007; *Heimo Schack/Hans-Peter Ackmann*, Höchstrichterliche Rechtsprechung zum Bürgerlichen Recht, 100 Entscheidungen für Studium und Examen, München, 5. Aufl. 2004; *Ute Mager/Danielle Herrmann*, Höchstrichterliche Rechtsprechung zum Europarecht, 55 Entscheidungen für Studium und Examen, München, 2004; *Kristian Kühl*, Höchstrichterliche Rechtsprechung zum Besonderen Teil des Strafrechts, 90 Entscheidungen für Studium, Examen und Referendariat mit Fragen und Antworten, München, 2002. Zu Rechtsprechung aus elektronischen Medien siehe unten, S. 186.

Recherche mit digitalen Datenrägern zu erlernen. Einige wenige CD-ROMs wurden speziell für Studierende entwickelt und sind dem studentischen Budget angepasst.

Da das Recht durch die Europäisierung und Internationalisierung schnellen Veränderungen unterworfen ist, ist die intensive Nutzung des World Wide Web und digitaler Datenträger als Informationsquellen im Studium in Vorbereitung der späteren Berufspraxis unabdingbar.[448] Man geht davon aus, dass sich das Weltwissen alle sieben Jahre verdoppelt. Angesichts dieser Informationsflut ist es sehr wichtig, als Studierender eine Informationskompetenz zu entwickeln. Informationskompetenz bedeutet, die relevanten Informationen zu finden (Recherchekompetenz) und zu bewerten, ob und wie die Informationsquelle genutzt werden kann. Die nachfolgenden Ausführungen sollen Ihnen einen Eindruck davon vermitteln, wie Sie elektronische Medien im täglichen Studium einsetzen können. Es werden vor allem solche juristische Informationen beschrieben, die ohne besondere Zugangsberechtigung abrufbar sind und damit kostenlos genutzt werden können.[449]

Vorweg sei darauf hingewiesen, dass die Qualität, Aktualität und Fehlerlosigkeit von elektronischen Dokumenten häufig nicht gewährleistet ist.[450] Die Eignung und der Wert der Information und ihrer Quellen ist daher genau zu überprüfen. Es ist insbesondere zu beachten, welche Quellen in einer wissenschaftlichen Arbeit zitiert werden können und in welcher Form ein Dokument zitiert werden kann.[451]

Zitieren von elektronischen Dokumenten	
Basak, Denis/ Schimmel, Roland	Internet im Jurastudium – Plädoyer für einen wohlüberlegten Einsatz des WWW, Zeitschrift für das Juristische Studium (http://www.zjs-online.com) ZFS 2008, 435 (zum sinnvollen Umgang mit dem Internet).
Butzer, Hermann/ Epping, Volker	Arbeitstechnik im Öffentlichen Recht, Stuttgart, 3. Aufl. 2006, S. 126 ff. (Juristische Datenbanken), S. 132 ff. (Zitieren von elektronischen Dokumenten)
Willamowski, Marcus	Zitierfähigkeit von Internetseiten, JurPC Web.-Dok. 78/2000, Abs. 1–14 unter http://www.jurpc.de/aufsatz/20000078.htm.

Wissensquellen aus elektronischen Medien unterliegen einer hohen Dynamik. Daher sind Ausführungen zu diesem Thema notwendigerweise nur ein Auszug des gerade aktuellen Stands, wobei ich vor allem bewährte Adressen nenne und in den Fußnoten

448 So auch *Möllers*, S. 50: »Wegen der umfangreichen Informationsmöglichkeiten muss jeder Jurist mit dieser Technologie arbeiten (können)« oder *Sesink*, S. 14: »Der Computer – ein inzwischen unverzichtbares Arbeitsmittel«.

449 Computerzentren der Fakultäten bieten Veranstaltungen zur Einführung in die Nutzung juristischer Fachdatenbanken an. Einen Online-Internet-Kurs mit einem Glossar für Einsteiger bietet zum Beispiel *Bernd Zimmermann* unter http://www.www-kurs.de. Zur Internetnutzung speziell für Juristen siehe die Literaturhinweise auf S. 188. An vielen Universitäten gibt es inzwischen auch in den Bibliotheksräumen Internetarbeitsplätze. Außerdem ist oft ein Zugang über WLAN möglich, so dass Studierende mit ihren privaten Notebooks diese Hotspots für ihre mobile Internetnutzung nutzen können.

450 Zu den Gefahren der neuen Informationstechnologien bei der juristischen Arbeit siehe auch *Möllers*, S. 49 f. und *Basak/Schimmel*, Internet im Jurastudium – Plädoyer für einen wohlüberlegten Einsatz des WWW, ZJS 2008, 435, 436 f.

451 Dies ist das Hauptproblem von online gewonnener Information, siehe *Oliver Braun*, Einführung in die juristische Internetrecherche, JuS 2004, 360: »Eine Überprüfung auf Richtigkeit, Vollständigkeit, Objektivität und Aktualität fällt meist sehr schwer.«.

auf Quellen verweise, die in der Regel aktualisiert werden. Sämtliche sich auf das Internet beziehenden Zitate wurden letztmals am 01.09.2008 auf ihre Aktualität überprüft, so dass bei der Zitierung auf die auf die Datumsangabe verzichtet wurde. Zunächst erhalten Sie Beispiele dafür, welche für das Jurastudium relevanten Informationen das Internet bietet, und im Anschluss Hinweise zu juristischen Informationen auf digitalen Datenträgern wie Compact Disk oder USB, die im Gegensatz zum Internet auch offline genutzt werden können. Abschließend werden Fragen der Recherche nach juristischen Informationen behandelt.

aa) Gesetzliche Regelungen

Im Bereich der examensrelevanten Gesetzestexte ist das Internet als Informationsquelle nicht besonders wichtig, da Sie die examensrelevanten Gesetzessammlungen sowieso in gedruckter Form besitzen. Das Bundesjustizministerium stellt alle deutschen Gesetze unter den Adressen http://bundesrecht.juris.de oder http://gesetze-im-internet.de bereit.[452] Die offizielle Gesetzessammlung, das Bundesgesetzblatts (Art. 82 Abs. 1 GG) ist als Volltext abrufbar.[453] Das Bundesgesetzblatt kann für Sie relevant werden im Rahmen der Teilnahme an einem Seminar (insbesondere wenn es um die Reform eines Rechtsgebiets geht), im Rahmen eines Praktikums in einer Anwaltskanzlei (wenn Sie den neuesten Stand der Gesetzgebung herausfinden möchten) oder bei der Vorbereitung auf die mündliche Prüfung, weil dort auch nach anstehenden Reformen eines Rechtsgebiets gefragt werden kann. Große Bedeutung hat das Internet bei der Suche nach ausländischen oder internationalen Gesetzestexten, die Sie z.B. im Schwerpunktbereich zum Internationalen Privatrecht, zum Europarecht oder zur Rechtsvergleichung benötigen. Viele ausländische Gesetzestexte, die früher nur sehr umständlich zu erhalten waren, sind heute in aktueller Form via Internet abrufbar.[454] Wenn Sie die studienrelevanten Gesetzessammlungen zusätzlich in elektronischer Form haben möchten, empfiehlt sich der Erwerb eines digitalen Datenträgers. So gibt es zum Beispiel die Gesetzessammlungen Schönfelder und Sartorius auch auf CD-ROM.[455] Relativ neu ist der USB-Stick »Meine Gesetze« für Studium und Praxis mit der Möglichkeit von vierteljährlichen Updates. Den einzelnen Paragraphen können eigene Notizen zugefügt werden, vergleichbar den handschriftlichen Anmerkungen im Gesetzestext.[456]

bb) Rechtsprechung

Die Urteile des BVerfG ab 01.01.1998 sind im (amtlichen) Volltext unter http://www.bundesverfassungsgericht.de unter der Rubrik »Entscheidungen« ver-

452 Die beiden Adressen sind identisch. Weitere kostenfreie Sammlungen bei http://www.deutsche-gesetze-online.de (Carl Heymanns Verlag), http://www.recht-in.de/, http://dejure.org/.

453 Unter http://www.bundesanzeiger.de gibt es eine Version des Bundesgesetzblatts Teil I und Teil II.

454 Kostenloser Zugang zu den europäischen Rechtsvorschriften unter http://eur-lex.europa.eu/de/index.htm. Listen mit Links auf ausländische Gesetze findet man z.B. unter http://www.jura.uni-saarland.de/internet/Rechtsnormen-int.html (Universität Saarbrücken) oder http://www.jusline.de (Internetportal jusline). *Ulrich Fastenrath/Maike Müller-Gerbes*, Europarecht, Stuttgart u.a., 2. Aufl. 2004, bieten eine Zusammenstellung der online verfügbaren Rechtsquellen, Datenbanken und Organwebsites zum Europarecht.

455 Schönfelder plus, Deutsche Gesetze, CD-ROM, München; Sartorius plus, Verfassungs- und Verwaltungsgesetze, CD-ROM, München, jeweils aktuelle Ausgabe.

456 USB-Stick »Meine Gesetze« (Edition 2008) Carl Heymanns Verlag. Dazu *Wolfgang Kuntz*, Vorstellung USB-Stick »Meine Gesetze« (Edition 2008) Carl Heymanns Verlag, JurPC Web.-Dok. 173/2007, http://jurpc.de/aufsatz/20070173.htm.

fügbar. Ältere Entscheidungen des BVerfG seit 1951 sind im Volltext abrufbar beim Projekt Deutschsprachiges Fallrecht (DFR) oder German Case Law (GLAW).[457] Urteile des BGH ab 01.01.2000 findet man unter http://www.bundesgerichtshof.de.[458] Urteile des Bundesarbeitsgerichts ab 01.01.2000 sind im Volltext verfügbar unter http://www.bundesarbeitsgericht.de. Entscheidungen des BVerwG ab 01.01.2002 sind in einer Volltextdatenbank unter http://www.bundesverwaltungsgericht.de zugänglich. Frei nutzbare Datenbanken für die höchstrichterliche Rechtsprechung in Deutschland sind z.B. http://www.lexetius.com (auch EuGH) sowie http://www.recht-in.de. Urteile des EuGH sind abrufbar z.B. unter http://www.curia.eu.int und auf dem Server http://eur-lex.europa.eu. Um Urteilstexte, deren Aktenzeichen bekannt ist, im Internet zu finden, genügt häufig die Eingabe des Aktenzeichens in die Suchmaske einer Suchmaschine. Einige kommerzielle Anbieter ermöglichen ebenfalls eine kostenfreie Recherche von Entscheidungen deutscher Gerichte.[459] Bei Haus- oder Seminararbeiten können – über das fakultätsinterne Netz – die elektronischen Versionen der konventionellen Entscheidungs- und Leitsatzsammlungen zur Rechtsprechung wie z.B. die BGHZ auf CD-ROM genutzt werden. Für Studierende sind zu Studienzwecken aufbereitete Gerichtsurteile besonders interessant. Die Ausbildungszeitschrift Juristische Ausbildung (JA) bietet die Urteile aus ihren Rechtsprechungsbeiträgen kostenlos im Volltext an.[460] Die in der Zeitschrift JURA besprochenen Gerichtsentscheidungen gibt es auf CD-ROM.[461] Wie bei der Papierform der JURA-Kartei sind die Karteikarten nach Paragraphen sortiert und enthalten den relevanten Teil des Leitsatzes, eine Zusammenfassung des Sachverhalts sowie eine Kurzbesprechung der juristischen Fragestellungen. Weiter gibt es zu den Strafrechts-Lehrbüchern von *Wessels/Beulke* die dort angesprochenen höchstrichterlichen Entscheidungen auf CD-ROM.

cc) Lehrbücher und juristische Zeitschriften

Auf juristische Bücher kann – insbesondere wegen des damit verbundenen Urheberrechts – kostenfrei im Volltext nur eingeschränkt zugegriffen werden. Der Praktiker kann dagegen auf zahlreiche kostenpflichtige Online-Datenbanken, die Volltexte von Büchern und Kommentaren enthalten, zurückgreifen, z.B. die Beck'schen Kommentare, die Lexis-Nexis-Kommentare oder die Nomoskommentare. Auf den Inhalt juristischer Zeitschriften kann eingeschränkt zugegriffen werden.[462] Eine kostenlose studienrelevante Zeitschrift, die nur online publiziert wird, ist die von Professoren herausgegebene *Zeitschrift für das Juristische Studium* (ZJS – http://www.zjs-online.com). Ein weiteres Beispiel einer reinen Online-Zeitschrift ist das »Humboldt

457 http://www.servat.unibe.ch/law/dfr.

458 Zur Website des BGH und ihrer internen Suchmaschine ausführlich *Oliver Braun*, Recht im Internet, JuS 2003, 417 ff.

459 Unter http://www.rws-verlag.de ermöglicht der Hyperlink *BGH-free* den kostenfreien und vollständigen Zugang zu allen seit 01.01.1999 ergangenen Zivilrechtsentscheidungen des BGH im Volltext.

460 http://www.ja-aktuell.de. Andere für Studienzwecken aufbereitete Rechtsprechungsübersichten sind kostenpflichtig abrufbar oder als CD-ROM erhältlich, z.B. die RÜ (Rechtsprechungsübersicht) des Verlags Alpmann Schmidt, RÜ-CD-ROM 1990–2006, Münster, 2006.

461 *Coester-Waltjen, Dagmar u.a.* (Hrsg.), Jura-Kartei auf CD-ROM mit sämtlichen Jura-Karteikarten des Zivilrechts, Strafrechts und Öffentlichen Rechts von 1979 bis 2008, Berlin, 2008

462 Zu elektronischen Zeitschriften siehe die Auflistung des Juristischen Seminars der Universität Tübingen unter http://www.jura.uni-tuebingen.de/einrichtungen/js/e-zeitschriften/ und der Universität Regensburg unter http://www.bibliothek.uni-regensburg.de/ezeit.

Forum Recht« (HFR), die von Studierenden und wissenschaftlichen Mitarbeitern herausgegeben wird, unterstützt von Professoren der Juristischen Fakultät der Humboldt-Universität zu Berlin.[463] Auch die ZIS, die JurPC und das Bucerius Law Journal erscheinen nur online.[464] Viele Verlage veröffentlichen zumindest elektronische Kurzfassungen ihrer Zeitschriften im Internet, die Inhaltsverzeichnisse und Kurzzusammenfassungen von Aufsätzen des aktuellen und des kommenden Heftes oder des gesamten laufenden Jahrgangs enthalten.[465] Kurzbeiträge und Rezensionen finden sich häufiger im Volltext. Die elektronische Ausgabe hat den Vorteil, dass man sich schnell einen Überblick über den Inhalt der letzten Hefte verschaffen kann. Die oben empfohlene regelmäßige Durchsicht der (Ausbildungs-)Zeitschriften[466] ist dadurch bequem möglich, zumal die aktuellen (losen) Hefte in Bibliotheken häufig nicht am vorgesehenen Standort zu finden sind. Ein weiterer Vorteil der elektronischen Ausgabe ist, dass man meist schon ein bis zwei Wochen vor dem Erscheinen der Papierausgabe das Inhaltsverzeichnis des kommenden Heftes abrufen kann. Insbesondere kurz vor der mündlichen Prüfung, in der häufig Stellungnahmen zu aktuellen Entwicklungen verlangt werden, lohnt sich ein Blick in die Vorankündigungen der Inhalte der demnächst erscheinenden Hefte.

dd) Datenbanken

Die wichtigste Online-Datenbank für Jurastudierende ist die Datenbank juris (Juristisches Informationssystem für die Bundesrepublik Deutschland), die für Studierende in der Regel über die Zugangsberechtigung zum Computerzentrum der Fakultät zugänglich ist. Juris bietet Recherchemöglichkeiten in zahlreichen Datenbanken. In der Rechtsprechungsdatenbank sind die Entscheidungen des BVerfG und der fünf obersten Gerichtshöfe des Bundes im Volltext und zahlreiche Entscheidungen der Instanzgerichte, teilweise im Volltext, teilweise in Leitsätzen, abrufbar. Für das Jurastudium ist weiter besonders relevant die Datenbank mit Literatur und Aufsätzen. In der Datenbank mit Aufsätzen sind inhaltserschließende Zusammenfassungen von Aufsätzen in Zeitschriften und Entscheidungsbesprechungen, jedoch keine Volltexte enthalten. Auch Aufsätze in den Ausbildungszeitschriften wie Jura und JuS werden erfasst. Wie man in juris recherchiert, kann man in Kursen der Computerzentren der Universitäten bzw. juristischen Fakultäten erlernen. Weitere kommerzielle Fachdatenbanken sind *beck online*, *Lexis-Nexis-Recht* und *Legios*.[467] Für Studierende enthält das Modul »JuSDirekt« aus der Datenbank beck-online studienrelevante Gesetzestexte, eine BGB Kommentierung, Rechtsprechungsdokumente, studienrelevante Urteile der JuS seit 2000 im Volltext. Suchanfragen können von JuSDirekt über den gesamten Bestand der Datenbank beck-online gestartet werden. Die Dokumente können aber dann nur gegen zusätzliches Entgelt abgerufen werden.

463 http://www.humboldt-forum-recht.de. Nach der Intention der Herausgeber enthält die Zeitschrift vor allem Beiträge zu den Grundfragen an den Rechtsstaat und seiner zukünftigen Entwicklung.

464 http://www.jurpc.de.

465 Z.B. http://www.ja-aktuell.de oder http://www.jus.beck.de.

466 Siehe Fn. 419.

467 Professor Ulrich Noack, Universität Düsseldorf, hat Funktionalität, Bedienung und Inhalte der fünf großen kostenpflichtigen Online-Datenbanken für Juristen (beck-online, juris, LEGIOS, LexisNexis und Westlaw) geprüft und die Ergebnisse in der Studie »Die großen Fünf: Professionelle Online-Dienste für Juristen im Test« (http://www.jura.uni-duesseldorf.de/dozenten/noack/veroeff.shtml) zusammengefasst. Er schreibt: »Eine virtuelle Bibliothek, bei der alle wichtigen Kommentare, Bücher und Zeitschriften vollständig abrufbar sind, gibt es nicht.«

ee) Lehr- und Lernmaterialien

Über die Webseiten von Universitäten, juristischen Fakultäten, Lehrstühlen und/oder deren Mitarbeitern, über die Websites von juristischen Verlagen[468], von Internet-Portalen und auch von privaten Anbietern wird inzwischen eine so große Fülle von Lehr- und Lernmaterialien im Internet angeboten, dass eine Übersicht den Rahmen dieses Buches sprengen würde. Das Angebot reicht von vorlesungsbegleitenden Materialien, Arbeitspapieren und Skripten über Fallsammlungen (z.T. mit Lösungen), Aufbauschemata, Übersichten, Regeln der gutachtlichen Fallentwicklung bis zu Materialien zur Examensvorbereitung (Examensklausuren, Repetitorien etc.). Zum Vor- und Nachbereiten von Vorlesungen, für die Falllösung in der privaten AG und für das systematische Erarbeiten von Rechtsgebieten kann man hier teilweise sehr gut aufbereitetes frei zugängliches Lernmaterial finden. Wenn sie von einem Lehrbuch begeistert waren, kann es sich lohnen, zu überprüfen, ob der Verfasser des Buchs auch Skripten in das Internet gestellt hat (z.B. auf seiner Webseite, die häufig im Vorwort genannt wird). In den letzten Jahren wurden zahlreiche Lernprogramme für Studierende entwickelt, die eine interaktives Lernen ermöglichen, Abwechslung im Lernalltag und den Lernerfolg durch die aktive Tätigkeit erhöhen können. Auch die Möglichkeit des E-Learning wird zunehmend angeboten.[469] Nachfolgend exemplarisch einige Hinweise auf interessante Seiten, die Sie anregen sollen, selbstständig weiter zu suchen. In der Reihenfolge liegt keine Bewertung.

- **http://www.jura.uni-tuebingen.de**: Linksammlung des Lehrstuhls Prof. Dr. Barbara Remmert zum Thema »Öffentlich-rechtliche Fallbearbeitungen im Netz«.
- **http://ruessmann.jura.uni-sb.de/Lehre.htm**: Lehr- und Lernmaterialien von Prof. Helmut Rüßmann (Universität des Saarlands) mit Skripten, Foliensätzen, Multiple Choice Fragen etc.
- **http://www.jura.uni-saarland.de/yoorah/**: Im Juristischen Internetprojekt Saarbrücken gibt es das Lernportal für Juristen *Yoorah* mit zahlreichen Links auf Lernmaterialien. Das Motto lautet »Schwungvoll lernen im Netz«.
- **http://www.saarheim.de**: Die Saarheimer Fälle von Prof. Grupp und Dr. Stelkens, Universität des Saarlands, sind eine sehr umfangreiche Fallsammlung zum Staats- und Verwaltungsrecht, Klassifizierung nach fünf Schwierigkeitsgraden vom Anfänger bis zum Examenskandidaten, ausführliche Musterlösungen.[470]
- **http://www.jurawiki.de**: Sammlung von Webseiten, die sich mit juristischen Themen befassen.
- **http://www.jurawelt.com/studenten**: Internetforum mit zahlreichen Materialien zum Jurastudium, z.B. einem Verzeichnis der Klausuren aus mehreren Ausbildungszeitschriften, das nach Rechtsgebieten geordnet ist und somit die Suche nach geeigneten Klausuren erleichtert.
- **http://www.jurawelt.com/literatur/mmprogramme**: Linksammlung auf juristische kommerzielle Multimediaprogramme.
- **http://www.juralink.de**: BGB-Trainer im Internet. Ein von Prof. Werner Unger (FH Kehl) entwickelter Internetauftritt, mit dem Studierende ihre rechtlichen Kenntnisse testen können, mit einem sogenannten Anspruchstrainer, Repetitionstrainer, Terminologietrainer, Klausurtrainer.

468 Z.B. http://www.heymanns.com: Diagramme und Schaubilder zu den Büchern von *Christoph Hirsch* zum BGB AT, Allgemeines Schuldrecht und besonderes Schuldrecht.

469 Zur wissenschaftlichen Aufarbeitung des Themas, insbesondere zu den Ursachen der vergleichsweisen geringen Nutzung von Online-Lernmöglichkeiten, siehe die Dissertation von *Jochen Notholt*, Online Lernen für Juristen. Verbesserungschancen in der Informationsverarbeitung durch den Einsatz aktueller Online Technik, Saarbrücken, 2008. Zum E-learning siehe auch *Karsten Eirich*, E-learning in der juristischen Ausbildung, JURA 2005, 277.

470 Siehe dazu *Thomas Franosch/Thilo Scholz*, JURA 2002, 68.

- **http://gksachenrecht.informatik.uni-wuerzburg.de/Sachenrecht/index.htm** Lernplattform zum Stoff des Mobiliarsachenrechts in 10 Kapiteln mit Wiederholungfragen, Multiple-Choice-Fragen und Lückentexten.
- **http://vhb.org**: Die Virtuelle Hochschule Bayern hat im Bereich Rechtswissenschaften ein Kursangebot, z.B. Methodik der Fallbearbeitung im Öffentlichen Recht (Prof. Dirk Heckmann), Examenskurs BGB AT (Prof. Inge Scherer), Besonderer Teil II des Strafrechts, Vermögensdelikte (Prof. Eric Hilgendorf), Fallwerk Intradisziplinäre Fälle I Quer durch den Examensstoff (Prof. Michael Coester, Prof. Dagmer Coester-Waltjen, Prof. Eric Hilgendorf, Prof. Peter Huber).
- **http://www.klausuraufbauschemen.de**: Aufbauschemata für Klausuren zum Zivilrecht, Strafrecht, Öffentlichen Recht und Prozessrecht sowie ausgewählte Meinungsstreits.
- **http://www.juratelegramm.de**: Das JuraTelegramm ist ein kostenfreies Internetangebot, bei dem Kerngebiete des Rechts didaktisch aufbereitet und in Gutachtenform dargestellt werden (Redaktion: Dr. Gernot Schmalz-Brüggemann, Richter am Landgericht Münster u. Prof. Rainer Strauß).
- **http://www.jus.beck.de**: Unter der Rubrik »JuS-Tutorium« sind die Fallbearbeitungen im Zivilrecht, Strafrecht, Öffentlichen Recht seit 2000 erschlossen, ebenso die Wissensbeiträge. Dies ermöglicht den schnellen Zugriff auf das zum Lernstoff passende Lernmaterial der Jus.
- **http://www.cfmueller-campus.de**: Der C. F. Müller Verlag bietet in einer Art virtueller Campus einige (teils kostenpflichtige) Lernangebote an, z.B. ein Klausurentraining, virtuelle Vorlesungen, diverse Vorlesungsskripten, Jura Mindmaps zum Strafrecht, eine digitale Erbrechts-Kartei etc.
- **http://www.ejura-online.de**: Website des Online-Repetitoriums mit 30 kostenlosen Schemata für Studienanfänger.
- **http://www.intellex.de**: Internetauftritt von Rechtsanwältin Kirstin Krüger, in dem examensrelevantes Wissen nach der Gesetzessystematik aufgebaut stichwortartig dargestellt wird, sozusagen das Wichtigste zu einem Paragraphen auf einen Blick. Für Studienanfänger zum Nachschlagen und Wiederholen geeignet.

Weiter gibt es Lernprogramme, die in Form einer CD-ROM erworben werden oder gegen Entgelt heruntergeladen werden können. Hier empfiehlt es sich, anhand von Beiträgen in Ausbildungszeitschriften oder anhand von Verlagskatalogen festzustellen, welche neuen Medien zum juristischen Lernen auf den Markt kommen. Beispielhaft seien die JuS-Lern-CDs zur Wiederholung und Vertiefung[471] und der Normfall Trainer 2.0 zum Strafrecht Allgemeiner Teil oder zum BGB Allgemeiner Teil[472] genannt. Zur Wiederholung im Frage-Antwort-System gestaltet ist eine CD-ROM zum Allgemeinen Verwaltungrecht zum Lehrbuch von *Ipsen*[473] sowie die Memo-Checks digital.[474] Weiter gibt es ein ein computerbasiertes Lernprogramm, das einzelne Module zu juristischen Lerneinheiten mit jeweils 100 bis 300 Fragen und Antworten anbietet.[475]

Internet für Juristen

Basak, Denis/ Schimmel, Roland	Internet im Jurastudium – Plädoyer für einen wohlüberlegten Einsatz des WWW, Zeitschrift für das Juristische Studium (ZFS) 2008, 435 (http://www.zjs-online.com).
Braun, Oliver	Recht im Internet, Folgen 1–13, JuS 1999, 1031, JuS 2000, 100, 518, JuS 2001, 413, 519, 828, 1140, JuS 2002, 310, 518, 935, JuS 2003, 415, 1038.

471 Z.B. *Stephan Lorenz/Thomas Riehm* (Hrsg.), JuS Lern-CD Zivilrecht I, München, 4. Aufl. 2006.

472 *Fritjof Haft*, StGB Allgemeiner Teil, Normfall Trainer 2.0, Stuttgart, 2. Aufl. 2007 (trainiert anhand von 481 Fällen die grundlegenden Aufbaustrukturen). Zum Zivilrecht *Frank Weiler*, BGB Allgemeiner Teil, Normfall Trainer 2.0, Stuttgart, 2007.

473 *Jörn Ipsen*, Allgemeines Verwaltungsrecht, Die CD-ROM zum Buch, Köln u.a., 2001.

474 Z.B. *Franz-Thomas Roßmann*, MEMO-Check BGB AT digital, Münster 2008.

475 Intelligent Learning Solutions GmbH: http://www.imemo.eu/imemo.jura.html. Darüber hinaus gibt es elektronische Karteikarten von JuraCom, http://www.juracom.de.

Braun, Oliver	Einführung in die juristische Internetrecherche, JuS 2004, 359.
Haft, Fritjof/ Kulow, Arnd Christian	Lernen mit dem Kopf – Trainieren mit dem Computer, Die effiziente juristische Lernmethode, Stuttgart. 2007.
Klaner, Andreas	Richtiges Lernen für Jurastudenten und Rechtsreferendare, Berlin, 3 Aufl. 2003, S. 136 ff. (Vom Umgang mit Computer und Internet; *Klaner* rät zur Befolgung von 4 PC-Regeln).
Kröger, Detlef/ Kuner, Christopher	Internet für Juristen, Zugang, Recherche, Informationsquellen, München, 3. Aufl. 2001.
Kroiß, Ludwig/ Schuhbeck, Sebastian	Jura online, Recherchieren im Internet und Datenbanken, JA-Sonderheft 4, Neuwied u.a., 2000.
Langenhan, Rainer/ Langenhan, Melanie	Internet für Juristen, Internetadressen, Bewertung, München u.a., 4. Aufl. 2003 (Adressen nach Rechtsgebieten und Anbietern geordnet).
Möllers, Thomas M.	Juristische Arbeitstechnik und wissenschaftliches Arbeiten, München, 4. Aufl. 2008, S. 49 ff.
Noack, Ulrich/ Kremer, Sascha	Professionelle Online-Dienste für Juristen, NJW 2006, 3313 (auch zu kostenfrei zugänglichen Datenbanken).
Schneider, Jochen/ Baku, Frieder/ Münz, Anja	Neue juristische Internet-Praxis, Augsburg, 2002.
Schulz, Martin/ Klugmann, Marcel	Wissensmanagement für Anwälte, Köln u.a., 2. Aufl. 2006 (im Anhang Hinweise zu wichtigen Internet-Adressen).
Sesink, Werner	Einführung in das wissenschaftliche Arbeiten, Mit Internet – Textverarbeitung – Präsentation, München u.a., 7 Aufl. 2007, S. 68 ff.
Vehslage, Thorsten/ Bergmann, Stefanie/ Kähler, Svenia/ Zabel, Matthias	JuS-Referendarführer, Referendariat und Berufseinstieg, München 2. Aufl. 2007, S. 135 ff.

c) Auffinden von Wissensquellen

aa) Wissensquellen in gedruckter Form

Es gibt ausführliche Anleitungen zum Auffinden von Gesetzen, Gerichtsentscheidungen und Aufsätzen in gedruckter Form. Nachfolgend genannte Bücher erklären auch für Anfänger verständlich, welche Wissensquellen es gibt und wie man sie findet.

📖 Auffinden von Wissensquellen

Desax, Marcus/ Christen, Claudia/ Schim van der Loeff, Madeleine	EG/EU-Recht: Wie suchen? Wo finden? Baden-Baden, 2. Aufl. 2001.
Butzer, Hermann/ Epping, Volker	Arbeitstechnik im Öffentlichen Recht. Vom Sachverhalt zur Lösung, Methodik, Technik, Materialerschließung, Stuttgart u.a., 3. Aufl. 2006, S. 109 ff.
Hirte, Heribert	Der Zugang zu Rechtsquellen und Rechtsliteratur, Köln u.a., 2. Aufl. 2001 (teilweise überholt, aber nach wie vor ein guter Einstieg).
Möllers, Thomas M. J.	Juristische Arbeitstechnik und wissenschaftliches Arbeiten, München, 3. Aufl. 2005 (S. 56 ff. zur juristischen Recherche in Büchern in Bibliotheken und mit dem Computer).
v. Münchhausen, Marco/ Püschel, Ingo P.	Lernprofi Jura, München, 2002, S. 62 ff. (Lern- und Arbeitsmaterialien).

bb) Recherchieren im Internet

Das Auffinden von Wissensquellen[476] im Internet erfordert Übung und sollte frühzeitig trainiert werden, um im Laufe des Studiums eine gute Recherchekompetenz zu entwickeln. Dies gilt besonders auch für die Recherche nach Literatur (Buchtiteln und Aufsätzen). Denn es ist im Hinblick auf die Studienarbeit als Teil der Universitätsprüfung wichtig, zum Zeitpunkt der Erstellung der Prüfungsarbeit die Recherchemöglichkeiten zu kennen und gut zu beherrschen.[477]

Suchmaschinen. Suchmaschinen dienen zum Auffinden von Internetseiten gemäß einer Suchanfrage über Schlüsselwörter. Neben den allgemein bekannten Suchmaschinen gibt es spezielle juristische Suchmaschinen wie zum Beispiel http://www.abogado.de, http://www.jurasuche.de, http://www.zu-recht.de, und Meta-Suchmaschinen wie http://www.metager.de und http://www.fachsuche.de/meta. Eine ausführliche Anleitung zur richtigen Suchmaschinenbenutzung würde den Rahmen dieses Buches sprengen. Zur Auswahl der passenden Suchmaschine und zur richtigen Suchmaschinenbenutzung mit weiterführenden Hinweisen:

Basak, Denis/ Schimmel, Roland	Internet im Jurastudium – Plädoyer für einen wohlüberlegten Einsatz des WWW, Zeitschrift für das Juristische Studium (http://www.zjs-online.com), ZFS 2008, 435, 438 ff.

Linksammlungen. Bei Webkatalogen und Linksammlungen sind die für ein bestimmtes Fachgebiet oder Thema relevanten Web-Adressen bereits von dritter Seite (subjektiv) erfasst worden. Man kann daher, ohne selbst aufwändig suchen zu müssen, schnell einen Überblick über themenspezifisches Material erhalten. Juristische Webkataloge sind zum Beispiel unter http://www.jura-lotse.de oder http://www.dino-online.de (Rubrik: Rechtswissenschaften) zu finden.[478] Linksammlungen für Jurastudierende finden Sie auf den Webseiten der juristischen Fakultäten[479] und einzelner Lehrstühle. Linksammlungen von Lehrstühlen beziehen sich häufig auf die speziellen Fachgebiete des Lehrstuhls und können daher im Schwerpunktstudium sehr hilfreich sein.[480] Eine äußerst umfangreiche Linkliste zu allgemeinen Datenbeständen mit Bezug zur Rechtswissenschaft hat die Universitätsbibliothek Mannheim unter

476 Ausführliche allgemeine Hinweise dazu, wie man Informationen im Internet findet, unter http://www.suchfibel.de. Eine Zusammenstellung der besten Suchdienste unter http://www.ubka.uni-karlsruhe.de/suchmaschinen/index.html. Ausführlicher zu Suchdiensten und Tipps für die Suche im Internet *Vehslage/Bergmann/Kähler/Zabel*, S. 135 ff.

477 So auch *Vehslage/Bergmann/Kähler/Zabel*, S. 135: »Internet ist eine Selbstverständlichkeit und bedarf des regelmäßigen Trainings. Je häufiger man sich juristische Informationen aus dem Internet beschafft, umso mehr steigt das Vertrauen in das Medium, und die Recherchezeiten werden zunehmend kürzer.« Zur elektronischen Recherche bei der Anfertigung wissenschaftlicher Arbeiten siehe *Butzer/Epping*, S. 123, 126 ff.

478 Eine insbesondere für Rechtsanwälte interessante Linkliste aus *Martin Schulz/Marcel Klugmann*, Wissensmanagement für Anwälte, Köln, 2. Aufl. 2006, ist abrufbar unter http://www.heymanns.com/servlet/PB/menu/1139936/index.html.

479 Umfangreiche Linksammlungen unter http://archiv.jura.uni-saarland.de/internet oder von der Juristischen Fakultät der Humboldt Universität Berlin unter http://www.rewi.hu-berlin.de (Hyperlink: Recht im Internet).

480 Ein Beispiel für eine Linksammlung eines Lehrstuhls (vorwiegend zum Europarecht, Gesellschafts- und Kapitalmarktrecht) ist http://www.thomas-moellers.de, Hyperlinks Datenbank zum deutschen und europäischen Wirtschaftsrecht, Linkliste.

http://www.bib.uni-mannheim.de erstellt.[481] Auch Fachschaften, Internet-Portale, Verlage oder andere kommerzielle oder private Anbieter bieten Linksammlungen zu juristischen Themen an.[482] Hinweise auf neue interessante und aktuelle Web-Adressen sind öfters auch in Ausbildungszeitschriften zu finden.

Literatur-Datenbanken und Bibliothekskataloge

Das Internet hat sowohl den Überblick über die aktuelle Literatur als auch die Literaturbeschaffung wesentlich vereinfacht. Wenn man neueste Ausbildungsliteratur zum Erarbeiten eines Rechtsgebiets sucht oder bei Hausarbeiten feststellen will, welche Auflage eines Buches die aktuelle ist, kann man sich in den Katalogen des Buchhandels über Neuerscheinungen und die im Handel befindliche aktuelle Literatur informieren.[483] Der Katalog der Deutschen Nationalbibliothek enthält die deutschsprachige Literatur seit 1945, so dass man feststellen kann, welche Bücher es zu einem bestimmten Thema gibt.[484] Viele Bibliothekskataloge sind online abrufbar, so dass man bei Hausarbeiten überprüfen kann, ob ein gesuchtes Buch im Bibliotheksbestand der Universität oder Fakultät vorhanden ist und auch, ob es ausgeliehen werden kann.[485] Über Bibliotheksverbundkataloge kann man den Bestand der Bibliotheken anderer Universitäten abfragen und dann ein wichtiges Buch per Fernleihe besorgen.[486] Der Karlsruher Virtuelle Katalog (KVK) verfügt über keine eigene Datenbank, sondern durchsucht alle OPAC-Verbundkataloge und somit viele Web-Bibliothekskataloge gleichzeitig und hat so Zugriff auf über 75 Millionen Bücher und Zeitschriften.[487] Bei der Recherche nach Aufsätzen ist auch der Zeitschriften-Inhalts-Dienst (ZID) hilfreich. ZID ist ein kostenlos wöchentlich versandter Newsletter, der ca. 30–60 aktuelle Zeitschriften-Inhaltsverzeichnisse enthält.[488] Weiter gibt es Literaturdatenbanken, die Veröffentlichungen zu einem bestimmten Rechtsgebiet erfassen. Ein Beispiel dafür ist RAVE, eine Datenbank, mit der aktuelle Veröffentlichungen aus dem Völker- und Europarecht systematisch erfasst und mit ihren Fundstellen nachgewiesen werden.[489] Für die Suche nach europarechtlicher Literatur bietet sich die

481 Hyperlink Fachinformation, Rechtswissenschaft, Auswahl rechtswissenschaftlicher Datenbanken im Internet.

482 Hier ein kleiner Auszug: http://www.jurawelt.de, http://www.jura-lotse.de (Rubrik Jura-Studium), http://www.jurakopf.de, http://www.juracafe.de, http://www.jusline.de, http://www.lawstudent.de. Eine Linksammlung zu juristischen Themen, die eher für Praktiker oder juristisch interessierte Laien relevant ist, ist http://juristische-linksammlung.de.

483 Katalog des Deutschen Buchhandels http://www.buchhandel.de, der auf das Verzeichnis lieferbarer Bücher zurückgreift, oder der Katalog Neue juristische Bücher http://www.njb.de.

484 http://www.d-nb.de.

485 Alle Universitäten haben einen Online Katalog der Bibliothek (OPAC = Online Public Access Catalogue) auf ihren Webseiten. Einführend zu Bibliotheken und Online-Katalogen siehe *Felgentreu*, Bibliotheken im World Wide Web, JURA 2000, 218 f.

486 Z.B. Katalog des Südwestdeutschen Bibliotheksverbunds http://www.swb-bw.de. Übersicht über Bibliotheksangebote im Internet vom Bibliotheksservice Zentrum Baden-Württemberg (BSZ) unter http://www2.bsz-bw.de/cms.

487 http://www.ubka.uni-karlsruhe.de/kvk.html.

488 Der Newsletter basiert auf der bibliographischen Auswertung von ca. 550 Fachzeitschriften der Datenbank kuselit-R und kann kostenfrei abonniert werden unter http://www.kuselit.de.

489 RAVE ist ein Angebot des Lehrstuhls für deutsches und ausländisches Öffentliches Recht, Völker- und Europarecht Prof. Alexander Lorz an der Universität Düsseldorf (http://www.jura.uni-duesseldorf.de). Zu RAVE siehe *Oliver Braun*, RAVE – Rechtsprechung und Aufsätze zum Völker- und Europarecht, JuS 2002, 416 ff.

Datenbank ECLAS an.[490] Das Datenbank-Infosystem (DBIS) der Universitätsbibliothek Regensburg umfasste im August 2008 für den Bereich Rechtswissenschaften 539 juristische Datenbanken.[491]

2. Wissensspeicherung

a) Wie kann ich Wissen sinnvoll speichern?

Wissen kann mittels verschiedener Medien gespeichert werden: durch Vorlesungsmitschriften, Exzerpte[492], Karteikarten[493] oder – wie gerade erörtert – in elektronischer Form. Generell gilt im Jurastudium, dass beim Lernen eine systematische Form der Wissensspeicherung gewählt werden sollte, die nach und nach ergänzt und auf die jederzeit gut zugegriffen werden kann. Eine ergänzbare Wissensspeicherung hat den Vorteil, dass man jederzeit einen Überblick darüber hat, was man bereits weiß (oder zumindest wissen sollte). Da das Lernen in konzentrischen Kreisen (Basiswissen, Vertiefungswissen, Expertenwissen) erfolgt, kann Wissen bei einer ergänzbaren Form der Wissenspeicherung sehr schnell ein- und zugeordnet werden. Karteikartensysteme haben gegenüber Mitschriften oder Exzerpten den Vorteil, dass man sehr leicht Zugriff auf den Stoff hat und mit ihnen leichter Stoff wiederholen kann. Kurz vor Klausuren oder dem Examen kann man auf »problematische« Karteikarten zurückgreifen. Insbesondere in der Examensvorbereitungsphase ist es wichtig, Wissen, das noch nicht so gut beherrscht wird, schnell zu erkennen, um es wiederholen und vertiefen zu können. Wie man gute Mitschriften erstellt, wird in Kapitel 7 besprochen. Welche Karteikartensysteme es gibt und wie man Karteikarten erstellen kann, ist in Kapitel 8 dargestellt. Im Rahmen von Kapitel 8 werden auch Hinweise gegeben, welche Informationen gespeichert werden sollten. Diese Hinweise sind auf andere Formen der Wissenspeicherung übertragbar.

b) Wie kann ich schon beim Speichern des Wissens berücksichtigen, dass ich das Wissen später umsetzen muss?

Wie in Kapitel 2 festgestellt, wird in juristischen Prüfungen der erlernte Stoff nicht so abgefragt, wie Sie das von der Schule gewohnt waren, sondern die Überprüfung Ihres Wissens erfolgt in der Regel in Form einer Fallbearbeitung. Die Wissenskontrolle in Form der juristischen Falllösung erfordert also einen Umsetzungsprozess. Aus der Fülle des Stoffes muss ein für die Lösung passendes »Wissensteil« entnommen und mit anderen »Wissensteilen« in eine neue Form gebracht werden.[494] Dieser Umsetzungsprozess muss schon bei der Erarbeitung eines Rechtsgebiets berücksichtigt werden, damit die Anwendung des Wissens in der Klausur gelingen kann. Das juristische Lernen weist also insofern eine Besonderheit auf, als immer, wenn man sich das Wissen eines Rechtsgebiets erarbeitet, gleichzeitig auch der Umsetzungsprozess erlernt und trainiert werden muss. Eine sehr wichtige Leitfrage schon bei der Aneignung von Wissen ist daher, wie und an welcher Stelle man das Erlernte in eine Falllösung einbringen würde. Dieses theoretische Durchdenken reicht jedoch allein noch

490 ECLAS (European Commission Libraries Automated System) unter http://ec.europa.eu/eclas enthält auch elektronische Volltexte.

491 Der Zugriff erfolgt über die angeschlossenen Bibliotheken, z.B. http://www.jura.uni-tuebingen.de/einrichtungen/js/datenbanken/.

492 Ausführlich dazu Kap. 7 (Mitschriften und Exzerpte).

493 Ausführlich dazu Kap. 8 (Karteikarten).

494 Siehe dazu oben Kap. 2 (Studieninhalte und Prüfungsanforderungen), S. 74 f.

nicht aus. Besser ist es, beim Speichern des Wissens auch zu notieren, an welcher Stelle einer Falllösung das Wissen eine Rolle spielen kann.[495]

Da man beim Durchlesen eines Lehrbuchs den Wissensstoff meist nicht weiterverarbeitet, sondern nur passiv (rezeptiv) aufnimmt, muss man die Umsetzung bewusst dadurch trainieren, dass man parallel zur Wissensaneignung Fälle löst.[496] Erleichternd ist auch, schon mit Büchern zu arbeiten, die neben der Wissensvermittlung auch Fälle und Falllösungen enthalten,[497] und Aufsätze[498] zu lesen, die auch die Fallbearbeitung berücksichtigen. Ein solchermaßen geeignetes Lehrbuch beginnt folgendermaßen: »Das Ziel, welches das hier vorgelegte AT-Lehrbuch verfolgt, ist die Befähigung des Studenten zur Bearbeitung von strafrechtlichen Übungsarbeiten mit Problemen des AT. Da in solchen Übungsarbeiten Fälle zu lösen sind, wird die AT Materie so vorgestellt, dass – zusätzlich zur Sachinformation – deutlich wird, wie die jeweilige Materie bei der Bearbeitung von Übungsfällen einzusetzen ist.«[499] Beim Lernen empfiehlt es sich, bei häufig wiederkehrenden rechtlichen Fragestellungen »Textbausteine« zu erstellen, um das Formulieren zu üben und die schriftliche Ausdrucksfähigkeit zu üben.[500]

Beispiel:

In vielen verwaltungsrechtlichen Klausuren ist zunächst die Zulässigkeit einer Anfechtungsklage zu prüfen. Bei den Voraussetzungen der Zulässigkeit gibt es in der Regel höchstens ein bis zwei problematische Punkte, die übrigen Voraussetzungen liegen offenkundig vor. Sie werden also in vielen Klausuren ein bis zwei Seiten zur Zulässigkeit einer Klage ausführen. Wenn Sie sich einmal eine gelungene Formulierung für die typischen Probleme in der Zulässigkeit überlegen und diese Formulierung dann

495 Wie man dies im Konkreten durchführt, siehe ausführlich Kap. 8 (Karteikarten).

496 Dies ist umso wichtiger, je höher der Abstraktionsgrad des Rechtsgebiets ist: Den Allgemeinen Teil des Strafrechts können Sie schwerlich ohne veranschaulichende Beispiele und Fallanwendungen erarbeiten. Zu Fallsammlungen siehe die Literaturhinweise in Kap. 9 (Fallbearbeitung), S. 258.

497 Hilfreich sind dabei Bücher, die diese Umsetzung mitbesprechen, wie z.B. die Lehrbücher von *Christoph Hirsch*, z.B. Allgemeines Schuldrecht, Systematisches Lehrbuch mit zahlreichen Fällen und Beispielen, Köln u.a., 5. Aufl. 2004, Besonderes Schuldrecht, Köln u.a., 2007, oder von *Dirk Looschelders*, Schuldrecht Allgemeiner Teil, 5. Aufl. 2007, Schuldrecht Besonderer Teil, 2. Aufl. 2008. Sehr gut auch *Musielak*, Grundkurs BGB, mit Fällen und Fragen zur Lernkontrolle sowie mit Übungsklausuren, München, 10. Aufl. 2007; *ders.*, Grundkurs ZPO, München, 9. Aufl. 2007, ebenso mit Fällen, Fragen und Übungsklausuren; *Michael Jaensch*, Grundzüge des Bürgerlichen Rechts, Mit 63 Fällen und Lösungen, Heidelberg, 2007; *Reinhard Hendler*, Allgemeines Verwaltungsrecht, Grundstrukturen und Klausurfälle, Stuttgart u.a. Stuttgart 3. Aufl. 2001; *Wolf Dieter Bovermann/Thomas Dünchheim*, Examinatorium Allgemeines Verwaltungsrecht, Köln u.a., 3. Aufl. 2007; *Peter Kindler*, Grundkurs Handels- und Gesellschaftsrecht, München, 3. Aufl. 2008. Der C.F. Müller Verlag bietet konkret auf die Lernbücher des Verlags abgestimmte Klausurenkurse an.

498 Z.B. *Karsten Gaede*, Die strafbare Beihilfe und ihre aktuellen Probleme – Die gelungene Prüfung der §§ 27, 28 StGB, JA 2007, 757; *Carsten Momsen/Peter Rackow*, Der Erlaubnistatsbestandsirrtum in der Fallbearbeitung, Teil 1 und 2, JA 2006, 550, 654; *Marcus Marlie*, Voraussetzungen der Mittäterschaft – Zur Fallbearbeitung in der Klausur, JA 2006, 613; *Christoph Leifer*, Die Eröffnung des Verwaltungsrechtswegs als Problem des Klausuraufbaus, JuS 2004, 956; *Jürgen Stamm*, Die examensrelevanten Probleme der Vormerkung in der Falllösung, JuS 2003, 48.

499 *Kristian Kühl*, Strafrecht, Allgemeiner Teil, München, 6. Aufl. 2008, S. 1. Besonders geeignet sind auch Bücher, die nach Ansprüchen gegliedert sind, z.B. *Hermann Reichold*, Arbeitsrecht, Lernbuch nach Anspruchsgrundlagen, München, 3. Aufl. 2008.

500 Ähnlich *Diederichsen/Wagner*, S. 189, die es für zweckmäßig halten, sich die Anknüpfungen zu merken.

immer wieder – soweit passend – verwenden, sparen Sie in der Klausur erheblich Zeit. Wegen der »schönen« Formulierung punkten Sie beim Korrektor, der vom Beginn Ihrer Klausur überzeugt und dann bei der weiteren Korrektur wohlwollend gestimmt ist.

Auch bei der Darstellung eines Meinungsstreits und den damit verbundenen Argumenten haben Studierende oft Schwierigkeiten. Dies liegt daran, dass in den Lehrbüchern sehr viel ausführlicher auf die Argumente eingegangen werden kann als dies in einer Klausur der Fall ist. Es ist daher eine gute Übung, Problemkreise und die dazu vertretenen Argumente in wenigen kurzen, aber dennoch überzeugenden Sätzen zusammenzufassen. Wenn Sie bisher nur Lehrbücher zum jeweiligen Problem gelesen haben, wird es Ihnen in der Klausur schwer fallen, die wesentlichen Argumente zusammenzufassen und in einer sinnvollen Reihenfolge auf maximal zwei Seiten zu erörtern. Üben Sie daher und stellen Sie schon bei Erarbeitung eines Rechtsgebiets typische Meinungsstreits auf ca. ein bis zwei DIN A4 Seiten »klausurgerecht« dar.[501]

Die Formulierung eines »Textbausteins« soll nicht dazu verleiten, ganze Passagen einer Falllösung vorzuformulieren und dann schlicht auswendig zu lernen, sondern soll das Ausdrucksvermögen trainieren. Bestimmte Formulierungen gehen damit in Ihren Wortschatz ein und verbessern Ihre juristische Argumentationsfähigkeit. Das probeweise Schreiben von »Textbausteinen« hat den Vorteil, dass Sie in der Klausur mit dem Ausformulieren keine Schwierigkeiten und damit mehr Zeit zur Lösung unbekannter rechtlicher Fragestellungen haben.

☞ Die Wissenskontrolle in Form der juristischen Falllösung erfordert einen Umsetzungsprozess. Dieser Umsetzungsprozess muss schon bei der Erarbeitung eines Rechtsgebiets berücksichtigt werden. Eine sehr wichtige Leitfrage bei der Aneignung von Wissen ist daher, wie und an welcher Stelle man das Erlernte in eine Falllösung einbringen würde.

3. Lernkontrolle

Um zu überprüfen, ob Sie einen Themenkomplex verstanden haben und in der Lage sind, dieses Wissen in der Klausur anzuwenden, können Sie die *3-Stufen-Methode* verwenden (1. Stufe: Gesetzliche Regelung des Themenkomplexes im Allgemeinen, seine Gesetzessystematik und Gesetzeszusammenhänge, 2. Stufe: Auffinden und Erläutern der Tatbestandsmerkmale von falllösungsrelevanten Normen, 3. Stufe: Einsatz des Wissens).

a) Drei-Stufen-Methode

1. Stufe: Die gesetzliche Regelung des Themenkomplexes im Allgemeinen, Gesetzessystematik und Gesetzeszusammenhänge

Anknüpfungspunkt für die Lösung einer juristischen Frage ist die gesetzliche Regelung. Ein wesentliches Kriterium für die Bewertung Ihrer Studienleistung ist die Kenntnis von Gesetz und Gesetzessystematik.[502] Beginnen Sie also eine Lernkontrolle immer mit Fragen nach der maßgeblichen gesetzlichen Regelung. Mit den folgen-

501 Siehe auch *Gramm/Wolff*, S. 180: »Nehmen Sie für jede Frage ein eigenes Blatt und formulieren Sie (...) niemals länger, als es Ihnen in einer Klausur möglich wäre«.

502 Siehe dazu Kap. 2 (Studieninhalte und Prüfungsanforderungen), S. 74 f.

den Fragestellungen können Sie überprüfen, ob Sie die Gesetzessystematik und -zusammenhänge begriffen haben.

- ⇨ Welche Paragraphen regeln ... (den Themenkomplex)?
- ⇨ In welchem Gesamtzusammenhang stehen diese Paragraphen?
- ⇨ Wird auf weitere Paragraphen verwiesen?
- ⇨ In welchem Verhältnis stehen die Paragraphen, auf die verwiesen wird, zu den einschlägigen Paragraphen?
- ⇨ Gibt es in anderen Gesetzen evtl. Sonderregelungen zu diesem Problem?
- ⇨ Sind diese Sonderregelungen vorrangig?
- ⇨ Wird an anderen Stellen des Gesetzes unmittelbar auf diese Paragraphen verwiesen, oder werden sie an anderer Stelle nochmals relevant?
- ⇨ Welche Paragraphen sind für die Falllösung notwendig?
- ⇨ Im Zivilrecht: Welche Paragraphen stellen Anspruchsgrundlagen dar?[503] Sind in dem Themenkomplex rechtshindernde, rechtsvernichtende oder rechtshemmende Einwendungen oder Einreden enthalten? Welche Paragraphen erläutern einzelne Tatbestandsmerkmale (Hilfsnormen)?
- ⇨ Im Öffentlichen Recht: Zu welchem allgemeinen verwaltungsrechtlichen Themenkomplex gehört diese Sonderregelung? Ist die in der Norm vorgesehene Entscheidung der Verwaltung eine gesetzlich gebundene oder eine Ermessensentscheidung? Gibt es einen Anspruch auf eine bestimmte Entscheidung der Verwaltung? Wie kann man gegen die Entscheidung der Verwaltung vorgehen?

Wenn man diese allgemein formulierten Fragen auf den Themenkomplex »Schuldnerverzug« anwendet, könnten Fragen und Antworten dazu etwa so aussehen:

⇨ Welche Paragraphen regeln den Schuldnerverzug?

§§ 286, 288 BGB.

⇨ In welchem Gesamtzusammenhang stehen die genannten Normen? Was regeln sie?

Sie stehen im Recht der Schuldverhältnisse (im Allgemeinen Schuldrecht) im ersten Abschnitt »Inhalt der Leistung« unter dem Titel »Verpflichtung zur Leistung«. Sie regeln eine Leistungsstörung.

⇨ Wird in §§ 286, 288 BGB ausdrücklich auf weitere Paragraphen verwiesen?

Nein.

503 Siehe dazu die in Kap. 9 (Fallbearbeitung) beschriebene Übung, S. 225.

⇨ Wird an anderen Stellen des BGB auf §§ 286–288 BGB unmittelbar verwiesen, oder werden sie an anderer Stelle noch relevant?

Der Schuldnerverzug ist im Rahmen von § 280 Abs. 1, Abs. 2 BGB beim Anspruch auf Schadensersatz wegen Verzögerung der Leistung zu prüfen (»nur unter der zusätzlichen Voraussetzung des § 286«). Tritt während des Schuldnerverzugs Unmöglichkeit ein, führt dies nach § 287 S. 2 BGB zu einer Haftungserweiterung (Haftung auch für Zufall).

⇨ Ist der Schuldnerverzug auch Voraussetzung für einen Anspruch auf Schadensersatz statt der Leistung?

Der Verzug des Schuldners nach § 286 BGB ist im Rahmen eines Anspruchs nach § 280 Abs. 1, Abs. 3, § 281 BGB nicht zu prüfen.[504] Denn § 281 BGB zählt die erforderlichen materiellen Verzugsvoraussetzungen (Fälligkeit; Fristsetzung) selbst auf.

⇨ Welche der genannten Paragraphen sind für die typische Falllösung zu diesem Themenkomplex notwendig?

Alle.

⇨ Welche Paragraphen stellen Anspruchsgrundlagen dar?

§§ 280 Abs. 1, Abs. 2, 286 BGB bilden die Anspruchsgrundlage auf Schadensersatz wegen Verzögerung der Leistung. §§ 280 Abs. 1, Abs. 3, 281 BGB bilden die Anspruchsgrundlage auf Schadensersatz statt der Leistung (bei Leistungsverzögerung).[505]

2. Stufe: Auffinden und Erläutern der Tatbestandsmerkmale von falllösungsrelevanten Normen anhand des Gesetzes

Die zweite Stufe der Lernkontrolle besteht darin, anhand des Gesetzestextes zu wiederholen, welche Voraussetzungen die falllösungsrelevanten Normen (vor allem die Anspruchsgrundlagen im Zivilrecht oder die Ermächtigungsgrundlagen im Öffentlichen Recht) haben. Es wird also nach den Tatbestandsmerkmalen dieser Normen gefragt. Genau diesen Schritt müssen Sie auch in einer Falllösung machen, nachdem Sie die gesetzliche Regelung, die den Anknüpfungspunkt für Ihre Falllösung bildet, gefunden haben. Um die Tatbestandsmerkmale festzustellen, können Sie sich folgende Fragen stellen:

⇨ Welche sind die in der Norm genannten Voraussetzungen (Tatbestandsmerkmale)?

⇨ Werden einzelne Voraussetzungen (Tatbestandsmerkmale) in anderen Normen weiter konkretisiert?

504 § 286 BGB (Schuldnerverzug) ist im Gegensatz zu § 326 BGB a.F. nicht Voraussetzung der Prüfung des Anspruchs auf Schadensersatz statt der Leistung.

505 § 288 BGB ist keine eigenständige Anspruchsgrundlage, sondern regelt den Mindestschaden bei Geldschulden.

⇨ Gibt es weitere Voraussetzungen, die sich nicht aus dem Gesetz ergeben?[506]

Am **Beispiel des Schuldnerverzugs** nach § 286 BGB würden die Fragen also lauten:

⇨ Welches sind die in §§ 286 genannten Tatbestandsmerkmale?

§ 286 Abs. 1 BGB nennt Nichtleistung, Fälligkeit, Mahnung.
§ 286 Abs. 4 BGB bestimmt, dass kein Entlastungsgrund für den Verzug vorliegen darf.

⇨ Werden einzelne Tatbestandsmerkmale in anderen Normen weiter konkretisiert?

Ja; z.B. konkretisiert § 271 BGB (Leistungszeit) die Fälligkeit.

3. Stufe: Einsatz des Wissens

Die meisten Fragen auf Stufe 1 und Stufe 2 konnten Sie aus dem Gesetz beantworten. Erst auf der dritten Stufe ist Ihr erlerntes juristisches Wissen gefragt. Erst jetzt kontrollieren Sie, was Sie an juristischem Wissen bei der Erarbeitung des Rechtsgebiets dazugelernt haben. Häufig wird übersehen, dass schon der gesunde Menschenverstand bei der Konkretisierung der Normen weiterhilft und das eigentliche juristische Können auf den ersten beiden Stufen liegt. Mit anderen Worten, es ist manchmal schwerer, das Zusammenspiel der Normen und ihre innere Ordnung zu begreifen als die Einzelheiten einer BGH-Rechtsprechung zu behalten.

Beispiel:

Sie brauchen nicht zu lernen, dass es sich bei einem Heizölverkauf an den Endverbraucher um eine Bringschuld handelt, denn dies ist, wenn Sie einmal kurz darüber nachgedacht haben, völlig einsichtig. Der Verkäufer muss mit dem Tanklastwagen zur Haustür des Käufers kommen und nicht der Käufer mit einem Kanister zum Verkäufer. Wie aber die Bringschuld in einem Unmöglichkeitsfall systematisch zu prüfen und an welcher Stelle sie in die Lösung einzubauen ist, ist weit schwieriger. Hierbei hilft der gesunde Menschenverstand nicht weiter, sondern nur die Kenntnis der Systematik des Gesetzes.

Um das juristische Wissen zu »kontrollieren«, sind folgende Fragen geeignet:

⇨ Wie sind die gesetzlichen Voraussetzungen (Tatbestandsmerkmale) zu definieren und/oder zu konkretisieren?

⇨ Gibt es weitere Voraussetzungen, die sich nicht aus dem Gesetz ergeben?

⇨ Bei welchen Tatbestandsmerkmalen gibt es wichtige Rechtsfragen?

⇨ Gibt es im Zusammenhang mit einzelnen Tatbestandsmerkmalen wichtige Rechtsprechung?

506 Eigentlich gehört diese Frage unter Stufe 3, da ihre Beantwortung bereits zusätzliches Wissen erfordert. Wenn Sie die Frage aber zur Wiederholung einsetzen, sollten Sie bereits alle Tatbestandsmerkmale nennen.

Selbstverständlich sind diese Lernkontrollfragen nicht vollständig. Ziel ist hier lediglich, Ihnen Anhaltspunkte für eigene Lernkontrollfragen zu geben, mit denen Sie nach der Erarbeitung eines Rechtsgebiets Ihren Lernerfolg messen können.

Wenn man die Fragen auf den Schuldnerverzug anwendet, ergeben sich u.a. folgende konkrete Fragen und Antworten:

⇨ Was bedeutet Mahnung?

Mahnung ist die an den Schuldner gerichtete Aufforderung des Gläubigers, die das bestimmte Verlangen zum Ausdruck bringt, die geschuldete Leistung nun unverzüglich zu erbringen. Die Mahnung ist eine empfangsbedürftige, geschäftsähnliche Handlung, auf welche die Vorschriften über die Willenserklärung entsprechend anzuwenden sind.

⇨ Gibt es weitere Tatbestandsvoraussetzungen, die sich nicht aus dem Gesetz ergeben?

Weitere – aus der gesetzlichen Regelung nicht hervorgehende – Voraussetzung für den Schuldnerverzug nach § 286 Abs. 1 BGB ist, dass der Gläubiger einen *durchsetzbaren* Anspruch gegen den Schuldner hat.

⇨ Gibt es bei einzelnen (geschriebenen oder ungeschriebenen) Tatbestandsvoraussetzungen wichtige Rechtsfragen?

Zu der (ungeschriebenen) Tatbestandsvoraussetzung »Anspruch durchsetzbar« muss man wissen, dass schon das objektive Bestehen der Einrede des nichterfüllten Vertrages (§ 320 BGB) den Eintritt des Schuldnerverzugs verhindert. Die Einrede des nichterfüllten Vertrages muss also (entgegen der Regel, dass Einreden nur beachtlich sind, wenn man sich darauf beruft) beim Verzug vom Schuldner nicht geltend gemacht werden, sondern es reicht, dass ein gegenseitiger Vertrag mit synallagmatischen Pflichten vorliegt.

Die 3-Stufen-Methode eignet sich nicht nur zur Lernkontrolle. Sie kann bereits bei der Erarbeitung eines Rechtsgebiets angewendet werden. Allerdings wird es dem Anfänger schwer fallen, sämtliche Fragen zu beantworten, mit zunehmendem Wissen wird es aber immer leichter gehen. Gegen Ende des Studiums können Sie mit dieser Methode auch Themenkomplexe in unbekannten Rechtsgebieten selbständig erarbeiten.

b) Materialien zur Lernkontrolle

Es gibt Lehrbücher und von manchen Verlagen auch Buch-Reihen, die Rechtsgebiete anhand von Fragenkatalogen wiederholen. Die Bücher ermöglichen es Ihnen, nach der systematischen Erarbeitung eines Gebiets Ihre Kenntnisse zu überprüfen.[507]

507 Neben Büchern mit Lernkontrollfragen ist eine andere Möglichkeit der Lernkontrolle, nach Erarbeitung eines Rechtsgebietes noch einmal ein Buch zu lesen, welches das unbedingt erforderliche Wissen in diesem Rechtsgebiet enthält und auf diese Weise festzustellen, ob man alle die dort angesprochenen Themen beherrscht. Im Bürgerlichen Recht bietet sich an *Dieter Medicus*, Grundwissen zum Bürgerlichen Recht, Köln u.a., 7. Aufl. 2006 sowie *Barbara Grunewald*, Bürgerliches Recht, Ein systematisches Repetitorium, München, 7. Aufl. 2006. Aus dem Vorwort:

📖 Wiederholung anhand von Fragenkatalogen

Armbrüster, Christian	Examinatorium BGB AT, Köln, 2006 (ca. 650 Fragen und Antworten zu den wesentlichen examensrelevanten Problemen zur systematischen Wiederholung des Stoffes).
Bähr, Peter	Arbeitsbuch zum Bürgerlichen Recht, München, 2. Aufl. 2002 (400 Wiederholungsfragen zur Vertiefung der Grundzüge des Bürgerlichen Rechts).
Haft, Fritjof	Strafrecht, Fallrepetitorium zum Allgemeinen und Besonderen Teil, München, 5. Aufl. 2004 (behandelt den Pflichtfachstoff anhand von rund 1600 Fragen und Antworten).
Hirsch, Christoph	Der Allgemeine Teil des BGB, Köln u.a., 5. Aufl. 2004. Die dazu gehörenden Frage/Antwort-Diagramme können im Internet unter http://www.< von jedem Interessenten abgerufen werden.
Kornblum, Udo/ Schünemann, Wolfgang B.	Privatrecht in der Zwischenprüfung, 350 multiple-choice-Aufgaben mit Lösungen zur Vorbereitung und Wissenskontrolle, Dortmund, 10. Aufl. 2008.
Kornblum, Udo/ Schünemann, Wolfgang B.	Privatrecht für den Bachelor, Multiple-Choice-Aufgaben mit Lösungen, Heidelberg, 10. Aufl. 2008
Leipold, D.	BGB I – Einführung und Allgemeiner Teil. Ein Lehrbuch mit Fällen und Kontrollfragen, Stuttgart, 4. Aufl. 2007.
Michalski, Lutz	Einführende Übungen zum Zivilrecht, Teil 1, Willenserklärung, Rechtsgeschäft, Vertrag, Stellvertretung, Geschäftsfähigkeit, Anfechtung, Köln u.a., 3. Aufl. 2003 (für Anfangssemester konzipiert; das Buch enthält einen Abschlusstest mit Fragen und Antworten sowie Fragen zur Wiederholung und Vertiefung zu den Themen im BGB AT).
Musielak, Hans-Joachim	Grundkurs BGB, München, 10. Aufl. 2007 (enthält am Ende eines jeden Kapitels viele Fragen und Fälle).
Musielak, Hans-Joachim	Examenskurs BGB, Examenswissen im BGB mit Fällen und Fragen zur Lern- und Verständniskontrolle, München, 2007.
Preußer, Julia	BGB, Prüfungswissen, Multiple-Choice-Tests, Gesetze, Urteile, Mit CD-ROM, München, 3. Aufl. 2008.
Preußer, Julia	Gesellschaftsrecht, Prüfungswissen, Multiple-Choice-Tests, Gesetze, Mit CD-ROM, München, 3. Aufl. 2007.
Steding, Rolf	Handels- und Gesellschaftsrecht, Baden-Baden, 3. Aufl. 2002 (Fragen und Antworten sowie Kurzfälle zur Wiederholung des examensrelevanten Stoffes).
Vieweg, Klaus/ Neumann, Andrea/ Regenfus, Thomas	Examinatorium Sachenrecht, Köln u.a., 2003 (Fragen und Antworten als aktive Lernkontrolle und zur effektiven Wiederholung; die Fragen sind in vier Kategorien – Grundfragen, Vertiefungsfragen, Examensfragen, Zusatzfragen – unterteilt).

»wendet sich das Buch an Studierende, die bereits über Kenntnise im Bürgerlichen Recht verfügen und diese nun ergänzend wiederholen und zu einem geschlossenen Überblick zusammenfügen wollen.«. Sehr gut geeignet zur Wiederholung ist auch *Axel Benning/Jörg-Dieter Oberrath*, Bürgerliches Recht, Stuttgart u.a., 4. Aufl. 2008 mit vielen Prüfungsschemata und Erläuterungen der typischen Klausurprobleme. Im Bereich des Handelsrechts haben *Timm/Schöne*, S. 28 ff., den Prüfungsstoff in Form von Leitsätzen zusammengefasst, die die Grundstrukturen verdeutlichen sollen und die sich ebenfalls sehr gut zur Wiederholung eignen. Im Öffentlichen Recht bietet sich an *Steffen Detterbeck*, Öffentliches Recht, Staatsrecht, Verwaltungsrecht, Europarecht mit Übungsfällen, München, 6. Aufl. 2008.

Wörlen, Rainer	BGB AT, Einführung in das Recht, Allgemeiner Teil des BGB, Lernbuch, Strukturen, Übersichten, Köln u.a., 10. Aufl. 2008 (mit vielen Fragen an den Leser, die zum Mitdenken anregen).
Wörlen, Rainer/ Metzler-Müller, Karin	Zivilrecht, 1000 Fragen und Antworten, Bürgerliches Recht, Handelsrecht, Arbeitsrecht, Köln u.a., 6. Aufl. 2007 (1000 Fragen und kleine Fälle zur Lernkontrolle).
http://www.ejura-examensexpress.de	Online Last-Minute-Check (2800 Fragen zum Prüfungsstoff für die erste Prüfung).
Zimmermann, Walther	ZPO-Fallrepetitorium, Heidelberg, 6. Aufl. 2005 (900 Fälle, Fragen und Probleme aus der ZPO, eingeteilt in vier Gruppen: Grundlagen, etwas schwierigere Fälle für Studenten, Fälle für Referendare, kompliziertere, entlegenere Probleme).

In den Büchern aus der Reihe »Prüfe Dein Wissen« aus dem C. H. Beck Verlag sind die Seiten in Frage- und Antwortspalten aufgeteilt. In der Fragespalte werden Fragen zu den einzelnen Schwerpunktthemen des Rechtsgebiets gestellt und in der Antwortspalte die wesentlichen examens- und praxisrelevanten Probleme diskutiert, z.B.:

Köhler, Helmut	BGB-Allgemeiner Teil, München, 24. Aufl. 2006.
Köhler, Helmut/ Lorenz, Stephan	Schuldrecht II, Einzelne Schuldverhältnisse, München, 18. Aufl. 2007.
Kudlich, Hans	Strafrecht, Allgemeiner Teil, München, 2. Aufl. 2006; Strafrecht, Besonderer Teil, Teil 1: Vermögensdelikte, München, 2. Aufl. 2007; Strafrecht, Besonderer Teil, Teil 2: Delikte gegen die Person und die Allgemeinheit, München, 2004.
Starck, Christian/ Schmidt, Thorsten Ingo	Staatsrecht, München, 2. Aufl. 2008.

Die Bücher aus der Reihe »Multiple choice« aus dem Boorberg Verlag enthalten Prüfungsfragen im Antwort-Wahl-Verfahren.[508] Im Alpmann Schmidt Verlag erscheinen als Memo-Checks kleine Bücher, die den prüfungsrelevanten Stoff im Wege von Tests mit Fragen und Antworten behandeln.[509] Weitere Fragen zur Lernkontrolle sind in Ausbildungszeitschriften oder im Internet zu finden.[510] Auf die grundsätzliche Bedeutung des regelmäßigen Wiederholens als Voraussetzung für ein gefestigtes Wissen wird in Kapitel 11 ausführlich eingegangen.

IV. Erkennen von Querverbindungen zwischen einzelnen Rechtsgebieten

Entsprechend dem Ziel, im Examen zu überprüfen, ob Sie die systematischen Zusammenhänge zwischen Rechtsnormen desselben Rechtsgebiets und und zwischen unterschiedlichen Rechtsgebieten verstanden haben, verknüpfen Examenssachverhalte häufig unterschiedliche Rechtsgebiete. Die Verknüpfung unterschiedlicher Rechtsgebiete entspricht auch der Realität, da ein Lebenssachverhalt häufig Rechtswirkungen in unterschiedlichen Rechtsgebieten auslöst. Eine der zentralen Fähigkeiten des Juristen besteht darin, die Querverbindungen zwischen den Rechtsgebieten zu ken-

508 *Steffen Detterbeck*, Allgemeines Verwaltungsrecht, Mit Verwaltungsprozessrecht, München, 6. Aufl. 2008.

509 *Franz Thomas Rossmann*, Memo-Check Familien- und Erbrecht, Münster, 5. Aufl. 2008; *Gerd Hufgard*, StGB BT, Münster, 7. Aufl. 2006.

510 Z.B. *Christian Fahl*, 17 Fragen zum Strafverfahrensrecht, JA 2006, 34.

nen, um das rechtliche Problem umfassend lösen zu können. Wie also findet man Querverbindungen, und wie setzt man sie in der Falllösung um? Will man Querverbindungen erkennen, muss man sich fragen,

- ob eine Regelung eine Sonderregelung darstellt,
- ob es zu einer allgemeinen Regelung ergänzende Regelungen oder Sonderregelungen gibt,
- welches die allgemeine Regelung zu einer Sonderregelung ist,
- wie die Regelungen verknüpft sind und
- wie man die Sonderregelungen richtig in die Falllösung einbaut.

Beispiel:

Das HGB enthält Sonderregelungen zum Handelskauf. Um einen Gewährleistungsanspruch aus einem Handelskauf zu prüfen, müssen Sie die allgemeinen Regelungen des Kaufrechts im BGB (§§ 434 ff. BGB) und die Sondervorschriften im HGB (§§ 377, 378 HGB) kennen. Darüber hinaus müssen Sie wissen, in welchem Verhältnis diese Vorschriften zueinander stehen, z.B. unter welcher Voraussetzung die handelsrechtlichen Vorschriften angewendet werden können und welche allgemeinen Regelungen genau durch sie verdrängt werden. Ob die Sondervorschriften des HGB zur Gewährleistung die allgemeinen Vorschriften verdrängen, ist im Einzelfall Schritt für Schritt zu prüfen.[511]

Die Kenntnis von Querverbindungen kann man dadurch erwerben, dass man schon bei der Aneignung von juristischem Wissen nach den Zusammenhängen fragt. Dadurch wird man automatisch auf Querverbindungen stoßen. Häufig ist man jedoch mit neuem Stoff so im Detail beschäftigt, dass man Hinweise auf Querverbindungen erst einmal überhört oder überliest. Deshalb erfordert das Auffinden von Querverbindungen eine gewisse »Sensibilisierung« für Hinweise auf sie. Diese Sensibilisierung erreicht man, indem man beim Lernen ganz bewusst auf Hinweise zu Zusammenhängen und Querverbindungen achtet (siehe auch die Fragen unter III 3 a). Vor allem Einleitungskapitel und die Einführungen zu einem neuen Themenkomplex in Lehrbüchern enthalten wichtige Hinweise auf sie. Denn an diesen Stellen wird meist etwas dazu gesagt, wie der Themenkomplex im Gesamtzusammenhang einzuordnen ist. Bei wichtigen gesetzlichen Bestimmungen kann es auch hilfreich sein, die entsprechenden Anmerkungen in einem Kommentar nachzuschlagen. Meist findet sich ein Hinweis auf Sonderregelungen und das Verhältnis zu dieser Sonderregelung. Querverbindungen zu kennen bedeutet also, sowohl die allgemeine Regelung als auch die besondere Regelung sowie die Verknüpfung der beiden zu kennen.

Wie wendet man die Kenntnisse über Querverbindungen in der Fallbearbeitung an? In welchem Umfang muss man das Verhältnis von allgemeinen Regelungen und Sonderregelungen in der Falllösung diskutieren? Die wichtigste Methode, um dies herauszufinden, ist, Muster-Falllösungen genau daraufhin zu analysieren, wie die Sonderregelungen mit den allgemeinen Regelungen verbunden worden sind. In höheren Semestern sollten Sie die Lösungen zu Examensklausuren gezielt unter der Fragestel-

511 Zu den Querverbindungen zwischen bürgerlichem Recht und Handels- und Gesellschaftsrecht siehe *Timm/Schöne*, S. 9 ff. *Rocco Jula*, Fallsammlung zum Handelsrecht, Berlin u.a., 2000, S. 3 ff. (stellt handelsrechtliche Normen und Institute in der Fallprüfung und die prüfungsrelevanten Schwerpunkte dar).

lung untersuchen, wie einzelne Querverbindungen in der Falllösung dargestellt werden.[512]

V. Zusammenfassung und wichtige Erkenntnisse

- ☞ Das systematische Erarbeiten eines Rechtsgebiets erfolgt in mehreren Schritten: 1. Übersicht über den Inhalt und die Systematik, 2. Feststellung prüfungsrelevanter Themenkomplexe, 3. Erarbeitung einzelner prüfungsrelevanter Themenkomplexe.
- ☞ Zum Erstellen einer Übersicht über den Inhalt und die Systematik des Rechtsgebietes sollten Sie das Gesetz, mindestens zwei Lehrbücher und, falls vorhanden, die Gliederung der Vorlesung verwenden.
- ☞ Durch das Lesen des Gesetzestexts erfahren Sie, was explizit im Gesetz geregelt ist und was Sie sich deshalb nicht zu merken brauchen. Darüber hinaus erkennen Sie nur durch das Lesen des Gesetzes seine Systematik.
- ☞ Allein durch das Erstellen einer Übersicht aus dem Vergleich zwischen gesetzlicher Inhaltsübersicht und den Inhaltsverzeichnissen von Lehrbüchern können Sie bereits wichtige Erkenntnisse über das Rechtsgebiet erzielen, z.B., dass Themenkomplexe, die in Lehrbüchern einen eigenen Abschnitt darstellen, im Gesetz nicht unter einer gesonderten Überschrift hervortreten, oder dass bestimmte Rechtsinstitute gar nicht im Gesetz geregelt sind.
- ☞ Bei Rechtsgebieten, die Sie nur *im Überblick* oder *mit Einschränkung* beherrschen müssen, enthalten die Ausbildungsgesetze in der Regel eine Aufzählung einzelner Themenkomplexe. Die Feststellung der prüfungsrelevanten Themenkomplexe ist daher bei diesen Rechtsgebieten einfacher.
- ☞ Bei Rechtsgebieten, die ohne Einschränkung Prüfungsgegenstand im Examen sind, sind an sich alle Themenkomplexe prüfungsrelevant. Die einzelnen Themenkomplexe sind jedoch nicht alle gleich bedeutend. Zur Feststellung, welche Themenkomplexe besonders bedeutend und daher besonders prüfungsrelevant sind, gibt es mehrere Vorgehensweisen, u.a. das Lesen von Einführungsaufsätzen in Zeitschriften, die Verwendung von Vorlesungsgliederungen oder von speziell konzipierten Buch-Reihen.
- ☞ Das Erarbeiten eines Rechtsgebiets sollte immer mit einem eigenen Themenkomplex beginnen, in dem man den Regelungsbereich, die Regelungsquellen, die Funktion, den Zweck und die Bedeutung des Rechtsgebiets klärt.
- ☞ Die wesentlichen Fragestellungen bei der Wissensaneignung sind: (1) Woher kann ich juristisches Wissen beziehen? (2) Wie kann ich das Wissen speichern, und wie kann ich schon bei der Wissensspeicherung berücksichtigen, dass ich das Wissen später in der Falllösung umsetzen muss? (3) Wie kann ich überprüfen, ob ich einen Themenkomplex verstanden habe und in der Lage bin, das Gelernte umzusetzen?
- ☞ Die wesentlichen Wissensquellen im Jurastudium sind das Gesetz, die Vorlesungen, die Rechtsprechung und die Literatur. Für Vorlesungen und Literatur

512 Die Mehrheit der Examenskandidaten hat besondere Schwierigkeiten mit Querverbindungen. Äußerungen wie »Ich wusste nicht, wie ich das in die Falllösung einbauen sollte.« sind sehr häufig. Auch hier gilt wieder, auch bei der Auswahl der Lehrbücher darauf zu achten, inwieweit Querverbindungen berücksichtigt werden, z.B. werben *Volker Rieble/Dagmar Kaiser*, Schuldrecht AT, Berlin, 2005, damit, besonders die Querverbindungen zu betonen.

gilt: Mit welcher konkreten Wissensquelle Sie arbeiten, müssen Sie individuell entscheiden.

☞ Für die konkrete Auswahl von geeigneter Literatur empfiehlt es sich, regelmäßig einige Stunden zum Suchen neuer Lern-Literatur einzuplanen.

☞ Viele Wissensquellen liegen auch digital vor. Der sichere Umgang mit dem Computer, mit den neuen Medien und mit den Möglichkeiten der Informationssuche im Internet ist im Studienalltag unerlässlich.

☞ Die Wissenskontrolle in Form der juristischen Falllösung erfordert einen Umsetzungsprozess. Dieser Umsetzungsprozess muss schon bei der Erarbeitung eines Rechtsgebiets berücksichtigt werden. Eine sehr wichtige Leitfrage bei der Aneignung von Wissen ist daher, wie und an welcher Stelle man das Erlernte in eine Falllösung einbringen kann.

☞ Um zu überprüfen, ob Sie einen Themenkomplex verstanden haben und in der Lage sind, das Wissen umzusetzen, können Sie die *Drei-Stufen-Methode* anwenden.

Kapitel 7 Vorlesungsmitschriften und Buchexzerpte

Der Erwerb von Wissen und vor allem die Speicherung von Wissen erfolgen in zwei Schritten. Zunächst müssen neue Informationen so festgehalten werden, dass sie nicht mehr verloren gehen. Oft können Informationen in diesem ersten Schritt aber noch nicht systematisch erfasst werden, weil man den Gesamtzusammenhang noch nicht kennt. Das hat zur Folge, dass man die Informationen später nicht mehr oder nur schwer findet. Deshalb muss man sich Gedanken über ein geeignetes System machen, mit dem man das vorläufig festgehaltene Wissen systematisch speichern und wieder abrufen kann (z.B. mit Karteikarten). Diesem zweiten Schritt, dem systematischen Speichern von Wissen, wenden wir uns im nächsten Kapitel zu.[513]

Im Folgenden geht es um den ersten Schritt, um das erstmalige Erfassen von neuen Informationen. Neue Informationen erhalten Sie während Ihres Studiums vor allem in Vorlesungen, aus Fachliteratur oder aus Ausbildungszeitschriften. Sie werden sicher schon festgestellt haben, dass sich Vorlesungsmitschriften erheblich unterscheiden. Das Spektrum reicht von der begehrten Vorlesungsmitschrift, die auch noch zur Examensvorbereitung herangezogen werden kann, bis zur Mitschrift, die von Anfang an nur noch der Papierwiederverwertung zugeführt werden kann. Gerade wenn Sie Ihre Mitschriften oder Exzerpte eher der letzten Sorte zurechnen oder gar nicht mehr mitschreiben, weil Sie mit Ihrer Mitschrift später nichts mehr anfangen können, wird dieser Abschnitt für Sie interessant sein. Denn gute Mitschriften oder Exzerpte sind weniger eine Frage des Talents oder des Lerntyps als vielmehr eine Frage des richtigen Know-how. Grundsätzlich gelten für Buchexzerpte die gleichen Regeln wie für Mitschriften in Vorlesungen. Im Folgenden spreche ich vor allem die Mitschriften an.[514] Auf die Besonderheiten von Buchexzerpten gehen ich unter IV. ein.

I. Warum man mitschreiben sollte

Manche wenden gegen das Mitschreiben in Lehrveranstaltungen ein, dass dies zu sehr vom Zuhören ablenke. Überwiegend entlasten Vorlesungsmitschriften oder Buchexzerpte jedoch das Gedächtnis, denn neue Informationen sind zumindest vorläufig erfasst. In der Regel muss man während des Mitschreibens die Frage zu stellen: Was von dem Gesagten oder dem Visualisierten ist so wesentlich, dass ich es aufschreiben sollte? Diese Frage zwingt zur Auseinandersetzung mit dem Stoff und zum aktiven Zuhören. Durch das aktive Zuhören trainiert man gleichzeitig die im Berufleben erforderliche Fähigkeit des aufmerksamen und genauen Zuhörens (z.B. im Gespräch mit Mandanten).[515] Der Vorgang des Mitschreibens erhöht so die Aufmerksamkeit. Wer gar nichts mitschreibt, muss schon ein sehr gutes Gedächtnis haben, um die Vorlesung trotzdem rekapitulieren und damit auch nachbereiten zu können.[516]

513 Genaueres dazu in Kap. 8 (Karteikarten).

514 Zu Mitschriften im Studium siehe auch *Koeder*, S. 103 ff.; *Sesink*, S. 21 ff.; *Burchardt*, S. 37 ff.; *Schräder-Naef*, S. 154 ff.; *Boehncke*, S. 117 ff.; *Chevalier*, S. 149 f. (mit Trainingsaufgabe).

515 *Körber*, JuS 2008, 289, 290 (Fn. 5).

516 Es gibt ausgeprägt auditive Lerntypen, die ohne Mitschriften auskommen. Zu Lerntypen siehe Kap. 11 (Lernen).

II. Wie viel und was man mitschreiben sollte

Eines lässt sich mit ziemlicher Sicherheit sagen: Wer versucht, möglichst alles mitzuschreiben, macht sich nicht die Mühe, zu fragen,[517] was wesentlich und was unwesentlich ist. Dadurch kann er auch kein Verständnis für den Stoff entwickeln. Im Übrigen gibt es auf die Frage, wie viel man mitschreiben sollte, keine richtige oder falsche Antwort. Für den einen mag es richtig sein, nur wenige Schlagworte in einer Vorlesung zu notieren, während es für den anderen absolut notwendig ist, ganze Sätze zu schreiben. Wichtig ist, beim Mitschreiben ein paar Grundsätze zu beachten. So kann man sehr schnell seine Mitschriften oder Buchexzerpte optimieren und seinen persönlichen Stil finden.

Aufbau. Immer notiert werden sollte der Aufbau oder die Gliederung der Vorlesung.[518] Denn nur wenn man weiß, in welchem Zusammenhang eine Aussage steht, kann man sie einordnen und sie sich merken. Es kann aber sein, dass Sie gar nicht in der Lage sind, den Aufbau der Vorlesung zu notieren, weil Sie ihn nicht erkennen können. Allein der Versuch, den Aufbau zu notieren, hat jedoch schon einen wichtigen Effekt: Es ist Ihnen dadurch bewusst geworden, dass Sie den Faden verloren haben und Sie die Struktur des Vorlesungsstoffes noch nicht erkannt haben.[519]

Hauptaussagen. Ausreichend ist, wenn Sie die Hauptaussagen der Vorlesung und die Erklärungen dazu notieren. Verstellen Sie sich den Blick fürs Wesentliche nicht mit Einzelheiten. Details können Sie später in Lehrbüchern nachlesen.

Namen, Zahlen, Daten. Obwohl es sich hier um Details handeln kann, lohnt sich die Notiz, weil das Notieren wesentlich weniger Zeit in Anspruch nimmt, als später danach in Büchern zu suchen.

Wichtige Begriffe, Fachausdrücke. Damit Ihnen Fachausdrücke und wichtige Begriffe nach und nach geläufig werden, sollten sie immer notiert werden. Diejenigen Begriffe und Fachausdrücke, die unbekannt sind, sollten bei der Nachbereitung geklärt werden. Rechtswörterbücher können hier eine große und vor allem schnelle Hilfe sein.[520] Vor allem in den Anfängervorlesungen werden Mitschriften viele klärungsbedürftige Begriffe enthalten. Wer sich nicht entmutigen lässt, sondern sich wirklich die Mühe macht, diese Begriffe nach der Vorlesung zu klären, wird mit wesentlich mehr Verständnis in der nächsten Vorlesung belohnt.

Nichtverstandene Aussagen und Zusammenhänge. Wenn Ihnen Aussagen oder Zusammenhänge nicht klar sind, ist der erste sehr wichtige Schritt im Erkenntnisprozess, dass Sie das Problem überhaupt erkennen bzw. eine Frage dazu formulieren können. Wenn Sie also in der Vorlesung etwas nicht verstehen, sollten Sie Ihre Frage dazu notieren, um sie entweder mit Kommilitonen anhand von Lehrbüchern oder durch Nachfragen direkt beim Dozenten klären zu können. Lücken in der Mitschrift

517 Zum aktiven Zuhören, einer wichtigen Voraussetzung für gute Mitschriften, siehe Kap. 11 (Lernen), S. 314.

518 *Haft*, S. 17 f.

519 Wenn Sie in der Vorlesung den roten Faden verloren haben (was keinesfalls an Ihnen liegen muss), sollten Sie Mitstudierende fragen. Wenn diese Ihnen auch nicht helfen können, kann dies ein Hinweis dafür sein, dass der Dozent den Vorlesungsaufbau nicht ausreichend deutlich gemacht hat. Sprechen Sie dies nach der Vorlesung an. Die meisten Dozenten sind dankbar für solche Hinweise.

520 Siehe die Literaturhinweise zu Rechtswörterbüchern in Fn. 374.

und Fragezeichen im Text sind ein Zeichen von Intelligenz und nicht von Dummheit. Es ist also keineswegs ein Makel, wenn Ihre Mitschrift aus lauter Fragen besteht.

Alles ist schwer, bevor es leicht wird.

III. Die äußere Form von Mitschriften und Buchexzerpten

Die äußere Gestaltung von Mitschriften ist eine individuelle Entscheidung. Nachfolgend stelle ich eine bewährte Form vor.[521] Für Vorlesungsmitschriften und Buchexzerpte eignen sich DIN A4 Blätter besonders gut, denn DIN A5 Blätter sind erfahrungsgemäß zu klein. Sie werden mit einer Kopfzeile versehen, die oben rechts eine vierteilige Angabe enthält, mit der man jedes Blatt eindeutig zuordnen kann. Bei Lehrveranstaltungen enthält die Kopfzeile den Name des Dozenten,[522] den Titel der Veranstaltung, das Datum und die Seitenzahl der Mitschrift.[523]

Beispiele: Sethe/Gesellschaftsrecht/20.11.08/15
Lange/Kompetenztraining für Juristen/25.01.09/S. 12

Bei Buchexzerpten enthält die Kopfzeile den Kurztitel des Buches, das Kapitel und die exzerpierten Seite(n) des Buches sowie die Seitenzahl des Exzerpts.

Beispiel: Lange/Jurastudium/Kapitel 3 (S. 73–91)/S. 1

Das restliche Blatt wird in drei Spalten und einen ausreichenden Heftrand auf der linken Seite eingeteilt.[524] Die mittlere und die breiteste Spalte (B) ist für die eigentliche Mitschrift oder das Buchexzerpt vorgesehen und wird fortlaufend beschrieben. Wenn Sie bisher Ihre Blätter nicht unterteilt haben, entspricht der Inhalt dieser Spalte in etwa dem Inhalt Ihrer bisherigen Mitschrift und enthält das, was Sie während der Vorlesung fortlaufend notieren.

In der linken Spalte (A) wird die Gliederung fortlaufend oder, falls man sie noch nicht erkennen kann, nachträglich durch Überschriften und die dazugehörigen Ordnungsnummern (Gliederungspunkte) vermerkt. Die linke Spalte bietet, wenn sie bei der Nachbereitung der Vorlesung vervollständigt worden ist, ein genaues Inhaltsverzeichnis der Mitschrift. Bei einer fortlaufenden Mitschrift bemerkt man manchmal erst im Nachhinein – weil man dann erst die Zusammenhänge begreift –, dass das Notierte unter eine neue Überschrift gehört hätte. Nachträglich diese Überschrift einzufügen ist aber aus Platzgründen oft nicht mehr möglich. Durch die Dreiteilung des Blattes haben Sie die Möglichkeit, die Überschriften Ihrem Erkenntnisprozess entsprechend einzutragen. Außerdem kann man in die Spalte A Schlagworte oder wichtige Rechtsbegriffe an der Stelle eintragen, an der Spalte B Informationen dazu enthält. Das Einfügen der Schlagwörter in Spalte A hat den Vorteil, dass neben den Überschriften auf einen Blick auf wichtige Informationen in der Mitschrift hingewie-

521 Zu Mitschriften in Form von Mindmaps siehe Kapitel 11 (Lernen).

522 Für das spätere Durchlesen der Unterlagen kann es interessant sein zu wissen, wer die Lehrveranstaltung gehalten hat, z.B. wenn Sie hören, dass der Dozent häufig abweichende Meinungen vertritt.

523 Mit oder ohne das Wort »Seite« oder »S.«

524 Siehe *Schräder-Naef*, S. 157.

sen wird. Anhand der Spalte A können Sie später Vorlesungen eines ganzen Semesters sehr schnell auf bestimmte Informationen durchsehen.[525]

Die rechte Spalte (C) wird ähnlich wie Spalte A erst im Nachhinein beschrieben. Sie enthält eigene Gedanken und Erkenntnisse oder Querverweise. Unklare Notizen oder Fragen in Spalte B kann man bei der Nachbereitung mit Hilfe anderer Quellen klären und das Ergebnis in Spalte C vermerken. Sollten Sie in Spalte C noch mehr Platz brauchen, können Sie die unbeschriebene Rückseite dazunehmen. Zunächst mag man geneigt sein, die Spalten A und C als Platzverschwendung anzusehen. Doch spätestens bei der Nachbereitung der Vorlesung zeigt sich der Vorteil dieser Spalten, wenn man die hinzukommenden Informationen genau an der passenden Stelle einfügen kann. Die Nachbereitung der Vorlesung anhand der so angefertigten Mitschriften fällt wesentlich leichter, weil man die Mitschrift nach und nach ergänzen kann, und trotzdem am Ende eine sehr übersichtliche Darstellung des Vorlesungsinhalts hat. Die Nachbereitung anhand einer solchen Mitschrift hat überdies lernpsychologische Vorteile. Man weiß genau, was man in der Nachbereitung zu tun hat und kann schwierige Fragen Stück für Stück beantworten. Auch wenn man wenig Zeit für die Nachbereitung hat, lassen sich so wenigstens einige Rechtsbegriffe nachschlagen. Das Nachbereiten anhand der Mitschrift ist bereits eine erste Wiederholung, die, kurze Zeit nach der Vorlesung durchgeführt, einen besonders hohen Behaltenseffekt hat.

<table>
<tr><td>Heft-
rand</td><td colspan="3">SETHE/Gesellschaftsrecht/20.11.08/Seite 1</td></tr>
<tr><td></td><td>Überschriften,
Ordnungsziffern,
Schlagworte</td><td>Mitschrift während der Veranstal-
tung oder Buchexzerpt</td><td>eigene
Gedanken
Erkennt-
nisse und
Querver-
weise</td></tr>
<tr><td></td><td>Spalte A</td><td>Spalte B</td><td>Spalte C</td></tr>
</table>

Eine weitere mögliche Aufteilung des einzelnen Blattes ist Folgende:

<table>
<tr><td rowspan="3">Heft-
rand</td><td colspan="2">SETHE/Gesellschaftsrecht/20.11.08/Seite 1</td></tr>
<tr><td>A
Überschriften,
Ordnungsziffern
Schlagworte</td><td>B
Mitschrift während der Vorlesung oder Buchex-
zerpt</td></tr>
<tr><td colspan="2">C
eigene Gedanken, Erkenntnisse und Querverweise</td></tr>
</table>

525 Ein Leser wies mich darauf hin, dass er Spalte A und Spalte C getauscht habe. Denn das schnelle Auffinden von Schlagwörtern gelinge leichter, wenn sich diese in der rechten Blattspalte befinden würden.

Diese Form ist insbesondere bei großer Schrift geeignet, bei der drei Spalten nebeneinander zu sehr einschränken. Allerdings hat sie den Nachteil, dass man die eigenen Anmerkungen nicht unmittelbar neben die betreffende Textstelle schreiben kann, sondern sich ein System ausdenken muss, das den Bezug zur Textstelle in der Mitschrift herstellt (z.B. eine Fußnotennummerierung).

Wenn Sie sich für eine bestimmte Aufteilung entschieden haben, lohnt es sich, vor der Vorlesung oder vor dem Exzerpieren des Buches einen größeren Vorrat loser Blätter zu erstellen, die schon in dieser Weise unterteilt sind. Besonders bequem geht es mit einer Druckvorlage. Die Blätter sollten nur *einseitig beschrieben* werden. Dies erleichtert nicht nur das schnelle Sichten der Notizen, sondern spart Ihnen viel Zeit, wenn Sie ein Blatt neu schreiben wollen. Wegen der Übersichtlichkeit empfiehlt es sich, *großzügig Absätze* zu machen und bei neuen Kapiteln immer ein neues Blatt zu beginnen. Bei Mitschriften und Buchexzerpten ist es nicht sinnvoll, Papier sparen zu wollen, denn Sie bezahlen es mit unübersichtlichen Notizen, die Sie schon deshalb nicht mehr gerne in die Hand nehmen. Lose Blätter haben den Vorteil, dass man dazwischen Handouts und weitere eigene Blätter einsortieren kann. Wie bereits oben erwähnt, müssen lose Blätter, inklusive der in den Lehrveranstaltungen ausgeteilten Kopien, so gekennzeichnet werden, dass man jedes Blatt eindeutig zuordnen kann.

IV. Besonderheiten bei Buchexzerpten

Das Exzerpieren eines Buches unterscheidet sich vom Mitschreiben in einer Lehrveranstaltung vor allem dadurch, dass man beim Lesen selbst entscheiden kann, wann man unterbrechen will, um über das Gelesene nachzudenken und Notizen zu machen.[526] Dabei besteht die Gefahr, entweder den Lesefluss ständig durch das Erstellen von Notizen zu unterbrechen oder zu große Abschnitte zu lesen. Deshalb sollte man nach einem größeren Absatz, spätestens aber nach zehn Minuten, unterbrechen, um nun in Spalte B die Hauptaussagen, wichtige Erkenntnisse und Übersichten sowie unklare Begriffe und unklare Aussagen zu notieren.[527] Genauso wie bei der Vorlesungsmitschrift werden in der Nachbereitungsphase die offenen Fragen mit Hilfe anderer Bücher beantwortet, unklare Begriffe geklärt und das Ergebnis in Spalte C eingetragen.[528] Diese Form des Buchexzerpts macht durch die Spalte C sehr deutlich, dass – was oft verkannt wird – auch die Buchlektüre einer Nachbereitung bedarf. Die Spalte A lässt sich bei der Buchlektüre anders als bei der Vorlesung relativ leicht ausfüllen, weil man die Gliederungen der Bücher in Form von Überschriften und in Form des Inhaltsverzeichnisses jederzeit vor sich hat oder nachschlagen kann.

526 Zu Exzerpten siehe *Boehncke*, S. 133 ff. (mit einem Beispiel).

527 Dies ist der 4. Arbeitsschritt (Rekapitulieren in Form von Lesenotizen) beim Lesen von Fachliteratur. Genaueres in Kap. 5 (Leseregeln), S. 156 f.

528 Dies ist der 5. Arbeitsschritt (Rückblick und Endkontrolle) beim Lesen von Fachliteratur. Genaueres in Kap. 5 (Leseregeln), S. 156 f.

V. Zusammenfassung

- ☞ Richtig vorbereitete und angefertigte Vorlesungsmitschriften haben zwei Funktionen: Zum einen halten sie den Vorlesungsinhalt vorläufig fest und entlasten zwischen Vorlesung und Nachbereitung das Gedächtnis. Zum anderen bieten sie – in der Nachbereitung entsprechend ergänzt – eine sehr übersichtliche Darstellung des Vorlesungsinhalts und ermöglichen, später Vorlesungen eines ganzen Semesters sehr schnell auf bestimmte Informationen durchsehen zu können.
- ☞ Die Mitschrift bedingt eine bestimmte Art der Nachbereitung, die auch lernpsychologisch sehr günstig ist: Man weiß genau, was man in der Nachbereitung »zu tun« hat, und kann schwierige Fragen »Stück für Stück« beantworten.
- ☞ Mitschriften und Buchexzerpte sollten den Aufbau, die Hauptaussagen, Namen, Zahlen und Daten, wichtige Begriffe und Fachausdrücke enthalten. Nichtverstandene Aussagen und Zusammenhänge sollten notiert und gekennzeichnet werden, damit sie in der Nachbereitung geklärt werden können.

Eine so verfasste Vorlesungsmitschrift bereitet die in Kapitel 6 beschriebene systematische und ergänzbare Wissensspeicherung. Um die systematische Wissensspeicherung in Form von Karteikarten geht es im folgenden Kapitel.

Kapitel 8 Karteikarten

I. Was bringt es, mit Karteikarten zu arbeiten?

Im Folgenden geht es um das Arbeiten mit *selbst erstellten* Karteikarten; im Handel erhältliche fremd erstellte Karteikarten[529] spreche ich nur am Rande an.

1. Vorteile

a) Ergänzbare Wissensspeicherung

Das Jurastudium ist ein Studium, in dem Sie immer wieder neues Wissen an schon bekanntes knüpfen müssen oder, anders gesagt: Ihr Wissen erweitert sich quasi in konzentrischen Kreisen. Hinzu kommt, dass sich das Recht selbst durch Gesetzesnovellierungen ändert oder durch Rechtsprechung und Schrifttum fortentwickelt. Juristisches Wissen ändert sich also immer wieder; jeder, der sich mit dem Recht beschäftigt, muss ständig dazulernen. Hier liegt der wesentliche Vorteil von Karteikarten: Mit Karteikarten können Sie Ihr Wissen genau an der richtigen Stelle ergänzen. Eine ergänzbare Form der Wissensspeicherung schon im Studium zu finden, bedeutet auch, dafür gerüstet zu sein, ein Leben lang mit juristischen Fragen umzugehen. Wenn zu einem Ihnen schon bekannten Themenkomplex ein neuer Wissensteil hinzukommt, können Sie sich mit Hilfe Ihrer Karteikarten sehr schnell einen Überblick darüber verschaffen, was Sie schon kennen und inwiefern Sie Ihr Wissen ergänzen müssen. Denn Sie können die Karteikarte zu diesem Wissensteil relativ schnell heraussuchen und durchlesen. Sollte sich ergeben, dass der bisherige Inhalt nicht umfassend war, können Sie eine entsprechende Ergänzung machen. Sollte sich herausstellen, dass Ihre bisherige Darstellung nicht zutreffend war, ist es ein geringer Aufwand, die Karteikarte neu zu schreiben.

Wie ich im Kapitel 3 zum Lehrangebot der Universitäten erläutert habe, werden manche Rechtsfragen in verschiedenen Vorlesungen wiederholt, manche dagegen finden nie Erwähnung. Wenn Sie die behandelten Rechtsfragen nun ordnerweise pro Semester abheften, haben Sie keinen Überblick darüber, welche Rechtsfragen Sie schon gehört haben und welche nicht. Veranschaulichen lässt sich dies gut anhand des Verwaltungsrechts. In sehr vielen Fällen prüfen Sie die Zulässigkeit und Begründetheit von verwaltungsrechtlichen Widersprüchen oder Anfechtungsklagen. Immer wieder wiederholen sich bestimmte Rechtsprobleme auf der Zulässigkeitsebene und immer wieder kommt eine neue Facette hinzu. Wenn Sie diese nun jeweils nur im Rahmen der konkreten Lehrveranstaltung mitschreiben und dann im Ordner zum 3., 4. und 5. Semester abheften, haben Sie im 6. Semester überhaupt keinen Überblick, welche Einzelprobleme Sie zur Zulässigkeit einer verwaltungsrechtlichen Klage schon einmal gehört haben und welche nicht. Mit Karteikarten könnten Sie es innerhalb weniger Minuten feststellen.[530]

529 Z.B. Jura-Karteikarten von *Münchhausen & Partner*, die Alpmann-Cards des Repetitoriums *Alpmann Schmidt* oder Karteikarten von *Helmut Schlegel*. Elektronische Karteikarten auf CD-ROM gibt es von *Hans-Friedrich Thomas*, zu beziehen unter http://www.juracom.de.

530 Zu diesen Vorteilen Burian/Schultze/Waldorf, S. 823; Münchhausen/Püschel, S. 62.

b) Lerneffekte

Selbst erstellte Karteikarten haben zwei weitere Vorteile: Schon beim Erstellen müssen Sie Wesentliches von Unwesentlichem unterscheiden und sich fragen, welches Wissen genau auf Karteikarten festgehalten und gespeichert werden soll. Indem Sie vorformuliertes Wissen in ein eigenes Sprachmuster übersetzen, benutzen Sie einen zusätzlichen Lernkanal (das »Selbsttun«[531]). Dazu kommt, dass man den eigenen Sprachstil am besten versteht und sich so den Inhalt am besten merken kann. Mit selbst erstellten Karteikarten erreichen Sie also zusätzliche Lerneffekte. Während vorformulierte Karteikarten meistens relativ eng mit Text bedruckt sind, können Sie bei eigenen Karteikarten selbst entscheiden, wie groß die Informationseinheit pro Karteikarte sein soll, und sie übersichtlich gestalten. Durch Fragen auf der Vorderseite und Antworten auf der Rückseite ist eine genaue Lernkontrolle gewährleistet. Karteikarten, die Sie beherrschen, können aussortiert werden. Auf die wichtigsten oder problematischen Karteikarten können Sie kurz vor Prüfungen noch einmal zurückgreifen. Dadurch ermöglichen sie ein kontinuierliches und schnelles Wiederholen. Darüber hinaus sind Karteikarten handlich, leicht transportierbar und daher auch nebenbei benutzbar, z.B. in unvorhergesehenen Wartezeiten.[532] Dies ist auch ihr Vorteil gegenüber einer ergänzbaren Wissensspeicherung in elektronischer Form. Die Karteikarten vereinen damit für das effektive Lernen wichtige Faktoren: Die Übersichtlichkeit, die schnelle Ergänzbarkeit, den Zwang zum Selbstformulieren, den Zwang, das Wesentliche herauszufinden sowie die Möglichkeit, bei der Wiederholung nur die Karteikarten zu verwenden, die man nicht beherrschte. Nach diesem Plädoyer für die Arbeit mit Karteikarten noch eine Klarstellung: Man könnte Karteikarten vorwerfen, sie stellten nur eine Ansammlung abfragbaren Wissens ohne Problemanalyse dar. Dieser Vorwurf trifft auf selbst erstellte Karteikarten nicht zu, wenn bei der Erstellung bestimmte Fragestellungen beachtet werden. Außerdem setzt die Fähigkeit zu einer kritischen Problemanalyse ein umfassendes strukturiertes Wissen voraus, das sich seinerseits mit Karteikarten besonders gut erwerben und wiederholen lässt.

2. Nachteile

Diesen Vorteilen stehen nur wenige Nachteile gegenüber: Die Erstellung von Karteikarten ist relativ zeitaufwendig. Dies gilt besonders für die Anfangsphase, wenn man auf der Suche nach dem individuell passenden System ist. Bis »die Sache läuft«, dauert es einige Zeit, und die ersten 50 bis 100 Karteikarten wird man später wahrscheinlich noch einmal schreiben.[533] Der Empfehlung, wegen des hohen Zeitaufwands fremd erstellte Karteikarten, insbesondere Karteikarten zur Rechtsprechung, zu kaufen, ist nicht zu folgen.[534] Eine solche Kartei mag zwar eine gute Ergänzung darstellen, sie kann aber nicht das Schreiben eigener Karteikarten und den Aufbau einer systematischen Wissenskartei ersetzen. Gerade das Selbstschreiben zwingt zur Konzentration

531 Zu den Lernkanälen siehe Kap. 11 (Lernen), S. 313 ff.

532 Es mag Ihnen komisch vorkommen, während der Wartezeit beim Arzt oder in einer Behörde mit Karteikarten zu lernen. Wenn Sie aber bedenken, dass Sie dafür am Abend oder am Wochenende freie Zeit haben, erscheint es Ihnen vielleicht verlockend, solche Leerlaufzeiten mit Wiederholen zu verbringen. Gerade beim Lernen gilt, dass jede Viertelstunde zählt, und sechs solche Wartezeiten in der Woche können schon einen halben Lerntag kompensieren. *Gramm/Wolff*, S. 181: »Nutzen Sie den Heimweg, den Einkauf (...), um zu repetieren«.

533 So auch *Klaner*, S. 96.

534 So aber *Lüke*, S. 128.

auf das Wesentliche und zum genauen Verständnis. Der Zeitaufwand lohnt sich daher mehrfach.

II. Welche Möglichkeiten gibt es, mit Karteikarten Wissen zu speichern und abzufragen?

Um juristisches Wissen auf Karteikarten zu speichern, gibt es zahlreiche Möglichkeiten. Man kann die Karteikarten z.B. nach Rechtsbegriffen oder nach gesetzlichen Bestimmungen, z.B. im Zivilrecht nach Anspruchsgrundlagen und im Strafrecht nach Straftatbeständen ordnen. Alle Systeme lassen sich im Wesentlichen auf zwei unterschiedliche Ansatzpunkte zurückführen, die ich im Folgenden unter »Stichwortkartei« und »Paragraphenkartei« vorstellen möchte. Zwischen diesen Systemen ist jede Mischform möglich. Es ist Ihre Aufgabe, herauszufinden, welche Form die für Sie geeignete ist. Ihr Ziel sollte sein, eine Form der Wissensspeicherung zu finden, die ergänzbar ist und die sämtliche der oben genannten Vorteile besitzt. Wichtig ist, dass Ihr System individuell brauchbar ist, nicht, dass es perfekt ist.

Ich erkläre in diesem Kapitel die »Stichwortkartei« und die »Paragraphenkartei«, und zwar sowohl den jeweiligen Aufbau als auch die Beschriftung einzelner Karteikarten. Vorab gebe ich einige Hinweise zur äußeren Gestaltung der Karteikarten, da die Gestaltung systemunabhängig ist.

1. Äußere Gestaltung

Karteikarten sollten begrenzte Informationseinheiten enthalten, damit Sie beim Lernen und Wiederholen schnell entscheiden können, ob Sie die Information auf der Karteikarte beherrschen oder nicht. Wenn Sie anfangen müssen, auf der Karteikarte zu vermerken, dass Sie die erste Informationseinheit wussten, die zweite nicht, die dritte wieder, die vierte wieder nicht, werden Sie keine Erfolgserlebnisse beim Wiederholen haben, da sie nur wenige Karteikarten als gekonnt verbuchen können. Karteikarten sollten deshalb höchstens drei Informationseinheiten umfassen und nicht allzu groß sein. Hinsichtlich der Größe der Karteikarten hat sich das Format DIN A6 oder DIN A7 als besonders geeignet erwiesen. Zu Beginn ist die Versuchung groß, DIN A5 Karteikarten zu verwenden, weil man dann nicht so sehr gezwungen ist, sich auf das Wesentliche zu konzentrieren. Damit verzichten Sie jedoch nicht nur darauf, das Wichtige vom Unwichtigen unterscheiden zu lernen, sondern auch auf weitere Vorteile wie Übersichtlichkeit und Handlichkeit.

> ☞ Verwenden Sie nicht zu große Karteikarten.
> ☞ Schreiben Sie höchstens drei Informationseinheiten auf eine Karteikarte; bei großen Informationseinheiten nur zwei oder auch nur eine.

Es empfiehlt sich, alle Karteikarten auf der Vorderseite mit einer Kopfzeile zu versehen, die optisch mit einem Strich abgetrennt ist. Diese Kopfzeile enthält das Stichwort oder den Paragraphen sowie zusätzliche Informationen (sog. Schlüssel), die das schnelle Auffinden der Karteikarte erleichtern. Die genaue Beschriftung der Kopfzeile behandle ich beim jeweiligen Karteikartensystem.

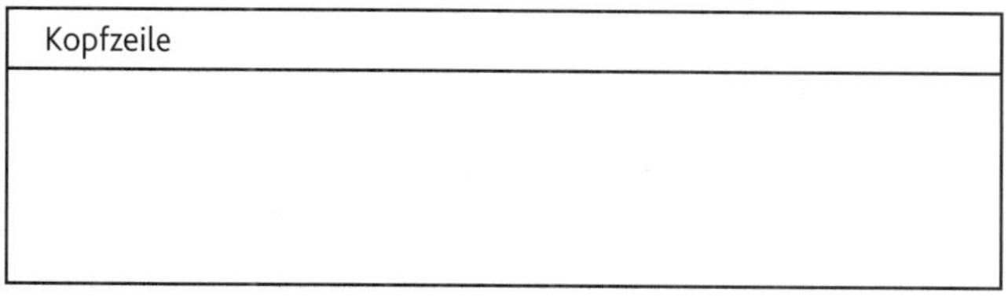

2. Stichwortkartei

Eine der beiden hauptsächlichen Systematisierungsarten von Karteikarten ist die nach Stichworten (Rechtsbegriffen), z.B. »Anfechtung«, »Rechtsgeschäft«, »Vertrag«, »Willenserklärung«.

a) Aufbau der Stichwortkartei

Die Stichwortkartei wird nach Rechtsgebieten oder großen Lerneinheiten[535] unterteilt und innerhalb der Lerneinheiten nach Stichworten. Es gibt also z.B. Karteikarten zum BGB AT, Schuldrecht AT, Schuldrecht BT, zu den Grundrechten, zum Staatsorganisationsrecht, zum Strafrecht/Vermögensdelikte. Welchem Rechtsgebiet die Karteikarte zuzuordnen ist, wird rechts oben auf der Karteikarte vermerkt.

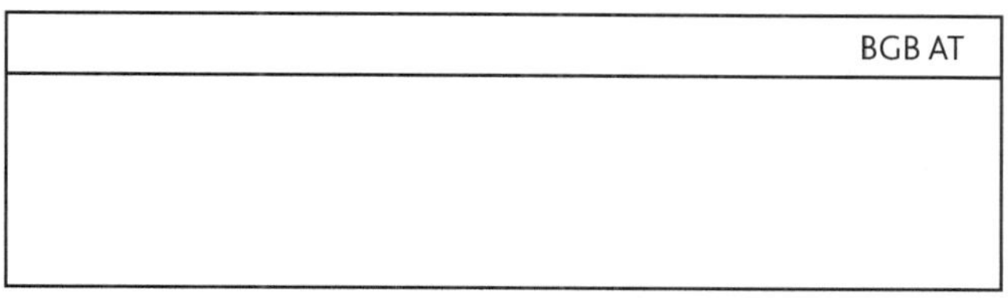

Links auf die Kopfzeile wird das jeweilige Stichwort geschrieben. Die Karteikarten werden innerhalb eines jeden Rechtsgebiets alphabetisch nach Stichworten sortiert, z.B. Karteikarten mit den Stichworten »Berufsfreiheit«, »Pressefreiheit«, »Versammlungsfreiheit« im Rechtsgebiet »Grundrechte«. Werden zu einem Stichwort mehrere Karteikarten erstellt, wird dies mit einer Zahl nach dem Stichwort angezeigt.

535 Zum Begriff »große Lerneinheiten« siehe Kap. 2 (Studieninhalte und Prüfungsanforderungen), S. 61.

Tipp:
Um Rechtsgebiet und Stichwort schnell zu erkennen, können Sie die Rechtsgebiete und die Stichworte farblich kennzeichnen (z.B. Rechtsgebiet immer grün, Stichworte immer rot).

Innerhalb eines Rechtsgebiets sind alle Stichworte gleichrangig, unabhängig davon, ob es sich tatsächlich um solche handelt. Der Grund für die gleichrangige Behandlung liegt darin, dass Sie bei einer weiteren Unterteilung jedes Mal überlegen müssten, unter welchem Oberbegriff ein Stichwort zu finden ist und Sie Ausführungen zu bestimmten Stichworten nicht schnell genug auffinden könnten. Dafür ein Beispiel aus dem Schuldrecht: Sie haben Karteikarten zu den Stichworten »Unmöglichkeit«, »Schuldnerverzug«, »culpa in contrahendo«, »Pflichtverletzung«. Wenn Sie nun die Karteikarten zur Unmöglichkeit, zum Schuldnerverzug und zur c.i.c. unter den Oberbegriff »Pflichtverletzung« ordnen würden, müssten Sie jedes Mal, wenn Sie eine Ergänzung zum Schuldnerverzug machen wollen, unter dem Stichwort »Pflichtverletzungen« nachschauen und dort wiederum die Karten zum Schuldnerverzug heraussuchen. Bei Gleichrangigkeit der Stichworte können Sie sofort alphabetisch unter Schuldnerverzug nachschauen. Da Sie eine Karteikarte zum Stichwort »Pflichtverletzung« haben, auf der Sie im Überblick festhalten, welche Arten von Pflichtverletzungen es gibt, wissen Sie, dass der Pflichtverletzungsbegriff ein Oberbegriff ist und Unmöglichkeit und Schuldnerverzug/Leistungsverzögerung einzelne Pflichtverletzungen darstellen. Mit entsprechend gestalteten Karteikarten ist somit die Gefahr gering, bei einer Gleichbehandlung aller Stichworte die »Hierarchien« zu verkennen.[536]

- ☞ Stichwortkarteien werden nach Rechtsgebieten oder großen Lerneinheiten und innerhalb der Rechtsgebiete alphabetisch nach Stichworten sortiert.
- ☞ Alle Stichwortkarteikarten sind gleichrangig.

b) Beschriftung der einzelnen Karteikarte

Die Vorderseite der Karteikarte enthält die Fragestellung, die Rückseite die Antworten. Aus lernpsychologischen Gründen sollte die Fragestellung auf der Vorderseite eine ausformulierte Frage sein, weil sich Fragen besser als einzelne Stichworte dazu eignen, einen »Suchvorgang« im Gehirn auszulösen. Der weitere Vorteil von ausformulierten Fragen ist, dass Sie sich besser abfragen lassen können, z.B. von den Teilnehmern Ihrer privaten AG (oder auch einmal von Nichtjuristen). Pro Karteikarte sollten Sie höchstens drei Fragen stellen, damit die Karteikarten übersichtlich bleiben. Wenn Karteikarten sehr eng beschrieben sind, können Sie kaum vermeiden, beim Lesen der ersten Antwort die nächste Antwort auf der Rückseite gleich mitzulesen. Die einzelnen Fragen auf den Karteikarten sollten numeriert werden, um die Antworten zuordnen zu können.

Es hat sich bewährt, mit bestimmten Fragen zu beginnen: Als Erstes fragen Sie nach der Definition oder einer Erläuterung des Stichwortes (Rechtsbegriffs). Die zweite Frage bezieht sich auf die konkrete gesetzliche Bestimmung, die dritte Frage auf den gesetzessystematischen Zusammenhang.

536 Innerhalb des Karteikartensystems gibt es also »verdeckte Hierarchien«, die man auch farblich kennzeichnen kann.

Vorderseite:

Anfechtung (1)	BGB AT
1. Was bedeutet »Anfechtung«? 2. Wo ist die Anfechtung geregelt? 3. In welchem gesetzessystematischen Zusammenhang steht die Anfechtung?	

Auf die Rückseite schreiben Sie unter der entsprechenden Nummer die Antworten zu den Fragen. Zwischen den Antworten sollten Sie von vornherein ausreichend Platz lassen (mindestens 3 Zeilen), um eventuell später kleinere Ergänzungen vorzunehmen. Auf jeden Fall sollte aber zwischen den Antworten eine Zeile frei bleiben, um die einzelnen Antworten getrennt lesen zu können.

Rückseite:

1. A. = die rückwirkende Vernichtung einer Willenserklärung und damit des Rechtsgeschäfts aufgrund einer Anfechtungserklärung. 2. § 142 BGB. 3. Im Abschnitt »Rechtsgeschäfte« unter dem Titel »Willenserklärung« (§§ 116 ff.), weil eine wirksame Anfechtung die Wirksamkeit einer Willenserklärung beseitigt.

Nach spätestens drei Fragen sollten Sie eine neue Karteikarte zum selben Stichwort verwenden; die Karteikarten zu einem Stichwort werden fortlaufend in der Kopfzeile nummeriert, z.B. »Anfechtung (1)« und »Anfechtung (2)«. Die Formulierung der weiteren Fragen ist etwas schwieriger, da sie vom einzelnen Stichwort abhängt. Die weiteren Fragen zielen darauf ab, zu überprüfen, ob Sie das Wissen zu dem Rechtsbegriff richtig anwenden können, d.h. in einer Falllösung auch umsetzen können. Diese Fragestellung ist deshalb wichtig, weil Sie nur auf Grund dieser Fragestellung gezwungen sind, sich Gedanken über die Umsetzung des Wissens zu machen. Nur wenn Sie diese Frage beantworten, speichern Sie Wissen auf der Karteikarte auch fallbezogen ab. Beim Stichwort »Anfechtung« könnte die nächste Frage lauten:

Vorderseite:

Anfechtung (2)	BGB AT
1. An welcher Stelle einer Falllösung ist die Anfechtung zu prüfen?	

Rückseite:

1. Die Anfechtung ist eine rechtsvernichtende Einwendung. Sie ist im Anschluss an die Prüfung der Anspruchsvoraussetzungen zu prüfen.[537] Fallaufbau: 1. Anspruch entstanden? 2. Anspruch rückwirkend vernichtet durch Anfechtung?

537 Da eine wirksame Anfechtung dazu führt, dass der Anspruch so behandelt wird, als wäre er nie entstanden (ex-tunc-Nichtigkeit), ordnen manche die Anfechtung nicht als rechtsvernichtende, sondern als rechtshindernde Einwendung ein. Konsequenterweise muss diese Ansicht die Anfechtung dann im Fallaufbau noch auf der Ebene »Anspruch entstanden« prüfen. Zum Grundraster der Anspruchsprüfung siehe Kap. 9 (Fallbearbeitung), S. 260 ff.

Nachdem Ihnen auf diese Weise noch einmal klargeworden ist, dass die Anfechtung eine rechtsvernichtende Einwendung, also ein Gegenrecht zu einem zivilrechtlichen Anspruch ist, können Sie mit der nächsten Frage (auf einer neuen Karteikarte) nach den Voraussetzungen dieses Gegenrechts fragen.

Vorderseite:

BGB AT Anfechtung (3)
Welche Voraussetzungen hat die wirksame Anfechtung einer Willenserklärung?

Rückseite:

Die Anfechtung hat folgende Voraussetzungen:[538] (In seltenen Fällen ist die Zulässigkeit der Anfechtung zu prüfen). (a) Anfechtungserklärung, § 143 I BGB, an den Anfechtungsgegner (⇨) (b) Anfechtungsgrund, §§ 119, 120, 123 BGB (⇨) (c) Anfechtungsfrist, §§ 121, 124 BGB (⇨) In seltenen Fällen außerdem: (d) kein Ausschluss durch Bestätigung gem. § 144 BGB.

Der Pfeil in Klammer »(⇨)« weist darauf hin, dass es zu »Anfechtungsgrund« und »Anfechtungsfrist« eigene Karteikarten in *demselben* Rechtsgebiet gibt. Anfechtungsgrund und Anfechtungsfrist sind also ebenfalls Stichworte in der Stichwortkartei zum BGB AT. Wenn auf Karteikarten zu *anderen* Rechtsgebieten verwiesen wird, wird dies innerhalb der Klammer nach dem Pfeil vermerkt, also z.B. »(⇨ Schuldrecht AT)«.

Handelt es sich bei dem Stichwort nicht um eine selbständige Anspruchsgrundlage/Gegennorm, sondern um eine Voraussetzung oder ein Tatbestandsmerkmal einer Norm (z.B. um die Anfechtungsfrist), würde die Frage auf der Karteikarte zur Anfechtungsfrist lauten: »Wo ist die Anfechtungsfrist in der Falllösung zu prüfen?« Die Antwort wäre, dass die »Einhaltung der Anfechtungsfrist eine Voraussetzung der Anfechtung (⇨)« ist.

Nach diesen Fragen zum »Einbau« des Stichworts in die Falllösung kommen spezielle Fragen zum Stichwort selbst. Diese Fragen werden sich nach und nach bei der Vertiefung des Stoffes und aus Falllösungen ergeben. Wenn Sie Karteikarten zu dem Stichwort »Anfechtungsgrund« schreiben, wären mögliche Fragen auf dieser Karteikarte: »Welche Anfechtungsgründe gibt es?«, »Wo sind sie jeweils geregelt?« etc. Zum Stichwort »Anfechtungsfrist« könnte eine Frage lauten, was »unverzüglich« bedeutet:

Vorderseite:

BGB AT Anfechtungsfrist
Was heißt »ohne schuldhaftes Zögern (unverzüglich)«?

538 Die Prüfungsreihenfolge der Voraussetzungen der Anfechtung ist nicht zwingend, sondern richtet sich nach klausurökonomischen Gesichtspunkten, z.B. kann man bei offensichtlich abgelaufener Anfechtungsfrist mit der Frist beginnen.

Rückseite:

> *Unverzüglich* bedeutet nicht *sofort*, sondern räumt dem Anfechtungsberechtigten eine angemessene Überlegungsfrist ein. Bei der Fristberechnung sind auch die Interessen des Anfechtungsgegners zu berücksichtigen.
>
> Beachte: § 121 BGB trifft eine Legaldefinition für *unverzüglich*, die für das gesamte Zivilrecht gilt.

Bei den Antworten auf der Rückseite können Sie wichtige Erkenntnisse dadurch betonen, dass Sie »**Beachte**« vor die Antwort schreiben (siehe Karteikarte oben).

Bisher wurden der Aufbau einer Stichwortkartei und die Beschriftung der einzelnen Stichwortkarteikarte besprochen. Nicht besprochen wurde, welche Vorteile und Schwierigkeiten mit einer Stichwortkartei verbunden sind. Dies erläutere ich erst nach der Vorstellung der Paragraphenkartei, denn die Vorteile und Schwierigkeiten jedes einzelnen Karteisystems sind im direkten Vergleich besser nachvollziehbar.

3. Paragraphenkartei

Die zweite Systematisierungsart von Karteikarten ist die nach gesetzlichen Bestimmungen, also Paragraphen oder Artikeln.

a) Aufbau einer Paragraphenkartei

Die Paragraphenkartei wird nach Gesetzen und, innerhalb der Gesetze, nach Paragraphen oder Artikeln unterteilt; es gibt also z.B. Karteikarten zum BGB, HGB, AGBG, HGB, GG, VwVfG etc. Welchem Gesetz die Karteikarte zuzuordnen ist, wird rechts oben auf der Karteikarte vermerkt. Bei umfangreichen Gesetzen, die mehrere Rechtsgebiete umfassen, empfiehlt es sich, bestimmte Teile des Gesetzes als »Rechtsgebiet« aufzunehmen und die zu diesem Teil gehörenden Paragraphen in Klammern zu schreiben, z.B.:

	BGB AT (§§ 1–240)

Links in die Kopfzeile wird die genaue gesetzliche Bestimmung geschrieben. Bei Paragraphen mit mehreren Absätzen kommt es darauf an, ob Sie auf der Karteikarte mehrere Absätze oder nur einen Absatz behandeln. Wenn Sie Fragen zu mehreren Absätzen stellen, ist in der Kopfzeile nur der Paragraph selbst zu zitieren. Wenn sich alle Fragen auf der Karteikarte nur auf einen Absatz (oder Satz) beziehen, ist dies schon in der Kopfzeile zu berücksichtigen. Auf einer Karteikarte zur Leistungskondiktion (§ 812 Abs. 1 S. 1, 1. Alt. BGB) aus dem Rechtsgebiet »Ungerechtfertigte Bereicherung (§§ 812–822 BGB)« müsste also bereits in der Kopfzeile das genaue Gesetzeszitat stehen:

BGB (§§ 812–822) § 812 I 1, 1. Alt.

Sind zu einem Paragraphen oder zu einem Absatz (Satz) eines Paragraphen mehrere Karteikarten erforderlich, werden die Karteikarten in der Kopfzeile nach dem Paragraphen (wie bei der Stichwortkartei) fortlaufend nummeriert. Damit hier keine Verwechslungen mit Absätzen oder Sätzen des Paragraphen auftreten, sollten Sie einen entsprechenden Abstand zur Nennung des Paragraphen einhalten oder die Nummer vollständig einkreisen.

BGB (§§ 1–240) § 142 I BGB (1)

BGB (§§ 1–240) § 142 I BGB (2)

Tipp:

Wie bei der Stichwortkartei können Sie auch hier mit Farben arbeiten, um das Gesetz und den Paragraphen schnell zu erkennen (z.B. Gesetz immer grün, Paragraph immer rot).

☞ Die Paragraphenkartei wird nach Gesetzen (bei umfangreichen Gesetzen nach Teilbereichen des Gesetzes) und innerhalb der Gesetze nach Paragraphen oder Artikeln unterteilt.

b) Beschriftung der einzelnen Karteikarte

Die Paragraphenkartei unterscheidet sich von der Stichwortkartei im Wesentlichen dadurch, dass bei ihr zunächst der konkrete Gesetzestext erläutert und kommentiert wird. Die Idee der Paragraphenkartei ist, dass Sie sich Ihre eigene Kurzkommentierung des Gesetzestextes erstellen. Der Vorteil besteht darin, dass Sie auf diese Weise den Lernstoff assoziativ mit dem Gesetzestext verknüpfen. Sie haben so die Möglichkeit, anhand des Gesetzestextes direkt auf das Wissen zurückzugreifen, das Sie im Gedächtnis unter diesem Paragraph gespeichert haben. Wie wichtig der genaue Umgang mit dem Gesetz in Prüfungen ist, erleben Studierende in Klausuren immer wieder.[539] Aber auch in der Praxis hängt juristisches Können vor allem davon ab, ob Sie die Grundstrukturen der Normen beherrschen und sie auf einen Lebenssachverhalt anwenden können. Viele Studierende lesen beim Lernen nicht den Gesetzestext, sondern nur Lehrbücher. Erst in Klausuren müssen sie mangels anderer Wissensquellen den Gesetzestext genau lesen und haben dann Schwierigkeiten mit der Zuordnung des Lehrbuchwissens.

Die Paragraphenkartei beschränkt sich jedoch nicht auf eine bloße Gesetzeskommentierung, sondern es werden im Anschluss an diese Kommentierung ähnliche Fragen gestellt wie bei der Stichwortkartei. Der Unterschied zwischen beiden Karteikarten liegt daher weniger im Inhalt (dieser ist weitgehend identisch) als im Anknüpfungspunkt: In der Paragraphenkartei ist der Ausgangspunkt für die Fragen zunächst immer der konkrete Gesetzestext.

Der Text der Vorderseite besteht zunächst aus kurzen unmittelbaren Gesetzeszitaten, die auf der Rückseite definiert oder kurz kommentiert werden.

Vorderseite:

	BGB (§§ 1–240)
§ 142 I BGB	(1)
1: »Anfechtbares Rechtsgeschäft«	
2: »So ist es als ... nichtig anzusehen«	
3: »Von Anfang an«	

Rückseite:

1: Rechtsgeschäft, bei dem ein Anfechtungsgrund vorliegt; der Gesetzgeber hat ungenau formuliert: eigentlich ist die Willenserklärung, nicht das Rechtsgeschäft anfechtbar.
2: Wirkung, d.h. Rechtsfolge der Anfechtung: Nichtigkeit der Willenserklärung und damit des Rechtsgeschäftes.
3: also rückwirkend (*ex-tunc* im Gegensatz zu *ex-nunc*)

Ebenso wie bei der Stichwortkartei gilt die Empfehlung, zwischen den Erläuterungen Platz für spätere Ergänzungen zu lassen und maximal drei unterschiedliche Zitate auf eine Karteikarte zu schreiben. Um bei der Nummerierung der Zitate auf einer einzelnen Karteikarte nicht mit Absätzen oder Sätzen des Paragraphen durcheinander zu kommen, können Sie die Nummerierung mit Klammern oder Doppelpunkt vornehmen, z.B. »1:«.

Nach dieser Kurzkommentierung wird auch hier, genau wie bei der Stichwortkartei, die Frage nach der Anwendung der Norm in der Falllösung gestellt. Sie erinnern sich: Diese Fragestellung ist deshalb wichtig, weil Sie Ihre Kenntnisse zur Lösung von Fällen einsetzen müssen und nur aufgrund dieser Fragestellung gezwungen sind, sich Gedanken über die Umsetzung des Wissens zu machen und das Wissen fallbezogen abzuspeichern.

539 Zur Bedeutung des Gesetzes als Wissensquelle siehe Kap. 6 (Systematisches Erarbeiten von Rechtsgebieten), S. 175 f.

Vorderseite:

	BGB (§§ 1–240)
§ 142 I BGB	(2)
An welcher Stelle einer Falllösung ist § 142 I BGB zu prüfen?	

Rückseite:

> § 142 I BGB (Anfechtung) ist eine rechtsvernichtende Einwendung.[540] Diese ist nach der Prüfung der Anspruchsvoraussetzungen zu prüfen.
>
> Fallaufbau:
>
> 1. Anspruch entstanden?
> 2. Anspruch durch Anfechtung rückwirkend vernichtet?

Je nach Bedeutung der gesetzlichen Bestimmung schließen sich nun unterschiedliche Fragestellungen an. Handelt es sich um eine zivilrechtliche Anspruchsgrundlage oder um eine Gegennorm, werden Sie die Frage stellen, welche Voraussetzungen die Anspruchsgrundlage/Gegennorm hat. Handelt es sich um eine Ermächtigungsgrundlage im Öffentlichen Recht, können Sie ebenfalls nach den Voraussetzungen der Ermächtigungsgrundlage fragen. Im Strafrecht werden Sie nach den Tatbestandsmerkmalen der einzelnen Delikte fragen.

Vorderseite:

	BGB (§§ 1–240)
§ 142 I BGB	(3)
Welche Voraussetzungen hat die wirksame Anfechtung einer Willenserklärung?	

Rückseite:

> 1. Die Anfechtung hat folgende Voraussetzungen:[541]
>
> (In seltenen Fällen ist die Zulässigkeit der Anfechtung zu prüfen).
>
> (a) Anfechtungserklärung an den Anfechtungsgegner, § 143 BGB (⇨)
>
> (b) Anfechtungsgrund, z.B. §§ 119, 120, 123 BGB (⇨)
>
> (c) Anfechtungsfrist, §§ 121, 124 BGB (⇨)
>
> In seltenen Fällen:
>
> (d) kein Ausschluss durch Bestätigung gem. § 144 BGB. (⇨)

Der Pfeil in Klammer mit Hinweis auf den entsprechenden Paragraphen »(⇨)« weist darauf hin, dass zu diesem Paragraphen eigene Karteikarten in demselben Rechtsgebiet vorhanden sind. Gibt es Ausnahmen zu dem Gesetzeswortlaut oder sonstige erläuterungsbedürftige Besonderheiten, werden Fragen nach diesen Ausnahmen formuliert. Wichtig ist dabei, dass Sie immer auch die Frage nach der Ursache für Ausnahmen

540 Siehe dazu Fn. 537.

541 Siehe Fn. 538.

oder Besonderheiten stellen. Zum einen müssen Sie Ausnahmen und Besonderheiten in juristischen Gutachten immer begründen, so dass Sie schon bei dem Beschriften der Karteikarte darauf achten müssen, die wesentlichen Argumente kurz darzustellen. Zum anderen können Sie sich den Stoff wesentlich besser merken, wenn Sie die Begründung für Ausnahmen wissen und dadurch die Materie wirklich verstanden haben.

Vorderseite:

	BGB (§§ 1–240)
§ 142 I BGB	(4)
Gibt es Ausnahmen zu der Rechtsfolge Nichtigkeit »von Anfang an«? Falls ja, warum?	

Rückseite:

Ausnahme: ex-nunc-Nichtigkeit bei Dauerschuldverhältnissen, z.B. bei Arbeitsverträgen.
Grund:
Die bereicherungsrechtliche Rückabwicklung von Leistungen, die über eine längere Dauer bewirkt wurde, wäre schwierig und würde u.U. den Anfechtungsgegner unzumutbar belasten.

Auf Karteikarten zu Anspruchsgrundlagen sollten Sie immer auch nach der Art des Anspruchs (z.B. Schadensersatzanspruch) und nach Anspruchskonkurrenzen fragen.

Tipp:

Um Anspruchsgrundlagen und Gegenrechte (rechtshindernde, rechtsvernichtende und rechtshemmende Einwendungen) besonders hervorzuheben, können Sie andersfarbige Karteikarten benutzen.

Um auch in einer Paragraphenkartei einen systematischen Überblick zu erhalten, können Sie auf speziellen Karteikarten Fragen zur Gesetzessystematik und zu den in diesem Abschnitt enthaltenen Anspruchsgrundlagen stellen und diese Karteikarten am Beginn eines sachlich zusammenhängenden Regelungsabschnitts einordnen. Wenn Sie gut anhand von Tabellen lernen können,[542] empfiehlt es sich, die Gesetzessystematik mittels eines Schaubilds darzustellen. Solche Überblick-Karteikarten können im Einzelfall enger beschrieben sein, weil hier später weniger Ergänzungen notwendig sind. Nachfolgend eine Überblick-Karteikarte zum Schuldrecht Allgemeiner Teil.

Vorderseite:

	BGB (§§ 241–432)
§§ 241 ff. BGB	(1)
1: Was regeln §§ 241–432 BGB? 2: Warum gibt es Sonderregelungen für Schuldverhältnisse aus Verträgen in den §§ 311–359 BGB? 3: Warum gibt es Sonderregelungen für gegenseitige Verträge in den §§ 320–326 BGB?	

542 Dazu, wie der Lernstoff dargestellt sein muss, damit Sie gute Lernerfolge erzielen, siehe Kap. 11 (Lernen), S. 321 ff.

Rückseite:

> 1: §§ 241–432 BGB enthalten die allgemeinen Regeln, die für alle Schuldverhältnisse gelten, z.B. Regeln über das Entstehen und das Erlöschen der Schuldverhältnisse, die Leistungsstörungen, die Abtretung von Forderungen und die Übernahme von Verpflichtungen.
>
> 2: Diese Bestimmungen gelten nur für Schuldverhältnisse aus Rechtsgeschäften, während die übrigen Bestimmungen im Allgemeinen Schuldrecht auch für Schuldverhältnisse aus Gesetz (z.B. unerlaubte Handlungen) gelten.
>
> 3: Die Sonderregelungen in den §§ 320 ff. BGB berücksichtigen die Abhängigkeit der Verpflichtungen im gegenseitigen Vertrag. Im gegenseitigen Vertrag sind beide Vertragspartner gleichzeitig Gläubiger und Schuldner. Die Leistung erfolgt, damit eine Gegenleistung erbracht wird (»do ut des«). Die §§ 320 ff. BGB gelten nur für die Leistungspflichten, zwischen denen eine synallagmatische Abhängigkeit besteht, z.B. Übereignungsanspruch und Kaufpreisanspruch im Kaufvertrag.

4. Wissensquellen und Quellenangabe

a) Wissensquellen

Bei der Erstellung der Karteikarten können alle Wissensquellen[543], also Lehrbücher, Fallsammlungen, Kommentare, Urteile und Aufsätze, verwendet werden. Da sich die Fragen in der Regel nicht allein aus einem Lehrbuch beantworten lassen, ist es hilfreich, einen Kurzkommentar[544] zur Hand zu haben. Für die Paragraphenkartei eignen sich besonders Bücher, die sehr nahe am Gesetz arbeiten.[545] Um die Frage nach der Bedeutung eines Rechtsproblems für die Falllösung beantworten zu können, sollten Sie sich zu Beginn der Arbeit mit Ihrem Karteikartensystem für das Zivilrecht eine Übersicht über die wichtigsten Anspruchsgrundlagen und vor allem über die Gegenrechte (rechtshindernde, rechtsvernichtende und rechtshemmende Einwendungen bzw. Einreden) erstellen[546] und diese Übersicht als »Spickzettel« bereithalten.[547] Um festzustellen, an welcher Stelle das Wissen für die Fallbearbeitung relevant werden

543 Siehe im Einzelnen Kap. 6 (Systematisches Erarbeiten von Rechtsgebieten), S. 175 f.

544 Zu Kommentaren siehe Fn. 440. Wenn Sie die Karteikarten in einer juristischen Bibliothek erstellen, kann auch der Handkommentar *Erman* BGB, 2 Bde., Köln, 12. Aufl. 2008, hilfreich sein.

545 *Jürgen Plate*, Das gesamte examensrelevante Zivilrecht, Berlin, 4. Aufl. 2008, geht von den gesetzlichen Regelungen aus. In der Reihe »Recht – schnell erfasst« des Springer Verlags, Berlin, werden die wichtigsten Normen im Wortlaut vorgestellt, verständlich kommentiert und mit den für die Fallbearbeitung notwendigen Verweisen versehen, z.B. *Peter Katko*, Bürgerliches Recht schnell erfasst, Berlin u.a., 6. Aufl. 2006, oder *Peter Höflich/Frank Weller*, Strafrecht, Berlin u.a., 2. Aufl. 2005. In *Werner Beulke*, Klausurenkurs im Strafrecht 1, Heidelberg, 4. Aufl. 2008, S. 260 ff., sind die behandelten Problemschwerpunkte nach Paragraphen geordnet aufgezählt. *Menno Aden*, BGB-leicht, Einführung in das Recht des Bürgerlichen Gesetzbuchs, München, 2. Aufl. 2003, folgt in der Darstellung dem Aufbau des BGB. Im Anhang sind Grundbegriffe des BGB ausführlich erläutert. Das Projekt »Intellex ... die intelligente Jura-Hilfe« stellt Teile des examensrelevanten Wissens nach der Gesetzessystematik aufgebaut in Stichworten dar: http://www.intellex.de.

546 Zu den Anspruchsgrundlagen im Zivilrecht siehe ausführlich Kap. 9 (Fallbearbeitung), S. 240 f.

547 Diese Übersicht können Sie entweder auf Karteikarten schreiben oder in einem Materialordner abheften.

kann und in welcher Form es dort zu prüfen ist, sollten Sie immer auch eine Fallsammlung mit Musterlösungen zu dem entsprechenden Rechtsgebiet benutzen.[548]

Wenn Sie mit einem Karteikartensystem arbeiten, empfiehlt es sich, sonstiges Studienmaterial in Ordnern (am besten DIN A4) so abzulegen, dass Sie auf Ihren Karteikarten darauf verweisen können und bei der Wiederholung der Karteikarten schnell darauf zurückgreifen können.[549] Sonstiges Studienmaterial können Gerichtsentscheidungen, Kopien aus Lehrbüchern (z.B. wenn ein bestimmtes Rechtsproblem sehr gut dargestellt ist), Auszüge aus Vorlesungsmitschriften und Falllösungen etc. sein. Es gibt mehrere Möglichkeiten, diese Materialien zu archivieren. Wenn Sie sich für eine Stichwortkartei entschieden haben, bietet es sich an, das Material im Ordner ebenfalls nach Stichworten zu sortieren. Bei der Paragraphenkartei liegt es nahe, das Material den Paragraphen zuzuordnen, bei denen man das Material erwähnt. Es gibt jedoch Materialien, die sich nur schwer einem einzelnen Paragraphen zuordnen lassen, z.B. ein Aufsatz zur Falllösungstechnik oder eine Falllösung mit mehreren Schwerpunkten. Deswegen kann man sich auch dafür entscheiden, zusätzlich zu dem »Paragraphen-Ordner« einen »Stichwort-Ordner« anzulegen. Eine andere Möglichkeit ist, einen Autoren- und einen Rechtsprechungsordner anzulegen. Bei dem Autorenordner werden alle Materialien alphabetisch nach Autorennamen abgelegt. Der Rechtsprechungsordner wird zunächst nach Gerichten unterteilt, also BVerfG, BVerwG, VGH/OVG, VG, BGH, OLG, LG, AG etc., und innerhalb der Gerichte werden die Entscheidungen nach dem Datum sortiert. Diese Sortierung hat den Vorteil, dass sich bestimmte Aufsätze oder Entscheidungen, die bei mehreren Stichworten oder Paragraphen relevant sind, leicht finden lassen. Im Stichwortordner müssten Sie entweder eine Kopie oder einen Verweis anfertigen. Der Vorteil von Stichwort- oder Paragraphenordnern ist, dass Sie diejenigen Materialien, die zu einem konkreten Stichwort oder Paragraphen gehören, nicht erst aus einem Autoren- oder Rechtsprechungsordner zusammenstellen müssen, sondern schon an einer Stelle zusammengefasst haben. Wenn Sie nur Teile der Kartei wiederholen wollen, können Sie die dazugehörenden Materialien wesentlich schneller aus dem Stichwort- oder Paragraphenordner entnehmen. Auf der Karteikarte vermerken Sie dann jeweils bei der entsprechenden Rechtsfrage, in welchem Ordner weiteres Material vorhanden ist:

Vorderseite:

§ 121 I BGB(2)	BGB (§§ 1–240)
1: An welcher Stelle der Falllösung ist § 121 I BGB zu prüfen?	
2: Gibt es Ausnahmen zu dem in § 121 normierten Zeitraum »unverzüglich«?	

548 Oder ein Lehrbuch, das auch Fälle und detaillierte Falllösungen enthält. Für das Allgemeine Verwaltungsrecht bietet sich z.B. *Dieter Bovermann/Thomas Dünchheim*, Examinatorium Allgemeines Verwaltungsrecht, Köln u.a., 3. Aufl. 2007, an. Im Strafrecht empfehlenswert ist *Kristian Kühl*, Strafrecht, Allgemeiner Teil, München, 6. Aufl. 2008. *Kühl* verweist auf Übungsfälle aus der schon vorhandenen Literatur, die er für die Erörterung der jeweiligen Rechtsfrage für besonders geeignet hält und anhand derer die Studierenden die Anwendung des Stoffes erlernen können. *Kühl* hat den Studierenden somit die Suche nach geeigneten Fällen abgenommen. Ausführliche Literaturliste zu Büchern mit Fällen in Kap. 9 (Fallbearbeitung), S. 277 f.

549 Zu elektronischen Ordnern siehe *Thomas Hofer*, Endlich Ordnung im Papier- und Datenchaos?, Erfahrungen mit dem Elektronischen Leitz-Ordner ELOOffice 5.0., JURA 2004, 783.

Rückseite:

> 1: Die Wahrung der Anfechtungsfrist ist eine Voraussetzung der wirksamen Anfechtung einer Willenserklärung nach § 142 BGB.
>
> 2: Bei Arbeitsverträgen wird § 626 II BGB entsprechend angewendet, d.h., die Anfechtung muss innerhalb von 2 Wochen nach Kenntnis der Tatsache erfolgen (BAG NJW 1980, 1302/Ordner unter § 121 BGB).
>
> *Begründung*: Funktionelle Austauschbarkeit der Gestaltungsrechte Kündigung und Anfechtung; wegen Wahlrecht des Gläubigers ist einheitliche Frist wegen Rechtsicherheit und Rechtsklarheit erforderlich.

Hier wurde auf der Karteikarte notiert, dass das Urteil BAG NJW 1980, 1302 im Ordner zum BGB unter § 121 BGB abgeheftet ist. Falls Sie nun die ausführliche Begründung des BAG nachlesen wollen, können Sie das entsprechende Urteil dort finden.

b) Quellenangabe

Es gibt zwei Gründe, auf Karteikarten zu vermerken, woher Sie das Wissen bezogen haben. Erstens können Sie bei Zweifeln oder widersprüchlichen Aussagen jederzeit noch einmal Ihre Wissensquelle überprüfen, und zweitens lässt sich bei der Arbeit mit gleichen Quellen, also zum Beispiel einem bestimmten Lehrbuch, später bei einer Neuauflage dieses Lehrbuchs sehr schnell feststellen, ob sich etwas geändert hat. Allerdings steht diesen Vorteilen zum einen ein erhöhter Zeitaufwand gegenüber, zum anderen besteht die Gefahr, dass die Karteikarte bei unterschiedlichen Quellen unübersichtlich wird. Hier müssen Sie selbst abwägen und sich entscheiden, ob Sie alle Angaben oder nur einige wichtige belegen oder ganz auf Quellenangaben verzichten wollen. Wenn Sie eine Quellenangabe machen wollen, können Sie dies auf der Rückseite in Form einer Fußnote tun:

Vorderseite:

> BGB (§§ 1–240)
>
> § 121 I BGB(1)
>
> 1: »In den Fällen der §§ 119, 120«
>
> 2: »Ohne schuldhaftes Zögern (unverzüglich)«

Rückseite:

> 1: **Beachte:** Bei der Anfechtung nach § 123 BGB beträgt die Anfechtungsfrist nach § 124 BGB ein Jahr.
>
> 2: *Unverzüglich* ist nicht gleichbedeutend mit *sofort*, sondern räumt dem Anfechtungsberechtigten eine angemessene Überlegungsfrist ein. Bei der Fristberechnung sind auch die Interessen des Anfechtungsgegners zu berücksichtigen.[1]
>
> **Beachte:** § 121 trifft eine Legaldefinition für *unverzüglich*, die für das gesamte Zivilrecht gilt.
>
> [1] Palandt-*Heinrichs*, BGB (67. Aufl. 2008), § 121 Rn. 3.

5. Lernen und Wiederholen mit Karteikarten

Wenn Sie beim Lernen und Wiederholen Erkenntnisse der Lernpsychologie nutzen wollen, empfiehlt sich ein gesonderter Lern- und Wiederholungskarteikasten, der aus

3 bis 5 Fächern besteht.[550] Beim Lernen kommen die neu erstellten Karteikarten in das vorderste Fach. Bei jeder Wiederholung wandern die Karten, die Sie beherrschen, ein Fach weiter, bis sie im letzten Fach sind. Karteikarten, deren Fragen Sie nicht beantworten können, kommen wieder in das erste Fach. Wenn alle Karteikarten dieses Rechtsgebiets im letzten Fach sind, können sie zunächst beiseite gelegt werden. Bei späteren Wiederholungen können Sie genau so verfahren: sie legen alle Karteikarten zu diesem Rechtsgebiet in das vorderste Fach und wiederholen so lange, bis alle im letzten Fach sind. Mit diesem System sparen Sie bei Wiederholungen erheblich Zeit, da sie sich immer auf die Karteikarten konzentrieren, die Sie noch nicht können.

III. Die individuelle Entscheidung für ein bestimmtes Karteikartensystem

1. Vorzüge und Schwierigkeiten der Systeme

Beide Karteikartensysteme haben Vor- und Nachteile. Nochmals sei in aller Deutlichkeit gesagt, dass es nicht um ein perfektes System geht, sondern darum, dass Sie eine für Sie geeignete Möglichkeit der Wissensspeicherung finden. Um dies zu entscheiden, müssen Sie die Vor- und Nachteile der vorgestellten Systeme kennen.

Die Stichwortkartei hat den Vorteil, dass sie wenig rechtliche Vorkenntnisse verlangt und daher auch für Studienanfänger uneingeschränkt geeignet ist. Dagegen erfordert die Paragraphenkartei gewisse Grundkenntnisse hinsichtlich der Gesetzessystematik. Während bei der Paragraphenkartei das Wissen aus dem Lehrbuch bestimmten Paragraphen zugeordnet werden muss, kann es in der Stichwortkartei ohne eine solche Transferleistung unter dem Stichwort abgespeichert werden. Im Prinzip kann unmittelbar ab dem Studienbeginn mit der Stichwortkartei gearbeitet werden. In dem genannten Vorteil liegt aber gleichzeitig auch die Gefahr einer bloßen Stichwortkartei: Man ist *nicht* gezwungen, den Gesetzestext zu lesen und sich die Gesetzessystematik bewusst zu machen. Verglichen mit der Paragraphenkartei hat die Stichwortkartei also den Nachteil, dass die Gesetzessystematik nicht ausreichend deutlich wird. Deswegen ist die Frage »An welcher Stelle einer Falllösung wird das Stichwort relevant?« gerade bei der Stichwortkartei besonders wichtig. Da sich diese Frage für Studienanfänger unmittelbar aus Lehrbüchern meist nicht beantworten lässt, treten hier beim Erstellen der Karteikarten die meisten Probleme auf. Eine Zwischenlösung ist, die Antwort zunächst offen zu lassen, bis man zu dem Stichwort einen Fall gelöst oder von Dozenten oder Kommilitonen eine Auskunft erhalten hat.

Die Paragraphenkartei hat den Vorteil, dass der Gesetzestext Anknüpfungspunkt für das Wissen ist. Durch die Fragen zu Gesetzessystematik, zu Anspruchsnormen und Tatbestandsvoraussetzungen ist das Wissen bereits fallbezogen aufbereitet. Neu hinzukommendes Wissen lässt sich schneller bestimmten Paragraphen als einem Stichwort zuordnen. Der Nachteil bzw. die Hauptschwierigkeit bei der Paragraphenkartei liegt für Studierende niedrigerer Semester darin, zu entscheiden, welche Paragraphen eine Karteikarte und welche Teile einer Norm eine Kurzkommentierung verdienen[551], und wie die Kommentierung im Einzelnen aussehen soll. Die Kurzkommentierung mancher Paragraphen setzt überdies ein gewisses Basiswissen voraus. Wenn Sie als

550 Siehe dazu *ter Haar/Lutz/Wiedenfels*, S. 130 (Die Fünf-Fächer-Methode) sowie *v. Münchhausen/Püschel*, S. 63.

551 Als Faustregel kann hier gelten: Sobald Sie darüber nachdenken, ob eine gesetzliche Bestimmung eine Karteikarte verdient, sollten Sie eine Karteikarte zu dieser Bestimmung anfertigen.

Anfänger mit der Paragraphenkartei nicht zurechtkommen, liegt das eher am Karteikartensystem als an Ihnen (siehe daher den Hinweis unter 4).

Anders als bei einer Stichwortkartei wird man bei einer Paragraphenkartei nicht das gesamte rechtliche Wissen unter Paragraphen einordnen können. Neben den Karteikarten zu den Paragraphen sind Überblickskarten und Sonderkarten mit bestimmten Stichworten erforderlich (z.B. im Allgemeinen Schuldrecht zu dem Stichwort »Leistungsstörungen«). Sind einzelne Begriffe im Gesetz nicht geregelt, ist zu überlegen, wo der Begriff anzusiedeln ist. Beispiel: Der Begriff der »Willenserklärung« ist nicht im Gesetz geregelt. Sie könnten die Definition der Willenserklärung auf eine Karteikarte zu »§§ 116 ff. BGB« schreiben, denn mit § 116 BGB beginnt der Abschnitt »Willenserklärungen« im BGB. Sich dies überlegen zu müssen, ist eigentlich ein Vorteil der Paragraphenkartei, denn durch die Überlegung, wo der Rechtsbegriff genau »hingehört«, lernt man die Systematik des Gesetzes kennen.

2. Auswahl des Karteikartensystems nach Rechtsgebiet

Selbst wenn Sie sich nicht generell für das Arbeiten mit Karteikarten entschließen können, empfiehlt es sich, zumindest bei Rechtsgebieten, in denen es um Basiswissen (z.B. Grundrechte) und/oder allgemeine Regeln geht, Karteikarten zu erstellen. Denn diese Gebiete enthalten relativ viele abstrakte Regelungen, die man allein durch das Lesen eines Lehrbuchs nur schwer im Gedächtnis behält (z.B. BGB AT, Allgemeines Verwaltungsrecht und Allgemeiner Teil des Strafrechts). Außerdem werden Sie mit der Zeit immer mehr Querverbindungen zwischen diesen allgemeinen Regelungen und Sonderregelungen in anderen Rechtsgebieten entdecken, die Sie »irgendwo« vermerken müssen. Im Verwaltungsrecht ist das Zusammenspiel von Besonderem und Allgemeinem Verwaltungsrecht nicht immer einfach, da Bundes- und Landesrecht angewendet werden muss. Mit einem Karteikartensystem zum Allgemeinen Verwaltungsrecht können Sie beim Erlernen des Besonderen Verwaltungsrechts schnell Anknüpfungspunkte im Allgemeinen Verwaltungsrecht finden, Querverbindungen auf Ihren Karteikarten vermerken und gleichzeitig das Allgemeine Verwaltungsrecht wiederholen.

a) Zivilrecht

Im Zivilrecht ist es wichtig, Anspruchsgrundlagen und Einwendungen hervorzuheben. Dies fällt auf den ersten Blick bei der Paragraphenkartei leichter. Wenn Sie mit der Stichwortkartei arbeiten, können Sie, um der Gesetzessystematik Rechnung zu tragen und Ihr Wissen dennoch fallbezogen zu speichern, zusätzlich einige Paragraphenkarteikarten zu den Anspruchsgrundlagen und Gegenrechten anfertigen. Um diese Karteikarten besonders hervorzuheben, können Sie dafür andersfarbige Karteikarten benutzen.

Allgemeiner Teil des BGB. Hier sind die vor die Klammer gezogenen Regeln und Rechtsfiguren enthalten, die für das gesamte BGB gelten, so dass in vielen zivilrechtlichen Falllösungen auf den Allgemeinen Teil des BGB zurückgegriffen werden muss. Für die allgemeinen Rechtsbegriffe eignet sich eine Stichwortkartei besonders gut (zum Beispiel zu dem Begriff Rechtshandlung Karteikarten zu »Rechtsgeschäft«, »Vertrag«, »Willenserklärung«, zu dem Begriff Rechtsobjekt Karteikarten zu »Rechte« und »Sachen«, zu dem Begriff Rechtssubjekt Karteikarten zu »juristischen Personen«). Zu »Geschäftsfähigkeit«, »Anfechtung« und »Vertretung« können Sie aber auch sehr gut Paragraphenkarteikarten anfertigen, da es in den Falllösungen zum Allgemeinen Teil auf die genaue Kenntnis der gesetzlichen Bestimmungen und ihre Prüfungsreihenfolge ankommt.

Zivilprozessrecht. Hier bietet sich eine Stichwortkartei zu den Zulässigkeitsvoraussetzungen von zivilprozessualen Klagen an. Wissen zu den Zulässigkeitsvoraussetzungen lässt sich am besten ergänzen, wenn Sie zu jeder Zulässigkeitsvoraussetzung eigene Karteikarten unter dem Stichwort der Zulässigkeitsvoraussetzung haben, z.B. »sachliche Zuständigkeit«. Eine Auflistung nach Paragraphen würde hier weniger Überblick bieten.

Für die anderen Rechtsgebiete des Zivilrechts eignen sich beide Karteikartensysteme gleich gut.

b) Öffentliches Recht

Grundrechte. Für die Wissensspeicherung zu den Grundrechten bietet sich eine Kartei zu den einzelnen Artikeln des Grundgesetzes an. Da die Grundrechte in vielen öffentlich-rechtlichen Fällen eine Rolle spielen, werden Sie im Laufe des Studiums immer wieder auf die Grundrechte zurückkommen und Grundrechtskarteikarten ergänzen müssen. Mit einer »Artikelkartei« erhalten Sie mit einem Griff Ihr gesamtes bisheriges Wissen zu einem bestimmten Grundrechtsartikel. Bei der Stichwortkartei ist der Suchvorgang mühsamer als bei einer Artikelkartei, da Sie bei der Stichwortkartei nur durch Ihre Verweise weitere zu diesem Grundrecht gehörende Stichworte finden können. Dazu müssen Sie die betreffenden Karteikarten vollständig durchlesen oder zumindest auf Verweise querlesen. So gäbe es in einer Stichwortkartei zu Art. 12 GG nicht nur Karteikarten mit Stichwörtern wie »Berufsfreiheit«, »Berufsausübung«, sondern auch mit Stichwörtern wie »Dreistufentheorie«, »objektive und subjektive Zulassungsbeschränkungen«, die alphabetisch an einer anderen Stelle eingeordnet wären. In einer Artikelkartei würden sich diese Begriffe auf den Karteikarten zu Art. 12 GG befinden. Bei der Erstellung von Karteikarten zu einzelnen Grundrechten empfiehlt es sich, im Anschluss an die Gesetzeskommentierung auf den Schutzbereich des Grundrechts, Eingriffe und verfassungsrechtliche Rechtfertigung einzugehen. Die allgemeinen Grundrechtslehren können Sie auf gesonderten Karteikarten behandeln, die Sie den Grundrechtskarteikarten voranstellen. Die Behandlung der Grundrechte erfordert fast immer eine Güter- und Interessenabwägung. Eine wichtige Hilfe dabei bietet hierbei die Rechtsprechung des Bundesverfassungsgerichts. Bei der Erstellung der Karteikarten sollten Sie die Entscheidungen des Bundesverfassungsgerichts zu den Grundrechten berücksichtigen und mögliche Argumente für diese Güter- und Interessenabwägung auf die Karteikarten schreiben.[552]

Staatsorganisationsrecht. Hier bieten sich beide Systeme an. Die Stichwortkartei könnte u.a. Karteikarten zur Staatsorganisation, zu den obersten Staatsorganen, zu den Grundprinzipien des Staatswesens und zu den Staatsgewalten enthalten. In der Paragraphenkartei kann das Wissen zum Bundesstaats-, Demokratie- und Rechts-

---

552 Die Systematik der wichtigsten Einzelgrundrechte und die allgemeinen Grundrechtslehren sind anhand von Fällen gut nachvollziehbar dargestellt in *Rainer Grote/Dieter Kraus*, Fälle zu den Grundrechten, München, 4. Aufl. 2005. Das Buch enthält auch Hinweise zum richtigen Aufbau von Klausuren, die Ihnen beim Erstellen der Karteikarten helfen können, zu entscheiden, an welcher Stelle das Wissen in die Falllösung eingebaut werden muss.

staatsprinzip, zu den Staatsfundamentalnormen etc. den entsprechenden Grundgesetzartikeln zugeordnet werden.

Allgemeines Verwaltungsrecht. Das Allgemeine Verwaltungsrecht ist – vergleichbar mit dem Allgemeinen Teil des BGB – ein relativ abstraktes Rechtsgebiet, das die allgemeinen Verwaltungsgrundsätze und Regeln enthält, die immer dann gelten, wenn das Besondere Verwaltungsrecht keine spezielle und vorrangige Regelung trifft. Im Allgemeinen Verwaltungsrecht dürfte sich zunächst eine Stichwortkartei mit den wesentlichen Rechtsbegriffen und den grundlegenden Rechtsinstituten des Verwaltungshandelns lohnen (z.B. Rechtsquellen des Verwaltungsrechts, Rechtsformen des Verwaltungshandelns, Erlass von Verwaltungsakten, Rücknahme und Widerruf von Verwaltungsakten, Rechtsetzung durch die Verwaltung, Recht der öffentlichen Sachen). Es empfiehlt sich jedoch, nach und nach eine Paragraphenkartei mit den wichtigsten Rechtsgrundlagen aus dem Allgemeinen Verwaltungsrecht zu erstellen, vor allem zu den formellen und materiellen Rechtmäßigkeitsvoraussetzungen von staatlichem Handeln.

Besonderes Verwaltungsrecht. Das Besondere Verwaltungsrecht ist in einer Vielzahl von Einzelgesetzen geregelt, die teils Bundes-, teils Landesrecht sind. Während des Studiums werden aus diesen Einzelgesetzen immer nur wenige Paragraphen prüfungsrelevant, die dann mit dem Allgemeinen Verwaltungsrecht in Verbindung gebracht werden müssen. Die Paragraphenkartei bietet den Vorteil, dass Sie sehr schnell einen Überblick über die wesentlichen Bestimmungen aus den verwaltungsrechtlichen Sonderregelungen erhalten. Bei Ergänzungen und Wiederholungen prägen sich die wichtigen gesetzlichen Bestimmungen besser ein, als wenn Sie nach Stichwörtern repetieren. Wichtige Paragraphen im Besonderen Verwaltungsrecht sind auf jeden Fall Ermächtigungsgrundlagen und Anspruchsnormen sowie die dazu gehörigen formellen und materiellen Rechtmäßigkeitsvoraussetzungen.[553] Soweit die berechtigenden und verpflichtenden Normen selbst nicht alle formellen und materiellen Rechtmäßigkeitsvoraussetzungen enthalten, werden zu den einzelnen Rechtmäßigkeitsvoraussetzungen gesonderte Karteikarten geschrieben (z.B. zur Zuständigkeit der Behörde).

Verwaltungsprozessrecht. Hier bietet sich eine Stichwortkartei zu den allgemeinen Prozessvoraussetzungen und den besonderen Prozessvoraussetzungen der jeweiligen Klageart an. Da Sie bei jeder Falllösung auf eine neue Nuance der Prüfung der Prozessvoraussetzungen stoßen werden, kann das Wissen hier am besten ergänzt werden, wenn Sie zu jeder Zulässigkeitsvoraussetzung einige gesonderte Karteikarten haben.

c) Strafrecht

Allgemeiner Teil des Strafrechts. Hier ist die Stichwortkartei besonders geeignet, denn zu vielen Regelungen des Allgemeinen Teils wurden von Rechtsprechung und Wissenschaft divergierende Theorien entwickelt, die sich nicht immer einzelnen Normen zuordnen lassen (z.B. übergesetzliche Pflichtenkollision). Wichtig bei der Erstellung von Karteikarten ist, dass Sie auf den Karteikarten vermerken, welche Konsequenzen die unterschiedlichen Lehren für die Falllösung haben. Überdies erfordert die Lösung von Rechtsfragen im Allgemeinen Teil häufig Interessenabwägungen. Wichtig ist deshalb, auf der Karteikarte Argumente oder zumindest Argumentationsgrundlagen für solche Interessenabwägungen zu vermerken.

553 Sehr hilfreich hierzu *Walter Frenz*, Öffentliches Recht, Eine nach Anspruchszielen geordnete Darstellung zur Examensvorbereitung, Köln u.a., 3. Aufl. 2007.

Besonderer Teil des Strafrechts. Der Besondere Teil enthält die Straftatbestände. Um diese richtig anwenden zu können, ist ein großes Detailwissen erforderlich. Zur Wissensspeicherung im Besonderen Teil empfiehlt sich die Paragraphenkartei, da Sie dort die einzelnen Straftatbestände aufnehmen und im Einzelnen kommentieren können.

3. Der »Probelauf«

Beim Lesen dieses Kapitels haben Sie sich vielleicht dafür entschieden, generell mit einem der beiden Karteikartensysteme zu arbeiten oder abhängig vom Rechtsgebiet jeweils eines der beiden Systeme zu verwenden. Wichtig ist nun, sich eine gewisse Probephase zuzugestehen, in der Sie Karteikarten erstellen, ohne den Anspruch zu haben, dass diese perfekt sein müssen. Wenn Sie die Bereitschaft haben, eine Karteikarte bei Bedarf noch einmal neu zu schreiben, werden Sie schnell das Erstellen von Karteikarten lernen und mit dem Karteikartensystem zurechtkommen. Gerade in der Anfangsphase ist es wichtig, eine bestimmte Anzahl von Karteikarten zu erstellen, um dadurch eine gewisse Routine zu erhalten und die Tauglichkeit des Systems überprüfen zu können. Als Faustregel lässt sich sagen, dass man probeweise ca. 50 Karteikarten (zu einem Rechtsgebiet) beschriften sollte. Diese Anzahl genügt, um überprüfen zu können, ob die äußere oder inhaltliche Gestaltung so beibehalten werden kann. Sollten Sie Änderungen für erforderlich halten, lassen sich 50 Karteikarten relativ schnell neu schreiben. Gerade wenn Sie sich zum ersten Mal mit einem Karteikartensystem beschäftigen, kann der Erfahrungsaustausch mit Kommilitonen, die auch Karteikarten verwenden, sehr wertvoll sein.

4. Hinweis für Studienanfänger

Falls Sie sich für die Paragraphenkartei entschieden haben, könnte es sein, dass Ihnen diese zunächst Schwierigkeiten bereitet, weil Sie nicht wissen, zu welchem Paragraph bzw. Artikel Sie Karteikarten erstellen sollen. In diesem Fall könnte es hilfreich sein, zunächst Stichwort-Karteikarten zu schreiben. Wenn Ihnen ein bestimmter Paragraph besonders wichtig erscheint, erstellen Sie dann zusätzlich eine Karteikarte zu diesem Paragraphen. Mit der Zeit wird Ihnen das Erstellen von Paragraphenkarteikarten immer leichter fallen, und Sie werden Wissen aus der Stichwortkartei auf Paragraphenkarteikarten übertragen können.

IV. Karteikartensysteme in elektronischer Form

Karteikarten lassen sich auch in elektronischer Form verwirklichen. Hierzu gibt es zahlreiche Lernsoftware.[554] Gegenüber den herkömmlichen Karteikarten hat dies den Vorteil, dass Sie Ihre Karteikarten ohne viel Aufwand verbessern und erneuern kön-

554 Z.B. Lernsoftware von EDWORKS. Die Basisversion des Programms LernSystemPro ist für Privatzwecke kostenlos herunterladbar (Stand 8/08), http://www.edworks.de/lernsoftware.htm. Eine Möglichkeit online Karteikarten zu erstellen, alleine und – vor allem – auch im Team, bietet http://www.cobocards.com. »Imemo Effizienter lernen« der Intelligent Learning Solutions GmbH ist ein computerbasiertes Lernprogramm für Jurastudenten, bei dem Sie auch eigene Karten erstellen können, http://www.imemo.eu/programm.html. JurCards ist eine elektronische Karteikartensoftware von *ilan software*, siehe ausführlich dazu *Peter Gendner*, Ist die Karteikartenbox überholt?, Eine Rezension zu JurCards, Die Lernsoftware für Jurastudenten und Referendare, http://www.jurawelt.com/literatur/mmprogramme/3211.

nen. Allerdings können Sie nicht jederzeit auf die Karteikarten zugreifen, es sei denn, Sie drucken die Karteikarten bei jeder Änderung sofort neu aus. Zum Wiederholen eignen sich Karteikarten insofern besser, als Sie Karten, die noch nicht beherrscht werden, leicht aussortieren können. Ihren Computer haben Sie unter Umständen nicht immer dabei. Eine Wissensspeicherung per Computer wird deshalb, neben Karteikarten, von vielen Studierenden als zusätzliche Form der Wissensspeicherunggenutzt.

V. Zusammenfassung und wichtige Erkenntnisse

- ☞ Das Selbsterstellen von Karteikarten führt – mehr als andere Speichermedien – zu hohen Lerneffekten. Die Vorteile sind: Ergänzbarkeit des Wissens; Zwang, das Wesentliche herauszufinden, Notwendigkeit zum Selbstformulieren, Übersichtlichkeit und Handlichkeit, Möglichkeit zur kontinuierlichen und schnellen Wiederholung.
- ☞ Alle denkbaren Systeme für juristischen Lernstoff auf Karteikarten lassen sich im Wesentlichen auf zwei Grundsysteme zurückführen, die Stichwortkartei und die Paragraphenkartei.
- ☞ Stichwortkarteien werden nach Rechtsgebieten oder großen Lerneinheiten und innerhalb der Rechtsgebiete alphabetisch nach Stichworten sortiert. Alle Stichworte sind gleichrangig.
- ☞ Die Paragraphenkartei wird nach Gesetzen (bei umfangreichen Gesetzen nach Teilbereichen des Gesetzes) und innerhalb der Gesetze nach Paragraphen oder Artikeln unterteilt.
- ☞ Verwenden Sie nicht zu große Karteikarten (DIN A6). Schreiben Sie höchstens drei Informationseinheiten auf eine Karteikarte; bei großen Informationseinheiten nur zwei oder auch nur eine.
- ☞ Die Paragraphenkartei unterscheidet sich von der Stichwortkartei im Wesentlichen dadurch, dass bei ihr zunächst der konkrete Gesetzeswortlaut erläutert und kommentiert wird. Die Idee der Paragraphenkartei ist, dass Sie sich Ihre eigene Kurzkommentierung des Gesetzestextes erstellen. Der Vorteil ist, dass man das Wissen im Gedächtnis unter der konkreten Gesetzesbestimmung speichert und dann in Prüfungen anhand des Gesetzestextes direkt auf das Wissen zurückgreifen kann.
- ☞ Während bei der Paragraphenkartei das Wissen aus dem Lehrbuch bestimmten Paragraphen zugeordnet werden muss, kann es in der Stichwortkartei ohne eine solche Transferleistung unter dem Stichwort abgespeichert werden. Unmittelbar bei Studienbeginn kann daher leichter mit der Stichwortkartei gearbeitet werden.
- ☞ Bei jedem Karteikartensystem muss die Frage nach der Anwendung des Wissens in der Falllösung gestellt werden. Nur aufgrund dieser Fragestellung ist man gezwungen, sich Gedanken über die Umsetzung des Wissens zu machen und das Wissen fallbezogen zu speichern.
- ☞ Um die Frage, an welcher Stelle das Wissen für die Falllösung relevant werden kann, und in welcher Form es dort zu prüfen ist, beantworten zu können, sollten Sie neben Lehrbüchern und Kurzkommentaren immer eine Fallsammlung mit Musterlösungen zu dem entsprechenden Rechtsgebiet benutzen.
- ☞ Es empfiehlt sich, für weiterführende Materialien spezielle Ordner (am besten DIN A4) anzulegen.

☞ Alle Lernschritte, auch die Frage nach der Umsetzung des Wissens, sind nach dem Erstellen von Karteikarten, vollzogen. Der relativ hohe Zeitaufwand für das Erstellen von Karteikarten zahlt sich wegen der positiven Lerneffekte vielfach aus.

Nach dem systematischen Erarbeiten eines Rechtsgebiets (Kapitel 6) anhand der gelungenen Vorlesungsmitschrift (Kapitel 7) ist mit der ergänzbaren Wissensspeicherung auf Karteikarten (Kapitel 8) die Stufe der Wissensaneignung abgeschlossen. Im folgenden Kapitel geht es um die Umsetzung des juristischen Wissens in Falllösungen und Klausuren.

Kapitel 9 Fallbearbeitung und Falllösung

»In 221 Prüferberichten aus der Ersten Juristischen Staatsprüfung in Bayern werden 111 Mängel in der juristischen Arbeitsweise, 74 mal ›Abspulen‹ von Wissen, teilweise ohne Bezug zum Sachverhalt oder unter Biegung des Sachverhaltes, 55 mal unzureichende Begründungen, 42 mal Fehler bei der Erfassung des Sachverhaltes gerügt. Fehlende Grundkenntnisse im Pflichtstoff werden in nahezu der Hälfte, sprachliche Defizite in jeder zehnten Stellungnahme beklagt …«[555]

I. Fallbearbeitung und Falllösung als eigener Studienschwerpunkt

Das Zitat zeigt, dass es für den Erfolg im Examen meist nicht am Wissen, sondern an der Fähigkeit zu guten Fallbearbeitungen mangelt. Da im Examen und bei den meisten Leistungsnachweisen im Studium die schriftliche Lösung von Rechtsfällen verlangt wird, muss die Methode der Fallbearbeitung als eigener Studienschwerpunkt in das Studium eingeplant werden. Das Erlernen von Fertigkeiten, die mit der Falllösung zusammenhängen, ist ebenso wichtig wie die Aneignung von Wissen in den einzelnen Rechtsgebieten, denn nur mit einer guten Falllösungsmethode kann man die erlernten Kenntnisse wirklich nutzen und entsprechend aufbereiten.[556]

In Zusammenhang mit der Fallbearbeitung und Falllösung wird von Klausur(en)-technik[557], Methodik der Fallbearbeitung[558], Subsumtionstechnik u.ä.[559] gesprochen, wobei diese Begriffe nicht einheitlich verwendet werden. Am Ende des Kapitels werde ich näher erläutern, welche Bedeutung diesen Begriffen zukommt.[560] Das hat den Vorteil, dass Sie dann bereits wissen, aus welchen Schritten die Falllösung besteht und Sie der Begriffsklärung besser folgen können.

II. Überblick

Ziel dieses Kapitels ist es, auf wichtige Punkte hinzuweisen, die beim Lösen eines Rechtsfalles zu beachten sind und die in anderen Fallbearbeitungsanleitungen nicht deutlich genug angesprochen werden. Um einen Anknüpfungspunkt für diese Hinweise zu erhalten, beschreibe ich zunächst die wichtigen Stationen einer Falllösung Schritt für Schritt (Abschnitte III und IV). Innerhalb dieser Schritte fasse ich mich bezüglich der Punkte, die in anderen Fallbearbeitungsanleitungen ausführlich behandelt werden, sehr kurz und geben entsprechende Literaturhinweise.[561] Dagegen gehe

555 *Heino Schöbel*, Das Gesetz zur Reform der Juristenausbildung – Ein Zwischenbericht, JuS 2004, 847, 850.

556 Siehe auch Kap. 6 (Systematisches Erarbeiten von Rechtsgebieten), S. 192 f.

557 *Münchhausen/Püschel*, S. 73; *Schwacke*, S. 125.

558 *Butzer/Epping*, S. 11; *Schwerdtfeger*, S. 372.

559 Z.B. *Schwacke*, Titel: »Technik der Fallbearbeitung«; *Diederichsen*, JuS-Studienführer, S. 198, »Technik der juristischen Behandlung von Privatrechtsfällen«; *Olzen/Wank*, S. VII: »Technik zivilrechtlicher Fallbearbeitungen«.

560 Siehe unten S. 284 f.

561 Eine Anleitung zur Falllösung, die ausführlich auf alle Punkte eingehen will, erfordert dem Umfang nach ein eigenes Buch und lässt sich nicht in einem Kapitel abhandeln, siehe hierzu die Literaturhinweise am Ende des Kapitels. Herausgehoben seien für das Zivilrecht die Bücher von *Olzen/Wank, Belke, Tettinger*, für das Öffentliche Recht *Schwerdtfeger*.

ich ausführlich auf die Fragen ein, die in Anleitungen zur Falllösung häufig sehr knapp behandelt werden, die mir aber in meiner Unterrichtstätigkeit sehr häufig gestellt wurden.[562]

Bei der Anleitung zur Fallbearbeitung und Falllösung in den Abschnitten III und IV gehe ich von einer Falllösung in einer Klausur aus. Da die Fallbearbeitung in einer Hausarbeit in gleichen Schritten (Sachverhaltserfassung, Erfassen der Fallfrage, Lösungsskizze, Ausarbeitung[563]) erfolgt und sich von einer Klausurbearbeitung nur in der Ausarbeitung unterscheidet, gebe ich am Ende von Abschnitt IV ergänzende Hinweise zur Falllösung in einer Hausarbeit. Nach kurzen Hinweisen zur Zeiteinteilung beim Lösen von Fällen (Abschnitt V) erfahren Sie, wie Sie während Ihres Studiums das Lösen eines Falles üben und Ihre Fertigkeiten überprüfen können (Abschnitte VI und VII). In Abschnitt VIII finden Sie ausführliche Literaturhinweise zur Falllösung.

III. Vorarbeiten zur Falllösung

Das Lösen eines Rechtsfalls setzt voraus, dass Sachverhalt und Fallfrage richtig erfasst werden.

1. Lesen und Skizzieren des Sachverhalts

Wesentliche Voraussetzung für eine gelungene Falllösung ist das richtige Erfassen des Sachverhalts. Fehler bei der Erfassung des Sachverhalts führen häufig zu völlig anderen Rechtsfragen und verstellen den Weg zu einer zutreffenden Lösung. Um den Sachverhalt richtig zu erfassen, sind mehrere Arbeitsschritte notwendig: zunächst das genaue Lesen des Sachverhalts und anschließend das Herausfiltern der wesentlichen Geschehnisse. Für das erste Durchlesen gibt es zwei Möglichkeiten: Sie können vorab die Fallfrage lesen, um diese bereits beim ersten Durchlesen im Hinterkopf zu haben und um Textstellen, die Ihnen für diese Fallfrage wesentlich erscheinen, sofort zu markieren.[564] Die andere Möglichkeit ist, den Sachverhalt einmal ohne Kenntnis der Fallfrage zu lesen und diejenigen Textstellen zu markieren, die Ihnen interessant vorkommen. Obwohl Sie dann nicht wissen, ob Sie alles Markierte später auch brauchen werden, hat letztgenanntes Verfahren Vorteile. Denn gerade beim ersten, unvoreingenommenen Durchlesen eines Sachverhalts hat man ein Gespür für problematische Punkte und schränkt den Blickwinkel nicht von Anfang an ein. Sollten Sie eine markierte Stelle später nicht benötigen, können Sie ohne weiteres darüber hinwegsehen. Am Ende des Sachverhalts lesen Sie nun die Fallfrage *genau* (auch wenn Sie vorab einen Blick darauf geworfen hatten) und gewinnen einen ersten Überblick darüber, was Sie in dem Rechtsfall prüfen sollen. Anschließend lesen Sie den Sachverhalt ein zweites Mal genau durch und filtern dabei die Ereignisse und Umstände heraus, von de-

562 Nachfolgende Anleitung zur Fallbearbeitung und Falllösung geht davon aus, dass Sie bereits Grundkenntnisse im Zivilrecht und der Fallbearbeitung besitzen. Falls nicht, empfehle ich Ihnen, zunächst *Olzen/Wank*, S. 3–83, (Einführung in die Technik zivilrechtlicher Fallbearbeitungen) oder eine ähnliche Einführung in die Fallbearbeitung zu lesen.

563 Es werden zwischen 4 und 6 Arbeitsschritte vorgeschlagen; zusätzlich zu den hier genannten Schritten empfehlen *Olzen/Wank*, S. 21 ff., das Erarbeiten der Fallprobleme vor dem Erstellen der Lösungsskizze; *Tettinger*, JuS-Studienführer, S. 161, zählt das Überprüfen der gefundenen Lösung nach der Lösungsskizze als eigenständigen Arbeitsschritt.

564 *Möllers*, S. 27, hält nur das sofortige Lesen der Fallfrage für richtig.

nen Sie glauben, dass sie im Zusammenhang mit der Fallfrage wichtig sind. Um einen genaueren Überblick über die Geschehnisse zu erlangen, bietet es sich an, den Sachverhalt zu skizzieren. Je nach Sachverhalt haben Sie hierfür unterschiedliche Möglichkeiten. Sind viele Personen beteiligt oder handelt es sich um Ansprüche zwischen mehr als zwei Personen, empfiehlt es sich, eine kleine Zeichnung anzufertigen, um die Beziehungen zwischen den Beteiligten deutlich zu machen. Für jedes Verhältnis sollte kursorisch festgestellt werden, welche rechtliche Beziehung zwischen den Beteiligten besteht, und auf der Zeichnung vermerkt werden (so wie dies in Lehrveranstaltungen häufig an der Tafel/Folie/Leinwand erfolgt).[565] Besonders geeignet sind Skizzen, wenn es im Sachverhalt um Dreiecksverhältnisse geht.

Beispiel:

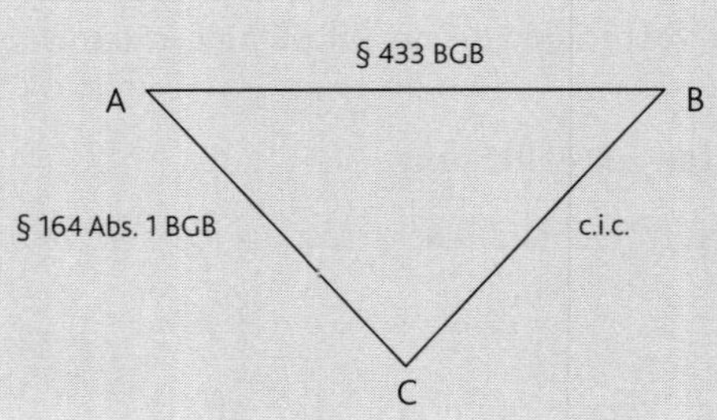

Beruht die Schwierigkeit des Falles weniger auf den Beziehungen zwischen mehreren Personen, sondern eher auf einer Vielzahl von aufeinanderfolgenden Ereignissen, empfiehlt sich eine chronologische Übersicht (z.B. mehrfacher Eigentumsübergang, Termine, die für den Ablauf von Fristen Bedeutung haben könnten etc.). Solche chronologischen Übersichten sind z.B. im Strafrecht bei mehreren Handlungen eines Täters zu erstellen. In seltenen Fällen kann es erforderlich sein, eine Skizze über örtliche Gegebenheiten anzufertigen (z.B. im Baurecht oder im Deliktsrecht bei einem Verkehrsunfall[566]).

☞ Zum Erfassen und Skizzieren des Sachverhalts bestehen mehrere Möglichkeiten, die je nach Sachverhalt auch kombiniert eingesetzt werden können:
- Zeichnung, in die die Beziehungen zwischen den Beteiligten eingetragen werden,
- chronologische Übersicht,
- Skizze der örtlichen Gegebenheiten.

2. Erfassen der Fragestellung

a) Fragetypen

Fall- oder Klausurfragen lassen sich grob in zwei Kategorien einteilen: die konkrete Fragestellung, die sofort den Einstieg in die Falllösung ermöglicht (Fragetyp A) und die offene Fragestellung, die nach der Rechtslage fragt (Fragetyp B).[567]

---

565 Dagegen sollte man den Sachverhalt nicht »der Abfolge nach« juristisch bewerten, sondern schon bei der Erfassung des Sachverhalts konkret von der Fallfrage ausgehen.

566 *Schmalz*, Rn. 461.

567 Zu den Arten der Fragestellungen siehe im Zivilrecht auch *Olzen/Wank*, S. 13 ff., im Öffentlichen Recht *Schwerdtfeger*, S. 375 ff., im Staatsrecht *Stender-Vorwachs*, Prüfungstraining Staats- und Verwaltungsrecht, Neuwied u.a., 4. Aufl. 2003, S. 3 ff.

Fragetyp A:

Kann A von B Schadensersatz verlangen?
Hat A Anspruch auf Schadensersatz?
Wie hat sich A strafbar gemacht?
Was kann A gegen die Versagung der Baugenehmigung unternehmen?
Ist dieser Bescheid rechtmäßig?
A verlangt von B Zahlung. Zu Recht?

Fragetyp B:

Wie ist die Rechtslage?
Wie haben sich die Beteiligten strafbar gemacht?
Wie ist der Fall strafrechtlich zu beurteilen?
A bittet seinen Rechtsanwalt um Rechtsauskunft. Was wird der Rechtsanwalt raten?

Fragetyp A sieht auf den ersten Blick so aus, als sei hier nur eine Rechtsfrage zu entscheiden, während man bei Fragetyp B von vornherein mehrere Rechtsfragen erwartet. Dieser Schluss ist jedoch nicht zwingend, denn Aufgabenstellungen des Fragetyps A müssen häufig erst konkretisiert werden und führen dann ebenfalls zu mehreren Rechtsfragen. Zu beachten ist, dass sich die Fallfrage der sprachlichen Form nach auch in einem (meist am Ende des Sachverhalts befindlichen) Aussagesatz verbergen kann (siehe letztes Beispiel zu Typ A). Fragetyp B erfordert als nächsten Schritt die Frage, wer (alles) nach dem Sachverhalt was von wem (allen) verlangen könnte. Oft wird behauptet, bei Fragetyp B wären alle Rechtsbeziehungen zwischen allen Beteiligten zu prüfen. Dies trifft jedoch nur selten zu. Maßgeblich ist, wie der Sachverhalt angelegt ist, denn auch bei Fragetyp B sind nur solche Rechtsbeziehungen zu untersuchen, deren rechtliche Klärung nach der Interessenlage sinnvoll erscheint.[568]

Zivilrecht. Zivilrechtsfälle enthalten meist mehrere Sachverhaltskomplexe, die zu unterschiedlichen Ansprüchen zwischen den Beteiligten führen. Bei der Frage nach der Rechtslage (Typ B) sind diejenigen Ansprüche zwischen den Beteiligten zu prüfen, die nach dem Sachverhalt sinnvollerweise einer rechtlichen Klärung bedürfen (z.B. bei drei Beteiligten X, Y und Z Ansprüche X gegen Y, Y gegen X, Y gegen Z, Z gegen Y, X gegen Z, Z gegen X). Es kann aber bei entsprechender Sachverhaltsgestaltung auch sein, dass nur die Ansprüche X gegen Y und X gegen Z geprüft werden müssen. Bei Fragetyp A ist dagegen vorgegeben, welche Rechtsbeziehungen zu prüfen sind. Innerhalb der einzelnen Rechtsbeziehungen können jedoch mehrere Anspruchsgrundlagen zu prüfen sein. Im ersten Beispiel zu Typ A könnten mehrere Anspruchsgrundlagen zu einem Schadensersatzanspruch des A führen, z.B. Ansprüche aus vertraglicher Pflichtverletzung und solche aus unerlaubter Handlung.

Strafrecht. Im Strafrecht ergeben sich die Rechtsfragen aus den Handlungen der beteiligten Personen. Bei Fragetyp B sind alle Straftatbestimmungen zu prüfen, nach denen sich die Beteiligten strafbar gemacht haben könnten.

Öffentliches Recht. In vielen öffentlich-rechtlichen Fällen ist zu prüfen, ob ein bestimmtes staatliches Handeln rechtmäßig war oder ein Anspruch auf ein bestimmtes Tätigwerden besteht (Fragetyp A). Denkbar sind aber auch Fälle, in denen nach allen möglichen Gegenmaßnahmen gegen staatliches Handeln gefragt wird (Fragetyp B).

568 *Tettinger*, JuS-Studienführer, S. 164.

Hinter der Frage nach der Rechtslage (Typ B) kann sich manchmal Fragetyp A verbergen. Dies ist insbesondere der Fall, wenn unmittelbar vor der Frage nach der Rechtslage im Sachverhalt das Begehren einer Person ausdrücklich genannt wird.

Beispiel 1 (aus dem Zivilrecht):

Der Sachverhalt endet mit den Sätzen: *»V verlangt von K den Kaufpreis in Höhe von 2.000,– €. K wendet ein, dass V zunächst liefern müsse. Wie ist die Rechtslage?«* Zu klären ist konkret, ob V von K Zahlung des Kaufpreises verlangen kann.

Beispiel 2 (aus dem Öffentlichen Recht):

Im Sachverhalt heißt es am Ende: *»Z ist der Auffassung, die Verweigerung der Baugenehmigung sei rechtswidrig. Er beauftragt seinen Anwalt, etwas zu unternehmen. Wie ist die Rechtslage?«* Trotz der allgemeinen Fragestellung sind hier nur die Maßnahmen zu prüfen, die zu einer Erteilung der Baugenehmigung führen können (z.B. Verpflichtungsklage zum Verwaltungsgericht).

Neben Fragetyp A und Fragetyp B gibt es noch einen dritten Fragetyp, bei dem nach den Erfolgsaussichten einer Klage gefragt wird (Fragetyp C).

Fragetyp C:

Prüfen Sie die Erfolgsaussichten der Klage, erforderlichenfalls die Begründetheit in Form eines Hilfsgutachtens.

Die Entscheidung des Verwaltungsgerichts ist gutachtlich vorzubereiten.

Hier ergeben sich unmittelbar aus der Fragestellung zwei getrennte Prüfungsschritte: die Prüfung der Zulässigkeit der Klage und die Prüfung der Begründetheit der Klage. Hinter der Prüfung der Begründetheit der Klage verbirgt sich Fragetyp A.

Beispiel:

Ein zivilrechtlicher Sachverhalt endet mit den Sätzen: *»V verlangt von K den Kaufpreis in Höhe von € 2.000,–. Hätte eine Klage des V gegen K Aussicht auf Erfolg?«* Voraussetzung dafür, dass die Klage Aussicht auf Erfolg hat, ist, dass sie zulässig und begründet ist. Bei der Fallbearbeitung ist also zunächst die *Zulässigkeit der Klage* (prozessuale Rechtsfrage) und dann die *Begründetheit der Klage* zu prüfen. Im Rahmen der Begründetheit ist die (materielle) Rechtsfrage zu klären, ob V von K den Kaufpreis verlangen kann.

b) Sachverhalte mit Abwandlungen

Bei Fallfragen mit Abwandlungen ist genau zu überlegen, welche Teile des ursprünglichen Sachverhalts sich in der Abwandlung geändert haben. Die Abwandlung kann erfordern, dass bei Beibehaltung der Anspruchsgrundlage nur einzelne Tatbestandsmerkmale anders zu prüfen sind (z.B. kann beim TB-Merkmal »*Schaden*« ein Schadensposten abgeändert sein). Sie kann aber auch zu einer anderen Anspruchsgrundlage führen, z.B. kann nun ein Vertrag zwischen den Beteiligten zustande gekommen sein, der zu vertraglichen Ansprüchen führt, während vorher nur Ansprüche aus Geschäftsführung ohne Auftrag (GoA) zu prüfen waren. Die Prüfung der Abwandlung hat jedoch nicht zwingend ein anderes Ergebnis zur Folge.

c) Bearbeitervermerke

Manche Klausuren enthalten zusätzlich zur Aufgabenstellung Bearbeitervermerke.[569] Diese enthalten zum Beispiel den Hinweis, dass bestimmte Ansprüche außer acht gelassen werden können, oder den Hinweis darauf, welche Gesetzesfassung der Fallbearbeitung zugrundegelegt werden soll (dies wird insbesondere dann der Fall sein, wenn sich gesetzliche Bestimmungen geändert haben). Die Bearbeitervermerke können also für die Falllösung von entscheidender Bedeutung sein.

IV. Die Fallfrage lösen

Nach dem Herausarbeiten der Fallfrage kann man mit der eigentlichen Falllösung beginnen. Dies erfordert drei Arbeitsschritte: Zunächst ist eine Grobgliederung zu erstellen, aus der sich der grobe Aufbau der Lösung ergibt. Dann erfolgt die gedankliche Lösung des Falles, die stichwortartig in einer Lösungsskizze festgehalten wird. Anschließend ist die Falllösung auszuformulieren.

1. Aufbau der Falllösung und Festlegung der Prüfungsreihenfolge

a) Aufbau

Die grobe Gliederung der Falllösung – man kann auch vom Aufbau der Falllösung sprechen – ergibt sich dadurch, dass man die einzelnen Rechtsfragen des Falles in eine Reihenfolge bringt.

Im **Zivilrecht** wird nach Sachverhaltskomplexen, Personen (Anspruchssteller/Anspruchsgegner), Anspruchszielen und Ansprüchen (Anspruchsgrundlagen/Anspruchsnormen) unterschieden. Nicht alle Unterscheidungskriterien sind jedoch in jedem Sachverhalt relevant. Die Aufteilung nach Sachverhaltskomplexen ist nur sinnvoll, wenn der Sachverhalt sachlich abtrennbare Sachverhaltskomplexe enthält (z.B. einen Vertragsschluss und später zwischen anderen Beteiligten eine unerlaubte Handlung). Innerhalb von Sachverhaltskomplexen ist nach Personenverhältnissen zu unterscheiden (Anspruchssteller und Anspruchsgegner). Innerhalb von Zweipersonenverhältnissen ist dann nach Ansprüchen (z.B. Zahlung des Kaufpreises und Schadensersatz) und, falls es für die begehrte Rechtsfolge (z.B. Schadensersatz) zwei Anspruchsgrundlagen gibt, nach Anspruchsgrundlagen zu unterscheiden. Auf der letzten Stufe der Grobgliederung sind also die in Betracht kommenden zivilrechtlichen Anspruchsgrundlagen festzustellen und als Gliederungspunkte aufzunehmen. Es kommt im Zivilrecht selten vor, dass sich ein Fall am Ende der Grobgliederung nicht in einzelne Ansprüche zwischen den Beteiligten gliedern lässt. Ein solcher Ausnahmefall liegt vor, wenn nach der Beziehung einer Person zu einer Sache gefragt wird, also z.B. danach, ob jemand Eigentümer einer Sache ist. Erfolgt die Prüfung der Ansprüche der Parteien in einem zivilprozessualen Rahmen, ist meist die Zulässigkeit und Begründetheit von Klagen zu prüfen. Da in diesem Fall schon feststeht, wer (Kläger) von wem (Beklagter) was (z.B. 2.000,– €) verlangt, ist nur noch nach dem Woraus (Anspruchsgrundlage) zu unterscheiden. Die Grobgliederung des Falles ist bei zivilprozessualen Klagen daher relativ einfach.

---

569 Zur Klarstellung: Manche Autoren verstehen unter *Bearbeitervermerk* die Aufgabenstellung oder Fallfrage. Hier werden unter Bearbeitervermerke zusätzliche Hinweise des Klausurstellers an den Bearbeiter verstanden.

Beispiel für eine Grobgliederung im Zivilrecht bei der Prüfung einer Klage:

I. Zulässigkeit der Klage
II. Begründetheit der Klage
   1. Anspruch des Klägers gegen den Beklagten auf Schadensersatz aus § 280 Abs. 1 BGB
   2. Anspruch des Klägers gegen den Beklagten auf Schadensersatz aus § 823 Abs. 1 BGB

Um bei der Grobgliederung keine Ansprüche zu vergessen, können Sie hier bereits mit dem »4-W-Satz« (*Wer* will *was* von *wem woraus*?) arbeiten. Hierzu können Sie eine kleine Tabelle erstellen (siehe nachfolgendes Beispiel). In die Tabelle tragen Sie, ausgehend von der Klausurfrage, zunächst ein, *wer* überhaupt *gegen wen* einen Anspruch haben könnte, anschließend die Anspruchsinhalte (*was*) und zuletzt die Anspruchsgrundlagen (*woraus*) ein.

wer?	gegen wen?	was?	woraus?
A	*gegen B*	*Kaufpreis i.H.v. 2.500 €*	*§ 433 Abs. 2 BGB*
A	*gegen B*	*Schadensersatz wg. Eigentumsverletzung i.H.v. 3.100 €*	*§ 823 Abs. 1 BGB*

Wenn Sie die in Betracht kommenden Anspruchsgrundlagen herausgearbeitet haben, müssen Sie die Reihenfolge der Prüfung der einzelnen Anspruchsgrundlagen festlegen. Bei manchen Anspruchsgrundlagen ist die Reihenfolge der Prüfung unerheblich, bei anderen ist eine bestimmte Reihenfolge einzuhalten (z.B. sind meist vertragliche Ansprüche vor gesetzlichen Ansprüchen zu prüfen).

Reihenfolge der Prüfung von Anspruchsgrundlagen

Benning, Axel/ Overrath, Jörg-Dieter — Bürgerliches Recht, Stuttgart u.a., 4. Aufl. 2008, S. 11 ff.

Diederichsen, Uwe/ Wagner, Gerhard — Die BGB-Klausur, München, 9. Aufl. 1998, S. 97 ff.

Medicus, Dieter — Bürgerliches Recht, München, 21. Aufl. 2007, S. 1 ff.

Wörlen, Rainer — Anleitung zur Lösung von Zivilrechtsfällen, Köln u.a.,8. Aufl. 2007, S. 27.

Der Aufbau im **Strafrecht** erfolgt zuerst nach Handlungsabschnitten. Innerhalb der Handlungsabschnitte ist dann zu untersuchen, wie sich die Beteiligten dieses Handlungsabschnitts strafbar gemacht haben. Hierzu müssen Sie feststellen, welche Straftatbestände in Betracht kommen. In der Regel ergeben sich die Straftatbestände aus dem Besonderen Teil des Strafgesetzbuchs. Wenn nicht von vornherein offensichtlich ist, welcher Straftatbestand in Betracht kommt, ist es sinnvoll, das Inhaltsverzeichnis des Strafgesetzbuches durchzulesen, um festzustellen, welche Delikte in Betracht kommen könnten. Der Aufbau im Strafrecht hängt weiter davon ab, ob die Tat vollendet wurde oder der Versuch der Straftat zu prüfen ist.

Beispiel für eine Grobgliederung im Strafrecht:

I. Handlungsabschnitt:
   Strafbarkeit des A
   1. § 238 StGB Nachstellung
   2. § 303 StGB Sachbeschädigung
II. Handlungsabschnitt

Strafbarkeit des B
1. § 242 StGB Diebstahl
2. § 274 Abs. 1 Nr. 1 StGB Urkundenunterdrückung
3. § 123 StGB Hausfriedensbruch

Strafbarkeit des C
1. § 242 StGB Diebstahl
2. § 123 StGB Hausfriedensbruch

Aufbau einer strafrechtlichen Falllösung

Münchhausen, Marco v./ Püschel, Ingo P.	Lernprofi Jura, München, 2002, S. 103 ff. (Besonderheiten der strafrechtlichen Klausur oder Hausarbeit).
Scholz, Christian/ Wohlers, Wolfgang	Klausuren und Hausarbeiten im Strafrecht, Methodik und Formalien des Gutachtens, Baden-Baden, 3. Aufl. 2003, S. 33 ff.
Schroeder, Friedrich-Christian	Anleitung für strafrechtliche Übungsarbeiten, in: JuS-Studienführer, München, 4. Aufl. 1997, S. 211 ff.
Tiedemann, Klaus	Die Anfängerübung im Strafrecht, München, 4. Aufl. 1999, S. 1 ff. (Die Fallbearbeitung im Strafrecht), S. 21 ff. (häufige Klausurfehler).

Im **Öffentlichen Recht** sind verwaltungsverfahrensrechtliche, verwaltungsprozessuale oder verfassungsprozessuale Rechtsbehelfe und Rechtsmittel (z.B. Widerspruch, Anfechtungsklage, Verpflichtungsklage, vorläufiger Rechtsschutz, Verfassungsbeschwerde, konkrete Normenkontrolle) zu prüfen. Die Falllösung ist dann in die Prüfung der Zulässigkeit und die Prüfung der Begründetheit zu gliedern. Im Rahmen der Begründetheit ist staatliches Handeln auf seine Rechtmäßigkeit hin zu untersuchen (Ermächtigungsgrundlage oder Anspruchsgrundlage für hoheitliche Maßnahme, Vorliegen der formellen und materiellen Rechtmäßigkeitsvoraussetzungen, Verletzung subjektiv-öffentlicher Rechte). Verglichen mit dem Zivilrecht ist der Einstieg in öffentlich-rechtliche Fallbearbeitungen im Regelfall einfacher, da sich der Aufbau häufig unmittelbar aus der Fallfrage ergibt. Der weitere Anspruchsaufbau ergibt sich dann aus den drei typischen Anspruchszielen im Öffentlichen Recht: Abwehr, Erlass oder Leistung, Feststellung.

Aufbau einer öffentlich-rechtlichen Falllösung

Brauner, Roman J./ Stollmann, Frank/ Weiß, Regina	Fälle und Lösungen zum Staatsrecht, Mit Originalklausuren und gutachterlichen Lösungen sowie Erläuterungen, Stuttgart u.a., 7. Aufl. 2003, S. 9 ff. (Grundsätzliches zur Fallbearbeitung im Staatsrecht).
Detterbeck, Steffen	Öffentliches Recht, Staatsrecht, Verwaltungsrecht, Europarecht mit Übungsfällen, München, 6. Aufl. 2008 (mit zahlreichen Prüfungsschemata).
Dietlein, Johannes	Examinatorium Staatsrecht, Köln u.a., München, 2. Aufl. 2005, S. 287 ff. (Darstellung der wichtigsten Aufbauprinzipien für die staatsrechtliche Klausur)
Frenz, Walter	Öffentliches Recht, Eine nach Anspruchszielen geordnete Darstellung zur Examensvorbereitung, Köln u.a., 3. Aufl. 2007.
Leifer, Christoph	Die Eröffnung des Verwaltungsrechtswegs als Problem des Klausuraufbaus, JuS 2004, 956.
v. Münchhausen, Marco/ Püschel, Ingo P.	Lernprofi Jura, München, 2002, S. 100 ff. (Besonderheiten der öffentlich-rechtlichen Klausur oder Hausarbeit).
Schwerdtfeger, Gunther	Öffentliches Recht in der Fallbearbeitung, Grundfallsystematik, Methodik, Fehlerquellen, München, 13. Aufl. 2007 (ab S. 372 ff. ausführlich zur Methodik der Fallbearbeitung).
Treder, Lutz/ Rohr, Wolfgang	Prüfungsschemata Verwaltungsrecht, Grundlagen und Erläuterungen, Heidelberg, 5. Aufl. 2008.

b) Exkurs: Auffinden von Anspruchsgrundlagen im Zivilrecht

Im (Klausur-)Fall sind genau diejenigen Anspruchsgrundlagen zu finden, die das Begehren des Anspruchsstellers erfassen. Anders gesagt, die Anspruchsgrundlage muss genau das, was der Anspruchssteller verlangt, zur Rechtsfolge haben. Im Zivilrecht haben Studierende der ersten Semester oft Schwierigkeiten mit dem Auffinden von passenden Anspruchsgrundlagen, da es schwer fällt, die entsprechenden Rechtsnormen als Anspruchsgrundlagen zu erkennen.

> ✎ *Nennen Sie die Rechtsnorm des BGB, aus der sich ergibt, was man unter einem Anspruch versteht.*
> ✎ *Was versteht man unter einer Anspruchsgrundlage?*

Antwort:

Anspruch ist das *Recht*, von einem anderen ein Tun oder Unterlassen zu fordern (§ 194 BGB). Anspruchsgrundlage ist die konkrete *Norm*, die dem Anspruchssteller das Recht gibt, von einem anderen etwas zu fordern.

Anspruchsgrundlagen sind häufig nach dem »Wenn-dann«-Muster aufgebaut, d.h., sie nennen zunächst die Voraussetzungen (Tatbestand) und dann die Rechtsfolge. Im Gesetzeswortlaut kommt das »Wenn-dann« allerdings nicht ausdrücklich vor.

> **Beispiel:**
> § 823 Abs. 1 BGB: (Tatbestand: wenn) *Wer vorsätzlich oder fahrlässig das Leben, den Körper, die Gesundheit, die Freiheit, das Eigentum oder ein sonstiges Recht eines anderen widerrechtlich verletzt,*
> (Rechtsfolge: dann) *ist* (er) *dem anderen zum Ersatze des daraus entstehenden Schadens verpflichtet.*

Tatbestand und Rechtsfolge können aber auch innerhalb eines Satzteils verbunden sein.

> **Beispiel:**
> § 433 Abs. 1 S. 1 BGB: (Tatbestand:) *Durch den Kaufvertrag*
> (Rechtsfolge:) *wird der Verkäufer einer Sache verpflichtet, dem Käufer die Sache zu übergeben und das Eigentum an der Sache zu verschaffen.*

Im Laufe des Studiums lernt man viele Anspruchsgrundlagen kennen, es kann aber sein, dass Sie in Klausuren auch Ihnen bisher unbekannte Anspruchsgrundlagen auffinden müssen. Deshalb (und vor allem auch für Ihre spätere juristische Tätigkeit) müssen Sie die Fähigkeit entwickeln, Anspruchsgrundlagen aus dem Gesetzeswortlaut heraus zu erkennen. Um dies zu lernen, sollten Sie sich beim Erarbeiten eines neuen Rechtsgebiets zunächst die gesetzlichen Bestimmungen durchlesen und sich dabei fragen, welche Paragraphen Anspruchsgrundlagen darstellen. Achten Sie dabei zunächst immer auf die Rechtsfolge des Paragraphen und untersuchen Sie, ob diese Rechtsfolge in dem Recht besteht, von jemanden ein Tun oder Unterlassen zu verlangen. Zur Übung folgende Aufgabe:

✎ *(1) Lesen Sie die §§ 284–286 BGB. Welche Bestimmungen enthalten Anspruchsgrundlagen?*
✎ *(2) Geben Sie die Rechtsfolgen der Anspruchsgrundlagen im Wortlaut des Gesetzes wieder und stellen Sie fest, welche Ansprüche geltend gemacht werden können (den höchsten Lernerfolg erzielen Sie, wenn Sie die betreffenden Satzteile wirklich aufschreiben!).*

Antwort:

(1) § 284 und § 285 BGB sind Anspruchsgrundlagen. § 286 BGB ist keine eigenständige Anspruchsgrundlage, sondern z.B. Voraussetzung des Anspruchs aus §§ 280 Abs. 1, Abs. 2 BGB.

(2) Die Rechtsfolgen sind:

- § 284 BGB: »*kann der Gläubiger Ersatz der Aufwendungen verlangen*« (Anspruch auf Ersatz vergeblicher Aufwendungen);
- § 285 Abs. 1 BGB: »*so kann der Gläubiger Herausgabe des als Ersatz Empfangenen oder Abtretung des Ersatzanspruchs verlangen*« (Anspruch auf Herausgabe des Ersatzes oder auf Abtretung des Ersatzanspruchs).

Das Gespür für Anspruchsgrundlagen wird sehr schnell besser, wenn Sie einige Zeit gezielt das Auffinden von Anspruchsgrundlagen üben. Dazu ist es erforderlich, die einzelnen Rechtsnormen ganz genau nachzulesen und nicht nur zu überfliegen. Da das Auffinden der richtigen Anspruchsgrundlage die Voraussetzung für jede Falllösung ist, noch eine Aufgabe zur Übung:

✎ *(1) In welchen Paragraphen ist der Verzug des Gläubigers geregelt?*
✎ *(2) Lesen Sie diese Paragraphen. Welche Bestimmungen enthalten Anspruchsgrundlagen?*
✎ *(3) Geben Sie die Rechtsfolgen der Anspruchsgrundlagen im Wortlaut des Gesetzes wieder und stellen Sie fest, welche Ansprüche geltend gemacht werden können (den höchsten Lernerfolg erzielen Sie, wenn Sie die betreffenden Satzteile wirklich schreiben!).*

Antwort:

(1) §§ 293 bis 304 BGB.

(2) § 304 BGB.

(3) Die Rechtsfolge des § 304 BGB lautet: »Der Schuldner kann im Falle des Verzugs des Gläubigers Ersatz der Mehraufwendungen verlangen«. (Anspruch auf Ersatz der Mehraufwendungen).

Eine wichtige Erkenntnis aus dieser Übung ist, dass es innerhalb der Vorschriften zum Gläubigerverzug nur eine Norm gibt, die eine Anspruchsgrundlage darstellt. Dieser Anspruch auf Ersatz der Mehraufwendungen ist jedoch nicht besonders klausurrelevant. Der Gläubigerverzug ist daher immer im Rahmen anderer Anspruchsgrundlagen zu prüfen, z.B. im Rahmen des Erfüllungsanspruchs bei der Frage, ob der Anspruch auf Gegenleistung untergegangen ist (§ 326 Abs. 2 S. 1 2. Alt. BGB).

📖 Zivilrechtliche Anspruchsgrundlagen

Benning, Axel/ Oberrath, Jörg Dieter	Bürgerliches Recht, Stuttgart u.a., 4. Aufl. 2008 (Prüfungsablauf der wichtigsten zivilrechtlichen Ansprüche).
Kießling, Erik	Wirtschaftsrecht im Assessorexamen, München, 2. Aufl. 2008 (Anspruchsgrundlagen im Handels- und Gesellschaftsrecht, Wettbewerbsrecht und Kartellrecht).
Medicus, Dieter	Grundwissen zum Bürgerlichen Recht – Ein Basisbuch zu den Anspruchsgrundlagen, Köln u.a., 7. Aufl. 2006 (für Anfangssemester und mittlere Semester).
Medicus, Dieter	Bürgerliches Recht – Eine nach Anspruchsgrundlagen geordnete Darstellung zur Examensvorbereitung, Köln u.a., 21. Aufl. 2007 (für Fortgeschrittene).
Medicus, Dieter	Die Leistungsstörungen im neuen Schuldrecht, JuS 2003, 521 (zu den Anspruchsgrundlagen im reformierten Schuldrecht).
Moritz, Klaus	STUD.JUR.Trainer – Zivilrecht, 1 CD-ROM, Baden-Baden, 3. Aufl. 2002 (nach Anspruchsgrundlagen geordnete Darstellung des Zivilrechts).
Reichold, Hermann	Arbeitsrecht, Lernbuch nach Anspruchsgrundlagen, München, 3. Aufl. 2008.

2. Worauf es bei der Falllösung ankommt

Die juristische Leistung besteht nicht nur darin, das zutreffende Ergebnis zu finden (auch Nichtjuristen entscheiden häufig intuitiv richtig nach ihrem Gerechtigkeitssinn oder nach gesundem Menschenverstand), sondern darin, einen Sachverhalt nach der Gesetzes- und Rechtslage zu *begutachten*. Das bedeutet, dass die einzelnen Schritte auf dem Weg zum Ergebnis anhand der Ausführungen des Fallbearbeiters nachvollziehbar sein müssen. Ein Gutachten ist daran erkennbar, dass das Ergebnis hergeleitet wird, also alle Überlegungen und Begründungen *vor* dem Ergebnis stehen. Den Gegensatz zum Gutachten bildet das Urteil. Bei ihm steht das Ergebnis[570] am Anfang und wird erst im Anschluss daran begründet. In der Denkform des Gutachtens zu schreiben, fällt besonders zu Beginn des Studiums schwer, weil man im alltäglichen Sprachgebrauch häufig zuerst das Ergebnis einer Überlegung mitteilt und dieses Ergebnis dann mit *weil* und *denn* begründet.

Beispiel:

Ich komme heute später nach Hause (Ergebnis), weil ich nach der Vorlesung noch ins Kino gehe (Begründung).

Das Gutachten führt demgegenüber von der Fragestellung (Hypothese) ausgehend zu bestimmten Überlegungen und kommt schließlich zum Ergebnis. Diese Vorgehensweise bedingt einen bestimmten Sprachstil, den Gutachtenstil.[571]

Beispiel:

Es könnte heute später werden (Hypothese). Dafür spricht, dass ich noch ins Kino gehe (Begründung). Also werde ich heute später heimkommen (Ergebnis).

Im Gutachten zu einer Falllösung wird geprüft, ob die Rechtsfolge einer Norm auf den Sachverhalt anwendbar ist und die Fallfrage löst. Diese Prüfung erfolgt in mehreren

570 Im Urteil wird das Ergebnis »Tenor« genannt.
571 Zum Gutachtenstil siehe S. 252, 263.

Schritten, die ich im nächsten Abschnitt (3) vorstelle. Da Beispiele für Formulierungen vom eigentlichen Thema, der Beschreibung der einzelnen Schritte der Fallprüfung, ablenken, werden Fragen, die unmittelbar mit der Niederschrift der Falllösung zusammenhängen, gesondert erst in Abschnitt 6 besprochen. Die einzelnen Schritte der Falllösung werden im Folgenden also zweimal besprochen, im Abschnitt 3 zunächst allgemein und im Abschnitt 6 dann unter dem Gesichtspunkt, wie man die Schritte konkret in der schriftlichen Falllösung umsetzt. Diese Vorgehensweise entspricht der tatsächlichen Vorgehensweise in einer Fallprüfung. Auch Sie gehen die Schritte auf dem Weg zum Ergebnis in jeder Falllösung zweimal: zunächst gedanklich beim Erstellen der Lösungsskizze und dann ein zweites Mal beim Ausformulieren der Lösung. Wenn Sie bereits bei der Beschreibung der einzelnen Schritte wissen wollen, wie Beispielformulierungen dazu lauten könnten, können Sie die Beispielsformulierungen von Abschnitt 6 gleich parallel zum folgenden Abschnitt nachlesen.

3. Die einzelnen Schritte bei der Lösung einer Rechtsfrage (am Beispiel eines zivilrechtlichen Anspruchs)

Viele Anleitungen zur Fallbearbeitung und Falllösung sprechen davon, dass ein juristisches Gutachten folgendermaßen aufgebaut ist:[572]

1. Fragestellung
2. Normbenennung
3. Subsumtion
4. Ergebnis

Dieser Aufbau ist nicht falsch, erweckt aber den Eindruck, dass es nicht mehr als diese vier Stufen gibt und man eine schriftliche Falllösung daher in dieser Weise gliedern könne. Tatsächlich besteht eine Falllösung aber aus vielen weiteren Einzel- und Zwischenschritten, die man zumindest bei der gedanklichen Lösung, zum Großteil jedoch auch in der schriftlichen Ausarbeitung, vornehmen muss. Die typische Falllösung besteht aus einer sog. Prüfungskette.[573] Nachfolgende Graphik soll Ihnen den ersten Eindruck von der Prüfungskette einer Rechtsnorm (z.B. einer zivilrechtlichen Anspruchsgrundlage) vermitteln und die unterschiedliche Verwendung des Begriffes Subsumtion zeigen. Denn der Begriff der Subsumtion hat genau genommen drei unterschiedliche Bedeutungen. Die Bestandteile einer solchen Prüfungskette werden später erläutert. Im Anschluss an die Graphik werden zunächst die unterschiedlichen Bedeutungen des Begriffs Subsumtion geklärt.

572 Z.B. *Scholz/Wohlers*, S. 11: »4-Schritt-Methode«. Teilweise wird sogar nur von drei Stufen gesprochen, z.B. *Tettinger*, S. 110: (1) Nennung und Interpretation der Rechtsnorm (Anspruchsgrundlage), (2) Nennung des Sachverhalts und (3) juristische Beurteilung. In der Methodenlehre wird von deduktiver Ableitung oder syllogistischem Schluss gesprochen, wenn eine abstrakte Regel auf einen konkreten Einzelfall angewendet wird (Obersatz/Untersatz/Schluss-Satz), *Köbler*, S. 49. *Butzer/Epping*, S. 24 ff., gliedern in Obersatz, Definition von Tatbestandsmerkmalen, Subsumtion und Ergebnis. Dabei werden zwei Ebenen der Prüfung vermischt.

573 *Diederichsen*, JuS-Studienführer, S. 205, spricht vom Prinzip der Kettenbildung.

Graphik zur Klärung des Begriffs Subsumtion

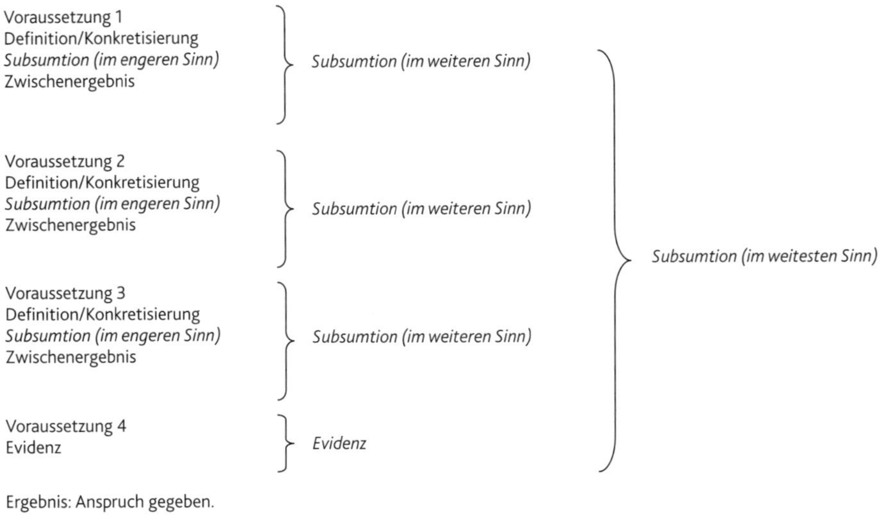

Aus dem Schaubild lässt sich erkennen, dass der Begriff der Subsumtion drei unterschiedliche Bedeutungen haben kann. Wird er im gesamten Kontext der Fallprüfung verwendet und wird darunter die Zuordnung des (gesamten) Sachverhalts zu einer Anspruchsnorm verstanden, ist die *Subsumtion im weitesten Sinn* gemeint. Wenn man die umfassende Prüfung einer einzelnen Voraussetzung meint, liegt eine *Subsumtion im weiteren Sinn* vor. Wenn es dagegen um den einzelnen Teilschritt innerhalb der Prüfung einer einzelnen Voraussetzung geht, bei dem die genaue Übereinstimmung eines Sachverhaltsumstands mit der konkretisierten Voraussetzung festgestellt wird, handelt es sich um die *Subsumtion im engeren Sinn*. Leider wird häufig einfach von Subsumtion (ohne Zusätze) gesprochen, ohne kenntlich zu machen, in welcher Bedeutung (weitester/weiterer/engerer Sinn) der Begriff gerade verwendet wird.[574] Deshalb ist es um so wichtiger, die unterschiedlichen Verwendungsmöglichkeiten des Begriffs Subsumtion zu kennen und zu verstehen.

Aus der Graphik konnten Sie schon einen Eindruck von der Prüfungskette erhalten. Nachfolgend sehen Sie in einer weiteren Graphik noch einmal die gleiche Prüfungskette (ohne die Begriffsklärung der Subsumtion). Auf der linken Seite sind zusätzlich die einzelnen Stufen der Falllösung (Fragestellung/Feststellung der Voraussetzungen/Prüfung der einzelnen Voraussetzungen/Gesamtergebnis) eingetragen. Zu den einzelnen Stufen wurde mit Kleinbuchstaben a–d vermerkt, unter welcher Gliederungsnummer Sie die jeweilige Stufe im nachfolgenden Text finden. Die nächste Graphik dient also quasi als Inhaltsübersicht für den nächsten Textabschnitt. Beim Lesen haben Sie so die Möglichkeit, zurückzublättern und nachzuvollziehen, zu welcher Stufe die Erläuterungen gehören.

574 Nur in wenigen Fallbearbeitungsanleitungen werden die verschiedenen Bedeutungen klargestellt.

Graphik zu den Stufen der Falllösung

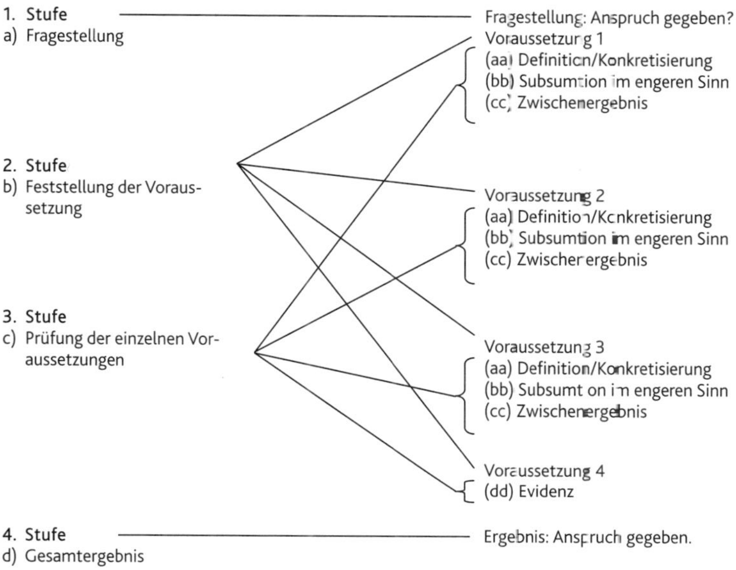

Nachfolgend erkläre ich die einzelnen Stufen bei der Lösung eines Rechtsfalls am Beispiel eines zivilrechtlichen Anspruchs.[575] Das folgende Schaubild zeigt beispielhaft eine vollständige Anspruchsprüfung. Es dient dazu, Ihnen anhand einer konkreten Anspruchsgrundlage, dem Anspruch auf Schadensersatz statt der Leistung wegen Leistungsverzögerung aus §§ 280 Abs. 1, Abs. 3, 281 BGB die Schritte einer Falllösung aufzuzeigen.[576] Zur Illustration der Darstellung der einzelnen Schritte der Fallprüfung zerlege ich im weiteren Text das Schaubild in einzelne Ausschnitte. Mit jedem Schritt werden diese Ausschnitte weiter ergänzt, bis am Ende der Fallprüfung (Gesamtergebnis) das Schaubild wieder zusammengefügt ist.

575 Die Schritte werden in ähnlicher Form bei strafrechtlichen und bei öffentlich-rechtlichen Falllösungen vorgenommen. Beachten Sie dazu die Literaturhinweise auf S. 286.

576 Der Prüfungsaufbau des Anspruchs auf Schadensersatz statt der Leistung ist nicht eindeutig vorgegeben. Zum gewählten Aufbau und den Alternativen siehe Fn. 590.

Schaubild zu den einzelnen Schritten einer Falllösung

1. Schritt: Fallfrage nach dem 4-W-Satz	A ⇨ B auf Schadensersatz statt der Leistung aus §§ 280 Abs. 1, Abs. 3, 281 BGB					
2. Schritt: Nennung der Voraussetzungen der Anspruchsgrundlage	V 1 Schuldverhältnis ↓	V 2 Pflichtverletzung i.S.v. §§ 280 I, 281 ↓		V 3 Vertretenmüssen (Keine Entlastung nach § 280 Abs. 1 S. 2) ↓	V 4 Zusätzliche Voraussetzungen nach §§ 280 Abs. 3, 281 ↓	
3. Schritt: Definition/ Konkretisierung	Definition/ Konkretisierung	Definition/Konkretisierung		Definition/ Konkretisierung	Definition/Konkretisierung	
ggf. Nennung der Untervoraussetzungen	↓	UV 1 Leistung nicht erbracht	UV 2 Leistung fällig	↓	UV 1 Frist zur Leistung	UV 2 Ablauf der Frist
Definition/ Konkretisierung der UVen	↓	Definition/ Konkretisierung ↓	Definition/ Konkretisierung ↓	↓	Definition/ Konkretisierung ↓	Evidenz ↓
4. Schritt: Subsumtion	Subsumtion ↓	Subsumtion ↓	Subsumtion ↓	Subsumtion ↓	Subsumtion ↓	↓
5. Schritt: Zwischenergebnis	Zwischenergebnis	Zwischenergebnis	Zwischenergebnis	Zwischenergebnis	Zwischenergebnis	↓
6. Schritt: Nennung des Gesamtergebnisses	GESAMTERGEBNIS					

V = Voraussetzung UV = Untervoraussetzung

a) Fragestellung

✎ *Sie müssen einen Anspruch A gegen B auf* ***Schadensersatz statt der Leistung*** *(wegen Leistungsverzögerung des B) prüfen. Lesen Sie § 280 Abs. 1 BGB. Was ist die Rechtsfolge des § 280 Abs. 1 BGB (nach dem Gesetzeswortlaut)?*

Antwort:
Die Rechtsfolge in § 280 Abs. 1 S. 1 BGB lautet: »(...) so kann der Gläubiger Ersatz des hierdurch entstehenden Schadens verlangen.«

§ 280 Abs. 1 S. 1 BGB hat noch nicht genau die Rechtsfolge, die A erreichen möchte. Zwar spricht § 280 Abs. 1 S. 1 BGB von Schadensersatz, aber nicht vom Schadensersatz statt der Leistung.

✎ *Lesen Sie § 280 BGB weiter. Gibt es eine Aussage zum Schadensersatz statt der Leistung?*

Antwort:
§ 280 Abs. 3 BGB lautet »*Schadensersatz statt der Leistung kann der Gläubiger nur unter den zusätzlichen Voraussetzungen des § 281, des § 282 oder des § 283 verlangen.*«

Der Schadensersatz wegen Leistungsverzögerung ist in § 281 Abs. 1 S. 1 1. Alt. BGB geregelt. Die Fragestellung (Hypothese) in unserem Beispiel würde lauten, ob A (*wer*) gegen B (*gegen wen*) einen Anspruch auf Schadensersatz statt der Leistung (*was*) aus §§ 280 Abs. 1, Abs. 3, 281 Abs. 1 S. 1 1. Alt. BGB (*woraus*) hat.

b) Feststellung der Voraussetzungen
Nach der Fragestellung sind auf der 2. Stufe die Voraussetzungen der Anspruchsgrundlage[577] festzustellen. Die meisten Voraussetzungen ergeben sich direkt aus der Anspruchsgrundlage (Tatbestandsmerkmale). Sie können diese Voraussetzungen feststellen, indem Sie die Anspruchsgrundlage von Anfang bis Ende (alle Absätze) durchlesen und die einzelnen Tatbestandsmerkmale notieren.[578] Es können aber auch weitere Voraussetzungen in anderen Rechtsnormen enthalten sein, die sachlich mit der Anspruchsgrundlage zusammenhängen (ohne dass in der Anspruchsgrundlage auf sie verwiesen wird).[579] Manche Voraussetzungen sind im Wege der richterlichen Rechtsfortbildung entstanden und ergeben sich daher weder direkt aus der Anspruchsgrundlage noch aus anderen Normen (ungeschriebene Tatbestandsmerkmale).[580]

✎ *Lesen Sie § 280 Abs. 1, Abs. 3 BGB.* ✎ *Welche Voraussetzungen müssen vorliegen, damit die Rechtsfolge »Schadensersatz statt der Leistung« eintritt?*

577 Zu Anspruchsgrundlagen siehe S. 240 f.

578 Es gibt inzwischen viele Bücher, die häufig vorkommende Anspruchsgrundlagen und sonstige Einstiegsnormen und deren Voraussetzungen in schematischer Darstellung enthalten. Das Arbeiten mit solchen Schemata setzt jedoch voraus, dass Sie verstanden haben, woraus sich die einzelnen Voraussetzungen ergeben und den Hintergrund des gewählten Aufbaus verstehen. Die Schemata dürfen auf keinen Fall einfach auswendig gelernt werden. Das Schema muss zur Fallfrage passen und den Besonderheiten des Falles angepasst werden. Bei dem systematischen Erarbeiten eines Rechtsgebiets oder bei der Erstellung von Karteikarten können diese Bücher jedoch eine gute Hilfestellung bieten. Siehe z.B. *Dieter Medicus*, Grundwissen zum Bürgerlichen Recht, Ein Basisbuch zu den Anspruchsgrundlagen, München, 7. Aufl. 2006; *Olzen/Wank*, S. 84 ff.; *Joachim P. Knoche*, BGB-Grundstrukturen, Studienerfolg durch Schemata, Münster, 2004; *Hermann Reichold*, Arbeitsrecht, Lernbuch nach Anspruchsgrundlagen, München, 3. Aufl. 2008; *Münchhausen/Püschel*, 111 Prüfungsschemata Zivilrecht, München, 4. Aufl. 2004; *Helmut Loibl*, Europarecht – Das Skriptum, Köln u.a., 3. Aufl. 2005; *Lutz Treder/Wolfgang Rohr*, Prüfungsschemata Verwaltungsrecht, Grundlagen und Erläuterungen, Heidelberg, 5. Aufl. 2008; *Volker Haug*, Staats- und Verwaltungsrecht, Fallbearbeitung, Übersichten, Schemata, Heidelberg, 7. Aufl. 2008; *Steffen Detterbeck*, Öffentliches Recht, Staatsrecht, Verwaltungsrecht, Europarecht mit Übungsfällen, München, 6. Aufl. 2008 (viele Prüfschemata); *Johannes Dietlein*, Examinatorium Staatsrecht, Köln u.a., 2. Aufl. 2005. *Reinhard Nemitz*, Die Schemata, Bd. 1: Technik der Fallbearbeitung – Bürgerliches Recht, Strafrecht, Öffentliches Recht, Bergen, 5. Aufl. 2006, Bd. 2: Prüfungsschemata und klausurrelevantes Wissen – Bürgerliches Recht, Strafrecht, Öffentliches Recht, Bergen, 7. Aufl. 2006, Bd. 3: Prüfungsschemata und klausurrelevantes Wissen – Zivilprozessrecht, Strafprozessrecht, Verwaltungsprozessrecht, Bergen, 5. Aufl. 2006; *Jens Bertermann*, Klausuraufbauschemen Verwaltungsrecht, Marburg, 2003; dazu auch http://www.klausuraufbauschemen.de (1000 juristische Übersichten);

579 Häufig stehen solche Rechtsnormen in der Nähe der Anspruchsgrundlage.

580 Ungeschriebene Anspruchsvoraussetzungen müssen also beim Erlernen eines Rechtsgebiets besonders beachtet werden.

Antwort:
§ 280 Abs. 1, Abs. 3 BGB hat nach dem Wortlaut des Gesetzes folgende Voraussetzungen:

1. Schuldverhältnis
2. Pflichtverletzung (»verletzt (...) eine Pflicht«)
3. Vertretenmüssen (»nicht, wenn (...) nicht zu vertreten hat«)
4. zusätzliche Voraussetzungen des § 281

Ausschnitt 1 zeigt die ersten beiden Stufen (Fragestellung und Feststellung der Voraussetzungen). Die 2. Stufe, hier die Feststellung der Voraussetzungen des § 280 Abs. 1, Abs. 3 BGB, ist durch Schraffur hervorgehoben:

Ausschnitt 1 aus dem Schaubild zu den einzelnen Schritten einer Falllösung

<table>
<tr><td>1. Schritt:
Fallfrage nach dem 4-W-Satz</td><td colspan="4">A ⇨ B auf Schadensersatz statt der Leistung aus § 280 Abs. 1, Abs. 3, 281 BGB</td></tr>
<tr><td>2. Schritt:
Nennung der Voraussetzungen der Anspruchsgrundlage</td><td>V 1
Schuldverhältnis</td><td>V 2
Pflichtverletzung i.S.v. §§ 280 I, 281</td><td>V 3
Vertretenmüssen (keine Entlastung: § 280 I 2)</td><td>V 4
Zusätzliche Voraussetzungen des § 281 Abs. 1</td></tr>
</table>

Sind die einzelnen Voraussetzungen festgestellt, ist für jede Voraussetzung zu untersuchen, ob sie nach dem Sachverhalt vorliegt.[581] An dieser Stelle verlässt man den Grobaufbau und prüft nacheinander die festgestellten Voraussetzungen (Prüfungskette). Es wird also eine einzelne Voraussetzung vollständig geprüft, bevor man sich der Prüfung der nächsten Voraussetzung zuwendet.

c) Prüfung einer einzelnen Voraussetzung

Jede Voraussetzung wird mit den tatsächlichen Geschehnissen des Sachverhalts verglichen, um festzustellen, ob der Sachverhalt die jeweilige Voraussetzung erfüllt. Dazu ist jede Voraussetzung zu definieren oder zu konkretisieren und dann zu subsumieren,[582] es sei denn, es ist offensichtlich, dass die Voraussetzung vorliegt (sog. Evidenz, siehe dazu dd). Die Prüfung einer einzelnen Voraussetzung endet mit einem Zwischenergebnis, in dem festgestellt wird, ob die Voraussetzung vorliegt.[583]

581 Zur Reihenfolge der Prüfung von Voraussetzungen siehe *Tettinger*, in JuS-Studienführer, S. 167.

582 Im Vergleich zum allgemeinen Aufbau eines Gutachtens (Fragestellung/Normbenennung/Subsumtion/Ergebnis) fehlt bei der Prüfung einer einzelnen Voraussetzung der Schritt »Fragestellung«. Dieser Schritt ergibt sich aus der übergeordneten Ebene der Anspruchsprüfung, auf der die Voraussetzungen der Anspruchsgrundlage genannt werden.

583 Leider wird in den meisten Anleitungen zur Falllösungstechnik die Prüfung einer einzelnen Voraussetzung nicht ausreichend detailliert behandelt, sondern nur allgemein davon gesprochen, dass nun subsumiert werden müsse. Auch in für Anfänger konzipierten Musterlösungen werden häufig die Einzelschritte, insbesondere Definition und Subsumtion, nicht deutlich getrennt. Eine solche Vorgehensweise ist bei ausformulierten Falllösungen auf fortgeschrittenem Niveau durchaus berechtigt. Anfängern fällt es jedoch extrem schwer, die richtigen Anknüpfungspunkte und Einstiege in die Falllösung zu finden. Dem Studienanfänger ist daher am Beginn des Studiums

Das folgende Schaubild zeigt die Elemente der 3-Schritt-Prüfung einer einzelnen Voraussetzung:

Ausschnitt 2 aus dem Schaubild zu den einzelnen Schritten einer Falllösung

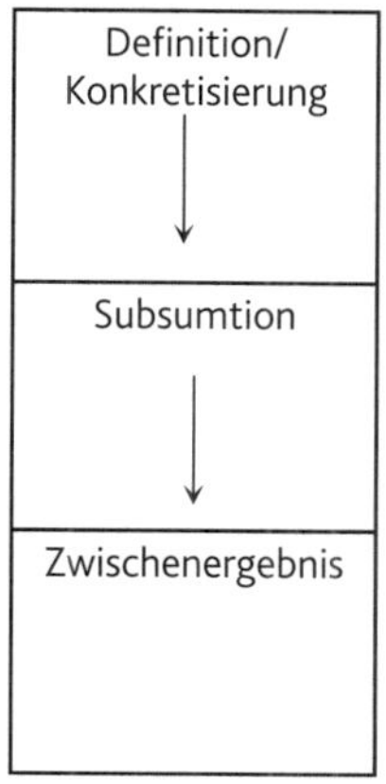

aa) Definition oder Konkretisierung der einzelnen Voraussetzung

Um entscheiden zu können, ob eine Voraussetzung gegeben ist, muss diese Voraussetzung konkretisiert werden. Es ist also zunächst festzustellen, was die im Gesetz genannte (oder ungeschriebene Tatbestands-) Voraussetzung genau bedeutet. In den meisten Fällen erfolgt dies dadurch, dass man die Voraussetzung definiert.[584] Nicht alle Voraussetzungen lassen sich jedoch ohne weiteres definieren. Es gibt Fälle, in denen man die Voraussetzung ohne exakte Definition näher beschreiben muss oder sich erst aus dieser Beschreibung einzelne Bestandteile ergeben, die man definieren kann.

---

nur mit ganz klaren Strukturen geholfen, auch wenn Musterlösungen dann »künstlich aufgebläht« wirken. Leitgedanke beim Erstellen von Musterlösungen muss sein, dass es besser ist, wenn sich Studierende mit zunehmender Erfahrung bewusst von einer allzu strikten Subsumtionsmethode lösen können, als wenn sie diese – auch mangels ausreichender Vorbilder – nie im Detail begreifen und ihre Falllösungstechnik mit der Zeit nur dadurch verbessern, dass sie zu dieser Fallgestaltung gute Falllösungen finden.

584 Zur Bildung der Begriffe und Definitionen siehe ausführlich *Schmalz*, Rn. 154–170. Eine erste Hilfestellung können auch Bücher geben, die schon ausformulierte Definitionen enthalten, wie z.B. *Constantin v. Dürckheim*, Definitionen BGB, Aus Rechtsprechung und Kommentarliteratur, 2006; *Winfried Boecken*, BGB-AT, Stuttgart, 2007 (Definitionen im Anhang); *Max Wiesmann*, Schemata und Definitionen, Bd. 1 Zivilrecht, Münster u.a., 2001; *Axel Benning/Jörg-Dieter Oberrath*, Bürgerliches Recht, Stuttgart u.a., 4. Aufl. 2008, enthält ein ausführliches Glossar mit vielen Definitionen. Im Strafrecht hat *Wilfried Küper*, Strafrecht Besonderer Teil, Definitionen mit Erläuterungen, Heidelberg, 7. Aufl. 2008, ein Definitionen-Lexikon, d.h. ein alphabetisches Wörterbuch mit ca. 170 wichtigen Begriffen des Besonderen Teils erstellt. Zum Strafrecht auch *Ulrich Schroth*, Strafrecht Besonderer Teil, Strukturen – Aufbauschemata – Definitionen, Stuttgart, 4. Aufl. 2006; *Hans-Dieter Schwind/Helwig Hassenpflug/Eckard Heintz/Hans Kaden*, StGB Besonderer Teil, Eine Sammlung von Definitionen der Tatbestandsmerkmale der §§ 111 bis 357 des StGB, Berlin, 23. Aufl. 2002. Im Öffentlichen Recht finden Sie einschlägige Definitionen in *Lutz Treder/Wolfgang Rohr*, Prüfungsschemata Verwaltungsrecht, Grundlagen und Erläuterungen, Heidelberg, 5. Aufl. 2008. Für alle Rechtsgebiete *Münchhausen/Püschel*, Die Erstsemesterkartei, München, 2. Aufl. 2003 (mit Definitionskompendium). Siehe auch das in Buchhandlungen erhältliche Karteikartensystem mit Definitionen von *Helmut Schlegel*. Bei vorformulierten Definitionen ist aber immer eine Kontrolle erforderlich, ob die Definition erstens vollständig und zweitens aktuell ist.

Wenn sich Definitionen aus dem Gesetz ergeben, nennt man sie Legaldefinitionen.

✎ *(1) Welche Legaldefinition enthält § 121 Abs. 1 S. 1 BGB?*
✎ *(2) Welche Legaldefinition enthält § 183 BGB?*
✎ *(3) Welche Legaldefinition enthält § 194 Abs. 1 BGB?*

Antwort:

(1) § 121 BGB enthält die Legaldefinition von *unverzüglich*, nämlich *ohne schuldhaftes Zögern.*

(2) § 183 BGB enthält die Legaldefinition von *Einwilligung*, nämlich *vorherige Zustimmung.*

(3) § 194 BGB enthält die Legaldefinition von *Anspruch*, nämlich das *Recht, von einem anderen ein Tun oder ein Unterlassen zu verlangen.*

Die meisten Voraussetzungen sind jedoch nicht ausdrücklich im Gesetz definiert. Ihre Definition lässt sich jedoch oft mittelbar aus gesetzlichen Bestimmungen ableiten. Darüber hinaus sind viele Definitionen von Rechtsprechung und Schrifttum entwickelt worden. Die nicht im Gesetz enthaltenen Definitionen müssen Sie jedoch nicht »stur« auswendig lernen[585], denn viele Definitionen können Sie auch selbst herleiten: Jeder Begriff kann dadurch definiert werden, dass man zunächst den höheren Gattungsbegriff und dann ein Unterscheidungsmerkmal sucht.

Beispiel:

Definition des Kaufvertrags: Der höhere Gattungsbegriff beim Kaufvertrag ist Vertrag. Das Unterscheidungsmerkmal zu anderen Verträgen ist beim Kaufvertrag, dass Inhalt der vertraglichen Pflichten ist, dem Käufer Eigentum und Besitz an der Ware zu verschaffen und dem Verkäufer den vereinbarten Kaufpreis zu zahlen.

Ausschnitt 3 hebt die Stufe der Definition/Konkretisierung für die erste Voraussetzung des § 280 Abs. 1 BGB, also für die Prüfung des Vorliegens eines Schuldverhältnisses hervor:

Ausschnitt 3 aus dem Schaubild zu den einzelnen Schritten einer Falllösung

1. Schritt: Fallfrage nach dem 4-W-Satz	A ⇨ B auf Schadensersatz statt der Leistung aus §§ 280 Abs. 1, Abs. 3, 281 BGB			
2. Schritt: Nennung der Voraussetzungen der Anspruchsgrundlage	V 1 Schuldverhältnis ↓	V 2 Pflichtverletzung i.S.v. §§ 280 I, 281	V 3 Vertretenmüssen (keine Entlastung nach § 280 Abs. 1 S. 2 BGB)	V 4 Zusätzliche Voraussetzungen des § 281
3. Schritt: Definition Konkretisierung	Definition/ Konkretisierung			

585 Wie Sie Definitionen so speichern können, dass Sie sie wieder abrufen können, wird in Kap. 8 (Karteikarten) erläutert.

Es kann sein, dass sich bei der Definition einer Voraussetzung mehrere klärungsbedürftige Bestandteile dieser Voraussetzung ergeben. Dies führt dazu, dass nach der Definition dann innerhalb dieser Voraussetzung mehrere Subsumtionsvorgänge für die einzelnen klärungsbedürftigen Bestandteile vorzunehmen sind.[586]

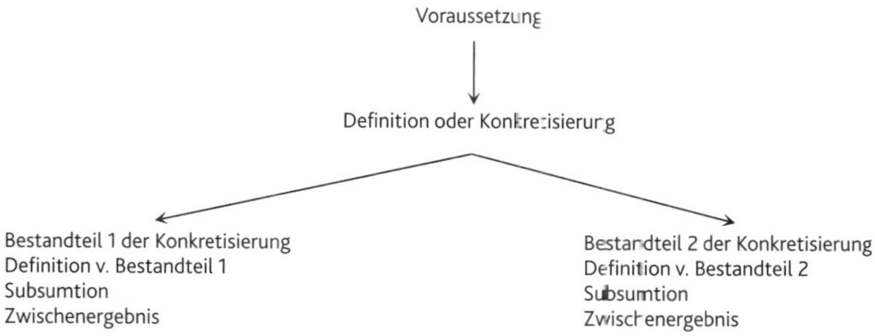

Voraussetzungen müssen nicht grundsätzlich vollständig definiert oder konkretisiert werden. Vielmehr sind nur diejenigen Bestandteile bei der Definition oder Konkretisierung der Voraussetzungen aufzugreifen, auf die es später bei der Subsumtion des Sachverhalts ankommt. Wichtig ist also, dass die Definition oder Konkretisierung der Voraussetzung bereits mit Blick auf den Sachverhalt erfolgt.[587]

Beispiel:

Bei der Prüfung eines Anspruchs auf Lieferung der Kaufsache kommt es im konkreten Fall nur darauf an, dass der Kaufvertrag wirksam zustande gekommen ist. Die Probleme des Falls liegen an anderer Stelle. Hier reicht als Konkretisierung der Satz: »Ein Kaufvertrag kommt durch zwei übereinstimmende Willenserklärungen, Angebot und Annahme, zustande.« In diesem Fall ist eine genaue Definition des Kaufvertrags nicht erforderlich. Wenn dagegen nach dem Sachverhalt unklar ist, ob ein Tausch- oder Kaufvertrag geschlossen wurde, ist es erforderlich, die Voraussetzung »Kaufvertrag« genauer zu definieren: »Ein Kaufvertrag ist ein Vertrag, der dadurch gekennzeichnet ist, dass eine Sache gegen Zahlung von Geld übergeben und übereignet wird. Ein wirksamer Vertragsschluss setzt voraus, dass zwei übereinstimmende Willenserklärungen abgegeben wurden.«

Bei der Konkretisierung oder Definition von Voraussetzungen (Tatbestandsmerkmalen) werden Sie immer wieder feststellen, dass man das Gesetz auf zwei oder sogar mehrere Arten interpretieren und deshalb auch zu unterschiedlichen Definitionen oder Konkretisierungen kommen kann. Das Auftreten von Schwierigkeiten bei der Konkretisierung oder Definition einer Voraussetzung ist oft schon ein erster Hinweis darauf, dass das Gesetz nicht eindeutig ist und dass das Tatbestandsmerkmal unterschiedlich interpretiert werden kann. Meist ist die Konkretisierung des Tatbestandsmerkmals tatsächlich streitig, was bedeutet, dass Sie an dieser Stelle der Falllösung auf eine streitige Rechtsfrage gestoßen sind, die nun zu klären ist. Streitige Rechtsfragen sind also vor allem im Rahmen der Konkretisierung eines Tatbestandsmerkmals zu behandeln. Um zu einer vertretbaren Interpretation eines nicht eindeutigen Tatbestandsmerkmals zu gelangen, ist die Auslegung der unklaren gesetzlichen Bestimmung erforderlich. Mit Hilfe der anerkannten Auslegungskriterien (Wortlaut, Syste-

586 *Diederichsen/Wagner*, S. 72, sprechen von Schachtelsubsumtion.
587 *Schmalz* spricht davon, die Rechtsnorm zur Fallnorm zu konkretisieren, also eine Teildefinition vorzunehmen, siehe näher Rn. 27, 167.

matik, Entstehungsgeschichte, Sinn und Zweck)[588] müssen Sie eine eigene Auffassung zur Gesetzesinterpretation entwickeln und in der Falllösung begründen. Besonders an solchen Stellen einer Falllösung kann man zeigen, ob man in der Lage ist, juristische Lösungsschritte eigenständig zu entwickeln. Die Interpretation des Gesetzes fällt um so leichter, je mehr juristisches Wissen Sie nicht nur zu diesem Tatbestandsmerkmal, sondern generell besitzen.

Technik der juristischen Argumentation

Albrecht, Achim	Juristisch denken und argumentieren, Leitfaden zum Studienerfolg, Köln, 1998.
Diederichsen, Uwe	Die BGB-Klausur, München, 9. Aufl. 1998, S. 154 ff. (ausführlich zur Technik der juristischen Argumentation).
Steinberg, Georg	Angewandte juristische Methodenlehre für Anfänger, Frankfurt/M., 2006, S. 69 ff.
Wank, Rolf	Die Auslegung von Gesetzen, Köln u.a., 4. Aufl. 2008 (enthält eine Übersicht über den Standort der Methodenlehre bei der Falllösung).

Manche Voraussetzungen von Anspruchsgrundlagen sind selbst umfassende Rechtsbegriffe und deshalb in anderen gesetzlichen Bestimmungen verankert und konkretisiert. Diese anderen gesetzlichen Bestimmungen nennen ihrerseits Voraussetzungen für das Vorliegen des Rechtsbegriffs. Aus dem Blickwinkel der Anspruchsgrundlage stellen diese Voraussetzungen dann Untervoraussetzungen für *eine bestimmte* Voraussetzung der Anspruchsgrundlage dar.

✎ *Welche Voraussetzung des § 280 Abs. 1 BGB stellt einen eigenständigen umfassenderen Rechtsbegriff dar? In welcher Rechtsnorm wird diese Voraussetzung konkretisiert?*

Antwort:
Es handelt sich um die Voraussetzung, dass der Schuldner »eine Pflicht aus dem Schuldverhältnis« verletzt. Für den Schadensersatz statt der Leistung reicht nicht jede Pflichtverletzung aus, sondern es muss sich um eine Pflichtverletzung i.S.v. § 281 BGB handeln. Demzufolge wird die für den Schadensersatz statt der Leistung erforderliche Pflichtverletzung in § 281 Abs. 1 S. 1 BGB konkretisiert.

✎ *Welche Konkretisierung trifft § 281 Abs. 1 S. 1 BGB in Bezug auf die in § 280 Abs. 1 BGB genannte Voraussetzung »Pflichtverletzung«?*

Die für den Schadensersatz statt der Leistung erforderliche Pflichtverletzung muss gem. § 281 Abs. 1 S. 1 1. Alt. BGB darin bestehen, dass der Schuldner

1. die Leistung (trotz Möglichkeit) noch nicht erbracht hat,

588 Zu den Auslegungsmethoden allgemein und im Zivilrecht siehe Fn. 389. Zur Auslegung von (Straf-)Rechtssätzen und den Besonderheiten der Auslegung im Strafrecht siehe *Tiedemann*, S. 74 ff., 83 f. Zur Einarbeitung in die Methodenlehre bietet *Schmalz*, Methodenlehre, für Leser, die nicht das gesamte Buch durcharbeiten wollen, zwei unterschiedliche Leseprogramme für Studienanfänger oder für Fortgeschrittene an.

2. die Leistung fällig ist (und der Anspruch des Gläubigers wirksam und durchsetzbar ist[589]).

Um die Pflichtverletzung bejahen zu können, müssen also die (Noch-)Nichtleistung und die Fälligkeit der Leistung vorliegen.

Auch die vierte Voraussetzung ist noch weiter zu konkretisieren. Bisher hatten wir nur festgestellt, dass § 280 Abs. 3 BGB noch auf zusätzliche Voraussetzungen in § 281 BGB verweist.

✎ *Welche zusätzlichen Voraussetzungen verlangt § 281 BGB?*

Antwort:
§ 281 Abs. 1 BGB setzt weiter voraus, dass

1. der Gläubiger eine angemessene Frist zur Leistung bestimmt hat,
2. die Frist erfolglos abgelaufen ist.

In Ausschnitt 4 sehen Sie, wie die Stufe der Konkretisierung einer Voraussetzung (hier Voraussetzung 2 und Voraussetzung 4) zu weiteren Untervoraussetzungen führt, die geprüft werden müssen, bevor ein Zwischenergebnis für die einzelne zu prüfende Voraussetzung der Anspruchsgrundlage vorliegt.[590]

589 Die Durchsetzbarkeit des Anspruchs als ungeschriebene Voraussetzung wurde in den weiteren Schaubildausschnitten aus Platzgründen weggelassen.

590 Der Anspruch auf Schadensersatz statt der Leistung (sowohl bei Unmöglichkeit als auch bei Leistungsverzögerung) wird nicht einheitlich geprüft. Einigkeit besteht darüber (und lässt sich auch aus dem Willen des Gesetzgebers entnehmen), dass § 280 Abs. 1 BGB die grundlegende Anspruchsnorm ist. Jede Falllösung hat daher mit § 280 Abs. 1 BGB zu beginnen. Beim Schadensersatz statt der Leistung ist § 280 BGB eine Grundnorm, die durch zusätzliche Voraussetzungen zu ergänzen ist. Daraus ergeben sich mindestens drei Aufbauvarianten. Der hier gewählte Aufbau bleibt möglichst nah am Gesetz, so auch *Jörn Eckert*, Schuldrecht, Baden-Baden, 4. Aufl. 2005, Rn. 517, 520, und *Dirk Looschelders*, Schuldrecht Allgemeiner Teil, Köln u.a., 5. Aufl. 2007, S. 485 ff. (Das Leistungsstörungsrecht in der Fallbearbeitung). Eine andere Möglichkeit ist, zuerst alle Voraussetzungen des § 280 Abs. 1 BGB zu prüfen, also eine Pflichtverletzung zu bejahen, ohne auf die Nichtleistung trotz Fälligkeit, einzugehen. Anschließend werden alle Voraussetzungen des § 281 Abs. 1 BGB geprüft. Das hat den Nachteil, dass man bei der Prüfung der Pflichtverletzung und der Prüfung der Nichtleistung trotz Fälligkeit fast das Identische schreiben muss. Möglich wäre auch, alle Voraussetzungen des § 281 BGB unter der Pflichtverletzung zu prüfen. Dann würde eine Pflichtverletzung, die zum Schadensersatz statt der Leistung führen würde, erst dann verwirklicht, wenn auch die Frist abgelaufen ist. Dies begegnet dogmatischen Bedenken.

Ausschnitt 4 aus dem Schaubild zu den einzelnen Schritten einer Falllösung

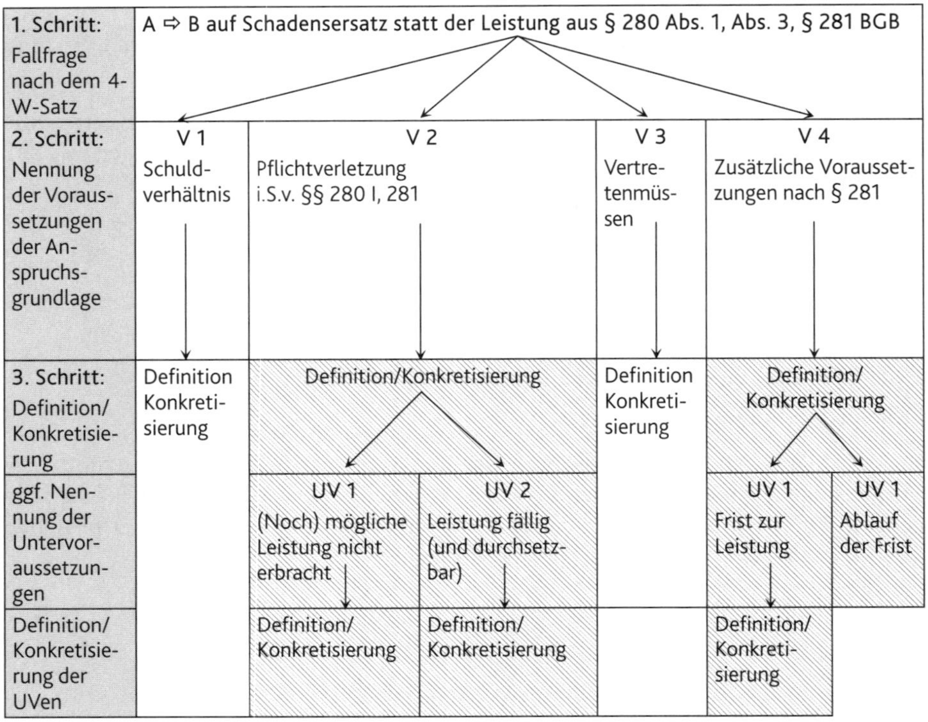

bb) Subsumtion (im engeren Sinn)

Nach der Konkretisierung der Voraussetzungen erfolgt die Subsumtion (im engeren Sinn). Auf der Stufe der Subsumtion der einzelnen Voraussetzungen wird gedanklich überprüft, ob das tatsächliche Geschehen die – nun konkretisierte – Voraussetzung erfüllt.[591] Dies erfolgt wiederum meist schrittweise, indem man einzelne tatsächliche Ereignisse aus dem Sachverhalt den einzelnen Bestandteilen der Definition zuordnet und damit die Entscheidung trifft, ob das tatsächliche Geschehen mit den Voraussetzungen des Anspruchs übereinstimmt.[592] Erst auf dieser Stufe der Falllösung kann und muss man sich also genauestens mit dem Sachverhalt auseinandersetzen, weil erst nach der Konkretisierung der Voraussetzungen (Tatbestandsmerkmale) genau untersucht werden kann, ob die Sachverhaltskomponenten den Voraussetzungen zugeordnet werden können.

Die Frage, wie bestimmte Sachverhaltsdetails zu verstehen sind, stellt sich also meist erst auf dieser Stufe. Beim genauen Umgang mit dem Sachverhalt gibt es einige typische Unsicherheiten und Fehler.[593]

591 Es kann sich in seltenen Fällen anbieten, mehrere Voraussetzungen gemeinsam zu prüfen, um eine künstliche Aufteilung des Sachverhalts zu vermeiden, siehe *Schmalz*, Rn 23, der als Beispiel bei der Prüfung des Anspruchs aus § 812 Abs. 1 S. 1, 1. Alt. BGB die gemeinsame Prüfung von »etwas erlangt« und »durch Leistung«, also »etwas durch Leistung erlangt« nennt.

592 Siehe Beispiel auf S. 281.

593 Die meisten Fallbearbeitungsanleitungen besprechen diese Fehler im Rahmen des »Erfassens des Sachverhalts«; tatsächlich treten aber viele der Probleme erst auf dieser Stufe der Falllösung auf.

(1) Verwertung aller Sachverhaltsangaben
In vielen Anleitungen zur Falllösung findet sich die Aussage, dass jede Angabe im Sachverhalt in der Falllösung verwertet werden muss. Dies stimmt jedoch in dieser Allgemeinheit nicht, denn manche Details müssen im Sachverhalt stehen, um ihn insgesamt verständlich zu machen, sind aber rechtlich nicht verwertbar. Darüber hinaus gibt es auch Klausuren, in denen lediglich zur Anschaulichkeit Details angeführt werden, die rechtlich nicht relevant sind. Versuchen Sie daher nicht, Angaben des Sachverhalts unbedingt in die Falllösung zu »pressen«. Der Umgang mit den Angaben des Sachverhalts sollte sich vielmehr daran orientieren, welche Angaben bei der Subsumtion der einzelnen Voraussetzungen rechtlich verwertbar und daher für die konkrete Fragestellung relevant sind.

Beispiel:

In einem Sachverhalt wird von der im Handelsregister eingetragenen Otto Müller OHG gesprochen, die aus den Gesellschaftern Otto, Martin und Klaus besteht. Die OHG betreibt einen Möbelhandel. Ziel der Klausur ist es, einen schuldrechtlichen Anspruch im Rahmen der Drittschadensliquidation zu prüfen. Dass hier von einer OHG gesprochen wird, die einen Möbelhandel betreibt, soll nur dazu dienen, den Sachverhalt möglichst lebensnah zu gestalten. Um zu verhindern, dass die Bearbeiter handelsrechtliche oder gesellschaftsrechtliche Fragen prüfen, ist im Sachverhalt die Angabe »ins Handelsregister eingetragen« hinzugefügt. Die Bearbeiter können also davon ausgehen, dass es sich um eine wirksam entstandene Gesellschaft handelt. Es besteht kein Anlass, §§ 1 ff. HGB zu prüfen.

(2) »Tatbestandsquetsche«
Tatbestandsquetsche bedeutet, Tatsachen aus dem Sachverhalt so zu verändern, dass sie sich unter eine Voraussetzung subsumieren lassen und die angestrebte Lösung möglich wird. Der Sachverhalt wird als »unrichtig« und deshalb korrekturbedürftig empfunden. Ausnahmslos müssen Sachverhalte in juristischen Fallbearbeitungen jedoch unverändert zugrundegelegt werden.[594] Selbst wenn Ihnen die tatsächlichen Ereignisse in einem Sachverhalt sehr lebensfremd vorkommen, sind Sie an die geschilderte Situation gebunden. Es ist also absolut unzulässig, Korrekturen vorzunehmen und den Sachverhalt in eine bestimmte Richtung zu »quetschen«.

(3) Unterstellungen
Während die eigenmächtige Korrektur eines Sachverhalts immer unzulässig ist, kann man dies für Unterstellungen im Sachverhalt nicht so generell sagen. Zwar gilt auch hier der Grundsatz, dass Sachverhalte nicht geändert oder ergänzt werden dürfen, aber es sind Fallgruppen denkbar, in denen man bei der Subsumtion bestimmte Tatsachen unterstellen muss. Werden schon im Sachverhalt bestimmte Ereignisse rechtlich bewertet und erhebt niemand Widerspruch, können Sie davon ausgehen, dass die Tatsachen, die zu dieser Bewertung führten, vorliegen.

Beispiel:

Im Sachverhalt heißt es »A schloss mit B einen formgültigen Kaufvertrag über ein Grundstück.« Hier können Sie für die Feststellung des wirksamen Vertragsschlusses davon ausgehen, dass der Kaufvertrag notariell beurkundet wurde und die Anforderungen des § 311 b Abs. 1 S. 1 BGB erfüllt sind.

594 Kein Fall der Tatbestandsquetsche liegt vor, wenn man offensichtliche Schreibfehler korrigiert. Schreibfehler können auch bei Daten vorkommen. Bevor Sie hier jedoch Daten verändern, sollten Sie mehrmals überprüfen, ob die Daten in der vorliegenden Form nicht doch einen Sinn ergeben.

Im Sachverhalt heißt es: »Die im Handelsregister eingetragene OHG...«. Hier ist anzunehmen, dass die Handelsregistereintragung wirksam erfolgt ist.

Wenn sich ein Umstand im Sachverhalt nicht klären lässt und es sich nicht um eine rechtliche Bewertung handelt, kann dies bedeuten, dass Sie davon ausgehen sollen, dass sich der Umstand nicht klären lässt. In diesem Fall müssen Sie nach Beweislastregelungen entscheiden. Beweislastnormen regeln die Frage, wer das Risiko dafür trägt, dass sich ein Umstand nicht aufklären lässt.

Beispiel § 286 Abs. 4 BGB (Schuldnerverzug):

Wenn eine Leistung verspätet erfolgt und sich nicht feststellen lässt, ob der Schuldner die Verzögerung zu vertreten hat, trägt der Schuldner die Beweislast. Man geht davon aus, dass er die Verzögerung zu vertreten hat, wenn er nicht beweisen kann, dass er sie nicht zu vertreten hat. Im Rahmen der Prüfung des Vertretenmüssens ist also dann festzustellen, dass der Schuldner die Verzögerung nach der Beweislastregel des § 286 Abs. 4 BGB zu vertreten hat und sich deshalb in Schuldnerverzug befindet.

Lässt sich eine Unklarheit im Sachverhalt nicht mit den bisherigen Überlegungen lösen, ist dringend zu empfehlen, den Sachverhalt noch einmal genau zu überprüfen und festzustellen, ob man mit der vorhandenen Information nicht doch zu einer sinnvollen Lösung gelangen kann. Erst wenn Sie zu dem Schluss kommen, dass eine sinnvolle Lösung ohne die Interpretation des Sachverhalts und eine daraus resultierende Unterstellung von Tatsachen nicht möglich ist, dürfen Sie dem Sachverhalt bestimmte Tatsachen unterstellen. Dabei ist der Sachverhalt möglichst lebensnah zu interpretieren. Nur wenn man davon ausgehen kann, dass der Klausursteller bestimmte Tatsachen ohne ausdrückliche Erwähnung zugrunde gelegt hat, weil er sie für selbstverständlich hielt, ist eine solche Sachverhaltsinterpretation zulässig.[595]

(4) Äußerungen von Beteiligten

Bei Aussagen von Beteiligten im Sachverhalt ist zu unterscheiden, ob sich diese Äußerungen auf Tatsachen beziehen oder auf rechtliche Folgerungen. Äußerungen zu Tatsachen, die von niemand in Frage gestellt wurden, können Sie als richtig unterstellen. Rechtliche Hinweise auf Anwendung, Auslegung und Rechtsfolgen von Rechtsnormen durch am Sachverhalt beteiligte Personen dürfen nicht als wahr unterstellt werden. Sie dienen vielmehr als Einstieg in die Problematik. Der Klausursteller will damit in aller Regel auf ein Rechtsproblem aufmerksam machen, das in der Falllösung behandelt werden muss.[596]

In Ausschnitt 5 ist dem bisherigen Ausschnitt die Stufe der Subsumtion hinzugefügt:

595 Wenn Sie glauben, den Sachverhalt nicht ausreichend klären zu können, ist die (wirklich letzte) Notlösung, klausurtaktisch vorzugehen und gedanklich zwei Lösungen zu entwerfen. Danach können Sie vielleicht erkennen, an welchen Lösungsweg der Klausursteller aufgrund des Sachverhalts und der Fallfrage eher gedacht hat.

596 Zum richtigen Umgang mit den Rechtsmeinungen von Beteiligten siehe *Belke*, S. 41 f.

Ausschnitt 5 aus dem Schaubild zu den einzelnen Schritten einer Falllösung

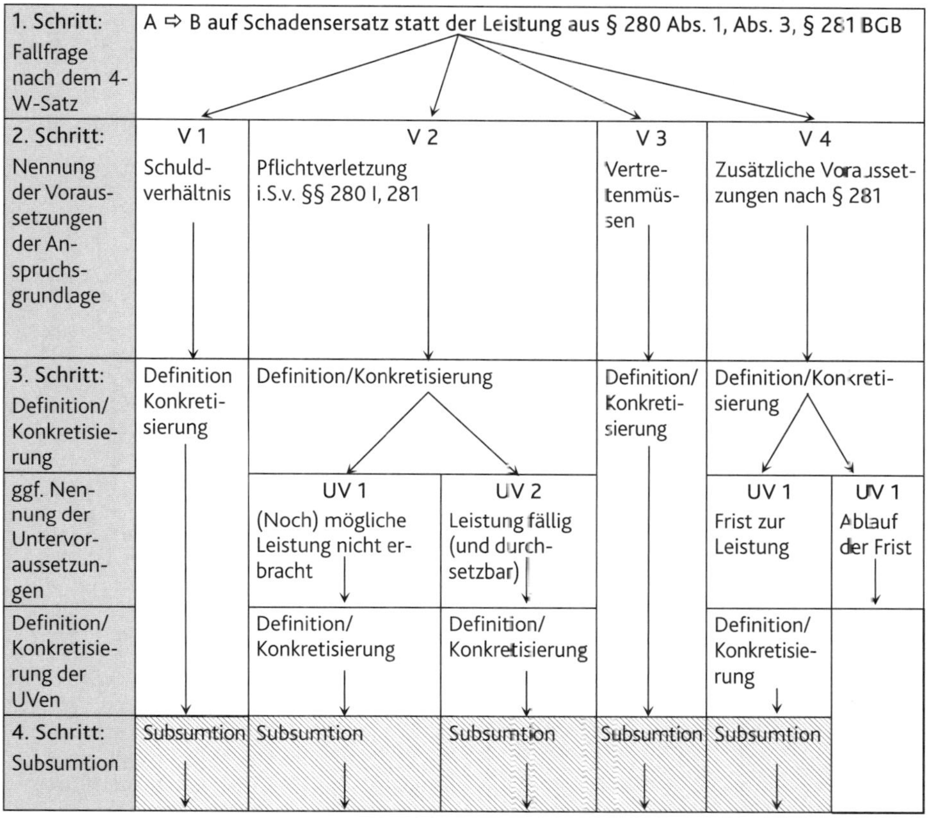

cc) (Zwischen-)Ergebnis

Nach der Subsumtion wird die Prüfung einer einzelnen Voraussetzung mit einem Zwischenergebnis abgeschlossen, in dem festgehalten wird, ob die Voraussetzung vorliegt oder nicht.

dd) Evidenz

Von der Vorgehensweise, Voraussetzungen in den Schritten »Definition, Subsumtion und Zwischenergebnis« zu prüfen, gibt es eine Ausnahme: Manche Voraussetzungen sind offensichtlich gegeben, d.h., ihr Vorliegen ist ohne weitere Konkretisierung *evident*. Für die Falllösung bedeutet dies, dass das Vorliegen der Voraussetzung mit einem Satz im Urteilsstil bejaht werden kann.[597] Anfänger sind oft unsicher darüber, in welchen Fällen man von der Evidenz einer Voraussetzung oder dem Bestandteil einer Voraussetzung ausgehen kann. Einen Anhaltspunkt für die Entscheidung, ob Evidenz vorliegt, gibt die Frage, ob ein unbefangener Leser die Übereinstimmung von Voraussetzung und tatsächlichem Geschehen anzweifeln würde, wenn man nur einen Satz schreiben würde.[598] Wenn man mehr als einen Satz braucht, um das Vorliegen der

597 Zur Formulierung siehe S. 267 f.
598 *Schmalz*, Rn. 26.

Voraussetzung zu begründen, liegt die Voraussetzung nicht mehr evident vor. Dann muss man in die 3-Schritt-Prüfung »einsteigen«.

Ausschnitt 6 veranschaulicht die Stufe »Zwischenergebnis« und die Stufe der Bejahung der Voraussetzung »Ablauf der Frist« im Wege der Evidenz:

Ausschnitt 6 aus dem Schaubild zu den einzelnen Schritten einer Falllösung

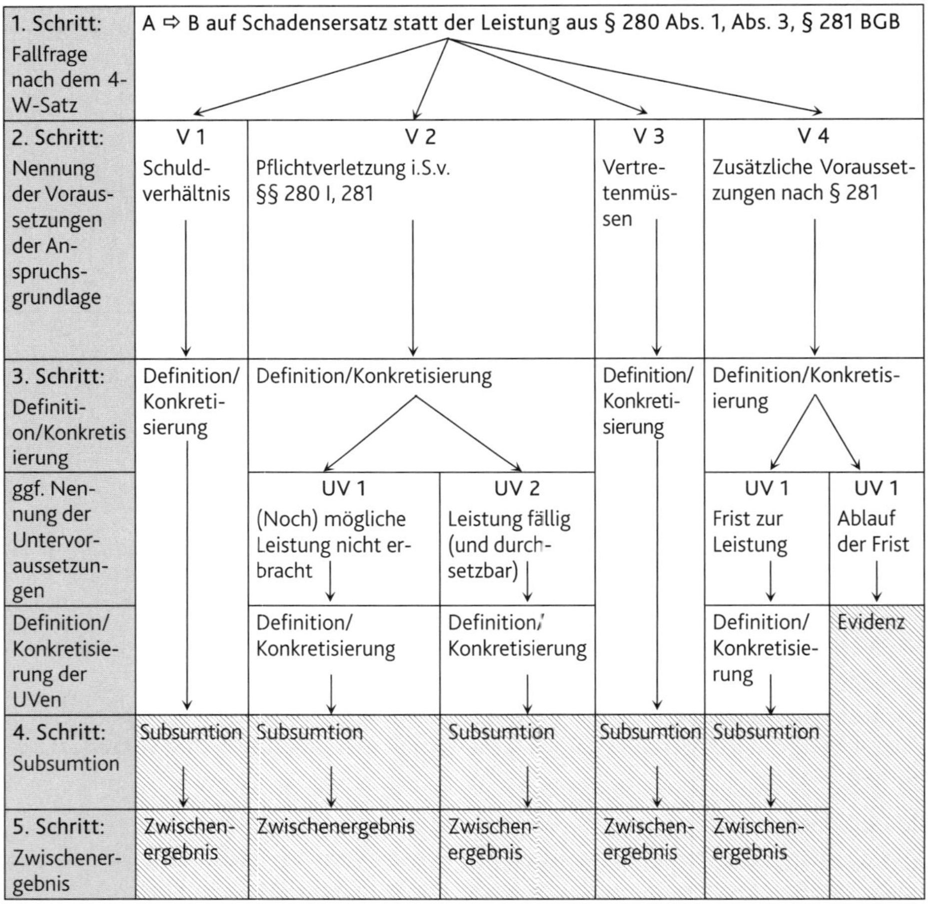

d) Gesamtergebnis

Im Rahmen der Prüfung einer Anspruchsgrundlage werden nacheinander alle Voraussetzungen und ggf. alle ihre Bestandteile nacheinander in den Schritten Definition/ Konkretisierung, Subsumtion, Zwischenergebnis geprüft oder als evident vorliegend festgestellt. Diese Subsumtionsvorgänge laufen solange hintereinander ab, bis nacheinander alle Voraussetzungen der Anspruchsgrundlage erfüllt sind (Anspruch gegeben). Ist eine Voraussetzung nicht erfüllt, ist der Anspruch nicht gegeben und die Prüfung der weiteren Voraussetzungen kann entfallen.

Nach der Bejahung des Anspruchs kann allerdings noch eine »Rechtsfolge-Subsumtion«[599] erforderlich sein. Dies ist vor allem bei Schadensersatzansprüchen oder anderen Ersatzansprüchen der Fall. Nehmen Sie an, das Ergebnis einer Anspruchsprüfung aus §§ 280 Abs. 1, Abs. 3, 283 BGB würde lauten: »K kann von V Schadensersatz statt der Leistung aus §§ 280 Abs. 1, Abs. 3, 283 BGB verlangen«. Falls nach dem Sachverhalt einzelne Schadensposten entstanden sind (z.B. Kosten im Zusammenhang mit der Ersatzbeschaffung der unmöglich gewordenen Sache), muss nun weiter geprüft werden, ob diese Schadensposten im Rahmen der Anspruchsgrundlage ersetzt werden können.[600] Das Ergebnis der Anspruchsprüfung, gegebenenfalls einschließlich einer Rechtsfolge-Subsumtion, ist als Endergebnis festzustellen.

Sobald eine Voraussetzung verneint wird, ist die Anspruchsprüfung abzubrechen und als Endergebnis festzustellen, dass der Anspruch nicht vorliegt. Im Normalfall ist damit die Anspruchsprüfung beendet. Hiervon gibt es eine (seltene) Ausnahme: Wenn wesentliche rechtliche Probleme des Sachverhalts nicht angesprochen oder weite Teile des Sachverhalts nicht verwertet werden können, kann es sinnvoll sein, ein **Hilfsgutachten** zu erstellen.[601] Bevor Sie jedoch rechtliche Probleme im Wege des Hilfsgutachtens erörtern, sollten Sie Ihren Lösungsweg genau überprüfen. Die Erstellung von Hilfsgutachten kommt am häufigsten bei der Prüfung von Klagen oder anderen Rechtsbehelfen vor. Hier kann es sein, dass die Zulässigkeit der Klage verneint werden muss und deshalb die materiell-rechtlichen Probleme nicht mehr geprüft werden könnten. In diesem Fall ist die Begründetheit der Klage in einem Hilfsgutachten zu prüfen (»Hilfsgutachten: Begründetheit der Klage ...«).

✎ *Schlagen Sie zum Abschluss das Schaubild auf S. 246 nach und vergegenwärtigen Sie sich noch einmal die einzelnen Stufen und den Ablauf der Falllösung.*

☞ Die Falllösung beginnt mit der Fragestellung und dem Herausarbeiten der einzelnen Voraussetzungen derjenigen Rechtsnorm (im Zivilrecht: Anspruchsgrundlage), die dem Anspruchssteller die begehrte Rechtsfolge gewährt.

☞ Die Prüfung einer einzelnen Voraussetzung erfordert, sofern diese Voraussetzung nicht evident vorliegt, drei Schritte:
- Definition/Konkretisierung
- Subsumtion
- Zwischenergebnis.

☞ Die Konkretisierung kann ergeben, dass Untervoraussetzungen zu prüfen sind. Diese werden ebenfalls, sofern nicht evident, mit den drei Schritten Definition/Subsumtion/Zwischenergebnis geprüft.

☞ Die Prüfung endet mit einem Gesamtergebnis.

599 *Schmalz*, Rn. 38.

600 Manche Fallbearbeitungen prüfen dies immer bereits bei den Voraussetzungen unter dem weiteren Gliederungspunkt »Schaden«. Dies entspricht aber in der Regel nicht der Gesetzessystematik, denn die §§ 249 ff. BGB regeln Art und Umfang des Schadensersatzes, wenn ein Anspruch auf Schadensersatz besteht. Es werden bei der Korrektur von Klausuren jedoch beide Varianten anerkannt.

601 Zum Hilfsgutachten siehe *Schmalz*, Rn. 584 ff.; *Butzer/Epping*, S. 65 ff.

e) Exkurs: Grundraster für die Anspruchsprüfung

Die bisherige Darstellung ging davon aus, dass nach dem Sachverhalt nur die Voraussetzungen für das Entstehen eines wirksamen Anspruchs, jedoch keine Gegennormen zu prüfen waren. Gegennormen sind Normen, die bewirken, dass der Anspruch entweder nicht wirksam entsteht (rechtshindernde Einwendung) oder ein zunächst entstandener Anspruch untergeht (rechtsvernichtende Einwendung) oder nicht durchsetzbar ist (rechtshemmende Einwendung/Einrede). Das Vorliegen eines Anspruchs kann also nur dann endgültig bejaht werden, wenn sowohl die Voraussetzungen der Anspruchsgrundlage vorliegen als auch keine Gegennormen eingreifen. Im Grunde wird bei jeder zivilrechtlichen Anspruchsprüfung gefragt, ob der Anspruch entstanden, nicht untergegangen und durchsetzbar ist:

Ebene 1:
Anspruch entstanden?
Voraussetzungen der Anspruchsgrundlage[602] (Anspruchsnorm)
Anspruch wirksam entstanden?
Voraussetzungen von rechtshindernden Einwendungen (Gegennormen)
Ebene 2:
Anspruch untergegangen?
Voraussetzungen von rechtsvernichtenden Einwendungen (Gegennormen)
Ebene 3:
Anspruch durchsetzbar?
Voraussetzungen von rechtshemmenden Einwendungen oder Einreden (Gegennormen)

Nicht jeder Sachverhalt bietet jedoch Anlass, alle drei Ebenen zu prüfen, z.B. wird bei Fällen zum Allgemeinen Teil des BGB häufig nur die erste Ebene, das Entstehen eines Anspruchs, geprüft (vor allem im ersten und zweiten Semester).

Nehmen Sie folgenden Fall an:
»V verkauft K ein Wochenendgrundstück. Beide wollen die Notarkosten sparen und besiegeln ihren Vertrag nur mit einem Handschlag. Am nächsten Tag findet K ein schöner gelegenes Grundstück und will sich nicht mehr an den Vertrag mit V halten. V verlangt von K den Kaufpreis. Wie ist die Rechtslage?«
✎ *(1) Welche Anspruchsgrundlage ist zu prüfen? Welche Gegennorm ist zu prüfen?*
✎ *(2) Wie sieht der Grobaufbau der Falllösung aus?*
✎ *(3) Welche Ebenen sind zu prüfen?*

Antwort:

(1) Anspruchsgrundlage ist § 433 Abs. 2 BGB. Die einschlägige Gegennorm ist die rechtshindernde Einwendung des § 125 S. 1 BGB.

(2) Der Grobaufbau der Falllösung sähe wie folgt aus:

Anspruch entstanden? (Ebene 1)

1. Voraussetzungen der Anspruchsgrundlage: § 433 Abs. 2 BGB
2. Voraussetzungen der Gegennorm: rechtshindernde Einwendung § 125 S. 1 i.V.m. § 311 b Abs. 1 S. 1 BGB.

602 Siehe S. 247 f.

(3) Der Sachverhalt gibt nur Anlass, Ebene 1 (Anspruch wirksam entstanden?) zu prüfen.

Bei Sekundäransprüchen aus Vertrag, z.B. auf Schadensersatz wegen nachträglicher Unmöglichkeit der Leistung ist der Sachverhalt häufig so gestaltet, dass Sie nur die Anspruchsentstehung zu prüfen haben.[603] Wenn Umstände, die auf rechtsvernichtende oder rechtshemmende Einwendungen (zweite und dritte Ebene) hinweisen, im Sachverhalt fehlen, endet die Fallprüfung nach der ersten Ebene.

Beispiel:

Es geht um einen Anspruch auf Schadensersatz aus §§ 280 Abs. 1, Abs. 3, 283 BGB. Der Sachverhalt bietet für Ebene 2 und 3 keinen Anlass.
Grobaufbau der Falllösung:
Anspruch entstanden? (Ebene 1):
Voraussetzungen der Anspruchsgrundlage § 280 Abs. 1, Abs. 3, § 283 BGB.

Auch bei Ansprüchen aus ungerechtfertigter Bereicherung fehlen im Sachverhalt meist Umstände, die auf Einwendungen hinweisen, so dass nur die erste Ebene zu prüfen ist.

Beispiel:

Es geht um einen Anspruch auf Herausgabe des Erlangten aus § 812 Abs. 1 S. 1, 1. Alt. BGB. Der Sachverhalt bietet für Ebene 2 und 3 keinen Anlass.
Grobaufbau der Falllösung:
Anspruch entstanden? (Ebene 1):
Voraussetzungen der Anspruchsgrundlage § 812 Abs. 1 S. 1, 1. Alt BGB.

Zwei oder manchmal drei Ebenen (die Entstehung, der Wegfall oder die Nichtdurchsetzbarkeit) sind dagegen häufig bei vertraglichen Primäransprüchen (z.B. Lieferanspruch/Kaufpreisanspruch) zu prüfen.[604]

Beispiel:

Anspruch auf Übergabe der Kaufsache aus § 433 Abs. 1 S. 1 BGB
Grobaufbau der Falllösung:
1. Anspruch entstanden? (Ebene 1):
Voraussetzungen der Anspruchsgrundlage § 433 Abs. 1 S. 1 BGB?
2. Anspruch untergegangen? (Ebene 2):
Voraussetzungen einer rechtsvernichtenden Einwendung (z.B. Erfüllung gem. § 362 Abs. 1 BGB)?
3. Anspruch durchsetzbar? (Ebene 3)
Voraussetzungen einer rechtshemmenden Einwendung (z.B. Einrede des nichterfüllten Vertrags gem. § 320 BGB)?

Allerdings enthalten Sachverhalte eher selten gleichzeitig rechtshindernde (Ebene 1) und rechtsvernichtende Einwendungen (Ebene 2). Das Grundraster dient also lediglich dazu, alle Ebenen der Anspruchsprüfung aufzuzeigen. Sie sollten jedoch nicht

603 Zum Prüfungsprogramm für vertragliche Sekundäransprüche siehe *Medicus*, S. 37; *Olzen/Wank*, S. 87 ff.

604 Zum Prüfungsprogramm für vertragliche Primäransprüche siehe *Medicus*, S. 35 f.; *Olzen/Wank*, S. 85 ff.

versuchen, alle Ebenen in einer Falllösung »unterzubringen«, wenn der Sachverhalt dazu keinen Anlass bietet.

Wenn nach dem Sachverhalt mehrere Ebenen zu prüfen sind, ist auf jeder Ebene wie oben beschrieben vorzugehen: Es sind also zunächst die Voraussetzungen der Anspruchsgrundlage zu prüfen nd anschließend die Voraussetzungen der Gegennormen festzustellen und zu prüfen. Konkret bedeutet das für *Ebene 1*, dass die Voraussetzungen der Anspruchsgrundlage und ggf. die Voraussetzungen von rechtshindernden Einwendungen festzustellen[605] und nach der Drei-Schritt-Methode zu prüfen sind. Auf *Ebene 2* sind die Voraussetzungen von rechtsvernichtenden Gegennormen und auf *Ebene 3* die Voraussetzungen von rechtshemmenden Gegennormen zu untersuchen.[606]

Grundraster der Anspruchsprüfung

Linhart, Karin	Das System der Anspruchsgrundlagen, Einwendungen und Einreden in der Zivilrechtsklausur, JA 2006, 266 ff.
Medicus, Dieter	Bürgerliches Recht, München, 21. Aufl. 2007, S. 1 ff. (Anspruch entstanden, S. 9 ff. (Einwendungen).
Petersen, Jens	Die Entstehung und Prüfung von Ansprüchen, JURA 2008, 180.

4. Einzelheiten zur Lösungsskizze

Alle Schritte der Falllösung werden zunächst durchdacht und dann in der Lösungsskizze notiert. Die Lösungsskizze enthält also bereits alle Gliederungspunkte der Falllösung. Schon in der Lösungsskizze sollten Sie alle Gesetzesbestimmungen zitieren, um bei der Ausformulierung nicht gezwungen zu sein, ständig den Schreibfluss zu unterbrechen und Gesetzesstellen im Gesetz nachzulesen. Es ist wichtig, die Gesetzesbestimmungen genau zu zitieren, d.h. – je nach Norm – nach Absatz, Satz, Halbsatz, Alternative, Fall oder Variante zu unterscheiden.[607]

Beispiele:

Anspruch aus § 812 Abs. 1 S. 1, 1. Alt. BGB
Anspruch aus § 433 Abs. 1 S. 1 BGB.

In der Lösungsskizze werden die einzelnen Voraussetzungen (Tatbestandsmerkmale) genannt und in Stichworten die wesentlichen Argumente niedergeschrieben.[608] Zu jeder Voraussetzung sollte man das vorläufige Zwischenergebnis, zu jedem Anspruch das Endergebnis festhalten.

605 *Schmalz*, Rn. 120 ff., spricht von »Untersuchungsprogramm«. Die Bezeichnung Untersuchungsprogramm macht aber nicht ausreichend deutlich, dass es sich hier um die Feststellung der materiellen Anspruchsvoraussetzungen handelt.

606 Dazu auch *Möllers*, S. 36; *Wörlen*, S. 29.

607 Zum Zitieren von Gesetzen siehe *Schmidt*, Grundlagen rechtswissenschaftlichen Arbeitens, JuS 2003, 649, 653. Gerade bei Paragraphen, die in einzelnen Absätzen oder Sätzen völlig Unterschiedliches regeln, ist das genaue Zitieren der Absätze und Sätze wichtig, z.B.: § 433 Abs. 1 enthält zwei Sätze, die Unterschiedliches regeln: § 433 Abs. 1 S. 1 BGB regelt den Kauf einer *Sache*, § 433 Abs. 1 S. 2 BGB regelt dagegen den Kauf eines *Rechts*.

608 Um keine Voraussetzung zu vergessen, kann man vorab eine kurze Liste der Voraussetzungen erstellen. *Schmalz*, Rn. 459, schlägt vor, neben jeden Gliederungspunkt den nächstfolgenden zu notieren, damit man ihn später nicht mehr übersieht.

Zwischen den einzelnen Gliederungspunkten sollten Sie ausreichend Platz lassen, damit Sie die Lösungsskizze ergänzen können, wenn Ihnen noch etwas einfällt. Rechtsfragen, die Sie noch nicht endgültig beantworten können, sollten Sie besonders kennzeichnen, damit Sie die »neuralgischen« Punkte Ihrer Lösung schnell wiederfinden. Wenn der weitere Lösungsweg nicht von einer sofortigen Entscheidung über einen solchen »neuralgischen Punkt« abhängt, empfiehlt es sich, zunächst den Fall weiter zu lösen, denn vielleicht haben Sie später noch eine »Eingebung«. Sehr wichtig ist, dass Sie die einzelnen Blätter Ihrer Lösungsskizze immer (also auch zu Hause) nur einseitig beschriften. Der Grund liegt darin, dass Sie auf diese Weise mehrere Blätter nebeneinander legen und am Ende Ihrer Vorarbeiten den gesamten Lösungsweg auf einmal überblicken können, ohne Blätter umdrehen zu müssen.

5. Schwerpunktbildung und Überprüfen des Ergebnisses

Nachdem Sie die Lösungsskizze erstellt haben, sollten Sie die Skizze noch einmal unter dem Gesichtspunkt der Schwerpunktsetzung durchsehen. Jede Klausur hat mehrere Schwerpunkte, mit denen der Klausursteller Ihr rechtliches Verständnis überprüfen will. Sie können Schwerpunkte z.B. daran erkennen, dass an diesen Stellen Ihre Lösungsskizze ausführlicher ist, dass Sie hier besonders lange nachdenken mussten, dass Sie hier verschiedene Auffassungen zu Rate ziehen mussten, eventuell also auch daran, dass Ihnen hier die Lösung besonders schwergefallen ist. Gute Fallbearbeitungen zeichnen sich dadurch aus, dass diese Schwerpunkte erkannt und entsprechend der Gutachtenmethode bearbeitet wurden. Durchschnittliche oder unterdurchschnittliche Fallbearbeitungen dagegen enthalten an unproblematischen Stellen zu umfangreiche Ausführungen und werden an problematischen Stellen »dünn«.[609] Auch wenn Sie sich Ihrer Lösung nicht sicher sind, sollten Sie ausführlich auf problematische Rechtsfragen eingehen und versuchen, Ihre Lösung zu begründen. Dies zeigt in jedem Fall mehr juristisches Verständnis als das Ignorieren des Problems oder die Flucht in bekannte Probleme.

Am Ende der gedanklichen Lösung ist auf der Lösungsskizze das Gesamtergebnis für alle geprüften Ansprüche festzuhalten. Nur durch die Zusammenfassung aller Ergebnisse können Sie feststellen, ob Anspruchskonkurrenzen zu behandeln sind.[610] Anschließend sollten Sie eine Gerechtigkeits- und Billigkeitskontrolle vornehmen, indem Sie mit gesundem Menschenverstand überprüfen, ob Ihrer Ansicht nach den wirtschaftlichen oder sonstigen Interessen der Beteiligten Rechnung getragen wurde. Immer wieder ärgern sich Studierende später darüber, dass sie während des Erstellens der Lösungsskizze gar nicht festgestellt haben, zu welchem unbilligen oder gar unsinnigen Ergebnis sie (in der Hektik der Klausur) gekommen sind.[611]

609 Zur richtigen Schwerpunktbildung siehe auch *Schmalz*, Rn. 627 ff.

610 Die Ansicht, dass im Gesamtergebnis eine Wiederholung der Anspruchsgrundlage nicht erforderlich sei, übersieht den Aspekt, dass es dann schwieriger ist, Anspruchskonkurrenzen festzustellen. Im Staatsrecht sind Spezialitätsgrundsätze bei der Grundrechtsprüfung zu beachten, z.B. dass Freiheitsrechte vor Gleichheitsrechten geprüft werden. Zu Anspruchskonkurrenzen im Strafrecht siehe *Tiedemann*, S. 89 ff.

611 Bei *Körber*, JuS 2008, 287, 295, lautet die Regel 17 zur Fallbearbeitung »Was würde meine Oma dazu sagen?«.

6. Schriftliches Ausarbeiten der Falllösung

»Die Lösung von Fällen muss vollständig, ökonomisch und gedanklich einfach sein.«[612]

Bei der Niederschrift der Falllösung werden die einzelnen Gliederungspunkte der Lösungsskizze und die Überlegungen dazu in die richtige sprachliche Form gebracht. Das konkrete Ausformulieren bereitet vielen Studierenden Schwierigkeiten.[613] Deshalb sollte man das Ausformulieren ausreichend üben und nicht als lästige Pflichtübung nach der »Kür der gedanklichen Lösung und der Anfertigung der Lösungsskizze« sehen.[614] Bedenken Sie, dass Ihnen in einer Klausur die beste Lösungsskizze nichts nützt, wenn Sie Ihre Gedanken nicht in der restlichen zur Verfügung stehenden Zeit in strukturierter und guter sprachlicher Form zu Papier bringen können. Denn Sie geben zur Benotung nur die ausformulierte Fassung ab.[615] An sich sollten die Gliederungspunkte der Lösungsskizze in die ausformulierte Lösung übernommen und durch Absätze getrennt werden, damit die einzelnen Punkte deutlich zum Ausdruck kommen und der Text übersichtlich ist. Gerade aus Gründen der Übersichtlichkeit kann es jedoch manchmal sinnvoll sein, unproblematische Prüfungspunkte unter eine Gliederungsziffer zusammenzuziehen. Es muss also nicht jede Gliederungsziffer in den Text übernommen werden,[616] wenn dadurch der Lesefluss gestört wird. Auf die äußere Form sollte man – schon wegen der psychologischen Wirkung auf den Korrektor – Wert legen. Unleserliche und unübersichtliche Klausuren können ein Grund für eine schlechte Note sein.[617]

Die einzelnen Schritte beim Ausformulieren der Lösungsskizze werden im Folgenden anhand zivilrechtlicher Beispiele beschrieben.[618]

a) Arbeitshypothese

Die Anspruchsprüfung begann beim Erstellen der Lösungsskizze mit der Frage »*Wer will was von wem woraus*?«. Bei der Niederschrift der Falllösung wird die Fragestellung in eine Arbeitshypothese[619] umgewandelt. Die ausformulierte Lösung beginnt also immer mit einer konkreten Arbeitshypothese; allgemeine Ausführungen sind nicht zulässig.

612 *Dieter Medicus*, Bürgerliches Recht, Köln, 21. Aufl. 2007, S. 1.

613 Dies wohl verkennend *Diederichsen*, JuS-Studienführer, S. 209: »wir brauchen daher nur noch aus unseren Stichworten ganze Sätze zu formen«.

614 *Wolters*, S. VI: »Auch höhere Semester bleiben daher aufgerufen, neben dem ›Pauken‹ von Problemen auch den Gutachtenstil (nicht nur theoretisch) zu üben«.

615 Im Examen müssen meist aus prüfungstechnischen Gründen auch die Konzeptblätter abgegeben werden. Diese Konzeptblätter werden aber nicht mitbewertet, wenn man nicht fertig geworden ist. – Der manchmal gegebenen Empfehlung, die Gliederung der Falllösung vorab auf die Klausurblätter zu schreiben, ist nicht zu folgen. Eine solche Gliederung ist unüblich und beansprucht zuviel der in Klausuren sowieso knappen Zeit. Deshalb sollte eine Gliederung nur dann der ausformulierten Lösung vorangestellt werden, wenn der Klausursteller dies ausdrücklich verlangt.

616 *Diederichsen*, JuS-Studienführer, S. 209 f.

617 Zur äußeren Form der Klausur siehe die »Checkliste für eine Klausur«, S. 283 f. Zur Sprache siehe 6e.

618 Zur Falllösung im Öffentlichen Recht und im Strafrecht siehe die ausführlichen Literaturhinweise auf S. 265.

619 *Schmalz*, Rn. 494, nennt die Arbeitshypothese Gutachtenshypothese. Leider übersieht er dann, bei den Beispielen die Anspruchsgrundlage mitzuzitieren. Aus den von ihm genannten Gutachtenshypothesen geht also nicht hervor, *woraus* der Anspruchssteller etwas verlangen kann.

Beispiel:

V (wer) *könnte gegen K* (gegen wen) *einen Anspruch auf Schadensersatz in Höhe von 5.000 €* (was) *aus § 823 Abs. 1 BGB* (woraus) *haben.*

A könnte das Bild von B gem. § 985 BGB herausverlangen.

Häufig wird gefragt, wie genau das »*was*« bezeichnet werden muss. Reicht es zum Beispiel, bei dem Kauf einer Vase davon zu sprechen, A könne von B die Vase verlangen oder muss man von der »*Lieferung der Vase*« oder der »*Übergabe der Vase*« oder sogar von »*Übereignung und Übergabe der Vase*« sprechen? *Übereignung und Übergabe* entspricht dem Wortlaut von § 433 Abs. 1 S. 1 BGB, denn es heißt dort »*wird der Verkäufer einer Sache verpflichtet, dem Käufer die Sache zu übergeben und das Eigentum an der Sache zu verschaffen*«. »*Übergabe und Übereignung*« ist daher die korrekte und vollständige Formulierung. Bei Schuldrechtsfällen wird es aber nicht als Fehler gewertet, wenn man nur von der Lieferung der Kaufsache spricht. Kommt es allerdings nach dem Sachverhalt gerade darauf an, dass der Verkäufer dem Käufer noch das Eigentum verschaffen muss (weil der Käufer schon im Besitz der Kaufsache ist), ist dies in der Arbeitshypothese zu berücksichtigen und zu schreiben: »*A könnte von B die Übereignung der Vase gem. § 433 Abs. 1 S. 1 BGB verlangen.*«

Eine weitere häufige Frage ist, ob man bei Schadensersatzansprüchen die Höhe des Schadensersatzes schon in der Arbeitshypothese beziffern oder die Höhe erst bei der Prüfung des Tatbestandsmerkmals »Schaden« bzw. bei der Rechtsfolge-Subsumtion berechnen und dann erst im Ergebnis feststellen soll. Auch dies hängt von dem Sachverhalt und der Fallfrage ab. Ist im Sachverhalt die Schadenshöhe bereits genau bezeichnet, z.B. Reparaturkosten für einen beschädigten Pkw in Höhe von 1.500,– €, und will der Geschädigte nach der Fallfrage ausdrücklich diesen Schaden ersetzt bekommen, muss diese Summe bereits in der Arbeitshypothese genannt werden.

Beispiel:

A könnte gegen B ein Anspruch auf Schadensersatz in Höhe von 1.500,– € aus § 823 Abs. 1 BGB zustehen.

Lautet die Fallfrage dagegen ganz allgemein, welche Ansprüche der Geschädigte geltend machen kann, und kommen nach dem Sachverhalt mehrere Schadensposten in Betracht, empfiehlt es sich, in der Arbeitshypothese erst einmal nur vom »Ersatz des Schadens« zu sprechen und die Höhe des Schadensersatzes während der Falllösung aus den einzelnen Schadensposten zu berechnen.

Beispiel:

A könnte gegen B einen Anspruch auf Ersatz seines Schadens aus § 823 Abs. 1 BGB haben.

b) Voraussetzungen des Anspruchs

Nach der Formulierung der Arbeitshypothese sind die einzelnen Voraussetzungen des Anspruchs zu nennen. Hier gibt es zwei Möglichkeiten: Entweder zählt man zunächst alle Voraussetzungen, die in diesem Fall relevant sind,[620] auf und beginnt anschließend mit der ersten Voraussetzung (Variante 1) oder man beginnt gleich mit der

620 Schon bei der Nennung der Voraussetzungen führen Sie nur diejenigen auf, die später auch zu prüfen sind, z.B. bei § 823 Abs. 1 BGB nur dasjenige Rechtsgut, das im konkreten Fall verletzt wurde.

ersten Voraussetzung und macht dabei deutlich, dass es sich nur um eine von mehreren Voraussetzungen handelt (Variante 2).

Beispiel:

Arbeitshypothese: *K könnte gegen V einen Anspruch auf Schadensersatz in Höhe von 1.500,– € aus § 280 Abs. 1, Abs. 2, § 286 BGB haben.*
Variante 1:
Voraussetzung dafür ist, dass zwischen V und K ein Schuldverhältnis besteht, dass V schuldhaft eine Pflichtverletzung begangen und dadurch K einen Schaden zugefügt hat.
1. Zwischen V und K müsste ein Schuldverhältnis bestehen ...
Variante 2:
Voraussetzung dafür ist zunächst, dass zwischen V und K ein Schuldverhältnis besteht ...

Möglich ist auch, dass der Anspruch nur eine Voraussetzung hat, die sich dann in weitere Untervoraussetzungen aufspaltet (Variante 3).

Beispiel:

Arbeitshypothese: *V könnte gegen K einen Anspruch auf Zahlung des Kaufpreises in Höhe von 100,– € gem. § 433 Abs. 2 BGB haben.*
Variante 3:
Voraussetzung dafür ist, dass zwischen V und K ein wirksamer Kaufvertrag zustande gekommen ist. Ein wirksamer Kaufvertrag setzt zwei übereinstimmende Willenserklärungen, Angebot und Annahme voraus. Das Angebot ...

Handelt es sich nur um wenige Voraussetzungen, lässt sich Variante 1 ohne weiteres verwirklichen und hat den Vorteil, dass der Leser sofort einen Überblick über die Falllösung erhält.[621] Auch der Klausurkorrektor kann damit sofort feststellen, ob alle Anspruchsvoraussetzungen erkannt wurden. Hängt die Bejahung des Anspruchs dagegen von vielen Voraussetzungen ab, verwirrt die Aufzählung aller Voraussetzungen den Leser eher, als dass sie ihm einen Überblick verschafft.[622] Sind zu dem Anspruch Gegennormen zu prüfen, geht man hier genauso vor wie bei der Prüfung der Anspruchsgrundlage. Sie können also entweder alle Voraussetzungen der Gegennorm nennen oder zunächst nur die erste.

Beispiel:

Die Entstehung eines Anspruchs auf Kaufpreiszahlung (Ebene 1) wurde bejaht. Nun ist der Anspruchswegfall zu prüfen:
Der Anspruch könnte aber gem. § 326 Abs. 1 S. 1 BGB untergegangen sein.
Variante 1:
Voraussetzung dafür ist, dass ein gegenseitiger Vertrag vorliegt und dass der Schuldner nach § 275 Abs. 1 bis 3 BGB nicht zu leisten braucht.
1. Es müsste sich um einen gegenseitigen Vertrag handeln ...

621 Entgegen anders lautender Ratschläge ist es nicht zwingend erforderlich, bereits Ebene 2 und Ebene 3 zu berücksichtigen. Es ist also nicht erforderlich, zu schreiben »Voraussetzung ist, dass der Anspruch entstanden und nicht wieder untergegangen sowie einredefrei ist«.

622 So auch *Schmalz*, Rn. 501: »unübersichtlich und pedantisch«. Ist der Anspruch nicht gegeben, wird die Prüfung der Voraussetzungen also nicht vollständig durchgeführt, erscheint die Aufzählung aller Anspruchsvoraussetzungen im Nachhinein überflüssig. Für die Aufzählung aller Tatbestandsmerkmale spricht andererseits, dass die eigene Lösung einen Fehler enthalten kann, und der Leser dann zumindest weiß, welche andere Voraussetzungen noch zu prüfen gewesen wären.

Variante 2:
Voraussetzung dafür ist zunächst, dass zwischen A und B ein gegenseitiger Vertrag vorliegt.

c) Die Prüfung der einzelnen Voraussetzungen

aa) Evidenz

Wenn die Voraussetzung evident vorliegt, reicht bei der schriftlichen Ausarbeitung ein Satz, um dem Leser mitzuteilen, dass die Voraussetzung gegeben ist. Dabei ist zu empfehlen, das konkrete tatsächliche Geschehen, das zu der Bejahung der Voraussetzung führt, zu benennen.[623] Da eine ausführliche Begründung nicht gegeben werden muss, kann Urteilsstil verwendet werden.

Beispiele:

Mit der notariellen Vereinbarung vom 21.07.2009 liegt ein wirksamer Kaufvertrag vor.
In dem Anruf der A vom 14.07.2009 liegt ein wirksames Angebot.
A und B haben sich über Kaufgegenstand (PKW) und Kaufpreis (20.000,– €) geeinigt, so dass ein wirksamer Kaufvertrag besteht.

bb) Nennen der Voraussetzung

Ist die Voraussetzung nicht evident, beginnt die schriftliche Prüfung der Voraussetzung mit einem Satz, in dem die Voraussetzung benannt wird.

Beispiele:

Es müsste eine wirksame Annahme vorliegen.
Voraussetzung ist, dass A etwas erlangt hat.

Gibt es mehrere tatsächliche Geschehnisse, welche die Voraussetzung erfüllen könnten, empfiehlt es sich, hier bereits den Umstand aus dem Sachverhalt aufzuführen, den man gerade prüft.

Beispiele:

Das Telefax des B vom 19.04.2009 müsste ein wirksames Angebot darstellen.
Fraglich ist, ob in der Beschädigung des PKW vom 11.05.09 (Lackschaden) eine Eigentumsverletzung liegt.

cc) Definition oder Konkretisierung

Die Falllösung wird fortgesetzt, indem Sie die rechtliche Bedeutung der Voraussetzung mitteilen. Dazu schreiben Sie entweder eine Definition oder eine Konkretisierung.[624] Da Sie schon bei der Erstellung der Lösungsskizze die wichtigsten Stichworte notiert haben, liegt Ihre Hauptaufgabe nun darin, die Notizen auszuformulieren.

Beispiel:

Prüfung der Voraussetzung »Angebot« auf Abschluss eines Kaufvertrags:

623 Weniger empfehlenswert sind Sätze wie: »Der Zugang ist unproblematisch.« oder: »Dies ist ... problemlos der Fall.« Mit solchen Sätzen übersieht man häufig, dass doch eine ausführlichere Begründung gegeben werden müsste. Von der Formulierung, eine Voraussetzung liege »laut Sachverhalt« vor, ist abzuraten, da sie später im Referendariat und in der Praxis das tatsächliche Geschehen mit einbeziehen müssen.

624 Wie Sie Definitionen erstellen oder Voraussetzungen konkretisieren können, wird auf S. 249 ff. behandelt.

Das Angebot ist eine empfangsbedürftige Willenserklärung auf Abschluss eines Kaufvertrags, die so ausreichend bestimmt oder bestimmbar (§§ 133, 157 BGB) ist, dass sie mit einem einfachen »Ja« beantwortet werden kann.

Bei Voraussetzungen, deren Bedeutung nicht eindeutig fest steht, ist bei der Niederschrift auf die Erwägungen der Rechtsprechung und des Schrifttums einzugehen.[625] An solchen Stellen einer Falllösung kann man zeigen, ob man in der Lage ist, juristisches Wissen überzeugend darzustellen.[626]

Darstellung von Streitfragen

Butzer, Hermann/ Epping, Volker	Arbeitstechnik im Öffentlichen Recht, Stuttgart u.a., 3. Aufl. 2006, S. 57 ff.
Kerbein, Björn	Darstellung eines Meinungsstreits in Klausuren und Hausarbeiten, JuS 2002, 353.
Schimmel, Roland	Juristische Klausuren und Hausarbeiten richtig formulieren, Köln, 7. Aufl. 2008, S. 62 ff.
Scholz, Christian/ Wohlers, Wolfgang	Klausuren und Hausarbeiten im Strafrecht, Methodik und Formalien des Gutachtens, Baden-Baden, 3. Aufl 2003, S. 54 ff.
Schwerdtfeger, Gunther	Öffentliches Recht in der Fallbearbeitung, Grundfallsystematik, Methodik, Fehlerquellen, München, 13. Aufl. 2007, S. 396 f.

dd) Subsumtion (im engeren Sinn)

Nach der Definition oder Konkretisierung der einzelnen Voraussetzung erfolgt die Zuordnung des tatsächlichen Geschehens. Jeder Voraussetzung oder jedem Bestandteil einer Voraussetzung wird das entsprechende Geschehen oder die entsprechende Tatsache des Sachverhalts zugeordnet.

Beispiel:

Subsumtion der Voraussetzung »Angebot auf Abschluss eines Kaufvertrages«:
A hat gegenüber B erklärt, die Vase für 50,– € haben zu wollen. Kaufabsicht, Kaufgegenstand und Kaufpreis gehen eindeutig aus der Erklärung des A hervor.

ee) Zwischenergebnis

Die Prüfung einer einzelnen Voraussetzung oder eines Bestandteils einer Voraussetzung ist mit einem Zwischenergebnis abzuschließen:

Beispiel:

Ein wirksames Angebot des A liegt vor.
Folglich ist die geschuldete Leistung des A (Lieferung der Waschmaschine) nachträglich unmöglich geworden.

d) Ergebnis und Ergebniskontrolle

Das Ergebnis der Anspruchsprüfung ist in einem Schluss-Satz festzuhalten, der wiederum die Elemente »wer von wem was woraus« enthalten sollte.

---

625 Zur Interpretation des Gesetzes siehe S. 251.

626 An dieser Stelle heben sich überdurchschnittliche Klausurbearbeitungen von durchschnittlichen ab. Während schwache Arbeiten sich mit dem Hinweis auf »Autoritäten« begnügen, zeichnen sich überdurchschnittliche Arbeiten durch eine überzeugende Darlegung von Argumenten und eine konsequente Gedankenführung aus, so *Tettinger*, S. 11.

Beispiel:

A hat gegen B einen Anspruch auf Zahlung des Kaufpreises in Höhe von 5.500,– € aus § 433 Abs. 2 BGB Zug um Zug gegen Lieferung des Pkw.
A kann von C Schmerzensgeld in Höhe von 2.500,– € aus §§ 823 Abs. 1, 253 Abs. 2 BGB verlangen.
A hat keinen Anspruch gegen B auf Zahlung des Kaufpreises aus § 433 Abs. 2 BGB.

Die Wiederholung aller Elemente des 4-W-Satzes im Ergebnis ist eine gute Übung für die spätere Praxis. Der Richter[627] entscheidet im Tenor des Urteils nicht nur, dass einer Klage stattgegeben wird, sondern der Tenor lautet z.B.: »Der Beklagte wird verurteilt, an den Kläger 5.000,– € zu zahlen.« (Nur das »woraus« wird also im Urteil weggelassen).

Der Ergebnissatz wird von Studierenden häufig verkürzt und es wird nur noch geschrieben, dass ein Anspruch bestehe oder nicht bestehe. Gerade bei komplizierten Sachverhalten mit mehreren Anspruchsprüfungen hintereinander ist es jedoch wichtig, genau festzuhalten, zu welchem Ergebnis man bei den einzelnen Ansprüchen kommt. Nur dann hat man am Ende einen Überblick über alle Ergebnisse, kann ein Endergebnis bilden und noch einmal eine Plausibilitätskontrolle vornehmen. Obwohl Sie schon nach der Erstellung der Lösungsskizze eine Überprüfung des Endergebnisses vorgenommen haben, ist diese Endkontrolle wichtig, weil sich einzelne Ergebnisse während des Ausformulierens verändert haben können.

Ein typischer Fehler bei der Niederschrift des Ergebnisses ist, bestimmte Schlussfolgerungen aus Tatsachen statt aus dem Gesetz abzuleiten.[628]

Beispiel:

Falsch ist folgender Satz: *Aus der Tatsache, dass die gesetzte Frist abgelaufen ist, ergibt sich ein Anspruch auf Schadensersatz statt der Leistung.*
Der Anspruch ergibt sich aus § 280 Abs. 1, Abs. 3, § 281 Abs. 1 BGB; der Ablauf der Frist ist nicht die Begründung, sondern eine von mehreren Voraussetzungen des Anspruchs.
Richtig ist deshalb: *Da alle Voraussetzungen vorliegen, hat K gegen V einen Anspruch auf Schadensersatz statt der Leistung.*

An der ungenauen Formulierung zeigt sich, dass der Fallbearbeiter die Zusammenhänge nicht richtig erfasst hat. Dies mag zwar beim oberflächlichen Lesen nicht auffallen, den Klausurkorrektor wird es jedoch auf die Schwächen des Bearbeiters aufmerksam machen.

📖 Ausformulieren von Falllösungen

Schimmel, Roland	Juristische Klausuren und Hausarbeiten richtig formulieren, Köln, 7. Aufl. 2008 (mit sehr vielen Formulierungsbeispielen).
Bringewat, Peter	Methodik der juristischen Fallbearbeitung, Mit Aufbau- und Prüfungsschemata aus dem Zivil-, Strafrecht und Öffentlichen Recht, Stuttgart, 2006 (zur Sprache S. 53 ff.).

e) Hinweise zum Sprachstil

Die gesprochene oder geschriebene Sprache ist das Medium des Juristen und für ihn ebenso unentbehrlich wie Werkzeug für einen Handwerker.[629] Nicht umsonst wird

627 Rechtsanwälte müssen den gewünschten Tenor in den Klageanträgen bereits vorformulieren.
628 *Schmalz*, Rn. 9, mit Beispielen für solche unzutreffende Ausführungen.

die Deutschnote in der Schule als ein Maßstab für die Eignung zum Jurastudium herangezogen.[630] Die detailliertesten Rechtskenntnisse nützen nichts, wenn sie nicht verständlich und nachvollziehbar dargestellt werden können. Einen Teil des Jurastudiums sollten Sie daher dafür verwenden, Ihren Sprachstil zu schulen und zu entwickeln.[631] Wesentlich für den juristischen Sprachstil ist ein klarer und genauer Ausdruck, Sachlichkeit und Neutralität sowie die Fähigkeit, überzeugend zu argumentieren.[632]

aa) Gutachten- und Urteilsstil

Eine Falllösung wird nicht ausschließlich im Gutachtenstil geschrieben. Liegen rechtliche Voraussetzungen evident vor, kann dies im Urteilsstil festgestellt werden. Bei der Ausformulierung der Falllösung wechseln sich also Gutachten- und Urteilsstil ab.[633]

bb) Verwendung von Indikativ und Konjunktiv

Immer wenn man in der Lösung eine Hypothese aufstellt oder eine indirekte Frage formuliert, muss man sprachlich zum Ausdruck bringen, dass diese Hypothese noch zu überprüfen ist. Dies ist unter anderem durch die Verwendung des Konjunktivs möglich. Die Formulierung der Arbeitshypothese und die einleitenden Sätze zur Prüfung der Voraussetzungen müssen aber nicht immer im Konjunktiv[634] stehen. Die Wahl des Modus ist unerheblich,[635] da man auch im Indikativ mit einem sprachlichen Zusatz die hypothetische Fragestellung verdeutlichen kann, z.B. durch die Formulierung »*fraglich ist*«. Besonders Studienanfänger meinen häufig, dass im Gutachtenstil ununterbrochen der Konjunktiv zu verwenden ist. Dies ist nicht richtig, wie folgende Beispiele zeigen. Außerdem würde ein so verstandener Gutachtenstil den Leser schnell ermüden. Es kommt daher auf die richtig dosierte und platzierte Verwendung des Konjunktivs an.[636]

---

629 So auch *Roxin*, S. 3: »man benötigt eine erheblich überdurchschnittliche schriftliche und auch mündliche Ausdrucksfähigkeit. [...] Bei den Juristen [...] kommt es auf die allein durch Sprache vermittelte argumentative Genauigkeit und Schlüssigkeit an.«. Ebenso *Klaus J. Müller*, Sprache und Examen, JuS 1996, L 49.

630 Daneben werden meist noch die Noten in der ersten Fremdsprache (Fähigkeit zum Transfer) und in Mathematik (Logik!) berücksichtigt. Anders jedoch *Roxin*, S. 5, der zwischen mathematischer und juristischer Begabung keinen Zusammenhang sieht.

631 Zur Vertiefung *Marc Wagner*, Deutsche Sprache – schwere Sprache, JA 2008, 39 sowie die Aufsatzreihe von *Friedrich E. Schnapp*, Aktiv oder Passiv? Das Leiden an der Leideform, JURA 2004, 526; *ders.*, Da hab' ich einen Satz gemacht! Über Bildung und Missbildung von Sätzen, JURA 2004, 22; *ders.*, Substantivitis? Der richtige Umgang mit dem Nominalstil, JURA 2003, 173, sowie *Friedrich Schnapp*, Stilfibel für Juristen, Münster, 2004. Allgemein zur Verbesserung des Sprachstils siehe den Deutsch»kurs« von *Wolf Schneider*, Deutsch fürs Leben, Was die Schule zu lehren vergaß, Reinbek, 17. Aufl. 2007; *ders.*, Deutsch, Das Handbuch für perfekte Texte, Reinbek, 2007; *Georg Fricke*, Guter Stil, Berlin, 2001. Zum Thema siehe auch den Bericht von *Andreas Zielcke* in der SZ vom 5./6.7.2008 Nr. 155 S. V2 11, Deutsch für Verstockte, Ein Seminar lehrt Juristen, verständlich zu schreiben.

632 Ausführlich zum juristischen Stil siehe *Möllers*, S. 108 ff.; *Putzke*, S. 27 ff.; *Schmalz*, Rn. 647 ff.; *Gramm/Wolff*, S. 146 ff.; *Walter Krämer*, Wie schreibe ich eine Seminar- oder Examensarbeit?, Frankfurt/M. 1999, S. 140 ff.

633 Zum Gutachtenstil in zivilrechtlichen Klausuren siehe *Braun*, S. 9 ff. Zum Gutachtenstil in strafrechtlichen Klausuren siehe *Tiedemann*, S. 24 ff.

634 Zur richtigen Verwendung des Konjunktivs siehe die Beispiele bei *Schmalz*, Rn. 496 ff.

635 So zutreffend *Diederichsen/Wagner*, S. 192.

636 So auch *Gerhard Wolf*, Bemerkungen zum Gutachtenstil, JuS 1996, 30, 31 f.

Beispiel:

Konjunktiv bei der Arbeitshypothese: *A könnte gegen B einen Anspruch auf Zahlung des Kaufpreises in Höhe von 1.500,– € aus § 433 Abs. 2 BGB haben.*
Konjunktiv bei einem Obersatz zur Prüfung einer Anspruchsvoraussetzung: *Das Telefax von A an B vom 19.12.2009* ***müsste*** *ein Angebot darstellen.*
Indikativ bei einem Obersatz zur Prüfung einer Anspruchsvoraussetzung: ***Fraglich ist****, ob das Telefax von A an B vom 19.12.2009 ein wirksames Angebot darstellt./****Voraussetzung dafür ist****, dass ein Angebot vorliegt.*

Beachten Sie, dass es nicht heißt »Voraussetzung *wäre*« oder »Voraussetzung *könnte sein*«, denn es ist eine Tatsache, dass ein wirksames Angebot Anspruchsvoraussetzung für einen wirksamen Kaufvertrag ist. Auch die Voraussetzung selbst (also der Nebensatz) steht im Indikativ (nicht: vorliegen *würde*). Definitionen und Konkretisierungen zu den Anspruchsvoraussetzungen, die Subsumtion, die Zwischenergebnisse, und das Gesamtergebnis stehen grundsätzlich im Indikativ. Grund dafür ist, dass es sich bei Definitionen und Konkretisierungen um feststehende rechtliche Regelungen und Erfahrungssätze handelt. Bei der Subsumtion wird das tatsächliche Geschehen untersucht. Zwischenergebnisse und Ergebnisse sind Schlussfolgerungen, die Sie für diesen Fall getroffen haben (und nicht getroffen haben könnten).

cc) Abwechslungsreiche Sprache

Durch das Arbeiten mit einem Synonym-Wörterbuch (z.B. von Duden) können Sie Ihren Wortschatz erweitern und Wiederholungen vermeiden.[637] Adverbien (Umstandswörter), die den Gutachtenstil unterstützen, sind zum Beispiel *folglich*, *daher*, *somit*, *also*, *deshalb*, *infolgedessen*. Diese Wörter können im Gutachten von der Begründung zum Ergebnis leiten und Schlussfolgerungen kennzeichnen. Konjunktionen, die den Urteilsstil unterstützen, sind *denn*, *da*, *weil*, sofern sie nach der Nennung des Ergebnisses verwendet werden. Möglich ist beim Urteilsstil auch die Formulierung: *dies ergibt sich aus der Tatsache, dass…* . Diese leitet ebenfalls die Begründung eines vorangestellten Ergebnisses ein. Konjunktionen können also die Ausführungen im Gutachten- oder Urteilsstil verdeutlichen. Für Studienanfänger kann es hilfreich sein, bei der Erstellung einer Falllösung anhand der von Ihnen verwendeten sprachlichen Mittel zu überprüfen, ob sie wirklich im Gutachtenstil schreiben.

Bei der Überprüfung Ihrer Falllösung sollten Sie darauf achten, ob Sie die Wörter »unzweifelhaft«, »zweifellos«, »zweifelsohne«, »fraglos«, »offenkundig«, »ersichtlich« oder »offensichtlich« verwendet haben. Wenn Sie eines dieser Wörter im Zusammenhang mit der Bejahung einer evident vorliegenden Voraussetzung benutzt haben, ist seine Verwendung zwar nicht falsch, aber überflüssig. Wenn Sie sich jedoch durch die Benutzung eines solchen Wortes um eine an sich notwendige Begründung »gedrückt« haben, sollten Sie das Wort streichen und statt dessen eine Begründung einfügen.

Zur Vertiefung:

✎ *Lesen Sie in Diederichsen, Die BGB-Klausur, das Kapitel zum juristischen Stil (S. 189 ff.).*

✎ *Notieren Sie sich die wichtigsten Erkenntnisse aus der Zusammenfassung von Diederichsen (S. 200/201).*

637 Dies empfehlen auch *Diederichsen/Wagner*, S. 199.

7. Besonderheiten der Falllösung in Hausarbeiten

Die Falllösung in Hausarbeiten erfolgt in den gleichen Schritten wie in Klausuren. Der Unterschied zu Klausuren besteht darin, dass die rechtlichen Erwägungen des Schrifttums und der Rechtsprechung bei der Konkretisierung der gesetzlichen Tatbestände ausführlicher darzustellen sind. Die Sachverhalte von Hausarbeiten geben in der Regel mehr Anlass, auf streitige Rechtsfragen einzugehen und verschiedene Rechtsansichten zu diskutieren. Bei der Falllösung in der Hausarbeit ist daher wesentlich mehr Argumentationsarbeit zu leisten als in der Klausur.

Beim Ausformulieren einer Hausarbeit besteht aufgrund des ausführlichen Literaturstudiums die Gefahr, das Gesetz zu vergessen und die Argumentation nur noch auf das Schrifttum zu stützen. Sie sollten daher bei der Falllösung in der Hausarbeit besonders darauf achten, Ihre Argumentation, wenn möglich, von der jeweiligen gesetzlichen Bestimmung ausgehen zu lassen.

Beispiel:[638]

Die Verpflichtung zur Zahlung des Verzögerungsschadens ergibt sich aus §§ 280 Abs. 1, Abs. 2, 286 BGB und nicht aus dem Palandt.
Falsch daher: *K könnte zur Zahlung des Verzögerungsschadens verpflichtet sein (Fußnote: Palandt-Putzo, BGB, 67. Aufl. 2008, § 286 Rn. 1).*
Richtig: K könnte zur Zahlung des Verzögerungsschadens aus §§ 280 Abs. 1, Abs. 2, 286 BGB verpflichtet sein.

Zur äußeren Form der Hausarbeit werden teilweise konkrete Vorgaben für die Formatierung und das Layout gemacht, z.B. zur Breite des Seitenrandes. Das sichere Beherrschen eines Textverarbeitungsprogramms sind für das Erstellen von Hausarbeiten daher unbedingt erforderlich. Falls Sie hier noch Unterstützung brauchen, finden Sie Anleitungen in Büchern und Ausbildungszeitschriften.[639] Viele Computerzentren der Universitäten bieten entsprechende Kurse an.

Ein Punkt, der sich in meinen Lehrveranstaltungen »Hausarbeiten erfolgreich gestalten« als wichtig herauskristallisiert hat, sei besonders erwähnt: Das richtige Zitieren. Die Regeln sind nicht einfach und deshalb sollten Sie diese am Beginn des Studiums einmal umfassend und richtig lernen. Richtiges Zitieren sieht vor, Zitate als solche zu kennzeichnen. Es gibt inzwischen sehr gute Programme, um Plagiaten auf die Spur zu kommen. Deswegen ist häufig vorgeschrieben, die Hausarbeit auch in digitaler Form abzugeben. Wird das vergessen, was immer wieder vorkommt, wird die Arbeit mit 0 Punkten bewertet.

638 Ähnlich *Manfred Rehbinder*, Einführung in die Rechtswissenschaft, Berlin u.a., 8. Aufl. 1995, S. 237.

639 Z.B. *Norman Müller*, Hausarbeiten mit Word, Tipps und Tricks, Teil I, JURA 2000, 164; *Burchardt*, S. 61 ff. (zum Einsatz des PCs im Studium); *Sesink*, S. 161 ff. (Erstellen des Manuskripts mit einem Textverarbeitungsprogramm), *Sesink*, S. 197 ff. (Layout und typografische Gestaltung). Zum Arbeiten mit Spracherkennungsprogrammen siehe *Thomas Hofer*, Tippen ade? – Juristische Studien- und Hausarbeiten mit Spracherkennungsprogrammen mit dem Computer erstellen, JURA 2004, 281.

Richtig zitieren

Möllers, Thomas M.J.	Richtiges Zitieren, JuS 2002, 828.
Möllers, Thomas M.J.	Juristische Arbeitstechnik und wissenschaftliches Arbeiten, Klausur, Hausarbeit, Seminar- und Studienarbeit, Staatsexamen, Dissertation, München, 4. Aufl. 2008, S. 121 ff.
Rosenau, Henning	Hinweise zur Erstellung von Literaturverzeichnissen und zur Zitierweise von Literatur bei rechtswissenschaftlichen Hausarbeiten, http://jura.uni-augsburg.de/de/prof/rosenau/Arbeitstipps.
Byrd, B. Sharon/ Lehmann, Matthias	Zitierfibel für Juristen, München, 2007.

Zu den weiteren Einzelheiten der Fallbearbeitung in Hausarbeiten (so z.B. zu Formalien, Rechtschreibung, Literaturverzeichnis, Gliederung, Auswertung von Schrifttum und Rechtssprechung) wird auf die zahlreich vorhandene Literatur verwiesen.[640]

Fallbearbeitung in Hausarbeiten

Pieroth, Bodo	Hausarbeit im Staatsrecht, Musterlösungen und Gestaltungsrichtlinien für das Grundstudium, Heidelberg, 2008.
Fahse, Hermann/ Hansen, Uwe	Übungen für Anfänger im Zivil- und Strafrecht, Eine Anleitung zur Anfertigung von Klausuren und Hausarbeiten, Neuwied u.a., 9. Aufl. 2000.
Garcia-Scholz, Stephan	Die äußere Gestaltung juristischer Hausarbeiten, JA 2000, 956.
Hurek, Markus C./ Wolff, Tobias	Studienleitfaden Jura, Bonn, 2. Aufl. 1998, S. 51 ff. (ausführliche Tipps zum Schreiben der ersten Hausarbeit)
Klaner, Andreas	Wie schreibe ich juristische Hausarbeiten, Berlin, 3.Aufl. 2003.
Möllers, Thomas M. J.	Juristische Arbeitstechnik und wissenschaftliches Arbeiten, Klausur, Hausarbeit, Seminar- und Studienarbeit, Staatsexamen, Dissertation, München, 4. Aufl. 2008.
Pense, Uwe	Klausur und Hausarbeit, Methodik der Fallbearbeitung für Studium und Examen, Münster, 2003 (S. 151 ff.: Formalien der Hausarbeit, 177 ff.: Anfertigung der Hausarbeit, Arbeitsorganisation).
Pieroth, B.	Hausarbeiten im Staatrecht, Musterlösungen und Gestaltungsrichtlinien für das Grundstudium, Heidelberg, 2008.
Putzke, Holms	Juristische Arbeiten erfolgreich schreiben, Klausuren, Hausarbeiten, Seminare, Hausarbeiten, München, 2007.
Schmalz, Dieter	Methodenlehre für das juristische Studium, Baden-Baden, 4. Aufl. 1998 (Rn. 513 ff. zu Gliederung und Formalien schriftlicher Arbeiten).
Scholz, Christian/ Wohlers, Wolfgang	Klausuren und Hausarbeiten im Strafrecht Methodik und Formalien des Gutachtens, Baden-Baden, 3. Aufl. 2003
Tettinger, Peter J.	Arbeitstechnische Hinweise für die Klausur, die Haus- und Seminararbeit, in: JuS-Studienführer, hrsg. von der JuS-Redaktion (s. dort), S. 160 ff.

640 Literatur zur Anfertigung wissenschaftlicher (Themen-)Arbeiten in Kap. 13 (Studienarbeit und mündliche Prüfungen), S. 362.

V. Zeiteinteilung

1. Zeiteinteilung in Klausuren

Die Zeiteinteilung in Klausuren hängt vom Fachgebiet, vom Umfang und von der Komplexität des Sachverhalts sowie von Ihrer persönlichen Konstitution ab. Je nach Umfang und Komplexität werden Sie mehr oder weniger Zeit zur Erarbeitung der Lösungsskizze brauchen. Hinzu kommt Ihre persönliche Schreibgeschwindigkeit bei der Niederschrift. Die allgemeine Empfehlung, nach einem Drittel der zur Verfügung stehenden Zeit mit der Niederschrift zu beginnen,[641] ist daher nur ein Anhaltspunkt, die Sie Ihrer Erfahrung entsprechend anpassen müssen. In Strafrechtsklausuren sind häufig sehr viele Straftatbestände zu prüfen, so dass der Schreibaufwand höher ist und Sie mehr Zeit zum Ausformulieren Ihrer Lösung brauchen. Deshalb werden Sie in Strafrechtsklausuren vermutlich mehr als 2/3 der Zeit für das Ausformulieren benötigen.[642] Wichtig ist, dass Sie sich immer wieder bewusst machen, dass nur die ausformulierte Fassung bewertet wird und Ihnen die ausführlichste Lösungsskizze nichts nützt, wenn Sie keine Zeit mehr haben, das Gutachten zu formulieren und die Erkenntnisse aus der Lösungsskizze in die ausformulierte Fassung zu übertragen. Professor Rosenau (Universität Augsburg) schlägt folgende Zeiteinteilung für eine 2-stündige Klausur im Strafrecht vor: Bearbeitervermerk lesen (2 Minuten), Sachverhalt lesen (5 Minuten), Sachverhalt nochmals genau lesen und Ideen notieren (10 Minuten), Register des StGB durchsehen (2 Minuten), Skizze des Gutachtens erstellen (30 Minuten), Gutachten schreiben (70 Minuten).[643]

Bei Falllösungen, die Ihnen schwierig erscheinen und in denen Sie in der Lösungsskizze Lücken haben, ist es wichtig, trotz der Lücken mit der Niederschrift zu beginnen, um nicht in zu große Zeitnot zu geraten. Denn manchmal klären sich Dinge erst beim Schreiben. Auf diese Weise haben Sie die Möglichkeit, während des Schreibens noch Teile der Falllösung zu entwickeln. Mitunter, insbesondere wenn Sie erfahrungsgemäß häufig in Zeitnot geraten, kann es sich empfehlen, relativ einfache und abtrennbare Teile sofort auszuformulieren. Besonders eignet sich dieses Vorgehen bei der Prüfung der Erfolgsaussichten einer Klage, in der die Zulässigkeit und Begründetheit der Klage zu prüfen sind. Anstatt in der Überlegungszeit alle Punkte zur Zulässigkeit kurz zu notieren, dann eine Stunde lang über die materiellen (komplexen) Probleme nachzudenken und sich bei der Niederschrift erneut mit den Zulässigkeitsproblemen zu befassen, kann man das Gutachten zur Zulässigkeit der Klage sofort niederschreiben. Denn oft unterscheidet sich hier die Niederschrift nicht sehr von der Lösungsskizze, und mit dem erneuten »Eindenken« in die Zulässigkeit verlieren Sie Zeit. Dieses sogenannte schichtweise Niederschreiben wird inzwischen von einigen Autoren für das zweite Examen empfohlen, da hier noch mehr Schreibarbeit zu bewältigen ist.[644] Es lässt sich jedoch auch schon im ersten Examen bei bestimmten Sachverhaltskonstellationen (sehr komplexer Sachverhalt mit Vielzahl von Beteiligten) anwenden. Die Gefahr bei dieser Vorgehensweise liegt darin, dass man sich für das Ausformulieren des ersten Teils zu viel Zeit nimmt. Da man in diesem Stadium der Falllösung die Gesamtlösung noch nicht überblickt, sollte man nur eindeutige

641 So z.B. *Schmalz*, Rn. 460; *Gramm/Wolff*, S. 159. *Möllers*, S. 42, schreibt, mindestens 50 % der Zeit müsse für die Niederschrift einkalkuliert werden.

642 Zur Zeiteinteilung in strafrechtlichen Klausuren siehe *Tiedemann*, S. 101 f.

643 http://www.jura.uni-augsburg.de/de/prof/rosenau/Arbeitstipps/tips_zur_Klausurtechnik.html.

644 *Andreas Wimmer*, Klausurtipps für das Assessorexamen, München, 3. Aufl. 2003, S. 29 ff.

und kürzere Teile der Lösung sofort niederschreiben und dabei sehr zügig vorgehen. Insgesamt gilt auch hier, dass Sie nur durch Selbstbeobachtung herausfinden können, welche Vorgehensweise und welche Zeiteinteilung für Sie am besten ist.

Wenn man in einer Klausur in Zeitnot gerät, hat man entweder zu viel Zeit zur Erstellung der Lösungsskizze verwendet oder ist beim Ausformulieren zu langsam. Nur wenn man sich eine »deadline« für die Erstellung der Lösungsskizze setzt und danach ohne Rücksicht auf den Stand der Lösungsskizze mit dem Schreiben beginnt, wird man mit der Zeit lernen, die Lösungsskizze in kürzerer Zeit zu erstellen. Es empfiehlt sich, eine genaue Selbstbeobachtung durchzuführen und bei den nächsten Klausuren ganz genau zu notieren, wann Sie tatsächlich mit der schriftlichen Ausarbeitung beginnen. Denn häufig gibt es eine beträchtliche Diskrepanz zwischen der im Nachhinein geschätzten und der tatsächlich aufgewendeten Zeit für die Niederschrift. Nur wenn Sie realistische Erfahrungswerte hinsichtlich des Zeitbedarfs für Lösungsskizze und Ausformulierung haben, können Sie Ihre Durchschnittswerte ermitteln und verändern. Wenn Sie allerdings in Zeitnot geraten, obwohl Sie die Lösungsskizze zügig und im durchschnittlichen zeitlichen Rahmen erstellen, lassen sich Ihre Zeitprobleme nicht mit einer weiteren Kürzung des Zeitaufwands für die Lösungsskizze beseitigen. Hier hilft ein intensives Training der sprachlichen Fertigkeiten, um die Formuliergeschwindigkeit zu erhöhen.[645]

Dem Rat, Übungs-Examensklausuren grundsätzlich etwa 30 min vorher abzugeben, kann in dieser Allgemeinheit nicht gefolgt werden.[646] Nur wenn Sie schon gut in der Zeit liegen, kann Sie das dazu anhalten, noch etwas zügiger zu arbeiten, um im wirklichen Examen noch einen Zeitpuffer zu haben. Wenn Sie eher Probleme mit der Zeit haben, wird Sie das noch mehr unter Druck setzen und auch die Ergebnisse der Übungsklausuren verschlechtern. Dies kann dann sehr demotivierend sein.

2. Zeiteinteilung bei Hausarbeiten

Für Hausarbeiten lässt sich aufgrund der individuellen Arbeitsstile noch viel weniger eine allgemeine Empfehlung geben. Allerdings sollte man nach der Hälfte der Gesamtbearbeitungszeit, spätestens aber nach Ablauf von zwei Dritteln[647], mit dem schriftlichen Gutachten beginnen.[648] Denn der Zeitaufwand für eine sichere Argu-

645 Das empfehlenswerte Buch von *Ansgar Stahl*, Strategiekurs Jura, München, 1995, ist leider nur noch in manchen Bibliotheken erhältlich. Es werden verschiedene Strategien zur Verbesserung der Zeiteinteilung in Klausuren erklärt und anhand von 29 Beispielsfällen vertieft.

646 So aber *Gramm/Wolff*, S. 159.

647 *Schmalz*, Rn. 460.

648 Zur Zeiteinteilung siehe *Münchhausen/Püschel*, S. 174 ff. Wenn Sie nach der zweiten Hausarbeit feststellen, dass es Ihnen schwer fällt, mit dem eigentlichen Schreiben zu beginnen, ist das Buch von *Otto Kruse*, Keine Angst vor dem leeren Blatt, Ohne Schreibblockaden durchs Studium, Frankfurt/M., 12. Aufl. 2007, empfehlenswert mit Anregungen, Tipps und Techniken, um diese – weitverbreitete – Schreibhemmung zu überwinden. Gute Anregungen enthalten auch *Brigitte Pyerin*, Kreatives wissenschaftliches Schreiben, Tipps und Tricks gegen Schreibblockaden, Weinheim u.a., 3. Aufl. 2007 sowie *Alberecht Behmel/Thomas Hartwig/Ulrich A. Setzermann* (Hrsg.), Weg mit den Schreibhemmungen! Know-How für erfolgreiches Studieren, Berlin, 2002. Siehe auch *Boehncke*, S. 58 ff., mit einer Adressenübersicht über Universitäten, an denen Schreibseminare angeboten werden, auf S. 178 ff. Allgemein zum wissenschaftlichen Schreiben *Wolf-Dieter Narr/Joachim Stary*, Lust und Last des wissenschaftlichen Schreibens, Frankfurt/M., 2. Aufl. 2000.

mentation, die richtige sprachliche Formulierung und das Layout ist nicht zu unterschätzen. Da die Argumentation und juristische Sprache in einer Hausarbeit wesentlich höher bewertet wird als in einer Klausur, sollten Sie hierfür genügend Zeit einkalkulieren.[649] Auch bei Hausarbeiten gilt, dass man abtrennbare Teile schon vorher ausformulieren kann, um diese Teile abhaken zu können. Auch wenn Sie die gesamte vorlesungsfreie Zeit zur Verfügung haben, um eine Hausarbeit anzufertigen, sollten Sie nicht mehr als insgesamt drei bis vier Wochen dafür vorsehen.[650]

VI. Üben der Falllösung

Auch die besten theoretischen Kenntnisse werden nur dann zu guten Klausurergebnissen führen, wenn Sie im Ausformulieren von Falllösungen eine gewisse Übung haben. Selbst wenn Sie Rechtsfragen sehr gut verstanden haben und auch gut mündlich erörtern können, muss dies nicht zwingend bedeuten, dass Ihnen auch das Ausformulieren leicht fällt. Die Niederschrift verlangt Fertigkeiten, die sich nur durch Übung erlangen lassen, wie z.B. die sinnvolle Ordnung aller Argumente oder die Überleitungen zwischen den einzelnen Argumenten. Wenn im Rahmen der universitären Ausbildung nicht allzu viele Klausuren angeboten werden, sollten Sie alle Gelegenheiten zum Klausurenschreiben nutzen und dies in Ihr Studium einplanen. Nur beim Klausurenschreiben können Sie trainieren, einen unbekannten Sachverhalt schnell zu erfassen und vertretbar zu lösen – eine Fähigkeit, die Sie nicht nur in der mündlichen Prüfung, sondern vor allem im Berufsleben brauchen.[651] Über die angebotenen Klausuren hinaus sollten Sie von Studienbeginn an regelmäßig Beispielsfälle ausformulieren, was leider sehr wenige Studierende tatsächlich machen.

Examenskandidaten lösen Übungsklausuren häufig nur noch stichwortartig, um nicht so viel Zeit mit dem Ausformulieren zu verlieren. Auch Professoren empfehlen manchmal, kurz vor dem Examen nur noch Lösungsskizzen zu den Sachverhalten zu erstellen. Dieser Rat sollte nur von denjenigen Studierenden befolgt werden, denen die Ausformulierung definitiv keine Probleme mehr bereitet. Bei einer nur stichwortartigen Lösung sollten die Lösungsskizzen dann zumindest sehr detailliert sein. Viele Studierende haben jedoch bis zum Examen erhebliche Schwierigkeiten beim Ausformulieren der Lösung.[652] Von einem »Zeitverlust« durch Klausurenschreiben kann in diesen Fällen angesichts des Lerneffekts nicht gesprochen werden.[653] Das häufige Ausformulieren führt bei wiederkehrenden Erörterungen (z.B. Zulässigkeitsvoraussetzungen einer Klage) dazu, dass sich mehr und mehr eine sprachlich gelungene Darstellung dieser Teile einer Fallbearbeitung einstellt, und dafür in einer Klausur sehr wenig Zeit und Kraft aufgewendet werden muss.[654] Ein weiteres Argument für das

649 Siehe auch *Diederichsen/Wagner*, S. 190, die darauf hinweisen, dass man Texte manchmal fünf- bis sechsmal umformulieren muss, bis die Endfassung steht.

650 Siehe auch Kap. 4 (Individuelle Studienplanung), S. 123.

651 Z.B. als Richter oder Rechtsanwalt, wenn in einem Prozess plötzlich eine neue Tatsache vorgetragen wird.

652 Da über die Schwierigkeiten beim Ausformulieren sehr wenig gesprochen wird, ist vielen Studierenden gar nicht bewusst, dass darin ihr eigentliches Problem bei Klausuren liegt.

653 Trotzdem sparen Studierende lieber am Erlernen und Üben der Klausurtechnik als an der Wissensaneignung, so *Mattheus/Teichmann*, S. 636.

654 Solche »eingeschliffenen« Erörterungen können – wenn sie nicht mit der »restlichen« Lösung zusammenhängen – wie oben empfohlen – unmittelbar niedergeschrieben werden, um dann ausreichend Zeit für die anderen Rechtsfragen zu haben.

Ausformulieren von Klausuren ist, dass sich trotz ausführlicher Lösungsskizzen häufig erst beim Schreiben weitere Detailfragen ergeben, die dann zusätzlich bearbeitet werden müssen. Außerdem stellt sich manchmal erst im Laufe der Niederschrift heraus, dass ein Gliederungspunkt an einer ganz anderen Stelle zu prüfen ist, weil man die Zusammenhänge während des Schreibens noch besser begriffen hat. Aus diesen Gründen ist es sehr sinnvoll, auch in der Examensvorbereitungsphase Klausuren schriftlich auszuarbeiten.[655] Gelegenheit zur praktischen Falllösung geben regelmäßig alle Ausbildungszeitschriften[656] sowie eine Vielzahl von Fallsammlungen, die ausschließlich (Klausur-)Fälle zu den verschiedenen Rechtsgebieten enthalten.[657] Manche Professoren bieten auch Online-Klausurenkurse an.[658]

🕮 Fallsammlungen zum Üben der Fallbearbeitung

Fachübergreifend

Coester-Waltjen, Dagmar/Ehlers, Dirk/ Geppert, Klaus (Hrsg.)	Zwischenprüfung, Zivilrecht, Strafrecht, Öffentliches Recht, Grundlagenfächer, JURA Sonderheft, Berlin, 2004.

655 Wie wichtig das Klausurenschreiben ist, betonen auch *Barian/Schultze/Waldorf*, S. 824: »Oft wird man gewarnt, man solle nicht zu spät mit dem Klausurenschreiben beginnen. Und im Rückblick können eigentlich auch wir nur bestätigen, dass wir früher hätten anfangen sollen. Man unterschätzt oftmals das Problem, gelerntes Wissen in einer Klausur umzusetzen.«

656 Die *JA* enthält *Klausuren* mit unterschiedlichem Schwierigkeitsgrad abwechselnd aus den verschiedenen Fächern. In der *JuS* sind unter der Überschrift *Fallbearbeitung* Übungsklausuren enthalten, bei denen der Schwierigkeitsgrad angegeben wird. Das JuS-Tutorium – Die Fallbearbeitungen, JuS 2008, 297 ff. listet die in der JuS seit 2000 enthaltenen Klausuren mit Lösungen nach Schwierigkeitsgrad und Rechtsgebiet systematisch auf, so dass man schnell Zugriff auf eine passende Klausur hat. *JURA* bringt pro Heft unter der Überschrift *Methodik* mindestens drei Fallbearbeitungen mit Angabe des Schwierigkeitsgrades. Im Vergleich der drei Zeitschriften urteilen *ter Haar/Lutz/Wiedenfels*, S. 163: »Prägnanter sind meist die Klausurlösungen in der JA«. Eine Auswahl von geeigneten Fundstellen hat *Jan Niederle*, 500 Spezial-Tipps für Juristen – wie man geschickt durchs Studium und das Examen kommt, Münster, 8. Aufl. 2008, zusammengestellt. Er listet, sortiert für das 1. bis 6. Semester, Klausuren, Grundfälle, Hausarbeiten und einige Aufsätze zum Grundlagenwissen aus unterschiedlichen juristischen Zeitschriften auf.

657 Fast alle juristischen Verlage haben Buch-Reihen mit (Klausur-)Fällen, beispielsweise der C. F. Müller Verlag für fortgeschrittene Studierende und Examenskandidaten die Reihen *Fälle und Lösungen* und *UNIREP JURA*, der Nomos Verlag *Fälle und Lösungen*, der C. H. Beck Verlag die JuS-Schriftenreihe *Fälle und Lösungen* sowie *Juristische Fall-Lösungen*; die Reihe *Examenstraining* des Carl Heymanns Verlag enthält u.a. auch Fälle mit Musterlösungen. Bei allen Fallsammlungen sollten Sie Wert darauf legen, dass die Fallsammlungen Musterlösungen – so wie sie ein »perfekter« Student geschrieben hätte – enthalten. Leider vermischen viele Autoren Wissensvermittlung und Falllösung, indem sie die Fälle nur zum Anlass nehmen, die wesentlichen rechtlichen Erörterungen zu einer bestimmten Rechtsfrage zu wiederholen, die Lösung der Fälle im Übrigen aber immer sehr knapp halten. Dies macht es insbesondere für Studienanfänger sehr schwer, den Aufbau der gesamten Falllösung nachzuvollziehen. Ebenso wird manchmal der Gutachtenstil nicht eingehalten, und zwar gerade an solchen Stellen der Falllösung, an denen eine ausführliche Problemerörterung erfolgt. Für Problemerörterungen ist im Studium jedoch nur der Gutachtenstil zulässig. Ein weiteres Problem ist, dass einige Autoren Subsumtionsstufen kürzen, ohne zu bedenken, dass Anfänger die Systematik nicht erkennen und die einzelnen gedanklichen Lösungsschritte nicht mehr nachvollziehen können. Wenn Sie also bei (Muster-)Lösungen in Fallsammlungen Schwierigkeiten haben, eine Gliederung zu erkennen, kann das daran liegen, dass der Autor aus seinem fortgeschrittenen Stadium heraus Punkte zusammengefasst und im Wege der Evidenz bejaht hat.

658 Z.B. der Online-Klausurenkurs von Prof. Inge Scherer, Universität Würzburg.

Coester-Waltjen, Dagmar/Ehlers, Dirk/ Geppert, Klaus (Hrsg.)	Examensklausurenkurs, Zivilrecht, Strafrecht, Öffentliches Recht, JURA Sonderheft, Berlin, 3. Aufl. 2008.
Preis, Ulrich/ Sachs, Michael/ Weigend, Thomas	Die Examensklausur, Originalfälle – Musterlösungen – Hinweise, Köln u.a., 4. Aufl. 2008 (Originalklausuren mit Lösungen und Erfahrungsberichten).
Rotsch, Thomas/ Nolte, Martin/ Peifer, Karl-Nikolaus/ Weitemeyer, Birgit	Die Klausur im Ersten Staatsexamen, 24 Fälle aus dem Bürgerlichen Recht, Öffentlichen Recht und Strafrecht, Klausurenlehre für Anfänger und Fortgeschrittene, München, 2003 (sehr ausführliche Lösungsvorschläge).
Valerius, Brian	Einführung in den Gutachtenstil, 15 Klausuren zum Bürgerlichen Recht, Strafrecht und Öffentlichen Recht, Berlin, 2. Aufl. 2007.
Zivilrecht	
Balzer, Peter/ Kröll, Stefan/ Scholl Bernd	Die Schuldrechtsklausur, Kernprobleme der vertraglichen Schuldverhältnisse in der Fallbearbeitung, Berlin, 2006.
Becker, Christoph	Fälle zum Zivilrecht für Fortgeschrittene, München, 2008.
Becker, Ute/ Schoch, Frank/ Schneider-Glockzin, Holger	Die ZPO in Fällen, Stuttgart, 2005.
Brauer, Markus/ Deeg, Peter/ Herwig, Jörg/ Wöhlert, Helge	Fälle und Lösungen zum »Kleinen Schein« im BGB, Stuttgart, 2008.
Brehm, Wolfgang	Fälle und Lösungen zum Allgemeinen Teil des BGB, Stuttgart, 6. Aufl. 2008.
Diederichsen, Uwe/ Wagner, Gerhard	Die BGB-Klausur, München, 9. Aufl. 1998.
Ebel, Hermann/ Müller, Monika	Bürgerliches Recht, Fachbuch mit praktischen Übungen und Lösungen, Teil 1 Allgemeiner Teil und ausgewählte Probleme des Schuldrechts mit Berücksichtigung des Zivilprozessrechts, Witten, 8. Aufl. 2004.
Eckert, Jörn/ Hattenhauer, Christian	75 Klausuren aus dem BGB mit Lösungsskizzen, Köln, 12. Aufl. 2007.
Eltzschig, Jan./ Wenzel, Jens	Die Anfängerklausur im BGB, Kernprobleme des Allgemeinen Teils in der Fallbearbeitung, Berlin, 2. Aufl. 2005 (Umsetzung des Wissens in die Anspruchsprüfung, ausführliche Erklärung des Anspruchsaufbaus und der Technik der Falllösung, ausformulierte Lösungen im Gutachtenstil).
Fezer, Karl Heinz	Klausurenkurs zum BGB Allgemeiner Teil, Köln, 7. Aufl. 2008; Klausurenkurs zum Schuldrecht Allgemeiner Teil, Köln, 6. Aufl. 2008; Klausurenkurs zum Schuldrecht Besonderer Teil, Köln, 6. Aufl. 2008; Klausurenkurs im Handelsrecht, Heidelberg, 4. Aufl. 2006.
Grigoleit, Hans Ch. Herresthal, Karsten	BGB-Allgemeiner Teil, München, 2006 (Klausurfälle).
Hadding, Walther/ Hennrichs, Joachim	Die HGB-Klausur, Handels-, Gesellschafts- und Wertpapierrecht in Fallbeurteilungen und Übersichten, München, 3. Aufl. 2003 (ausführlich zu Gegenstand und Methode der handelsrechtlichen Klausur; mit systematischen Übersichten und ausformulierten Falllösungen).
Heinemann, Andreas u.a.	Übungen im Bürgerlichen Recht, Berlin, 2008 (16 Fälle ab S. 34 ff.).

Höland, Armin/ Lode, Maren/ Meyer, Henning	Fälle mit Lösungen aus dem Schuldrecht, Neuwied, 2004.
Kaiser, Gisbert	Bürgerliches Recht, Basiswissen und Fallschulung für Anfangssemester, Heidelberg, 11. Aufl. 2007.
Lange, Hermann/ Schiemann, Gottfried	Fälle zum Sachenrecht, 6. Aufl. 2008
Lettl, Tobias	Fälle zum Handelsrecht, München, 2007.
Löhnig, Martin	Falltraining zum Zivilrecht 2. Ein Übungsbuch für mittlere Semester, Heidelberg, 2008.
Löhnig, Martin	Fälle zum Familien- und Erbrecht, München, 2007.
Marburger, Peter	Klausurenkurs BGB – Allgemeiner Teil, Fälle und Lösungen nach höchstrichterlichen Entscheidungen, Heidelberg, 8. Aufl. 2004 (Querschnitt durch die wichtigsten Examensprobleme des BGB AT, exemplarische Lösung typischer Musterklausuren, für Fortgeschrittene).
Michalski, Lutz	Einführende Übungen zum Zivilrecht Teil I, Willenserklärung – Rechtsgeschäft – Vertrag – Stellvertretung – Geschäftsfähigkeit – Anfechtung, Köln u.a., 3. Aufl. 2003 (das Übungsbuch ist für Erstsemester geschrieben und bespricht die Fälle so, wie sich ein Studienanfänger der Lösung von Rechtsfällen nähert; deshalb wird auch auf typische Fehler, Ab- und Umwege eingegangen; 33 Fälle mit Lösungen).
Oetker, Hartmut	30 Klausuren aus dem Arbeitsrecht – Individualarbeitsrecht – mit Lösungsskizzen, Neuwied u.a., 7. Aufl. 2007.
Oetker, Hartmut	20 Klausuren aus dem Arbeitsrecht – Kollektives Arbeitsrecht – mit Lösungsskizzen, Köln, 7. Aufl. 2008.
Olzen, Dirk/ Wank, Rolf	Zivilrechtliche Klausurenlehre mit Fallrepetitorium, Köln, 5. Aufl. 2007 (Fälle mit Lösungen und Aufbauschemata, die durch das gesamte BGB führen, mit Standard- und Sonderproblemen, vom Schwierigkeitsgrad unterschiedlich, jedoch eher für Fortgeschrittene und Examenskandidaten).
Plate, Jürgen	Das gesamte examensrelevante Zivilrecht, für Studenten und Rechtsreferendare, Berlin, 4. Aufl. 2008 (mit 1000 Fällen und Lösungsskizzen).
Schwab, Dieter/ Löhnig, Martin	Falltraining im Zivilrecht, Ein Übungsbuch für Anfänger, Heidelberg, 3. Aufl. 2007 (Übungsfälle und Übungsklausuren im Niveau der Anfängerübung, jeweils mit Musterlösung).
Timm, Wolfram/ Schöne, Thorsten	Handels- und Wirtschaftsrecht Band I, Ein Arbeitsbuch: Pflichtfachstoff, München, 7. Aufl. 2008.
Timm, Wolfram/ Schöne, Thorsten	Handels- und Wirtschaftsrecht Band II, Ein Arbeitsbuch: Wahlfachstoff, München, 6. Aufl. 2007.
Vieweg, Klaus/ Röthel, Anne	Casebook Sachenrecht mit Kurzfassung »Sachenrecht kompakt«, Köln, 2003 (31 »klassische« Sachenrechtsfälle, klausurmäßig aufbereitet).
Wank, Rolf	Fälle mit Lösungen zum Handels- und Personengesellschaftsrecht, Klausurenkurs, Neuwied, 2006.
Werner, Olaf	Fälle mit Lösungen für Anfänger im Bürgerlichen Recht, Band I (Grundlagen), Köln, 12. Aufl. 2008.
Werner, Olaf/ Saenger, Ingo	Fälle mit Lösungen für Anfänger im Bürgerlichen Recht, Band II (Vertiefung), Köln, 3. Aufl. 2008.
Wörlen, Rainer	Anleitung zur Lösung von Zivilrechtsfällen. Methodische Hinweise und 20 Musterklausuren (zum Bürgerlichen Recht – mit Handelsrecht und Arbeitsrecht), Köln, 8. Aufl. 2007 (mit Fallbeispielen aus dem BGB AT, Schuldrecht und Sachenrecht, vor allem für Anfangssemester geeignet).

Öffentliches Recht	
Dietlein, Johannes/ Dünchheim, Tomas	Examinatorium Allgemeines Verwaltungsrecht, Köln, 3. Aufl. 2007.
Brauner, Roman J./ Stollmann, Frank/ Weiß, Regina	Fälle und Lösungen zum Staatsrecht, Mit Originalklausuren und gutachterlichen Lösungen sowie Erläuterungen, Stuttgart u.a., 7. Aufl. 2003.
Brinktrine, Ralf/ Kastner, Berthold.	Fallsammlung zum Verwaltungsrecht, Berlin, 2. Aufl. 2005 (14 Klausuren unterschiedlichen Niveaus, mit Aufbaufragen und klausurtaktischen Erwägungen in gesonderter Druckspalte).
Brinktrine, Ralf/ Sarcevic, Edin	Fallsammlung zum Staatsrecht, Berlin, 2004 (12 Klausuren unterschiedlichen Niveaus, mit Aufbaufragen und klausurtaktischen Erwägungen in gesonderter Druckspalte).
Degenhart, Christoph	Klausurenkurs im Staatsrecht, Mit Bezügen zum Europarecht, Ein Fall- und Repetitionsbuch, Heidelberg, 4. Aufl. 2007.
Dietlein, Johannes	Examinatorium Staatsrecht, Köln u.a., 2. Aufl. 2005 (mit ca. 160 Fällen zu examensrelevanten Problemen des Staatsrechts; im Anhang Rechtsprechungsübersicht zum BverfG).
Förster, Susanne M./ Sander, Gerald G.	Fälle zum Besonderen Verwaltungsrecht, München, 3. Aufl. 2006 (mit Prüfungsschemata).
Grote, Rainer/ Kraus, Dieter	Fälle zu den Grundrechten, München, 3. Aufl. 2004.
Heckmann, Dirk	Die Zwischenprüfung im Öffentlichen Recht, München, 2006 (12 Fälle mit Erläuterung häufiger Fehlerquellen, Prüfungsschemata und Wiederholungs- und Vertiefungsfragen, keine ausformulierten Lösungen).
Janz, Norbert/ Rademacher, Sonja	Fälle und Lösungen zum Versammlungsrecht, Übungsklausuren mit gutachterlichen Lösungen und Erläuterungen, Stuttgart u.a., 2004.
Pieper, Stefan Ulrich	Fälle und Lösungen zum Europarecht, Stuttgart, 2. Aufl. 2004.
Schmalz, Dieter	Verfassungsrecht, Fälle und Lösungen, Baden-Baden, 3. Aufl. 2003 (34 Fälle unterschiedlicher Schwierigkeitsstufen).
Schmidt-Jortzig, Edzard/ Schliesky, Ute	40 Klausuren aus dem Staats- und Völkerrecht, mit Lösungsskizzen, Neuwied u.a., 6. Aufl. 2002.
Seidel, Achim/ Reimer, Ekkehard/ Möstl, Markus	Allgemeines Verwaltungsrecht, Mit Kommunalrecht und Bezügen zum Verwaltungsprozessrecht sowie zum Staatshaftungsrecht, München, 2. Aufl. 2005 (19 Fälle auf Examensniveau).
Stender-Vorwachs, Jutta	Prüfungstraining Staats- und Verwaltungsrecht, Neuwied u.a., 4. Aufl. 2003 (Fälle mit Musterlösungen).
Weiß, Regina	Grundrechte in der Fallbearbeitung, Methodik, Aufbauschemata, Fälle und Lösungen, unter besonderer Berücksichtigung von polizeilicher und strafprozessualer Eingriffsbefugnisse, Stuttgart, 2007 (für Studienanfänger).
Zuleeg, Manfred/ Böhm, Monika/ Gaitanides, Charlotte	Fälle zum Allgemeinen Verwaltungsrecht, München, 4. Aufl. 2007 (Fälle für Fortgeschrittene).
Strafrecht	
Arzt, Gunther	Die Strafrechtsklausur, Fallbearbeitungslehren, München, 7. Aufl. 2006.
Beulke, Werner	Klausurenkurs im Strafrecht I, Ein Fall- und Repetitionsbuch für Anfänger, Heidelberg, 4. Aufl. 2008.
Beulke, Werner	Klausurenkurs im Strafrecht I, Ein Fall- und Repetitionsbuch für Fortgeschrittene, Heidelberg, 2007.

Beulke, Werner	Klausurenkurs im Strafrecht III, Ein Fall- und Repetitionsbuch für Examenskandidaten, Heidelberg, 2. Aufl. 2005 (14 Klausuren mit ausformulierten Musterlösungen).
Ebert, Udo (Hrsg.)	Strafrecht Allgemeiner Teil, Heidelberg, 2003 (16 Fälle auf Examensniveau).
Gössel, Karl Heinz	Strafrecht, Mit Anleitungen zur Fallbearbeitung und zur Subsumtion, Heidelberg, 8. Aufl. 2001.
Gropp, Walter/ Küpper, Georg/ Mitsch, Wolfgang	Fallsammlung zum Strafrecht, Berlin, 2003 (18 Fälle auf Examensniveau, die den prüfungsrelevanten Stoff des materiellen Strafrechts abdecken).
Hilgendorf, Eric	Fallsammlung zum Strafrecht, München, 5. Aufl. 2008.
Otto, Harro	Übungen im Strafrecht, Berlin u.a., 6. Aufl. 2005 (Anfänger-, Vorgerückten- und Examensklausuren).
Rüdeger-Sonnen, Bernd u.a.	Strafrecht, Besonderer Teil, Fälle, Heidelberg, 2006
Scholz, Christian/ Wohlers, Wolfgang	Klausuren und Hausarbeiten im Strafrecht, Methodik und Formalien des Gutachtens, Baden-Baden, 3. Aufl. 2003.
Schwind, Hans-Dieter/ Franke, Einhard/ Winter, Manfred	Übungen im Strafrecht für Anfänger, Originalfälle mit Musterlösungen und Erläuterungen, Hausarbeiten und Klausuren, Köln u.a., 5. Aufl. 2000.
Wolters, Gereon	Fälle mit Lösungen für Fortgeschrittene im Strafrecht, Neuwied, 2002.

VII. Überprüfen der eigenen Fertigkeiten bei der Falllösung

1. Eigenkontrolle nach dem Lösen eines Falles

Eine gute Möglichkeit zur Eigenkontrolle in den Anfangssemestern des Studiums bietet folgende Vorgehensweise: Sie lassen bei der Falllösung zu Übungszwecken immer einen zusätzlichen Rand auf der linken Seite und beginnen jeden Satz in einer neuen Zeile. Nach der Niederschrift der Falllösung notieren Sie in der linken Spalte zu jedem ausformulierten Satz den konkreten Schritt der Falllösung, d.h. Arbeitshypothese, Voraussetzung, Untervoraussetzung, Definition, Konkretisierung, Subsumtion im engeren Sinn, Zwischenergebnis, Endergebnis oder Gesamtergebnis.

Beispiel für das Üben der einzelnen Schritte einer Falllösung

Schritt der Falllösung	Falllösung
Arbeitshypothese	*V könnte gegen K einen Anspruch auf Zahlung des Kaufpreises in Höhe von 100,– € gem. § 433 Abs. 2 BGB haben.*
Voraussetzung 1	*Voraussetzung dafür ist, dass zwischen V und K ein wirksamer Kaufvertrag zustande gekommen ist.*
Definition/Konkretisierung	*Ein wirksamer Kaufvertrag setzt zwei übereinstimmende Willenserklärungen, Angebot und Annahme, voraus.*
Untervoraussetzung 1	*K könnte dem V ein Angebot gemacht haben.*
Definition der Untervoraussetzung	*Das Angebot ist eine empfangsbedürftige Willenserklärung, die inhaltlich so bestimmt oder bestimmbar ist, dass die Annahme durch ein einfaches »Ja« erfolgen kann.*

Schritt der Falllösung	Falllösung
Subsumtion (i.e.S.) von Untervoraussetzung 1	*K hat auf eine bestimmte Vase gedeutet, damit ist der Kaufgegenstand bestimmt. Problematisch ist dagegen, ob der Preis bestimmt ist. Denn es wurde nur vom Ladenpreis gesprochen. Der Ladenpreis kann durch einfaches Nachfragen ermittelt werden. Somit ist der Kaufpreis genau bestimmbar. Die essentialia negotii sind also in der Erklärung des K enthalten.*
Zwischenergebnis	*Es liegt ein wirksames Angebot des K vor.*
Evidenz von Untervoraussetzung 2	*Dieses Angebot hat V sofort angenommen.*
Zwischenergebnis zu Voraussetzung 1	*Somit ist ein wirksamer Kaufvertrag zwischen V und K zustande gekommen.*
Gesamtergebnis	*V hat gegen K einen Anspruch auf Zahlung des Kaufpreises in Höhe von 100,– € aus § 433 Abs. 2 BGB.*

Anschließend überprüfen Sie den richtigen Aufbau Ihrer Falllösung anhand folgender Checkliste.

Checkliste zur Überprüfung des Aufbaus der Falllösung

- ⇨ Habe ich eine Arbeitshypothese?
- ⇨ Ist die Arbeitshypothese geeignet, die Fallfrage zu beantworten?
- ⇨ Besteht die Arbeitshypothese aus den Elementen wer, von wem, was, woraus?
- ⇨ Ist das »was« ausreichend deutlich beschrieben?
- ⇨ Habe ich alle Voraussetzungen genannt?
- ⇨ Habe ich das Grundraster der Anspruchsprüfung eingehalten (Ebene 1: Anspruch entstanden, Ebene 2: Anspruch untergegangen, Ebene 3: Anspruch durchsetzbar)?
- ⇨ Habe ich zu jeder Anspruchsvoraussetzung einen eigenen Gliederungspunkt? Wenn nicht, habe ich mehrere Anspruchsvoraussetzungen zu einem Gliederungspunkt zusammengefasst und dies für den Leser deutlich gemacht?
- ⇨ Bestehen alle Gliederungspunkte, die nicht evidente Anspruchsvoraussetzungen behandeln, aus den Elementen Voraussetzung, Definition oder Konkretisierung, Subsumtion und Zwischenergebnis?
- ⇨ Habe ich zu jeder Voraussetzung/Untervoraussetzung ein passendes Zwischenergebnis?
- ⇨ Habe ich zu jedem Zwischenergebnis eine passende Fragestellung mit Voraussetzung/Untervoraussetzung?
- ⇨ Waren bestimmte Anspruchsvoraussetzungen evident?
- ⇨ Entspricht mein Endergebnis der Fragestellung in der Arbeitshypothese?
- ⇨ Habe ich die Evidenz sprachlich deutlich gemacht (Urteilsstil)?
- ⇨ Habe ich ansonsten Gutachtenstil verwendet?
- ⇨ Habe ich Indikativ und Konjunktiv richtig eingesetzt?

2. Erstellen einer persönlichen Checkliste für Klausuren

Obwohl jeder Studierende in der Regel schon einmal gehört hat, was in einer Klausur insbesondere auch zur äußeren Form zu beachten ist, entspricht die Mehrzahl der abgegebenen Klausuren diesen Anforderungen nicht.[659] Ihre Klausurfertigkeiten können Sie am besten dadurch verbessern, dass Sie anhand Ihrer schon geschriebenen Klausuren Ihre persönlichen Schwächen ermitteln und diese dann gezielt angehen.

✎ *Nehmen Sie die Klausuren, die Sie in den Übungen geschrieben haben und die korrigiert worden sind, zur Hand.*
✎ *Beantworten Sie die folgenden Fragen zu jeder Klausur und überprüfen Sie, ob Sie diese Punkte »im Ernstfall der Klausur« eingehalten haben.*

Checkliste zu Klausuren

- ⇨ Habe ich auf den Blättern 1/3 Rand für Korrekturbemerkungen gelassen?
- ⇨ Habe ich die Blätter nur einseitig beschrieben?[660]
- ⇨ Habe ich die Blätter nummeriert?
- ⇨ Ist meine Falllösung übersichtlich? Habe ich deutlich sichtbare Absätze gemacht?
- ⇨ Habe ich alle gesetzlichen Bestimmungen genau zitiert? (also mit Nennung von Absatz, Satz, Alternative, z.B. § 433 Abs. 1 Satz 1 BGB). Gehen Sie nacheinander alle Ihre Gesetzeszitate in der Klausur durch.
- ⇨ Habe ich den richtigen Aufbau der Falllösung gewählt (siehe dazu die Checkliste zum Aufbau der Falllösung unter a)?
- ⇨ Habe ich die Ergebnisse deutlich gekennzeichnet?
- ⇨ Habe ich am Ende der Klausur ein Gesamtergebnis?
- ⇨ Habe ich alle Rechtsfragen bearbeitet?
- ⇨ Habe ich die Zeit richtig eingeteilt?
- ⇨ Habe ich den Gutachtenstil eingehalten?
- ⇨ Sind Darstellung und Schrift gleichermaßen sauber und ordentlich? Wenn nein: Werden die Ausführungen im hinteren Teil der Klausur »nachlässiger«, weil ich in Zeitnot war?
- ⇨ Waren alle meine Ausführungen für die Falllösung relevant?
- ⇨ Habe ich die Schwerpunkte der Arbeit richtig gesetzt?
- ⇨ Habe ich die Klausur vor der Abgabe noch einmal durchgelesen? Wenn nein, lag dies daran, dass ich keine Zeit mehr hatte?

---

659 Zur äußeren Gestaltung und Form von Klausuren siehe *Wörlen*, S. 31–55.

660 Einseitig beschriebene Blätter lassen sich schneller austauschen, wenn Sie nachträglich Fehler bemerken. Da die Examensklausuren auf linierten Blättern geschrieben werden, sollte man dies auch vorher praktizieren und weder unliniertes noch kariertes Papier benutzen. Manche Verlage, z.B. Wolters Kluwer, bieten spezielle Klausurenblöcke an.

> ✎ *Erstellen Sie anhand Ihrer Antworten auf einem gesonderten Blatt Ihre persönliche Checkliste, um die Fehler, die Sie bisher begangen haben, künftig zu vermeiden.*
> ✎ *Ergänzen Sie diese Checkliste nach jeder Klausur, die Sie korrigiert zurückbekommen.*
> ✎ *Lesen Sie kurz vor jeder Klausur Ihre persönliche Checkliste noch einmal durch.*

VIII. Begriffsklärung und Literatur zur Falllösung

1. Klärung der Begriffe »Falllösungstechnik, Subsumtionstechnik, Klausurtechnik, Gutachtenstil«

Wie oben bereits erwähnt[661], werden die Begriffe Falllösungstechnik, Subsumtionstechnik, Klausur(en)technik, Gutachtenstil sehr häufig verwendet, aber selten wird gesagt, was genau damit gemeint ist. Der umfassendste Begriff ist wohl Klausurtechnik, der engere die Falllösungstechnik und der engste Begriff die Subsumtionstechnik.

Der Begriff **Gutachtenstil** gehört nicht in diese Reihe, da damit ein Sprachstil gemeint ist, der sich daraus ergibt, dass bei der Erstellung eines Gutachtens eine bestimmte Technik verwendet wird.[662] Manche Autoren verwenden den Begriff unzutreffend, indem sie von Gutachtenstil sprechen, wenn sie Subsumtionstechnik meinen. Ebenso unkorrekt ist es, mit Gutachtenstil die Denkmethode bei der Erstellung eines Gutachtens im Unterschied zur Denkmethode bei der Urteilsbegründung zu bezeichnen.[663]

Unter **Klausur(en)technik** werden alle Techniken verstanden, die helfen, eine Klausur erfolgreich zu bestehen. Damit sind nicht nur die Fertigkeiten gemeint, die man für jede Falllösung braucht (Falllösungs- und Subsumtionstechnik), sondern auch solche, die sich auf die äußeren Rahmenbedingungen der Klausur und auf die Technik des Klausurenschreibens beziehen. Dazu gehört das Wissen, wo und wann die Klausur geschrieben wird, welche Hilfsmittel erlaubt sind, wie viel Zeit Ihnen zur Verfügung steht, wie das Deckblatt aussehen muss, welche Zeiteinteilung Sie in der Klausur treffen etc.

Die **Falllösungstechnik** ist Teil der Klausurtechnik und umfasst die Fähigkeiten und Fertigkeiten, die auf dem Weg der juristischen Falllösung, also bei der Grobgliederung, beim Erstellen der Lösungsskizze und beim Ausformulieren der Falllösung, anzuwenden sind.

Oft wird statt von Falllösungstechnik von **Subsumtionstechnik** gesprochen, obwohl die Subsumtionstechnik wiederum nur ein Ausschnitt aus der Falllösungstechnik ist. Beim Begriff der Subsumtion[664] und beim Begriff der Subsumtionstechnik muss berücksichtigt werden, in welchem Kontext diese Begriffe verwendet werden. Die

661 Siehe oben, S. 232.
662 So zutreffend schon *v. Lübtow*, Richtlinien für die Anfertigung von Übungs- und Prüfungsarbeiten im Bürgerlichen Recht sowie drei Lösungen praktischer Fälle, Berlin, 1961, S. 14.
663 Zutreffend *Jürgen Schwabe*, Geheimnisvolle Gutachtentechnik, Jura 1996, 533; ungenau jedoch *Tettinger*, JuS-Studienführer, S. 166, sowie *Gerhard Wolf*, Bemerkungen zum Gutachtenstil, JuS 1996, 30.
664 Zum Begriff Subsumtion siehe oben, S. 243 ff.

Technik der Zuordnung des (gesamten) Sachverhalts zu einer Anspruchsgrundlage (Ermächtigungsgrundlage/Straftatbestand) kann mit Subsumtionstechnik im weiteren Sinn bezeichnet werden. Wird der Begriff der Subsumtionstechnik dagegen im Kontext mit einer einzelnen Tatbestandsvoraussetzung oder eines Bestandteils einer Tatbestandsvoraussetzung verwendet, kann man von Subsumtionstechnik im engeren Sinn sprechen. Die Subsumtionstechnik im engeren Sinn umfasst also die Schritte, die bei der Klärung einer einzelnen Tatbestandsvoraussetzung und der Zuordnung zum Sachverhalt vorzunehmen sind. Anders gesagt gibt die Subsumtionstechnik die Antwort auf die Frage, wie das einzelne Tatbestandsmerkmal oder ein Teil eines solchen Tatbestandsmerkmals zu prüfen ist (also durch Definition, Subsumtion, Zwischenergebnis). Subsumtionstechnik im engeren Sinn meint also die Prüfung der »kleinsten rechtlichen Einheit« bei der Falllösung.

Da die Begriffe nicht einheitlich verwendet werden, muss man sich beim Lesen von Literatur zu den einzelnen Techniken bewusst machen, um welche Techniken es dem Autor genau geht. Durch die Verwendung des Worts »-**technik**« entsteht leicht der Eindruck, dass es nur um eine Technik im Sinne einer handwerklichen Fertigkeit geht. Da es sich aber um sehr komplexe juristische Vorgänge handelt, die man erlernen muss, sollte man den Begriff Technik hier in seiner ursprünglichen Bedeutung anwenden und von der Aneignung einer Kunstfertigkeit sprechen.[665]

2. Literatur zur Fallbearbeitung

Die nachfolgenden Literaturhinweise sind gegliedert in allgemeine Anleitungen und spezielle Anleitungen zur Fallbearbeitung in den Fächern Zivilrecht, Strafrecht, Öffentliches Recht.

Allgemeine Anleitungen zur Fallbearbeitung	
Bringewat, Peter	Methodik der juristischen Fallbearbeitung, Mit Aufbau- und Prüfungsschemata aus dem Zivil-, Strafrecht und Öffentlichen Recht, Stuttgart, 2006 (Zivilrecht S. 105 ff.; Strafrecht S. 131 ff. Öffentliches Recht S. 169 ff.)
Dühn, Matthias	Die »10 Gebote« der Klausurbearbeitung, JA 2000, 765.
Lagodny, Otto	Gesetzestexte suchen, verstehen und in der Klausur anwenden, Eine praktische Anleitung für die ersten Schritte im Strafrecht, Öffentlichen Recht und Zivilrecht, Berlin, 2008.
Knödler, Christoph	Zur Vermeidung von formalen Fehlern in Klausuren, JuS 2000, L 65, L 73.
Möllers, Thomas M. J.	Juristische Arbeitstechnik und wissenschaftliches Arbeiten, Klausur, Hausarbeit, Seminararbeit, Staatsexamen, Dissertation, München, 4. Aufl. 2008.
Rocco, Jula	Fallsammlung zum Handelsrecht, Klausuren – Lösungen – Basiswissen Berlin u.a., 2000, S. 1 ff. (Fallbearbeitung im Handelsrecht).
Schmalz, Dieter	Methodenlehre für das juristische Studium, Baden-Baden, 4. Aufl. 1998 (die Rn. 455–677 beschäftigen sich mit der Technik der Fallbearbeitung und beschreiben sehr ausführlich und verständlich die juristische Falllösung).
Schmidt, Thorsten Ingo	Grundlagen rechtswissenschaftlichen Arbeitens, JuS 2003, 649.
Schwacke, Peter	Juristische Methodik, Mit Technik der Fallbearbeitung, Stuttgart, 4. Aufl. 2003.

665 Etymologisches Wörterbuch v. *Wolfgang Pfeifer*, Berlin, 2. Aufl. 1993, Stichwort Technik: *nlat.* technica: »Anweisung zur Ausübung einer Kunst oder Wissenschaft«. Zutreffend auch *Otto*, S. 2: »es geht nicht darum, durch Anwendung irgendwelcher Techniken irgendein Ergebnis zu finden«.

Tettinger, Peter J.	Einführung in die juristische Arbeitstechnik, Unter besonderer Berücksichtigung öffentlich-rechtlicher Fragestellungen, München, 3. Aufl. 2003 (viele Hinweise zur Darstellungs- und Arbeitstechnik).
Vogel, Joachim	Juristische Methodik, Berlin u.a., 1998.

Fallbearbeitung im Zivilrecht

Bähr, Peter	Arbeitsbuch zum Bürgerlichen Recht, München, 2. Aufl. 2002 (vor allem für Studienanfänger; mit einem Abschnitt über die Methode der Fallbearbeitung).
Braun, Johann	Der Zivilrechtsfall, Klausurenlehre für Anfänger und Fortgeschrittene, München, 4. Aufl. 2008 (mit Musterlösungen).
Deckert, Martina R./ Middelschulte, Dirk	Hinweise zur Klausurtechnik im Zivilrecht, JuS 1997, L 65–69.
Eltzschig, J./ Wenzel, J.	Die Anfängerklausur im BGB, Kernprobleme des Allgemeinen Teils in der Fallbearbeitung, Berlin, 3. Aufl. 2008.
Fahse, Hermann/ Hansen, Uwe	Übungen für Anfänger im Zivil- und Strafrecht. Eine Anleitung zur Anfertigung von Klausuren und Hausarbeiten, Neuwied u.a., 9. Aufl. 2001 (Anleitung für Studierende in den Anfangssemestern; behandelt werden u.a. typische Probleme in schriftlichen Arbeiten der Anfänger-Übungen).
Hebert, Roman Philipp	Fallbearbeitung und Qualifikationsprobleme im Internationalen Privatrecht, JuS 2000, 254.
Heinemann, Andreas u.a.	Übungen im Bürgerlichen Recht, Berlin, 2008 (S. 1–33 zur Methodik der zivilrechtlichen Fallbearbeitung).
Körber, Thorsten	Zivilrechtliche Fallbearbeitung in Klausur und Praxis, JuS 2008, 289 (20 Regeln zur Fallbearbeitung).
Kohler-Gehrig, Eleonora	Technik der Fallbearbeitung im Bürgerlichen Recht, München, 2000.
Leenen, Detlef	Willenserklärung und Rechtsgeschäft – Dogmatik und Methodik der Fallbearbeitung, JURA 2007, 721.
Metzler-Müller, Karin	Wie löse ich einen Privatrechtsfall? Aufbau – Schemata – Mustergutachten – Klausurschwerpunkte, Stuttgart, 5. Aufl. 2008 (mit einer Einführung in die Fallbearbeitung auf den S. 21–38).
Musielak, Hans-Joachim	Grundkurs BGB, München, 10. Aufl. 2007 (Einführung in die Fallbearbeitung, S. 1 ff.).
Olzen, Dirk/ Wank, Rolf	Zivilrechtliche Klausurenlehre mit Fallrepetitorium, Köln u.a., 5. Aufl. 2008 (ausführliche Einführung in die Technik zivilrechtlicher Fallbearbeitungen auf S. 3–93).
Quittnat, Joachim	Der Privatrechtsfall, Eine prüfungsbezogene Einführung in die juristische Arbeitstechnik, 6. Aufl. 2005.
Schwab, Dieter/ Löhnig, Martin	Falltraining im Zivilrecht, Ein Übungsbuch für Anfänger, Heidelberg, 3. Aufl. 2007 (Einführung in die Falllösungstechnik S. 1 ff.).
Schumann, Ekkehard	Die ZPO-Klausur, München, 3. Aufl. 2006.
Zippelius, Reinhold	Juristische Methodenlehre, München, 10. Aufl. 2006 (Ausführungen zur Falllösung, Klausuren mit Lösungshinweisen).

Fallbearbeitung im Öffentlichen Recht

Dietlein, Johannes/ Dünchheim, Thomas	Examinatorium Allgemeines Verwaltungsrecht, Köln, 3. Aufl. 2007.
Brühl, Raimund	Verwaltungsrecht für die Fallbearbeitung. Praktische Anleitungen zum Erwerb prüfungsrelevanter Kenntnisse und Fertigkeiten, Stuttgart, 7. Aufl. 2006.

Butzer, Hermann/ Epping, Volker	Arbeitstechnik im Öffentlichen Recht, Vom Sachverhalt zur Lösung. Methodik, Technik, Materialerschließung, Stuttgart u.a., 7. Aufl. 2006.
Schwerdtfeger, Gunther	Öffentliches Recht in der Fallbearbeitung, Grundfallsystematik, Methodik, Fehlerquellen, München, 13. Aufl. 2007 (das Buch gibt auch Anleitung zur Lösung solcher Fragen, die in der Fallbearbeitung besondere Schwierigkeiten machen; es richtet sich insbesondere an Studierende der mittleren und höheren Semester und an Examenskandidaten).
Heckmann, Dirk	Die Zwischenprüfung im Öffentlichen Recht, München, 2006, S. 1–10 (Methodische Grundlagen der Klausurbearbeitung im Öffentlichen Recht).
Stern, Klaus/ Blanke, Hermann-Josef	Verwaltungsprozessrecht in der Klausur, München, 9. Aufl. 2008
Tettinger, Peter J./ Mann, Thomas	Einführung in die juristische Arbeitstechnik, Unter besonderer Berücksichtigung öffentlich-rechtlicher Fragestellungen, München, 4. Aufl. 2008.
Wahrendorf, Volker/ Lemke, Volker	Besonderes Verwaltungsrecht, Fälle mit Lösungen, Methodik, Taktik, Darstellung, JA-Sonderheft Bd. 6, Neuwied u.a., 2. Aufl. 2001.

📖 Fallbearbeitung im Strafrecht

Fahl, Christian	10 Tipps zum Schreiben von (nicht nur) strafrechtlichen Klausuren und Hausarbeiten, JA 2008, 350.
Fahse, Hermann/ Hansen, Uwe	Übungen für Anfänger im Zivil- und Strafrecht, Eine Anleitung zur Anfertigung von Klausuren und Hausarbeiten, Neuwied u.a., 9. Aufl. 2001.
Rüdeger-Sonnen, Bernd u.a.	Strafrecht, Besonderer Teil, Fälle, Mit Lösungen und einer Einleitung zur Methodik der Fallbearbeitung, Heidelberg, 2006.
Scholz, Christian/ Wohlers, Wolfgang	Klausuren und Hausarbeiten im Strafrecht, Baden-Baden, 3. Aufl. 2003.
Schwind, Hans Dieter/ Nawratil, Georg/ Nawratil, Heinz	Strafrecht leicht gemacht – Der Strafrechtsschein, Eine Einführung zum Allgemeinen und Besonderen Teil des Strafgesetzbuches mit praktischen Fällen und Hinweisen für Klausuraufbau und Studium, Berlin, 15. Aufl. 2008.
Schwind, Hans-Dieter/ Franke, Einhard/ Winter, Manfred	Übungen im Strafrecht für Anfänger, Originalfälle mit Musterlösungen und Erläuterungen, Hausarbeiten und Klausuren, Köln u.a., 5. Aufl. 2000.
Steinberg, Georg	Angewandte juristische Methodenlehre für Anfänger, erläutert an Beispielen aus dem Strafrecht, Frankfurt/M., 2006.
Stiebig, Volker	Einführende Hinweise zur strafrechtlichen Klausurentechnik, JURA 2007, 908.

Kapitel 10 Private Arbeitsgemeinschaften

Befragungen haben gezeigt, dass die meisten Juristen mit überdurchschnittlichen Examensergebnissen eine private Arbeitsgemeinschaft (im Folgenden AG) als wichtiges Hilfsmittel zum Lernen und zur Examensvorbereitung hervorheben.[666] Doch obwohl viele von ihnen nicht erst in der Examensvorbereitung eine private AG hatten, befasst sich die Ausbildungsliteratur vorwiegend mit der AG zur Examensvorbereitung, so dass der Eindruck entstehen könnte, dass eine AG erst in der Examensvorbereitungsphase sinnvoll ist. Tatsächlich ist diese Form des Lernens jedoch wie keine andere schon in den Anfangssemestern geeignet, Einstiegsschwierigkeiten in die Juristerei und eine fehlende Lernmotivation zu überwinden. Dieser Abschnitt ist daher an Studierende aller Semester, von den Studienanfängern bis zu den Examenskandidaten gerichtet.[667]

Die wesentlichen Vorteile einer privaten AG sind:

- ☺ Übung im Argumentieren und mündlichen Darstellen juristischer Inhalte,[668]
- ☺ gute Vorbereitung auf die mündliche Prüfung,
- ☺ das aktive Zuhören (das man später im Gespräch mit Mandanten braucht) wird trainiert,[669]
- ☺ die Strukturierung von Lerninhalten wird gefördert,
- ☺ sehr effektives Lernen mit Spaß,[670]
- ☺ gegenseitige Motivation zum Lernen in der AG *und* im Eigenstudium,[671]
- ☺ Erkenntnis, dass andere Studierende ähnliche Verständnisprobleme haben,
- ☺ gegenseitige Ermutigung,
- ☺ gegenseitige Lernkontrolle als Ersatz für fehlende Lernkontrollen im Studium,
- ☺ unzutreffende Gedanken und Überlegungen werden schneller erkannt,

666 *Ehlert/Niehues/Bleckmann*, S. 25 ff., weisen darauf hin, dass die meisten der von ihnen befragten Professoren, wissenschaftlichen Mitarbeiter und Doktoranden mit einer privaten AG gelernt haben. So z.B. Professor Roxin: »Drittens hat sich mir das gegenseitige Vortragen und Abhören in selbst organisierten studentischen Kleingruppen immer als eine hervorragende Lernmethode bewährt« (*Roxin*, S. 10). *Ter Haar/Lutz/Wiedenfels* halten die private AG für das effektivste und nachhaltigste Mittel der Stofferarbeitung. Ebenso *Warringsholz*, Der Fahrschein fürs Staatsexamen, JuS 2000, 311. *Burian/Schultze/Waldorf*, S. 822, berichten, dass sie sich ohne Repetitor in einer AG auf das Examen vorbereiteten und ihr Examen mit 10,48 Punkten, 11,52 bzw. 12,60 Punkten bestanden.

667 *Ter Haar/Lutz/Wiedenfels* stellen die Besonderheiten einer AG während des Studiums (S. 98 f.), die Besonderheiten einer repetitoriumsbegleitenden AG (S. 99 ff.) dar und gehen auf die spezifischen Probleme einer AG im Referendariat (S. 101 f.) ein. Zu Arbeitsgemeinschaften während des Studiums und dem Lernen in der Gruppe siehe auch *Koeder*, S. 67 ff. (mit Spielregeln für das Gruppenlernen); *Burchardt*, S. 77 ff.; *Dahmer/Dahmer*, S. 71 ff. (ausführlich zum Ablauf der Gruppenarbeit und der Rolle des Diskussionsleiters); *Hurek/Wolff*, S. 105 ff.; *Schräder-Naef*, S. 56 ff.

668 Im Gegensatz zu Lehrveranstaltungen bieten private AGs hervorragende Möglichkeiten zum Training dieser Fähigkeiten, so auch *Diederichsen/Wagner*, S. 189.

669 *Körber*, JuS 2008, 289, 290 (Fn. 5).

670 *Faust* (Professor an der Bucerius Law School), S. 19: »Eine private Lerngruppe von drei bis vier Leuten ist eine der effektivsten Arten zu lernen, die es gibt«.

671 *Sesink*, S. 25: »Sie teilen Frust und Lust am Studium; das eine halbiert, das andere verdoppelt sich bekanntermaßen«.

- ☺ Sicherheit, vor allem in der Examensvorbereitung,
- ☺ Konzentration fällt in »schlechten« Lernzeiten (z.B. am Nachmittag oder Abend) leichter als im Eigenstudium,
- ☺ »trockene« Lerninhalte können in der AG interessanter gestaltet werden,
- ☺ Abwechslung im Studienalltag,
- ☺ Zeitersparnis durch Aufgaben(ver)teilung,[672] z.B. bei der Suche nach geeigneten Fällen,
- ☺ preisgünstige und gute Alternative zum kommerziellen Repetitorium in der Examensvorbereitung,[673]
- ☺ gute Ergänzung zum Unirepetitorium.

Und private AGs schulen Fertigkeiten, die für Juristen von großer Bedeutung sind und Schlüsselqualifikationen darstellen:

- ☺ rhetorische Fähigkeiten,
- ☺ Integrationsvermögen,
- ☺ Teamfähigkeit,
- ☺ Kommunikationsfähigkeit,
- ☺ soziale Kompetenz,
- ☺ Konfliktlösungskompetenz,
- ☺ Durchsetzungsvermögen.

Doch häufig sind die ersten Versuche mit einer AG alles andere als ermutigend. Die Schwierigkeiten beginnen meist schon bei der Suche nach geeigneten Mitgliedern. Auch einen gemeinsamen Termin zu finden, stellt sich häufig als problematischer heraus als vermutet. Sind diese Hindernisse dann überwunden, stellen die Mitglieder oft fest, dass sie gar nicht genau wissen, was sie in der AG machen wollen und vor allem, wie sie im Einzelnen vorgehen sollen. Ist diese Hürde dann genommen und ein Konzept erstellt, bereiten sich einzelne Mitglieder trotz der gegenseitigen Verpflichtung nicht ausreichend auf die AG vor. Statt gleichwertiger Gesprächspartner zu sein, müssen die unvorbereiteten Mitglieder nun von der Gruppe mitgetragen werden, was über kurz oder lang zu großer Unzufriedenheit bei den gut vorbereiteten Mitgliedern und oft sogar zu deren Ausstieg aus der AG führt. Eine andere häufige Ursache für eine schlecht funktionierende AG ist, dass nicht geklärt wurde, wer die AG-Leitung am jeweiligen Termin innehat. Dann sind die AG-Mitglieder u. U. mehr damit beschäftigt, gruppendynamische Prozesse in den Griff zu bekommen als juristische Inhalte zu besprechen. Diese und viele andere Schwierigkeiten führen zusammen mit einigen entmutigenden Erfahrungen dazu, dass manche Studierende bereits abwinken, wenn sie auch nur das Wort AG hören. Dies ist angesichts der oben beschriebenen positiven Effekte und der damit verbundenen Schulung von Schlüsselqualifikationen sehr bedauerlich.

---

672 Durch »Arbeitskonferenzen«, so *Klaner*, S. 83.

673 *Ehlert/Niehues/Bleckmann*, S. 25 ff., begründen ausführlich, warum die private AG während der Examensvorbereitung eine gute Alternative zum Repetitorium sein kann. Sie weisen auch darauf hin, dass die meisten der von ihnen befragten Professoren, wissenschaftlichen Mitarbeiter und Doktoranden mit einer privaten AG gelernt haben.

Wie also kommt man zu einer gut funktionierenden und effektiven AG? Entgegen beliebter Aussagen wie »Ich habe eben kein Glück mit AGs« oder »Ich bin eben kein AG-Typ« ist dies keine Frage des persönlichen Schicksals, sondern vielmehr eine Frage der richtigen Methode. Und die kann gelernt werden. Deshalb sollte man sich frühzeitig mit der Gründung einer AG beschäftigen, um spätestens in der Examensvorbereitung in einer solchen AG arbeiten zu können.[674] Auf den nächsten Seiten werden Sie im Einzelnen erfahren, wie man zu einer gut funktionierenden AG kommt, indem ich Antworten auf sechs W-Fragen gebe: Wie viele? Wer? Was? Wie? Wo? Wann? Bei der Beantwortung dieser Fragen werde ich sowohl darauf eingehen, was Sie bei der Gründung einer AG beachten sollten, als auch darauf, wie Sie eine vorhandene AG verbessern können. Ich möchte Sie ermutigen, eigene AGs zu gründen und praktische Tipps geben, um typischen Schwierigkeiten vorzubeugen oder um diese zu überwinden.

☞ Gute und effektive AGs sind kein Zufall, sondern das Ergebnis der Einführung und Beachtung bestimmter Regeln innerhalb der AG und des gemeinsamen Bemühens um ein gutes Arbeitsklima.

I. Wie viele Mitglieder sollte eine AG haben?

Die Zahl der AG-Mitglieder sollte sich zwischen zwei und fünf Personen bewegen; übereinstimmend wird *drei bis vier als ideale Mitgliederzahl* angesehen.[675] Jede Mitgliederzahl hat Vor- und Nachteile:

Die *Terminabstimmung* ist bei der Zweiergruppe am einfachsten, da man Termine auch per Telefon leicht ändern kann. Will man dagegen bei einer Fünfergruppe den Termin ändern, ist es am besten, sich schon für die Festlegung eines neuen Termins zu treffen, da ansonsten ein »Telefonkarussell« beginnt. Ein Nachteil der großen Gruppe ist die geringe terminliche Flexibilität. Gleichzeitig zwingt die geringe terminliche Flexibilität jedoch zum Einhalten der einmal gefundenen Termine und hat so den Vorteil der Regelmäßigkeit. Eine größere terminliche Flexibilität, wie sie bei einer kleineren Gruppe besteht, kann dagegen zu häufigen Terminverschiebungen führen.

Tipp:
Es hat sich bewährt, beim ersten Treffen der AG einen Zeitpunkt in der Woche zu ermitteln, an dem alle Teilnehmer der AG gleichzeitig an der Universität sind, um unproblematisch Terminabsprachen treffen zu können. Ein solcher Zeitpunkt kann z.B. im Anschluss an eine bestimmte Lehrveranstaltung, die alle besuchen, liegen. Auch bei AGs mit mehr als drei Mitgliedern kann man auf diese Weise schnell Terminabsprachen treffen.

Die Gefahr der *Ausgrenzung eines Mitglieds* steigt mit zunehmender Gruppengröße. Während wegen der geringen Gruppengröße bei einer Zweier- oder Dreiergruppe eine *Grüppchenbildung*, bei der ein Mitglied übrig bleibt, gar nicht erst entstehen kann, ist die Gefahr der Aufsplitterung der Gruppe in Kleingruppen und die des »fünften Rads am Wagen« bei Fünfergruppen besonders groß.

674 So auch *Rollmann*, S. 211.

675 So *Ter Haar/Lutz/Wiedenfels*, S. 567, *Burian/Schultze/Waldorf*, S. 822, und *Ehlert/Niehues/Bleckmann*, L 33, m.w.N.; *Schräder-Naef*, S. 65, hält 3 bis 5 Personen für die ideale Gruppengröße.

Die Teilnahmeverbindlichkeit ist bei einer Zweiergruppe eher vorhanden als bei einer großen Gruppe, weil die eigene Absage immer zur Aufhebung des AG-Termins führen würde. Dagegen kann man sich als Mitglied einer großen Gruppe immer einreden, dass genügend andere da sind. So kommt es gerade bei großen Gruppen vor, dass ein Termin platzt, weil alle so dachten.

Je größer die Mitgliederzahl einer AG ist, desto mehr kann man *vom Wissen der anderen profitieren.* Während bei einer Zweiergruppe die Gefahr bestehen kann, sich in das Problem zu verrennen, gelingt es in aller Regel schon zu dritt, eine Lösung zu finden.[676] Bei fünf Mitgliedern steigt dann die Gefahr wieder, bei verschiedenen Lösungsansätzen in Verwirrung zu geraten.

Eine *Diskussion* kann schon mit drei Mitgliedern sehr fruchtbar sein, weil häufig zwei Mitglieder gegensätzliche Positionen vertreten und dann versuchen, das dritte Mitglied von ihrer Position zu überzeugen. Dagegen läuft bei einer Zweiergruppe eher ein Einigungsprozess als eine Diskussion ab; das gemeinsame Arbeiten ist vor allem auf eine gegenseitige Wissensvermittlung ausgelegt.[677]

Auch hinsichtlich der *Arbeitsatmosphäre* bewähren sich Zweier- und vor allem Dreiergruppen sehr gut. Während die Mitglieder in diesen Gruppen konzentriert beim Thema bleiben, weil sie ständig als Ansprechpartner gefordert sind, nehmen bei Vierer- und Fünfergruppen immer wieder einzelne Mitglieder »geistige Auszeiten«[678] und müssen dann wieder integriert werden.

> ☞ Eine AG sollte idealerweise 3 oder 4 Mitglieder haben. Welche Größe für Sie die richtige ist, hängt davon ab, welche Vorteile Ihnen am wichtigsten erscheinen und welche Nachteile Sie dafür in Kauf zu nehmen bereit sind.

II. Wer ist als Mitglied geeignet?

Die beste emotionale Voraussetzung ist das Gefühl gegenseitiger Achtung und Wertschätzung. Doch gegenseitige Wertschätzung allein gibt noch nicht die Garantie für das Gelingen einer AG. Weitere Voraussetzungen sind, dass man die gleichen Vorstellungen hinsichtlich des Zeitaufwandes, des Vorbereitungsaufwandes und des Inhaltes der AG hat, sich über die AG-Termine einigen kann, einen ähnlichen Kenntnisstand[679] und das Gefühl hat, »mit dem anderen sachlich und konzentriert zusammenarbeiten zu können«.[680] Wenn Sie für die Examensvorbereitung eine AG aufbauen wollen, sollten alle Mitglieder den gleichen Examenstermin und in etwa gleiche Ziele hinsichtlich des Examenserfolges haben, damit es hinsichtlich des Arbeitsaufwandes und der Intensität, mit der man sich mit einem Thema beschäftigt, keine Meinungsverschiedenheiten gibt.

In vielen Fällen hat es sich als vorteilhaft erwiesen, mit solchen Studierenden eine AG zu gründen, mit denen man *nicht* (eng) befreundet ist. Denn bei guten Freunden ist

676 So auch *Ehlert/Niehues/Bleckmann*, L 33.
677 So auch *Ehlert/Niehues/Bleckmann*, L 33.
678 *Ehlert/Niehues/Bleckmann*, L 33.
679 In der Literatur herrscht Einigkeit darüber, dass eine Lerngruppe hinsichtlich des Kenntnisstandes möglichst homogen sein sollte. So auch *Schräder-Naef*, S. 65; *Burian/Schultze/Waldorf*, S. 822.
680 *Ehlert/Niehues/Bleckmann*, L 34.

viel Energie und Selbstdisziplin erforderlich, um *nicht* auch über private Dinge zu reden und *nicht* nur Kaffee zu trinken.[681] Außerdem besteht hier die Gefahr, vom anderen zu verlangen, dass er oder sie das persönliche Befinden berücksichtigt. Verbindet einen mit den AG-Mitgliedern dagegen nur eine lose Freundschaft, wird man private Probleme normalerweise nicht in die AG hineintragen. Insofern kann es auch zu Problemen führen, wenn ein befreundetes Paar in derselben privaten AG ist. Hier kommt zu der Gefahr, dass Beziehungsprobleme in die AG getragen werden, noch die Gefahr der Grüppchenbildung in der Gruppe. Sowohl bei »zu viel« Sympathie als auch bei Antipathie ist von einer gemeinsamen AG abzuraten. Auch wenn der oder die andere »einfach nervt«, sollte man eine andere AG suchen, um nicht die eigene Energie dafür zu verbrauchen, sich über den oder die anderen aufzuregen.

☞ Neben einer gegenseitigen Wertschätzung sollten die Mitglieder einer AG die gleichen Vorstellungen hinsichtlich des Zeitaufwandes, des Vorbereitungsaufwandes und des Inhaltes der AG haben, sich über die AG-Termine einigen können, einen ähnlichen Kenntnisstand und das Gefühl haben, mit den anderen sachlich und konzentriert zusammenarbeiten zu können. Wenn man eine AG für die Examensvorbereitung aufbauen will, sollten alle Mitglieder den gleichen Examenstermin und in etwa gleiche Ziele hinsichtlich des Examenserfolges haben.

III. Wie finde ich geeignete Mitglieder?

Bevor man sich auf die Suche nach geeigneten Mitgliedern macht, sollte man sich die eigenen Vorstellungen von einer guten AG bewusst machen, um sie bei der Suche nach Mitgliedern berücksichtigen zu können. Über die eigenen Vorstellungen kann man sich anhand der folgenden Fragen Klarheit verschaffen:

- Was möchte ich in der AG machen?[682]
- Wie viele Mitglieder soll meine AG idealerweise haben?
- Welchen Kenntnisstand sollen meine AG-Mitglieder haben?
- In welchem Semester sollen sie sich befinden und welchen Examenstermin sollten sie anstreben?
- Wo kann die AG idealerweise stattfinden?
- Welche Räumlichkeiten für eine AG stehen mir zur Verfügung?
- Wie oft und wie lange möchte ich pro Woche AG-Termine haben?
- Zu welchen Zeiten möchte ich die AG-Termine haben?
- Zu welchen Zeiten möchte ich auf keinen Fall AG-Termine haben?
- Wie viel Zeit bin ich bereit, für die Vorbereitung der AG zu investieren?
- Wo finde ich die richtigen AG-Mitglieder?

AGs entstehen oft gerade deshalb mit engen Freunden, weil man nicht genügend andere potentielle AG-Mitglieder kennt und nicht weiß, wie man sie finden kann.[683] Ei-

681 *Ter Haar/Lutz/Wiedenfels*, S. 50: »Alle Treffen, bei denen Kaffee und Kuchen, Fußball oder die Trennung von der Freundin im Vordergrund stehen, sind keine AG-Treffen!«.
682 Dazu unten im Abschnitt IV mehr.

ne Möglichkeit, geeignete AG-Mitglieder zu finden, ist, Zettel an das Schwarze Brett zu hängen, auf denen man möglichst genaue Angaben zu den eigenen Vorstellungen (siehe obige Fragen) bezüglich der AG vermerkt. Eine andere Möglichkeit ist, sich selbst auf solche Zettel zu melden. An manchen Universitäten führt die Studentenvertretung oder die Fachschaft Jura eine Kartei, in die man sich mit Suchanfragen eintragen lassen oder auf Suchanfragen melden kann. An der Universität Münster gibt es an der Fakultät eine Examens-AG-Börse, die Studierende bei der Gründung oder dem Eintritt in eine private Arbeitsgemeinschaft unterstützt.[684] Eine sehr gute Möglichkeit, geeignete Mitglieder für eine AG zu finden, bieten auch Arbeitsgemeinschaften, Fallbesprechungen, Tutorien oder Seminare. Denn hier kann man Mitstudierende erst einmal beobachten und so herausfinden, ob man sich vorstellen kann, mit ihnen zu arbeiten.

☞ Geeignete Mitglieder für eine AG kann man beim Besuch von Arbeitsgemeinschaften, Fallbesprechungen, Tutorien und Seminaren, über das Schwarze Brett und ggf. auch über Karteien der Studentenvertretung finden.

IV. Was genau kann man in einer AG sinnvoll machen und wie genau geht das?

AGs eignen sich vor allem dazu, gemeinsam Stoff zu vertiefen und so herauszufinden, ob man ihn wirklich verstanden hat. Dafür gibt es im Wesentlichen zwei Möglichkeiten: Man kann entweder eine reine Stoffwiederholung und -vertiefung (z.B. anhand von Karteikarten) durchführen oder man kann gemeinsam Fälle lösen. Sowohl durch die Stoffvertiefung als auch durch das Lösen von Fällen wird eine persönliche Lernkontrolle ermöglicht. Das Lösen von Fällen hat gegenüber einer systematischen Stoffvertiefung den Vorteil, dass man überprüfen kann, ob man in der Lage ist, den gelernten Stoff *klausurgerecht* anzuwenden.[685] Das Lösen von Fällen ist allerdings zeitaufwendiger als die reine Stoffwiederholung. Deshalb bietet es sich an, in einer AG mit beiden Methoden zu arbeiten. Die AG kann über die Stoffvertiefung hinaus dazu dienen, sich die Literaturrecherche aufzuteilen und dadurch Zeit zu sparen. Dagegen eignet sich die AG *nicht* für das gemeinsame erstmalige Erarbeiten eines neuen Rechtsgebiets.[686] Mindestvoraussetzung für die Teilnahme an einer AG sollte sein, dass die Mitglieder entweder parallel die Vorlesung zu dem Rechtsgebiet hören und nachbereiten oder den Stoff anhand eines Lehrbuchs bereits erarbeiten.[687] Die hohen Lerneffekte einer AG beruhen auf der gleichzeitigen Aktivität aller Teilnehmer. Daher ist die Organisationsform, dass ein Mitglied über ein Stoffgebiet ein Referat hält, über das dann diskutiert wird, weniger nutzbringend.[688] Zwar profitiert das vortragende Mitglied davon, aber die anderen Mitglieder befinden sich wieder in der

683 Zum Thema AG-Partner ausführlich *ter Haar/Lutz/Wiedenfels*, S. 55 ff.

684 Ansprechpartner ist das unirep Service-Center der Fakultät.

685 *Faust*, S. 19, empfiehlt: »Sehr sinnvoll wäre es, in einer solchen Lerngruppe gemeinsam Fälle (...) zu lösen«.

686 Es sei denn, dass ein Mitglied sich so gut vorbereitet oder einen so hohen Wissenstand in diesem Rechtsgebiet hat, dass es als Tutor den anderen den Stoff beibringen kann. Zu den Nachteilen einer solchen »erlernenden« AG ausführlich *ter Haar/Lutz/Wiedenfels*, S. 52 ff.

687 Ausführlich zu Lehrbüchern und anderen Wissensquellen, die man bei der Erarbeitung eines Rechtsgebiets heranziehen kann, siehe Kap. 6 (Systematisches Erarbeiten von Rechtsgebieten).

688 Von einer sog. Themen-AG, d.h. einer Lern-AG auf der Basis von Referaten, wie sie *Hurek/Wolff*, S. 106 f., beschreiben, ist eher abzuraten.

Vorlesungssituation.[689] Wie man die verschiedenen Methoden in einer AG zur Vertiefung eines Rechtsgebiets einsetzen kann, erkläre ich nachfolgend am Beispiel der Studierenden X, Y und Z.[690]

X, Y und Z sind im 3. Semester und wollen während der Vorlesungszeit des Wintersemesters das Außervertragliche Schuldrecht in einer AG durcharbeiten, zu der sie sich einmal pro Woche für drei Stunden treffen. Sie vereinbaren deshalb, dass sich jeder bis zur ersten AG-Sitzung einen Überblick über das Außervertragliche Schuldrecht verschafft und sich die Themenkomplexe notiert, die auf jeden Fall durchgearbeitet werden müssen.[691] Außerdem soll sich jeder einen groben Überblick über den Inhalt verschaffen, indem er das Einführungskapitel in einem Lehrbuch seiner Wahl liest oder in einem größeren Rechtslexikon unter dem Stichwort nachschaut. In der ersten Sitzung vergleichen sie ihre Ergebnisse: Alle haben herausgefunden, dass das Außervertragliche Schuldrecht im Wesentlichen aus drei voneinander unabhängigen Bereichen besteht, und zwar aus der Geschäftsführung ohne Auftrag (GoA), der ungerechtfertigten Bereicherung und der unerlaubten Handlung. Nun erörtern sie, in welche Themenkomplexe sie jede dieser drei groben Lerneinheiten einteilen können. Dann suchen sie aus dieser Liste gemeinsam die Themenkomplexe heraus, die sie für besonders wichtig halten und in der AG erarbeiten wollen. Bei der GoA einigen sie sich auf drei Schwerpunkte, die in allen von ihnen zu Rate gezogenen Lehrbüchern im Inhaltsverzeichnis auftauchen: die berechtigte GoA, die unberechtigte GoA und die Eigengeschäftsführung. Ebenso verfahren sie bei den zwei anderen Lerneinheiten. Das Wintersemester hat 16 Wochen Vorlesungszeit. Bei einem AG-Termin pro Woche[692] verbleiben also abzüglich des ersten Termins noch 15 AG-Termine. Anhand der Seitenzahlen in verschiedenen Lehrbüchern stellen sie fest, dass die Darstellung der GoA weniger lang ist als die beiden anderen außervertraglichen Schuldverhältnisse. Sie einigen sich daher auf drei AG-Termine für die GoA, fünf AG-Termine für die ungerechtfertigte Bereicherung und sechs AG-Termine für die unerlaubte Handlung. Der Vorlesungsübersicht entnehmen sie, dass in der Vorlesung zum Außervertraglichen Schuldrecht zuerst die unerlaubte Handlung, dann die ungerechtfertigte Bereicherung und zuletzt die GoA behandelt wird. Da X und Y diese Vorlesung besuchen wollen, beschließen sie, sich nicht an die gesetzliche Reihenfolge (GoA, ungerechtfertigte Bereicherung, unerlaubte Handlung) zu halten. X, Y und Z erstellen gemeinsam eine Liste, in der sie so genau wie möglich festlegen, wann was in der AG besprochen werden soll. Das »was« ermitteln sie, indem sie die Inhaltsverzeichnisse verschiedener Lehrbücher vergleichen und die Überschriften notieren, die in allen Lehrbüchern angesprochen werden. Danach blättern sie ein Lehrbuch genau durch und notieren die Stichworte, die hervorgehoben sind oder die ihnen besonders wichtig erscheinen. Außerdem ziehen sie die Vorlesungsgliederung heran.[693] In eine weitere Spalte tragen sie ein, bei wem die AG jeweils stattfindet,

689 So auch *Schräder-Naef*, S. 67 f.: »Nicht alle Arbeiten werden von Gruppen besser erledigt.«

690 Wie man einen AG-Plan für eine AG zur Vorbereitung auf das Examen erstellt, erläutern ausführlich *ter Haar/Lutz/Wiedenfels*, S. 59 ff. Auf S. 149 ff. ist ein vollständiger Muster-AG-Plan für das erste Examen in Baden-Württemberg zu erhalten.

691 Wie man sich einen Überblick über ein Rechtsgebiet verschaffen kann, erläutere ich ausführlich in Kap. 6 (Systematisches Erarbeiten von Rechtsgebieten).

692 Zu Wochenstundenplänen siehe S. 141 ff.

693 Die Liste, die man zu Beginn des Semesters erstellt, wird das Rechtsgebiet nicht vollständig und vermutlich auch nicht immer richtig erfassen. Im Nachhinein stellt man fest, dass man wichtige Stichwörter übersehen, unwichtige für wichtig gehalten und manche Stichwörter auch falsch ein-

denn sie haben sich darauf geeinigt, dass jeder reihum sein Zimmer oder seine Wohnung für die AG zur Verfügung stellt.

In der verbleibenden Zeit der ersten AG-Sitzung verschaffen sich X, Y und Z gemeinsam einen Überblick über die gesetzliche Regelung der unerlaubten Handlung. Dazu lesen sie gemeinsam die §§ 823–853 BGB und überlegen Norm für Norm, welche Bedeutung diese haben könnte.[694] Paragraphen, deren Bedeutung ihnen vollkommen unklar ist, notieren sie sich, um dies später zu klären. Ihr Ziel für alle weiteren AG-Termine ist, am Ende eines jeden AG-Termins einen Überblick über die Themen der Stunde zu haben, die wichtigsten Normen dazu zu kennen und zu verstehen und die wichtigsten Zusammenhänge zu anderen Normen oder Rechtsbereichen zu kennen. Außerdem wollen sie Grundfälle zum jeweiligen Thema lösen und klausurgerecht aufbauen können. Jedes Mitglied soll sich auf die jeweiligen Themen der Sitzung mit den Hilfsmitteln vorbereiten, die ihm am effektivsten erscheinen. Dabei soll die Vorbereitung der AG möglichst keine zusätzliche Zeit beanspruchen, sondern in die Nachbereitung der Vorlesung oder das Eigenstudium integriert werden. Während also X und Y in die Vorlesung gehen und diese dann nachbereiten, lernt Z das Außervertragliche Schuldrecht mit Hilfe von Lehrbüchern, Skripten und Zeitschriftenaufsätzen.[695] Alle haben sich ein Karteikartensystem zurechtgelegt, mit dem sie ihr Wissen abspeichern.[696] Die Erstellung der Karteikarten zwingt sie, sich bestimmte Fragen zu stellen und Antworten dazu zu finden, die sie dann in der AG diskutieren können. Durch die unterschiedliche Vorbereitung der einzelnen Mitglieder profitieren alle von verschiedenen Wissensquellen. Während Z so erfährt, ob in der Vorlesung bestimmte Themen hervorgehoben wurden, können X und Y von Z wiederum erfahren, was genau in den von Z durchgearbeiteten Wissensquellen besonders betont wurde.

X, Y und Z vereinbaren, dass derjenige, bei dem die AG jeweils stattfindet, die Leitung übernehmen soll. Er trägt die Verantwortung dafür, dass die Ziele der AG für diesen Termin erreicht werden. Er wirkt darauf hin, dass man zuerst den Überblick erarbeitet und die wichtigsten Normen gemeinsam durchgeht. Erst dann lässt er Detailfragen zu oder greift zurückgestellte Detailfragen auf. Eine Hauptaufgabe ist, die Diskussion zu leiten und sie mit Fragen wieder in Gang zu bringen, falls sie ins Stocken geraten sollte. Besonders wichtige Rechtsprechung stellt er kurz vor.[697] Außerdem bereitet er ein bis zwei geeignete Grundfälle (Kleinfälle) vor, zu denen er die Musterlösung beherrscht und anhand derer die anderen Mitglieder in der AG feststellen können, ob sie in der Lage sind, ihr Wissen klausurgerecht anzuwenden. Dies bedeutet also, dass sich der Leiter auf die AG besonders ausführlich vorbereiten muss. Falls

geordnet hat. Dies schmälert aber den Nutzen der Liste nicht. Denn sie bietet trotz ihrer möglichen Fehler eine Orientierungshilfe. Und aus eigenen Fehlern lernt man besonders gut. Einen anschaulichen Überblick über die Rechtsgebiete des Examens gibt auch der »Netzplan« des Online-Repetitoriums ejura-examensexpress unter http://www.ejura.examensexpress.de.

694 In Kap. 6 (Systematisches Erarbeiten von Rechtsgebieten), S. 183 ff., finden Sie im Abschnitt zur Lernkontrolle eine genaue Anleitung zur Arbeit am Gesetz.

695 Auf die Möglichkeit, den Vorlesungsbesuch aufzuteilen, verweist *Sesink*, S. 24: »Wichtige Vorlesungen teilen Sie untereinander auf. Entweder so, dass jeder bestimmte Veranstaltungen das ganze Semester für den andern mit besucht, oder so, dass Sie sich beim Besuch der Veranstaltungen abwechseln«.

696 Siehe dazu Kap. 8 (Karteikarten).

697 Siehe dazu auch unten, S. 281, »Regeln für die Leitung einer AG«.

noch Zeit bleibt, können auch die anderen Mitglieder Fälle oder sonstiges wichtiges Material einbringen, auf das sie in der Vorbereitung gestoßen sind.

AG-Plan von X, Y und Z zum Außervertraglichen Schuldrecht im WS 08/09

AG	wann?	bei wem?	was?
1	Mi., 22.10.08 16.00 Uhr	X	**unerl. Handl.**: Überblick über das DeliktsR, Regelungszweck des DeliktsR, Begriffsklärung (Verschuldenshaftung, Exkulpationsmöglichkeit, Gefährdungshaftung, Rechtsquellen des DeliktsR).
2	Di., 28.10.08 15.00 Uhr	Y	**unerl. Handl.**: § 823 Abs. 1 im Überblick: Aufbau, geschützte Rechtsgüter, haftungsbegründende Kausalität, Rechtswidrigkeit, Verschulden, haftungsausfüllende Kausalität.
3	Mi., 05.11.08 16.00 Uhr	Z	**unerl. Handl.**: Schadensersatz bei § 823 Abs. 1, Schmerzensgeld u. Verletzung eines Persönlichkeitsrechts, §§ 842–845.
4	Mi., 12.11.08 16.00 Uhr	X	**unerl. Handl.**: § 823 Abs. 2: Aufbau, Verletzung eines Schutzgesetzes, Schutzzweck der Norm.
5	Di., 19.11.08 15.00 Uhr	Y	**unerl. Handl.**: § 826: Aufbau, Fallgruppen der Sittenwidrigkeit, Schädigung; § 831: Aufbau, Verrichtungsgehilfe, Exkulpation.
6	Mi., 26.11.08 16.00 Uhr	Z	**unerl. Handl.**: Produkthaftung, Gefährdungshaftung, Haftung mehrerer Personen, Konkurrenzen, Zusammenfassung.
7	Mi., 03.12.08 16.00 Uhr	X	**unger. Bereicherg.**: Überblick über das BereicherungsR und Regelungszweck d. BereicherungsR, Begriffsklärung (Leistung, Eingriffs-, Leistungs-, Rückgriffs- und Verwendungskondiktion)
8	Mi., 10.12.08 16.00 Uhr	Y	**unger. Bereicherg.**: Grundtatbestand der Leistungskondiktion: Aufbau, »etwas erlangt«, Mangel des rechtlichen Grundes, Umfang des Anspruchs.
9	Mi., 17.12.08 16.00 Uhr	Z	**unger. Bereicherg.**: Grundtatbestand der Bereicherung in sonstiger Weise: Eingriffs-, Rückgriffs-, Verwendungskondiktion.
10	Mi., 07.01.09 16.00 Uhr	X	**unger. Bereicherg.**: Verfügung Nichtberechtigter: entgeltliche, unentgeltliche Leistung an einen Nichtberechtigten.
11	Mi., 14.01.09 16.00 Uhr	Y	**unger. Bereicherg.**: Umfang des Bereicherungsanspruchs, Gegenstand und Wegfall der Bereicherung, Zusammenfassung.
12	Mi., 21.01.09 16.00 Uhr	Z	**GoA**: Überblick über die GoA, Regelungszweck der GoA, Begriffsklärung (berechtigte GoA, unberechtigte GoA, Eigengeschäftsführung); berechtigte GoA: Aufbau.
13	Mi., 28.02.09 16.00 Uhr	X	**GoA**: Berechtigte GoA: Besorgung eines fremden Geschäfts, Fremdgeschäftsführungswille, Fehlen eines bereits bestehenden Geschäftsbesorgungsverhältnisses, Berechtigung zur Geschäftsführung, Rechtsfolgen.
14	Mi., 04.02.09 16.00 Uhr	Y	**GoA**: Unberechtigte GoA: Aufbau, Fehlen der Berechtigung, Rechtsfolgen; Eigengeschäftsführung: Aufbau, irrtümliche und erlaubte Eigengeschäftsführung.
15	Mi, 11.02.09 16.00 Uhr	Z	**Gesamtwiederholung, Abschlussbesprechung**

1. Hinweise für das gemeinsame Lösen von Fällen

Es gibt zwei Arten von Fällen, anhand derer man in der AG die Anwendung des Wissens üben kann: Fälle im Umfang einer Klausur (Klausurfälle) und Kleinfälle, die nur ein oder zwei Probleme beinhalten. Grundsätzlich gilt, dass man zum Üben nur solche Fälle heranziehen sollte, für die man eine Musterlösung oder bei Gerichtsentscheidungen eine ausführliche, für Studierende aufbereitete Entscheidungsbegründung hat. Denn ohne Musterlösung kann man die eigene Lösung nicht ausreichend gut überprüfen, was dazu führt, dass man mit dem Wissen ein Gefühl der Unsicherheit abspeichert. Dieses Gefühl meldet sich dann beim Abrufen dieses Wissens automatisch wieder. Klausurfälle mit Musterlösungen findet man in Lehrbüchern, Fallsammlungen und in den Ausbildungszeitschriften.[698] Auch aktuelle Entscheidungen, die klausurmäßig aufbereitet wurden,[699] bieten sich zum Üben von Klausuren an. Es gibt auch Fallsammlungen, in denen Kleinfälle besprochen werden. Außerdem findet man geeignete Kleinfälle als Fallbeispiele in Aufsätzen zu bestimmten Themenkomplexen.[700] Unabhängig von der Art der Fälle sollte unbedingt ein AG-Mitglied den oder die Fälle anhand der Musterlösung und zusätzlicher Literatur vorbereiten und den anderen Mitgliedern dann als Diskussionsleiter und Experte zur Verfügung stehen.

Kleinfälle. Wenn Sie sich in der AG entscheiden, Kleinfälle zu lösen, bereitet das Mitglied, das die Leiter- und Expertenfunktion übernommen hat, die Kleinfälle anhand der Musterlösungen vor. Die anderen Mitglieder erhalten den Sachverhalt erst in der AG, so dass sie die Chance haben, diese Fälle ohne Vorbereitung aus dem Stegreif zu lösen.[701] Dadurch lässt sich sehr gut überprüfen, ob man das gelernte Wissen in einer Klausur tatsächlich anwenden kann. Wenn man in der AG Rechtsgebiete gezielt vertiefen und systematisch wiederholen will,[702] eignen sich dafür Kleinfälle, da sie sich wegen des geringeren Zeitbedarfs in die systematische Besprechung des Rechtsgebiets einbauen lassen.

Klausurfälle. Die Sachverhalte von Klausurfällen sollten im AG-Termin vor der Besprechung ausgeteilt werden,[703] damit alle Mitglieder schon zu Hause (mindestens)

---

698 Ausführliche Literaturhinweise auf Bücher mit Fällen siehe Kap. 9 (Fallbearbeitung), S. 258 f., und speziell zu Ausbildungszeitschriften Fn. 656. Kleinfälle, die man in der AG zur Stoffwiederholung und -vertiefung den anderen Mitgliedern der AG vorlegen kann, findet man z.B. in Büchern der Reihe *Prüfe Dein Wissen* des C. H. Beck Verlags. *Kristian Kühl*, Strafrecht, Allgemeiner Teil, München, 6. Aufl. 2008, verweist in seinem Lehrbuch auf einschlägige Falllösungen in Lehrbüchern, Skripten und Zeitschriften. Damit hat man auch für eine AG eine hervorragende Materialsammlung, die viel Sucharbeit ersparen kann. *Werner Beulke*, Klausurenkurs im Strafrecht 1, Heidelberg, 4. Aufl. 2008, bietet einen Überblick über die in den letzten Jahren in Fachzeitschriften abgedruckten Anfängerklausuren. Zur Examensvorbereitung geeignet ist *Dieter Medicus*, Bürgerliches Recht, Eine nach Anspruchsgrundlagen geordnete Darstellung zur Examensvorbereitung, Köln u.a., 21. Aufl. 2007, der Probleme an Hand von Fällen aus der Rechtsprechung erörtert. Die Bücher aus der Reihe »Studienkurs Jura« des Carl Heymanns Verlags enthalten zu jedem Abschnitt Fallbesprechungen meist aktueller Fälle aus der Rechtssprechung. Geeignet sind auch Bücher der Reihe »Fälle und Lösungen nach höchstrichterlichen Entscheidungen« aus dem Müller Verlag oder die Reihe *UNIREP JURA*, z.B. *Peter Gottwald*, Examens-Repetitorium BGB Allgemeiner Teil, Heidelberg, 2. Aufl. 2008; *Petra Buck*, Examens-Repetitorium, Besonderes Schuldrecht/2, Gesetzliche Schuldverhältnisse, Heidelberg, 2. Aufl. 2007.

699 In der JA, JuS, JURA oder RÜ (Rechtsprechungsübersicht des Repetitoriums Alpmann Schmidt). Die RÜ stellt jeden Monat die »Entscheidung des Monats« zum kostenlosen Download zur Verfügung, http://www.alpmann-schmidt.de, Hyperlink Rechtsprechungsübersicht (RÜ).

700 Literaturhinweise dazu finden Sie in Kap. 6 (Systematisches Erarbeiten von Rechtsgebieten), Fn. 420.

701 Die Fallbearbeitung aus dem Stegreif ist gleichzeitig eine gute Vorbereitung auf das mündliche Examen.

702 So wie sich das X, Y und Z in obigem Beispiel, S. 293 ff., für das Außervertragliche Schuldrecht vorgenommen haben.

703 Natürlich können die Sachverhalte auch zu einem anderen Zeitpunkt ausgeteilt werden. Wichtig ist nur, dass die Gruppe eine gemeinsame und verbindliche Vereinbarung darüber trifft, wann die

eine Lösungsskizze anfertigen können. Der Leiter einer Klausur-AG muss also schon in dem Termin, der vor dem AG-Termin liegt, in dem er oder sie die Leitung innehat, die Sachverhalte an die übrigen Mitglieder austeilen. Das bedeutet bei einem wöchentlichen AG-Treffen, dass er oder sie den Klausurfall über eine Woche im Voraus auswählen und die Sachverhalte der Klausuren (nicht die Lösungen!) für die anderen Mitglieder kopieren muss. Der Leiter bereitet anhand der Musterlösung die gemeinsame Besprechung so vor, dass in der AG vor allem der Aufbau der Klausur und ihre problematischen Punkte behandelt werden. Die Besprechung der Klausurlösung ist meist zeitaufwendig, so dass für einen Stoffüberblick und die Besprechung der systematischen Zusammenhänge, die über die Musterlösung hinausgehen, kaum Zeit bleiben wird. Deshalb sollte man dafür eigene AG-Termine vorsehen. Da es für Anfänger und Fortgeschrittene oft keine Klausurenkurse gibt, in denen man das Klausurenschreiben für die Scheine trainieren könnte, ist das Klausurtraining im Rahmen einer AG trotz des hohen Zeitaufwands sehr zu empfehlen.[704]

2. Hinweise für das gezielte Vertiefen und systematische Wiederholen

Reine Stoffwiederholung. Will man eine reine Stoffwiederholung, bietet es sich an, den Stoff bestimmter Rechtsgebiete anhand von Karteikarten zu wiederholen. So kann man einen AG-Termin vereinbaren, zu dem jeder seine eigenen Karteikarten[705] zu dem entsprechenden Stoffgebiet oder die Karteikarten zum Vorlesungsstoff der letzten Woche mitbringt. Wenn Sie die Karteikarten in Frage-Antwort-Form aufbereitet haben,[706] können Sie den anderen Mitgliedern diese Fragen zur Beantwortung vorlegen und umgekehrt, also eine Art juristisches Quiz veranstalten. Dabei werden Sie automatisch auf bisher Unverstandenes oder »Halbverstandenes« stoßen. Mit Ihrem gemeinsamen Können und Wissen und durch Zuhilfenahme von Kommentaren und Lehrbüchern können Sie diese Punkte in der AG klären. Vorteil dieser Methode ist der geringe Vorbereitungsaufwand. Karteikarten erstellen Sie bei der systematischen Erarbeitung des Stoffes sowieso, und die Vorbereitung auf die AG beschränkt sich dann auf die Auswahl der geeigneten Karteikarten. Eine Möglichkeit, online Karteikarten zu erstellen, sowohl alleine als auch im Team, bietet »cobocards – im Team mit Karteikarten für die Prüfung pauken«. Dies könnte zur Vorbereitung der AG genutzt werden. Die Teammitglieder können sich auch außerhalb der AG online gegenseitig abfragen.[707]

Gezielte Vertiefung und systematische Wiederholung. Will man in der AG gemeinsam Stoffgebiete erarbeiten, wiederholen oder vertiefen, ist dies nicht ohne eine besondere Vorbereitung aller Mitglieder möglich. Wie eine solche AG-Form aussehen kann und in welchen Einzelschritten dabei vorgegangen wird, wurde am Beispiel von

Sachverhalte spätestens ausgeteilt werden müssen, z.B. mindestens drei Tage vor dem AG-Termin.

704 Nur so kann man gewisse klausurspezifische Stolperfallen wie z.B. das Nichtbeachten der Fallfrage oder die Sachverhaltsquetsche ausmerzen. *Burian/Schultze/Waldorf*, S. 823, haben »allein in der AG 150 Examensklausuren durchgearbeitet.«

705 Wie man Karteikarten erstellt und wofür sie sich eignen, erläutere ich in Kap. 8 (Karteikarten).

706 Wenn Sie anders gestaltete Karteikarten oder grundsätzlich eine andere Form der Wissensspeicherung gewählt haben, ist als Vorbereitung auf die AG noch erforderlich, dass Sie sich Fragen für die anderen Mitglieder überlegen.

707 http:://www.cobocards.com.

X, Y und Z oben[708] beschrieben. Voraussetzung für diese AG-Form ist, dass die Mitglieder bereit sind, sich hinsichtlich der Erarbeitung eines Stoffgebietes sehr genau abzusprechen, den Zeitplan der AG einzuhalten und längerfristig eine AG-Mitgliedschaft zuzusichern. Denn im Unterschied zur reinen Stoffwiederholung einigt man sich darauf, das Eigenstudium auf die AG abzustimmen und die einzelnen Themen jeweils bis zum nächsten AG-Termin zu erarbeiten. Diese AG-Form erzeugt einen positiven Termindruck hinsichtlich der Erarbeitung des entsprechenden Stoffgebiets.[709]

3. Kombinationen zwischen den verschiedenen AG-Formen

Die Arbeitsmethode, gemeinsam Stoff gezielt zu vertiefen und systematisch zu wiederholen, lässt sich mit der Arbeitsmethode, Kleinfälle zu lösen, sehr gut kombinieren. Mit der gemeinsamen Vertiefung und systematischen Wiederholung wird ein übereinstimmendes Wissensniveau geschaffen, aufgrund dessen die Lösung von Kleinfällen in eine intensive Stoffdiskussion münden kann. Das Lösen von Fällen lockert die reine Stoffwiederholung und -vertiefung auf und ergänzt die Lernkontrolle hinsichtlich der Fähigkeiten zur konkreten Falllösung.

Die Arbeitsmethode, Klausurfälle zu lösen, erfordert wegen des hohen Zeitaufwandes gesonderte AG-Termine. Bei der Wahl einer AG-Form muss man sich also entscheiden, ob man eine reine Klausur-AG machen möchte, ob man neben einer Stofferarbeitungs- oder Wiederholungs-AG zusätzliche Termine für die Besprechung von Klausurfällen einplanen oder ob man ganz auf die Besprechung von Klausurfällen verzichten möchte. Angesichts der Tatsache, dass man sein Wissen für die Scheine und im Examen in Form von Klausuren präsentieren muss, ist jedoch von der letzten Alternative abzuraten. Die empfehlenswerteste Kombination ist eine AG-Form, welche die gezielte Vertiefung und systematische Wiederholung von Rechtsgebieten mit Kleinfällen kombiniert und ab und zu zum gezielten Klausurtraining Extra-Termine für die Besprechung von Klausurfällen vorsieht.[710] Auf eine reine Stoffwiederholungs-AG oder eine Klausur-AG sollte man sich beschränken, wenn man eine verbindliche Zusammenarbeit auf längere Dauer nicht zusichern kann.

Teilweise wird der Rat erteilt, in der Examensvorbereitungsphase in der AG vor allem Kleinfälle zu lösen mit der Begründung, das Lösen großer Fälle (z.B. Examensklausuren) fördere »weniger das systematische Verständnis des Problemlösungsansatzes als das schematische Auswendiglernen einzelner Lösungen anhand bestimmter Sachverhalte«.[711] Richtig daran ist zwar, dass es Studierende gibt, die Lösungen auswendig lernen, anstatt zu verstehen, welche Prinzipien hinter der Lösung stehen. Dies kann aber ebenso bei Kleinfällen passieren. Dieser falschen Vorgehensweise ist also nicht durch die »richtige« Fallgröße beizukommen. Sowohl bei Kleinfällen als auch bei Klausurfällen ist die Frage zu stellen, wie genau der Fall in einer Klausur aufzubauen wäre und welche allgemeinen rechtlichen Erwägungen zu der Lösung geführt haben. Denn nur dann hat man die Gewähr, das erworbene Wissen auf jede

708 S. 296.

709 So auch *Ehlert/Niehues/Bleckmann*, L 34, die ausführlich darauf eingehen, warum diese Form der AG in der Examensvorbereitung eine Alternative zum außeruniversitären Repetitorium sein kann.

710 Anders *ter Haar/Lutz/Wiedenfels*, S. 53, die AGs mit reinem Falltraining empfehlen.

711 *Ehlert/Niehues/Bleckmann*, L 35.

Sachverhaltskonstellation anwenden zu können.[712] Auch in der Examensvorbereitung kommt es daher auf die richtige Mischung von Kleinfällen und Klausurfällen an.[713] Wenn Sie ausreichend Möglichkeit haben, in Klausurenkursen Examensklausuren zu üben und Sie sich dazu anhand der Klausurbesprechung eine Musterlösung erstellen können, ist es sicherlich sinnvoller, in der AG schwerpunktmäßig Kleinfälle zu lösen. Deckt das universitäre Angebot das Klausurtraining nicht ausreichend ab, ist es sehr sinnvoll, in der AG auch Examensklausuren zu besprechen.

- ☞ Eine AG eignet sich gut zur Stoffwiederholung und zur gemeinsamen Lösung von Klausurfällen oder Kleinfällen. Eine AG eignet sich nicht für das erstmalige Erarbeiten eines Stoffgebiets ohne parallelen Vorlesungsbesuch zumindest eines Teilnehmers. Eine AG eignet sich weniger für gegenseitige Vorträge.
- ☞ Sehr empfehlenswert ist eine AG-Form, welche die gezielte Vertiefung und systematische Wiederholung von Rechtsgebieten mit Kleinfällen kombiniert und zum gezielten Klausurtraining Extra-Termine für die Besprechung von größeren Klausurfällen vorsieht.

4. Literaturrecherche in der AG

Unabhängig davon, was das Hauptziel der AG ist und für welche konkrete AG-Form Sie sich entschieden haben, kann die AG am Rande dazu genutzt werden, sich gegenseitig über geeignete Bücher zu informieren und die zeitaufwendige Literaturrecherche aufzuteilen. So kann man z.B. vereinbaren, dass jedes Mitglied bestimmte Lehrbücher durchsieht, den anderen eine Kurzdarstellung dieser Bücher gibt und es – wenn möglich – zur Ansicht mitbringt. Vor dem Beginn der gemeinsamen Erarbeitung eines Rechtsgebiets lohnt es sich darüber hinaus, in der AG eine gewisse Zeit für das Sichten und Besprechen der Literatur zu diesem Bereich vorzusehen. Dabei sollte man sich nicht mit den Büchern begnügen, die man zufällig in der Bibliothek vorfindet, sondern die gesamte Ausbildungsliteratur einschließlich der Neuerscheinungen sichten.[714] Diese Zeitinvestition lohnt sich immer, denn ein Lehrbuch, mit dem man den Lernstoff besonders leicht und gut versteht, wirkt sich auf die Lernmotivation und auf die Lerngeschwindigkeit positiv aus.

V. Wie sollte eine AG organisiert sein?

Soll immer dasselbe Mitglied die Leitung oder soll gar kein Mitglied die Leitung haben? Wie viel Zeit sollte man für eine AG vorsehen? Inwiefern muss man AGs schon im Voraus planen? Welche Räumlichkeiten braucht man für eine AG und wie findet man sie? Diese Fragen sind fast schon beantwortet, wenn man sie erst einmal als et-

712 Ausführlich zum klausurorientierten Lernen und der Wissensspeicherung, Kap. 8 (Karteikarten).

713 Trotz der grundsätzlichen Erwägungen zugunsten von Kleinfällen kommen *Ehlert/Niehues/Bleckmann*, L 35, überraschend zum gleichen Ergebnis: »Daher empfiehlt es sich wohl, bei der Falllösung kleine Fälle wenigstens in gleichem Maße wie große Fälle heranzuziehen.« Nicht zu folgen ist *Rollmann*, S. 211, der meint, dass trotz des hohen Zeitaufwandes die Hauptarbeit in einer AG auf der aus dem Stand zu entwickelnden Lösung von Klausuren liegen solle.

714 Wie man dies systematisch und zeitsparend tun kann, beschreibe ich in Kap. 6 (Systematisches Erarbeiten von Rechtsgebieten).

was erkannt hat, worüber man im Voraus nachdenken sollte.[715] Denn die größten Schwierigkeiten bei AGs entstehen oft daraus, dass jeder eine bestimmte Vorstellung darüber, wie eine AG gestaltet und organisiert werden sollte, in die AG einbringt und nicht berücksichtigt, dass die anderen Mitglieder andere Vorstellungen haben könnten. Viele Schwierigkeiten können deshalb bereits dadurch vermieden werden, dass man *gezielt* über die einzelnen Punkte spricht. Am Ende des Abschnitts über AGs finden Sie eine Checkliste, in der alle Punkte aufgelistet sind, über die man sich zu Beginn einer AG einigen sollte.

Leitung der AG. Über die Leitung der AG sollte unbedingt eine Vereinbarung getroffen werden. Es hat sich bewährt, die formale Leitung der AG mit der inhaltlichen Leitung zu koppeln: Wer die AG leitet, bereitet sich besonders ausführlich auf die AG vor, so dass er oder sie für die anderen als Experte zur Verfügung steht und, falls in der AG Fälle gelöst werden sollen, an die Lösung heranführen kann. Es handelt sich also um eine Koppelung von Leiter- und Tutorentätigkeit. Wenn diese Rolle reihum jeden trifft, hält sich der Vorbereitungsaufwand in Grenzen. Einer ausdrücklichen Vereinbarung über die AG-Leitung ist immer der Vorzug zu geben, da es keine Gruppe ohne eine Führungsperson gibt. Deshalb wird es ohne eine ausdrückliche Vereinbarung zu einer verdeckten Leitung kommen, die zu gruppendynamischen Arbeitsstörungen führen kann.

Zeitbedarf. Der durchschnittliche Zeitbedarf für eine Sitzung einer AG dürfte drei Stunden sein.[716] Diese Zeit wird man vor allem brauchen, wenn man den Stoff zusätzlich anhand von gemeinsam gelösten Fällen durcharbeiten will. Weitere Richtwerte sind für die Besprechung von Anfängerklausuren in der AG mindestens zwei Zeitstunden (120 Minuten) und für eine Examensklausur mindestens drei Zeitstunden, wobei diese Zeit nur reichen wird, wenn sich jedes Mitglied zu Hause schon eine Lösungsskizze erstellt hat. Eine AG, die länger als fünf Stunden dauert, ist wegen der nachlassenden Konzentration nicht sinnvoll. Umgekehrt kann sich nach dem Motto »Kleinvieh macht auch Mist« bereits *eine* Stunde lohnen, wenn man (nur) anhand von Karteikarten bestimmte Stoffgebiete wiederholt. Voraussetzung ist dann allerdings, dass der Zeitaufwand, um zum AG-Treffpunkt zu kommen, für alle gering ist. Über den Zeitbedarf für die AG-Termine hinaus ist die Vorbereitungszeit einzuplanen. Wenn Sie in der AG den aktuellen Vorlesungsstoff wiederholen, können Sie in der Nachbereitungszeit für die Vorlesung die AG mit vorbereiten. Wenn Sie in der AG Klausurfälle lösen, bedeutet das Erstellen einer ausführlichen Lösungsskizze einen (zusätzlichen) Zeitaufwand von durchschnittlich zwei Stunden. Allerdings ist hinsichtlich dieses Zeitaufwandes zu bedenken, dass sie auch ohne AG Klausurfälle im Eigenstudium lösen müssen. Den geringsten Vorbereitungsaufwand erfordert eine AG zur reinen Stoffwiederholung.

Anzahl der AG-Termine. Wie häufig man sich treffen sollte, hängt vor allem von dem Stoffpensum ab, das man gemeinsam bewältigen will. In einer einjährigen *Examensvorbereitungsphase,* in welcher der gesamte examensrelevante Stoff durchgearbeitet und an Kleinfällen das Verständnis erprobt werden soll, sollte man ca. drei bis vier AG-Termine pro Woche vorsehen, die jeweils eine Dauer von drei bis fünf Stun-

715 Ausführlich zur Organisation und Durchführung einer privaten AG *ter Haar/Lutz/Wiedenfels*, S. 72 ff.

716 *Burian/Schultze/Waldorf*, S. 823, trafen sich zwei- bis dreimal die Woche drei bis vier Stunden.

den haben.[717] In den *Anfangssemestern* und den *mittleren Semestern* kann man z.B. pro Fachbereich (ZR, ÖR und StrafR) einen AG-Termin pro Woche, also insgesamt drei AG-Termine pro Woche ansetzen. Im Zivilrecht und im Öffentlichen Recht muss man sich entscheiden, welche Rechtsgebiete man in der AG besprechen will. Denn mit einem Termin pro Woche kann man (spätestens ab dem dritten Semester) nicht alle Fächer dieser Rechtsbereiche abdecken.

Die Anzahl der AG-Termine hängt aber nicht nur vom Stoffpensum, das man gemeinsam bewältigen will, ab, sondern auch davon, wie gut man in einer AG lernen kann und wie sehr man die Fixtermine der AG benötigt, um sich zum Lernen zu motivieren. Wenn Sie feststellen, dass Sie auch in der Eigenstudienzeit sehr gut lernen können, sollten Sie die AG eher zur gemeinsamen Falllösung nutzen. Wenn Sie jedoch zu den Menschen gehören, die nur schlecht ihren »inneren Schweinehund« überwinden können, kann es sinnvoll sein, schon ab dem ersten Semester häufig AG-Termine zu vereinbaren. Wichtig sind AGs auch für Studierende, die nur wenige Vorlesungen besuchen und vorwiegend aus Lehrbüchern lernen. Da diese Studierenden besonders flexibel in der Zeiteinteilung sind, kann es hier sogar sinnvoll sein, sich öfters zu treffen, um den im Eigenstudium gelernten Stoff zu wiederholen und zu besprechen.

Räumlichkeiten. Als AG-Raum eignet sich jeder Raum, in dem Sie sich ungestört unterhalten können, in dem jedes AG-Mitglied genügend Platz hat, um sich Notizen zu machen und seine Unterlagen auszubreiten, und in dem genügend Platz ist, um in einer Runde[718] zu sitzen. Private Räumlichkeiten haben gegenüber Universitätsräumen den Vorteil, dass man keine Probleme mit den Öffnungs- und Schließzeiten hat. Dafür haben private Räumlichkeiten den Nachteil, dass man in der Regel zusätzliche Wegezeiten hat und dass man eher verführt ist, zum gemütlichen Teil überzugehen. Abgesehen von den Öffnungs- und Schließzeiten sind Universitätsräume also geeigneter, zumal man dort oft Overheadprojektoren oder zumindest die Tafel hat, um Zusammenhänge zu visualisieren und Diskussionen zu strukturieren.[719] Leider stehen geeignete Räume während der Vorlesungszeit nicht immer zur Verfügung, aber mit ein bisschen Beharrlichkeit findet sich meist doch ein Raum, den man regelmäßig belegen kann.[720] Da die »Gewöhnung an den Arbeitsplatz und ein klarer Ablauf helfen, kontinuierlich und konzentriert zu arbeiten«,[721] sollte schon bei der Raumsuche darauf geachtet werden, dass man den Raum über längere Zeit nützen kann.

Wenn Sie auf private Räume angewiesen sind, sollten Sie auch ohne Overheadprojektor und Tafel nicht auf Visualisierungstechniken verzichten, denn die Visualisierung unterstützt zum einen die Strukturierung des Stoffes, zum anderen führt sie zu einer höheren Behaltensquote. Eine gute Visualisierung lässt sich schon mit wenigen Hilfsmitteln erreichen. Sie können z.B. wichtige Stichworte oder einzelne kurze Sätze mit

717 S. vorige Fußnote.

718 Man hat festgestellt, dass nur in einer kreisförmigen Sitzordnung die Gesprächsführung und die Redebeiträge einigermaßen gleichmäßig verteilt sind, weil jeder mit jedem direkt in Kontakt treten kann. Da eine Atmosphäre der Gleichberechtigung und des partnerschaftlichen Lernens für den Erfolg einer AG unerlässlich ist, sollte man die Wirkung der Sitzordnung nicht unterschätzen.

719 So auch *Ehlert/Niehues/Bleckmann*, L 34.

720 So bieten viele Universitätsbibliotheken kleine Besprechungsräume an.

721 *Ehlert/Niehues/Bleckmann*, L 34.

einem dicken Filzschreiber[722] groß auf DIN A4 Papier (Schmierpapier) schreiben und diese mit grobem Tesa-Krepp[723] an die Wand oder den Kleiderschrank o.ä. kleben. Wenn Sie für jeden Stichpunkt einen neuen Zettel nehmen, müssen Sie die Zettel nicht neu schreiben, wenn Sie feststellen, dass die Reihenfolge (z.B. bei einem Aufbauschema) anders ist, sondern können die Zettel einfach in der neuen Reihenfolge aufhängen.

☞ Es hat sich bewährt, die formale Leitung der AG mit der fachlichen Leitung zu koppeln und diese jedem Mitglied abwechselnd zu übertragen.

☞ Der Zeitbedarf für die AG und die Häufigkeit der AG-Treffen hängen davon ab, welches Stoffpensum man in welcher Zeit bewältigen will und wie die AG genau gestaltet wird.

☞ Ein AG-Raum sollte als Sitzordnung eine kreisförmige Runde ermöglichen, so dass sich jeder mit jedem gleich gut unterhalten kann. Ideal ist es, wenn man immer dieselben Räume verwenden kann, da die Gewöhnung an den Arbeitsplatz hilft, konzentriert zu arbeiten.

VI. Wann sollte eine AG stattfinden?

Ein großer Vorzug der AG ist die Bündelung der Aufmerksamkeit auch in Zeiten, in denen man sonst nicht mehr so leistungsfähig wäre, oder in denen man sich ohne eine Verpflichtung nicht mehr aufraffen könnte, noch etwas zu tun. Wenn man diesen Vorzug ausnützen möchte, sollte man sich also fragen, wann man Zeiten hat, die man gerne zum Studium nützen würde, in denen man aber erfahrungsgemäß den »inneren Schweinehund« nicht überwinden kann. Für die meisten ist der Nachmittag eine Zeit, in der das Eigenstudium nicht leicht fällt, vor allem, wenn man am Vormittag schon einiges getan hat. Dann kann eine AG am Nachmittag sehr sinnvoll sein, wobei man aber darauf achten sollte, dass die AG erst nach dem absoluten Mittagstief der Mitglieder beginnt.[724] Eine AG ist zwar ein ausgezeichnetes Mittel, um eine fehlende Lernmotivation zu überwinden, gegen das Mittagstief hilft jedoch nur eine Pause, besser noch ein Mittagschlaf. Für Morgenmenschen kann eine AG eine wichtige Hilfe sein, um den Studientag um 8 Uhr beginnen zu lassen. Für Abendmenschen kann eine AG am Abend sehr befriedigend sein, weil eigentlich noch genügend Konzentration vorhanden ist, es aber oft große Überwindung kostet, abends noch einmal alleine am Schreibtisch zu sitzen. Darüber hinaus hat ein Abendtermin den Vorteil, dass man hinterher keine – ansonsten unbedingt notwendige – Regenerierungsphase mehr einplanen muss, sondern mit der AG den (krönenden) Schlusspunkt eines Arbeitstages setzen kann.[725]

722 Es gibt spezielle Stifte, die nicht auf die Unterlage durchschlagen.

723 Grober Tesa-Krepp lässt sich i. d. R. leicht wieder vom Untergrund ablösen, ohne diesen zu beschädigen.

724 Genaueres zum Leistungstief und dazu, wie Sie herausfinden können, wie Ihre Leistungskurve verläuft, in Kap. 12 (Zeitmanagement).

725 Und sich damit die Gelegenheit zum anschließenden gemeinsamen Bier bietet, so *Rollmann*, S. 211.

☞ Ein großer Vorzug der AG ist die Möglichkeit, auch Tageszeiten, in denen man für das Eigenstudium nicht mehr so leistungsfähig oder nicht mehr ausreichend motiviert ist, für das juristische Lernen zu nutzen.

VII. Was tun, wenn es Schwierigkeiten in der AG gibt?

1. Wenn Mitglieder sich nicht ausreichend vorbereiten

Die Qualität einer AG hängt maßgeblich von der Vorbereitung der einzelnen Mitglieder ab.[726] Deshalb ist es wichtig, Schwierigkeiten hinsichtlich der Vorbereitung der AG möglichst schnell zu beseitigen. Hier sind zwei Fallgruppen zu unterscheiden: Es bereiten sich einzelne Mitglieder schlecht vor oder es bereiten sich (fast) alle Mitglieder schlecht vor.

a) Wenn sich (fast) alle Mitglieder schlecht vorbereiten

Wenn sich (fast) alle Mitglieder schlecht vorbereiten, sollten Sie überprüfen, ob Ihre vereinbarten Ziele für die Vorbereitung realistisch sind. Wenn Sie mehr Zeit eingeplant haben, als jedes einzelne Mitglied aufwenden kann, nützt es nichts, wenn alle voll guter Vorsätze sind; die Frustration in der Gruppe ist vorprogrammiert. Diese Schwierigkeit lässt sich jedoch relativ leicht in den Griff bekommen, indem Sie sich in der AG Zeit nehmen und (ohne moralischen Zeigefinger!) auflisten, was in den letzten (drei bis vier) AG-Terminen als Vorbereitungsziel angegeben wurde und wie viel davon tatsächlich vorbereitet wurde. Dadurch bekommen sie sehr schnell ein Gefühl für das Machbare und einen Maßstab für weitere Vereinbarungen. Es kann aber auch sein, dass Ursache für die mangelhafte oder fehlende Vorbereitung (fast) aller Mitglieder das Fehlen verbindlicher Vereinbarungen ist. Dann ist es wichtig, dass Sie sich noch einmal die Zeit nehmen und einen AG-»Vertrag« miteinander schließen,[727] in dem Sie u.a. vereinbaren, welchen Vorbereitungsaufwand die Mitglieder aufbringen sollten und was die Folgen sind, wenn sich ein Mitglied wiederholt nicht an diese Vereinbarungen hält.

b) Wenn einzelne Mitglieder sich nicht (ausreichend) vorbereiten

Wenn einzelne Mitglieder sich nicht (ausreichend) auf die AG vorbereiten, muss sich die Gruppe darüber klar werden, ob sie das Mitglied mit»tragen« will und ob dies überhaupt möglich ist, ohne die Effektivität der AG zu beeinträchtigen. Es ist für die Arbeitsatmosphäre in der AG sehr wichtig, dass solche Schwierigkeiten schnell angesprochen werden.[728] Durch das frühzeitige Besprechen des Problems erhält das entsprechende Mitglied die Möglichkeit, sein Verhalten rechtzeitig zu korrigieren. Sollte das Mitglied trotz eines solchen Gesprächs sein Verhalten nicht ändern, darf sich die AG nicht scheuen, dem Mitglied zu empfehlen, sich eine andere AG zu suchen, in welcher der Vorbereitungsaufwand geringer ist.[729] Das gilt selbst dann, wenn die Gründe für die schlechte Vorbereitung nachvollziehbar sind und die AG deshalb dem einzelnen Mitglied keinen Vorwurf machen kann. Denn letztendlich ist für die Effek-

726 So auch *Ehlert/Niehues/Bleckmann*, L 26: »Grundlegendes Funktionsprinzip der AG ist die gemeinsame Arbeit mit bereits erworbenem Wissen.« »Selbständige Erarbeitung der Grundlagen ist [...] eine zwingende Voraussetzung der AG-Arbeit.«

727 Näheres dazu S. 307 f.

728 Siehe dazu auch die Feedback-Regeln, S. 306.

729 Siehe auch *Ehlert/Niehues/Bleckmann*, L 35.

tivität der AG nur entscheidend, *dass* jeder vorbereitet ist und nicht, *warum* jemand vorbereitet ist oder auch nicht.

2. Wenn Mitglieder nur unregelmäßig teilnehmen

Die unregelmäßige Teilnahme stellt bei einer AG, in der nur Stoff wiederholt wird, oder in einer Klausur-AG kein großes Problem dar, sofern die einzelnen AG-Termine in sich abgeschlossene Themen behandeln und an den einzelnen AG-Terminen genügend Mitglieder übrigbleiben. Bei einer AG zur gezielten Vertiefung und systematischen Wiederholung (Beispiel von X, Y und Z) ist die unregelmäßige Teilnahme äußerst problematisch, weil das fehlende Mitglied schnell den roten Faden verliert und dann von den anderen erst wieder informiert werden muss. In diesem Fall sollte die AG sehr schnell ein Gespräch[730] herbeiführen und darin mit Hinweis auf den AG-»Vertrag« noch einmal auf eine regelmäßige Teilnahme hinwirken. Falls die Probleme darauf beruhen, dass kein AG-»Vertrag« vereinbart wurde,[731] kann man dies zum Anlass nehmen, verbindliche Vereinbarungen zu treffen. Bei andauernden Schwierigkeiten gibt es keine andere Möglichkeit, als das Mitglied zu bitten, sich eine andere AG zu suchen und sich selbst auf die Suche nach einem passenderen AG-Mitglied zu machen.

3. Wenn Terminabsprachen sehr zeitaufwendig sind

Dieses Problem kann man und sollte man von Anfang an vermeiden, indem man verbindliche Terminabsprachen für längere Zeiträume trifft. Dies erfolgt am besten anhand eines AG-Plans, den man zu Beginn einer AG oder zu Beginn der Erarbeitung eines bestimmten Rechtsgebiets im ersten AG-Termin erstellt. In den Plan sollten alle AG-Termine, der Ort und das Thema eingetragen werden.[732] Eine regelmäßig immer zur gleichen Zeit stattfindende AG braucht wesentlich weniger Energie als eine AG mit flexiblen Zeiten. Die AG wird dadurch zu einer festen Einrichtung. Wenn Sie am Anfang des Semesters darüber hinaus feststellen, wann sich normalerweise alle an der Universität oder in der Bibliothek aufhalten, können Sie bei kurzfristigen Änderungen alle Mitglieder sehr schnell erreichen.

4. Wenn die AG schlecht geleitet wird

Es gibt Naturtalente, die intuitiv wissen, worauf es bei der Leitung einer Gruppe ankommt. Die meisten Menschen müssen dies jedoch erst lernen.[733] Deshalb sollte eine AG als Möglichkeit angesehen werden, mit Unterstützung der anderen Mitglieder Führungsqualitäten erwerben zu können. Die kompetente Leitung einer AG setzt zweierlei voraus: Erstens müssen sich alle Mitglieder darauf verständigen, wie die Leitung der AG erfolgen soll. Die AG ist dann das Trainingsfeld, auf dem gelernt wird, wie man dieses Wissen in der Praxis umsetzt. Zweitens sollten alle die Feedbackregeln beherrschen, so dass das leitende Mitglied am Ende des einzelnen AG-

730 Siehe dazu auch die Feedback-Regeln, S. 306.
731 Näheres dazu oben unter a).
732 Siehe oben den AG-Plan von X, Y und Z, S. 296.
733 So auch *Cohn*, S. 124, »Gruppenleiten ist eine wichtige Arbeitsfunktion, die gelernt werden kann, und nicht ein hierarchisches Statussymbol.«

Termins konstruktives Feedback bekommen kann und so erfährt, was es beim nächsten Mal verbessern kann.

a) Regeln für die Leitung einer AG

Im Folgenden finden Sie in Form von Regeln kurz zusammengefasst, worauf man als Leiter oder Leiterin einer AG achten sollte. Zu berücksichtigen ist, dass die leitende Person nicht nur die fachliche Leitung, sondern vor allem auch die Aufgabe hat, eine gute Arbeitsatmosphäre zu schaffen.

Regeln für die Leitung einer AG

1. Die leitende Person achtet darauf, dass pünktlich begonnen wird.
2. Sie achtet darauf, dass jedes Mitglied zu Wort kommt und bittet »Vielredner« um die nötige Zurückhaltung.
3. Sie achtet darauf, dass Kritik sachlich vorgetragen wird und unterbindet unsachliche Kritik.
4. Sie führt Aussprachen herbei, wenn Spannungen in der Gruppe auftreten.
5. Sie achtet darauf, dass kurze Pausen eingelegt werden, wenn die Konzentration abnimmt.
6. Die leitende Person ist besser vorbereitet als die anderen Mitglieder und deshalb in der Lage, das Fachgespräch zu lenken.
7. Sie achtet darauf, dass sich die Gruppe zuerst einen Überblick über das Thema der AG verschafft.
8. Sie bricht Detaildiskussionen ab, wenn sie ihr nicht wichtig genug erscheinen.
9. Sie bringt mit geeigneten Verständnis- und Wiederholungsfragen oder Kleinfällen eine ins Stocken geratene Diskussion wieder in Gang und stellt erforderlichenfalls die wichtigsten Rechtsprechungsfälle vor.
10. Sie teilt den anderen Mitglieder rechtzeitig mit, dass sie bestimmte Fälle schon zu Hause vorbereiten sollen und teilt die Sachverhalte rechtzeitig vorher aus.

b) Konstruktives Feedback in der AG

Diese Regeln für die Leitung einer AG eignen sich auch als Checkliste für eine Feedbackrunde, die zunächst nach jedem Treffen und später bei Bedarf eingeplant werden sollte. Beim Feedback für den Leiter ist wichtig, dass nicht nur angesprochen wird, was verbesserungswürdig ist, sondern auch, was die leitende Person gut gemacht hat. Denn erst durch eine positive Kritik kann man definitiv wissen, was bei den anderen Mitgliedern gut ankam. Folgende Feedbackregeln haben sich bewährt.[734]

Konstruktives Feedback

Als Person, die das Feedback gibt (Geber), achte ich darauf, dass ich

- meine Perspektive/Empfindung mitteile: »ich« statt »man«,
- das AG-Mitglied, dem das Feedback gilt, direkt anspreche,
- nachfrage, falls ich nicht sicher bin, wie die Äußerung oder das Verhalten des (kritisierten) AG-Mitglieds gemeint war, bevor ich Kritik anbringe,
- zuerst das Positive, dann das Negative sage,
- konstruktive und sachliche Kritik übe,
- möglichst konkret auf die Situation bezogene Kritik gebe,
- keine Verallgemeinerung (nicht z.B.: »Du setzt Dich nie durch!«) verwende,
- Lösungsvorschläge anbiete,
- offen und ehrlich kritisiere.

734 Ausführlich dazu *Cohn*, S. 123 ff., die diese »Hilfsregeln« zur Leitung von Gruppen aller Art entwickelt hat.

Als Person, die das Feedback erhält (Empfänger), achte ich darauf, dass ich
- zuhöre und offen für konstruktive Kritik bin,
- nachfrage, wenn ich etwas genauer wissen will,
- mich nicht rechtfertige (die Kritik des anderen muss nicht berechtigt sein),
- erforderlichenfalls sage: »Es reicht.«
- entscheide, was ich mit der positiven und negativen Kritik mache.

Diese Feedback-Regeln sind in allen Bereichen anwendbar, in denen es zu schwierigen Gesprächen oder Diskussionen kommen kann, oder in denen Meinungsverschiedenheiten ausgetragen werden müssen. In diesen Situationen bilden die Feedback-Regeln die Grundregeln für den Umgang miteinander und bieten die Gewähr für eine sachliche und konstruktive Diskussion. Deshalb ist es Aufgabe der AG-Leitung, auf die Einhaltung dieser Regeln zu achten. Die Fähigkeit, anderen ein konstruktives Feedback zu geben, ist eine sehr wichtige Schlüsselqualifikation und kann Ihnen später sehr nützlich sein.

VIII. Der AG-»Vertrag«

1. Vorteile eines AG-»Vertrags«

Zu Beginn einer AG oder spätestens dann, wenn Schwierigkeiten auftreten,[735] empfiehlt es sich, einen AG-»Vertrag« miteinander zu schließen, in dem man sich mindestens über die Vorgehensweise und die Zielsetzung der AG einigen sollte.[736] Obwohl es sich bei dieser Vereinbarung *nicht um einen Vertrag im rechtlichen Sinne* handelt, weil daraus keine rechtlich verbindliche Verpflichtung mit entsprechenden Folgen bei Nichterfüllung abgeleitet werden sollen, hat es gewisse Vorteile, von einem Vertrag zu sprechen. Denn mit dieser Formulierung wird allen Mitgliedern bewusst, dass es jetzt um (wenn auch nicht rechtlich) verbindliche Abreden geht. Neben dem Bewusstsein über die Verbindlichkeit hat der AG-»Vertrag« aber noch weitere Vorteile. Wenn man ihn zu Beginn einer AG schließt, kann man bereits bei den »Vertragsverhandlungen« feststellen, ob und inwieweit die Vorstellungen übereinstimmen. Damit hat man sofort die Möglichkeit, bei unterschiedlichen Vorstellungen nach einem gemeinsamen Kompromiss zu suchen. Falls man sich bereits zu Beginn der AG nicht auf einen Kompromiss einigen kann, hat man immerhin mit Hilfe des AG-»Vertrags« schnell erkannt, dass man sich besser eine andere AG suchen sollte, die den eigenen Vorstellungen eher entspricht. Darüber hinaus kann es beim Auftreten von Schwierigkeiten in der AG leichter fallen, ein sachliches Gespräch darüber zu führen, wenn im AG-»Vertrag« schon Lösungen für bestimmte Schwierigkeiten (z.B. regelmäßige schlechte Vorbereitung eines AG-Mitglieds) vorgesehen sind.

2. Checkliste für einen AG-»Vertrag«

Um die Verhandlungen über die Modalitäten einer AG zu erleichtern, habe ich im Folgenden eine Checkliste erstellt.[737] Wenn Sie diese Checkliste gemeinsam Schritt für Schritt durchgehen, haben Sie eine große Gewähr dafür, dass die wichtigsten

735 Siehe oben, S. 304 f.
736 So auch *Schräder-Naef*, S. 66.
737 Siehe jetzt auch die Checkliste bei *ter Haar/Lutz/Wiedenfels*, S. 58.

Punkte, über die man sich in einer AG ausdrücklich einigen sollte, angesprochen wurden. Damit alle Mitglieder noch einmal in Ruhe die Vereinbarungen überprüfen können, sollte ein Mitglied (quasi als Protokollführer) die Checkliste ausfüllen und diese für die anderen Mitglieder kopieren. So bekommt man ohne großen Aufwand einen gemeinsamen AG-»Vertrag«.

Checkliste für einen AG-»Vertrag«

- ⇨ Wer ist Mitglied in unserer AG?
- ⇨ Wie viele Teilnehmer soll die AG haben?
- ⇨ Welche Konsequenzen für die AG hat der Wegfall eines AG-Mitglieds?
- ⇨ Wo soll unsere AG stattfinden?
- ⇨ Welche Art[738] von AG möchten wir machen?
- ⇨ Was sind unsere gemeinsame Ziele in der AG?
- ⇨ Wann haben wir dieses Ziel erreicht?
- ⇨ Wie oft soll die AG pro Woche stattfinden?
- ⇨ Wie lange soll die AG pro Termin dauern?
- ⇨ Wie viel Vorbereitungsaufwand für die AG sollte jedes Mitglied einplanen?
- ⇨ Wie sollen sich die einzelnen Mitglieder auf die AG vorbereiten?
- ⇨ Was kann die Gruppe tun, wenn ein Mitglied sich regelmäßig nicht vorbereitet?
- ⇨ Wer übernimmt die Leitung in der AG (eine Person oder alle reihum)?
- ⇨ Welche »Rechte und Pflichten« hat die leitende Person?[739]

Zusammenfassend ist festzustellen, dass eine erfolgreiche AG von einem klar definierten AG-Ziel, einem gut strukturierten Arbeitsplan und einer laufenden Qualitätskontrolle durch regelmäßige Feedbackrunden abhängt. Zur baldigen Gründung einer erfolgreichen AG kann ich Sie nur ermutigen.[740] Sie können dabei auch »klein« anfangen und eine zeitlich begrenzte Zweck-AG gründen, z.B. zur Vorbereitung auf die nächste Klausur oder zur Arbeitsteilung bei der Suche nach Falllösungen in Ausbildungszeitschriften und Fallsammlungen, die zum Vorlesungsstoff passen. Vielleicht hilft es Ihnen auch, zunächst eine Probezeit (6 Wochen oder ein Semester) zu vereinbaren.

738 Dazu oben S. 293 ff.

739 Wenn Sie in den AG-»Vertrag« die »Regeln für die Leitung einer AG« aufnehmen, erhalten zurückhaltende Mitglieder ausdrücklich die Berechtigung, um ggfs. einzugreifen, wenn es Schwierigkeiten gibt.

740 Viele Teilnehmer meiner Lehrveranstaltungen und Kompetenztrainings haben sich zur Gründung einer AG ermutigen lassen, und ihre zahlreichen Rückmeldungen bestätigen, dass mit einem AG-Ziel und einem AG-Plan die Umsetzung meist sehr gut funktioniert hat.

Kapitel 11 Lernen

»Wir können es uns einfach nicht mehr länger leisten, die wichtigste Ressource, über die wir ökonomisch verfügen: die Gehirne der Menschen, so zu behandeln, als wüssten wir nichts über deren Funktion!«[741]

Was bedeutet eigentlich Lernen und wie funktioniert Lernen? Antworten darauf geben die Pädagogik, die Psychologie und in jüngster Zeit vor allem die Neurowissenschaften (Hirnforschung) im Teilbereich der Neurobiologie.[742] Die moderne Hirnforschung ermöglicht es durch bildgebende Verfahren, dem Gehirn am Bildschirm bei seiner Tätigkeit zuzusehen. Sehr vereinfacht gesagt, kann während eines Lernvorgangs beobachtet werden, was im Gehirn passiert, welche Gehirnareale aktiv sind und welche Veränderungen eintreten, wenn von außen Störungen des Lernvorgangs provoziert werden. Diese Forschung ist sehr spannend und hat das Thema »Gehirn und Lernen« in letzter Zeit sehr populär gemacht. Viele Erkenntnisse sind jedoch nicht neu, sondern bestätigen Ergebnisse, die Wissenschaftler, z.B. Psychologen oder Pädagogen, schon früher zum Beispiel im Wege des Versuchs mit Probanden herausgefunden hatten. Die Beweise, die die moderne Hirnforschung nunmehr erbringt, zwingen jedoch jeden Lernenden, sich mit den Möglichkeiten der Nutzung seines Gehirns zu beschäftigen und nicht die Ausrede zu benutzen, man lerne eben nicht so leicht oder man müsse zum (juristischen) Lernen begabt sein. Gerade Jura ist jedoch ein Fach, in dem es nicht unbedingt auf die Begabung ankommt, denn juristische Fähigkeiten sind – anders als z.B. künstlerische Begabungen – erlernbar.[743] Und umgekehrt führt die Begabung für ein Fach nicht automatisch dazu, dass man auch effektiv und effizient lernt. Die Erkenntnis, dass man vor dem Lernen von Fachinhalten auch das »Lernen lernen« sollte und dies eigentlich schon in der Schule, spätestens aber im Studium erfolgen sollte, dringt erst langsam in das Bewusstsein.[744]

---

741 *Manfred Spitzer* in: v. Caspary (Hrsg.) Lernen und Gehirn, Freiburg (Br.), 2006, S. 23, 33.

742 Zur Hirnforschung im Zusammenhang mit dem Lernen sind vor allem die Publikationen des Ulmer Professors Manfred Spitzer interessant. Spitzer hat an der Universität Ulm das *Transferzentrum für Neurowissenschaften und Lernen (TNL)* gegründet. Einführend *Manfred Spitzer*, Lernen, Gehirnforschung und die Schule des Lebens, München, 2007; *Ralf v. Caspary* (Hrsg.), Lernen und Gehirn, Der Weg zu einer neuen Pädagogik, Freiburg (Br.), 2006; *ders.*, Nur wer Fehler macht, kommt weiter, Wege zu einer neuen Lernkultur, Freiburg (Br.), 2008; *Sarah-Jayne Blakemore/Uta Frith*, Wie wir lernen, was die Hirnforschung darüber weiß, München, 2006; *Norbert Herschkowitz*, Das Gehirn, Was stimmt? Die wichtigsten Antworten, Freiburg (Br.), 2007; siehe auch *Eipper*, S. 7 ff.; *William H. Calvin*, Wie das Gehirn denkt, Die Evolution der Intelligenz, Heidelberg, 2004; *Gerhard Roth*, Aus Sicht des Gehirns, Frankfurt/M., 2. Aufl 2004; *Karl R. Gegenfurtner*, Gehirn und Wahrnehmung, Frankfurt/M., 2. Aufl. 2004. Sehr anschaulich beschrieben werden die Abläufe im Gehirn in dem Buch von *Gabriele Kautzmann/Gaby Miketta* (Hrsg.), Das Wunder im Kopf, Intelligenz, Gedächtnis und Gefühle verstehen und optimal nutzen, München, 1999. Das spannende Buch von *Erich Kandel*, Auf der Suche nach dem Gedächtnis, Die Entstehung einer neuen Wissenschaft des Geistes, München, 2007, ist eine Autobiographie des bedeutenden Gedächtnisforschers, gleichzeitig aber auch eine detaillierte Beschreibung von 100 Jahren Gehirnforschung.

743 So auch *Roxin*, S. 6: »Die Jurisprudenz ist zwar keine leichte Materie, aber man kann darin durch Fleiß und Anstrengung mehr erreichen als in anderen Disziplinen, wo bestimmte Begabungen den ausschlaggebenden Faktor bilden«.

744 Nur etwa 5 % der Teilnehmer meiner Kurse und Kompetenztrainings an den Universitäten Göttingen, Tübingen und Halle-Wittenberg hatten schon in der gymnasialen Oberstufe Kurse oder Unterricht zum Thema »Lernen lernen«, »Lerntypen« oder »Lernorganisation«.

Bücher zum Lernen im Jurastudium waren bis vor kurzem rar.[745] Wie wichtig Kenntnisse über das Lernen sind, zeigt anschaulich folgendes Zitat zum Thema Lern-Kurve:

*»Deshalb sind alle Wissens-Kurven immer exponentiell: Die ersten Fäden zu knüpfen, ist **totaaaaaaaaal schweeeeeeeeer**, dann wird es langsam **etwas weniger mühselig**, dann wird es langsam **erträglich**, und irgendwann kommt der Moment, an dem es beginnt, **Spaß** zu machen. Bei vielen Fächern in der Schule haben die meisten Schüler/innen leider diesen **Moment der echten Freude** nie erlebt, deshalb denken sie fälschlicherweise, Weiter-Lernen müsse so mühselig bleiben, wie es **am Anfang der Lern-Kurve** für sie war ...«*[746]

Damit Sie im Studium möglichst schnell zu dem Moment kommen, an dem es beginnt, Spaß zu machen, werden im Folgenden die wichtigsten Erkenntnisse über das Lernen und Lerntechniken zusammengefasst und vertiefende Literaturhinweise gegeben. Im Anschluss haben Sie Gelegenheit, mit mehreren Fragebögen Ihre eigenen Lernvorlieben herauszufinden. Darauf aufbauend können Sie individuelle Lerntechniken und Lernstrategien entwickeln.

I. Erkenntnisse der Lernpsychologie und Neurobiologie für das Jurastudium nutzen

Lernen wird unter anderem als relativ überdauernde Verhaltensänderung, die auf Erfahrung zurückgeht, verstanden.[747] Für das Studium bedeutet Verhaltensänderung, dass man das Gelernte reflektieren, analytisch durchdringen und in den Klausuren, Hausarbeiten und Seminararbeiten umsetzen kann. Erfolgreiches Lernen umfasst also nicht nur den Vorgang des erstmaligen Erfassens des neuen Stoffes, sondern auch den Vorgang des Wiederholens und des Umsetzens dieses Stoffes. Der Lernvorgang im Jurastudium ist erst dann erfolgreich abgeschlossen, wenn der Stoff aktiv wiedergegeben und auf unbekannte Fälle angewandt werden kann. Im Folgenden wird in der Reihenfolge auf das Lernen eingegangen, in der sich die einzelnen Lernphasen abspielen: erstmaliges Erfassen des Lernstoffs, Repetieren des Lernstoffs sowie Abru-

745 Vorläufer waren *Fritjof Haft*, Einführung in das juristische Lernen, Bielefeld, 1983 und z.B. ein JURA-Sonderheft aus dem Jahre 1992 mit dem Titel Erfolgreich lernen. In den letzten Jahren sind einige Aufsätze und Bücher erschienen, die das Thema »Lernen lernen« konkret für Jurastudierende behandeln, so z.B. *Edenfeld* und *Klaner*. Siehe auch *Münchhausen/Püschel*, S. 32 ff. (10 Regeln zum gehirn-gerechten Lernen), S. 137 ff. (Lernpsychologie); *ter Haar/Lutz/Wiedenfels*, S. 107 ff. (Lernen und Wiederholen); *Möllers*, S. 17 ff. (Lerntechniken); *Koeder*, S. 225 ff. (mit Checklisten zur Effektivierung des Lernens), *Burchardt*, S. 26 ff. (zu Lernen, Konzentration und Gedächtnis). Einige Autoren von (Fach-)büchern gehen ebenfalls auf das richtige Lernen ein, so z.B. *Schwab/Löhnig*, S. 12 ff. (Lernen und Motivation); *Tiedemann*, S. 6 ff.; *Schmalz*, S. 239 ff. (Richtiges Lernen); *Däubler*, S. 1 ff. (zum richtigen Studieren); *Kilian/Eiselstein*, S. 14 ff. (Einige Empfehlungen zur Arbeit und zum Studium). Das humorvolle Buch von Professor *Karl F. Lenz*, Lernstrategie Jura, Norderstedt, 2002, kann kostenfrei im Internet unter http://jurafernstudium.de/lenz-lernstrategie-jura.pdf heruntergeladen werden. Weitere Literatur siehe am Ende des Abschnitts II.

746 *Birkenbihl*, S. 78. Dazu, dass Lernfortschritte nicht gleichmäßig schnell erfolgen, auch *Schräder-Naef*, S. 54 f.

747 *Bert Pütz*, Selbst- und Arbeitsorganisation, Arbeitsplanung und Informationsverarbeitung, Hagen, 1992, S. 31.

fen des erlernten Wissens. Auf die Umsetzung des Wissens bin ich in Kapitel 9 ausführlich eingegangen.

1. Erfassen und Behalten des Lernstoffs

Der Weg der Information in das Langzeitgedächtnis. Im sogenannten Drei-Speicher-Modell wird das Gedächtnis als sequentieller Speicher verstanden und der Weg der Information vom Ultrakurzzeitgedächtnis (auch sensorischer Speicher genannt) über das Kurzzeitgedächtnis in das Langzeitgedächtnis beschrieben.[748] Im **Ultrakurzzeitgedächtnis** kreisen nur Gehirnströme, die nicht stofflich verankert sind und deshalb durch leichte Reize jederzeit vollständig gelöscht werden können.[749] Wahrnehmungen klingen schon nach wenigen Sekunden (ca. 20 Sekunden) ab, ohne im Großhirn gespeichert zu werden, wenn sie vom Gehirn als nicht bedeutsam eingeordnet werden, wenn sie nicht mit bereits vorhandenen im Gehirn kreisenden Gedanken verknüpft (assoziiert) werden, oder das Erlebnis so eindrucksvoll war, dass das Ultrakurzzeitgedächtnis die Eindrücke deshalb ins Kurzzeitgedächtnis passieren lässt.[750] Im **Kurzzeitgedächtnis** werden die Informationen und Wahrnehmungen vorübergehend stofflich gespeichert.[751] Wird die Information jedoch nicht in absehbarer Zeit ins Langzeitgedächtnis übernommen, ist sie unwiederbringlich verloren. Es hängt von der konkreten Information und vom Lernenden ab, wie lange die Information im Kurzzeitgedächtnis bleibt. Angenommen wird ein Zeitraum von ca. 20 Minuten bis zu 2 Tagen. Die Weiterleitung in das Langzeitgedächtnis erfolgt, wenn weiterhin Aufmerksamkeit auf die Information gerichtet wird, die Information strukturiert, geordnet und möglichst an schon vorhandenes Wissen angeknüpft werden kann. Im **Langzeitgedächtnis** wird die Information oder Wahrnehmung durch Bildung bestimmter Proteine endgültig stofflich gespeichert.[752] Maßgeblich für die Abspeicherung des Stoffes im Langzeitgedächtnis ist, dass der zu lernende Stoff gut strukturiert ist. Denn das Gehirn speichert das Wissen netzwerkartig. Neue Informationen, die das Gehirn an schon vorhandenes Wissen anknüpfen kann, werden schneller in die Netzwerkstruktur eingebunden und können von dort wieder abgerufen werden. Daher werden Prinzipien und Gesetzmäßigkeiten weniger schnell vergessen als Detailwissen.[753] Man kann also festhalten:

- ☞ Je geordneter und strukturierter der erlernte Stoff, desto höher ist die Behaltensquote.
- ☞ Je mehr man schon weiß, desto besser kann man neue Inhalte mit bereits vorhandenem Wissen verknüpfen.

748 Ausführlich dazu *Vester*, S. 53 ff.; *Koeder*, S. 55 ff. Es gibt noch weitere Modelle, deren Beschreibung hier jedoch zu weit führen würde.

749 *Vester*, S. 67.

750 *Vester*, S. 57 ff.

751 Oder um es an einem Beispiel aus der Computerwelt zu veranschaulichen: Information, die nicht abgespeichert wird, ist unwiederbringlich verloren. Information im Kurzzeitgedächtnis ist vergleichbar mit Daten, die im Zwischenspeicher abgelegt sind: Man kann sie abrufen, aber nicht beliebig lange. Information im Langzeitgedächtnis kann man vergleichen mit Daten, die auf der Festplatte gespeichert sind.

752 *Vester*, S. 79 ff., hat die verschiedenen Gedächtnisvorgänge anschaulich dargestellt.

753 Gedichte kann man sich daher besser merken als Prosatexte (dazu ein Urteil in Versform: LG Frankfurt NJW 1982, 650).

☞ Wissen kann helfen, neues Wissen zu strukturieren, einzuordnen und zu verankern.[754]

Was bedeutet dies für das studentische Lernen? Wenn Sie mit einem völlig unbekannten Stoff konfrontiert werden – was am Anfang des Jurastudiums üblich ist –, kann der Stoff, wenn er nicht anschaulich dargestellt wird oder wenn Sie ihn nicht mit Bekanntem verknüpfen können, die Pforte zum Langzeitgedächtnis nicht passieren, weil das Kurzzeitgedächtnis wie ein Pförtner entscheidet: »Information nicht bedeutsam«. Dies ist nicht nur ein Problem in der Vorlesung, sondern auch in der Eigenstudienzeit bei der Beschäftigung mit Büchern. Auch hier werden verständliche Inhalte schon nach kurzer Zeit abklingen, wenn Sie es nicht schaffen, diese mit bekannten Inhalten zu assoziieren.[755] Weiter lässt sich daraus die Konsequenz ableiten, dass man den Schwerpunkt beim juristischen Lernen auf das Erkennen von Regeln, Gesetzmäßigkeiten und Zusammenhängen legen muss.[756] Grundlagenwissen muss vor Detailwissen gelernt werden, damit das Gehirn Anknüpfungsmöglichkeiten hat. Der Lerninhalt muss gut aufbereitet und strukturiert werden, damit man ihn sich langfristig merken kann.[757] Bei Büchern bedeutet dies, dass Sie sich zunächst eine Übersicht über den Inhalt verschaffen und sich über die groben Zusammenhänge klar werden, bevor Sie ins Detail gehen.[758] Ein Vorlesungsbesuch führt nur dann zu einem Lerngewinn, wenn das entsprechende Vorwissen beim Zuhörer vorhanden ist. Denn: »Existieren ein bestimmtes Vorwissen und ein bestimmter Bedeutungskontext nicht im Gehirn des Hörers oder Lesers, so findet keine Bedeutungskonstruktion statt«.[759] Wenn Sie sich in einer Vorlesung fragen »Worauf will der Dozent hinaus?« oder »Was ist überhaupt das Problem?«, dann kann dies ein Zeichen dafür sein, dass Ihnen im Moment der rote Faden fehlt und dass Sie möglicherweise zu wenig Vorwissen haben. In Ihrem Gehirn fehlt dann der Bedeutungskontext und ihr Gehirn kann das Gehörte nicht zuordnen und abspeichern. Dies erklärt auch, dass es nichts bringt, ohne Vor- und Nachbereitung eine Vorlesung »halt mal anzuhören«. Denn in kürzester Zeit wird Ihnen der notwendige Bedeutungskontext fehlen.

Verstehen oder Auswendiglernen. Viele Studierende verstehen unter Lernen das aus der Schule bekannte Auswendiglernen. Ein Juraprofessor sagte einmal, dass er im Studium glaubte, ein schlechtes Gedächtnis zu haben und er deswegen von Anfang an versuchte, den Stoff auch zu verstehen. Dies sei letztlich ein großer Vorteil gewesen. Für Lernstoff, der nicht verstanden wurde, findet das Gehirn sozusagen keinen richtigen Speicherplatz. Dieser Stoff »irrt im Gehirn herum« und kann daher nur sehr schlecht langfristig behalten werden.

Eine für das Jurastudium sehr wichtige Erkenntnis der Lernpsychologie lautet:

754 *Manfred Spitzer* in: v. Caspary (Hrsg.) Lernen und Gehirn, Freiburg (Br.), 2006, S. 23, 31.

755 Dazu, wie man diese assoziativen Verknüpfungen bewusst erzeugen oder vermehren kann, siehe *Birkenbihl*, S. 43 ff. *Edenfeld*, S. 604: »Der Lerninhalt muss so aufbereitet sein, dass er vom Langzeitgedächtnis verarbeitet werden kann«.

756 Wie man beim juristischen Lernen Zusammenhänge und Querverbindungen erkennt und herstellt, wird in Kap. 6 (Systematisches Erarbeiten von Rechtsgebieten), S. 161 ff. und 200 f., genau erläutert.

757 *Edenfeld*, JURA 2004, 604.

758 Zum effektiven Lesen von Fachliteratur und zur Auswahl von geeigneten Fachbüchern siehe Kap. 5 (Leseregeln).

759 *Gerhard Roth* in: v. Caspary (Hrsg.) Lernen und Gehirn, Freiburg (Br.), 2006, S. 55, 57.

☞ Lernstoff wird wesentlich besser behalten, wenn man versucht, den Stoff zu verstehen, anstatt ihn auswendig zu lernen.

Lernatmosphäre. Die Hirnforschung sagt: »Die Rolle der Emotionen beim Lernen ist kaum zu überschätzen«.[760] Die emotionale Atmosphäre spielt beim Lernen eine wesentliche Rolle für den Lernerfolg. Wenn mit Neugier und Freude auf neuen Stoff reagiert wird, werden Botenstoffe im Gehirn freigesetzt, die das Behalten fördern. Wenn mit Stress und Ablehnung auf neuen Stoff reagiert wird, werden Stresshormone freigesetzt, die zu einer neurohormonellen Denkblockade führen können. Dadurch werden Verbindungen zu vorhandenen Gedankeninhalten erschwert oder sogar ganz verhindert (Assoziationsblockade).[761] Dies ist der Grund dafür, dass sich manche Menschen an Unfallsituationen nicht mehr erinnern können. Darüber hinaus wird Lernstoff abhängig vom emotionalen Zustand in unterschiedlichen Bereichen des Gehirns abgespeichert. Wenn in einer Lehrveranstaltung Studierende z.B. durch unerwartete Fragen unter Druck gesetzt werden und sie diesen Druck als negativ empfinden, kann dies die Aufnahme des Lernstoffs ins Langzeitgedächtnis genauso blockieren wie jeder andere negative emotionale Zustand. Wenn die Art oder der Vortragstil des Lehrenden dem Lernenden unangenehme Gefühle verursacht, wird der Prozentsatz des Erlernten und langfristig Behaltenen gering sein.[762] Das gleiche passiert beim Selbststudium, wenn man unter (selbsterzeugtem oder dritterzeugtem) negativem Druck lernt oder den Stoff »nervig« findet und eine starke Ablehnung dagegen verspürt. Dies heißt jedoch nicht, dass man nur noch lernen soll, wenn man es gerade sehr angenehm findet. Ein leichter, anregender Stress wirkt lernfördernd, da im Gehirn der Neurotransmitter Dopamin ausgeschüttet wird, der das Gehirn aufnahmebereit macht. Lernen funktioniert gut, wenn es als positive Anstrengung empfunden wird.[763]

Wahrnehmungskanäle und Behalten.[764] Gehören Sie auch zu den vielen Studierenden, die sich nach einer Vorlesung selbst bei begabten Rednern schon oft gefragt haben, was Sie denn nun behalten oder gelernt haben? Und konnten Sie kaum etwas von dem Stoff der eineinhalb Stunden wiedergeben? Folgende Zahlen zeigen, dass der Prozentsatz dessen, was behalten wird, auch damit zusammenhängt, welche und wie viele Wahrnehmungskanäle (sehen, hören, tasten, fühlen, schmecken, riechen) gleichzeitig benutzt werden.[765] Die Zahlen sind Durchschnittswerte und können individuell nach oben und unten abweichen. Danach behalten wir von dem, was wir

hören	20 %
sehen	30 %
hören + sehen	50 %
selbst sagen	70 %
selbst tun	90 %

760 *Manfred Spitzer* in: v. Caspary (Hrsg.) Lernen und Gehirn, Freiburg (Br.), 2006, S. 23, 28.
761 *Vester*, S. 140 ff., 168 f.
762 Zur Entscheidung für oder gegen eine Vorlesung siehe auch Kap. 6 (Systematisches Erarbeiten von Rechtsgebieten), S. 176 f.
763 *Gerhard Roth* in: v. Caspary (Hrsg.) Lernen und Gehirn, Freiburg (Br.), 2006, S. 55, 64.
764 Dazu *Dahmer/Dahmer*, S. 92 ff.; *Haft*, S. 15 ff.
765 *Josef Kraus* in: v. Caspary (Hrsg.) Lernen und Gehirn, Freiburg (Br.), 2006, S. 142, 151.

Es lässt sich also festhalten:

☞ Je mehr Wahrnehmungskanäle (gleichzeitig) angesprochen werden und je aktiver der Lernende ist, desto höher ist die Behaltensquote.

Wenn »selbst tun« mit 90 % den besten Wert erreicht, liegt es nahe, sich zu fragen, wie man dieses »selbst tun« möglichst oft in sein Studium integrieren kann. Eine sehr effektive Methode ist es, Mitstudierenden das Gelernte zu erklären und aktiv mit ihnen Fälle zu lösen. Dies kann man vor allem in privaten AGs. Falls es Tutorengruppen an Ihrer Fakultät gibt, ist auch die Tätigkeit als (Fach-)Tutor eine gute Möglichkeit.[766] Denn als Tutor sind Sie gezwungen, den Stoff, den Sie lehren, wirklich umfassend zu lernen. In der praktischen Studienzeit kann Gelegenheit bestehen, Wissen aktiv umzusetzen, wenn Sie kleine Fälle bearbeiten und diese mit jemandem besprechen können. Wie können Sie in Lehrveranstaltungen mehrere Wahrnehmungskanäle nutzen? Das Selbsttun lässt sich auf jeden Fall durch Fragen an den Dozenten verwirklichen. In Lehrveranstaltungen mit wenigen Teilnehmern, so z.B. in Seminaren, kann man sich häufig beteiligen oder ein Referat halten. Aber auch in Fallbesprechungen oder Arbeitsgemeinschaften ist es möglich, etwas selbst zu tun, indem man Falllösungen erarbeitet und dann vorträgt. In Vorlesungen ist oft nur »hören« und »sehen« möglich. Da »selbst sagen« nur in dem Ausmaß stattfinden kann, in dem der Dozent Fragen an das Auditorium stellt und um Mitarbeit bittet,[767] ist es um so wichtiger, dass man aktiv zuhört. Aktives Zuhören bedeutet, dass man in einen inneren Dialog mit dem Dozenten tritt, sich selbst Fragen stellt und die wichtigsten Zusammenhänge und die Hauptaussagen vergegenwärtigt.[768] Wenn man die Zusammenhänge und die wesentlichen Aussagen in Form einer Vorlesungsmitschrift festhält, wird neben dem »selbst sagen«, dem inneren Dialog, das Gehörte zusätzlich visualisiert. Durch aktives Zuhören und das Anfertigen von Mitschriften[769] werden also zusätzliche Wahrnehmungskanäle angesprochen und dadurch die Behaltensquote erhöht.

2. Wiederholen des Lernstoffs

Die Behaltensquote hängt nicht nur davon ab, wie viele Wahrnehmungskanäle angesprochen werden, sondern auch davon, wie schnell das neu erworbene Wissen noch einmal aktiviert wird. Die Vergessenskurve fällt in den ersten drei Tagen am steilsten ab und innerhalb dieser drei Tage am stärksten in den ersten 24 Stunden. Deshalb ist es wesentlich effektiver, neuen Stoff innerhalb von zwei bis drei Tagen zu wiederholen als nach einer Woche. Bereits nach einer Woche sind große Teile des Wissens verloren und müssen wieder neu gelernt werden. Dagegen garantiert ein zweiter Lernreiz unmittelbar nach dem ersten Erfassen, dass ein hoher Prozentsatz des Erlernten im Langzeitgedächtnis gespeichert wird. Die Informationen müssen mehrere Male

766 Mögliche Ansprechpartner auf der Suche nach einer Tutorenstelle sind das Dekanat Ihrer Fakultät, die Studienberatung, der Studiendekan oder die Studentenvertretung.

767 Obwohl man geneigt ist, Veranstaltungen zu meiden, in denen man gefordert wird, sollten Sie gerade solche Veranstaltungen gezielt auswählen. Bei allen Lehrveranstaltungen lohnt es sich, darauf zu achten, wie methodisch vorgegangen wird und ob verstärkt interaktive Lehrformen angewendet werden.

768 Zum aktiven Zuhören *Chevalier*, S. 146 ff.; *Koeder*, S. 18 ff.; *Schräder-Naef*, S. 152 f.

769 Zum Anfertigen von Mitschriften ausführlich Kap. 7 (Mitschriften und Exzerpte).

den gleichen Weg gehen, damit sich der neuronale Weg eingräbt.[770] Die Lernforschung geht davon aus, dass Lernstoff mindestens dreimal wiederholt werden sollte, denn die Speicherung im Langzeitgedächtnis erfolgt umso nachhaltiger, je öfter ein neuer Sinneseindruck als Signal die »Gedächtnisrelaisstationen« durchläuft.[771] Als Faustregel hat sich herausgebildet, dass Informationen einmal innerhalb von 48 Stunden, einmal nach circa einer Woche und einmal circa nach einem Monat wiederholt werden sollten. Dennoch wiederholen viele Studierende überhaupt nicht, sondern erarbeiten wochenlang neuen Stoff, um vorwärts zu kommen. Manche räumen kurz vor Semesterende ein, während des Semesters noch kein einziges Mal Stoff wiederholt zu haben. Dies liegt auch daran, dass Wiederholen als langweilig empfunden wird. Mit den in Kapitel 6 beschriebenen Möglichkeiten kann man Wiederholungen jedoch sehr abwechslungsreich gestalten. Um einen Überblick zu haben, ist es sinnvoll, sich zu notieren, wann man den Stoff erarbeitet hat und wann die drei Wiederholungen dazu stattgefunden haben. Dies kann sehr einfach mittels kleiner Haftnotizen auf dem Lehrbuch oder auf den Karteikarten erfolgen (mit den Stichworten *Erarbeitung am ...*; *Erste Wiederholung am ...*; *Zweite Wiederholung am ...*; *Dritte Wiederholung am ...*). Private Repetitorien übernehmen teilweise dieses Lernmanagement und die Studierenden bekommen genaue Anweisungen, zu welchem Zeitpunkt welcher Stoff gelernt und wiederholt werden soll.[772] Ein solcher Lern- und Wiederholungsplan kann jedoch auch individuell erstellt werden. Vielen Studierenden hilft, ein Lerntagebuch zu führen, in das täglich (oder jedenfalls wöchentlich) eingetragen wird, was man gelernt hat, was man wiederholt hat, was man noch nicht verstanden hat und was man später noch einmal intensiv lernen muss. Das Notieren der Lerneinheiten, die man noch nicht richtig gelernt hat, hilft insofern, als man einen genauen Überblick über den noch nicht gelernten Stoff hat. Ansonsten hat man ab einem gewissen Zeitpunkt im Studium ein permanent schlechtes Gewissen und schiebt einen Berg unbekannter Größe bestehend aus noch zu lernenden Rechtsgebieten vor sich her.

✎ *Notieren Sie, wie Sie in Zukunft Ihr Lern- und Wiederholungsmanagement gestalten wollen.*

3. Abrufen von erlerntem Wissen

Das Abrufen des erlernten Wissens ist nicht möglich, wenn die Information nicht dauerhaft gespeichert wurde. Es gibt jedoch auch das temporäre Nicht-Finden von gespeicherter Information. Diese Situationen kennt vermutlich jeder: In einer Prüfungssituation fällt einem plötzlich etwas, was man wirklich »aus dem Effeff« konnte, nicht mehr ein. Was ist passiert? In sehr stressigen Situationen wird durch Stresshormone die normale Ausschüttung von Transmittern[773] gestört, die ansonsten

770 *Chevalier*, S. 138.

771 *Gabriele Kautzmann/Gaby Miketta* (Hrsg.), Das Wunder im Kopf, Intelligenz, Gedächtnis und Gefühle verstehen und optimal nutzen, München, 1999, S. 91.

772 Eine Wiederholungsmappe kann das Wiederholungsmanagement unterstützen. Jeder Wochentag hat zwei Einschübe, eine für die 48-h-Wiederholung, eine für die wöchentliche Wiederholung: *Grüning, Christian/Hemmer, Karl Edmund/Wüst, Achim*, Wiederholungsmappe, Würzburg, 2007, mit Register, Handbuch, Kurzskript und Mindmaps zu allen Rechtsgebieten.

773 Transmitter sind chemische Überträgersubstanzen, die den Spalt zwischen Synapse und Nervenzelle überbrücken. Ausführlich und sehr verständlich dazu *Vester*, S. 35 f., 97 ff.

für die vielfältigen Verknüpfungen zwischen den Nervenzellen sorgen.[774] Die Konsequenz für die Wiedergabe von Wissen ist dann, dass assoziative Verknüpfungen schon aufgrund der »hardware« nicht mehr möglich sind. Es entsteht eine Denkblockade. Wir haben »ein Brett vor dem Kopf«, der Kopf ist wie leergefegt. Das Ergebnis ist: Vorübergehend lässt sich gespeicherte Information nicht mehr finden. Wie aber kann man sich in einer Stresssituation oder sogar in einer Prüfungssituation entspannen? Die Fähigkeit, sich – auch in Stresssituationen – zu entspannen, ist erlernbar.[775] Als sehr hilfreich haben sich z.B. das Autogene Training, die Progressive Relaxation nach Jacobsen oder die Feldenkrais-Methode erwiesen.[776] Wenn Sie die Fähigkeit zur Entspannung frühzeitig erlernen, können Sie sie auch schon in Lernphasen einsetzen, in denen Sie sich z.B. durch Lernumstände oder Zeitdruck vor Klausuren gestresst fühlen.

- ☞ Aufmerksamkeit, Motivation, Interesse, Struktur, Ordnung und mehrmalige Wiederholung unterstützen den Prozess des Abspeichern des juristischen Lernstoffs. Der Lernerfolg vergrößert sich, wenn Sie diese lernfördernden Faktoren in ihren Lernvorgang einplanen.
- ☞ Effizientes und effektives Lernen gelingt am Besten in einer guten emotionalen Atmophäre. Negativ empfundener Druck behindert den Lernvorgang.
- ☞ Nur Information, die mit vorhandenen Gedankeninhalten assoziiert wird oder mit einem intensiven Erlebnis verknüpft ist, gelangt vom Ultrakurzzeitgedächtnis ins Kurzzeitgedächtnis und von dort ins Langzeitgedächtnis. Damit eine (»normal interessante«) Information ins Langzeitgedächtnis transportiert wird, muss Aufmerksamkeit auf sie gerichtet sein, sie muss strukturiert und geordnet sein, und mit vorhandenem Wissen verknüpft werden können.
- ☞ Bei intensiven Erlebnissen genügt oft eine einmalige Aufnahme zur dauerhaften Speicherung.
- ☞ Beim Lernen dagegen, wo ein Stoff gewöhnlich nicht erlebt wird, sondern nur gelesen oder gehört wird, muss der Stoff mehrfach wiederholt werden.
- ☞ Erlerntes abzurufen gelingt am besten in entspanntem Zustand.

II. Feststellung des eigenen Lerntyps und lernfördernder Faktoren

1. Lerntypen und Sekundärassoziationen beim Lernen

Der Lernerfolg hängt nicht nur von den oben genannten allgemein gültigen Faktoren ab, sondern auch von subjektiven Bedingungen, die den individuellen Lerntyp bestimmen. Zunächst ging man in der Lernforschung davon aus, dass es ungefähr drei bis vier Lerntypen und ihre Mischformen geben müsste: den visuellen (Seh-)Typ, den auditiven (Hör-)Typ, den haptischen (Fühl-)Typ und, falls so weit differenziert wurde, den verbalen (Gesprächs-)Typ. Die Einteilung wurde danach vorgenommen, welcher Wahrnehmungs- oder Eingangskanal beim Aufnehmen von Lernstoff bevorzugt

774 Stresshormone sollen schnelle Fluchtreflexe ermöglichen und unterbinden dazu alle Denkprozesse, die nicht unmittelbar der Flucht dienen.

775 Siehe z.B. *Andreas Klaner*, Stressbewältigung im Studium, Mit 20 praktischen Übungen zum erfolgreichen Stressabbau, Berlin, 1998.

776 Die Methoden werden ausführlich beschrieben bei *Johann Ceh*, Entspannen jederzeit! Techniken zur besseren Stressbewältigung, München, 2. Aufl. 1995. *Eberhardt Hofmann/Monika Löhle*, Erfolgreich Lernen, Effiziente Lern- und Arbeitsstrategien für Schule, Studium und Beruf, Göttingen, 2004 (mit Hinweisen zu Atem- und Entspannungstechniken).

wird.[777] Mit dieser Einteilung in Lerntypen ging die Hoffnung einher, die Lehrenden so ausbilden zu können, dass sie in der Lage sind, auf alle Lerntypen im Unterricht einzugehen und damit den Unterrichtserfolg wesentlich zu erhöhen. Doch weitere Untersuchungen zeigten, dass neben der Neigung zu einem bestimmten Lerntyp andere Einflüsse, sogenannte Sekundärassoziationen, den Lernerfolg erheblich mitbestimmen. Solche Sekundärassoziationen sind die Art des Lernstoffs, die Umgebung beim Lernen, individuelle Assoziationen zum Lernen allgemein oder zu einem bestimmten Lernstoff, individuelle Reaktionen des vegetativen Nervensystems, momentane Emotionen und Gewohnheiten. Diese Erkenntnisse führen zu der Überlegung, dass ein optimales Lernklima allein durch den Lehrenden gar nicht zu schaffen ist. Vielmehr müssen die Lernenden darin geschult werden zu erkennen, welchem Lerntyp sie angehören und welche Sekundärassoziationen das Verstehen und Behalten von Lernstoff fördern und welche es verhindern.[778]

Während man lange Zeit davon ausging, dass bestimmte Sekundärassoziationen beim Lernen (z.B. Musik) weitestgehend ausgeschlossen werden müssen, weiß man heute, dass man viele Sekundärassoziationen weder generell als gut noch als schlecht für das Lernen einstufen kann. Vielmehr muss jeder selbst feststellen, welche Sekundärassoziationen das individuelle Lernen und Behalten fördern oder behindern. Am Besten lässt sich das an der Umgebung beim Lernen aufzeigen. Viele Eltern sind der Meinung, dass das Kind beim Lernen absolute Ruhe braucht. Das mag für das eine Kind stimmen. Aber schon das nächste Kind aus der selben Familie kann unter Umständen mit leisen Haushaltsgeräuschen oder leiser Musik im Hintergrund besser lernen als in absoluter Stille, weil diese Geräusche ihm ein Gefühl von Geborgenheit vermitteln und damit eine positive Hormonlage für die Aufnahme von Lernstoff schaffen. Dieses Kind wird auch später als Student bei Hintergrundgeräuschen, z.B. in der Bibliothek, gut arbeiten können, während andere sich durch Geräusche erheblich gestört fühlen.

Mit den folgenden Fragebögen[779] erhalten Sie Gelegenheit, ganz konkret festzustellen, *was genau* bei Ihnen einen guten Lernerfolg erzeugt und was den Lernerfolg eher behindert.

777 Mit dem Fragebogen auf S. 319 f. können Sie Ihren bevorzugten Wahrnehmungskanal herausfinden.

778 Dazu, wie Sie Ihren Lerntyp herausfinden können, auch *Dieter Frantzen*, Effizient Lernen, Wiesbaden, 2. Aufl. 2000, S. 89 ff., mit einem ausführlichen Fragebogen auf S. 109 ff., 114 ff., und *ter Haar/Lutz/Wiedenfels*, S. 29 ff., mit einem kurzen Fragebogen zur Lerntypbestimmung auf S. 31. Online-Lerntyptests finden Sie unter http://www.netschool.de/ler/lerzit16.htm (nach Vester), in Kurzform unter http://www.cfmueller-campus.de/content/campus/campusfreischuss/lerntyp oder in Langform unter http://arbeitsblaetter.stangl-taller.at/TEST/HALB/Test.shtml. Zu Lerntypen siehe auch *Koeder*, S. 63 f. Lerntypen anderer Art stellt – mit ironischem Unterton – *Gramm/Wolff*, S. 115 ff., dar.

779 Neben selbst entworfenen Fragen enthalten die Fragebögen auch Fragen aus *Vesters* Lerntyptest, S. 193 ff. Um zu vermeiden, dass Leser An- und Ausführungszeichen, die üblicherweise wörtliche Zitate kenntlich machen, als inhaltliche Hervorhebungen interpretieren und dadurch von der inhaltlichen Beantwortung der Fragen abgelenkt werden, wurde auf Anführungszeichen verzichtet und folgende Art der Kenntlichmachung – ergänzt durch Fußnoten an den jeweiligen Fragebögen – gewählt: Teilweise wörtlich übernommen wurden im Fragebogen zu den Wahrnehmungskanälen die Fragen 2 und 5, im Fragebogen zur Darbietung des Stoffes die Fragen 1, 4 und 10, im Fragebogen zur Art des Lernstoffs die Fragen 1, 3–5, 7–10, im Fragebogen zur eigenen Bearbeitung des Lernstoffs die Fragen 1–4, im Fragebogen zur Lernatmosphäre die Fragen 1–3 und 6–9 und im Fragebogen zur Lernkontrolle die Fragen 8, 9, 11–15. Inhaltlich modifiziert

2. Fragebögen zum Feststellen individueller lernfördernder Faktoren

Hinweis zur Vorgehensweise

Beim Ausfüllen der Fragebögen ist wichtig, dass Sie die Fragen zunächst spontan, also ohne langes Überlegen, beantworten. Bei den Fragebögen geht es nicht wie in einem Test um richtige oder falsche Antworten, vielmehr sind hier alle Antworten wichtig. Die Fragen setzen nicht voraus, dass man schon eine gewisse Zeit studiert hat. Wenn nach Studienerfahrungen gefragt wird, kann man diese Fragen auch aufgrund der langjährigen Lernerfahrungen aus der Schulzeit beantworten. Es ist besser, nicht alle Fragebögen am Stück durchzuarbeiten. Sie ziehen einen größeren Gewinn aus jedem einzelnen Fragebogen, wenn Sie nach dessen Auswertung und, nachdem Sie Ihre Ergebnisse festgehalten haben, eine Pause einplanen.

Hinweis zur Auswertung der Fragebögen

Im Anschluss an die Fragebögen werden mögliche Erkenntnisse und Konsequenzen angesprochen, die Sie aus bestimmten Antworten ziehen können. Es würde allerdings den Rahmen dieses Buches überschreiten, alle theoretisch denkbaren Antwortkombinationen und die Erkenntnisse daraus zu besprechen. Es kann also durchaus vorkommen, dass Sie nicht zu jeder Antwort eine passende Auswertung finden. So heißt es z.B. bei einer Auswertung »Wenn Sie die Fragen 1, 2, 4 und 7 mit einem Nein und die Fragen 3, 5 und 6 mit einem Ja beantwortet haben,...«. Wenn Ihre Antworten nun nicht genau passen, weil Sie in dem zitierten Beispiel etwa die Fragen 4 und 7 nicht bejaht, sondern verneint haben, lohnt es sich für Sie trotzdem, die Auswertung durchzulesen. Denn selbst wenn die Auswertung für Sie nicht exakt passt, werden Sie beim Durchlesen der Auswertungen Anregungen zu Ihren Lernneigungen und Ihrem Lernverhalten erhalten. Grundsätzlich empfehle ich, die *gesamte Auswertung zu lesen,* selbst wenn diese hinsichtlich der Beantwortung der Fragen nicht auf Sie zutrifft. Bei den Hinweisen zur Auswertung konzentriere ich mich vor allem auf lernfördernde Möglichkeiten. Deshalb gehe ich bei den Hinweisen zur Auswertung des Fragebogens nicht weiter auf Antworten ein, mit denen festgestellt wurde, dass eine Sekundärassoziation *nicht* lernfördernd ist. Beispiel: Die Frage: »Lernen Sie mit besonders gutem Ergebnis, wenn beim Lernen Musik läuft?« wurde verneint. Dieser Fall wird bei den Hinweisen zur Auswertung nicht weiter berücksichtigt, weil das Nein entweder bedeuten kann, dass Musik beim Lernenden gar nichts bewirkt, oder dass Musik stört. Statt einer Auswertung bedarf es einer weiteren Frage: »Lernen Sie mit besonders gutem Ergebnis, wenn Sie nicht von Geräuschen abgelenkt werden?«.

Am Ende der Hinweise zur Auswertung eines jeden Fragebogens finden Sie einen Aufgabenkasten, der Sie auffordert, Ihre Ergebnisse schriftlich festzuhalten. Wenn Sie dieser Empfehlung konsequent nachkommen, werden Sie nach der Beantwortung und Auswertung sämtlicher Fragebögen eine Art »Gebrauchsanweisung« für Ihr eigenes (juristisches) Lernen haben. Auf diese schriftliche Gebrauchsanweisung können Sie später zurückgreifen, z.B. wenn Ihnen Ihr Studium monoton erscheint. Dann haben Sie die Möglichkeit, darin nachzulesen, welche – in Vergessenheit geratene – Tipps Sie auch noch ausprobieren wollten oder welche Art der Stoffaufnahme und der Wiederholung nun etwas Abwechslung in Ihr Studium bringen kann.

---

wurden im Fragebogen zu den Wahrnehmungskanälen die Fragen 1, 3 und 4, im Fragebogen zur Darbietung des Stoffes die Fragen 3, 6 und 9 und im Fragebogen zur Art des Lernstoffs die Fragen 2 und 6. Insgesamt wurde sich somit an die Fragen Nr. 1, 4, 5, 6, 8, 9, 10–14, 16, 18–26, 34–38, 50–52, 55, 57, 58, 60, 76–80, 83 des Lerntyptests bei *Vester* angelehnt.

Sehr hilfreich kann sein, die Fragebögen nach der Beantwortung mit Kommilitonen zu besprechen und sich dabei über verschiedene Arten des Lernens auszutauschen. Sie können auch gezielt zur Auswertung der nachfolgenden Fragebögen ein solches Gespräch mit Mitstudierenden verabreden. Bei der Besprechung sollten Sie darauf achten, dass jeder Fragebogen einzeln ausgewertet wird mit der Fragestellung: Welche Konsequenzen könnte derjenige, der den Fragebogen ausgefüllt hat, für sich aus seinen Antworten ziehen? Wann, wie, mit wem und unter welchen Umständen lernt er am leichtesten? Und denken Sie daran: Was für den einen richtig ist, kann für den anderen lernbehindernd sein und umgekehrt. Es geht also nicht um allgemein gültige Regeln, sondern darum herauszufinden, was für Sie die optimalen Lernbedingungen sind. Durch das Gespräch mit Kommilitonen können Sie zusätzliche wertvolle Tipps oder neue Ideen zum effektiven Lernen erhalten.

a) Welchen Wahrnehmungskanal bevorzugen Sie beim Erlernen eines neuen Stoffes?

✎ *Beantworten Sie nun den folgenden Fragebogen, ohne lange zu überlegen.*

	Fragebogen zu den bevorzugten Wahrnehmungskanälen[780]	ja	nein
1	Können Sie einen Gegenstand, wenn Sie ihn anfassen, besser beschreiben, als wenn Sie ihn nur genau anschauen?	☐	☐
2	Trifft die Aussage »Erst wenn ich einen Papierflieger selbst gebastelt habe, weiß ich, wie das geht. Vom Zuschauen allein behalte ich das nicht.« auf Sie zu?	☐	☐
3	Behalten Sie Erklärungen zu Maschinen oder Experimenten durch Zuschauen und Zuhören besser als durch eigenes Bedienen der Maschinen oder Ausführen der Experimente?	☐	☐
4	Finden Sie einen Weg durch die Stadt, wenn Sie ihn auf dem Stadtplan mit dem Finger nachfahren, besser, als wenn Sie den Weg erklärt bekommen und dabei auf den Stadtplan schauen?	☐	☐
5	Verstehen Sie den Aufbau einer Blüte oder eines Blattes, wenn Sie eine Abbildung in einem Buch betrachten, besser, als wenn Sie die Blüte oder das Blatt zerlegen?	☐	☐
6	Erinnern Sie sich an Gelesenes besser als an Gehörtes?	☐	☐
7	Wenn Sie die Wahl haben zwischen dem erstmaligen Erarbeiten eines Stoffes durch den Besuch einer Veranstaltung oder durch das Lesen eines Lehrbuches, wählen Sie dann die Veranstaltung?	☐	☐

Hinweise zur Auswertung

Wenn Sie die **Fragen 1, 2, 4** und **7** mit einem Nein und die **Fragen 3, 5** und **6** mit einem Ja beantwortet haben, sind Sie vermutlich ein »visueller Typ«. Sie können Informationen sehr gut über die Augen, d.h. über das Sehen und Lesen aufnehmen. Wahrscheinlich können Sie sich juristisches Wissen sehr gut aus Lehrbüchern aneignen. Es könnte sich lohnen, mit Lehrbüchern zu arbeiten, die gut visualisiert sind, insbesondere durch Übersichten, Schaubilder oder Schemata.[781] Die Visualisierung

780 Siehe Fn. 779.

781 Beispiele für Lehrbücher mit Übersichten, Hervorhebungen, Zeichnungen, Graphiken: *Thomas Zerres*, Bürgerliches Recht – Ein einführendes Lehrbuch in das Zivil- und Zivilprozessrecht, Berlin u.a., 5. Aufl. 2005; *Rainer Wörlen*, BGB AT, Köln u.a., 10. Aufl. 2008; *ders.*, Schuldrecht AT, Köln u.a., 9. Aufl. 2008; *Christoph Hirsch*, Der Allgemeine Teil des BGB, Köln u.a., 5. Aufl. 2004 (mit Flussdiagrammen); *Eric Hilgendorf*, dtv-Atlas Recht, Bd. 1, Grundlagen Staatsrecht, Strafrecht, München, 2003; *ders.*, dtv-Atlas Recht, Bd. 2, Verwaltungsrecht, Zivilrecht, 2008; *Jörn Axel Kämmerer*, Staatsorganisationsrecht, Köln, 2008; *Mario Martini*, Verwaltungsprozessrecht,

der Lerninhalte hat in den letzten 10 Jahren erheblich zugenommen.[782] Der Lernerfolg erhöht sich, wenn Sie selbst Übersichten, Mindmaps[783] oder Skizzen erstellen und beim Lesen Textstellen markieren oder Symbole hinzufügen. Der Besuch von Vorlesungen lohnt sich dann, wenn Sie entweder gerne hingehen oder wenn Sie genauso viel lernen, wie wenn Sie ein Buch lesen, oder wenn Sie die Vorlesung zur Wiederholung nutzen.

Wenn Sie die **Fragen 3** und **7** bejaht und die **Fragen 1, 2, 4** und **6** verneint haben, sind Sie vermutlich ein »auditiver Typ«. Sie können Informationen sehr gut über das Gehör aufnehmen. Dann sind Vorlesungen für Sie sehr geeignet. Es könnte sich für Sie sogar lohnen, eine Vorlesung mehrmals bei verschiedenen Dozenten zu hören. Wenn Sie bei den Vorlesungen zusätzlich darauf achten, aktiv zuzuhören und gute Vorlesungsmitschriften zu erstellen, können Sie allein schon durch die Vorlesungsbesuche große Lernerfolge erzielen.[784] Eine andere Möglichkeit, auditiv zu lernen, ist das Anhören von Lehrvorträgen auf CDs oder das Selbstbesprechen von digitalen Datenträgern (MP3-Player, Diktiergeräte, Handy etc.). Auf diesen Punkt gehe ich bei der Auswertung des Fragebogens zur Lernkontrolle (f) noch ausführlich ein.

Wenn Sie die **Fragen 1, 2** u. **4** mit einem Ja und **Fragen 3** und **5** mit einem Nein beantwortet haben, sind Sie vermutlich eher ein »haptischer Typ«. Sie können Informationen gut behalten, wenn Sie selbst etwas aktiv (mit den Händen) tun können. Es kann sein, dass Sie Schwierigkeiten haben, wenn man Ihnen den Stoff nur verbal – wie etwa in Vorlesungen – vermittelt. Sie wollen sich beim Lernen bewegen oder etwas anfassen. Für Sie würde es sich besonders lohnen, wenn Sie gezielt mit solchen Lehr-

---

Systematische Darstellung in Grafik-Text-Kombination, Köln, 4. Aufl. 2008; *Steffen Detterbeck*, Öffentliches Recht, Staatsrecht, Verwaltungsrecht, Europarecht mit Übungsfällen, München, 6. Aufl. 2008; *Jörn Eckert*, Schuldrecht Allgemeiner Teil, Baden-Baden, 4. Aufl. 2005 (Übersichten zum neuen Leistungsstörungsrecht); *Werner Unger/Simon Heller*, Workbook BGB, München, 2007; *Werner Unger/Hans P. Ettl*, Durchblick im BGB, Bd. 1–3, Interaktives Lernprogramm, Kehl, 2. Aufl. 2004 (optische Lernhilfe in Verbindung mit einem interaktiven BGB-Trainer im Internet – http://www.juralink.de).

782 Eine Studie über Lehr- und Lernbücher mit bildhaften Darstellungen des Lehrstuhls für Rechtssoziologie und Rechtsphilosophie der Ruhr-Universität Bochum hat ergeben, dass es inzwischen eine Vielzahl von Lehr- und Lernbücher gibt, deren Autoren das Ziel haben, den Wissenserwerb so einfach wie möglich zu machen und den Lernprozess des Lesers weitmöglichst zu unterstützen, siehe *Klaus F. Röhl/Stefan Ulbrich*, Recht anschaulich, Visualisierung in der Juristenausbildung, Köln, 2007. Zur Visualisierung im Recht siehe auch die Website von *Florian Holzer*, http://www.rechtsvisualisierung.net, mit interessanten Links zum Thema sowie http://www.panorama.strafrecht.de von IuraVista (Gesellschaft von Prof. Klaus Volk, München). Aktuell zur Entwicklung *Leonie von Manteuffel*, Der Repetitor aus der Konserve, Faz.net v. 18.06.2008, http://www.faz.net/, Suchbegriff Repetitor. *Angela Busse*, Neue Ideen für ein ganzheitliches Lernen, Populäre Kultur im Rechtsunterricht, Teil 2, JuS Magazin 2/2008, S. 16, zu Filmen als didaktisches Hilfsmittel.

783 Zu Mindmaps siehe unten III. (Mind mapping als Beispiel einer visuellen Lern- und Arbeitstechnik).

784 Es gibt Mitschnitte von Vorlesungen auf Audio-CD, z.B. *Detlev W. Belling*, Grundlehren des Bürgerlichen Rechts I und II, Mitschnitt der Vorlesung an der Universität Potsdam, Doppel Audio-CD, Potsdam, 2006. Weiter gibt es Audio-CDs mit dem Basiswissen zu einzelnen Rechtsgebieten, z.B. aus dem Niederle-Media-Verlag. Auch »das audiovisuelle ErgänzungsRep auf CD-ROM« von go-jura könnte für Sie interessant sein. Es handelt sich um eine audiovisuelle Lernmöglichkeit: Man kann einen Fachdozenten, der über ein bestimmtes Rechtsgebiet referiert, so oft sehen oder hören wie man will: http://www.go-jura.de. Jurafunk bietet kostenlos juristische Texte auch für Juristen in der Ausbildung an, http://www.jurafunk.de.

büchern arbeiten, die Sie möglichst oft zur Mitarbeit oder zum Beantworten von Fragen auffordern. Die Bücher der Reihe »Lernen im Dialog« sind in dieser Form konzipiert. In Form eines Lehrgesprächs führt der Autor Sie Schritt für Schritt durch den Stoff.[785] Auch interaktive Lernprogramme[786] könnten Ihrer Neigung entgegenkommen. Sollte es Ihnen grundsätzlich schwer fallen, mit Lehrbüchern zu lernen, könnten Sie sich den Zugang zum Stoff dadurch erleichtern, dass Sie mit einfachen Klausuren mit Lösungen zu dem jeweiligen Rechtsgebiet beginnen. Durch einen bestimmten Sachverhalt wecken Sie Ihre Neugier auf den Lernstoff. Geeignet sind auch Bücher, die der Erörterung des Stoffes immer einen praktischen Fall voranstellen. Der Besuch von Vorlesungen ist für Sie dann besonders sinnvoll, wenn in der Vorlesung interaktive Lehrformen erfolgen und der Dozent ein Lehrgespräch führt. Eine wichtige Erkenntnis für haptische Lerntypen ist, dass Bewegung den Lernvorgang unterstützt. Die möglicherweise aus der Kindheit bekannte Ermahnung »Bleibe doch sitzen beim Lernen!« war sicher gut gemeint. Nicht das Stillsitzen ist jedoch bei haptischen Lerntypen konzentrationsfördernd, sondern das Umhergehen. Auch wenn Sie in der Bibliothek lernen, sollten sie ab und zu aufstehen und eine kleine Runde laufen. Stoffwiederholungen könnten Sie auch beim Spazierengehen durchführen.

Wenn Sie die **meisten Fragen** verneint haben, kann dies entweder daran liegen, dass Sie den Lernstoff z.B. durch Lesen und Hören genauso gut verstehen wie durch eigenes Ausführen und Nachmachen. Dann spielt es für Sie keine besonders große Rolle, auf welche Art Sie den Lernstoff zuerst aufnehmen. Sie sind dann besonders flexibel und können frei entscheiden, wie Sie den Lernstoff erfassen wollen. Wenn Sie **viele Fragen** verneint haben, kann es aber auch daran liegen, dass Sie weder auf die eine noch auf die andere Art den Lernstoff besonders gut verstehen. In diesem Fall hängt Ihr Lernerfolg nur in geringem Maße vom gewählten Wahrnehmungskanal ab, sondern vielmehr von anderen lernbegleitenden Umständen, also den Sekundärassoziationen. Dann dürften die nächsten Fragebögen besonders aufschlussreich für Sie sein.

✎ *(1) Notieren Sie sich Ihren bevorzugten Wahrnehmungskanal/Ihre bevorzugten Wahrnehmungskanäle.*
✎ *(2) Notieren Sie sich die Vorschläge und Ideen, die Sie beim Lernen demnächst umsetzen möchten.*

b) Welche Darbietung des Lernstoffs ist für Sie am günstigsten?

Im folgenden Fragebogen geht es darum festzustellen, bei welcher Darbietung Sie Lernstoff besonders gut erfassen können. Viele der folgenden Fragen könnte man auch im Rahmen des Fragebogens zum bevorzugten Wahrnehmungskanal stellen. Hier werden die Fragen jedoch mit der Intention gestellt, herauszufinden, durch welche *Art(en) der Darstellung bzw. Darbietung* Sie Lernstoff gut verstehen.

✎ *Beantworten Sie nun den folgenden Fragebogen, ohne lange zu überlegen.*

785 Die Buchreihe Lernen im Dialog ist im Carl Heymanns Verlag erschienen.
786 Beispiele für Lernprogramme siehe oben Kap. 6 (Systematisches Erarbeiten eines Rechtsgebiets), S. 187.

	Fragebogen zur Darbietung des Stoffes[787]	ja	nein
1	Verstehen Sie Lernstoff gut, wenn er vorgetragen wird (z.B. in Vorlesungen oder Seminaren)?	☐	☐
2	Halten Sie den Besuch von Vorlesungen für eine lästige Pflicht, die Sie vom eigentlichen Lernen abhält?	☐	☐
3	Verstehen Sie Lernstoff gut, wenn Ihnen Übersichten oder Schemata dazu gezeigt werden?	☐	☐
4	Verstehen Sie Lernstoff gut, wenn Sie sich selbst eine Übersicht oder ein Schema dazu zeichnen?	☐	☐
5	Lesen Sie bei Fachbüchern gerne über graphische Darstellungen und Tabellen hinweg?	☐	☐
6	Verstehen Sie Lernstoff gut, wenn Sie ihn aus einem Ihrer Ansicht nach guten Lehrbuch lernen?	☐	☐
7	Verstehen Sie Lernstoff gut, wenn er im Rahmen einer universitären Arbeitsgemeinschaft oder Fallbesprechung erarbeitet wird?	☐	☐
8	Verstehen Sie Lernstoff gut, wenn er im Rahmen einer privaten Arbeitsgemeinschaft erarbeitet wird?	☐	☐
9	Verstehen Sie Lernstoff gut, wenn Sie dazu Ihre selbst erstellten Unterlagen (Vorlesungsmitschriften, Buchexzerpte usw.) durchlesen?	☐	☐
10	Verstehen Sie Lernstoff gut, wenn Sie sich alles in Ruhe selbst gründlich erarbeiten?	☐	☐

Hinweise zur Auswertung

Hier wurde mit den **Fragen 1** und **2** nach der visualisierten verbalen Darbietung des Lernstoffes gefragt, mit den **Fragen 3, 4** und **5** nach der Darbietung mit Übersichten und Schaubildern, mit der **Frage 6** nach der Darbietung in einem juristischen Lehrbuch, mit den **Fragen 7** und **8** nach der Darbietung in einer universitären bzw. privaten Arbeitsgemeinschaft mit hoher Eigenaktivität, mit **Frage 9** nach der Darstellung durch selbst gefertigte schriftliche Unterlagen. Bei den wenigsten Studierenden werden alle Arten der Darstellung oder Darbietung zu einem gleich guten Verständnis führen. Ziel der Auswertung ist, dass Sie gezielt mit denjenigen Darstellungsarten arbeiten können, die Sie besonders gut verstehen.

Nur wer die **Frage 1** mit einem Ja beantwortet hat, sollte sämtliche Vorlesungen besuchen. Für alle anderen gilt das bei der Auswertung des vorherigen Fragebogens zum visuellen und haptischen Lerntyp Gesagte.[788] Insbesondere wer **Frage 2** mit einem Ja beantwortet hat, sollte dringend Alternativen für die Vorlesungen ins Auge fassen, da schon aufgrund der »negativen Hormonlage«, die bei einer so ablehnenden Einstellung zwangsläufig eintritt, kein großer Gewinn zu erwarten ist.

Wenn Sie gut auf Übersichten und Schemata ansprechen (**Fragen 3, 4, 5**), empfiehlt es sich, gezielt nach Lehrbüchern zu suchen, die viele Übersichten und Schaubilder enthalten.[789] Noch besser ist es, wenn Sie die Lerninhalte selbst in Übersichten, Mindmaps und Schaubildern festhalten.[790]

787 Siehe Fn. 779.
788 S. 319 f.
789 Siehe Literaturhinweise in Fn. 781.
790 Zu Mindmaps siehe unten III. (Mind Mapping als Beispiel einer visuellen Lern- und Arbeitstechnik).

Wer gerne in universitären Arbeitsgemeinschaften oder Fallbesprechungen lernt (**Frage 7**), sollte versuchen, möglichst viele davon zu besuchen, auch wenn es keine Pflichtveranstaltungen sind. Da die Dozenten häufig unterschiedliche Fälle besprechen, kann es sich sogar lohnen, zwei Arbeitsgemeinschaften zum gleichen Stoffgebiet oder eine AG aus dem vorigen Semester bei einem anderen Dozenten zu besuchen (soweit dies an der Fakultät möglich ist). Wenn Sie gerne in privaten Arbeitsgemeinschaften Wissensstoff erwerben (**Frage 8**), sollten Sie private Arbeitsgemeinschaften möglichst früh zu einer festen und häufigen Einrichtung in Ihrem Studium machen.[791]

Wenn Sie gut mit selbst erstellten schriftlichen Unterlagen (Vorlesungsmitschriften, Exzerpte, Karteikarten) lernen können (**Frage 9**), gilt, dass Sie sich schon vom ersten Semester an die Zeit nehmen sollten, diese Unterlagen zu erstellen, selbst auf die Gefahr hin, dass Sie sie vielleicht später nachbessern müssen.[792]

Wenn Sie **Frage 10** bejaht haben, kommt es bei Ihnen nicht nur auf die Art der Darbietung, sondern besonders darauf an, dass Sie in Ihrer eigenen Lerngeschwindigkeit nicht gestört werden. Dem können Sie Rechnung tragen, indem Sie sehr viel Zeit für das Eigenstudium einplanen. Beim Besuch von Lehrveranstaltungen sollten Sie sich ehrlich fragen, ob die eigene Lerngeschwindigkeit ungefähr mit der Vortragsgeschwindigkeit zusammenpasst. Ist dies nicht der Fall, muss es andere gute Gründe geben, um diese Veranstaltung trotzdem zu besuchen. Übrigens kann man seine Lerngeschwindigkeit auch durch aktives Zuhören an den Vortragsstil anpassen.[793]

✎ *(1) Notieren Sie sich nun die Arten der Darbietung des Lernstoffs, die bei Ihnen zu einem (besonders) guten Lernerfolg führen.*

✎ *(2) Notieren Sie sich Anregungen und Ideen, die sie beim Lernen in die Tat umsetzen möchten.*

c) Wie muss der Lernstoff aufbereitet sein?

Beim folgenden Fragebogen geht es darum, herauszufinden, wie der Lernstoff aufbereitet sein muss (z.B. komplex oder zunächst eher einfach), damit Sie gute Lernerfolge damit erzielen.

✎ *Beantworten Sie nun den folgenden Fragebogen, ohne lange zu überlegen.*

	Fragebogen zur Art des Lernstoffes[794]	ja	nein
1	Verstehen Sie Lernstoff gut, wenn er zunächst einfach dargestellt wird?	☐	☐
2	Verstehen Sie Lernstoff gut, wenn er sofort komplex dargestellt wird?	☐	☐
3	Verstehen Sie Lernstoff gut, wenn zunächst die groben Zusammenhänge des Lerninhalts dargestellt werden?	☐	☐
4	Verstehen Sie Lernstoff gut, wenn viele Details gebracht werden?	☐	☐
5	Verstehen Sie Lernstoff gut, wenn er nicht aus vielen Einzelinformationen besteht?	☐	☐

791 Ausführlich zu privaten AGs Kap. 10 (Private Arbeitsgemeinschaften).

792 Karteikarten stellen eine Form der Wissensspeicherung dar, bei der Wissen besonders leicht verbessert und ergänzt werden kann. Siehe dazu Kap. 8 (Karteikarten).

793 Siehe dazu oben S. 204 f. und bei Kap. 7 (Mitschriften und Exzerpte).

794 Siehe Fn. 779.

	Fragebogen zur Art des Lernstoffes[794]	ja	nein
6	Trifft folgende Aussage auf Sie zu: Ich verstehe Lernstoff nur dann gut, wenn er mir auf *eine* Art und Weise erklärt wird. Wenn er mir noch einmal auf eine ganz andere Art und Weise erklärt wird, bin ich eher verwirrt.	☐	☐
7	Verstehen Sie Lernstoff gut, wenn er humorvoll oder komisch dargestellt wird?	☐	☐
8	Verstehen Sie Lernstoff gut, wenn er mit realen Vorgängen zusammenhängt?	☐	☐
9	Verstehen Sie Lernstoff gut, wenn er mit Ihren persönlichen Erfahrungen zusammenhängt?	☐	☐
10	Verstehen Sie Lernstoff gut, wenn Sie schon ein gewisses Vorwissen dazu haben?	☐	☐

Hinweise zur Auswertung

Wenn Sie **Frage 1** mit einem Ja und **Frage 2** mit einem Nein beantwortet haben, sind Sie entgegen häufiger Empfehlungen nicht gut beraten, wenn Sie sich zum Einstieg in ein neues Stoffgebiet sofort ein Lehrbuch zumuten, das den Stoff sehr komplex darstellt und gewöhnlich auch einen entsprechenden Seitenumfang hat. Lehrbücher, in denen der Lernstoff eher knapp und sehr übersichtlich dargestellt wird, dürften hier vermutlich zu einem wesentlich besseren Lernerfolg führen.[795] Wenn Sie dagegen Frage 1 verneint und Frage 2 bejaht haben, gehören Sie zu einem kleinen Kreis von Studierenden, die mit einem einfachen Lehrbuch große Probleme haben, gerade weil es bewusst Lücken lässt. Ihnen ist zu raten, sofort mit umfangreichen Lehrbüchern anzufangen.[796] Achten Sie bei beiden Arten von Lehrbüchern darauf, dass sie gut strukturiert sind.

Wenn Sie **Frage 3** und **5** bejaht und **Frage 4** verneint haben, ist es für Sie besonders wichtig, erst einen Überblick über Stoffgebiete zu erhalten und dabei nicht von Zusatzinformationen abgelenkt zu werden. Für Sie eignen sich besonders Lehrbücher, die sich entweder darauf beschränken, einen Überblick über das Stoffgebiet zu geben und die groben Zusammenhänge aufzuzeigen, oder aber Einzelprobleme im Druckbild – etwa durch Kleindruck – deutlich absetzen. Wenn Sie den Mut haben, Einzelheiten beim ersten Durchlesen gezielt zu überspringen und sich auf das Erfassen der Zusammenhänge zu beschränken, werden Sie feststellen, dass Sie das ganze Stoffgebiet wesentlich schneller aufnehmen können, als wenn Sie im ersten Durchgang auch schon die Einzelheiten erfassen wollen. Gleiches gilt für die Auswahl einer Vorlesung. Wenn Sie das Stoffgebiet noch nicht gut kennen, werden Vorlesungen, in denen sich der Dozent gerne in Einzelprobleme vertieft, für Sie vermutlich keinen großen Gewinn bringen. Dagegen können Lehrveranstaltungen, in denen die Dozenten Wert darauf legen, Zusammenhänge aufzuzeigen und Ihnen einen Überblick zu verschaffen, Ihnen einen guten Einstieg in ein Stoffgebiet ermöglichen. Scheuen Sie sich nicht

795 Die Bücher in der Reihe Lernen im Dialog aus dem Carl Heymanns Verlag, z.B. von *Wörlen* sind sehr verständlich und anschaulich geschrieben und zur Einführung sehr geeigent. Ebenso Bücher aus der Reihe »Grundrisse des Rechts« (C. H. Beck Verlag) oder aus der Reihe »schwerpunkte« (C. F. Müller Verlag). Auch die Bücher aus der Reihe »Recht schnell erfasst« aus dem Springer Verlag, z.B. *Peter Katko*, Bürgerliches Recht – Schnell erfasst, Berlin u.a., 6. Aufl. 2006, mit graphischen Darstellungen sind sehr geeignet.

796 So z.B. *Karl Larenz/Manfred Wolf*, Allgemeiner Teil des deutschen Bürgerlichen Rechts, München, 9. Aufl. 2004; *Wilhelm, Jan*, Sachenrecht, Berlin, 3. Aufl. 2007; auch zu den umfangreicheren Lehrbüchern zählend *Dieter Medicus*, Allgemeiner Teil des BGB, Heidelberg, 9. Aufl. 2006; *ders.*, Schuldrecht I Allgemeiner Teil, München, 18. Aufl. 2008; *ders.*, Schuldrecht II Besonderer Teil, München, 14. Aufl. 2007.

davor, durch Fragen an die Dozenten in oder nach der Lehrveranstaltung Ihr Verständnis für den behandelten Stoff deutlich erhöhen.

Wenn Sie Frage 4 bejaht und die Fragen 3 und 5 verneint haben, brauchen Sie von Anfang an über den Überblick hinaus auch Einzelinformationen, um den Stoff zu verstehen. Bei der Auswahl der Lehrbücher sollten Sie sich genauso wie bei der Auswahl der Vorlesungen fragen, ob Ihrem Bedürfnis nach detaillierten Informationen Rechnung getragen wird.

Wenn Sie **Frage 6** bejaht haben, wissen Sie nun vielleicht, warum Sie gelegentlich verwirrt waren, wenn Ihnen eine Rechtsfrage noch einmal aus einem anderen Blickwinkel erklärt wurde. Hier ist es wichtig zu erkennen, dass Sie bei unterschiedlichen Erklärungen zur selben Rechtsfrage Schwierigkeiten haben zu folgen. Eine Hilfe kann sein, darum zu bitten, es noch einmal auf die Art und Weise zu erklären, die Ihnen am einleuchtendsten erschien. Auch ist es sinnvoll, wenn Sie sich bei der Aneignung von Stoff zunächst auf ein einziges Lehrbuch beschränken. Wenn Sie Frage 6 verneint haben, können Sie verschiedene Lehrbücher parallel lesen.

Wenn Sie **Frage 7** bejaht haben, sollten Sie dies sowohl bei der Auswahl der Lehrbücher als auch bei der Auswahl der Vorlesungen berücksichtigen.[797]

Wenn Sie **Frage 8** bejaht haben, dürfte es für Sie besonders effektiv sein, Rechtsprechungsfälle zu dem gerade behandelten Stoffgebiet nachzulesen und nachzuarbeiten, zumal Sachverhalte großen Unterhaltungswert haben können.

Wenn Sie **Frage 9** bejaht haben, sollten Sie als nächstes die Frage beantworten, welcher Art die persönlichen Erfahrungen sein müssen. Vielleicht erhöht sich der Reiz eines Stoffgebietes für Sie wesentlich, wenn Sie sich beim Lernen immer wieder die Frage stellen, inwiefern dieses oder jenes Problem für Sie, Ihre Familie oder Ihre Freunde relevant werden könnte.

Wenn Sie **Frage 10** bejaht haben, fragen Sie sich sicher, wie Sie zu dem »gewissen Vorwissen« kommen sollen, wenn Sie ein Rechtsgebiet neu erlernen. Hier hilft es schon, wenn Sie sich vor dem Lesen eines Lehrbuchs oder vor der jeweiligen Vorlesung folgende Fragen stellen und diese schriftlich beantworten: Was weiß ich bereits über das Stoffgebiet? Was wird hier (vermutlich) geregelt? Wo ist es (vermutlich) geregelt? Inwiefern bin ich schon bewusst oder unbewusst damit in Berührung gekommen? Sie werden zu Ihrem Erstaunen feststellen, dass Sie meistens ein, wenn auch bruchstück- und laienhaftes, Vorwissen haben. Sich solche Fragen zu stellen, ist eine bekannte und bewährte Methode beim aktiven Zuhören und beim aktiven Lesen eines Fachbuches. Da das Gehirn beim Speichern von Informationen nach Anknüpfungspunkten sucht, gehe ich davon aus, dass fast alle Leser Frage 10 bejaht haben.

✎ *(1) Notieren Sie sich nun, wie der Lernstoff aufbereitet sein muss, damit Sie (besonders) gute Lernerfolge damit erzielen.*

✎ *(2) Notieren Sie sich die Vorschläge und Ideen, die Sie in die Tat umsetzen möchten.*

797 Eine eigene Art von Humor haben die Skripten von *Hartmut Braunschneider*, z.B. BGB AT, Köln, 11. Aufl. 2007. Das Buch von *Fritjof Haft*, Einführung in das juristische Lernen, Bielefeld, 6. Aufl. 1997, ist ebenfalls ein Beispiel für humorvolle Literatur.

d) Was müssen Sie selbst mit dem Lernstoff machen, um einen guten Lernerfolg zu haben?

Während die letzten Fragebögen Ihnen helfen sollten, den von Ihnen bevorzugten Wahrnehmungskanal, die von Ihnen bevorzugte Darbietung des Stoffes und die von Ihnen bevorzugte Aufbereitung des Lernstoffes herauszufinden, geht es im folgenden Fragebogen darum festzustellen, was *Sie selbst* mit dem Lernstoff tun können, damit Sie besonders gut und leicht lernen. Denn das Selbsttun hat, wie bereits gesagt, den größten Lerneffekt.

✎ *Beantworten Sie nun den folgenden Fragebogen, ohne lange zu überlegen.*

	Fragebogen zur eigenen Bearbeitung des Lernstoffes[798]	ja	nein
1	Verstehen und behalten Sie Lernstoff gut, wenn Sie dazu eigene Notizen machen oder Zusammenfassungen schreiben?	☐	☐
2	Verstehen und behalten Sie Lernstoff gut, wenn Sie ihn mit eigenen Worten schriftlich reformulieren?	☐	☐
3	Verstehen und behalten Sie Lernstoff gut, wenn Sie Lernstoff nach groben Zusammenhängen ordnen?	☐	☐
4	Verstehen und behalten Sie Lernstoff gut, wenn Sie Verschiedenes über das Thema lesen?	☐	☐
5	Verstehen und behalten Sie Lernstoff gut, wenn Sie ihn laut lesen, ihn sich vorsagen oder sich mit jemandem darüber unterhalten?	☐	☐
6	Verstehen und behalten Sie Lernstoff dann gut, wenn Sie ihn lernen, um ihn (unmittelbar danach) anderen beizubringen?	☐	☐

Hinweise zur Auswertung

Fragen 1 und **2** unterscheiden sich nur hinsichtlich des Umfangs (Notiz/Zusammenfassung oder ausführliche Mitschrift/Exzerpt). Wenn Sie beide Fragen oder eine von beiden mit Ja beantwortet haben, sollten Sie die Mühe nicht scheuen, den Lernstoff in eigene Worte zu fassen. Dies bietet sich in Form von ergänzbaren Exzerpten oder Vorlesungsmitschriften an, aber auch mit Karteikarten. Studierende haben oft die Bedenken, dass diese Methode des Reformulierens zu zeitaufwendig und dann der gesamte Stoffumfang nicht mehr zu bewältigen sei. Wenn Sie sich jedoch die Zeit nehmen, sich ein System zurechtzulegen, mit dem Sie Ihre Notizen jederzeit wiederfinden können, haben Sie zugleich hervorragendes Wiederholungsmaterial, mit dem Sie besonders effektiv wiederholen können. Außerdem haben Sie den Vorteil, durch das Schreiben gleich eine eigene Lernkontrolle zu haben. Denn oft wird erst beim eigenen Formulieren klar, was man noch nicht verstanden hat. Andere entdecken dies möglicherweise erst in einer Klausur. Insgesamt ergibt sich durch diese Methode definitiv kein Zeitverlust im Hinblick auf dauerhafte Lernergebnisse.

Wenn Sie **Frage 3** bejaht haben, werden Sie vermutlich die besten Lernerfolge erzielen, wenn Sie sich von jedem Stoffgebiet zunächst einen Überblick verschaffen und sich diesen in einer Übersicht, einem Mindmap oder einem Schaubild aufzeichnen. Das erfolgt ohne großen Aufwand, indem man die Inhaltsverzeichnisse bzw. Gliederungen von ein oder zwei Lehrbüchern durchliest und vergleicht. Anhand der Gliederung können Sie u.U. nicht nur die Inhalte feststellen, sondern auch, wie die einzelnen Inhalte miteinander zusammenhängen. Mit einem relativ geringen Zeitaufwand

798 Siehe Fn. 779.

bekommen Sie so einen guten Überblick über den gesamten Bereich. Generell erzielt die besseren Lernerfolge, wer das Hauptaugenmerk auf die Zusammenhänge legt.[799] Dies mag für den einen oder anderen, der diese Frage verneint hat, ein Anlass sein, die genannte Herangehensweise an den Lernstoff zu trainieren.[800]

Wenn Sie **Frage 4** bejaht haben, liegt es auf der Hand, den Lernstoff in mehreren Lehrbüchern nachzulesen. Mitunter enthalten Ausbildungszeitschriften (JA, Jura und JuS) sehr gute Darstellungen zu einem Themengebiet.[801] Aufsätze in Ausbildungszeitschriften haben den Vorteil, dass sie ein bestimmtes Thema abschließend behandeln und sich dabei auf die klausurrelevanten Punkte beschränken. Deshalb hat man nach dem Durcharbeiten eines Aufsatzes eher das Gefühl, »etwas geschafft und abgeschlossen zu haben«, als nach dem Lesen des entsprechenden Kapitels in einem Lehrbuch. Sie können dieses Gefühl aber auch beim Durchlesen eines Lehrbuchs erzeugen. Dazu müssen Sie sich von Anfang an vornehmen, nur einen bestimmten Abschnitt in einem Lehrbuch durchzulesen und diesen Abschnitt als abgeschlossene Einheit zu betrachten.

Wenn Sie **Frage 5** bejaht haben, sind Veranstaltungen für Sie besonders geeignet, in denen aufgrund der geringeren Teilnehmerzahl ein intensives Gespräch zwischen Dozent und Studierenden möglich ist (z.B. Arbeitsgemeinschaften oder Fallbesprechungen und ganz besonders auch Seminare). Haben Sie ruhig den Mut, den Dozenten anzusprechen, wenn Sie etwas nicht ganz verstanden haben. Aber auch Studierende höherer Semester eignen sich als Gesprächspartner. Wenn Sie zu Hause oft laut lesen oder sich den Stoff selbst vorsagen, sind Sie eher ein auditiver Typ. Setzen Sie diese Art des Lernens bewusst ein.

Wenn Sie **Frage 6** bejaht haben, können Sie Ihre Neigung z.B. in privaten Arbeitsgruppen für alle nutzbringend einsetzen.[802] An manchen Universitäten gibt es auch Tutorien von Studierenden für Studierende. Hier könnten Sie sich als Tutor bzw. Tutorin melden; erfahrungsgemäß ist der Nutzen für die Tutoren genauso hoch wie für die Teilnehmer der Tutorien.

✎ *(1) Notieren Sie, was Sie mit dem Lernstoff machen müssen, um (besonders) gute Lernerfolge zu erzielen.*

✎ *(2) Notieren Sie Vorschläge und Ideen, die Sie beim Lernen umsetzen möchten.*

e) In welcher Lernatmosphäre lernen Sie am leichtesten?

Im folgenden Fragebogen geht es darum festzustellen, wie die Lernatmosphäre beschaffen sein muss, damit Sie einen hohen Lernerfolg erreichen.

✎ *Beantworten Sie nun den folgenden Fragebogen, ohne lange zu überlegen.*

799 In Kap. 6 (Systematisches Erarbeiten von Rechtsgebieten), S. 161 ff. und 188 f., wird erläutert, wie man Zusammenhänge und Querverbindungen erkennen kann.

800 Ausführlich dazu, wie man sich einen Überblick über ein Rechtsgebiet verschaffen kann, Kap. 6 (Systematisches Erarbeiten von Rechtsgebieten), S. 161 ff.

801 Beispiele siehe in Kap. 6 (Systematisches Erarbeiten von Rechtsgebieten), Fn. 442.

802 Zu privaten AGs ausführlich Kap. 10 (Private Arbeitsgemeinschaften).

	Fragebogen zur Lernatmosphäre[803]	ja	nein
1	Lernen Sie mit besonders gutem Ergebnis, wenn beim Lernen Musik läuft?	☐	☐
2	Lernen Sie mit besonders gutem Ergebnis, wenn Sie kein Geräusch ablenkt?	☐	☐
3	Lernen Sie mit besonders gutem Ergebnis, wenn Sie allein im Raum sind?	☐	☐
4	Lernen Sie mit besonders gutem Ergebnis, wenn Sie nicht allein im Raum sind?[804]	☐	☐
5	Lernen Sie mit besonders gutem Ergebnis, wenn andere Personen im Raum auch gerade lernen?	☐	☐
6	Lernen Sie mit besonders gutem Ergebnis, wenn fremde Menschen um Sie sind (Kaffeehausatmosphäre)?	☐	☐
7	Lernen Sie mit besonders gutem Ergebnis, wenn Sie beim Lernen etwas essen und trinken können?	☐	☐
8	Lernen Sie mit besonders gutem Ergebnis, wenn Sie gutgelaunt/in aufgeräumter Stimmung sind?	☐	☐
9	Lernen Sie mit besonders gutem Ergebnis, wenn Sie sich auf das, was Sie nach dem Lernen tun werden, freuen?	☐	☐
10	Lernen Sie mit besonders gutem Ergebnis zu Zeiten, in denen andere gewöhnlich nicht arbeiten (abends, am Wochenende)?	☐	☐

Hinweise zur Auswertung

Wenn Sie **Frage 1** bejaht und **Frage 2** verneint haben, können Sie Musik zum Lernen nicht nur in Ihren eigenen vier Wänden hören. Es ist jedenfalls einen Test wert, mit geschlossenen Kopfhörern (falls dies gestattet ist) in der Bibliothek zu lernen.[805] Wenn Sie dagegen Frage 1 verneint und Frage 2 bejaht haben, ist es für Sie sehr wichtig, Geräusche auszuschließen, notfalls mit Ohropax. Hier ist die Bibliothek als Arbeitsplatz nur zu empfehlen, wenn dort eine stille Arbeitsatmosphäre herrscht.

Wenn Sie **Frage 3** bejaht und die **Fragen 4, 5 und 6** verneint haben, ist die Bibliothek, unabhängig von der Geräuschkulisse, nicht der richtige Ort für Ihr Eigenstudium. Hier lohnt es sich, zu Hause einen ausreichend großen und mit dem Nötigsten ausgestatteten Arbeitsplatz einzurichten.[806] Wenn Sie dagegen Frage 3 verneint und Frage 4 bejaht haben, könnte es für Sie wichtig sein, dass Sie auch beim Lernen das Gefühl haben, nicht allein zu sein. Stellen Sie sich die Frage, *wer* um Sie sein sollte, damit Sie gut lernen können. Wenn Sie Frage 3 und Frage 4 verneint haben, ist es für Ihren Lernerfolg unerheblich, ob andere Menschen beim Lernen um Sie sind. Wenn Sie auch Frage 5 bejaht haben, ist vermutlich vor allem eine gemeinsame Arbeitsatmosphäre verantwortlich für einen guten Lernerfolg. Dann kann die Bibliothek für Sie ein besonders guter Ort zum Studieren sein. Falls Sie dort aber aus anderen Gründen nicht arbeiten möchten, können Sie (befreundete) Studierende fragen, ob sie Lust haben, sich mit Ihnen zum Eigenstudium zu treffen. Das hat den Vorteil, dass man nach einer Phase des Eigenstudiums bestimmte Fragen miteinander durchsprechen kann. Diese Form des Lernens setzt eine gewisse Selbstdisziplin voraus, kann aber, wenn es klappt, eine sehr schöne Lernatmosphäre schaffen.

803 Siehe Fn. 779.

804 Fragen 3 und 4 schließen sich nicht aus: Es ist nicht zwingend, eine Frage zu bejahen und die andere zu verneinen.

805 *Hellermann/Plehn-Hellermann*, S. 75 und *Münchhausen/Püschel*, S. 234, listen klassische »gehirngerechte« Musikstücke auf, bei denen man besonders aufnahmefähig sein soll.

806 Zur optimalen Gestaltung des Arbeitsplatzes siehe *Klaner*, S. 55 ff.; *Schräder-Naef*, S. 100 ff.

Wenn Sie Frage 6 bejaht haben, können Sie einmal ausprobieren, wie gut Sie juristischen Lernstoff aufnehmen können, wenn Sie sich mit einem Lehrbuch oder einer Zeitschrift in ein Cafe oder eine Kneipe setzen. Warum nicht?!

Unabhängig davon, wie Sie **Frage 7** beantwortet haben, gilt immer noch der Satz »Ein voller Bauch studiert nicht gern«, den man ergänzen kann mit »ein hungriger auch nicht«. Deshalb ist es sinnvoll, zumindest die großen Mahlzeiten so einzuplanen, dass man eine Verdauungspause hat, bevor man sich wieder dem Studium widmet. Andererseits ist es nicht sinnvoll, sich hungrig an den Schreibtisch zu setzen, weil die Konzentrationsfähigkeit dadurch ebenso beeinträchtigt wird, wie wenn man gerade ein komplettes Mittagessen zu sich genommen hat. Wenn Sie keine Verdauungspausen einplanen wollen, sollten Sie sich auf leichte Mahlzeiten und geringe Mengen beschränken. Unabhängig von diesen allgemein gültigen Regeln, steigert, falls Sie Frage 7 bejaht haben, etwas zu trinken oder zu essen Ihre Konzentration beim Lernen oder zumindest Ihre Lust auf das Lernen. Sie sollten dann beim Lernen für kleine (gesunde) Zwischenmahlzeiten vorsorgen.

Wenn Sie **Frage 8** bejaht haben, ist es für Sie wichtig herauszufinden, welche Faktoren für eine ausgeglichene Stimmung sorgen. Dies können Sie wiederum dadurch, dass Sie sich einige Situationen vor Augen führen, in denen Sie ausgeglichen waren. Was war diesen Situationen gemeinsam? Welche Faktoren, die zu dieser Stimmung geführt haben, können Sie vor dem Lernen herbeiführen?

Wenn Sie **Frage 9** bejaht haben, sollten Sie sich schon vor dem Lernen für die Zeit danach gezielt etwas Angenehmes vornehmen. In der Lernpsychologie nennt man diese Lernart »operantes Konditionieren«. Danach hängt die Auftretenswahrscheinlichkeit einer Handlung (hier des Lernens) von den Handlungsfolgen oder ihrer Verstärkungsgeschichte ab. Eine positive Folge oder Verstärkung erhöht die Wahrscheinlichkeit, dass die Handlung wiederholt wird.[807] Sie können also durch eine regelmäßige »Belohnung« Ihre Bereitschaft zum Studieren auch dann positiv beeinflussen, wenn Ihnen der Lernstoff gerade keinen Spaß macht.

Wenn Sie **Frage 10** bejaht haben, weil Sie gerne abends lernen, gehören Sie vermutlich zu den Nachtmenschen, den »Eulen«, nicht zu den Frühaufstehern, den »Lerchen«.[808] Soweit Sie Ihre Zeitplanung entsprechend einrichten können, sollten Sie den Tag später beginnen und dafür abends noch eine Lernrunde einplanen. Bei dieser Zeiteinteilung müssen Sie aber eine relativ große Selbstdisziplin mitbringen, damit Sie nicht morgens später anfangen und abends trotzdem zusammen mit den Lerchen aufhören. Wenn Sie Frage 10 bejaht haben, weil Sie gerne am Wochenende studieren, ist es wichtig, sich bewusst zu machen, dass Sie gerne azyklisch lernen und dass Sie Ihre Zeitplanung – mit der nötigen Selbstdisziplin – azyklisch ausrichten müssen.

✎ *(1) Notieren Sie sich nun, wie die Lernatmosphäre beschaffen sein muss, damit Sie (besonders) gute Lernerfolge erzielen.*

✎ *(2) Was können Sie konkret tun, um eine solche Lernatmosphäre zu erzeugen?*

807 Dazu *Guy R. Lefrancois*, Psychologie des Lernens, Berlin, 3. Aufl. 2003, S. 27 f. Siehe auch *Klaner*, S. 118 f.

808 Zu diesen Begriffen siehe Kap. 12 (Zeitmanagement), S. 353 f.

f) Mit welcher Art der Lernkontrolle macht es Ihnen am meisten Spaß, Ihren Lernerfolg zu überprüfen?

Beim Lernen unterscheidet die Lernpsychologie mehrere Phasen: Die Aneignungsphase, die Speicherungsphase und die Erinnerungsphase.[809] In der Aneignungsphase und Speicherungsphase können Sie, wie in den letzten Fragebögen festgestellt, Ihren Lernerfolg deutlich erhöhen, indem Sie mit der für Sie geeigneten Art von Lernstoff und einer für Sie besonders geeigneten Darbietungsform lernen und dabei Ihre bevorzugten Wahrnehmungskanäle benutzen.

Die Erinnerungsphase dient dazu zu prüfen, ob man den gelernten Stoff verstanden hat und er auch frei abrufbar ist. In der Schule werden dafür in regelmäßigen Abständen Tests und Klassenarbeiten durchgeführt. Im Jurastudium dagegen findet, wie ich bereits festgestellt habe, eine solch regelmäßige Lernkontrolle eher weniger statt.[810] Um so wichtiger ist also, sich zu überlegen, wie man eine kontinuierliche und individuell maßgeschneiderte Lernerfolgskontrolle erzielen kann.

Beim Thema Lernerfolgskontrolle sind grundsätzlich zwei Themenkomplexe zu unterscheiden. Der eine Themenkomplex beschäftigt sich damit, welche Mittel der *freiwilligen* Lernerfolgskontrolle den Lernenden bei maximalem Spaß und minimalem Aufwand in die Lage versetzen, seinen eigenen Lernfortschritt einzuschätzen und frühzeitig Lücken und Verständnisprobleme zu erkennen. Hier geht es vor allem darum, festzustellen, welche Mittel der freiwilligen Lernerfolgskontrolle generell für das Jurastudium geeignet sind, welche man davon bereits verwendet und welche man gerne einmal ausprobieren möchte.

Der andere Themenkomplex beschäftigt sich damit, wie man auf *Prüfungssituationen* reagiert, in denen man normalerweise das »Ob« nur begrenzt (die Klausuren müssen geschrieben werden) und das »Wie« gar nicht beeinflussen kann. Nur wer sich frühzeitig eingesteht, dass er mit Prüfungssituationen generell Schwierigkeiten (z.B. Prüfungsangst, Schreibhemmung) hat, dem bleibt ausreichend Zeit sich zu überlegen, wie man diese Probleme überwindet. Der folgende Fragebogen zur Lernerfolgskontrolle soll Ihnen helfen herauszufinden, welche Art der Lernkontrolle für Sie besonders geeignet ist.

✎ *Beantworten Sie nun den folgenden Fragebogen, ohne lange zu überlegen.*

	Fragebogen zur Lernkontrolle[811]	ja	nein
1	Lösen und formulieren Sie gerne Klausuren zur Übung?	☐	☐
2	Schreiben Sie gerne Klausuren, auch wenn es um einen Leistungsnachweis geht?	☐	☐
3	Lösen Sie gerne Quizaufgaben?	☐	☐
4	Unternehmen Sie häufig längere Fahrten, in denen Sie gesprochenem Lernstoff auf digitalen Datenträgern zuhören können?	☐	☐
5	Fühlen Sie sich durch (gute) Fragen der Lehrenden an die Zuhörerschaft zum Mitdenken angespornt?	☐	☐

809 Neben den genannten gibt es auch noch die Vorbereitungsphase, die hier aber nicht weiter interessieren soll.

810 Ausführlich dazu Kap. 2 (Studieninhalte und Prüfungsanforderungen), S. 54 ff.

811 Siehe Fn. 779.

	Fragebogen zur Lernkontrolle[811]	ja	nein
6	Diskutieren Sie gerne mit anderen über Lernstoff, den Sie sich gerade angeeignet haben?	☐	☐
7	Erzählen Sie gerne Freunden oder Familienangehörigen, was Sie gerade gelernt haben?	☐	☐
8	Können Sie Lernstoff gut wiedergeben, wenn Sie sich die möglichen Antworten vorher laut vorgesagt haben?	☐	☐
9	Ist Lernstoff, wenn Sie ihn einige Stunden später immer noch wissen, (dann) fest verankert und später gut abrufbar?	☐	☐
10	Lernen Sie meist trotz guter Vorsätze erst, wenn Sie den Stoff für eine Prüfung beherrschen müssen und die Prüfung kurz bevorsteht?	☐	☐
11	Können Sie gerade während einer Prüfung gut denken?	☐	☐
12	Ist in Prüfungen das, was Sie gelernt haben, oft wie weggeblasen?	☐	☐
13	Vergessen Sie einen Stoff, den Sie für eine Prüfung gelernt haben, hinterher meist schnell?	☐	☐
14	»Hassen« Sie Prüfungen?	☐	☐
15	Können Sie viele Informationen fest verankern und lange speichern, aber im geeigneten Moment oft nicht abrufen?	☐	☐

Hinweise zur Auswertung

Wenn Sie **Frage 1** und erst recht, wenn Sie **Frage 2** bejaht haben, konnten Sie wahrscheinlich schon feststellen, dass das Schreiben von Klausuren ein hervorragendes Mittel ist, um den Wissens- und Verständnisstand zu überprüfen. Wenn Sie die Fragen 1 und 2 verneint haben, sollten Sie die Vorteile des Klausurenschreibens bedenken. Erst in Klausuren zeigt sich, ob man das in Vorlesungen oder aus Lehrbüchern erworbene Wissen auch umsetzen, d.h. an der richtigen Stelle im Klausurgutachten einbringen kann.[812] Außerdem haben Klausuren den Vorteil, dass man anhand der Musterlösung Wissenslücken sofort beseitigen kann. Inzwischen gibt es für jedes Niveau (Anfänger, Fortgeschrittene, Examenskandidaten) Fallsammlungen mit Musterlösungen; außerdem enthalten die Ausbildungszeitschriften in jedem Heft Übungsklausuren.[813] Falls Sie Frage 1 bejaht und Frage 2 verneint haben, möchten Sie vor allem die Prüfungssituationen vermeiden. Angesichts der ohnehin geringen Anzahl der von der Universität angebotenen Klausuren sollten Sie jede Möglichkeit nutzen, Klausuren in Prüfungssituationen mitzuschreiben und (kostenlos!) korrigieren zu lassen, also alle angebotenen Klausuren in einer Übung, selbst wenn Sie schon eine Klausur bestanden und damit den Scheinerwerb gesichert haben. Die Ergebnisse in den Klausurenkursen für Examenskandidaten sind ein wichtiger Maßstab dafür, ob man »examensreif« ist. Schreiben Sie deshalb auch im Klausurenkurs alle Klausuren mit! Selbst wenn Sie in einer Klausur von Anfang an glauben, dass Sie sie nicht bestehen werden, z.B. weil Sie sich mit einem bestimmten Stoffgebiet noch nie auseinandergesetzt haben, werden Sie etwas Wichtiges dabei lernen, und nicht selten sind die Ergebnisse solcher Klausuren gar nicht so schlecht wie erwartet. Sie werden lernen, eigenständig Gedanken zu entwickeln und sich »auf der Jagd nach Punkten« durch die Klausur zu kämpfen. Auch Repetitorien bieten Klausurenkurse mit Korrektur an,

812 Auf die Problematik der Umsetzung von gelerntem Stoff in Klausuren gehen Kap. 6 (Systematisches Erarbeiten von Rechtsgebieten), Kap. 8 (Karteikarten) und Kap. 9 (Fallbearbeitung) ausführlich ein.

813 Zu Klausuren in Ausbildungszeitschriften siehe oben Fn. 656. Ausführliche Hinweise und Beispiele in Kap. 9 (Fallbearbeitung), S. 277 f.

ohne dass man das Repetitorium selbst besuchen muss. Diese Klausuren haben ebenso wie Fälle aus Fallsammlungen oder Zeitschriften den Vorteil, dass man sie in einer Umgebung schreiben kann, in der man sich besonders gut konzentrieren kann.

Wenn Sie **Frage 3** bejaht haben, können Sie z.B. mit Karteikarten, auf denen Sie vorne nur eine Frage oder einen kleinen Fall notieren, vor allem auch Lernstoff wiederholen, den Sie sich noch nicht merken konnten. Diese Karteikarten haben, wenn sie nicht größer als DIN A6 sind, den Vorteil, dass Sie sie in die Tasche stecken und selbst in kleinen Wartepausen oder bei Fahrten mit öffentlichen Verkehrsmitteln wiederholen können.[814] Es gibt auch fremderstellte Karteikartensysteme, die nach diesem Prinzip aufgebaut sind.[815] Karteikarten haben, bei richtiger Gestaltung, die Besonderheit, dass man die Lösung nicht – auch nicht versehentlich – mitlesen kann, da sie sich auf der Rückseite befindet. Neben Karteikarten sind auch Bücher mit Fragen und Antworten geeignet.[816] Bei den Büchern aus der Reihe »Prüfe Dein Wissen[817]« gibt es auf jeder Seite eine Frage- bzw. Aufgabenspalte und eine Antwortspalte. Hier muss man die Antwortspalte allerdings abdecken, wenn man vermeiden will, dass man einen Teil der Antwort schon mitliest. Einige juristische Lehrbücher bieten in Form von Multiple-Choice-Fragen die Möglichkeit zur Lernerfolgskontrolle.[818]

Wenn Sie **Frage 4** und erst recht, wenn Sie auch **Frage 8** bejaht haben, ist das eigene Besprechen von digitalen Datenträgern eine sehr gute, wenn auch bei den Jurastudenten nicht so verbreitete, Methode der Wiederholung und der Lernerfolgskontrolle.[819] Geeignet dafür sind z.B. die wichtigsten Inhalte eines bestimmten Stoffgebietes oder die anschauliche Darstellung eines Problems und dessen Lösung. Besonders wichtig ist, dass Sie den Lernstoff in eigenen Worten wiedergeben und nicht ablesen. Damit erreichen Sie mehrere wichtige Lerneffekte gleichzeitig: Zum einen schulen Sie Ihre juristische Ausdrucksfähigkeit. Zum anderen merken Sie, dass Sie den Lernstoff noch nicht (ganz) verstanden haben, wenn Sie ihn nicht in eigene Worte fassen können. Ein weiterer Vorteil ist, dass Sie sich mit dieser Methode schon gelerntes Wissen sehr schnell wieder in Erinnerung rufen können. Denn Ihre Sätze entsprechen der Art der Speicherung in Ihrem Gehirn. Wenn Sie Monate später diese Sätze hören, können Sie sich schnell an den gespeicherten Stoff erinnern. Wenn Sie sich zuerst eine passende Frage zum Stoff ausdenken und dann sowohl die Frage als auch die Antwort aufsprechen, erreichen Sie beim Abhören der Kassette nicht nur einen Wiederholungseffekt, sondern können zugleich auch eine Lernerfolgskontrolle durchführen.

Wenn Sie **Frage 5** bejaht haben, können Sie zum einen durch aktive Mitarbeit in den Lehrveranstaltungen, zum anderen durch das Aufnehmen von Fragen und Antworten auf digitalen Datenträgern einen Anreiz dafür schaffen, sich noch einmal mit dem Lernstoff zu beschäftigen. Die Methode ist übrigens auch hervorragend geeignet, wenn die Zeit zu knapp ist, um eine entsprechende Stoffmenge schriftlich in Form von Exzerpten, Lesenotizen oder Karteikarten zusammenzufassen.

814 Zu Karteikarten ausführlich Kap. 8 (Karteikarten).
815 *Münchhausen/Püschel*, Die Jura-Profi Box, 9 Boxen mit je 400 Karten zum Wiederholen des Prüfungsstoffs im Zivilrecht, Öffentlichen Recht und Strafrecht, in Fragen und Antworten, München, 2003/2004.
816 Zahlreiche Literaturtipps in Kap. 6 (Systematisches Erarbeiten von Rechtsgebieten), S. 199.
817 Aus dem C. H. Beck Verlag, München.
818 Literaturhinweise in Kap. 6 (Systematisches Erarbeiten von Rechtsgebieten), S. 199 f.
819 Dies empfiehlt auch *Lüke*, S. 127.

Wenn Sie **Frage 6** bejaht haben, suchen Sie gezielt das Gespräch mit Kommilitonen, um sich ein eigenes Bild davon zu machen, inwiefern Sie den Wissensstoff schon verstanden haben. Noch besser ist die Teilnahme an einer gut organisierten privaten Arbeitsgruppe. Es reicht jedoch nicht, sich mit Kommilitonen zu treffen und einfach über den Stoff zu reden.[820] Solche Gespräche nähren die Illusion, den Stoff schon »irgendwie« verstanden zu haben – vor allem, wenn bei Lücken Hilfsmittel zugezogen werden.

Wenn Sie **Frage 7** bejaht haben, lockern Sie die eine oder andere Wiederholungs- und Lernkontrollphase damit auf, dass Sie eine befreundete Person oder einen Familienangehörigen bitten, Sie abzufragen. Dies ist mit Karteikarten möglich, die auf der Vorderseite die Frage oder den Fall haben und auf der Rückseite die Lösung (vgl. **Frage 3**). Damit hat die Person auch als juristischer Laie die Möglichkeit zu überprüfen, ob Sie alle wesentlichen Aussagen bzw. die richtige Lösung wiedergeben können. In Zeiten, in denen man eher für sich alleine lernt und keine Mitstudierenden greifbar sind, mit denen man den Lernstoff in einer AG wiederholen könnte, ist dies eine geeignete Methode, um Abwechslung in das Eigenstudium zu bringen. Außerdem schult diese Methode die Fähigkeit, sich juristisch exakt und trotzdem für Laien verständlich auszudrücken.

In **Frage 9** geht es um den Zeitpunkt, ab dem Sie davon ausgehen können, dass Sie den Stoff fest gespeichert haben. Wenn Sie Frage 9 verneint haben, geht es Ihnen wie den meisten Lernenden: Es bedarf eines mehrmaligen Wiederholens, um den Stoff fest im Gedächtnis zu verankern und ihn bei Bedarf wieder abrufen zu können. Wie Sie bereits wissen, kann man die Speicherungsphase beim Lernen besonders effektiv nutzen, wenn man den Stoff innerhalb der ersten 24 bis 48 Stunden, nach einer Woche und nach einem Monat wiederholt. Wenn Sie sich diese Wiederholungen sparen, werden Sie weit über die Hälfte des Stoffes binnen kurzer Zeit völlig vergessen haben, so dass Sie ihn noch einmal neu lernen müssen. Dies wird vor allem in Phasen, in denen die Zeit vor der Prüfung knapp wird, allzu oft übersehen, mit dem traurigen Ergebnis, dass die sowieso schon knappe Zeit nicht richtig genutzt wird. Auch hier gilt wieder das Motto: *Weniger* (neuen Stoff und mehr Wiederholungsphasen) *ist mehr* (Wissen).

Wenn Sie **Frage 10** bejaht haben, fällt es Ihnen unter einem gewissen Termindruck leichter, sich zum Eigenstudium zu motivieren. Diese Erkenntnis fordert Sie auf, sich selbst feste Termine zu setzen und diese auch in Ihrem Terminkalender zu vermerken.[821] Wenn es Ihnen schwer fällt, sich zuverlässig an selbst gesetzte Termine zu halten, kann eine private AG den nötigen Termindruck erzeugen, vorausgesetzt, dass Sie verbindlich Termine vereinbaren, bis zu denen Sie bestimmte Stoffgebiete erarbeitet haben müssen. Diese, durch Termindruck erzeugte Lernmotivation empfiehlt sich nur, wenn sie nicht auf Kosten der Lernqualität geht, d h., wenn Sie das Erlernte trotz des Termindrucks fest verankern. Falls sich aber Termin*druck* bei Ihnen ebenso negativ auf die Speicherung des Gelernten auswirkt wie Prüfungs*druck* (**Frage 13**), sollten Sie sich andere Formen zur Erhöhung der Lernmotivation, z.B. Belohnungen wie Kinobesuche, ausdenken.[822] Falls Sie sich weder durch selbstgesetzte Termine noch

820 Es gibt zahlreiche Möglichkeiten, private AGs effektiv zu gestalten. Ausführlich dazu Kap. 10 (Private Arbeitsgemeinschaften).

821 Siehe dazu auch Kap. 12 (Zeitmanagement), S. 358 ff.

822 Tipps gibt *Klaner*, S. 91 ff.

durch Termine mit anderen zum Eigenstudium motivieren können, drängt sich die Frage auf, wie es grundsätzlich um Ihre Studienmotivation bestellt ist.[823]

Wenn Sie **Frage 11** bejaht haben, bereiten Ihnen Prüfungen wahrscheinlich keinerlei Probleme. Sie können sich sogar in Ihren Eigenstudienzeiten, z.B. durch selbst erstellte Tests, prüfungsähnliche Situationen schaffen, um eine besonders hohe Konzentration zu erreichen. Vermutlich wird Ihnen die Umsetzung der Empfehlung, möglichst alle von der Fakultät gestellten Klausuren zu schreiben, leicht fallen.

Wenn Sie **Frage 12** bejaht haben, hängt dies vermutlich damit zusammen, dass Prüfungsstress bei Ihnen eine neurohormonelle Denkblockade auslöst.[824] Hier sollten Sie erwägen, Entspannungstechniken zu erlernen[825], die es Ihnen ermöglichen, in Prüfungssituationen gelassen zu sein.

Wenn Sie **Frage 14** bejaht haben, kann dies vielerlei Gründe haben. Denn für die meisten Menschen sind Prüfungen nicht angenehm. Eine Abneigung gegen Prüfungen wird erst dort zum Problem, wo diese Abneigung mit schlechten Prüfungsergebnissen einher geht. Es liegt auf der Hand, dass dieses Problem angesichts eines Examens, in dem innerhalb weniger Tage der gesamte Stoff eines Studiums geprüft wird, zur Katastrophe führen kann.[826] Falls Sie unter einer großen Abneigung gegen Prüfungen leiden, rate ich dringend, sich im Studium so früh wie möglich mit diesem Problem zu befassen, obwohl der Leidensdruck oft erst in der Examensvorbereitungsphase unerträglich wird. Es gibt einige Bücher, die sich ausführlich mit Prüfungsängsten beschäftigen.[827] An der Juristischen Fakultät Würzburg gab es 2008 ein aus Studienbeiträgen finanziertes Modellprojekt zum Thema »Strategien zur Verbesserung der Prüfungsvorbereitung und zur Prävention von Prüfungsangst«.[828] Kostenlose Beratungsgespräche bieten viele deutsche Studentenwerke an.[829] Außerdem werden an zentralen Einrichtungen der Universitäten, Studentenwerken oder an Volkshochschulen Kurse zu diesem Themenkreis angeboten. Individuelle Hilfe können Sie auch bei den allgemeinen Beratungsstellen der Universitäten erhalten.

Wenn Sie gelernten Stoff im entscheidenden Moment nicht abrufen können (**Frage 15**), muss dies nicht unbedingt durch eine neurohormonelle, durch Stress verursachte,

823 Mehr dazu in Kap. 12 (Zeitmanagement), S. 349 ff.

824 Zu den Ursachen siehe oben, S. 313 f.

825 Siehe oben, Fn. 776. *Klaner* empfiehlt vor allem das Autogene Training (S. 146 f.) und für Zeiten angestrengten Lernens auch extra für Lernende komponierte Entspannungsmusik oder »Natursounds« (S. 151).

826 »Die Bedingungen, die zum 1. Staatsexamen führen, sind in besonderer Weise prüfungsangstgenerierend«, so *Constantin Körner*, Blackout: Was tun bei Prüfungsangst?, justament 2/2008, S. 30.

827 *Eberhardt Hofmann/Monika Löhle*, Erfolgreich Lernen, Effiziente Lern- und Arbeitsstrategien für Schule, Studium und Beruf, Göttingen, 2004 (mit vielen Tests und Übungen); *Werner Metzig/Martin Schuster*, Prüfungsangst und Lampenfieber, Verhaltenstipps für Prüfungssituationen, Berlin, 3. Aufl. 2006; *Ariane Charbel*, Top vorbereitet in die mündliche Prüfung, Nürnberg, 2. Aufl. 2005; *Sabine Walther-Dumschat*, Mehr Erfolg bei Prüfungen und Klausuren, Heidenau, 2003; *Klaner*, S. 154 ff. (geht ausführlich auf »Die Sache mit der Prüfungsangst« ein und gibt Tipps zur Examensvorbereitung); *Koeder*, S. 125 f.

828 Durchgeführt von Dipl.-Psych. Silke Neuderth. Die Kursunterlagen waren im August 2008 abrufbar unter http://www.jura.uni-wuerzburg.de/studium/studium_der_rechtswissenschaft_erste_juristische_pruefung, Hyperlinks Schlüsselqualifikation, Vorbereitung auf das Examen, Vorlesung für Verbesserung der Prüfungsvorbereitung und für Bewältigung der Prüfungsangst.

829 http://www.studentenwerke.de. Siehe dazu *Alexandra Gögl*, Der Teufelskreis der Angst, Blockaden überwinden, JuS-Magazin 2/2008, S. 10.

Denkblockade (vgl. Frage 12) ausgelöst worden sein. Eine Ursache dafür kann auch sein, dass Sie den Stoff nur auf eine bestimmte Art und Weise oder nur in einem bestimmten Zusammenhang gelernt haben. Dann ist der Lernstoff nur über wenige Assoziationen mit anderen Gedankeninhalten gekoppelt und im Zweifelsfall nur über die Auslösung dieser Assoziationen abrufbar. In diesem Fall können Sie dadurch, dass Sie in der Wiederholungs- und Erinnerungsphase die Methoden (Kassetten, Karteikarten, AG usw.) wechseln, Ihren Lernerfolg deutlich erhöhen. Es reicht nicht aus, wenn Sie Lernstoff aus Lehrbüchern zusammenfassen und diesen wiederholen. Erst wenn Sie verstehen, wo dieses Wissen in einer Klausur zum »Einsatz« kommen kann und *wo genau* Sie ein gelerntes Problem in einer Klausur prüfen müssen, haben Sie den Lernstoff erfasst. Deshalb ist es von so großer Bedeutung, Klausuren zur Lernkontrolle einzusetzen.[830]

> ✎ *(1) Notieren Sie sich, mit welcher Art der Lernerfolgskontrolle Sie (besonders) gut und leicht Ihren Lernerfolg überprüfen können.*
>
> ✎ *(2) Notieren Sie sich, wie Sie die Lernerfolgskontrolle in Zukunft optimieren können.*

Durch die Antworten auf die Fragen der Fragebögen konnten Sie Präferenzen für bestimmte Lernmethoden herausfinden. Nach dem Motto

Gut ist, was Spaß macht.

können Sie Ihre ganze Kreativität dafür einsetzen, zu überlegen, wie Sie diese Präferenzen berücksichtigen und dadurch noch mehr Spaß am Lernen haben können.[831] Zum Thema Spaß am Lernen: Es gibt inzwischen auch Gesellschaftsspiele mit juristischen Inhalten, die sich zur gemeinsamen Wiederholung eignen.[832] Weitere Ideen und Anregungen können Sie der nachfolgend genannten Literatur entnehmen.

🕮 Lernen

Arbinger, Roland/ Jäger, Reinhold S.	Lernen lernen, Ein Lern- und Arbeitsbuch, Landau, 2006.
Birkenbihl, Vera F.	Das »neue« Stroh im Kopf, Landsberg a. L., 43. Aufl. 2004.
Blakemore, Sarah-Jayne/ Frith, Uta	Wie wir lernen, Was die Gehirnforschung darüber weiß, München, 2006.
Buzan, Tony	Power brain, Ihr Weg zu einem phänomenalen Gedächtnis, Landsberg a. L., 3. Aufl. 2004.

830 Literaturtipps zur Lernkontrolle finden sich in Kap. 6 (Systematisches Erarbeiten von Rechtsgebieten), S. 199 f.

831 Z.B. mit Karteikarten.

832 Die Idee mit Spielen wurden inzwischen von mehreren Autoren aufgegriffen, z.B. das Brettspiel von *André Becker/Mirko Schulte*, Lex Complex. Jura spielend lernen. 2500 Fragen, Fälle, Finessen, Was Sie schon immer über Jura wussten, aber bisher nicht gefragt wurden, Stuttgart. Weiter gibt es Kartenspiele wie das von *Clemens Theimer*, Play Beck, Das große JuS-Kartenspiel, 429 Frage- und Antwortkarten zum Zivilrecht, Öffentlichen Recht und Strafrecht, München, 4. Aufl. 2003, sowie Recht clever, Strafrecht AT, Heidelberg, 2006 mit 454 Fragekarten zum Strafrecht, orientiert an dem Lehrbuch von *Kühl*. Vom Repetitorium Hemmer stammt JURApolis. Das Spiel zur Methode, Brettspiel mit Hemmer-Karteikarten, 2003.

Dahmer, Hella/ Dahmer, Jürgen	Effektives Lernen, Stuttgart, 4. Aufl. 1998.
Glossner, Silke	Blinder Eifer schadet nur, Lernverhalten und Lernstrategien, JuS-Magazin 5/06, S. 22.
Grüning, Christian	Garantiert erfolgreich lernen, Wie Sie Ihre Lese- und Lernfähigkeit steigern, Würzburg, 2005.
Haft, Fritjof	Einführung in das juristische Lernen, Unternehmen Jurastudium, München, 6. Aufl. 1997.
Haft, Fritjof/ Kulow, Arnd Christian	Lernen mit dem Kopf – Trainieren mit dem Computer, Die effiziente juristische Lernmethode, Stuttgart, 2007.
Heister, Werner	Studieren mit Erfolg: Effizientes Lernen und Selbstmanagement in Bachelor-, Master- und Diplomstudiengängen, Stuttgart, 2007.
Hellermann, Klaus/ Plehn-Hellermann, Heidi	Leichter lernen, Lern- und Arbeitstools für Juristen, Münster, 2007.
Hofmann, Eberhardt/ Löhle, Monika	Erfolgreich Lernen, Effiziente Lern- und Arbeitsstrategien für Schule, Studium und Beruf, Göttingen, 2004 (mit Tests und Übungen).
Huhn, Gerhard/ Backerra, Hendrik	Selbstmotivation, FLOW – Statt Stress oder Langeweile, München, 2. Aufl. 2004.
Kossak, Hans-Christian	Lernen leicht gemacht, Gut vorbereitet und ohne Prüfungsangst zum Erfolg, Für Schule, Studium und Beruf, Heidelberg, 2. Aufl. 2008.
Laun, Vera	Lernen zu lernen, JuS-Magazin 2/2007, S. 16.
Lefrancois, Guy R.	Psychologie des Lernens, Berlin, 3. Aufl. 2003 (traditionelle und neue Ansätze der Lernpsychologie, zahlreiche Anwendungsmöglichkeiten für Praxis und Alltag).
Metzig, Werner/ Schuster, Martin	Lernen zu lernen, Lernstrategien wirkungsvoll einsetzen, Berlin, 6. Aufl. 2003.
Pukas, Dietrich	Lernmanagement, Einführung in Lern- und Arbeitstechniken, Rinteln, 2008.
Schräder-Naef, Regula	Rationeller Lernen lernen, Weinheim, 21. Aufl. 2003 (besonders auf die Situation von Studierenden bezogen).
Spitzer, Manfred/ Bertram, Wulf	Braintertainment, Expeditionen in die Welt von Geist und Gehirn, Stuttgart, 2007 (ein unterhaltsames Buch zum Thema Hirnforschung).
Steiner, Verena	Erfolgreich lernen heisst ... Die besten Lernstrategien für Studium und Karriere, Zürich, 2002.
Walther-Dumschat, Sabine	Mehr Erfolg bei Prüfungen und Klausuren, Was für ein Lerntyp bin ich? Wie gehe ich mit Prüfungsangst und Lampenfieber um? Zeitmanagement: Planen Sie Ihren Erfolg!, Heidenau, 2003.

Gerade im Jurastudium, in dem der Überblick und das Erkennen von Zusammenhängen eine wesentliche Rolle spielen, sind sogenannte kreative Lerntechniken sehr sinnvoll.[833] Als Beispiel für eine kreative Lerntechnik, die für das Jurastudium passt und sehr viel Spaß macht, stelle ich nachfolgend die Mind-Map-Methode vor.[834]

833 Als Einstieg bieten sich an: *Michael Knieß*, Kreativitätstechniken, Methoden und Übungen, München, 2006; *Matthias Nöllke*, Kreativitätstechniken, Freiburg, 5. Aufl. 2006; *Hendrik Backerra/ Christian Malorny*, Kreativitätstechniken, München u.a., 3. Aufl. 2007; *Karsten Noack*, Kreativitätstechniken, Bielefeld, 2. Aufl. 2007.

834 Andere Kreativitätstechniken sind z.B. das Brainstorming, Clustering und die Mnemotechnik (dazu *Klaner*, S. 103 ff.).

III. Mind Mapping® als Beispiel einer visuellen Lern- und Arbeitstechnik[835]

Traditionell wird für Notizen, Mitschriften, Ideensammlungen oder Exzerpte eine lineare Darstellung gewählt, d.h. man schreibt Sätze hintereinander oder erstellt Listen mit untereinandergeschriebenen Punkten. Diese Darstellungsart erschwert das Erkennen von Zusammenhängen, da es schwierig ist, graphisch Verbindungen zwischen den einzelnen Punkten herzustellen. Ein weiterer Nachteil ist, dass sich noch fehlende Gesichtspunkte im Nachhinein nur schwer in lineare Darstellungen einfügen lassen. Mind Mapping ist eine bildhafte Darstellung von Informationen. Auf der übernächsten Seite sehen Sie die Gliederung des Abschnitts III (Mind Mapping) als Mind-Map, damit Sie eine erste Vorstellung bekommen. Auch wenn Ihnen das Ganze zunächst unübersichtlich erscheinen mag, empfehle ich Ihnen, die Methode einige Male auszuprobieren. Viele Studierende sind nach anfänglicher Skepsis begeisterte Anhänger dieser Methode geworden. Falls Sie Mind Mapping schon aus der Schule kennen und der Meinung sind, diese Methode sei nichts für Sie, kann das auch daran liegen, dass Ihnen die Methode nicht richtig erklärt wurde oder für ungeeignete Zwecke verwendet wurde. In der Praxis wird Mind Mapping seit Jahren in Unternehmen und in jüngerer Zeit auch in Rechtsanwaltskanzleien angewendet. Während noch vor 10 Jahren juristische Mind Maps nahezu unbekannt waren, gibt es heute sowohl kostenlose als auch kommerzielle Mind Maps zu juristischen Inhalten, auf die am Ende des Kapitels verwiesen wird.

1. Was ist Mind Mapping?

Die Methode des Mind Mapping ist eine visuelle Lern-, Denk- und Arbeitstechnik zur Darstellung von Informationen, insbesondere von Zusammenhängen und Strukturen. Sie heißt so, weil – wie Sie an dem Beispiel sehen – die Darstellungsart einer Landkarte ähnelt. Auf einem Blatt Papier werden Gedanken von einem zentralen Punkt ausgehend in einer bestimmten Form bildhaft miteinander vernetzt.

Der Begriff geht auf den Engländer Tony Buzan zurück, der über sich als Student sagt: »Es erging mir wie vielen Studenten: Die wissenschaftliche Arbeit nahm immer stärker zu, und mein Gehirn drohte unter der Last des Studiums, das so viel Denken, Kreativität, Erinnern, Problemlösen, Analysieren und Schreiben erforderte, schier zusammenzubrechen.«[836] Buzan begann dann vor ca. 35 Jahren mit der Entwicklung des Mind Mapping.[837] Im Deutschen wird Mind Map öfters als »Gehirnkarte« bezeichnet, was aber die Bedeutung des Begriffs nicht umfassend wiedergibt. Ich bleibe deswegen beim englischen Begriff. Mit Mind Map® wird das erstellte Bild bezeichnet, mit Mind Mapping oder mit Mind-Map-Methode das Verfahren an sich.[838]

2. Welche Idee steht dahinter?

> Ein Bild sagt mehr als tausend Worte.[839]

835 Mind Mapping ist ein in Deutschland eingetragenes Warenzeichen von Maria Beyer.
836 *Tony Buzan*, zitiert aus *Hofmann/Löhle*, S. 51.
837 *Tony Buzan*, An Encyclopedia of the Brain and ist use, 1971; *Buzan*, Das Mind-Map-Buch.
838 Mind Map ist ein eingetragenes Warenzeichen von The Buzan Organization Ltd.
839 Alte chinesische Weisheit.

Ausgangspunkt der Methode waren Erkenntnisse über die Funktionsweise des menschlichen Gehirns. Danach bewältigen die rechte und linke Gehirnhälfte unterschiedliche Aufgaben: die linke Gehirnhälfte ist vor allem für Logik, Analysen, Zahlen, Sprache, Rechnen, Regeln, Gesetze, Linearität, Details und Strukturen zuständig, während die rechte Gehirnhälfte vor allem für Formen, Farben, Bilder, Vorstellungsvermögen, räumliche Beziehungen, Intuition, Neugier, Musik und Dimensionen zuständig ist.[840] Traditionell wird beim Lernen durch reine Wissensaufnahme vor allem die linke Gehirnhälfte angesprochen, während das bildhafte Denken eher vernachlässigt wird. Mind Mapping möchte die Kapazität des menschlichen Gehirns besser nutzen, indem auch die rechte Gehirnhälfte angesprochen wird. Viele Informationen werden nämlich nur in assoziierten Bildern verarbeitet und durch das begriffliche Denken nicht abgerufen. Mind Mapping bezieht die beim Lernen häufig vernachlässigte rechte Gehirnhälfte gezielt mit ein und die Zusammenarbeit von Wort- und Bildgedächtnis führt zu besseren Behaltensleistungen. Befürworter der Mind-Map-Methode sprechen davon, dass der Einsatz beider Gehirnhälften zu einem »unschlagbaren Team«[841] führe, da der Vorgang des Aufschreibens den Vorgängen im Gehirn angepasst werde.

840 Zu der Aufgabenteilung zwischen rechter und linker Gehirnhälfte siehe auch *Chevalier*, S. 18 ff., und *Sally P. Springer/Georg Deutsch*, Linkes/Rechtes Gehirn, Heidelberg, 4. Aufl. 1998.
841 *Eipper*, S. 8.

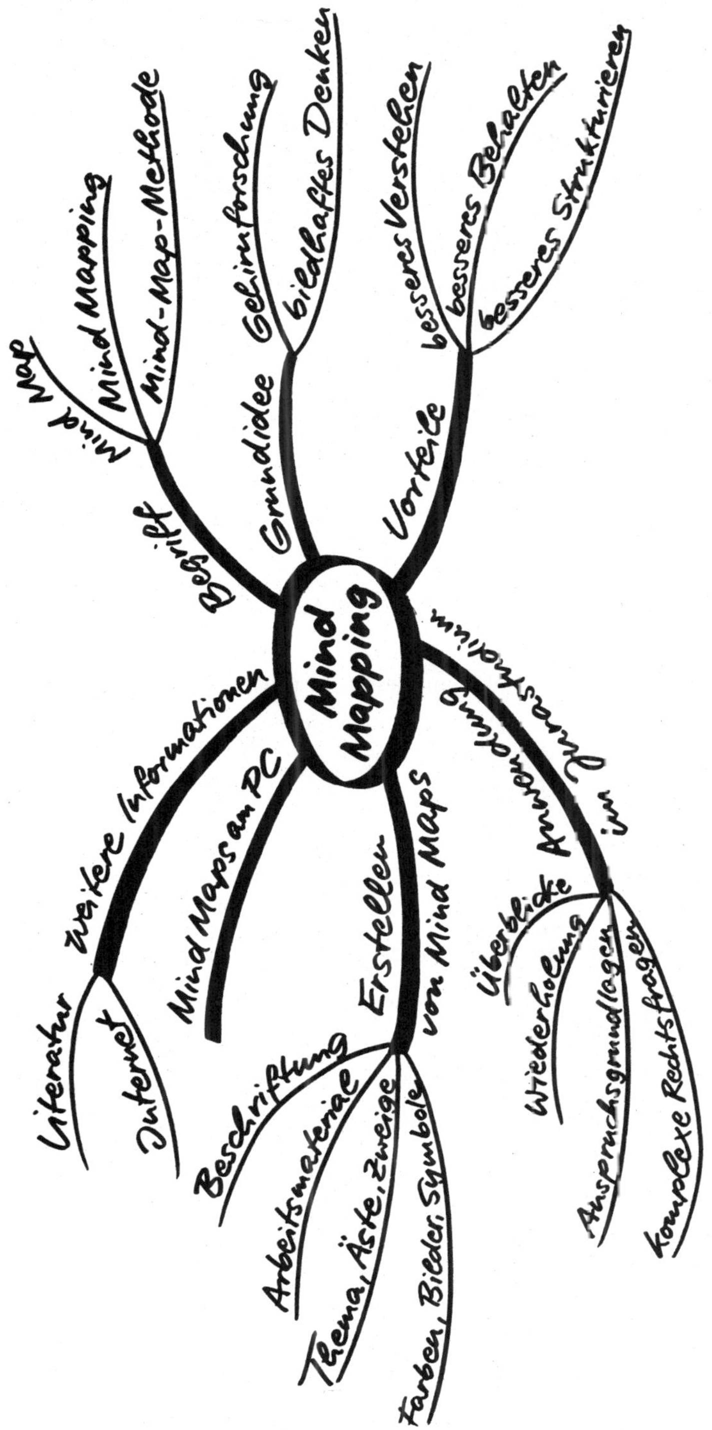
Mind Mapping
Begriff
Mind Map
Mind Mapping
Mind-Map-Methode
Grundidee
Gehirnforschung
bildhaftes Denken
Vorteile
besseres Verstehen
besseres Behalten
besseres Strukturieren
Anwendung im Jurastudium
Überblicke
Wiederholung
Anspruchsgrundlagen
komplexe Rechtsfragen
Erstellen von Mind Maps
Beschriftung
Arbeitsmaterial
Thema, Äste, Zweige
Farben, Bilder, Symbole
Mind Maps am PC
weitere Informationen
Literatur
Internet

3. Welche Vorteile hat Mind Mapping?

Viele Lernende fragen sich: »Wie nutze ich die enormen Möglichkeiten meines Gehirns, um mir [...] Wissen so effizient und so rasch wie möglich anzueignen, und wie rufe ich es so schnell wie möglich ab?«.[842] Die Befürworter des Mind Mapping antworten darauf: Mit den Methoden des Mind Mapping schöpfen Sie die Kapazität Ihres Gehirns voll aus, steigern die Leistung Ihres Gedächtnisses und finden so zu mehr Kreativität und Motivation. Kurz und knapp lassen sich die Vorteile des Mind Mapping so zusammenfassen: Bessere Aufnahme, besseres Verständnis und besseres Behalten von Informationen durch bildhafte statt lineare Darstellung. Im Einzelnen kann man mit Mind Maps[843]

☺ blitzschnell Ideen und Gedanken erfassen und flexibel ergänzen,

☺ übersichtlicher und schneller etwas Gehörtes mitschreiben oder protokollieren,

☺ die Behaltensquote bzw. das Erinnerungsvermögen deutlich erhöhen, da sich Mind Maps durch die Assoziationen im Gehirn besser in das Gedächtnis einprägen,

☺ Lernstoff besser verstehen,

☺ sehr schnell einen Überblick gewinnen,

☺ die Schlüsselwörter eines Themas leichter erkennen und behalten,

☺ Gedanken deutlicher visualisieren,

☺ ein Thema besser strukturieren und damit besser verarbeiten,

☺ auch komplexe Zusammenhänge übersichtlich darstellen,

☺ verhindern, dass man sich in Details verzettelt,

☺ seine Kreativität und Ideenvielfalt erhöhen,

☺ durch all diese Vorteile Zeit sparen,

☺ durch das gehirngerechte Lernen mehr Spaß daran haben.

4. Welche konkreten Anwendungsmöglichkeiten gibt es im Jurastudium?

Wie können Sie die Vorteile der Mind-Map-Methode nun im Jurastudium konkret nutzen? Die Antwort: Bei vielen Informationen, die Sie im Jurastudium bisher linear notierten, können Sie diese Methode ausprobieren, also bei Vorlesungsmitschriften, Exzerpten, beim Rohentwurf einer Hausarbeit, sogar bei Lösungsskizzen für Klausuren, bei der Problemsammlung für eine Seminararbeit, bei Referatsmanuskripten.[844] Konkret können Sie zum Beispiel mit einem Mind Map

- sich einen Überblick über (Teil-)Rechtsgebiete verschaffen,[845]
- sich einen Überblick über Meinungsstreits erstellen,
- den Inhalt von Büchern oder Aufsätzen zusammenfassend auf einer Seite darstellen,

842 *Capek*, S. 6.
843 Vergleiche zu den Vorteilen auch *Chevalier*, S. 114 ff.; *Eipper*, S. 68 f.; *Schräder-Naef*, S. 30.
844 *Matzky*, JA 2003, 398: »Die bisherige Umsetzung im Jurastudium ist eher dürftig«.
845 *Matzky*, JA 2003, 398, 399: »lassen sich doch generell sämtliche Rechtsgebiete und -probleme auf diese Art und Weise visuell aufarbeiten und bewältigen«.

- komplizierte Rechtsfragen auf einer Seite im Überblick darstellen,
- Rechtsgebiete (oder Teile davon) schnell lernen,
- die einzelnen Bereiche von Rechtsgebieten schnell wiederholen,
- wichtige Rechtsnormen eines Rechtsgebiets darstellen,
- Anspruchsgrundlagen eines bestimmten Gebiets im Überblick darstellen (die Äste können die Anspruchsgrundlagen bilden, die Zweige die jeweiligen Voraussetzungen darstellen),
- während einer Lehrveranstaltung mitschreiben,
- Referate und Vorträge vorbereiten,[846]
- die Rechtsfragen einer Hausarbeit im Überblick darstellen,
- die Besprechungen der privaten AG visualisieren und dokumentieren,
- Pläne durch einen Überblick über die erforderlichen Aktivitäten konkretisieren,
- To-Do-Listen für das Lernen erstellen.

Darüber hinaus können Sie im täglichen Leben mit der Mind-Map-Methode auch

- Notizen, auch Telefonnotizen, erstellen,
- private Ereignisse festhalten oder planen (Reisetagebuch, Festvorbereitung),
- größere Projekte auf einem Blatt Papier darstellen,
- Problemlösungen visualisieren,
- Ergebnisse protokollieren,
- schwierige Entscheidungen schneller treffen,
- Informationen sammeln, selektieren, verwalten oder erlernen,
- Aktivitätenlisten erstellen, indem man erforderliche Aktivitäten sammelt.

5. Wie erstellt man ein Mind Map?

Nach diesen vielen Vorteilen und Anwendungsmöglichkeiten möchten Sie sicher wissen, wie man ein Mind Map erstellt. Nachfolgend daher eine kleine Anleitung.

Arbeitsmaterial. Am geeignetsten ist unliniertes Papier, das mind. DIN A4 groß ist.[847] Man legt es quer, denn dann hat man seitlich mehr Platz für Worte und Bilder und kann so das Blatt besser ausnutzen. Außerdem verlässt man die hierarchische Struktur, die man von Listen im Hochformat gewöhnt ist.

Thema, Äste, Zweige. Das Thema, der Grundgedanke des Mind Map, wird in die Mitte des Papiers geschrieben und eingekreist. Von diesem Kreis aus gehen die (Haupt-)Äste ab. Die Äste müssen keine geraden Linien sein, sondern sollen eher organisch wie die Äste eines Baumes aussehen. Auf die Äste werden die Hauptgedanken, Kernaussagen oder Schlüsselworte zum Thema geschrieben. Die Länge der Äste hängt vom jeweiligen Stichwort ab. Die Äste können sich in Zweige und Nebenzweige verzweigen, die in Bezug auf den Hauptast einen bestimmten Themenkomplex

846 Dazu ausführlich *Eipper*, S. 38 ff.

847 Liniertes oder kariertes Papier kann den Gedankenfluss beeinträchtigen, so *Capek*, S. 20. Kalkulieren Sie einen kleinen Rand zur Lochung ein. Für umfangreichere Übersichten eignen sich auch A3 Formate, z.B. die Rückseiten von Schreibtischkalendern.

darstellen. Je nach Einsatzmöglichkeit kann man entweder zuerst alle Äste und dann die Zweige und Nebenzweige beschriften (zweite, dritte und vierte Gedankenebene hintereinander) oder man kann die Beschriftung so wie beim Brainstorming vornehmen, d.h. so wie die einzelnen Ideen kommen. Ideen, die sich keinem Ast zuordnen lassen, kann man als Zweig zu einem gesonderten Ast »Sonstiges« in das Mind Map aufnehmen.

Beschriftung. Als Grundregel wird häufig die »Ein-Wort-Regel« genannt. Sie besagt, dass auf jedem Ast oder Zweig nur ein bis zwei Worte stehen sollten, denn jedes einzelne Wort ruft bereits viele Assoziationen hervor. Richtig ist, dass man auf keinen Fall ganze Sätze formulieren sollte, denn dies hindert den Gedankenfluss und die Übersichtlichkeit.[848] Manchmal sind jedoch auch drei Worte unumgänglich oder es bietet sich an, sehr kurze Fragen zu formulieren, z.B. »Was ist das?«. Eine weitere, häufig genannte Grundregel lautet, dass man Großbuchstaben, also Blockschrift verwenden müsse, da das Bild leichter zu »fotografieren« sei und man sich dann noch besser erinnern könne.[849] Diese Empfehlung stammt jedoch wie die Methode aus dem englischsprachigen Raum, wo Großbuchstaben anders aufgenommen werden. In Deutschland wird auch die Auffassung vertreten, dass das Auge die einzelnen Wortbilder gerade bei der Verwendung von Groß- und Kleinbuchstaben in Druckschrift besser aufnehmen kann.[850] Probieren Sie daher selbst aus, welche Schriftart Sie sich besser einprägen können. Am Ende können Sie die Äste nummerieren und das Mind Map als Vorlage für Gliederungen oder (Aktivitäten-)Listen verwenden.

Farben, Bilder, Symbole. Die Verwendung verschiedener Farben für die Äste und Zweige erleichtert den Überblick und stimuliert das Gedächtnis.[851] Bilder und Symbole unterstützen den Prozess im Gehirn.[852] Wenn Sie Zusammenhänge zwischen Ästen und/oder Zweigen feststellen, können Sie diese Zusammenhänge durch Pfeile visualisieren.

6. Wie kann man Mind Maps am PC erstellen?

Es gibt zahlreiche Computerprogramme, mit denen Sie Mind Maps am PC erstellen können, so z.B. *FreeMind*, *KnowledgeMap 2004*, *MindManager*, *MindFinder*, *MindMapper*, *eminecMYMap*.[853] Der Beitrag von *Matzky* stellt diese Programme mit ihren Stärken und Schwächen vor.[854] Es empfiehlt sich, zunächst die angebotenen Testversionen zu nutzen und auszuprobieren. Weiter gibt es CD-ROMs mit entsprechender Software.[855] Es darf aber nicht vergessen werden, dass die Vorteile des Mind Mapping deutlich mehr genutzt werden, wenn Sie beim Erlernen eines Rechtsgebiets Mind

848 In der linearen Notiz sind 60–90 % der Wörter unnötig, so *Eipper*, S. 15.

849 Für die Verwendung von Großbuchstaben: *Capek*, S. 20.

850 Für die Verwendung von Groß- und Kleinbuchstaben in Druckschrift: *Eipper*, S. 13.

851 Zur Verwendung von Farben *Eipper*, S. 19 f.

852 Siehe Beispielsymbole bei *Eipper*, S. 18, z.B. Glühlampe für Idee, offenes Buch für Literaturhinweis etc.

853 Informationen zu den Programmen finden Sie für den *MindManager* unter http://www.mindjet.de; *MindMAP*: http://www.databecker.de; *MindFinder*: http://www.mindfinder.de; *MindMapper*: http://www.mindmapper.de; *MyMap*: http://www.eminec.de.

854 *Ralph Matzky*, Die Map am Computer, JA 2004, 167.

855 So z.B. *Frank Krüger*, Mind mapping, Effektiv planen, sicher organisieren und kreativ Probleme lösen, Baden-Baden, 2004 (1 CD-ROM), oder *Computer Systems Odessa Corp.*, Creative MindMAP4pro, CD-ROM und Benutzerhandbuch, 2007.

Maps von Hand zeichnen, da das Selbstzeichnen die Gehirnfunktionen mehr aktiviert und mehr Assoziationen hervorruft. Am PC erstellte Mind Maps (die Sie vorher von Hand gezeichnet haben) sind dagegen sehr gut für Präsentationszwecke (z.B. bei Referaten), für Wiederholungszwecke und für die Zeitplanung geeignet.

7. Wo können Sie mehr über Mind Mapping erfahren?

🕮 Mind Mapping	
Buzan, Tony	Das kleine Mind-Map-Buch, Die Denkhilfe, die Ihr Leben verändert, München, 2004.
Buzan, Tony/ Buzan, Barry	Das Mind-Map-Buch, Die beste Methode zur Steigerung Ihres geistigen Potentials, Landsberg a.L., 5. Aufl. 2002.
Capek, Peter	Mind Mapping, Besser strukturieren, schneller protokollieren, deutlicher visualisieren, Wien, 2. Aufl. 2004.
Eipper, Martina	Sehen, Erkennen, Wissen, Arbeitstechniken rund um Mind Mapping. Renningen-Malmsheim, 2. Aufl. 2001.
Hertlein, Margit	Mind Jet 6, Mit CD-ROM, 2. Aufl. 2006.
Herzog, Dagmar	MindManager5, Effektiver arbeiten und lernen mit Mind Mapping, Landsberg a. L., 2004 (Buch einschließlich der neuesten Version von MindManager).
Kirckhoff, Mogens	Mind Mapping, Offenbach, 2004. (wie werden Mind Maps gemacht; praktische Anwendungsmöglichkeiten für Mind Maps, Mind Maps im Alltag, Neuere Gehirnforschung).
Krüger, Frank	Mind mapping, Kreativ und erfolgreich im Beruf, München, 2. Aufl. 2004.
Nückles, Matthias/ Gurlitt, Johannes/ Pabst, Tobias/ Renkl, Alexander	Mind Maps & Concept Maps, Visualisieren, Organisieren, Kommunizieren, München, 2004.
Reibold, Helmut F.	Mindmapping mit FreeMind, Besser lernen, verstehen und entscheiden mit dem Open-Source-Mindmapping Programm, 2006.
Schmelzer, Sabine	Mind Mapping Strukturiert und effektiv planen, Mit kreativer Arbeitstechnik zum Erfolg, Göttingen, 2004 (mit praktischen Übungen und zahlreichen Checklisten).
Seiwert, Lothar J./ Müller, Horst/ Labaek-Noeller, Anette	30 Minuten – Zeitmanagement für Chaoten, Offenbach, 5. Aufl. 2003 (verbindet Mind Mapping mit Zeitplanung).
Svantesson, Ingemar	Mind Mapping und Gedächtnistraining, Übersichtlich strukturieren, kreativ arbeiten, sich mehr merken, Offenbach, 5. Aufl. 2001.

🕮 Mind Mapping im Jurastudium	
Matzky, Ralph	Die Mindmapping-Technik in der juristischen Wissensbewältigung, JA 2003, 398 (Einführung in die Grundlagen; Mindmapping am Beispiel des Diebstahls im Strafrecht).
Matzky, Ralph	Die Map am Computer, JA 2004, 167.
Sauerwald, Markus J.	MindMapping im Jurastudium & Referendariat, Wissen aufnehmen, einordnen und dauerhaft verankern!, Köln u.a., 2006.
Sauerwald, Markus J.	Mind Mapping für Anwälte, Kreativ planen, beraten, entscheiden und handeln! Mind Maps für die anwaltliche Praxis, Köln u.a., 2003.

Fertige Mindmaps für Jurastudierende

http://www.panorama-strafrecht.de von http://www.iuravista.com (Strafrecht-Mindmaps, entwickelt von Mitarbeitern des Lehrstuhls von Prof. Klaus Volk an der Universität München).
http://www.gruening.de/visual_cards.htm (kostenlose Mindmaps für Juristen).
http://www.jura-maps.de.
http://www.rechtsanwalt-in-muenster.de/juramindmaps.html.
http://www.cfmueller-campus.de (Mindmaps zum Strafrecht von *Aiman Khalil*).
Grüning, Christian/Hemmer, Karl Edmund/Wüst, Achim, Wiederholungsmappe, Würzburg, 2007 (enthält ein Kurzskript von *Christian Grüning* zu Mind Mapping und 50 Mindmaps zu allen Rechtsgebieten)

Internet

Es gibt zahlreiche Webseiten über das Mind Mapping mit weiterführenden Hinweisen auf Literatur, Online-Publikationen und Beispielen, z.B. http://rechtsvisualisierung.net (Links zu Mindmaps).[856]

✎ *(1) Probieren Sie die Mind-Map-Methode mehrmals aus. Denn meist hat man bei einer neuen Technik erst nach einer gewissen Übungsphase Spaß an der Anwendung und fängt an, die Methode den individuellen Bedürfnissen anzupassen.*[857] *Es wäre schade, wenn Sie zu schnell aufgeben.*

✎ *(2) Erstellen Sie, wenn Ihnen gerade keine Anwendungsmöglichkeit einfällt, ein Mind Map über den Inhalt eines Lehrbuches, das Sie gerade lesen, oder über die Gliederung einer Vorlesung, die Sie gerade besuchen. Verwenden Sie als Arbeitsmaterial unliniertes DIN A4 Papier, Kugelschreiber, Textmarker oder Farbstifte.*

IV. Zusammenfassung

Die wichtigsten Erkenntnisse aus der Lernpsychologie

☞ Lernstoff wird wesentlich besser behalten, wenn man den Stoff versteht, anstatt ihn auswendig zu lernen.
☞ Je mehr Wahrnehmungskanäle (gleichzeitig) angesprochen werden, desto höher ist die Behaltensquote.
☞ Nur Informationen, die mit vorhandenen Gedankeninhalten assoziiert werden oder mit einem eindrucksvollen Erlebnis verknüpft sind, gelangen ins Langzeitgedächtnis.

856 Viele Informationen und eine umfangreiche Linkliste enthält die Schweizer Seite http://www.mindmap.ch; interessante Links auch unter http://www.mindfinder.de/links.htm und unter http://www.mindmap.de. Da sich die Adressen ändern, ist es am Besten, wenn Sie die Suchbegriffe Mind Map oder Mind Mapping in eine Suchmaschine eingeben und ausgehend von den Ergebnissen weiter surfen.

857 *Ralph Matzky*, Die Mindmapping-Technik in der juristischen Wissensbewältigung, JA 2003, 398, 399, zutreffend, dass »nur die konsequente praktische Umsetzung zu einem dauerhaften Erfolg verhilft«.

- ☞ Bei intensiven Erlebnissen genügt oft eine einmalige Aufnahme zur dauerhaften Speicherung. Beim juristischen Lernen wird der Lernstoff gewöhnlich nicht erlebt, sondern nur gelesen oder gehört. Der Stoff muss daher mehrfach wiederholt werden, um die neuen Informationen mit vorhandenen Gedächtnisinhalten kombinieren zu können.
- ☞ Den besten Lernerfolg erzielt man, wenn man den Lernstoff innerhalb der ersten 48 Stunden, nach einer Woche und nach einem Monat nach dem erstmaligen Aufnehmen wiederholt.
- ☞ Je sinnvoller, strukturierter und logischer der erlernte Stoff, desto höher ist die Behaltensquote.
- ☞ Effizient und effektiv lernt man nur in einem stressfreien Zustand. Stresshormone verhindern die Bildung von Proteinen und damit die Speicherung im Langzeitgedächtnis.
- ☞ Ebenso lässt sich Erlerntes am Besten in entspanntem Zustand abrufen.
- ☞ Nur wer herausfindet, welcher Lerntyp er ist und welche Sekundärassoziationen das Verstehen und Behalten von Lernstoff fördern, kann effektiv lernen.
- ☞ Die Mind-Map-Methode als kreative Lerntechnik hilft, die Kapazität des Gehirns besser zu nutzen. Sie unterstützt insbesondere das Erkennen von Zusammenhängen und das bessere Behalten von Kerngedanken und Hauptaussagen. Der Vorteil gegenüber linearen Aufzeichnungen ist auch eine Zeitersparnis. Nur die relevanten Begriffe werden notiert, gelesen und wiederholt.

Kapitel 12 Zeitmanagement

Während im ersten Teil des Buches die effektive Planung des Jurastudiums und die Vorteile der Planung[858] beschrieben wurden, geht es in diesem Kapitel um allgemeine Regeln des Zeitmanagements.[859] Denn eine gute Studienplanung setzt voraus, dass man zumindest die Grundregeln des Zeitmanagements beherrscht. Zeitmanagement heißt, die eigene Zeit zu beherrschen, anstatt von ihr beherrscht zu werden. Die Zeit zu beherrschen, bedeutet jedoch nicht, völlig verplant zu sein. Die Sorge mancher Studierender, Zeitmanagement würde ihre studentische Freiheit einengen, ist unbegründet. Zeitmanagement ist als Teil eines effektiven Selbstmanagements die Kunst, das eigene Leben nach den persönlichen Vorstellungen entsprechend den Lebensverhältnisse, Ressourcen und Anforderungen zu gestalten, Kenntnisse zum Zeitmanagement sind nicht nur für gestresste Manager, sondern gerade auch für Jurastudierende wichtig, damit sie nicht in die Kategorie »gestresste Studierende« fallen. Die Bedeutung des richtigen Zeitmanagements für Jurastudierende wie auch für Rechtsanwälte wird inzwischen vielfach betont.[860] Mit dem folgenden Fragebogen können Sie herausfinden, ob Sie die wichtigsten Grundregeln des Zeitmanagements beherrschen und ob Sie noch etwas dazulernen können.

✎ *Beantworten Sie jetzt die Fragen des folgenden Fragebogens, ohne lange zu überlegen.*

	Lohnt es sich für Sie, sich mit Zeitmanagement-Themen zu befassen?	ja	nein
1	Nehmen Sie sich häufig zu viel für einen Tag vor?	☐	☐
2	Fühlen Sie sich häufig überlastet oder gestresst?	☐	☐
3	Haben Sie häufig das Gefühl, nicht genügend Zeit zur freien Verfügung zu haben?	☐	☐
4	Halten Sie Zeitpläne nur unter Termindruck ein?	☐	☐
5	Fehlt Ihnen manchmal die nötige Selbstdisziplin, um das, was Sie sich vorgenommen haben, auch durchzuziehen?	☐	☐
6	Fällt Ihnen das Nein sagen schwer, wenn andere Ihre Zeit in Anspruch nehmen möchten, Sie aber eigentlich lernen wollen?	☐	☐
7	Lassen Sie sich zu Hause von unangemeldeten Besuchern, Familienangehörigen, Telefonanrufen von der Arbeit abhalten?	☐	☐
8	Wollen Sie, bevor Sie mit dem Lernen beginnen, erst einmal (mehr oder weniger dringenden) Kleinkram erledigen?	☐	☐
9	Werden Sie mit Ihren Hausarbeiten im Studium normalerweise erst »auf den letzten Drücker« fertig?	☐	☐
10	Machen Sie täglich etwas, was Ihnen Freude macht?	☐	☐
11	Kennen Sie Ihre persönliche Leistungskurve?	☐	☐
12	Planen Sie beim Lernen regelmäßige Pausen ein, an die Sie sich dann auch halten?	☐	☐
13	Planen Sie Ihre Tage?	☐	☐

858 Kap. 1 (Warum Studienplanung?), S. 10 f.

859 Dazu *Nils Borstnar/Gesa Köhrmann*, Selbstmanagement mit System, Kiel, 2004.

860 So z.B. *Klaner*, S. 37 ff. (Zeitmanagement); *Münchhausen/Püschel*, S. 120 ff. (Zeitplanung); *Möllers*, S. 8 ff. (Zielplanung und Zeitmanagement).

	Lohnt es sich für Sie, sich mit Zeitmanagement-Themen zu befassen?	ja	nein
14	Planen Sie Ihre Wochen?	☐	☐
15	Planen Sie Ihre Semester?	☐	☐
16	Planen Sie schriftlich?	☐	☐
17	Haben Sie Ihren persönlichen Studienverlauf schon geplant?	☐	☐
18	Haben Sie ein konkretes Ziel, für das es sich lohnt, das Jurastudium abzuschließen?	☐	☐

Wenn Sie die Fragen 1–9 verneint und die Fragen 10–18 bejaht haben, kann ich Ihnen zu Ihrer Fähigkeit, sich Ihre Zeit besonders effektiv einzuteilen, gratulieren. Für Sie wird sich das Durchlesen dieses Kapitels unter dem Aspekt lohnen, dass man nicht schlecht sein muss, um besser zu werden. Wenn Sie dagegen die Fragen 1–9 oder einzelne dieser Fragen bejaht und die Fragen 10–18 oder einzelne dieser Fragen verneint haben, lohnt es sich für Sie besonders, sich mit dem Thema Zeitmanagement auseinander zu setzen. Dies setzt zunächst voraus, dass Sie Ihre Schwachstellen analysieren.

I. Wo liegen Ihre persönlichen Zeitmanagement-Probleme?

Mit der Beantwortung des Fragebogens haben Sie bereits begonnen, eine Problemanalyse vorzunehmen und erste Hinweise dafür erhalten, wo Ihre Probleme mit der Zeit liegen könnten.

1. Analyse des Ist-Zustands

Wenn Ihr Problem darin besteht, dass Sie oft nicht wissen, wo die Zeit geblieben ist, und Sie zu *wirklich* wichtigen Tätigkeiten wieder nicht gekommen sind, könnte es für Sie hilfreich sein, für einige Tage, am besten sogar für eine Woche, eine Selbstbeobachtung vorzunehmen.[861] Dazu empfiehlt es sich, den Zeiterfassungsbogen mehrmals auszudrucken, so dass Sie pro Tag ein leeres Formular haben. In dieses tragen Sie dann minutiös ein, was Sie wann gemacht haben, also z.B.: schlafen, duschen, Frühstück, Weg zur Uni, Vorlesung, Telefonate, Mensa, jede (Kaffee)-Pause, Joggen, Lesen (was?), Besuche usw.[862] Sinn dieser Übung ist es, am Ende des Beobachtungszeitraums ausrechnen zu können, wie viel Zeit für bestimmte Tätigkeitskategorien wie z.B. Wege, universitäre Veranstaltungen, Essen, Schlafen, Hygiene usw. tatsächlich verwendet wurde. Diese minutiöse Analyse ist wichtig, weil in den meisten Fällen die tatsächlich benötigte Zeit erheblich von der vorher subjektiv geschätzten Zeit abweicht.

Für die Auswertung muss jede Tätigkeit einer Kategorie (Spalte 4 des Zeiterfassungsbogens) zugeordnet werden. Dies können Sie am Ende eines Tages oder am Ende des Auswertungszeitraums machen, wenn Sie in Ihren Auswertungsbogen die Zeiten für die einzelnen Tage eintragen. Für das Studium wichtige Kategorien sind universitäre Veranstaltungen und Eigenstudium. Außerdem sind die reinen Wegezeiten interessant, die nicht gleichzeitig z.B. zum Lesen oder sogar zum Lernen benutzt werden.

861 Siehe dazu auch *Schräder-Naef*, mit ausführlicher Anleitung zum Erstellen eines Tagesrapports und dessen Auswertung, S. 128 ff.

862 Siehe dazu ausführlich *Schräder-Naef*, S. 126 ff.

Wenn sich zeigt, dass aufgrund großer Anfahrtswege kaum mehr Zeit für das Eigenstudium bleibt, kann man überlegen, ob es nicht vielleicht doch sinnvoller ist, ein Zimmer am Universitätsort zu suchen oder zumindest auf öffentliche Verkehrsmittel umzusteigen. Auch im Freizeitbereich ist es sinnvoll, verschiedene Kategorien zu bilden: So ist es interessant, herauszufinden, wie viel Zeit für Schlaf, Hygiene, Essen, Computer, Chatrooms, StudiVZ, Fernsehen, Telefon, Unternehmungen mit Freunden, Hobby, Haushalt und Faulenzen tatsächlich aufgewendet wird. Natürlich ist diese Aufzählung nicht abschließend, sondern muss individuell ergänzt oder abgeändert werden.

Zeiterfassungsbogen

Zeiterfassungsbogen für ...., den .... 200............			
Uhrzeit	Tätigkeit	Dauer	Kategorie

Download unter http://www.ja-aktuell.de

Die Erfahrung zeigt, dass es nicht einfach ist, die tatsächlichen Zeiten einzutragen. Vor allem wenn man der Auffassung ist, zu viel Zeit mit Unwichtigem zu verbringen, und deshalb ein schlechtes Gewissen hat, scheut man sich, diese Fakten schwarz auf weiß zu sehen. Bei der Auswertung kann sich jedoch zeigen, dass Ihre subjektive Einschätzung zu negativ war. Die Auswertung kann aber auch ergeben, dass Ihre subjektive Einschätzung stimmt und Sie einen sehr hohen Zeitanteil bestimmten Freizeitaktivitäten widmen. Erfolgreiches Zeitmanagement heißt nun nicht zwingend, dass Sie diese Freizeit reduzieren müssen, sondern dass Sie eine Lösung finden, die Ihnen größtmögliche Zufriedenheit gibt. Wenn Sie also feststellen sollten, dass die Freizeitaktivitäten für Sie so wichtig sind, dass Sie dafür ein längeres Studium in Kauf nehmen, können Sie sich nun bewusst für diese Variante entscheiden und dadurch in Zukunft ein schlechtes Gewissen vermeiden.

Auswertungsbogen

Auswertungsbogen für den Zeitraum von .... bis								
Kategorie	Mo	Di	Mi	Do	Fr	Sa	So	Summe

Download unter http://www.ja-aktuell.de

2. Typische unerwünschte Zeitfresser

Manche Ursachen für unerwünschten Zeitverlust, sogenannte Zeitdiebe,[863] werden Ihnen bestimmt bekannt vorkommen. So kann das Telefon oder StudiVZ, wenn man zu Hause arbeitet, ein unerwünschter Zeitfresser für die Eigenstudienzeit werden. Aber auch kleine Erledigungen wie Kopieren, Einkaufen oder Blumengießen können

863 *Seiwert*, S. 17 ff. (mit einem Fragebogen zur Selbsteinschätzung der persönlichen Zeitdiebe).

zu Zeitfressern werden, wenn man sie in der falschen Zeit vornimmt.[864] Wenn man im Studentenwohnheim wohnt und ein geselliger Mensch ist, kann es schwierig sein, seine Vorsätze bezüglich der Eigenstudienzeiten einzuhalten, wenn unerwartet Mitbewohner vorbeikommen. Zeitfresser können nur wirksam werden, wenn die betroffene Person nicht nein sagen kann oder keine Pläne hat, die ihr vor Augen führen, dass im Moment eine Kaffeepause, ein langes Telefonat oder ein Besuch sehr ungünstig sind.[865] Ein Zeitplan eröffnet die Möglichkeit, dem Besucher anzubieten, sich in der nächsten im Zeitplan vorgesehenen längeren Pause zu treffen. Aber auch an der Universität kann man den Tag leicht mit Kaffeepausen verbringen, wenn man sich nicht gezielt für Zeiten verabredet, in denen man »pausenreif« ist. Pläne helfen auch, wenn das Neinsagen schwer fällt. Denn bei manchen Menschen hat die Berufung auf einen Plan mehr Überzeugungskraft als die schlichte Aussage, man habe gerade keine Zeit. Im Studium gehören Veranstaltungsbesuche, die man nur absitzt, zu den schlimmsten Zeitfressern. Wenn Sie feststellen sollten, dass Sie aus bestimmten Lehrveranstaltungen keinen Gewinn ziehen, sollten Sie diese Veranstaltungsbesuche streichen und dafür das Stoffgebiet konsequent mit Hilfe anderer Quellen lernen.[866]

II. Wie sich Ihre Probleme mit der Zeit lösen lassen

Bei der Lösung von Problemen im Umgang mit der Zeit kommt es darauf an, dass man bestimmte Grundregeln beherrscht und das richtige »Handwerkszeug« benutzt. Das Handwerkszeug beim Zeitmanagement sind Pläne und Listen. Das Grundlagenwissen, das beim Erstellen der Pläne zu berücksichtigen ist, sind die Zeitmanagement-Regeln.

1. Grundregeln des Zeitmanagements

a) Ziele als Motivatoren

Eine der wichtigsten Voraussetzungen für ein erfolgreiches Zeitmanagement ist, sich der eigenen Ziele bewusst zu werden. Denn nur wer ein attraktives Ziel vor Augen hat, wer also weiß, wofür er etwas tut, wird motiviert genug sein, den manches Mal beschwerlichen Weg ohne Zögern weiterzugehen.[867] Wer dagegen nicht weiß, wohin er geht, tut sich schwer, einfach weiterzugehen und empfindet den Weg als Last.[868] Deshalb lautet das »erste Gebot« des Zeitmanagements:

☞ Setzen Sie sich Ziele!

864 Dahinter steckt oft eine unzureichende Motivation für das Studium. Siehe dazu unten bei Ziele, II 1 a. Für solche Erledigungen bieten sich Zeiten an, in denen man ein Konzentrationstief hat; diese Zeiten lassen sich anhand der persönlichen Leistungskurve ermitteln, dazu unten, S. 352 ff. Zu Störungen durch »innere Saboteure« (mit Sätzen wie »Das kapiere ich sowieso nie«) siehe *Münchhausen/Püschel*, S. 150 f.

865 Aber auch »Kleinigkeiten« wie schlecht organisiertes und sortiertes Material, Ordner ohne Register usw. können viel Suchzeit kosten. *Klaner*, S. 77 ff., gibt Tipps, wie man die kleinen und großen Zeitdiebe, z.B. Störungen durch Anrufer oder durch Besucher, beseitigen kann.

866 In Kap. 11 (Lernen) haben Sie die Möglichkeit, anhand von Fragebögen herauszufinden, auf welche Art und Weise Sie am effektivsten lernen. Zu Vor- und Nachteilen des Vorlesungsbesuchs siehe oben, S. 136.

867 Siehe oben Frage 18 des Fragebogens, S. 346.

868 Siehe Kap. 1 (Warum Studienplanung?), S. 7 f.

Man hat festgestellt, dass sich erfolgreiche Menschen in zweierlei Hinsicht von nicht erfolgreichen unterscheiden: Zum einen haben erfolgreiche Menschen ein klar definiertes Ziel, das sie erreichen wollen, und sie haben sich genau überlegt, in welchen Schritten sie es erreichen wollen. Und zum anderen lassen sie sich von Misserfolgen auf dem Weg zum Ziel weniger schnell abschrecken als andere; ihre Frustrationsschwelle ist höher. Das bedeutet nicht, dass Erfolgreiche ihre Ziele nicht mehr verändern können. Im Gegenteil, eine neu hinzugewonnene Einsicht kann dazu führen, das Ziel zu korrigieren. Aber wichtig ist zunächst, dass man ein Ziel vor Augen hat, für das es sich lohnt, diesen Weg zu gehen. Nur dann hat man die Chance zu erkennen, dass man den Kurs korrigieren muss oder sich u.U. sogar ein ganz neues Ziel suchen muss.

aa) Sein Berufsziel finden

Viele – wie auch Student A im Beispielsfall[869] – studieren jedoch Jura, ohne eine Vorstellung davon zu haben, was sie hinterher damit anfangen wollen. Sie beginnen das Jurastudium, weil ihnen nichts besseres eingefallen ist oder weil das, was sie eigentlich studieren wollten, nicht ging (»2.-Wahl-Studium«), oder weil die Eltern den Segen zum Jurastudium gegeben haben oder weil sie meinten, damit noch am ehesten einen Job zu bekommen. All das sind akzeptable Gründe für ein Jurastudium. Aber wenn man nicht weiß, was man eigentlich damit erreichen will, wird man wesentlich größere Motivationsschwierigkeiten haben als Mitstudierende, die ein konkretes Berufsziel vor Augen haben.

Beantworten Sie schriftlich folgende Fragen und formulieren Sie dabei das Ziel positiv (z.B. »Ich möchte Richter werden«, nicht »Ich möchte alles werden, nur nicht Anwalt«):

✎ *1. Wenn es kein »Wenn« und »Aber« gäbe, was würde ich dann gerne beruflich machen? Was ist mein berufliches (Traum-)Ziel?*

✎ *2. Kann ich dieses Traumziel mit dem Jurastudium erreichen?*

✎ *3. Habe ich ein weiteres Ziel, das ich sehr attraktiv finde, und das ich mit dem Jurastudium erreichen kann?*

Wenn Sie **Frage 1** beantworten konnten und **Frage 2** bejaht haben, können Sie sich, wenn es im Studium schwierig wird, Ihr Traumziel in Erinnerung rufen, um wieder genügend Motivation zum Weitermachen zu haben. Wenn Sie jedoch Frage 1 und 2 oder zumindest Frage 2 verneint haben, sollten Sie zumindest bei **Frage 3** eine Antwort haben, um ausreichend für das Jurastudium motiviert zu sein. Wenn Sie zu Frage 3 (noch) keine Antwort geben können, »träumen« Sie doch einfach und stellen sich vor, dass es bezüglich eines Berufs, den Sie mit Hilfe des Jurastudiums erreichen könnten, kein »Wenn« und »Aber« und keine Examensnote gäbe. Was würden Sie dann gerne werden? An dieser Stelle wenden viele ein, dass sie die juristischen Berufsfelder noch gar nicht genau genug kennen, um sagen zu können, dass sie dies oder jenes werden wollen. Es gibt zahlreiche Bücher zu juristischen Berufsbildern, die diese Informationsdefizite mindern können.[870] Darüber hinaus gibt es auch viele nichtju-

869 Siehe Kap. 1 (Studienplanung des A), S. 5 ff.

870 Z.B. Kürzere Ausführungen in *Gramm/Wolff*, S. 22 ff. (Die wichtigsten Berufsbilder), S. 28 f. (Frauen in juristischen Berufen); *Hesse/Schrader*, S. 1182 (Der Beruf oder was werden Juristen); *Nieding/Nieding*, S. 53 ff. (Berufsmöglichkeiten der Juristen); *Rinken*, S. 55 ff. (Die juristischen Berufe); *Vehslage/Bergmann/Kähler/Zabel*, S. 145 ff. (Berufschancen von Juristen: Rechtsanwalt,

ristische Berufsfelder, die von Juristen erfolgreich beschritten wurden. So sind viele Politiker, Journalisten, Schauspieler oder Moderatoren Juristen. Sie sehen, Ihren Berufsträumen sind keine Grenzen gesetzt.[871] Wenn Sie lernen, Ihre Träume für sich »arbeiten« zu lassen, werden Sie die Erfahrung machen, dass diese Träume Sie auch in schwierigen Studiensituationen tragen. Die Tatsache, dass Ziele auf persönlichen Vermutungen basieren, die natürlich auch falsch sein können, ändert nichts daran, dass sie als Motivatoren äußerst wirksam sind. Man muss also Berufsbilder nicht ganz genau kennen, um sie für sich als Ziel nutzen zu können.[872] Wichtig ist nur, dass man

Richter, Staatsanwalt, Notar, Verwaltungsjurist, Unternehmensjurist, Rechtslehrer, Politiker). Informationen zu einzelnen Berufsbildern unter http://www.studjur-online.de, Stichwort Karriere, zu Berufsbildern in der Justiz http://www.justiz.bayern.de/ministerium/berufe/bilder/, Hyperlink Berufe in der Justiz. Ausführlicher: *Gerhard Köbler*, Wie werde ich Jurist, München, 5. Aufl. 2007; *Verena S. Rottmann*, Karriereplanung für Juristen, Berlin, 2005; *Niedostatek/Lorenz* beschreiben auch Tätigkeiten außerhalb der klassischen Bereiche in Justiz, Rechtspflege und Verwaltung); *Norman M. Spreng*, Karriere-Ratgeber für Juristen, Berlin, 2005; *Roland Raff/Detlef J. Brauner* (Hrsg.), Berufsziel Unternehmensberater, Berufszugang, Tätigkeitsbereiche, Perspektiven, Sternenfels, 4. Aufl. 2006; *Detlef J. Brauner/Andrea Lauterbach* (Hrsg.), Berufsziel Steuerberater/Wirtschaftsprüfer, Berufsexamina, Tätigkeitsbereiche, Perspektiven, Sternenfels, 7. Aufl. 2008; *Frank Adler u.a.*, Anwaltsrecht Teil 2, Tätigkeitsfelder der anwaltlichen Praxis, Stuttgart u.a., 4. Aufl. 2008 (beschreibt die Tätigkeit des Anwalts als Mediator und Schlichter, im Familien- und Erbrecht, im Zivilprozess, im Arbeitsrecht, im Wirtschaftsrecht); *Frank Fisseler/Martin Hartenstein*, Juristen in der Wirtschaft, Berufsstart und Jobprofile in Unternehmen und Kanzleien, Berlin, 2002; *Dorothee Schönheid*, 60 Berufschancen für Juristen, So finden Sie den Job, der zu Ihnen passt, Frankfurt/M., 2005; *Michael Streck*, Beruf Anwalt Anwältin, München, 2001; *Peter-Christian Müller-Graff/Herbert Roth* (Hrsg.), Die Praxis des Richterberufs, Berlin, 2000; *Andreas Kunkel*, Karrieren unter der Lupe: Juristen, Würzburg, 2001; *Christiane Dreher*, Karrieren in der Bundesverwaltung. Voraussetzungen, Merkmale und Etappen von Aufstiegsprozessen im Öffentlichen Dienst, Berlin, 1996. *Peter Lemke*, Nischen auf dem juristischen Arbeitsmarkt, Chancen und Wege für den beruflichen Erfolg, Neuwied u.a., 2 Aufl. 2000; *Hildegard Becker-Toussaint*, Berufsorientierung und Karriereplanung, Informationen und Tipps für junge Juristinnen, Baden-Baden, 2000; *Alfred Endrös/Peter Waltl*, Der Wirtschaftsanwalt, München, 1995; *Alfred Gleiss*, Soll ich Rechtsanwalt werden? Plädoyer für den Juristenberuf, Heidelberg, 3. Aufl. 1992; *Thomas Gostomzyk*, Zwischen Jura und Journalismus, Chancenreicher Grenzgang, STUD. JUR.2/2002, S. 9 f. Nicht *was*, sondern *wo* man etwas werden kann, zeigt der »Wirtschaftsführer für Rechtsreferendare« des Boorberg Verlags, der in Buchhandlungen kostenlos erhältlich ist. Er enthält eine umfangreiche Zusammenstellung von Firmenprofilen, in denen aufgezeigt wird, in welchen Funktionen Juristen bei ihnen tätig sind.

871 Siehe dazu auch *Birgit Fritz*, Erfolg in der Nische, Ein Studium, zwei Karrieren: Für Juristen gibt es viele Betätigungsfelder, wenn sie Spezialwissen mitbringen, SZ Nr. 137 v. 14:/15.06.2008, V2 13. *Tobias Gostomzyik*, Von juristischen Sekundär-Qualitäten – Neue Arbeitsmarktperspektiven für Juristen, JuS 2001, 829, zeigt Tätigkeiten auf, für die Juristen jenseits der klassischen Berufe ebenfalls sehr gut geeignet sind, z.B. Öffentlichkeitsarbeiter oder Informationsbroker. Ein guter Ratgeber, der hilft, zunächst unabhängig von einem konkreten Berufsbild seine eigenen Wünsche und Fähigkeiten besser beurteilen zu können, ist *Richard N. Bolles*, Durchstarten zum Traumjob, Frankfurt/M., 7. Aufl. 2004, und dazu *ders.*, Das Workbook (zum Bewerbungshandbuch), Frankfurt/M., 3. Aufl. 2007. Geeignet auch *Barbara Sher*, Wishcraft, Vom Wunschtraum zum erfüllten Leben, Tübingen, 2000, oder *Lisa Krelhaus*, Wer bin ich, wer will ich sein?, München, 2006.

872 Motivierend kann auch sein, die Perspektive zu wechseln und sich vorzustellen, Sie hätten das Studium schon hinter sich und wollten sich bewerben. Die Aufzählung der Punkte, die man von Ihnen dann erwartet, kann Sie motivieren, Ihr Studium bewusster zu gestalten. *Dieter Trimborn von Landenberg*, Erfolgreich starten als Rechtsanwalt, Bonn, 3. Aufl. 2007; *ders.*, Die erfolgreiche Bewerbung als Rechtsanwalt, Bonn, 2. Aufl. 2004. Anregungen gibt auch die Studie von *Andrea Abele/Christine Heismann*, Juraabsolventinnen und -absolventen auf dem Weg vom Examen in den Beruf – Ergebnisse einer Langzeitstudie, JURA 2007, 902 ff.

eine Vorstellung von einer beruflichen Tätigkeit hat, die einem sehr viel Spaß machen würde, und dass das Jurastudium für diese Tätigkeit nützlich ist oder zumindest nützlich sein kann.[873]

☞ Setzen Sie sich ein (vorläufiges) Berufsziel oder überlegen Sie sich eine berufliche Tätigkeit, die Sie mit dem Jurastudium erreichen können!

Wenn Sie es trotz dieser Überlegung immer noch nicht erstrebenswert finden, Jura zu studieren, drängt sich die Frage auf, ob Sie mit Ihrer Wahl des Jurastudiums richtig liegen. Vielleicht haben Sie ja einen Berufswunsch, der für Sie so wichtig ist, dass Jura dahinter völlig verblasst. Überlegen Sie noch einmal, ob Sie sich nicht doch diesen Wunsch erfüllen sollten. Denn aller Erfahrung nach ist man nur dann erfolgreich, wenn man auch Spaß an einer Sache hat. Deutlich hat dies auch einmal der Münchener Strafrechtsprofessor *Roxin* geäußert: »Ich rate daher jedem, der nach vier Semestern noch keinerlei Interesse an der Jurisprudenz gefunden und auch nur sehr schwache Leistungen erbracht hat, das Studium zu wechseln. Denn es ist die wichtigste Voraussetzung beruflichen Glücks, dass man sich im Einklang mit seinen Fähigkeiten befindet«.[874]

bb) Ziele für das Jurastudium definieren

Wenn Sie die Frage geklärt haben, ob Sie überhaupt Jura studieren wollen, empfiehlt es sich, einen qualitativen und quantitativen Rahmen für das Studium zu setzen. Wie viel Zeit wollen Sie für Ihr Jurastudium verwenden? Wie viele Semester? Welche Examensnote wollen Sie erreichen? Da diese Ziele für die Planung Ihres Studiums von großer Bedeutung sind, wurde auf dieses Thema in Kapitel 4 bei der individuellen Studienplanung ausführlich eingegangen.[875]

cc) Ziele im privaten Bereich definieren

Genauso wichtig wie der berufliche Bereich ist der private. Auch hier lohnt es sich, einmal in Ruhe darüber nachzudenken, welche Ziele man demnächst, im Laufe des Studiums und nach dem Studium erreichen möchte. Auch hier ist empfehlenswert, diese Ziele – positiv und in der Ich-Form formuliert – schriftlich festzuhalten.

b) Die persönliche Leistungskurve

Irgendwann in der Zeit zwischen 13 und 16 Uhr haben die meisten Menschen ein absolutes Leistungstief, das ungefähr eine halbe Stunde anhält.[876] Untersuchungen haben gezeigt, dass in dieser Zeit besonders viele Unfälle passieren, weil die Konzentration einen Tiefpunkt erreicht. Deshalb plädieren Arbeitspsychologen dafür, Arbeitnehmern einen kurzen Mittagsschlaf zuzubilligen. Das würde zum einen das Unfall- und

873 Lassen Sie sich nicht sofort entmutigen, wenn Sie Schwierigkeiten hatten, Ihre beruflichen Ziele zu benennen. Zielfindung ist ein sehr komplexer Vorgang, auf den in diesem Rahmen nicht ausführlich eingegangen werden kann. Weitere Anregungen zu diesem Thema finden Sie in Kurzform bei *Koeder*, S. 82 ff., und ausführlich bei *Joseph O'Connor/John Seymour*, Neurolinguistisches Programmieren. Gelungene Kommunikation und persönliche Entfaltung, Freiburg i.B., 13. Aufl. 2003, S. 34 ff.

874 *Roxin*, S. 3.

875 S. 108 ff. Der Studienführer von *Gramm/Wolff* enthält im Anhang, S. 201 ff., einen Motivations- und Zieltest, der ebenfalls zum Nachdenken über die Ziele für das Jurastudium anregt.

876 Man geht auch davon aus, dass verschiedene Körperfunktionen in direkter Abhängigkeit zur jeweiligen Tageszeit stehen. So *Klaner*, S. 46 f., der in einer Tabelle darstellt, welche Körperfunktionen zu welcher Tageszeit ihr Hoch bzw. Tief erreichen.

Fehlerrisiko vermindern, zum anderen würde nach einem »Nickerchen« die Leistungsfähigkeit noch einmal stark ansteigen, so dass die verschlafene Zeit durch eine anschließend bessere Leistung sogar überkompensiert würde. Eine weitere Regel des Zeitmanagements lautet:

☞ Beachten Sie bei der Planung Ihre persönliche Leistungskurve!

Falls Sie Ihre persönliche Leistungskurve nicht kennen, lohnt es sich, ein paar Tage zu beobachten, wie die eigene Leistungsfähigkeit verläuft. Da die individuelle Leistungskurve erheblich von der durchschnittlichen abweichen kann, ist diese Selbstbeobachtung sehr wichtig. Nach wenigen Tagen werden Sie feststellen können, zu welchen Zeiten Ihre Leistungsfähigkeit besonders hoch und zu welchen Zeiten sie besonders niedrig ist.

✎ *Drucken Sie das Formular zur persönlichen Leistungskurve dreimal aus, und tragen Sie an drei aufeinander folgenden Tagen stündlich ein, wie Sie Ihre Leistungsfähigkeit in Prozent einschätzen.*

Hilfsmittel

* *Formular zum Download unter http://www.ja-aktuell.de*

Bei vielen Menschen liegt die beste Leistungszeit des Tages am Vormittag. Wenn Sie ein solcher Morgenmensch – man spricht auch von Lerchen – sind, sollten Sie Ihre Hauptlernzeit auf den Vormittag legen. Lerchen sollten sich also nicht damit beruhigen, dass man ja noch am Abend lernen könnte. Denn aller Erfahrung nach haben Lerchen weder die Energie noch die Motivation, um am Abend noch Wesentliches zu leisten. Wenn Ihre Hauptleistungszeit am späten Nachmittag oder Abend liegt, sind Sie ein Abend- oder Nachtmensch; man nennt diesen Typus auch Eule. Sie werden sich dann vermutlich mit Vorlesungen morgens um 8 oder 9 Uhr schwer tun, weil Sie zu dieser Zeit gar nicht gut aus dem Bett kommen. Veranstaltungen zu so früher Stunde sollten Sie nur belegen, wenn Sie die Veranstaltung für wichtig und gut halten und deshalb motiviert genug sind, um gegen Ihren Rhythmus ein Semester lang früh aufzustehen. Wenn dies nicht der Fall ist, ist es besser, den Lernstoff in den Zeiten Ihres Leistungshochs aus Büchern zu erarbeiten. Scheuen Sie sich nicht, zu unüblichen Zeiten zu studieren, wenn Sie feststellen, dass Sie dann besonders gut lernen können.[877] Einige juristische Bibliotheken haben rund um die Uhr oder bis Mitternacht geöffnet. Dort trifft man nachts doch einige Studierende an, die erkannt haben, dass sie auch spät abends gut arbeiten können.

Mit der Regel, die eigene Leistungskurve zu beachten, ist auch die nächste Zeitmanagementregel verwandt.

c) Pausen einplanen

☞ Machen Sie Pausen!
☞ Planen Sie Pausen ein!

Die Erfahrung zeigt, dass Pausen, wenn sie nicht von vornherein eingeplant werden, in hektischen Situationen zu wenig und bei einem entspannten Zeitplan zu ausge-

877 Einen ausführlichen Fragebogen zur Selbstanalyse »Sind Sie eine Eule oder eine Lerche?« bietet *Dale Hanson Bourke*, Schlaf-Management, Stuttgart, 1992, S. 83 ff.

dehnt genommen werden. Beides wirkt sich auf den Lernerfolg negativ aus, weil beides die Konzentrationsfähigkeit negativ beeinflusst.

Wissenschaftliche Untersuchungen haben ergeben, dass die Konzentrationsfähigkeit nach ca. 45 Minuten stark abfällt.[878] Macht man nun eine kurze Pause von maximal zehn Minuten, kann man die Konzentrationsfähigkeit über längere Zeit auf einem sehr hohen Niveau halten. Es reicht oft sogar, nur kurz, etwa zwei bis drei Minuten, aufzustehen (Minipause), sich zu strecken und ein wenig aus dem Fenster zu schauen, um die Augen zu entspannen.[879] Es handelt sich also nicht um eine Kaffeepause, denn dafür braucht man meist länger als zehn Minuten; nach spätestens zehn Minuten nimmt aber der Erholungseffekt einer Pause bezüglich der Konzentrationsfähigkeit wieder ab. Man hat festgestellt, dass man trotz des Zeitverlustes mit Mini- oder Kurzpausen eine höhere Lernleistung erzielt als bei einem mehrstündigen ununterbrochenen Lernen.[880] Außerdem erhöht allein die Aussicht auf eine baldige Pause noch einmal kurzfristig die Konzentrationsfähigkeit. Mit Mini- oder Kurzpausen kann man effektiv zwei, drei oder sogar vier Arbeitsphasen hintereinanderschalten, bevor man eine längere Erholungspause benötigt. Und sogar in dieser längeren Pause erholt man sich schneller, wenn man zuvor durch die Mini- und Kurzpausen eine starke Erschöpfung erst gar nicht entstehen ließ. Untersuchungen haben gezeigt, dass man sich Pausen schon deshalb gewähren sollte, weil man ansonsten versteckte (getarnte oder maskierte[881]) Pausen macht, z.B. indem man vor sich hin träumt oder – in der Bibliothek – andere beobachtet. Nach drei bis vier 45-Minuten-Lerneinheiten ist eine längere Pause von 60 bis 70 Minuten wichtig, um zu entspannen und dem Gehirn eine richtige Pause zu gönnen. Sechs bis sieben 45-Minuten-Lerneinheiten pro Tag sind ausreichend. Mehr Informationen kann das Gehirn normalerweise nicht verarbeiten.

- ☞ Nach ca. 45 Minuten nimmt die Konzentrationsfähigkeit stark ab.
- ☞ Mini- oder Kurzpausen von maximal 10 Minuten nach Lerneinheiten von ca. 45 Minuten halten die Konzentrationsfähigkeit lange Zeit auf einem hohen Niveau.
- ☞ Nach zehn Minuten nimmt der Erholungseffekt bei Mini- oder Kurzpausen wieder ab.
- ☞ Wer rechtzeitig kurze Pausen macht, braucht insgesamt weniger Zeit, um sich wieder zu erholen.

Leider machen viele Dozenten bei Lehrveranstaltungen keine Kurzpausen, obwohl es wegen des 90-Minuten-Rhythmus gut möglich und wegen des verbrauchten Sauerstoffs auch notwendig wäre. Häufig wollen aber auch Studierende lieber ohne Pause

878 Z.B. von *Otto Graf*, Arbeitszeit und Arbeitspausen, in: Handbuch der Psychologie, Bd. 9, Göttingen 1961, beschrieben bei *Schräder-Naef*, S. 97 f. Natürlich ist die Konzentration von vielen Faktoren abhängig, aber diese Werte sind inzwischen vielfach bestätigt. Diese Erkenntnisse sind auch der Grund für die Länge der Schulstunden.

879 *Rolf Herkert*, Die 90-Sekunden-Pause. Erholung und Energie, Wann immer Sie sie brauchen, Mit den neuen Power-Fit-Übungen, Bern u.a., Neuauflage 1998, zeigt kleine Übungen, die sich hervorragend für Minipausen eignen und sich sehr gut auf die Konzentrationsfähigkeit auswirken. Zu Pausengestaltung und Erholungstechniken mit praktischen Übungen siehe *ter Haar/Lutz/Wiedenfels*, S. 134 f.

880 Siehe dazu die Abbildung bei *Schräder-Naef*, S. 98; zu effektiven Pausen siehe auch *Dahmer/Dahmer*, S. 190 ff.

881 *Schräder-Naef*, S. 98.

»durchmachen«. Beim Durchmachen sollte man sich aber darüber im Klaren sein, dass man von den letzten 45 Minuten relativ wenig mitnehmen wird. Es wäre also besser, darauf zu achten, dass in Lehrveranstaltungen kurze Pausen gemacht werden, die nicht überzogen werden, als gegen Pausen zu stimmen. In der Eigenstudienzeit kann man sehr gut Pausen einplanen. Hat man, wie z.B. Student B,[882] bei der Nachbereitung von Vorlesungen eineinhalb Stunden vorgesehen, kann man nach 45 Minuten fünf Minuten Pause machen und dann noch einmal 40 Minuten lernen.

d) Pufferzeiten einplanen

Eine weitere Regel des Zeitmanagements lautet:

☞ Planen Sie Pufferzeiten ein!

In Zeitmanagementbüchern wird empfohlen, nur 50–60 % der Zeit zu verplanen, da man erfahrungsgemäß 20 % der restlichen Arbeitszeit für unerwartete Störungen und weitere 20 % für spontane und/oder soziale Aktivitäten benötigt.[883] Pufferzeiten sind besonders wichtig bei der Planung einzelner Tage. Nur wenn man konsequent für maximal 60 % der zur Verfügung stehenden Zeit Aktivitäten vorsieht, wird man es schaffen, nicht mehr als 100 % bewältigen zu müssen.[884] Denn man kann nicht davon ausgehen, dass man die geplanten Aktivitäten in der dafür geschätzten Zeit schafft und die übrige Zeit dann frei ist. Verplant man mehr als 60 % seiner Zeit, wird man an den meisten Tagen sein Soll nicht erreichen. Auf die Dauer ist dies sehr frustrierend.[885] Diese Regel lässt sich nicht nur bei der Planung einzelner Tage, sondern auch bei der Planung größerer Projekte und der gesamten Studienplanung anwenden.[886]

☞ Nur realistische Pläne motivieren. Planen Sie deshalb realistisch!

e) Prioritäten setzen

Wenn man mehr zu tun hat, als man zeitlich bewältigen kann, ist es wichtig, Prioritäten zu setzen. Gerade beim Lernen neigen jedoch viele Studierende dazu, erst alle kleineren Erledigungen zu tätigen, in der Hoffnung, dass es leichter ist, sich an den Schreibtisch zu setzen, wenn alles abgearbeitet ist. Doch leider führt diese Vorgehensweise dazu, dass man bei zeitlichen Engpässen nicht mehr genug Zeit für das Wesentliche hat. So können immer wieder Studierende ihre Hausarbeiten nicht rechtzeitig abgeben, weil sie sich zu lange mit sonstigem »Kram« beschäftigt haben.[887] Auch in der Klausur- und Examensvorbereitung zeigt sich häufig, dass zu spät mit der Prüfungsvorbereitung begonnen wurde und sich dies dann in den Ergebnissen niederschlägt.

☞ Setzen Sie Prioritäten!

Üblich und ausreichend ist eine Abstufung in drei Schritten, die entweder mit

882 Siehe Kap. 1 (Warum Studienplanung?), S. 21 ff.
883 *Seiwert*, S. 40.
884 Ausführlich dazu in Kap. 4 (Individuelle Studienplanung).
885 Siehe dazu oben die Fragen 1–3 des Fragebogens.
886 Wie man dieses Prinzip im Jurastudium konkret umsetzen kann, zeige ich in Kap. 1 (Warum Studienplanung?) am Beispiel der Studierenden B und C, S. 18 ff.; siehe auch Kap. 4 (Individuelle Studienplanung), S. 141 ff.
887 Siehe dazu Frage 4 des Fragebogens auf S. 346.

A (oder 1) für sehr wichtige und dringende Aktivitäten,
B (oder 2)für wichtige, aber nicht so dringende Aktivitäten und
C (oder 3)für unwichtige, aber dringende Aktivitäten

bezeichnet werden.[888] Wenn Sie Tagespläne oder Aktivitätenlisten erstellen, wird jeder Tätigkeit oder Aktivität eine solche Prioritätsstufe zugewiesen. Die Wichtigkeit wird dabei am konkreten (Tages-, Wochen-, Monats-)Ziel gemessen. Übliches Ziel im Studium ist, im Stoff voranzukommen. Daher sind Tätigkeiten der Stufe A soweit wie möglich zu erledigen. Die dringenden Tätigkeiten der Stufe C sollten vor oder nach den Tätigkeiten der Stufe A in »schlechten« Lernzeiten oder während des Mittagstiefs erledigt werden.

f) Das Pareto-Prinzip

Der italienische Ökonom Vilfredo Pareto stellte im 19. Jahrhundert eine 20:80-Regel auf, nach der 20 % des Aufwands schon 80 % der Ergebnisse erbringen. Um die restlichen 20 % der Ergebnisse zu erreichen, muss umgekehrt 80 % des Gesamtaufwands also ein im Verhältnis überproportionaler Aufwand betrieben werden.[889]

☞ 20 % des Zeitaufwands bringen 80 % der Ergebnisse.

Will man dieses Prinzip im Jurastudium anwenden, gilt es, die Erfolgsverursacher zu finden, die in 20 % der Zeit zu 80 % Ihres Lernerfolges führen. Stellen Sie daher fest, ob Sie tatsächlich zu Zeiten lernen, in denen Sie ein Leistungshoch haben. Viele Studierende versuchen, gleich nach dem Mittagessen zu lernen, damit sie schon am späten Nachmittag frei haben. Dies hat jedoch zur Folge, dass sie das Lernen als äußerst mühsam erleben. Denn zum einen ist man zu dieser Zeit mit Verdauen beschäftigt, zum anderen schlittert man gerade ins »Mittagsloch«. Im Ergebnis werden am Nachmittag fast keine Lernfortschritte mehr erreicht. Warum dann nicht lieber C-Aufgaben erledigen, oder bewusst frei nehmen und am späteren Nachmittag intensiv und effektiv lernen?

Auch auf den Lehrveranstaltungsbesuch lässt sich das Pareto-Prinzip anwenden. Die meisten Studierenden besuchen eine Lehrveranstaltung sehr lange, bis sie sich endlich gegen sie entscheiden, wenn sie nur wenig dabei lernen. Diese Zeit ist dann verloren. Aber selbst im Eigenstudium ist es nicht besonders verbreitet, nach den Erfolgsverursachern zu suchen. Viele Studierende lernen, indem sie Lehrbücher einfach lesen, obwohl sie feststellen, dass mit dieser Methode nicht viel hängen bleibt. Auch hier lohnt es sich herauszufinden, mit welchen Lernmethoden man besonders gute Lernergebnisse erzielt, mit welcher Art der Lernerfolgskontrolle man besonders gern arbeitet, mit welcher Art der privaten AG man besonders gut zurecht kommt, mit welchem Karteikartensystem man besonders gut sein Wissen abspeichern und wiederholen kann, usw.[890]

Auch auf die Lerninhalte selbst lässt sich das Pareto-Prinzip anwenden. Man muss sich nur zu Beginn der Erarbeitung oder Vertiefung eines Stoffgebietes fragen: Wel-

888 Siehe dazu *Seiwert*, S. 45 ff.

889 *Werner Heister*, Studieren mit Erfolg, Effizientes Lernen und Selbstmanagement, Stuttgart, 2007, S. 55.

890 Siehe dazu im Einzelnen Kap. 8 (Karteikarten), Kap. 10 (private Arbeitsgemeinschaften) und Kap. 11 (Lernen).

che 20 % des Lehrbuchwissens sind besonders examens- und praxisrelevant?[891] Oder in Prioritäten gedacht: Diesen 20 % räumen Sie die höchste Prioritätsstufe ein und lernen sie zuerst. Diese Vorgehensweise fördert die Fähigkeit, das Wesentliche vom Unwesentlichen zu scheiden. Und das ist bekanntermaßen eine der wichtigsten Fähigkeiten guter Juristen.

- ☞ Finden Sie Ihre persönlichen Erfolgsverursacher!
- ☞ Finden Sie heraus, zu welchen Zeiten Sie besonders gut lernen, und lernen Sie auf jeden Fall zu diesen Zeiten.
- ☞ Räumen Sie den 20 % der Lehrveranstaltungen, bei denen Sie viel lernen, höchste Priorität ein.
- ☞ Finden Sie heraus, mit welchen Methoden Sie beim Selbststudium besonders leicht lernen.
- ☞ Finden Sie heraus, welche 20 % des Lehrbuchinhalts Sie auf jeden Fall lernen müssen, und lernen Sie diese 20 % zuerst. Konzentrieren Sie sich auf das Verständnis der Systematik des Stoffgebiets und der Zusammenhänge.
- ☞ Verzichten Sie bei Zeitmangel ganz bewusst darauf, die restlichen 20 % des Wissens zu erreichen, da Sie dadurch 80 % der Zeit einsparen.

2. Aktivitätenlisten und Pläne

Unabhängig davon, welche Pläne Sie für sich als sinnvoll erachten, gilt bei jeder Art der Planung der Grundsatz:

- ☞ Planen Sie schriftlich!
- ☞ Notieren Sie Ihre Erkenntnisse aus der Planung!

Erst wenn man unerwünschte Ergebnisse schwarz auf weiß sieht, kann man sich nichts mehr vormachen. Diese Erfahrung werden Sie sicher gemacht haben, wenn Sie die oben vorgeschlagene Selbstbeobachtung schon durchgeführt haben.

a) Aktivitätenlisten

Eine effektive Zeitplanung setzt voraus, sämtliche Aktivitäten aufzulisten, die in den Planungszeitraum fallen, ihren Zeitbedarf zu schätzen und sie mit einer Priorität zu versehen. Außerdem sollte angegeben werden, von wann bis wann jede Aktivität erledigt werden soll. Zwei weitere Spalten sind vorzusehen, um einzutragen, von wann bis wann diese Aktivitäten tatsächlich erledigt wurden.

Aktivitätenliste

Aktivitätenliste vom ....200....							
Pr.	Was	Std?	Wer	SOLL		IST	
				von	bis	Von	bis

Download unter http://www.ja-aktuell.de

891 Wie Sie wichtige Themenkomplexe herausfinden können, ist ausführlich in Kap. 6 (Systematisches Erarbeiten von Rechtsgebieten), S. 167 ff. beschrieben.

Die zwei Spalten, in denen das Datum der tatsächlichen Bearbeitung eingetragen wird (IST), leisten gute Dienste, da sie eine spätere Analyse der eigenen Planung ermöglichen und aufzeigen, bei welchen Aktivitäten man gut in der Zeit lag und bei welchen die Planung nicht eingehalten werden konnte. Es hat sich bewährt, mindestens zwei Aktivitätenlisten zu führen: eine für private Aktivitäten und eine für Studienaktivitäten. Aufgeschobene Aktivitäten werden auf einer neuen Aktivitätenliste neu eingeplant oder ganz aufgegeben, wenn man sie schon mehrmals verschoben hat. Denn wenn man sie schon öfters verschieben konnte, war es wohl nicht besonders wichtig, sie tatsächlich zu erledigen.

Der Grobplan für das Studium, wie er in Kapitel 1 gezeigt[892] und in Kapitel 4 genau erläutert wird, ist im Prinzip nichts anderes als eine zeitlich sortierte Aktivitätenliste für das Studium.

b) Tagespläne

Tagespläne sind dann äußerst hilfreich, wenn man jeden Tag andere Tätigkeiten und Termine miteinander koordinieren muss. Während des Jurastudiums können sie gute Dienste leisten, wenn einzelne Tage abweichend vom Wochenstundenplan verlaufen, z.B. wenn gerade sehr viel nebenher zu organisieren ist oder eine Klausur den Wochenplan durcheinander bringt.[893] In Zeitmanagementbüchern wird das Führen von Tagesplänen besonders deshalb empfohlen, weil der Tag die kleinste und noch überschaubare Einheit in einer systematischen Zeitplanung ist und weil man, wenn die Planung nicht erfolgreich war, gleich den nächsten Tag neu planen kann.[894] Hinsichtlich der äußeren Form hat sich das Format DIN A5 bewährt. Es gibt heute sehr gute Zeitplansysteme, die Tagesplanformulare anbieten.[895] Gebundene Kalender, die für jeden Tag ein Blatt enthalten, haben den Nachteil, dass Sie im Wintersemester wegen des Jahreswechsels mit zwei gebundenen Kalendern hantieren müssen. Die meisten Zeitplansysteme haben den Vorteil, dass man durch ihr Ringbuchsystem selbst entscheiden kann, welche Kalenderübersichten und welche und wie viele Tagespläne man einsortieren will. Man muss also nicht die Tagespläne vom Januar noch im Dezember herumtragen. Zeitplansysteme lassen sich daher besser an den Studienrhythmus anpassen als gebundene Kalender. Tagespläne haben in der Regel eine Kopfzeile, die den den Wochentag, das genaue Datum, die Woche und eventuell auch noch einen Monatskalender enthält.

892 S. 15 ff., 19.

893 Siehe den Tagesplan von B in Kap. 1 (Warum Studienplanung?), S. 31 und Kap. 4 (Individuelle Studienplanung), S. 145.

894 *Seiwert*, S. 35.

895 *Seiwert* bietet auf S. 90 ff. eine vergleichende Übersicht über Zeitplanbücher und Zeitmanagement-Software.

Tagesplan vom .... 2009, Woche ....

⌚		Termine	✓
07 _			
08 _			
09 _			
10 _			
11 _			
12 _			
13 _			
14 _			
15 _			
16 _			
17 _			
18 _			
19 _			
20 _			
21 _			

☎	✉	Kontakte	O.K

P	h	Aufgaben	O.K

Ziele

Wichtig für die effektive Tagesplanung ist, dass ein Tagesplan zwei Spalten hat und zwischen einer Aufgabenspalte und einer Terminespalte unterscheidet. Einfache Terminkalender haben nur eine Terminespalte. In die rechte Spalte werden Kontakte, Aufgaben und Tagesziele eingetragen. Die Aufgaben werden mit einer Priorität (P) versehen und der Zeitbedarf (h) wird geschätzt. Erst dann werden in die linke Spalte die Termine eingetragen, es handelt sich hier praktisch um einen Stundenplan für den Tag. Dabei sind die Zeitmanagement-Regeln zu berücksichtigen, d.h. es sind zunächst ausreichend Pausen und Pufferzeiten einzuplanen. Steht fest, wie viel Zeit verplant werden kann, sind die A-Aufgaben in die Hochleistungszeiten und die C-Aufgaben in die verbleibenden Zeiten zu legen. Sehr hilfreich ist ein konkretes Tagesziel, z.B. in der Form, dass man am Abend jedenfalls zwei A-Aufgaben erledigt hat.

Tagespläne können auch gute Dienste bei der Erfassung von »Zeitdieben« leisten. Wenn Sie Ihren Tag geplant haben und dann den tatsächlichen Verlauf notieren, werden Sie schon nach einigen Tagen feststellen können, welche Störungen und Unterbrechungen Ihre Pläne durcheinanderbringen. Tagespläne sollten am Vorabend für den nächsten Tag erstellt werden. So weiß man am nächsten Morgen gleich, was an wichtigen Tätigkeiten oder Lerneinheiten ansteht, und muss die meist kostbare – da besonders konzentrierte – Lernzeit am Vormittag nicht damit verbringen, sich erst zu überlegen, was genau zu tun ist. Am Abend des jeweiligen Tages wird der Tagesplan daraufhin überprüft, ob alle Tätigkeiten erledigt werden konnten. Falls nicht alle Tätigkeiten erledigt werden konnten, kann man sie auf den nächsten Tagesplan übernehmen oder auf der Aktivitätenliste einen neuen Termin dafür vorsehen.

c) Wochenpläne, Semesterpläne, Kalendarium

Für das Studium ist es vor allem sinnvoll, Wochenstundenpläne und Semesterpläne zu erstellen. Für Studienzwecke empfiehlt sich, einen großen Zeitraum (8.00–22.00 Uhr) zu erfassen und Zeiteinheiten von 30 Minuten vorzusehen. In Kapitel 1[896] des Buches wird am Beispiel der Studierenden B und C aufgezeigt, wie solche Wochenstundenpläne idealerweise aussehen können. In Kapitel 4[897] erhalten Sie eine genaue Anleitung zur Erstellung solcher Pläne für Ihr eigenes Studium.

Wochenstundenplan

	Montag	Dienstag	Mittwoch	Donnerstag	Freitag	Samstag	Sonntag
08.00							
08.30							
………							
22.00							

Zu einer realistischen Semesterplanung bedarf es außerdem eines Kalendariums, das den gesamten Semesterverlauf (Vorlesungszeit einschließlich vorlesungsfreie Zeit) auf einen Blick bietet.[898]

Aktivitätenlisten und Pläne sind wichtige Werkzeuge einer guten Zeitplanung. Sie sind aber auch *nur* Hilfsmittel. Es ist wichtiger, sich die Prinzipien der Zeitplanung immer wieder vor Augen zu führen, als jeden Tag einen perfekten Tagesplan zu erstellen. Und selbstverständlich gilt auch hier das Pareto-Prinzip: Wenn man auch nur 20 % der Pläne erstellt, die für einen geeignet sind, wird man die Zufriedenheit mit der persönlichen Zeiteinteilung beachtlich erhöhen können. Wie alles ist auch Zeitmanagement eine Frage der Übung. Je mehr Routine Sie im Erstellen der Pläne erlangen, desto besser wird Ihr Gefühl für eine realistische Zeitplanung werden. Und ein erfolgreiches Zeitmanagement ist die Basis eines guten Examens und eine Schlüsselqualifikation für jeden Beruf.

896 S. 23, 25, 26, 28, 29.
897 S. 135 ff.
898 Näheres dazu in Kap. 4 (Individuelle Studienplanung), S. 134.

🕮 Selbstmanagement/Zeitmanagement

Becher, Stephan	Schnell und erfolgreich studieren, Organisation, Zeitmanagement, Arbeitstechniken, Eibelstadt, 2. Aufl. 2003 (Organisation und Zeitmanagement speziell für Studierende, leicht umsetzbare Tipps).
Bischof, Anita/ Bischof, Klaus	Selbstmanagement, Effektiv und effizient, Freiburg/Br., 4. Aufl. 2004.
Cichowski, Rolf R.	Ihr Weg zum Erfolg, Selbstmanagement, Kommunikation, Qualifikation, Strategien, Mit 144 Checklisten und Remindern, Erlangen, 2002.
Covey, Stephen R./ Merrill, Roger A./ Merrill, Rebecca	Der Weg zum Wesentlichen, Zeitmanagement der vierten Generation, Frankfurt/M., 5. Aufl. 2003 (auch als Audio-CD).
Hansen, Katrin	Zeit- und Selbstmanagement, Berlin, 2004.
Hink, Willi	Zeitmanagement, Marburg, 2004.
Jäger, Roland	Selbstmanagement und persönliche Arbeitstechnik, Gießen, 3. Aufl. 2000.
Malik, Fredmund	Führen – Leisten – Leben, Wirksames Management für eine neue Zeit, Frankfurt/M., 2006 (zu Zielfindung, Organisation, Arbeitsmethodik).
Meier, Harald	Selbstmanagement im Studium, Ludwigshafen, 1998.
Meier, Rolf	Zeitmanagement, Offenbach, 2004.
Pogarell, Sascha	Zeit für Ziele, Methoden zum Stress- und Zeitmanagement, Paderborn, 2003.
Seiwert, Lothar J.	Mehr Zeit für das Wesentliche, Besseres Zeitmanagement mit der Seiwert-Methode, München, 9. Aufl. 2003.
Seiwert, Lothar J.	Das 1x1 des Zeitmanagements, Frankfurt/M., 24. Aufl. 2004 (zur Anschaffung empfohlen, mit zahlreichen Checklisten, Tipps und Übungen).

🕮 Zeitmanagement für Juristen

Fedtke, Eberhard	Zeitmanagement, Der richtige Umgang des Anwalts mit der Zeit, Berlin, 2001.
Heussen, Benno	Time-Management für Anwälte, Organizer, Zettelsystem, Checklisten, München, 2. Aufl. 2004.
Holzer, Johannes	Zeitmanagement für Studenten und Rechtsreferendare, Zeit einteilen und sinnvoll nutzen, JuS-Magazin 5/06, S. 7.
Seiwert, Lothar J./ Buschbell, Hans	Zeitmanangement für Rechtsanwälte, Bonn, 3. Aufl. 1998

Kapitel 13 Studienarbeit und mündliche Prüfung – Literaturhinweise

Durch die Einführung der Universitätsprüfung und die damit verbundene häusliche Arbeit wurde die Bedeutung des wissenschaftlichen Arbeitens im Studium verstärkt. Zu den Grundlagen wissenschaftlichen Arbeitens gibt es zahlreiche – auch fachspezifische – Literatur, so dass jedes Eingehen darauf in Kurzform unvollständig wäre. Unter I. werden daher vor allem weiterführende Literaturhinweise gegeben. Die Einführung der Universitätsprüfung führte darüber hinaus zu einer zweiten mündlichen Prüfung neben der mündlichen Prüfung als Teil der Staatsprüfung.

Bislang spielte das Mündliche im Studium keine Rolle. Bis zum Mündlichen (Examen) wechseln viele Studenten kein Wort mit Professoren (...). In (...) Seminaren schärfen die meisten Professoren den Studierenden vorab ein, ihre Referate nicht abzulesen, was dann in schöner Regelmäßigkeit doch passiert (...). In der (...) Diskussion werden üblicherweise wenige bis gar keine Fragen gestellt, weil die anderen sich in dem jeweiligen Seminarthema gar nicht auskennen und weil sie vor den Dozenten und Kommilitonen Angst haben.[899]

Da während des Studiums wenige oder gar keine Leistungskontrollen in Form von mündlichen Prüfungen vorgesehen sind, bedeutet dies für die Examensvorbereitung dass Sie sich auf die mündlichen Prüfungen während des Studiums selbständig vorbereiten müssen.[900] Auch zur mündlichen Prüfung sind inzwischen einige Ratgeber erschienen, so dass ich mich unter II. auf einige Tipps und auf Literaturhinweise beschränke.

I. Wissenschaftliches Arbeiten als Teil der Universitätsprüfung

In den meisten Bundesländern ist die Anfertigung einer wissenschaftlichen Themenarbeit Teil der Universitätsprüfung. Somit ist die Note einer wissenschaftlichen Themenarbeit Teil der Gesamtprüfungsnote. Manche sprechen daher von der Wiederherstellung der Wissenschaftlichkeit der Ausbildung. Wichtig ist, sich die Grundsätze des wissenschaftlichen Arbeitens so früh wie möglich anzueignen, um in der Prüfungsarbeit Anfängerfehler zu vermeiden. Wenn Sie an einer Universtität studieren, die vor der Studienarbeit als Teil der Universitätsprüfung nicht zwingend eine Seminararbeit vorschreibt, sollten Sie in Erwägung ziehen, freiwillig eine Seminararbeit zur Übung zu schreiben. Der Vorteil ist, dass Sie bei der Prüfungsarbeit bereits Erfahrung haben. Zur Einführung in das wissenschaftliche Arbeiten ist das Buch von *Möllers* in jeder Hinsicht geeignet.

🕮 (Rechts-)wissenschaftliches Arbeiten	
Bänsch, Axel	Wissenschaftliches Arbeiten: Seminar- und Diplomarbeiten, München, 9. Aufl. 2007.
Brandt, Edmund	Rationeller Schreiben Lernen, Hilfestellung zur Anfertigung wissenschaftlicher (Abschluss-)Arbeiten, Baden-Baden, 2. Aufl. 2006.

899 *Roswitha Lindemann*, Verhandeln als Schlüsselqualifikation, JuS 2003, 724.
900 Zu entsprechenden Lehrveranstaltungen siehe Kap. 2 (Studieninhalte und Prüfungsanforderungen), S. 98.

Butzer, Hermann/ Epping, Volker	Arbeitstechnik im Öffentlichen Recht, vom Sachverhalt zur Lösung, Methodik, Technik, Materialerschließung, Stuttgart u.a., 3. Aufl. 2006, S. 97 ff. zur Seminar- und Studienarbeit (Themenarbeit) im Öffentlichen Recht.
Cremer, Hans-Joachim	Workshop »Juristisches Genreschreiben – Juristen im Beruf«, JuS 2002, 1036.
Eco, Umberto	Wie man eine wissenschaftliche Abschlussarbeit schreibt, Stuttgart, 12. Aufl. 2007.
Esselborn-Krumbiegel, Helga	Von der Idee zum Text, Eine Anleitung zum wissenschaftlichen Schreiben, München, 3. Aufl. 2008.
Franck, Norbert	Handbuch Wissenschaftliches Arbeiten, Frankfurt/M., 2. Aufl. 2007.
Franck, Norbert/ Stary, Joachim	Die Technik wissenschaftlichen Arbeitens, Eine praktische Anleitung, Stuttgart, 14. Aufl. 2007.
Jele, Harald	Wissenschaftliches Arbeiten in Bibliotheken, Einführung für StudentInnen, München u.a., 2. Aufl. 2003.
Kohler-Gehrig, Eleonora	Diplom-, Seminar-, Bachelor- und Masterarbeiten in den Rechtswissenschaften, Stuttgart, 2. Aufl. 2008.
Krämer, Walter	Wie schreibe ich eine Seminar- oder Examensarbeit, Frankfurt/M., 2. Aufl. 2005.
Lück, Wolfgang	Technik wissenschaftlichen Arbeitens, Seminararbeit, Diplomarbeit, Dissertation, München u.a., 9. Aufl. 2003.
Möllers, Thomas M. J.	Juristische Arbeitstechnik und wissenschaftliches Arbeiten, München, 4. Aufl. 2008, S. 67 ff. (Vorarbeiten wissenschaftlichen Arbeitens – der erste Entwurf), S. 80 ff. (die Struktur einer wissenschaftlichen Arbeit – die Rohfassung), S. 122 ff. (Zitieren, äußere Form und sonstige Zulassungsvoraussetzungen – die Reinfassung).
Schimmel, Roland/ Weinert, Mirko/ Basak, Denis	Juristische Themenarbeiten, Eine Anleitung für Klausur und Hausarbeit im Schwerpunktbereich, Seminar- und wissenschaftliche Abschlussarbeit, Heidelberg, 2007.
Schmidt, Thorsten Ingo	Grundlagen rechtswissenschaftlichen Arbeitens, JuS 2003, 551 (I), 649 (II).
Sesink, Werner	Einführung in das wissenschaftliche Arbeiten, Mit Internet – Textverarbeitung – Präsentation, München u.a., 7. Aufl. 2008, S. 219 ff. (Referat, Seminarvortrag und Präsentation), S. 222 f. (Vierzehn Regeln für den Seminarvortrag), S. 228 (Acht Regeln für Info- und Thesenpapiere), S. 231 (Fünfzehn Regeln für Präsentationen).
Stein, Ekkehart	Die rechtswissenschaftliche Arbeit, Methodische Grundlegung und praktische Tipps, Tübingen, 2000 (ab S. 100 ff. praktische Tipps zur Anfertigung einer rechtswissenschaftlichen Arbeit).
Stock, Steffen/ Schneider, Patricia/ Peper, Elisabeth/ Molitor, Eva (Hrsg.)	Erfolgreich promovieren, Ein Ratgeber von Promovierten für Promovierende, Berlin, 2006 (für Studienarbeiten sind die Kapitel zu Planung und Organisation, S. 73 ff., zum Schreibprozess, S. 105 ff., und zur Krisenbewältigung, S. 129 ff., interesssant).
Stüber, Stephan	Zitieren in juristischen Arbeiten, 2006, unter http://www.niederle-media.de/Zitieren.pdf (01.09.2008).
Tettinger, Peter J.	Einführung in die juristische Arbeitstechnik, Unter besonderer Berücksichtigung öffentlich-rechtlicher Fragestellungen, München, 3. Aufl. 2003, S. 194 ff. (juristische Themenarbeiten).
Theisen, Manuel René	Wissenschaftliches Arbeiten, Technik, Methodik, Form, München, 13. Aufl. 2006.
Vollmer, Hans U./ Brauner, Detlef J.	Erfolgreiches wissenschaftliches Arbeiten, Sternenfels, 3. Aufl. 2008.

II. Mündliche Prüfungen als Teil der Staatsprüfung und der Universitätsprüfung

Am Ende des Studiums haben Sie zwei mündliche Prüfungen, eine als Teil der Staatsprüfung, eine als Teil der Universitätsprüfung. Die beste Vorbereitung darauf ist, so oft wie möglich auch mündlich juristische Themen zu besprechen oder zu diskutieren sowie Fälle zu lösen. Das können Sie in Lehrveranstaltungen im Austausch mit Dozenten und Kommilitonen üben. Private Arbeitsgemeinschaften sind die beste Vorbereitung auf die mündliche Prüfung. Eine Möglichkeit der Vorbereitung ist, mündliche Prüfungen in privaten Arbeitsgemeinschaften in Frage- und Antwort-Form zu simulieren. Zum Üben von Prüfungsgesprächen eignen sich Bücher mit Wiederholungsfragen und kleinen Fällen.[901] Zum Üben von wissenschaftlichen Diskursen eignen sich aktuelle Themen, die in juristischen Ausbildungszeitschriften oder z.B. in der Juristenzeitung (JZ) in Form von Aufsätzen dargestellt sind. Im Rahmen der Schlüsselqualifikationen können Sie an entsprechenden Kursen und Workshops z.B. zur Rhetorik teilnehmen. Wenn es an Ihrer Universität spezielle Lehrveranstaltungen zur Vorbereitung auf die mündliche Prüfung gibt oder die Teilnahme an Prüfungssimulationen angeboten wird, sollten Sie an diesen Veranstaltungen unbedingt teilnehmen. In der Prüfung soll auch die verbale und nonverbale Kommunikation bewertet werden. Die Landesjustizprüfungsämter geben hierzu Hinweise. Beispielhaft zitiere ich aus den Erläuterungen zum Bewertungsbogen für Vortrag und Einzelgespräch in den mündlichen Prüfungen des Landes Sachsen-Anhalt:[902]

- *verbale Kommunikation, insbesondere sprachlicher Ausdruck/Redetechnik des Prüflings:*
  Ist der Prüfling in der Lage, sich mündlich unmissverständlich, klar, prägnant, stilistisch gewandt, flüssig und fachgerecht, für die zuhörenden Prüfer verständlich und in möglichst freier Rede auszudrücken?
- *nonverbale Kommunikation, insbesondere:*
  Unterstützt der Prüfling seine Sprache durch Mimik und Gestik? Hält er Blickkontakt zu den Prüfern?

Neben der nachfolgend genannten Literatur speziell zur mündlichen Prüfung finden Sie weitergehende Hinweise zur Verbesserung der rhetorischen und kommunikativen Fähigkeiten auch in Kapitel 15.

Mündliche Prüfung

Augsberg, Steffen/ Büßer, Janko	Der Kurzvortrag im Ersten Examen – Zivilrecht, München, 2008.
Augsberg, Steffen/ Burkiczak, Christian	Der Kurzvortrag im Ersten Examen – Öffentliches Recht, München, 2008.
Augsberg, Steffen/ Mittler, Barbara	Der Kurzvortrag im Ersten Examen, Strafrecht, München, 2008.

901 Zu Büchern in Frage-/Antwortform siehe Kap. 6 (Erarbeitung eines Rechtsgebiets), S. 199.

902 Erläuterungen zum Bewertungsbogen für Vortrag und Einzelgespräch in den mündlichen Prüfungen der staatlichen Pflichtfachprüfung, Stand Januar 2007, http://www.sachsen-anhalt.de, Landesjustizprüfungsamt, Hyperlink Staatliche Pflichtfachprüfung.

Behmel, Albrecht/ Hartwig, Thomas/ Setzermann, Ulrich A. (Hrsg.)	Mündliche Prüfungen, Know-how für erfolgreiches Studieren, Berlin, 2002 (wie bereitet man sich optimal vor, welche typischen Fehler lassen sich vermeiden).
Bickel, Nell u.a.	Examiniertes Examen. Das Erste Juristische Staatsexamen – Interviews mit Prüflingen durch einen Prüfer und andere Texte, Norderstedt, 2004.
Charbel, Ariane	Top vorbereitet in die mündliche Prüfung, Prüfungsangst überwinden – Lernstrategien entwickeln – Selbstdarstellung trainieren, Nürnberg, 2. Aufl. 2005.
Chevalier, Brigitte	Fit fürs Examen, Von der Vorlesung bis zur Abschlussprüfung, Schriftliche Arbeiten und mündliche Prüfungen bewältigen, Frankfurt/M., 2002.
Kipp, Onni T./ Kummer, Pierre	Ein Fallbeispiel zum Vortrag zum ersten juristischen Staatsexamen – Zivilrecht, JURA 2007, 414.
Martinek, Michael	Schüchternheit im mündlichen Staatsexamen – Versuch einer Aufmunterung, JuS 1994, 268 (lesenswerter Kurzbeitrag, der Mut für die mündliche Prüfung macht).
Möllers, Thomas M. J.	Juristische Arbeitstechnik und wissenschaftliches Arbeiten, München, 4. Aufl. 2008, S. 143 ff. (Vortrag und mündliche Prüfung).
Naucke, Wolfgang	30 Strafrechtsfälle zur mündlichen Prüfung, http://www.studjur-online.de.
Noack, Ulrich	Insidertipps zur mündlichen Prüfung, http://www.jura.uni-duesseldorf.de/lehre/studium/faq/.
Landesjustizprüfungsamt Sachsen-Anhalt	Bewertungsbogen für Vortrag und Einzelgespräch in den mündlichen Prüfungen der staatlichen Pflichtfachprüfung, Stand Januar 2007, http://www.sachsen-anhalt.de, Landesjustizprüfungsamt, Hyperlink Staatliche Pflichtfachprüfung.
Landesjustizprüfungsamt Sachsen-Anhalt	Erläuterungen zum Bewertungsbogen für Vortrag und Einzelgespräch in den mündlichen Prüfungen der staatlichen Pflichtfachprüfung, Stand Januar 2007, http://www.sachsen-anhalt.de, Landesjustizprüfungsamt, Hyperlink Staatliche Pflichtfachprüfung.
Pabst-Weinschenk, Marita	Reden im Studium, Ein Trainingsprogramm, Frankfurt/M., 2. Aufl. 2000.
Pagenkopf, Martin/ Rosenthal, Axel/ Rosenthal, Anuschka	Der Vortrag im Ersten Juristischen Examen, Stuttgart, 2007.
Petersen, Jens	Die mündliche Prüfung im ersten juristischen Staatsexamen, Zivilrechtliche Prüfungsgespräche, Berlin, 2005.

Kapitel 14 Rechtsberatung und Rechtsgestaltung – Literaturhinweise

Gem. § 5a Abs. 1 S. 1 DRiG sollten die Inhalte des Studiums »die rechtsprechende und rechtsberatende Praxis« berücksichtigen. Die erste juristische Prüfung enthält zunehmend auch Anwaltsklausuren und rechtsgestaltende Aufgabenstellungen. Damit geht keine Erweiterung des Prüfungsstoffs einher, sondern es handelt sich bei Anwaltsklausuren um eine andere Herangehensweise und um andere methodische Ansatzpunkte. Zu der Falllösung »ex post« tritt eine Betrachtung des Sachverhalts »ex ante«. Gefordert ist eine prognostische Sichtweise des Rechtsberaters im Hinblick auf tatsächliche oder rechtliche Entwicklungen.[903] Es geht um die Gestaltung zukünftiger Lebensverhältnisse durch den Entwurf von Verträgen, Testamenten oder – im Öffentlichen Recht – von Satzungen. Rechtsberatung und Vertragsgestaltung erfordern daher zusätzliche methodische Fähigkeiten. Mehr als in der Falllösung sind hier Verständnis, Kreativität und Phantasie erforderlich.[904] Nachdem Fragen der Rechtsberatung in der Ausbildung lange außer Acht gelassen wurden, lassen sich inzwischen Aspekte der anwaltsspezifischen Arbeitsweise schon im Studium erlernen.[905] An mehreren Universitäten wurden Institute für Anwaltsrecht gegründet, so z.B. in Köln, Leipzig und Erlangen-Nürnberg. Um auf Anwaltsklausuren und rechtsgestaltende Fragestellungen vorbereitet zu sein, empfiehlt sich die Teilnahme an Lehrveranstaltungen zur Rechtsberatung auch über die notwendigen Pflichtveranstaltungen hinaus. Kenntnisse in der Rechtsberatung sind auch in der Anwaltsstation des Referendariats sehr nützlich. Unabhängig vom gewählten Schwerpunktbereich sollten Sie auf jeden Fall auch an einer Lehrveranstaltung zur Einführung in die Vertragsgestaltung teilnehmen, denn das Formulieren von Verträgen ist im Beruf des Anwalts unverzichtbar. Zu diesem Bereich gibt es an vielen Universitäten Lehrveranstaltungen. Exemplarisch seien einige genannt:[906] *Besprechung prozessrechtslastiger Fälle aus der Anwaltsperspektive* (München), *Prozesspraxis Mandantengespräch* (München), *Prozessvorbereitung aus der Anwaltsperspektive* (München), *anwaltsorientierter Moot Court im Bürgerlichen Recht* (Heidelberg),[907] *Das Anwaltsmandat und sein Management* (Konstanz), *Vertragsgestaltung* (Halle-Wittenberg). Interessant sind die in Heidelberg angebotenen *anwaltsorientierten Arbeitsgemeinschaften*,[908] in denen Mandantengespräche und Vertragsverhandlungen simuliert und Fragen der Vertragsgestaltung besprochen werden. Ebenso gibt es in Heidelberg die Vorlesungsreihe *Anwaltliche Praxis*. Hier übernehmen Praktiker in Pflichtfachvorlesungen bestimmte Vorlesungsstunden und behandeln das Thema aus der spezifischen Sicht der Praxis. Nachfolgende Literatur behandelt speziell diesen praxisrelevanten Bereich:

903 *Kathrin Brei*, Möglichkeiten einer »anwaltsorientierten« Aufgabenstellung und ihrer Lösung im Studium, JURA 2007, 648, 653.

904 *Heino Schöbel*, Das Gesetz zur Reform der Juristenausbildung – Ein Zwischenbericht, JuS 2004, 847, 851.

905 Kritisch *Peter Rawert*, Wie und wo lernt man das Verträgeschreiben?, FAZ v. 04.03.2008.

906 Die genannten Veranstaltungen haben in den vergangenen Jahren stattgefunden. Das Lehrangebot wechselt semesterweise, insofern dient die Auflistung nur der Veranschaulichung. Siehe auch *o. V.*, Anwaltsorientierung im rechtswissenschaftlichen Studium, Eine Bestandsaufnahme im WS 2006/2007, Bonn, 2007.

907 Einzelheiten unter http://www.anwaltsorientierung.de/Veranstaltungen_Moot_Court.html.

908 Dazu *Daniela Mattheus/Christoph Teichmann*, Anwaltsorientierte Arbeitsgemeinschaften, JuS 2003, 633.

Rechtsberatung, Rechtsgestaltung, Vertragsgestaltung

Jost, Fritz/ Barton, Stephan (Hrsg.)	Anwaltsorientierung im rechtswissenschaftlichen Studium – Fälle und Lösungen in Ausbildung und Prüfung, Hamburg, 2002.
Braun, Johann	Der Zivilrechtsfall, Klausurenlehre für Anfänger und Fortgeschrittene, München, 4. Aufl. 2008 (Fallsammlung, bei der immer die Sicht des Anwalts miteinbezogen wird).
Brei, Kathrin	Möglichkeiten einer »anwaltsorientierten« Aufgabenstellung und ihrer Lösung im Studium, JURA 2007, 648.
Däubler, Wolfgang	Verhandeln und Gestalten, Der Kern der neuen Schlüsselqualifikationen, München, 2003.
Eckert, Frank/ Everts, Anne/ Wicke, Hartmut	Fälle zur Vertragsgestaltung, München, 2007.
Grziwotz, Herbert	Vertragsgestaltung im Öffentlichen Recht, München, 2002.
Hommelhoff, Peter/ Müller-Graff, Peter Ch./ Ulmer, Peter	Die Praxis der rechtsberatenden Berufe, München, 1999.
Junker, Abbo/ Kamanabron, Sudabeh	Vertragsgestaltung, München, 2. Aufl. 2007.
Langenfeld, Gerrit	Vertragsgestaltung, Methode, Verfahren, Vertragstypen, München, 3. Aufl. 2004.
v. Lewinski, Kai (Hrsg.)	Öffentlich-rechtliche Berater- und Anwaltsklausuren im Studium, Köln, 2007 (16 Klausuren).
v. Lewinski, Kai	Berater- und Anwaltsklausuren: Eine Einführung, JA 2007, 845.
Mattheus, Daniela/ Teichmann, Christoph	Anwaltsorientierte Arbeitsgemeinschaften, JuS 2003, 633 (Prüfungsaufbau anwaltsorientierter Fälle).
Raiser, Thomas/ Schmidt, Karl-Michael/ Bultmann, Peter-Friedrich	Anwaltsklausuren, Klausurenlehre für Anfänger und Fortgeschrittene, München, 2003 (Darstellung der Strukturen der Anwaltsklausur, Lösung von Fällen aus dem Zivilrecht und dem Öffentlichen Recht aus anwaltlicher Sicht).
Rittershaus, Gerald/ Teichmann, Christoph	http://anwaltorientierung.de/Publikation_Arbeitsgemeinschaften.html, Rubrik Prüfungsschema Anwaltfälle.
Rittershaus, Gerald/ Teichmann, Christoph	Anwaltliche Vertragsgestaltung, Methodische Anleitung zur Fallbearbeitung im Studium, Heidelberg, 2. Aufl. 2003 (mit zahlreichen Fallbeispielen).
Scharpf, Christian	Vertragsgestaltung im Zivilrecht: Die Wahl des sicheren Weges bei der Vertragsgestaltung, JuS 2002, 878.
Schmittat, Karl O.	Einführung in die Vertragsgestaltung, München, 2. Aufl. 2005.
Sikora, Markus/ Mayer, Andreas	Kautelarjuristische Klausuren, Köln, 2008.
Staufenbiel, Peter/ Meurer, Nils	Anwalt – Beruf oder Berufung? Die Vorbereitung auf den Anwaltberuf in Studium und Referendariat, JA 2006, 649.
Teichmann, Christoph	Vertragsgestaltung durch den Rechtsanwalt – Grundzüge einer Methodik der zivilrechtlichen Fallbearbeitung, JuS 2001, 870 ff., 973 ff., 1078 ff., 1181 ff., JuS 2002, 40 ff.
Teichmann, Christoph/ Mattheus, Daniela/ Friedemann, Kainer	Zivilrechtliche Anwaltsfälle in Studium und Examen, München, 2007.
Wolf, Christian	Die Anwaltsklausur gestalten (durch Gestaltungsrechte), JA 2006, 476.

Kapitel 15 Erwerb von Schlüsselqualifikationen

»Daher ist Ihr ***fachliches Wissen*** *das ›Entrée Billet‹ zur Berufsausübung. Ihre* ***Schlüsselqualifikationen*** *sind ein entscheidendes Qualitätssiegel für Ihre erfolgreiche Karriere. ... Schlüsselqualifikationen entlarven sehr schnell die persönlichen Schwachpunkte und gelten deshalb oft als ›Zünglein an der Waage‹, wenn es um die Vergabe von Stellen, Mandaten und Beförderungen geht.«*[909]

Oder anders gesagt: »*Fachwissen öffnet die Tür zum Unternehmen, Schlüsselqualifikationen ermöglichen dort die Karriere*«.[910] Zahlreiche aktuelle Untersuchungen darüber, wie Personalchefs bei Einstellungen entscheiden, bestätigen die erhebliche Bedeutung von Schlüsselqualifikationen. Seit der Studienreform ist die Vermittlung von Schlüsselqualifikationen und die Förderung der Fremdsprachenkompetenz ausdrücklich Inhalt der juristischen Ausbildung und Prüfung. § 5a Abs. 3 DRiG nennt als (juristische) Schlüsselqualifikationen »**Verhandlungsmanagement, Gesprächsführung, Rhetorik, Streitschlichtung, Mediation, Vernehmungslehre und Kommunikationsfähigkeit**«. Die neuen Lehrinhalte sollen gem. § 5d Abs. 1 S. 1 DRiG bei den staatlichen und universitären Prüfungen berücksichtigt werden. Neben den im Deutschen Richtergesetz genannten Schlüsselqualifikationen sind weitere sogenannte *Soft Skills* für die berufliche Praxis unverzichtbar und werden regelmäßig von potentiellen Arbeitgebern (Unternehmen, Staat und Kanzleien) gefordert. Daher besteht Einigkeit darüber, dass die gesetzliche Aufzählung nicht abschließend ist und auch andere berufsfeldorientierte Schlüsselqualifikationen gelehrt und geprüft werden dürfen.

Das Thema Schlüsselqualifikationen im Jurastudium bedarf wegen seines Umfangs gesonderter Abhandlungen, und die ersten diesbezüglichen Bücher sind auch bereits erschienen. Ziel dieses kurzen Kapitels ist es, Ihnen konkrete Tipps zu geben, wie Sie Schlüsselqualifikationen während des Studiums weiter entwickeln und trainieren können. Denn Schlüsselqualifikationen sind nicht theoretisch erlernbar, sondern müssen praktisch eingeübt werden. Erforderlich für diese Tipps ist jedoch, zunächst den Begriff der Schlüsselqualifikation kurz zu klären und darzustellen, welche Schlüsselqualifikationen für das Berufsleben heute als besonders wichtig angesehen werden (Abschnitt I). Im Abschnitt II zeige ich, wie Sie über die Teilnahme an von Ihrer Universität angebotenen Lehrveranstaltungen hinaus viele dieser Schlüsselqualifikationen im Studium fortwährend trainieren können. Damit Sie Ihre Kenntnisse und Fähigkeiten in den genannten Bereichen selbstständig erweitern und trainieren können, erhalten Sie im Abschnitt III einige weiterführende Literaturtipps.

I. Was sind Schlüsselqualifikationen? Welche Schlüsselqualifikationen gibt es?

Mit Schlüsselqualifikationen werden überfachliche, berufsfeldorientierte Fähigkeiten beschrieben, die bei der Lösung von Problemen und beim Erwerb neuer Kompetenzen nützlich sind. Sie sollen als »Schlüssel« zur Erschließung von sich schnell änderndem Fachwissen dienen. Dabei ist der Begriff Qualifikation unglücklich gewählt, denn Qualifikation beschreibt prüfbare (objektiv messbare) Kenntnisse und Fertig-

909 *Birgit Gaim-Marsoner*, Soft Skills, Key Skills zum Erfolg, Beck'scher Referendarführer 2007, S. 34 ff. (Hervorhebung nicht im Original).

910 *Career Service der Universität Tübingen*, Studium professionale, WS 2005/06, S. 1.

keiten, während Kompetenzen auf den Einzelnen bezogene (subjektive) physische und psychische Fähigkeiten sind. Da es bei der Vermittlung von Schlüsselqualifikationen um die Verbesserung individueller Fähigkeiten geht, ist der Begriff der Schlüsselkompetenzen zutreffender. Schlüsselkompetenzen sind überfachliche Fähigkeiten neben den fachbezogenen Kenntnissen und Fähigkeiten (Fach- oder Sachkompetenz), sie sind »Soft Skills« neben den »Hard Skills«.

Häufig werden Schlüsselkompetenzen in drei Kompetenzbereiche aufgegliedert: Die Selbstkompetenz (persönliche Kompetenz, psychologische Kompetenz, Individualkompetenz), die Sozialkompetenz und die Methodenkompetenz. Dabei kann Selbstkompetenz beschrieben werden als die Summe von Fähigkeiten für den Umgang mit sich selbst, Sozialkompetenz als Summe von Fähigkeiten im Umgang mit anderen und Methodenkompetenz als Summe von Fähigkeiten, Aufgaben mit sinnvollen Lösungsstrategien zu bewältigen. Es fällt sofort auf, dass die Zuordnung von Fähigkeiten zu den einzelnen Bereichen nicht zwingend ist und vom jeweiligen Blickwinkel abhängt. Auch die Übergänge sind fließend, insbesondere von der Selbstkompetenz zur Methodenkompetenz. So kann zum Beispiel die richtige Lesetechnik sowohl als Selbstkompetenz als auch als Methodenkompetenz verstanden werden. Die nachfolgende Gliederung dient dem Überblick über allgemeine Schlüsselkompetenzen, wobei Kompetenzen, die im Jurastudium und in Bezug auf juristisches Fachwissen besonders wichtig sind, markiert sind :[911]

Allgemeine Schlüsselkompetenzen		
Selbstkompetenz (Umgang mit sich selbst)	Sozialkompetenz (Umgang mit anderen)	Methodenkompetenz (Umgang mit Aufgaben)
Motivation	**Teamfähigkeit**	**Arbeitsorganisation**
Selbstdisziplin	Kommunikationsfähigkeit	Planung
Flexibilität	Gesprächsführung	Zielsetzung
Konzentrationsfähigkeit	**Kritikfähigkeit**	**Zeitmanagement**
Belastbarkeit/Ausdauer	Kooperationsbereitschaft	Präsentationstechnik
Entspannungsfähigkeit	Körpersprache	Entscheidungsfindung
Verantwortlichkeit	Einfühlungsvermögen	Moderation
Selbstbewusstsein	Konfliktlösungsbereitschaft	Kreativität
Lernkompetenz	Konfliktfähigkeit	Organisationsfähigkeit
Selbständigkeit	Mitarbeiterführung	Krisenmanagement
Stressresistenz		**Lesetechniken**
Ausdrucksfähigkeit		**Wissensmanagement**
Reflexionsvermögen		**Informationskompetenz**
		Medienkompetenz

Geht man von oben genannter Begriffsbildung aus, fällt auf, dass die im Deutschen Richtergesetz genannten Schlüsselqualifikationen nicht alle Kompetenzen im eigentlichen Sinn sind. So stellen Streitschlichtung und Mediation weder Qualifikationen noch Kompetenzen dar, sondern sind spezifische Verfahren zur Lösung von Problemen. In diesen Verfahren braucht man die anderen genannten Kompetenzen wie

911 Die Einteilung ist orientiert an den drei Bänden des Handbuch Soft Skills des Deutschen Managerverbands, Zürich, 2003 bzw. 2004, zu Psychologischer Kompetenz (Bd. 1), Sozialkompetenz (Bd. 2) und Methodenkompetenz (Bd. 3).

Rhetorik, Kommunikationsfähigkeit, Gesprächsführung und Verhandlungsmanagement. Diese soeben genannten Fähigkeiten sind Teile der Kommunikationskompetenz, wiederum als Teil der Sozialkompetenz. Die Aufnahme dieser Begriffe in die universitäre Ausbildung hat zum Ziel, zwei Bereiche der Jurastudierenden besonders zu stärken: Rhetorik und Verhandlungsstrategien. Das Verhandeln gehört zu den typischen juristischen Aufgaben, so dass das Beherrschen von Verhandlungsmethoden und Verhandlungstechniken und die Fähigkeit, Gespräche effizient zu führen, in allen Bereichen beruflicher Praxis sehr wichtig werden können. Auch rhetorische Fähigkeiten sind für den Juristen in allen Berufen gefragt. Für den Beruf des Richters verlangt § 9 DRiG darüber hinaus ausdrücklich soziale Kompetenz. Ergänzt man – ungeachtet der genannten Ungereimtheiten – die Übersicht mit den im Deutschen Richtergesetz genanten Qualifikationen, ergeben sich folgende Schlüsselkompetenzen:

Schlüsselkompetenzen einschließlich der »Kompetenzen« i.S.v. §§ 5a Abs. 3, 9 DRiG		
Selbstkompetenz (Umgang mit sich selbst)	Sozialkompetenz (Umgang mit anderen)	Methodenkompetenz (Umgang mit Aufgaben)
Motivation	**Teamfähigkeit**	**Arbeitsorganisation**
Selbstdisziplin	**Kommunikationsfähigkeit**	Planung
Flexibilität	**Gesprächsführung**	Zielsetzung
Konzentrationsfähigkeit	**Kritikfähigkeit**	**Zeitmanagement**
Belastbarkeit/Ausdauer	Kooperationsbereitschaft	Präsentationstechnik
Entspannungsfähigkeit	Körpersprache	Entscheidungsfindung
Verantwortlichkeit	Einfühlungsvermögen	Moderation
Selbstbewusstsein	Konfliktlösungsbereitschaft	Kreativität
Lernkompetenz	Konfliktfähigkeit	Organisationsfähigkeit
Selbständigkeit	Mitarbeiterführung	Krisenmanagement
Stressresistenz		**Lesetechniken**
Ausdrucksfähigkeit		**Wissensmanagement**
Reflexionsvermögen		**Informationskompetenz**
Vernehmungslehre		**Medienkompetenz**
	Verhandlungsmanagement	
	Mediation	
	Streitschlichtung	
	Rhetorik	

Diese Übersicht zeigt, dass die im Deutschen Richtergesetz genannten Schlüsselqualifikatonen nur einen kleinen Ausschnitt aus dem Bereich der Schlüselqualifkationen bilden.[912] Im weiteren Studium kann Ihnen der Überblick als Checkliste für wichtige Schlüsselkompetenzen dienen, und ich komme auf sie im Abschnitt III zurück.

II. Wie können Schlüsselkompetenzen im Jurastudium erworben werden?

Ziel der Einführung von Schlüsselqualifikationen als Lehrinhalt ist, dass Sie neben dem Fachwissen und der Fachkompetenz auch diejenigen überfachlichen Fähigkeiten erwerben, die Sie brauchen, um den Anforderungen des Berufslebens, insbesondere auch des Rechtsanwalts, in einer globalisierten Welt gewachsen zu sein und Aufgaben

912 *Gramm/Wolff*, S. 189: »Wir sind der Auffassung, dass solche Qualifikationsmerkmale zwar wichtig sind, letztlich aber deutlich zu kurz greifen«.

auch in unbekannten Gebieten verantwortungsvoll und für alle Beteiligten zufriedenstellend lösen zu können.[913] Schlüsselkompetenzen lassen sich nicht aus Büchern lernen, sondern sie entwickeln sich durch (fortwährendes) aktives und praktisches Training.[914] Dazu reichen Lehrveranstaltungen mit zwei Semesterwochenstunden oder eine einmalige Blockveranstaltung nicht aus. Soft skills lassen sich nicht auf eine Lehrveranstaltung beschränken, schon gar nicht, wenn in der Lehrveranstaltung Eigenaktivität und eigenes Training eine untergeordnete Rolle spielen. Dennoch sind solche Lehrveranstaltungen als Einstieg in die Materie sehr nützlich. Soweit es Ihr Zeitplan zulässt, empfehle ich neben der Teilnahme an der Pflichtveranstaltung (i.d.R. 2 SWS) die freiwillige Teilnahme an weiteren Veranstaltungen.

1. Teilnahme an Veranstaltungen zu Schlüsselkompetenzen als Einstieg

a) Veranstaltungen zu allgemeinen Schlüsselkompetenzen

Als Einstieg für das Training von Schlüsselkompetenzen bieten sich Veranstaltungen der Fakultät oder zentraler Universitätseinrichtungen an. Beispiele für Lehrveranstaltungen aus dem allgemeinen Bereich der Schlüsselkompetenzen sind: *Workshop zu Kreativitätstechniken* (München), *Zeitmanagement* (München), *Präsentation/Kurzvortrag* (Halle-Wittenberg), *Technik der IT-gestützten Recherche* (Hannover), *Umgang mit mediengestützten Präsentationstechniken* (Hannover), *Präsentations- und Referattechnik* (Hamburg), *Gutes Deutsch für Juristen* (Kiel), *Schreibtraining* (Tübingen), *Informationskompetenz* (Göttingen). Eine sehr wesentliche Selbstkompetenz für Jurastudierende und Juristen ist die Lernkompetenz. Wie in anderen Studienfächern auch, verändert sich das Fachwissen durch Globalisierung, Internationalisierung und Europäisierung in einer hohen Geschwindigkeit, so dass ein lebenslanges Lernen (Life long learning) erforderlich ist. Des Weiteren bringt es jedoch der Beruf des Juristen mit sich, dass er trotz Spezialisierung immer auch als Generalist agieren muss und sich jederzeit sehr schnell in unbekannten Gebieten zurechtfinden muss. Die intensive Förderung der (Selbst-)Lernkompetenz im Grundstudium ist von den Universitäten noch nicht überall als notwendiger Lehrinhalt erkannt. Soweit ersichtlich, haben nur wenige Universitäten Veranstaltungen von nennenswertem Umfang im Angebot. Meist gehen Tipps zur Lern- oder Arbeitsorganisation nicht über Hinweise in Studieneingangswochen, Start-up-Tagen, Orientierungstagen etc. hinaus. Mehr Gewicht räumt z.B. die Universität Münster diesem Thema ein. Sie hat als Schlüsselqualifikation für Jurastudierende ausdrücklich die »Lern- und Arbeitstechniken« in der Studienordnung normiert.[915] An den Universitäten Tübingen und Halle-Wittenberg finden seit sechs Semestern Kompetenztrainings für Jurastudierende statt, die auch intensiv die Selbstlernkompetenz der Studierenden trainieren.[916] In die-

913 Die Kanzlei Clifford Chance bietet Referendaren in der firmeneigenen Clifford Chance Referendar Academy spezielle Einführungskurse für Soft Skills an, um sie an internationale Standards der Präsentation und Verhandlungstechnik heranzuführen.

914 *Niedostatek/Lorenz*, S. 203.

915 § 18 Abs. 1 StudO Universität Münster v. 07.05.2004 i.d.F. v. 22.04.2008. Siehe auch *Thomas Hoeren*, Willkommen in Münster – erste Hinweise für Erstsemester, http://www.uni-muenster.de/JURA.itm/hoeren/INHALTE/lehre/leitfaden1.pdf, S. 9 f., Juristische Lerntechniken, Ziffer 1: »Lernen muss man lernen«.

916 Ziel der Veranstaltung ist das Training der persönlichen, sozialen und methodischen Kompetenzen. Ausführliche Kursbeschreibung unter http://www.jura.uni-tuebingen.de/studium/schluesselqualifikation/, Kompetenztraining für Juristen.

sen Trainings stellen auch Studierende höherer Semester immer wieder fest, dass sie sich – angesichts der Stofffülle – mit den eigenen Lernstrategien und der eigenen Arbeitsorganisation noch nicht ausreichend beschäftigt haben. Vorschläge dazu, wie Sie sich individuell um die Verbesserung der Lern- und Arbeitstechniken bemühen können, lesen Sie unter 2.[917] Eine sehr wichtige Methodenkompetenz im Jurastudium ist Planung und Zeitmanagement. Auch hierzu gibt es an manchen Universitäten Schlüsselqualifikationskurse.

Über das Angebot der Fakultäten hinaus gibt es universitätsweit angebotene Kurse zu Soft Skills. Anbieter sind zentrale Einrichtungen der Universität wie z.B. das Zentrum für Schlüsselqualifikationen (Freiburg, Passau) oder das career center (Tübingen). Diese Zentren sind vor allem zur Berufsfeldorientierung in den Bachelor-Studiengängen eingerichtet worden. Darüber hinaus besteht die Möglichkeit, an entsprechenden Fortbildungen von politischen Stiftungen, Kursen von Volkshochschulen, Industrie- und Handelskammern oder von anderen Instituten der Erwachsenenbildung teilzunehmen.

b) Veranstaltungen zu Schlüsselkompetenzen für Juristen gem. § 5a Abs. 3 DRiG

Die Fakultäten haben unterschiedlich umfangreiche Angebote zu Schlüsselqualifikationen entwickelt. Der Juristische Fachbereich der Universität Frankfurt hat ein eigenes Fachbereichszentrum für Schlüsselqualifikationen eingerichtet.[918] An anderen Fakultäten gibt es an einzelnen Lehrstühlen Institute oder Zentren, die sich intensiv mit bestimmten Schlüsselqualifikationen befassen, so z.B. CENTRAL – Center für Transnational Law (Prof. Berger, Köln) oder das *Centrum für Verhandlungen und Mediation* (Prof. Eidenmüller, München). Die Lehrveranstaltungen der Fakultäten zu den im Gesetz genannten Bereichen sind zum Beispiel *Kommunikationspraxis für Juristen* (Halle-Wittenberg), *Verhandlungsführung* (Halle-Wittenberg), *Schnupperkurs Mediation* (Köln), *Mandantengespräch* (Köln), *Psychologie der Zeugenvernehmung* (Köln), *Debating: Erfolgreiches Argumentieren in freier Rede* (Köln), *Effektive Gesprächs- und Verhandlungsführung* (Köln), *Kommunikation, Moderation und Konfliktlösung in der Verwaltungspraxis* (Konstanz), *Rechtsberatung und außergerichtliche Konfliktlösung* (Konstanz), *Besprechungen/Verhandlungen erfolgreich moderieren* (Münster) und *Konflikte in Gruppen lösen* (Münster).[919] Über die Teilnahme an den entsprechenden Lehrveranstaltungen hinaus gibt es weiterführende Studiengänge mit einem Master-Abschluss, z.B. den *Master of Konfliktlösung* (Universität Frankfurt/Oder), oder parallel zum Studium eine Ausbildung zum *Mediator* (München).[920]

917 Obwohl seit langem durch Untersuchungen bestätigt ist, dass für Erfolg oder Misserfolg im Studium in hohem Maße die ersten beiden Semester entscheidend sind, wird von Seiten der Universität in diese Studienphase zu wenig investiert und von der (oftmals tatsächlich nicht vorhandenen) Studierfähigkeit der Studierenden ausgegangen. Nur ca. 5 % der Studierenden geben an, in der Oberstufe des Gymnasiums auch zum Thema »Lernen lernen« unterrichtet worden zu sein. Andere Fachbereiche sind innovativer, z.B. finden an der Universität Ulm vierwöchige Mathe-Trainingscamps vor dem Start des Semesters statt, in denen auch Lern- und Arbeitsmethoden unterrichtet werden. Das Motto lautet »Beste Aussichten für einen erfolgreichen Start«.

918 http://www.jura.uni-frankfurt.de/w_inst/zentrum_sq/.

919 Die genannten Veranstaltungen haben in den vergangenen Jahren stattgefunden. Das Lehrangebot wechselt semesterweise, insofern dient die Auflistung nur der Veranschaulichung.

920 Die Studiengänge der Fernuniversität Hagen und der Universität Frankfurt/Oder stellt *Markus Lembeck*, Masters of Konfliktlösung, Die Mediation wird erwachsen, azur 2004/1, S. 30, vor.

2. Individuelles fortwährendes Training im Studium

Der tatsächliche Erwerb von Schlüsselkompetenzen hängt in hohem Maße von der eigenen Reflexion und der individuellen Gestaltung des Studiums ab.[921] Zur Entwicklung der eigenen Persönlichkeit ist es wichtig, alle Situationen zu nutzen, in denen ein Training von Schlüsselqualifikationen möglich ist. Falls Sie bereits ein konkretes Berufsziel haben, ist es sinnvoll zu überlegen, welche Kompetenzen für dieses Ziel besonders nützlich bzw. erforderlich sind. Der nächste Schritt ist eine ausführliche individuelle Stärken- und Schwächenanalyse: Was kann ich relativ gut? Woran muss ich noch arbeiten?[922] Hierzu können Sie den Überblick über die Schlüsselkompetenzen zur Hand nehmen und die Kompetenzen, die Sie trainieren möchten, markieren. Für ausführliche Analysen gibt es in der Literatur Fragebögen, Checklisten und Tests.[923] Das Nachdenken über die eigenen Stärken und Schwächen ist ein sehr wichtiger Schritt, der auch später in Bewerbungsgesprächen eine große Rolle spielt. Viele Arbeitgeber möchten wissen, wo die Stärken der Bewerber liegen und inwiefern Bewerber auch mit ihren Schwächen umgehen können. Anhand der Stärken- und Schwächenanalyse können Sie dann konkret überlegen, mit welchen Maßnahmen Sie Ihre Soft Skills verbessern können. Gesprächsführung und Rhetorik lassen sich überall im Alltag üben. Gelegenheiten, die Schlüsselqualifikationen zu fördern, sind z.B. Referate, freies Reden über ein Thema, Fragen in der Vorlesung stellen, Diskussionen in der privaten Arbeitsgemeinschaft mit gegenseitigem Feedback, Rollenspiele, Videotraining mit anderen Studierenden oder die Mitgliedschaft in einem Debattierclub.[924] Möglich ist auch, in privaten Arbeitsgemeinschaften die Förderung von Schlüsselqualifikationen zum Thema zu machen, und sich bei praktischen Übungen selbst zu coachen.[925] Zur Übersicht, wie Sie im Studienalltag unter Einbeziehung der hier im Buch gegebenen Tipps ihre Kompetenzen verbessern können, folgende Tabelle:

Individuelles Training von Schlüsselkompetenzen		
Kompetenz	Maßnahmen	Anregungen in ...
Motivation	Lernziele, Berufsziel, private AG	Kap. 2, 4, 6, 10, 12
Selbstdisziplin	Ziele, Pläne, Prioriäten	Kap. 1–4, 12
Flexibilität	Zeitmanagement, Pufferzeiten	Kap. 4, 12
Konzentrationsfähigkeit	Lernen lernen, Pausen, Ziele	Kap. 6, 11, 12
Belastbarkeit/Ausdauer	Planung, Absprachen	Kap. 4, 10, 12
Selbständigkeit	Eigenverantwortliches Lernen	Kap. 6, 11
Selbstbewusstsein	Private AG, Referate, Vorträge	Kap. 4, 10, 13
Gute Lernkompetenz	Individuelle Lernstrategien	Kap. 6, 11
Lern-/Arbeitsorganisation	Lernziele, Inhalte, Wiederholung	Kap. 6, 11, 12

921 S. auch *Gramm/Wolff*, S. 188 ff. (Kann man Schlüsselqualifikationen erlernen?).

922 Die von der Verfasserin zum Beispiel an der Universität Tübingen durchgeführten Kompetenztrainings für Juristen beginnen mit einer solchen Stärken-/Schwächenanalyse. Die Studierenden beurteilen sich sehr selbstkritisch und stehen Anregungen zur Verbesserung der Kompetenzen äußerst aufgeschlossen gegenüber.

923 Zahlreiche Tests in *Stefan Mühleisen/Nadine Oberhuber*, Test und Training Karrierefaktor Soft Skills, Trainieren Sie Ihre Schlüsselqualifikationen, Mit CD-ROM, Freiburg (Br.), 2005.

924 Bundesweit gibt es ca. 50 Debattierclubs: http://www.debattierclubs.de. Der erste Debattierclub entstand 1991 an der Universität Tübingen. Verband der Debattierclubs in Deutschland: http://www.vdch.de/.

925 *Matheiu Klos*, Fit für den Arbeitsalltag, Juristen müssen mehr können als nur Jura, azur 2004/1, S. 32.

Individuelles Training von Schlüsselkompetenzen		
Kompetenz	Maßnahmen	Anregungen in ...
Ausdrucksfähigkeit	Üben (Schreiben, Sprechen)	Kap. 4, 9, 13
Selbstorganisation	Systematisch lernen mit Überblick	Kap. 6, 11, 12
Teamfähigkeit	Mitglied private AG, Moot Court	Kap. 10
Kommunikationsfähigkeit	Private AG, aktive Teilnahme an LV	Kap. 10, 13
Gesprächsführung	Private AG, Leitung einer AG	Kap. 10, 13, 15
Kritikfähigkeit	Private AG, Konstruktives Feedback	Kap. 10, 13, 15
Körpersprache	Referate, Vorträge	Kap. 4, 13
Konfliktlösungsbereitschaft	Private AG, AG-Vertrag	Kap. 10, 13, 15
Zeitmanagement	Regeln des Zeitmanagements	Kap. 12
Planung	Studienplanung, Semesterplan etc.	Kap. 1–4, 12
Zielsetzung	Studien-, Semester-, Lernziele	Kap. 1–4, 6, 12
Kreativität	Lernstrategien, private AG	Kap. 10, 11, 12
Organisationsfähigkeit	Private AG, Mitarbeit in Gremien	Kap. 10, 12
Krisenmanagement	Blick für das Wesentliche, Priorität	Kap. 3, 6, 8, 12
Lesetechniken	Training, SQR3-Methode	Kap. 5
Wissensmanagent	Mitschriften, Karteikarten	Kap. 6, 7, 8
Informationskompetenz	Umgang mit Wissensquellen	Kap. 6, 8

Ich möchte Sie ausdrücklich dazu ermuntern, über dem Erwerb des Fachwissens den Erwerb der Schlüsselkompetenzen nicht zu vergessen und diesen Erwerb in Ihren Studienalltag zu integrieren.

III. Welche weiterführende Literatur gibt es?

Als Einstieg und zum Überblick über die im Deutschen Richtergesetz genannten Schlüsselqualifikationen für Juristen bietet sich an

Ponschab, Reiner/ Schweizer, Adrian (Hrsg.)	Schlüsselqualifikationen: Kommunikation – Mediation – Rhetorik – Verhandlung – Vernehmung, Köln, 2008 (Kommunikation und Gesprächsführung S. 7 ff., Rhetorik S. 67 ff., Vernehmungslehre S. 115 ff., Verhandlungsführung S. 147 ff., Mediation S. 191 ff., Praxis oder: Die tägliche Kommunikation und Rhetorik für Anwälte, S. 249 ff.)

Schlüsselqualifikationen (allgemein)

Brinktrine Ralf/ Schneider, Hendrik	Juristische Schlüsselqualifikationen, Einsatzbereiche, Examensrelevanz, Examenstraining, Berlin, 2008.
Deutscher Manager-Verband e.V. (Hrsg.)	Handbuch Soft Skills, Bd. 1: Soziale Kompetenz, Zürich, 2003 (mit Lernmodulen zu den Themen Kommunikation, Rhetorik, Verhandlungstechnik, Körpersprache, Konfliktmanagement, Mediation, Teamwork, jeweils mit Lernzielen und Kontrollfragen).
Deutscher Manager-Verband e.V. (Hrsg.)	Handbuch Soft Skills, Bd. 2: Psychologische Kompetenz, Zürich, 2004 (mit Lernmodulen zu den Themen Motivation, Konzentration, Lerntechniken, Lesetechniken, Kreativität, Denktechniken und Denkgewohnheiten).
Deutscher Manager-Verband e.V. (Hrsg.)	Handbuch Soft Skills, Bd. 3: Methodenkompetenz, Zürich, 2004 (mit Lernmodulen zu den Themen Zeitmanagement, Zielplanung, Problemlösung, Entscheidungsfindung, Projektmanagement, Präsentation, Moderation).

Fischer, Nikolay/ Kuntze-Kaufhold, Gregor	»Hören, Sehen, Sprechen« – Schlüsselqualifikationen im Studium der Rechtswissenschaften, http://www.jura.uni-frankfurt.de/w_inst/zentrum_sq/ Veroeffentlichungen/index.html.
Fritzemeyer, Wolfgang	Die Bedeutung der »Soft Skills« für die Juristenausbildung und die juristischen Berufe, NJW 2006, 2825.
Huck-Schade, Johanna Maria	Soft Skills auf der Spur, Soziale Kompetenzen: weiche Fähigkeiten – harte Fakten, Weinheim, 2003.
Kilian, Matthias	Das anwaltliche Mandat, Schlüsselqualifikationen – Berufspraxis, München, 2008.
Lang, Rudolf W.	Schlüsselqualifikationen, Handlungs- und Methodenkompetenz, Personale und Soziale Kompetenz, München, 2000.
Markert, Mathias	Gesetz zur Reform der Juristenausbildung – »Schlüsselqualifikationen«, Ein Überblick, JURA 2003, 802–806 (Vorschläge für das Vorgehen bei der Vermittlung von Schlüsselqualifikationen).
Mattes, Till	Juristen sind Helden, Soft Skills sind ihre Achillesferse, azur 2004/1, S. 20.
Niermeyer, Rainer	Soft Skills, Freiburg/Breisgau, 2004.
Römermann, Volker/ Paulus, Christoph (Hrsg.)	Schlüsselqualifikationenen für Jurastudium, Examen und Beruf, München, 2003 (Theoretische Einführung: In Einzelbeiträgen werden die Schlüsselqualifikationen und ihre Bedeutung für die berufliche Praxis dargestellt).
Schlieffen, Katharina Gräfin von/ Ponschab, Reiner/ Rüssel, Ulrike	Mediation und Streitbeilegung, Verhandlungstechnik und Rhetorik, Berlin, 2006.
Stender-Monhemius, Kerstin	Schlüsselqualifikationen, Zielplanung, Zeitmanagement, Kommunikation, Kreativität, München, 2006.

Unter den Ausbildungszeitschriften hat sich die JA besonders der Schlüsselqualifikationen angenommen und möchte mit Beiträgen Studierende unterstützen, gesteigerte Anforderungen an Schlüsselqualifikationen und Fremdsprachenkompetenzen zu bewältigen.

Weitere Informationen zu Schlüsselqualifikationen unter http://www.central.uni-koeln.de, Hyperlink Schlüsselqualifikationen, sowie unter http://www.jura.uni-frankfurt.de/w_inst/zentrum_sq/

🕮 Rhetorik, Kommunikationsfähigkeit

Bartsch, Tim Ch./ Rex, Bernd F.	Rede im Studium! Ein Rhetorikleitfaden für Studierende, München, 2008.
Bartsch, Tim Ch./ Hoppmann, Michael/ Rex, Bernd F./ Vergeest, Markus	Trainingsbuch Rhetorik, München, 2005 (mit zahlreichen Einzel- und Gruppenübungen zum regelmäßigen Training für Studierende)
Birkenbihl, Vera F.	Rhetorik, Vera F. Birkenbihl antwortet, DVD, Bergisch Gladbach, 2008.
Behmel, Albrecht/ Hartwig, Thomas/ Setzermann, Ulrich (Hrsg.)	Rhetorik für Studenten, Know-How für erfolgreiches Studieren, Berlin, 2004.
Franck, Norbert	Rhetorik für Wissenschaftler, München, 2001.
Fricke, Wolfgang	Frei reden – Das praxisorientierte Trainingsprogramm, Frankfurt/M., 4. Aufl. 2000.
Gast, Wolfgang	Juristische Rhetorik, Heidelberg, 4. Aufl. 2006.
Haft, Fritjof	Juristische Rhetorik, Freiburg/Breisgau u.a., 6. Aufl. 1999.

Lehmann, Günter/ Reese, Uwe	Die Rede – Der Text – Die Präsentation, Frankfurt u.a., 1998.
Lehmann, Günter	Reden – aber wie? Empfehlungen für das wirkungsvolle Übermitteln von Gedanken, Renningen, 2004.
Leopold-Wildburger, Ulrike/Schütze, Jörg	Verfassen und Vortragen, Wissenschaftliche Arbeiten und Vorträge leicht gemacht, Berlin u.a., 2002.
Mayer, H.	Rhetorische Kompetenz, Grundlagen und Anwendung, München, 2007.
Mentzel, Wolfgang	Rhetorik, Sicher und erfolgreich sprechen, München, 2. Aufl. 2008.
Mentzel, Wolfgang	Kommunikation, Rede, Präsentation, Gespräch, Verhandlung, Moderation, München, 2007.
Möllers, Thomas M. J.	Rhetorische Fähigkeiten der Juristen – der Vortrag, JA 2006, 156.
Münzer, Holger	Handbuch der Rhetorik, Stand 2007, Vom Handwerk der Redekunst, http://www.rhetorik-netz.de/rhetorik/index.html.
Schlieffen, Katharina Gräfin von/ Michaelis, Lars Oliver	Schlüsselqualifikation Rhetorik, JA 2003, 718–725.
Soudry, Rouven (Hrsg.)	Rhetorik, Eine interdisziplinäre Einführung in die rhetorische Praxis, Heidelberg, 2. Aufl. 2006.

🕮 Verhandlungsmanagement, Gesprächsführung

Alt, Jürgen August	Richtig argumentieren oder wie man in Diskussionen Recht behält, München, 6. Aufl. 2004.
Birkenbihl, Vera	Psycho – Logisch richtig verhandeln, Landsberg am Lech, 14. Aufl. 2003.
Däubler, Wolfgang	Verhandeln und Gestalten, München, 2003.
Fisher, Roger/ Ury, William L./ Patton, Bruce	Das Harvard-Konzept, Der Klassiker der Verhandlungstechnik, Frankfurt/M., 22. Aufl. 2004 (zum Einstieg geeignet).
Haft, Fritjof	Verhandlung und Mediation – Die Alternative zum Rechtsstreit, München, 2. Aufl. 2000.
Lindemann, Roswitha	Verhandeln als Schlüsselqualifikation – erste Erfahrungen mit neuen Unterrichtsmethoden, JuS 2003, 724 (berichtet über einen Workshop an der Universität Hamburg).
Ponschab, Reiner/ Schweizer, Adrian	Kooperation statt Konfrontation, Neue Wege anwaltlichen Verhandelns, Köln, 1997.
Schöbel, Heino	Verhandlungsmanagement und Mediation in der Juristenausbildung, JuS 2002, 372.
Schulz v. Thun, Friedemann	Miteinander Reden 1–3, 3 Bde., Reinbek, 2008.
Steiner, Thomas	Verhandeln – eine Schlüsselqualifikation, JURA 2004, 531.
Weisbach, Christian-Reiner/ Sonne-Neubacher, Petra	Professionelle Gesprächsführung, Ein praxisnahes Lese- und Übungsbuch, München, 7. Aufl. 2008.

🕮 Streitschlichtung, Mediation

v. Bargen, Joachim	Workshop Mediation, Erfahrungen auf einem neuen Ausbildungsterrain, JuS-Magazin 5/2006, S. 14.
Breidenbach, Stephan/ Hennsler, Martin (Hrsg.)	Mediation für Juristen, Konfliktbehandlung ohne gerichtliche Entscheidung, Köln 1997.

Damerau, Thomas/ Zemmrich, Stefan	Mediation im Gerichtswesen – Ein Überblick über alternative Streitbeilegungsmöglichkeiten in der Zivil- und Verwaltungsgerichtsbarkeit, JA 2007, 203.
Haft, Fritjof/ v. Schlieffen, Katharina	Handbuch Mediation, München, 2. Aufl. 2008.
Hohls, Astrid	Mediation – Dafür braucht der Jurist (k)eine Ausbildung, JuS Magazin 2/2007, S. 8 ff.
Kracht, Stefan/ Rüssel, Ulrike	Schlüsselqualifikation Mediation, JA 2003, 725.
Kruse, Cornelius	Ausbildung zum Wirtschaftsmediator CVM, JuS 2003, 1141 (am Centrum für Verhandlungen und Mediation unter Leitung von Prof. Horst Eidenmüller, München[926]).
Prütting, Hanns (Hrsg.)	Außergerichtliche Streitschlichtung, Handbuch für die Rechtspraxis, München, 2003.
Risse, Jörg	Wirtschaftsmediation, München, 2003.
Rüssel, Ulrike	Mediationsverfahren im öffentlichen Bereich, JA 2006, 470.

926 http://www.c-v-m.org.

Kapitel 16 Essentialia

Ziel des zweiten Teils dieses Buches war, Ihnen das Handwerkszeug für ein erfolgreiches Jurastudium zur Verfügung zu stellen. Ich hoffe und wünsche, Ihr Werkzeugkasten ist jetzt gefüllt. Sicher werden Sie viele Tipps und Anregungen erst testen und feststellen, ob sie für Sie passen. Es gibt aber auch Verhaltensweisen, deren Befolgung Sie mit Sicherheit einem erfolgreichen Examen näher bringt. Diese Verhaltensweisen sind *Essentialia* (d.h. wesensnotwendig) für den Erfolg im Jurastudium. Umgekehrt verursacht ihre Nichtbeachtung genau die für das Jurastudium typischen Misserfolge. Die Essentialia sind in der Form von Anweisungen formuliert. Ich glaube, das Ziel, Ihnen ein erfolgreiches Jurastudium zu ermöglichen, rechtfertigt dies. Ihnen empfehle ich, die Essentialia – als Zielformulierungen in die Ich-Form gebracht – aufzuschreiben und sichtbar aufzuhängen. Und jetzt viel Erfolg im Jurastudium!

Essentialia eines erfolgreichen Jurastudiums

- ⇨ Setzen Sie sich konkrete Ziele (Berufsziel, Lernziele, Tages-, Wochen-, Semesterziele).
- ⇨ Wählen Sie Ihre Lernmaterialien sorgfältig aus. Die Zeit für die Suche nach guten Lernmaterialien zahlt sich aus. Hören Sie auf, Veranstaltungen zu besuchen, die Sie nur »absitzen«. Sie haben nicht die Zeit dafür.
- ⇨ Lesen Sie gesetzliche Bestimmungen immer genau. Zitieren Sie genau. Verknüpfen Sie Ihr Wissen mit dem Gesetz, denn das Gesetz haben Sie immer dabei.
- ⇨ Lernen Sie zuerst die Grundstrukturen. Sie können Einzelwissen und Detailprobleme nur verstehen und behalten, wenn Sie die Grundstrukturen begriffen haben.
- ⇨ Überprüfen Sie vor dem Erlernen von neuem Stoff immer, ob der schon erlernte Stoff ausreichend wiederholt ist. *Weniger* (weniger neuer Stoff und mehr Wiederholung) *ist mehr* (Wissen).
- ⇨ Lernen Sie die Methode der Fallbearbeitung sofort und intensiv. Lernen Sie im Zivilrecht die Fächer BGB AT und Schuldrecht AT nahezu »examensreif«, d.h. erarbeiten, wiederholen, vertiefen Sie diese Rechtsgebiete so, dass Sie die examensrelevanten Schwerpunkte auf Anhieb wiedergeben können. Diese beiden Rechtsgebiete machen im Zivilrecht mindestens 60 % der Examensklausuren aus und sind dementsprechend auch elementar für jede Tätigkeit im Zivilrecht. Lernen Sie im Öffentlichen Recht die Grundrechte und das Allgemeine Verwaltungsrecht bis zum Ende des 3. Semesters »examensreif«.
- ⇨ Lernen Sie den Stoff so, dass Sie verstehen, wie das Wissen in einer Klausur umgesetzt wird. Juristisches Wissen, das Sie nicht anwenden können, nützt Ihnen weder in der Fallbearbeitung noch später in der Praxis.
- ⇨ Üben Sie die Umsetzung anhand eines Falles. Schreiben Sie ab sofort jede Woche (mindestens) eine Übungsklausur. Die Umsetzung des Wissens muss trainiert werden.

- ⇨ Entscheiden Sie selbst, *wann was wie* Sie lernen. Nutzen Sie die Zeit. Lernen Sie lieber 15 min als gar nicht!
- ⇨ Gründen Sie eine private Arbeitsgemeinschaft. Eine Lerngruppe erhöht die Behaltensquote beim Lernen, trainiert Ihre Schlüsselqualifikationen und bereitet Sie auf Vorträge, Referate und mündliche Prüfungen vor.
- ⇨ Machen Sie sich so früh wie möglich mit den Grundlagenfächern vertraut. Aus ihnen lassen sich viele Erkenntnisse für andere Rechtsgebiete ableiten.
- ⇨ Lernen Sie die Grundregeln wissenschaftlichen Arbeitens.
- ⇨ Trainieren Sie berufswichtige allgemeine Schlüsselkompetenzen.

Sachregister